Das große
Krimi-Lesebuch

Gänsehaut gefällig?
Die berühmtesten englischen Autorinnen und Autoren lassen morden! Exklusive Kriminalstories, perfekt, perfid und mörderisch geistreich inszeniert. Stories von bester literarischer Qualität, intelligent, ironisch, hintersinnig und mit jeweils höchst individueller Note für anspruchsvolle Leser.

Mit dem Blick des Kenners hat George Hardinge diese Stories aus der unübersehbar gewordenen Flut der Kriminalliteratur ausgewählt. Hardinge begründete in England die exquisite Buchreihe »Winter's Crimes«, in der jährlich die besten neuen Kriminalgeschichten vorgestellt werden.

Das große
KRIMI
LESEBUCH

Herausgegeben von
George Hardinge

Goldmann Verlag

Die Originalausgabe erschien unter dem Titel
»The Best of Winter's Crimes« bei Macmillan London Ltd.

Deutsche Erstveröffentlichung unter den Titeln
»Mr. Bulmer's goldener Karpfen« und
»Ein Werkzeug der Gerechtigkeit«

Aus dem Englischen von Christine Frauendorf-Mössel,
Friedrich A. Hofschuster und Mechthild Sandberg-Ciletti

Umwelthinweis:
Alle bedruckten Materialien dieses Taschenbuches
sind chlorfrei und umweltschonend.
Das Papier enthält Recycling-Anteile.

Der Goldmann Verlag
ist ein Unternehmen der Verlagsgruppe Bertelsmann

Made in Germany · 5. Auflage · 3/93
Genehmigte Taschenbuchausgabe
© 1986 by Macmillan London Ltd.
© der deutschsprachigen Ausgabe 1988/1989
by Blanvalet Verlag GmbH, München
Umschlaggestaltung: Design Team München
Umschlagmotiv: Thomas Lüttge, Ascholding
Druck: Elsnerdruck, Berlin
Verlagsnummer: 9914
Ge · Herstellung: Heidrun Nawrot/sc
ISBN 3-442-09914-5

Meistermorde

Inhalt

ERIC AMBLER
Der Bluthandel 9

JOHN BINGHAM
Mr. Bulmer's goldener Karpfen 27

CHRISTIANNA BRAND
Gesegnet sei dies Haus 50

GWENDOLINE BUTLER
Nordwind 66

AGATHA CHRISTIE
Das Harlekin-Teeservice 89

CELIA DALE
Feen-Märchen 123

LIONEL DAVIDSON
Der indische Seiltrick 139

COLIN DEXTER
Im Lulu-Bar-Motel 166

PATRICIA HIGHSMITH
Die schrecklichen frühen Morgenstunden   183

JANE AIKEN HODGE
Selbstmord oder Mord?   203

P. M. HUBBARD
Mary   218

P. D. JAMES
Das Mädchen, das Friedhöfe liebte   237

H. R. F. KEATING
Eine aufrechte Frau   255

SIMON BRETT
Ich versteh' nicht viel von Kunst   282

FRANCIS CLIFFORD
Hin und her   316

EDMUND CRISPIN
Ungebetene Gäste   341

ELIZABETH FERRARS
Ein Werkzeug der Gerechtigkeit   359

DICK FRANCIS
Das Geschenk   375

ANTONIA FRASER
Der Tod eines alten Hundes   401

MICHAEL GILBERT
Geprüft und für richtig befunden   414

WINSTON GRAHAM
Der Zirkus   428

ROGER LONGRIGG
Der Sessel   454

PETER LOVESEY
Der heimliche Geliebte   483

ANTHONY PRICE
Der Spieler   498

RUTH RENDELL
Die Ironie des Hasses   521

GEORGE SIMS
Der Familienschlächter   539

Meistermorde

Eric Ambler
Der Bluthandel

Expräsident Fuentes genießt eine Auszeichnung eigentümlicher Art. Es gibt jetzt, da er im Ruhestand ist, mehr Menschen, die ihn gern umbringen würden, als zu der Zeit, während er an der Macht war.

Er ist darüber verwirrt und empört.

Er kann nicht verstehen, daß Männer wie General Perez mit der Zeit vielleicht vergeben können, daß man sie beraubt hat, niemals aber, daß man sie lächerlich gemacht hat.

Der *coup d'état*, durch den Fuentes' SAP (Soziale Aktionspartei) die Macht verlor, war gut organisiert und lief relativ unblutig ab.

Die Führer des Umsturzes waren vor allem Offiziere der Armee, die sich mit Gleichgesinnten bei der Luftwaffe und der Marine abgesprochen und den diskreten Segen der Kirche erhalten hatten. Man hatte sich frühzeitig – gegen ein gewisses Entgelt – der Kollaboration des Polizeipräsidenten versichert, dermithalf, Listen gewisser linker Abgeordneter, militanter Gewerkschaftsfunktionäre, regierungsfreundlicher Zeitungsverleger, unter Castro geschulter subversiver und anderer unerwünschter Elemente, deren sofortige Verhaftung empfehlenswert war, zusammenzustellen. Ähnliche Vorbereitungen hatte man in den größeren Provinzstädten getroffen. Obwohl die

Verschwörer keineswegs alle derselben politischen Coleur angehörten, hatten sie es ausnahmsweise fertiggebracht, ihre Differenzen in Verfolgung eines gemeinsamen Ziels zu begraben. Was immer auch geschehen mochte, in einer Hinsicht waren sie sich alle einig: Wenn das Land vor Korruption, kommunistischer Untergrabung, Anarchie, Bankrott, Bürgerkrieg und zu guter Letzt auch vor ausländischer Militärintervention bewahrt werden sollte, mußte Präsident Fuentes gehen.

An einem Abend im September ging er.

Die von den Verschwörern der »Befreiungsfront« angewendete Strategie folgte einem Muster, das inzwischen Tradition geworden ist: Der *Coup* wurde von organisierten Streitkräften getragen und, wenn überhaupt, nur von gewissen Teilen der Zivilbevölkerung und verwirrten, leichtbewaffneten Garnisonseinheiten bekämpft.

Bei Einbruch der Dunkelheit rollten die Panzer zweier Panzerbrigaden sowie Lastwagen mit den Angehörigen eines Fallschirmregiments, mehrerer Fernmeldeeinheiten und eines leichten Pionierbataillons in die Hauptstadt. In wenig mehr als einer Stunde hatten sie alle Hauptziele ihrer Operation unter Kontrolle. Inzwischen hatte die Luftwaffe den internationalen Flughafen besetzt, sämtliche Maschinen mit Flugverbot belegt und im Zollgebäude ein Hauptquartier eingerichtet. Eine Division Infanteriesoldaten marschierte in die Stadt, um – an Schlüsselstellen stationiert – die Bürgerunruhen niederzuschlagen, die man erwartete, sobald die Nachricht von dem Putsch und den ihn begleitenden Massenverhaftungen die dichtbevölkerten Slumgegenden, in denen viele Fuentes-Anhänger lebten, erreichte.

Kurz nach halb neun rückten ein Panzerbataillon und eine Sondereinheit Fallschirmjäger zum Präsidentenpalast vor. Die Palastgarde leistete eine Viertelstunde lang Widerstand und hatte acht Verwundete zu beklagen. Der Befehl zur Kapitulation wurde dem Befehlshaber der Garde von Präsident Fuentes persönlich erteilt, »um weiteres Blutvergießen zu vermeiden«.

Als dies General Perez, dem Führer des Putschs, gemeldet wurde, fuhr er zum Palast. Er wurde von fünf Mitgliedern des Rats der Befreiungsfront, darunter der Polizeipräsident, und von nicht weniger als drei Vertretern der ausländischen Presse begleitet. Diese waren früh am Abend von einem Adjutanten in der Bar des Jockey-Clubs aufgestöbert und in aller Eile über die Ziele und Ideale der Befreiungsfront informiert worden. General Perez wollte keine Zeit verlieren, sich im Ausland als hochherziger, vernünftiger und verantwortungsbewußter Mann darzustellen, dessen Regime der unverzüglichen diplomatischen Anerkennung würdig war.

Die Berichte der Nachrichtenreporter über das Gespräch zwischen Präsident Fuentes und General Perez und über den inzwischen berühmt-berüchtigten »Bluthandel«, der daraus hervorging, stimmten im wesentlichen überein. Im Augenblick des Geschehens schien das Abkommen lediglich eine jener kultivierten, merkwürdig ritterlichen Gesten des Leben- und Lebenlassens zu sein, die, – Zeugnis für den Fortbestand von Menschlichkeit und gesundem Menschenverstand selbst in Zeiten des Aufruhrs und der Zerstörung – so häufig die lange, dunkle Geschichte südamerikanischer Revolution aufgehellt haben. Man kann es den Reportern, lauter erfahrenen Männern, kaum zum Vorwurf machen, daß sie es mißverstanden. Sie wußten wie alle anderen, daß Präsident Fuentes ein verschlagener und zutiefst unehrlicher Mensch war. Ihr einziger Fehler bestand in der Annahme, die andere an dem Handel beteiligte Partei hätte dieser Verschlagenheit und Unehrlichkeit in angemessener Weise Rechnung getragen und wüßte genau, was sie täte. Die Reporter hatten nicht erkannt, daß diese normalerweise vorsichtigen und nüchternen Militärs von ihrem schnellen und durchschlagenden Anfangserfolg so berauscht waren, daß sie, einmal im Präsidentenpalast angekommen, zu klarem Denken nicht mehr fähig waren.

Präsident Fuentes empfing General Perez und die anderen Führer der Befreiungsfront im prächtigen Kabinettsaal des Palasts, in den ihn die Fallschirmjäger, die ihn festgenommen hatten, gebracht hatten. An seiner Seite waren die anderen Männer, die sich zum Zeitpunkt seiner Festnahme im präsidialen Luftschutzraum befunden hatten. Zu ihnen gehörten neben dem Minister für öffentliche Wohlfahrt, dem Landwirtschaftsminister, dem Justizminister und dem alten Vorsteher des Präsidialsekretariats der Befehlshaber der Palastwache, der Kammerdiener des Präsidenten, der Majordomus, zwei Lakaien und der Mann, der für die Versorgung der sanitären Anlagen im Palast verantwortlich war. Der Minister für öffentliche Wohlfahrt hatte aus dem Luftschutzraum eine Flasche Brandy mitgebracht und lächelte während der nachfolgenden Konfrontation nur mit glasigen Augen vor sich hin. Die Gesichter von Landwirtschaft und Justiz zeigten Verwirrung und Empörung, doch die Herren beschränkten ihre verbalen Proteste auf vorsichtiges Gemurmel. Der schmallippige junge Hauptmann, der die Soldaten der Luftlandetruppe befehligte, hielt seine Maschinenpistole im Anschlag, als warte er nur auf einen Vorwand, sie in Aktion zu setzen.

Nur der Präsident wirkte unerschüttert. Es lag sogar ein Anflug von Ungeduld in dem Achselzucken, mit dem er aufstand, um General Perez und seinem Gefolge entgegenzutreten, als sie aus dem Vorzimmer hereinkamen; beinahe so, als wäre er von einem ungelegen kommenden Besucher beim Bridgespiel gestört worden.

Seine Gelassenheit war nur teilweise vorgetäuscht. Er wußte über General Perez' hochgradige Empfänglichkeit für die öffentliche Meinung des Auslands bestens Bescheid und hatte die Journalisten am Ende des Zugs augenblicklich erkannt. Man hätte sie nicht mitgebracht, wenn man direkte Gewalt gegen seine Person geplant gehabt hätte.

Seine zur Schau getragene Ungeduld war auf jeden Fall echt; er war ungeduldig mit sich selbst. Er wußte seit Wochen, daß ein Putsch in Vorbereitung war, und hatte einen Monat zuvor vorsichtshalber seine Frau und die Kinder sowie seine Geliebte außer Landes geschickt. Sie befanden sich jetzt alle in Washington, und sein öffentlich geäußerter Wunsch, auf einer Konferenz der Organisation amerikanischer Staaten das Wort zu ergreifen, war nicht mehr als ein Vorwand gewesen, ihnen in der kommenden Woche nachzureisen. Seine Spitzel hatten ihm berichtet, man würde den Putsch zweifelsohne so planen, daß er in die Zeit seiner Auslandsreise fiel. Da der Umsturz, durch den er selbst fünf Jahre zuvor an die Macht gekommen war, zeitlich ebenso abgestimmt gewesen war, hatte er den Berichten bereitwillig geglaubt.

Jetzt wußte er es besser. Ob seine Spitzel ihn bewußt getäuscht hatten oder nicht, spielte im Augenblick keine Rolle.

Aber es war ihm klar, daß diese Fehlkalkulation ihn wahrscheinlich mehr kosten würde als nur eine vorübergehende Unannehmlichkeit. Wenn er sie nicht unverzüglich korrigieren konnte, indem er innerhalb der nächsten Stunden das Land verließ, würde sie ihn zweifellos die Freiheit und höchstwahrscheinlich auch das Leben kosten.

Er hatte sein Leben schon früher aufs Spiel gesetzt, kannte die körperlichen und seelischen Empfindungen, die mit einer solchen Erfahrung einhergingen, und war mit ein wenig Anstrengung in der Lage, sie zu ignorieren. Als General Perez auf ihn zuging, zeigte er keinerlei Emotion. Er nickte nur höflich und wartete, bis der General zu sprechen begann.

Einen Moment lang schien der General unfähig, Worte zu finden. Er schwitzte. Da dies der erste Umsturz war, den er inszeniert hatte, litt er zweifellos an Lampenfieber. Er flüchtete sich schließlich in die Etikette des Militärs. Die Hacken zusammenschlagend nahm er stramme Haltung an und richtete den Blick auf das linke Ohr des Präsidenten.

»Wir sind gekommen –«, begann er rauh, dann räusperte er sich und korrigierte sich. »Ich und die Mitglieder des Rats der Befreiungsfront sind gekommen, um Ihnen mitzuteilen, daß wir uns jetzt im Ausnahmezustand befinden.«

Der Präsident nickte höflich. »Ich danke Ihnen für die Information, General. Da die Telefonverbindung unterbrochen ist, war ich natürlich begierig zu erfahren, was geschehen ist. Diese Herren« – er deutete auf die Fallschirmjäger – »waren nicht bereit, mich aufzuklären.«

Der General ignorierte die Bemerkung und fuhr fort, als verläse er eine Proklamation. Tatsächlich zitierte er aus der Pressemitteilung, die den Journalisten bereits überreicht worden war.

»Unter der Leitung und dem Befehl des Rats«, sagte er, »haben die Streitkräfte sämtliche Funktionen der Zivilregierung im Staat übernommen und verlangen, wie in der Verfassung vorgesehen, in aller Form Ihren Rücktritt.«

Der Präsident gab sich befremdet. »Sie haben die Stirn, diese Meuterei mit der Verfassung zu rechtfertigen?«

Zum erstenmal, seit er den Raum betreten hatte, entspannte sich der General ein wenig.

»Wir stützen uns auf einen Präzedenzfall, Herr Präsident. Das sollte keiner besser wissen als Sie. Sie selbst setzten ihn, als Sie Ihre Entscheidung, Ihrem Vorgänger die Macht aus den Händen zu nehmen, Rechtskraft verliehen. Muß ich Sie an den Wortlaut des Zusatzartikels erinnern? ›Sollte ein gewählter Präsident aus irgendeinem Grund, und darunter fällt auch die Nichtausübung der Amtspflichten infolge von Krankheit körperlicher oder geistiger Natur oder infolge von Abwesenheit, nicht in der Lage sein, die ihm gemäß der Verfassung übertragene Autorität auszuüben, so kann eine Abordnung von Vertretern der Nation und jener Organe, die für die Aufrechterhaltung von Gesetz und Ordnung zuständig sind, seinen Rücktritt verlangen. Diese Abordnung ist berechtigt —‹«

Schon ein paar Sekunden lang hatte der Präsident abgewinkt. Jetzt fiel er dem anderen gereizt ins Wort.

»Ja, ja, das weiß ich alles. Aber mein Vorgänger war abwesend. Ich bin es nicht. Und ich bin auch nicht krank, weder körperlich noch geistig. Es gibt keine gesetzmäßigen Gründe, die Sie berechtigen, meinen Rücktritt zu verlangen.«

»Keine gesetzmäßigen Gründe, Herr Präsident?« Jetzt konnte General Perez sogar lächeln. Er wies auf die Fallschirmjäger. »Sind Sie in der Lage, das Amt eines Präsidenten auszuüben? Sind Sie das? Wenn Sie es glauben, dann versuchen Sie es.«

Der Präsident tat so, als dächte er über die Herausforderung nach. Bisher verlief das Gespräch im großen und ganzen so, wie er es erwartet hatte; doch die nächsten Schritte würden für ihn von entscheidender Bedeutung sein. Er ging langsam zu einem Fenster und zurück, um sich Zeit zur Sammlung zu verschaffen.

Alle im Saal beobachteten ihn scharf. Die Spannung stieg. Er spürte es. Seltsam, dachte er, ich bin ihr Gefangener, ihnen gänzlich ausgeliefert, und doch warten sie darauf, daß ich entscheide, eine Wahl treffe, obwohl ich keine Wahl habe. Die Situation war absurd. Sie wollten nichts weiter von ihm, als die Entlastung von dem bißchen Schuldgefühl, das sie ganz irrationalerweise verspürten. Sie hatten den Segen der Kirche; jetzt begehrten die armen Narren auch den Segen des Gesetzes. Nun gut. Sie sollten ihn haben. Aber er würde sie teuer zu stehen kommen.

Er drehte sich um und trat wieder General Perez gegenüber.

»Ein Rücktritt, der mir unter Zwang abgenötigt wurde, besäße vor dem Gesetz keine Rechtskraft«, sagte er.

Der General warf dem Polizeipräsidenten einen Blick zu.

»Sie sind Anwalt, Raymundo. Wer vertritt hier das Gesetz?«

»Der Rat der Befreiungsfront, General.«

Perez wandte sich wieder dem Präsidenten zu.

»Sie sehen, Herr Präsident, es gibt keine technischen Schwierigkeiten. Wir haben das notwendige Dokument bereits vorbereitet.«

Sein Adjutant hielt eine schwarze Ledermappe hoch.

Der Präsident zögerte, während er von einem zum anderen blickte, als hoffte er wider alle Vernunft einen Freund unter ihnen zu finden. Schließlich zuckte er mit den Achseln. »Ich werde das Dokument lesen«, sagte er kalt und trat zum Tisch.

Auf dem Weg dorthin schien er sich plötzlich wieder der Anwesenheit seiner Mitgefangenen bewußt zu werden. Er blieb stehen.

»Müssen meine Kollegen und meine Angestellten ebenso wie die Vertreter der ausländischen Presse Zeugen meiner Demütigung sein?« fragte er bitter.

General Perez gab dem Hauptmann der Luftlandetruppen ein Zeichen.

»Führen Sie diese Männer in einen anderen Raum. Und lassen Sie die Türen dieses Saals bewachen.«

Der Präsident wartete, bis die Gruppe aus dem Luftschutzraum hinausgeführt worden war, dann setzte er sich an den Tisch. Der Adjutant des Generals schlug die Mappe auf, entnahm ihr ein mit grünem Band gebundenes Dokument und legte es vor dem Präsidenten auf den Tisch.

Fuentes beugte sich mit demonstrativer Aufmerksamkeit über das Papier. Tatsächlich war ihm sein Inhalt gleichgültig. Ihm lag einzig daran, die Spannung noch ein wenig zu steigern und den Anwesenden das Gefühl zu vermitteln, daß sie gleich bekommen würden, was sie wollten.

Drei Minuten lang war Totenstille im Saal. Sie wurde nur vom Knattern fernen Maschinengewehrfeuers gestört. Es schien von der Südseite der Stadt zu kommen. Der Präsident nahm eine leichte Unruhe in der Gruppe der Männer wahr, die hinter ihm stand, und einer von ihnen räusperte sich nervös. Wieder krachten ferne Feuerstöße. Der Präsident nahm sie nicht zur Kenntnis. Er las das Dokument ein drittes Mal durch, legte es dann aus der Hand und lehnte sich in seinem Sessel zurück.

Der Adjutant hielt ihm einen Füllfederhalter hin. Der Präsident ignorierte ihn und drehte den Kopf so, daß er General Perez sehen konnte.

»Sie sprachen von einem Rücktritt, General«, sagte er. »Sie sagten nichts davon, daß es auch ein Geständnis sein sollte.«

»Von einem Geständnis kann wohl kaum die Rede sein, Herr Präsident«, antwortete der General trocken. »Wir würden nicht erwarten, daß Sie sich freiwillig selbst belasten. Sie geben lediglich Ihre Unfähigkeit zu. Das ist bei einem Staatsoberhaupt noch kein strafbares Vergehen.«

Der Präsident lächelte schwach. »Und wenn ich dieses Papier unterzeichne, was würde mich dann hinterher erwarten? Eine Gefängniszelle vielleicht, dem ein sorgfältig inszenierter Prozeß wegen Hochverrats folgt? Oder nur eine Kugel und ein Massengrab?«

Der General lief rot an. »Wir sind hier, Herr Präsident, um Machtmißbrauch zu korrigieren, nicht zu imitieren. Wenn Sie unterzeichnet haben, wird man Sie in Ihr Haus in der Provinz Alazan bringen. Dort werden Sie fürs erste bleiben, und der Gouverneur der Provinz wird Anweisung erhalten, dafür zu sorgen, daß Sie das auch tun. Abgesehen von dieser Beschränkung können Sie tun und lassen, was Ihnen beliebt. Es ist Ihrer Familie selbstverständlich gestattet, zu Ihnen zu ziehen.«

»Sie erwähnen das Haus in der Provinz Alazan. Wie steht es mit dem Rest meines Vermögens?«

»Es ist Ihnen gestattet, alles zu behalten, was zur Zeit Ihrer Amtsübernahme Ihr Eigentum war.«

»Ich verstehe.« Der Präsident stand auf und trat vom Tisch weg. »Ich werde es mir durch den Kopf gehen lassen. Morgen teile ich Ihnen meine Entscheidung mit«, fügte er wie nebenbei hinzu.

Das Schweigen, das dieser Ankündigung folgte, dauerte nicht lange, einer der Berichterstatter jedoch erzählte später, es wäre das ohrenbetäubendste gewesen, das er je erlebt hätte. Ein zweiter erinnerte sich, daß ihm in diesem Schweigen plötzlich das Vorhandensein und der Geruch einer großen Schale mit tropischen Blumen bewußt geworden sei, die auf einem Tischchen neben der Tür zum Vorzimmer stand.

Der Präsident war wieder auf dem Weg zu den Fenstern. General Perez machte zwei Schritte auf ihn zu und blieb stehen.

»Sie müssen sich sofort entscheiden! Sie müssen jetzt unterzeichnen!« bluffte er.

Der Präsident wandte sich ihm ärgerlich zu. »Warum? Warum jetzt?«

Die Antwort bekam er vom Polizeipräsidenten. »Du Sohn einer Hure, weil wir es dir sagen!« schrie er.

Plötzlich schrien sie alle auf ihn ein. Ein Offizier geriet so in Wut, daß er seine Pistole zog. Es kostete den General Mühe, die Ordnung wiederherzustellen.

Der Präsident schenkte ihnen allen keine Beachtung. Er behielt General Perez im Auge, aber das Wort richtete er jetzt an die Journalisten. Als das Getöse verklang, hob er die Stimme.

»Ich habe eine Frage gestellt, General. Warum jetzt? Warum die Eile? Die Frage ist angebracht. Wenn Sie, wie Sie sagen, das Land bereits unter Ihrer Kontrolle haben, was haben Sie dann von mir noch zu fürchten? Oder sollte vielleicht die Kontrolle nicht so vollkommen und wirksam sein, wie Sie uns glauben machen möchten?«

Der General mußte einen weiteren Zornesausbruch von seinen Kollegen beschwichtigen, ehe er antworten konnte; er selbst beherrschte sich in bewundernswerter Weise. Seine Antwort klang ruhig und bedächtig.

»Ich will Ihnen genau sagen, was wir unter Kontrolle haben, dann können Sie sich selbst ein Urteil bilden«, sagte er. »Zunächst einmal haben sich alle Armeegarnisonen in den Provinzen, alle Einrichtungen der Luftwaffe und sämtliche Polizeidienststellen zur Befreiungsfront bekannt; ebenso fünf der acht Provinzgouverneure. Die drei Opponenten – Sie können sich sicher denken, wer sie sind – wurden entmachtet und durch Militärgouverneure abgelöst. Dies alles wird für Sie, denke ich, nicht sehr überraschend sein. Außerhalb der Hauptstadt und der Bergwerksgebiete hatten Sie nie eine große Anhängerschaft.«

Der Präsident nickte. »Dummheit läßt sich manchmal nach der Landkarte bestimmen.«

»Nun zur Hauptstadt. Wir beherrschen sowohl die militärischen als auch die zivilen Flughäfen, den Flottenstützpunkt, das gesamte Nachrichtensystem, einschließlich Telefon, Rundfunk und Fernsehen, die Kraftwerke, alle Treibstofflager, alle Hauptverkehrsadern, alle Regierungsstellen und Dienststellen der städtischen Polizei, sowie die Redaktionen und Druckereien von *El Correo* und *La Gaceta*.« Er sah auf seine Uhr. »In bezug auf die Rundfunkanstalten möchte ich erwähnen, daß zwar das Fernsehen vorübergehend nicht sendet, der Rundfunk jedoch binnen kurzem seine Sendungen mit einer Bekanntmachung der Regierungsübernahme durch die Befreiungsfront, die ich vor zwei Tagen auf Band gesprochen habe, wiederaufnehmen wird. Wie ich Ihnen bereits sagte, wir haben jetzt alles unter Kontrolle.«

Der Präsident lächelte und warf den Journalisten einen vielsagenden Blick zu.

»Haben Sie auch die *sumideri* unter Kontrolle, General?«

Das Wort *sumideri*, übersetzt Gossen oder Rinnsteine, bezeichnete im volkstümlichen Dialekt die Slumgebiete auf der Südseite der Hauptstadt.

Der General zögerte nur einen Augenblick. »Die südlichen Stadtgebiete sind abgeriegelt«, antwortete er förmlich. »Hier trägt die erste Infanteriedivision, die von der dritten Panzerbrigade verstärkt wird, die Verantwortung.«

»Ich verstehe«. Wieder sah der Präsident zu den Journalisten hinüber. »Es kann also damit gerechnet werden, daß der Bürgerkrieg jeden Augenblick losbricht.«

Mit einer raschen Bewegung beider Hände brachte der General den Proteststurm seiner Gefolgschaft zum Schweigen.

»Wir sind darauf vorbereitet, jeglichem eventuell stattfindenden Gewaltausbruch der Massen mit Entschiedenheit entgegenzutreten«, erklärte er. »Darauf können Sie sich verlassen.«

»Ja«, antwortete der Präsident bitter, »Bürgerkrieg ist vielleicht nicht das richtige Wort für das planmäßige Massaker an unbewaffneten Zivilisten.« Er wandte sich plötzlich direkt an die Zeitungsberichterstatter, und seine Stimme wurde hart.

»Sie sind Zeugen dieser Farce geworden, meine Herren. Ich bitte Sie, dies alles in genauer Erinnerung zu behalten und die zivilisierte Welt ins Bild zu setzen. Diese Männer sind gekommen, um meinen Rücktritt als Staatsoberhaupt zu verlangen. Das ist alles, was sie wollen! Warum? Weil draußen auf den Straßen der Stadt ihre Panzergeschütze nur darauf warten, mit einem Gemetzel, das Tausenden von Männern und Frauen das Leben kostet, zu beginnen, Bürgern, die sich in unverbrüchlicher Loyalität zu mir bekennen werden. Und man zwingt sie zu diesem Gemetzel, indem man ihnen meine Absetzung in die Gesichter schleudert wie eine Handvoll Dreck!«

General Perez konnte es nicht mehr ertragen. »Das ist eine Lüge!« schrie er.

Der Präsident fuhr zornig auf. »Sie wollen doch nicht sagen, daß Sie *nicht* auf die Straßen gehen werden? Warum sonst sind die südlichen Stadtgebiete ›abgeriegelt‹, wie Sie es nennen? Warum sonst? Weil dort mein Volk lebt und weil die Menschen dort nur auf mich zu hören bereit sind.«

Ein Leuchten des Triumphs flog über das wütende Gesicht des Generals. »Dann werden *Sie* das Blut dieser Bürger an den Händen haben!« donnerte er und trat mit erhobenem Zeigefinger einen Schritt auf die Journalisten zu. »Sie haben gehört, was er sagte, meine Herren. Diese Menschen tun, was er ihnen sagt! Es liegt daher in seiner Verantwortung, nicht in unserer, ob sie uns Widerstand leisten. *Er* wird der Mörder von Frauen und Kindern sein. Das soll er einmal bestreiten.«

Diesmal entgegnete der Präsident nichts. Er stand nur stumm da und sah sich verwirrt um wie ein Boxer, der sich nach dem Aus schwankend hochgerappelt hat und nicht recht begreifen kann, daß der Kampf vorüber ist. Endlich ging er langsam zum Tisch zurück, ließ sich schwer in seinen Sessel fallen und stützte den Kopf in die Hände.

Niemand rührte sich. Als der Präsident den Kopf hob und die Versammelten wieder ansah, war sein Blick verstört.

»Sie haben recht«, sagte er, »diese Menschen sind meine Anhänger und sie tun, was ich ihnen sage. Die Verantwortung liegt bei mir. Ich nehme sie an. Es darf nicht zu einem sinnlosen Blutvergießen kommen. Ich halte es für meine Pflicht, ihnen zu sagen, daß sie keinen Widerstand leisten sollen.«

Einen Moment lang starrten alle ihn ungläubig an. Der Polizeipräsident wollte etwas sagen, hielt aber inne, als er einen Blick des Generals auffing. Wenn es dem Mann ernst war, durfte man diese Gelegenheit nicht verstreichen lassen.

General Perez trat näher und richtete erneut das Wort an den Präsidenten.

»Nicht einmal von Ihnen kann ich glauben, daß Sie in einer solchen Angelegenheit leichtfertig sprechen würden, dennoch muß ich fragen, ob es Ihnen mit Ihren Worten ernst ist.«

Der Präsident nickte zerstreut. »Ich werde ungefähr eine Stunde brauchen, um meine Erklärung aufzusetzen. Vom Palast gibt es eine direkte Verbindung zur Rundfunkanstalt, und wir haben die nötigen Geräte hier. Beim Rundfunk kann man meine Erklärung auf Band aufnehmen.« Er brachte ein bitteres Lächeln zustande. »Unter den gegebenen Umständen ziehen Sie doch eine Konserve zweifellos einer Livesendung vor.«

»Ja.« Aber der General wagte noch immer nicht, an seinen Triumph zu glauben. »Aber was macht Sie so sicher, daß die Bürger Ihnen gehorchen werden?« fragte er.

Der Präsident überlegte einen Moment, ehe er antwortete.

»Es wird sicher einige geben, die zu unglücklich, vielleicht auch zu zornig sein werden, um meinem Wort zu folgen«, sagte er. »Aber wenn die Truppenkommandeure angewiesen werden, Zurückhaltung walten zu lassen, kann die Zahl der Opfer auf einem Minimum gehalten werden.« Er sah den Polizeipräsidenten an. »Auch Verhaftungen sollten in Maßen vorgenommen werden. Aber ich glaube, die Mehrheit wird auf mich hören.« Er machte eine kurze Pause. »Eines ist wichtig: Sie müssen glauben, daß ich als freier Mensch zu ihnen spreche, und nicht aus Furcht, weil mir jemand eine Pistole an den Kopf hält.«

»Ich selbst kann Ihnen diese Versicherung geben«, sagte der General. Die Tatsache, daß er einen so naiven Vorschlag machen konnte, zeigte den Grad seiner Verwirrung zu diesem Zeitpunkt.

Der Präsident zog die Brauen hoch. »Bei allem Respekt, General, ich glaube nicht, daß wir erwarten können, daß die Menschen in dieser Situation ausgerechnet Ihnen glauben. Und ich denke, daß die Nachricht, daß ich in meinem Haus in der Provinz Alazan praktisch unter Arrest gestellt werden soll, auch nicht dazu beitragen wird, sie zu überzeugen.«

»Was schlagen Sie dann vor? Sie können ja wohl kaum hier in der Hauptstadt bleiben.«

»Natürlich nicht.« Der Präsident lehnte sich in seinem Sessel zurück. Er zeigte jetzt das Gebaren eines Staatsmanns. »Es ist völlig klar«, sagte er, »daß wir bei der Machtübergabe ordnungsgemäß und verantwortungsbewußt handeln müssen. Ich werde selbstverständlich zurücktreten, um der Befreiungsfront Platz zu machen. An Ihrer Stelle jedoch, das muß ich sagen, würde ich meine andauernde Anwesenheit in diesem Land, ganz gleich wo, nicht als wünschenswert betrachten. Diese Menschen, an die ich mich heute abend wende, werden sich nur aus Loyalität zu mir zügeln. Diese Loyalität wird andauern, solange es ihnen möglich ist, ihr Ausdruck zu geben. Sie täten wirklich besser daran, mich auszuweisen. Sobald ich zu meinen Anhängern gesprochen habe, sollten Sie mich so schnell wie möglich außer Landes befördern.«

»Ins Exil?« Der Polizeipräsident war es, der die Frage stellte. »Aber wenn wir Sie ins Exil schicken, sieht das nicht besser aus als Hausarrest in Alazan – eher schlechter.«

»Genau.« Der Präsident nickte beifällig. »Ich würde daher folgende Lösung vorschlagen: Sie gestatten mir, meinen Anhängern bekanntzugeben, daß ich ihnen, der Nation und der Befreiungsfront weiterhin dienen werde, aber in anderer Eigenschaft und im Ausland. Der Posten unseres Botschafters in Nicaragua ist derzeit vakant. Ich schlage vor, daß ich unmittelbar nach Aufnahme meiner Ansprache das Land verlasse, um mich auf meinen Posten zu begeben.«

Der Diskussion, die folgte, fehlte die Vehemenz der früheren Gefechte. Die Belastung der vergangenen vierundzwanzig Stunden begann ihren Tribut zu fordern; General Perez und seine Kollegen wurden müde; und die Feuerstöße im südlichen Teil der Stadt wurden immer nachdrücklicher. Die Zeit lief. Es war einer der Journalisten, der sie auf diese Tatsache aufmerksam machte.

»General«, sagte er zu Perez, »haben Sie daran gedacht, daß diese Leute, wenn der Präsident nicht bald zu ihnen spricht, so oder so auf die Straßen gehen werden?«

Auch der Präsident war sich der Dringlichkeit der Stunde bewußt, doch er wollte sich nicht hetzen lassen. Er wies darauf hin, daß noch gewisse protokollarische Fragen geregelt werden müßten, ehe er seinen Appell an die Bevölkerung richten könne. Seine Rücktrittserklärung würde neu entworfen werden müssen. Da er nunmehr als Botschafter seines Landes nach Nicaragua berufen werden solle, argumentierte er, müßten Hinweise auf seine Unfähigkeit, wie sie in der vorliegenden Fassung vorhanden seien, selbstverständlich gestrichen werden. Und es gäbe noch andere Klauseln, die so gedeutet werden könnten, als stellten sie seine persönliche Integrität in Frage.

Schließlich schrieb der Präsident seine eigene Rücktrittserklärung. Es war ein einfaches Dokument, jedoch mit großer Sorgfalt verfaßt. Seine Rundfunkansprache hingegen kritzelte er auf einen Schreibblock, während Techniker, die in aller Eile mit einem Jeep vom Rundfunkgebäude herbeigeholt worden waren, das Vorzimmer zum Aufnahmeraum umfunktionierten.

Inzwischen war auch die Telefonverbindung zum Palast wieder hergestellt und der Vorsteher des Präsidialsekretariats aus dem Arrest entlassen worden, so daß er in seinem Büro an die Arbeit gehen konnte.

Seine erste Aufgabe war es gewesen, mit dem Abgesandten von Nicaragua Kontakt aufzunehmen, ihm eine diskret zensierte Schilderung der gegenwärtigen Lage zu geben und ihn zu bitten, gemäß Artikel acht des Panamerikanischen Abkommens unverzüglich in Erfahrung zu bringen, ob seine Regierung bereit wäre, den Expräsidenten Fuentes in der Eigenschaft als Botschafter als *persona grata* in ihrem Land aufzunehmen. Der Botschafter Nicaraguas hatte sich erboten, selbst den Außenminister in Managua anzurufen und sich dann wieder zu melden. Seiner persönlichen Meinung zufolge würde der vorgeschlagenen Ernennung nichts im Wege stehen.

Mit Hilfe des der Luftwaffe angehörigen Ratsmitglieds sprach der Vorsteher des Präsidialsekretariats als nächstes mit dem befehlshabenden Offizier am internationalen Flughafen. Er erfuhr, daß von den beiden Zivilmaschinen, die aufgrund des Startverbots auf dem Flughafen festsaßen, eine nach Carracas, die andere, ein Jet der kolumbianischen Avianca, nach Mexico-

City wollte. Zum Glück befand sich ein Vizekonsul des kolumbianischen Generalkonsulats, der vom Flugkapitän der Avianca herbeizitiert war, um gegen das Flugverbot zu protestieren, bereits am Flughafen. Der Vorsteher des Präsidialsekretariats sprach mit dem Vizekonsul, der ihm versicherte, daß die Avianca bereit wäre, Expräsident Fuentes als Passagier nach Mexico-City mitzunehmen, wenn die mexikanische Regierung ihm die Landung gestattete. Die notwendige Erlaubnis sicherte ein Anruf bei der mexikanischen Botschaft mit der Erklärung, daß Expräsident Fuentes auf dem Weg zu seinem neuen Posten als akkreditierter diplomatischer Vertreter in der Republik Nicaragua auf mexikanischem Territorium Zwischenstation machen müsse.

Der Präsident besaß bereits einen Diplomatenpaß, der dem neuen Stand seines Eigentümers durch geringfügige Modifizierungen angepaßt werden konnte. Nun hing seine Abreise nur noch von der Bestätigung des Botschafters von Nicaragua ab, daß man ihn in Managua als diplomatischen Vertreter anerkennen würde. Innerhalb einer Stunde ging von der dortigen Regierung, die überzeugt war, durch rasches Handeln beiden Parteien zu helfen, eine positive Antwort ein.

Der Fluchtweg war offen.

Präsident Fuentes machte zwei Bandaufnahmen seines Appells an seine Anhängerschaft, die eine für den Rundfunk, die zweite zur Verbreitung über Lautsprecher in den Straßen der *sumideri*. Dann unterzeichnete er seine Rücktrittserklärung und wurde zum Flughafen gefahren. General Perez stellte eine Eskorte von Panzerwagen.

Die Maschine mit Expräsident Fuentes an Bord startete kurz nach Mitternacht. Fünf Stunden später landete sie in Mexiko-City.

Die Nachricht vom Putsch der Befreiungsfront, vom freiwilligen Rücktritt des Präsidenten und seiner Ernennung zum Botschafter war von allen internationalen Nachrichtendiensten gebracht worden, und am Flughafen wartete eine Schar Reporter auf ihn. Man hatte trotz der frühen Stunde auch einen Protokollbeamten des Auswärtigen Amts zu seinem Empfang geschickt. Fuentes bestätigte den Reportern in einer kurzen Erklärung die Tatsache seines Rücktritts. Bezüglich seiner Ernennung zum Botschafter in Nicaragua waren seine Äußerungen vage. Danach fuhr er zu einem Hotel in der Stadt. Auf der Fahrt fragte er den Protokollbeamten, ob es nicht angemessen sei, daß er später am Tag dem Außenminister seine Aufwartung mache.

Der Beamte war leicht überrascht. Da Botschafter Fuentes sich lediglich auf der Durchreise in Mexiko befand, hätte man von ihm normalerweise nur eine Geste der Höflichkeit in Form eines kurzen Dankschreibens an den Minister erwartet. Andererseits jedoch waren die Umstände der plötzlichen Versetzung Fuentes' vom Präsidenten zum Botschafter durchaus ungewöhnlich, und es war möglich, daß der Minister die Gelegenheit begrüßen würde, von Fuentes persönlich zu hören, was er diesbezüglich zu sagen hatte. Der Beamte versprach also, den Privatsekretär des Ministers baldmöglichst zu konsultieren.

Der Minister empfing Botschafter Fuentes um fünf Uhr desselben Nachmittags.

Die beiden Männer waren einander bereits früher begegnet, zum einen auf Konferenzen der Organisation amerikanischer Staaten, zum anderen bei einem Staatsbesuch Fuentes' in Mexiko, kurz nachdem er Staatspräsident geworden war. Es sprach für die angeborene Höflichkeit des Ministers und für seine Selbstbeherrschung, daß Fuentes glaubte, er sei dem Minister sympathisch. Tatsache aber war, daß der Minister ihn weder mochte noch schätzte, und ihn die Nachricht vom Putsch der Befreiungsfront nicht im geringsten überrascht oder bekümmert hatte. Die geschickte Art und Weise jedoch, mit der sich Fuentes aus der Situation – nicht nur lebend und frei, sondern auch noch mit diplomatischer Immunität versehen – herauslaviert hatte, amüsierte ihn; und sie milderte seine Abneigung gegen ihn. Fuentes war, das mußte man zugeben, ein einnehmender Schurke.

Nachdem die einleitenden Höflichkeitsfloskeln getauscht waren, erkundigte sich der Minister zuvorkommend, ob er dem Botschafter während seines Aufenthalts in Mexiko irgendwie zu Diensten sein könne.

Fuentes neigte den Kopf. »Das ist sehr gütig von Ihnen, Herr Minister«, sagte er. »Ja, eine Bitte habe ich.«

»Sie brauchen sie nur zu äußern.«

»Ich danke Ihnen.« Botschafter Fuentes richtete sich ein wenig in seinem Sessel auf. »Ich möchte«, begann er, »in aller Form den Antrag stellen, hier als Flüchtling betrachtet zu werden, und möchte in aller Form in den Vereinigten Staaten von Mexiko um politisches Asyl bitten.«

Der Minister starrte ihn einen Moment lang sprachlos an, dann lächelte er.

»Das kann doch nur ein Scherz sein, Herr Botschafter.«

»Durchaus nicht.«

Der Minister war verwirrt, und in seiner Verwirrung faßte er den ersten naheliegenden Einwand der ihm in den Kopf kam in Worte.

»Aber in den Vereinigten Staaten von Mexiko haben Sie doch aufgrund des Panamerikanischen Abkommens bereits diplomatischen Status und genießen alle diplomatischen Privilegien, auch wenn Sie nicht bei der Regierung akkreditiert sind.«

Er sollte diese Feststellung später bedauern.

Botschafter Fuentes begab sich nie auf seinen Posten in Nicaragua.

Eine der ersten Amtshandlungen des von General Perez geleiteten Rats der Befreiungsfront bestand darin, einen Ausschuß unter dem Vorsitz des Professors für Wirtschaftswissenschaft an der Bolivar Universität einzuberufen, der über die finanzielle Lage der Republik berichten sollte.

Der Ausschuß brauchte nur wenige Tage, um zu entdecken, daß Expräsident Fuentes in den vergangenen drei Jahren den Druck von Fünfhundert-Peseta-Noten in einem Gesamtwert von einhundert Millionen Dollar in Auftrag gegeben hatte, und daß zwanzig dieser hundert Millionen spurlos verschwunden waren.

Der Präsident der Nationalbank wurde sofort verhaftet. Er war ein alter Mann, der den größten Teil seines Lebens in den nationalen Archiven zugebracht hatte, wo er für eine gelehrte Studie über Landzuweisungen während der spanischen Kolonialzeit Material gesammelt hatte. Fuentes hatte ihn zum Präsidenten der Bank ernannt. Er hatte vom Bankgeschäft keine Ahnung und lediglich die Befehle des Finanzministers ausgeführt.

Fuentes war sein eigener Finanzminister gewesen.

Von der Presse in Mexiko-City zu diesem Thema befragt, erklärte Expräsident Fuentes, das Untersuchungsergebnis des Ausschusses hätte ihn bestürzt, entsetzt und erstaunt. Er sagte ferner, er habe keine Ahnung, wo die fehlenden zwanzig Millionen sein könnten. Bedauerlicherweise gelang es ihm nicht ganz, sich eines Lächelns zu enthalten, als er das sagte.

Frieden hat Expräsident Fuentes im Ruhestand nicht gefunden.

In den fünf Jahren seiner Präsidentschaft wurde nur ein ernstzunehmendes Attentat auf ihn verübt. Seit er zurückgetreten ist, sich nicht mehr mit der Politik befaßt und im Ausland lebt, wurden nicht weniger als drei Anschläge auf sein Leben verübt. Und es werden zweifellos weitere folgen. Unterdessen mußte er zwei Auslieferungsanträge abwehren und diverse Zivilprozesse führen, bei denen es auf Herausgabe seiner in Europa deponierten Gelder ging.

Er ist selbstverständlich ein reicher Mann und kann es sich leisten, den Preis für den notwendigen Schutz seiner Person und seines Eigentums zu bezahlen; aber er hat sich keineswegs mit der Situation abgefunden. Andere Männer in seiner Position haben, wie er gern bemerkt, weit größere Vermögen angehäuft. Außerdem herrschte unter seinem Regime niemals unakzeptable Grausamkeit. Er war kein Trujillo, kein Batista, kein Profirio Diaz. Warum hetzt und terrorisiert man ihn, als wäre er einer von diesen gewesen?

Expräsident Fuentes versteht die Welt nicht und ist empört.

Aus dem Englischen übertragen
von Mechtild Sandberg-Ciletti

Meistermorde

John Bingham

Mr. Bulmer's goldener Karpfen

Mr. Bulmer stand geduldig in der U-Bahn und wartete darauf, daß der Zug in der Station Green Park anhielt. Er hielt sich an der von oben herunterhängenden Schlaufe fest, schwankte leicht mit den Bewegungen des Zuges und schaute sich die Gesichter seiner Mitfahrer an. Die meisten wirkten verbissen und waren blaß; sie haßten den Beginn einer neuen Woche, der noch durch das dunkle Wetter, einen Hauch von Nebel und die eisige Kälte in den Straßen verschlimmert wurde.

Er selbst fühlte sich nie unglücklich am Montag oder an irgendeinem anderen Morgen. Im Gegenteil, er ging immer gern aus dem Haus, ganz gleich, wie das Wetter sein mochte, denn er hatte ein Hobby, das ihn warm hielt.

Und während sich die anderen Fahrgäste mit den Morgenzeitungen betäubten oder schnieften und sich die Nasen abtupften oder mit glasigen Augen auf gar nichts starrten, summte sich Bulmer ein albernes kleines Liedchen vor, an das er sich aus längstvergangenen Tagen erinnerte:

>»Ich hab' zwei Dorsche gesehen,
>Sie schmusten im tiefen Meer
>Ich sah sie, doch ich fürchte,
>Sie schauten nicht zu mir her...«

Er hielt inne, überlegte sich die nächsten Zeilen, und er fuhr fort – richtig oder falsch – zu summen:

>»Ich bin noch mal hingegangen
>Und schrie, denn ich freut' mich so sehr:
>Ich hab' sie schmusen gesehen,
>Die Dorsche im tiefen Meer.«

Jetzt warf er wieder einen Blick auf seine Mitfahrer und suchte nach einem Gesicht, welches darauf hindeutete, daß sein Besitzer so fröhlich war wie er selbst. Und er dachte, er würde vielleicht eines finden, wenn jemand einen guten Schnitt bei der staatlichen Lotterie oder im Fußballtoto gemacht hatte.

Aber sie waren alle in ihren Montagmorgen-Trübsinn versunken.

Er selbst hatte nichts übrig für Lotterie und Toto, Angeln, mit denen die Leute einen Fisch an Land ziehen wollten, der so groß war, daß sie danach nie mehr arbeiten mußten. Bei der Staatsanleihe-Lotterie blockierte man sein Bargeld, vorausgesetzt, daß man welches zur Verfügung hatte, und beim Toto mußte man den Haken mit Geld beködern und die Angel einmal wöchentlich auswerfen.

Seine Angel dagegen war immer im Wasser. Tag für Tag. Und der Haken war groß, mit starken Widerhaken versehen, und ohne Köder. Das war das Schöne: Man brauchte keinen Köder.

In ihrer Begeisterung konnten die Fische gar nicht schnell genug darauf zuschwimmen und spießten sich vor Eifer gegenseitig auf. In bestimmten Fällen riß er sogar die Angelschnur mit dem Haken weg, weil er wählerisch war und es Fische gab, die die Hand bissen, welche sie mit dem Haken fütterte, während andere einfach zu klein waren. Und mit kleinen Fischen hatte er sich noch nie abgegeben.

Sie waren das Risiko nicht wert.

Sicher, meistens gab es einen Kampf, aber das brachte erst so richtig Spaß in die Sache, in einen erträglichen Sport, der Raffinesse, Erfahrung und Sachkenntnis erforderte, und seine Angelschnur war immer stark und glatt zugleich. Er war stolz, auch auf seine glatte und gewandte Art des Sprechens. Mr. Bulmer liebte es, mit Worten zu spielen.

Während er mit der Bewegung der U-Bahn hin und her schwankte, dachte er wieder daran, wie glatt seine Angelschnur war. Glatt und nahezu unzerreißbar, obwohl der eine oder andere Fisch davongekommen war – in seiner Anfangszeit, als es ihm noch an Erfahrung fehlte.

Jetzt erinnerte er sich fast liebevoll an die Details, wie sein erster kleiner Fisch an den Haken drängte und wie er ihn fortgescheucht hatte; obwohl der Fisch an sich ziemlich wertlos war, hatte dieses Erlebnis Mr. Bulmer die Bedeutung eines Hobbys klargemacht, das zu einer ständigen Quelle des Vergnügens und des Profits werden konnte und ihm für den Rest seines Lebens das Herz erwärmen konnte.

So etwas setzte man nicht für einen zu kleinen Fisch aufs Spiel.

Der Zug fuhr in die Station Green Park ein, und er mußte seine Erinnerungen unterbrechen.

Dann eilte er mit raschen Schritten, weil draußen ein Graupelschauer niederging, zu der kleinen chemischen Reinigung in der Curzon Street, bei der er Geschäftsführer war. Er hatte schon größere Zweigstellen der Vier-Sterne-Reinigung in den Vororten verwaltet, aber als ihm bekannt geworden war, daß sich die Firma vergebens bemühte, einen guten Geschäftsführer für die kleine, um ihr Dasein kämpfende Filiale in Mayfair zu finden, hatte er sich mutig dafür angeboten, obwohl er wegen des Gehaltssystems, das vom Umsatz abhängig war, mit einem geringeren Einkommen rechnen mußte.

Aber er hatte milde lächelnd und mit seiner aufrichtigsten Miene – ganz der gute, alte, verläßliche Bulmer – dargelegt, daß seine Bedürfnisse als unverheirateter Mann relativ bescheiden waren, daß er die Fünfzig überschritten hatte, daß die Firma ihn in den vergangenen zwanzig Jahren stets anständig behandelt habe und daß sie zweifellos dabei bliebe, wenn er einmal in Pension gehen würde. Daher sei er bereit, auch einmal zu verzichten, wenn es darum gehe, der Firma aus der Klemme zu helfen.

Er war allerdings zugleich überzeugt davon, daß er sich damit auch selbst helfen würde, und zwar ohne die Bücher zu fälschen oder die Buchhaltung und die Buchprüfer in irgendeiner Weise hinters Licht zu führen.

Also hatte er sich zurückgelehnt, hatte den leitenden Direktor wohlwollend aus braunen Augen, die durch die dicken Brillengläser vergrößert wurden, angeschaut, hatte Worte der Anerkennung zu hören bekommen, während er sich mit der Hand über die Glatze fuhr, und dann vorübergehend seine kleinen, weißen Hände auf den kleinen, runden Bauch gelegt.

Es war alles sehr freundlich und angenehm gewesen.

Danach war er weitergegangen in eine enge Straße in Soho, wo seine persönlichen, ausgefallenen Vergnügungen zu ihrem Recht kommen konnten, denn er wußte, daß der gute alte Bulmer ein fader Kerl werden würde, wenn er neben der Arbeit nicht auch das Vergnügen berücksichtigte.

Und der Anlaß war es ja auch wert gewesen, daß man ihn feierte.

Die Zweigstelle in Mayfair war zwar vom Umfang her eher bescheiden, aber dennoch kein gewöhnlicher Fischteich. Dort konnte man auch Karpfen angeln, große, alte und schwere Karpfen.

Goldene Karpfen.

Als er jetzt zur Vier-Sterne-Reinigung kam, warf er einen Blick auf das Plakat im Schaufenster, das die vier Vorzüge der Firma herausstellte: Reinigung an Ort und Stelle, Bügeln ohne längere Wartezeit, Flicken und andere Reparaturen und schnelle, kostenfreie Lieferung ins Haus.

Er hatte das Plakat erst kürzlich neu gemalt und wie häufig über das Wortspiel gekichert, das in der ersten der vier mit Sternen versehenen Zeilen enthalten war:

★ Chemische Reinigung wird auf der Stelle erledigt!

»Auf der Stelle erledigt!« Witzig! Ein Hinweis für wache, aufgeweckte Geister.

Er lächelte in den Graupelschauer und sperrte den Seiteneingang auf. Es war dreißig Minuten vor der Öffnungszeit. Die übrigen Angestellten würden erst in zwanzig Minuten auftauchen.

Er kam immer sehr früh, teils weil er selbst im Winter, wenn das Haus noch kalt war, immerhin sein Hobby hatte, das ihn warm hielt, und teils, um darauf zu achten, daß die Buchführung und auch alles andere in peinlicher Ordnung war. Das war für sein Hobby von entscheidender Bedeutung.

Er warf einen kurzen Blick auf die riesige Trommel, in der die vierzig Pfund schweren Kleiderbündel in Perchloräthylen rotierten, das von den Angestellten kurz als »Perk« bezeichnet wurde, dann auf das riesige Bügelbrett, wo der Flecklöser die Sachen auf hartnäckige Flecken behandelte.

Die Dampfkanone, mit der man feuchteren oder trockeneren Dampf auf die Flecken blasen konnte, lag auf dem Brett, und daneben standen die kleinen Fläschchen mit Chemikalien, einfaches Methanol für Tintenflecken und ähnliches, Amylazetat, verdünnte Schwefelsäure und Peroxid für bestimmte weiße Stoffe, dazu Ammoniak und verdünnte Salzsäure. Die beiden letzteren Chemikalien waren besonders hilfreich beim Entfernen von Blutflecken.

Als er seinen dicken grauen Mantel, den Schal und den Hut aufgehängt hatte, mußte er völlig zusammenhanglos – an Wein denken und daran, wie leicht es früher gewesen war, Weinflecken zu entfernen. Heute war das nicht mehr der Fall. Wein schien jetzt den Stoff zu bleichen, und es hätte ihn nicht gewundert, wenn er erfahren hätte, daß man den billigeren Rotweinen Farbstoffe zusetzte, um sie dunkler erscheinen zu lassen.

Dann ging er eifrig und mit seinen kleinen, etwas hüpfenden Schritten in den Vorderteil des Geschäfts, wo die Sachen der Kunden, gereinigt und zur Auslieferung bereit, in Reihen an der Stange hingen.

Das war sein Fischteich.

Er war nicht groß, und es hatte drei Monate gedauert, bis er etwas hatte fangen können, aber wie in einem kleinen, fernen Bergsee, wo es nur wenige, aber hervorragende Fische gab, wußte er, daß seine Angel in dieser Zweigstelle in Mayfair mit ihrer zahlenmäßig begrenzten, aber wohlhabenden Kundschaft im richtigen Wasser hing.

Es war lediglich eine Frage der Geduld.

Er ließ den Blick die Reihe von Kleidungsstücken entlangschweifen und prägte sich die Farbe der Etiketten ein, die mit Stecknadeln daran befestigt waren. Ein jedes Etikett war das kurze Stück eines breiten Papierstreifens, das drei Zahlenreihen in dauerhafter Farbe aufwies.

Die erste Reihe hatte die gleiche Zahlenfolge wie im Auftragsbuch, wobei der Kunde das Auftragsoriginal ausgehändigt bekam. Die zweite Reihe zeigte die Anzahl der Stücke, die gereinigt werden sollten – ein Anzug, bestehend aus Hose und Jackett, hatte zum Beispiel die Zahl 2, ein Jackett allein die Zahl 1. Und in der dritten Reihe war das Datum vermerkt, zu dem das oder die Kleidungsstücke abgegeben worden waren.

Rote Etiketten bedeuteten normale Reinigung. Ein rotes und ein gelbes bedeutete normale Reinigung mit Rückfrage wegen Reparaturen. Ein blaues Etikett bedeutete Expreß – das heißt, das Kleidungsstück mußte in vierundzwanzig Stunden abholfertig sein.

Ein weißes Etikett hieß: Es waren Gegenstände in den Taschen; sie liegen im Schrank unter der Theke.

Mr. Bulmer, der fleißige, kleine Geschäftsführer, der immer früher als die anderen im Laden war, betrachtete jetzt die Kleidungsstücke, rieb sich die Hände und schaute nach einem weißen Etikett.

Er überprüfte die Sachen, die am Samstag hereingekommen waren, als er sich den Vormittag freigenommen hatte – Aufträge, die an diesem Montag fertig sein sollten. Den Rest hatte er bereits überprüft.

Und wie er so dastand, fühlte er wieder einmal die altbekannte Spannung; seine Augen glänzten und sahen riesig aus hinter den funkelnden Gläsern. Vielleicht erwischte er an diesem grauen Morgen einen ganz großen Burschen, einen Fisch, der Tausende wert war. Vielleicht sogar zehntausend. Vielleicht noch mehr.

Fünf blaue Expreß-Etiketten. Zwei an Damenkleidern, die übrigen an einem Dinnerjackett und Hose, einem Sportsakko und Hose und einem schwarzen Sakko mit gestreifter Hose. Er entdeckte keine weißen Etiketten und wandte sich enttäuscht ab, um die Zentralheizung aufzudrehen.

Dann, als er an dem schwarzen Jackett mit der gestreiften Hose vorbeikam, entdeckte er doch noch ein weißes Etikett, das an den Ärmel des Jacketts gesteckt war. Das Damenkleid verdeckte es fast ganz.

Vorsichtig und mit spitzen Fingern seiner kleinen, dicklichen weißen Hand zog er den einen Ärmel nach oben, an dem das weiße und das blaue Etikett befestigt waren, und merkte sich die Nummer: 112451.

Auf der Empfangstheke war ein Topf mit alten Bleistiften und Kugelschreibern, die eine neue Mine gebraucht hätten. Auch der Schlüssel für den Schrank unter der Theke, in dem die Sachen aufbewahrt wurden, welche man in den Kleidungsstücken der Kunden gefunden hatte, wurde in dieser Schale aufbewahrt – ein Versuch, Einbrecher und Ladendiebe zu täuschen.

Er schüttelte den Schlüssel aus dem Topf, sperrte den Schrank auf und betrachtete die Reihe von Umschlägen aus dickem Papier auf einem Regalbrett. Auf jedem Umschlag war handschriftlich die entsprechende Etikettennummer vermerkt.

Er suchte nach 112451.

Überraschend, was die Leute oft in den Taschen ließen, besonders die Männer. Flache, goldene Zigarettenetuis, teure Feuerzeuge und Banknoten waren hier in der Mayfair-Filiale nicht selten. Das alles interessierte ihn wenig, auch nicht die intimeren Dinge, wie man sie in einer Drogerie oder Apotheke kaufen konnte und die, wenn sie die Ehefrau entdeckte, durchaus dazu geeignet waren, eine unangenehme eheliche Szene zu verursachen. Mr. Bulmer achtete stets darauf, daß die Angestellten sich überlegten, wie und wem sie das Eigentum zurückgeben mußten. In Zweifelsfällen waren sie gehalten, sich an ihn zu wenden.

Familiäre Harmonie war in diesen Tagen von entscheidender Bedeutung, erklärte er ihnen dann, und wenn es der Vier-Sterne-Reinigung gelang, hier und da ihren bescheidenen Beitrag zu leisten, um eine Ehekrise zu vermeiden, so war das ihre Pflicht –, und zwar ohne eine andere Belohnung zu erwarten außer dem Gefühl, der sozialen Pflicht auf gewissenhafte Weise Genüge getan zu haben.

Der Umschlag mit der Zahl 112451 war flach und leicht. Ein gutes Omen. Dicke oder schwere Umschläge waren fast immer enttäuschend.

Er stand da und betrachtete ihn ein paar Augenblicke, hielt

ihn ungeöffnet in der Hand. Er verfuhr mit jedem Umschlag in dieser Weise und genoß die Vorfreude auf das, was er darin entdecken würde, wobei ihm durchaus klar war, daß er aufgrund der Art seines Hobbys fast immer enttäuscht wurde. *Fast immer.* Aber eben nicht immer.

Er hatte oft beobachtet, daß ein Mensch, bevor er etwas zu essen beginnt, was er für ein schmackhaftes Gericht hält, sich kaum merklich zulächelt und dann erst Messer und Gabel in die Hand nimmt.

Mr. Bulmer lächelte leicht, als er den Umschlag aus dickem Papier öffnete. Drinnen befand sich ein glatter, weißer Briefumschlag. Mr. Bulmer bemerkte die teure Qualität des Papiers. Der Umschlag war adressiert: »Sir Henry Bendetter«. In der linken oberen Ecke stand »Durch Boten« und »Persönlich auszuhändigen«. Auf der Rückseite stand noch einmal, als Bestätigung: »Persönlich«.

Die Schrift war groß, kühn und wahrscheinlich weiblich. Der Umschlag war nicht aufgeschlitzt, sondern vermutlich in Eile aufgerissen worden.

Als er die Notiz gelesen hatte, die sich in dem Umschlag befand, überkam Mr. Bulmer die Stille, die er immer in Augenblicken erfreulicher Überraschungen empfand. Es war, als ob alle Geräusche verstummt wären bis auf seinen sich allmählich beschleunigenden Pulsschlag.

Er las die Notiz noch einmal:

Mein Darling,
wie schlau Du warst! Er hat unseren Rat befolgt und fliegt am Donnerstag vormittag zu einer Konsultation nach Genf, kehrt Sonntag zurück. SKH wird erst am Montag abgeholt. Ich habe unser Zimmer in Oakleigh wie besprochen reservieren lassen. Hol mich ab wie immer, am Donnerstagmittag. Darling, es ist so lange her!
Dein kleines Nutkin
XXX

Den ganzen Tag über hatte Mr. Bulmer Sonne im Herzen.

Die Angestellten klagten über das scheußliche Winterwetter, waren unhöflich zu den Kunden und bösartig untereinander, aber Mr. Bulmer summte die ganze Zeit vor sich hin. Das merkten die Angestellten hinter den vom Dampf beschlagenen Fenstern der Vier-Sterne-Reinigung, und es ärgerte sie. Der alte Bulmer hatte einfach kein Recht, an einem solchen Tag glücklich zu sein. Aber Mr. Bulmer fühlte, daß er alles Recht dazu hatte, und die Melodie, die er öfter summte als jede andere, war die zu dem albernen Liedchen »Ich hab' zwei Dorsche gesehen, sie schmusten im tiefen Meer; ich sah sie, doch ich fürchte, sie schauten nicht zu mir her...«

Es war praktisch, denn Oakleigh lag am Meer, an der Küste von Sussex.

Er wiederholte stets die letzte Zeile des Liedchens – »sie schauten nicht zu mir her«. Und sie würden tatsächlich nicht zu ihm hinschauen, bis es zu spät war.

Aber im Verlauf des Vormittags brachte er eine kleine Änderung an.

Das Nachschlagewerk, das er in seiner Schreibtischschublade liegen hatte, lieferte eine Information, die das Lied in seinem Herzen erweiterte.

Sir Henry Bendetter war Mitglied des Königlichen Ärztekollegiums, hatte eine großartige Karriere hinter sich und hoffte zweifellos, noch weiter nach oben zu kommen, denn er war erst neunundvierzig.

Mit achtunddreißig hatte er Elizabeth Maker geheiratet, die Witwe von Sir James Maker, und es gab einen Sohn, James, und eine Tochter, Mary. Sie hatten eine Adresse in Kensington, und eine zweite, offensichtlich die Praxis, in der Harley Street.

Mr. Bulmer warf wieder einen Blick auf den Brief von Nutkin mit dem Hinweis auf SKH, und wieder begann sein Herz schneller zu schlagen.

Diese Nutkin war zweifellos eine etwas verrückte Frau. Seine Gedanken wanderten in seine Kindheit zurück, und er erinnerte sich an das kleine Buch von Beatrix Potter über das Eichhörnchen Nutkin. Die meisten Eichhörnchen waren ein bißchen verrückt und zerstreut; sie vergaßen nicht selten, wo sie ihre Nüsse versteckt hatten.

Dieses bestimmte Eichhörnchen namens Nutkin hatte sogar auf seinem eigenen Briefpapier geschrieben.

Er schaute im Stadtplan nach, dann nahm er sich mit wachsender Aufregung ein anderes Nachschlagewerk vor.

Es schien zu schön, um wahr zu sein.

Nutkins Adresse war die von Lord und Lady Catterley. Und es gab einen wertvollen Hinweis auf eine Ehrenstellung bei Hof.

Das war grandios. Zwei große Fische, nicht nur einer, und vielleicht konnte man sie mit etwas Glück einzeln behandeln, so daß ein jeder verzweifelt zappeln würde.

Deshalb hatte er das Wort im Lied verändert, hatte in Gedanken aus den Dorschen Karpfen gemacht, und summte leise vor sich hin: »Ich hab' zwei Karpfen gesehen, sie schmusten im tiefen Meer.«

Goldene Karpfen – endlich!

Am Ende des Tages ging er wieder einmal in den kleinen Kellerklub in der engen Straße in Soho, wo er sich seinen seltsamen sadistischen Vergnügungen hingab. Es kostete ihn eine Menge Geld, aber er hatte gutes Geld verdient und gespart von seinem Hobby, und nun würde ihm der goldene Karpfen noch mehr einbringen. Auch diesmal sagte er sich, als er dort hinging, daß nur Arbeit ohne Vergnügen aus dem alten Bulmer einen faden Kerl machen würde.

Etwa gegen neun Uhr fuhr er zurück nach Notting Hill Gate, sperrte die Tür zu einem großen, viktorianischen Haus mit Säulen zu beiden Seiten des Eingangs auf und ging in den zweiten Stock, wo sich sein Wohn-Schlafzimmer befand; der ehemalige Wandschrank war mit einem Gasherd versehen worden und hieß deshalb Kochnische. Das Bad und die Toilette lagen im Zwischenstock, und er teilte sie mit den Leuten aus dem unteren Stockwerk.

Er rauchte nicht und trank weder Bier noch andere alkoholische Getränke – außer, daß er sich zu besonderen Gelegenheiten ein Glas süßen Apfelmost gönnte. Angesichts der Aufregungen dieses Tages und der noch weniger weit zurückliegenden vom frühen Abend in Soho öffnete er sich eine Flasche davon und schenkte sich ein Glas ein, bevor er sich in einem bequemen Sessel vor dem elektrischen Kaminfeuer niederließ.

Normalerweise schaltete er nur eine Heizspirale ein, und nur an besonders kalten Tagen zwei. Aber an diesem Abend schaltete er angesichts des Wetters und der Ereignisse des Tages alle drei ein. Geld spielte jetzt keine Rolle.

Bevor er sich setzte, nahm er noch sein Kontobuch aus der versperrten Schublade eines kitschig-antiken Tischchens, warf einen Blick hinein und stellte fest, daß seine Ersparnisse fast 17000 Pfund betrugen.

Jetzt, mit dem goldenen Karpfen an der Angel, konnte diese Summe leicht auf 37000 Pfund erhöht werden. Oder sogar auf 50000 – eine runde Zahl.

Und er würde dabei Spaß haben.

Bestimmt würde er Spaß haben.

Er schaltete sein kleines Radio ein und hörte Beethoven, streckte die kurzen Beine zum elektrischen Feuer hin und nahm sich aus einer Papiertüte die beiden Cremeschnitten, die er sich mittags gekauft hatte. Ja, vielleicht war er fett und klein, dachte er, und korrigierte sich, weil ihm viel an Genauigkeit lag. Sicher, er war klein, doch das galt auch für Napoleon, Mussolini, Winston Churchill und andere einflußreiche Menschen, darunter mehrere bekannte Mörder.

Er begann über Mord nachzudenken und genoß dazu die klebrige Süße der Cremeschnitte, wurde besänftigt von Beethovens Musik und sagte sich, daß das Töten die extremste Form der Machtausübung war, denn was nützte es einem Menschen, wenn er die ganze Welt gewann und das Leben verlor? Daher war das Töten, das Wegnehmen des Lebens, der äußerste Triumph des Menschen über den Menschen. Er wiederholte den Satz, weil er ihm so gut gefiel: »Das Töten ist der äußerste Triumph des Menschen über den Menschen.«

Etwas Creme war ihm auf die Finger gelaufen. Er leckte sie ab und betrachtete dann seine kleinen weißen Hände. Sie waren nie blutbefleckt gewesen vom Töten. Aber man brauchte keine Hände zum Töten.

Nicht einmal einen Finger, um den Abzug einer Schußwaffe durchzuziehen.

Die höchste Raffinesse eines Mordes war dann erreicht, wenn einem das Opfer selbst die Arbeit des Tötens abnahm. Darin lag die wahre, einzigartige Kunst.

Erst kam die Extraktion des Geldes, denn Geld war süß, süßer als die Liebe der Frauen, vor allem, da die Natur in ihrer Weisheit es so eingerichtet hatte, daß er selbst nicht in der Lage war, Frauen wirklich zu lieben. Dann kam die Beobachtung der Verzweiflung. Dann die Ausübung seiner Macht – und die führte zum Selbstmord des Opfers.

Erst wenn ein Fisch an seiner Angel zappelte und wenn sich seine beiden Ziele erfüllten, kam der Punkt, bei dem Mr. Bulmer die volle Befriedigung aus seinem Hobby erfuhr. Es kam selten vor, aber es machte die Mühe des Wartens mehr als wett.

Seinen ersten Versuch, ein »Doppel« zu landen, wie er es nannte, hatte er verpatzt. Das war ihm inzwischen klargeworden. Er hatte sich allzu sicher gefühlt. Es hatte so ausgesehen, als müßte alles erfolgreich verlaufen – in jenen Tagen, als illegale Abtreibungen den Ruin eines Arztes bedeuten konnten.

Der junge Arzt war verheiratet gewesen und hatte zwei Kinder gehabt. Er, Bulmer, hatte bei dem Arzt 1500 Pfund in Raten »gezogen« und glaubte dem Mann, als er gesagt hatte, er könne nicht mehr aufbringen.

Also hatte er noch 5000 Pfund gefordert, zahlbar in einem Monat, und in diesem Monat war er verreist, erst zu einer Konferenz von Reinigungsunternehmen und dann in die Ferien. Von seinem Ferienaufenthalt hatte er dem Doktor jede Woche eine Ansichtskarte geschickt.

Aber bei seiner Rückkehr hatte er feststellen müssen, daß der Fisch verschwunden war.

Es war sehr ärgerlich gewesen, denn der Doktor hätte in seiner Praxis genügend Möglichkeiten gehabt, um sich das Leben zu nehmen. Aber er war emigriert. Einfach davongeschwommen in die tieferen und reicheren und sichereren Gewässer von Amerika.

Damals war ihm das fast wie ein Vertrauensbruch vorgekommen.

Aber er hatte immerhin seine Lektion gelernt. Man mußte den Druck aufrechterhalten, mußte die Leine stets anspannen und durfte nicht lockerlassen.

Sein erster Erfolg war eine kurze, knappe Geschichte mit einem Bankdirektor gewesen, eine erste Zahlung von 4000 Pfund, eine zweite Forderung von 10000 Pfund und ein »Unfall mit einer Schußwaffe«. Befriedigend, weil es sich um das erste echte »Doppel« handelte, denn beim letzten Gespräch war der Mann wirklich tief bekümmert gewesen, ja, er war sogar in Tränen ausgebrochen – doch was das Geld und das außergewöhnliche Vergnügen betraf, konnte sich dieser Fall keineswegs mit dem Fall Susan Barclay vor zwei Jahren messen.

Das war nun wirklich eine wunderschöne Sache gewesen.

Materiell hatte ihm die Sache 6000 Pfund eingebracht, in vier Zahlungen von je 1500 Pfund, das Ergebnis der Verkäufe ihrer Aktien und ihres Schmucks, denn ihr Mann war ein sehr reicher und sehr eifersüchtiger Amerikaner gewesen, den sie noch dazu geliebt hatte, trotz eines einmaligen, kurzlebigen Seitensprungs.

Mr. Bulmer aß seine zweite Cremeschnitte und trank ein paar Schlucke vom Apfelmost; dabei ging er in Gedanken wieder einmal das letzte Gespräch mit Mrs. Barclay durch, sah ihre Tränen und hörte ihr Flehen, mit dem sie ihm schwor, daß sie 10000 Pfund auf keinen Fall aufbringen könne.

Es war tatsächlich ein Beispiel für den äußersten Vollzug der Macht über einen anderen Menschen gewesen.

Die amtliche Untersuchung hatte ergeben, daß Mrs. Barclay sich das Leben durch eine Überdosis Schlaftabletten genommen hatte, und zwar in einem Zustand geistiger Labilität. Ein großzügiges Urteil, denn niemand konnte sagen, warum sie sich in einem Zustand geistiger Labilität befunden haben konnte, ausgenommen natürlich Mr. Bulmer, und der hätte es nicht verraten.

Um Viertel vor zehn rief Mr. Bulmer das Hotel Plough Arms in Oakleigh-on-Sea an und ließ sich ein Zimmer für Donnerstag und Freitag reservieren. Das Plough war ein Ein-Sterne-Hotel, wie Mr. Bulmer seinem Tourismus-Führer entnahm. Es gab nur zwei Hotels am Ort; das andere war ein Vier-Sterne-Haus, das Bay Hotel.

Er wußte genau, wer dort in einem Doppelzimmer absteigen würde, während er sich mit dem bescheidenen Plough begnügte. Er hatte nicht die Absicht, im selben Hotel zu wohnen wie Sir Henry Bendetter und die Frau mit dem aufreizend affektierten Kosenamen Nutkin.

Pünktlich um zehn ging er in bester Laune zu Bett. Dann

überlegte er sich noch die Formalitäten, welche er erledigen mußte, wie die Benachrichtigung der Reinigungsfirma am Donnerstagmorgen, daß er sich den Magen verdorben habe und wahrscheinlich erst wieder am Montag zur Arbeit erscheinen könne. Niemand würde etwas dagegen haben – und das war auch besser so, denn schließlich war er dort der Geschäftsführer.

Dann überlegte er sich, wie er vorgehen mußte. Schließlich dachte er noch an die Vorgänge in dem Kellerklub von Soho vom frühen Abend und schlief ein. Mord durch Fernbedienung, wie man es nennen konnte, war eine Sache, die man nicht allzuoft organisieren durfte. Man brauchte irgendeinen Ersatz, der die Lücken füllte, das heißt, wenn man glücklich bleiben und sich das seelische Gleichgewicht erhalten wollte. Er hatte psychologische Bücher gelesen und kannte sich in diesen Dingen aus.

Das Lieben war für den Mann eine Möglichkeit, seine Macht auszuüben. Wenn man nicht liebte, nie lieben konnte, mußte man sich diese Macht auf anderem Gebiet bestätigen.

Das Töten war die äußerste Ausübung von Macht, aber wenn sich die Gelegenheit dazu nicht bot, mußte man sich Ersatz dafür schaffen, notfalls auch zweitklassigen Ersatz wie das Zufügen von Schmerzen.

Besser als gar nichts, sagte er sich kurz vor dem Einschlafen.

Einmal wachte er nachts auf und dachte an Susan Barclay. Das war wirklich eine gute Sache gewesen, in ihrer Weise perfekt. Ein paar Minuten lang lag er wach und fragte sich, wie lange die gegenwärtige Sache dauern konnte. Wahrscheinlich ziemlich lange. Und das Ende?

Plötzlich kam ihm ein neuer Gedanke, und der ließ ihn den Atem anhalten. Gab es vielleicht irgendwann einmal einen Doppel-Selbstmord, einen Doppelmord mit Fernbedienung?

Er schüttelte im Dunkeln den Kopf und machte sich zum Weiterschlafen bereit.

Das wäre wohl doch zuviel verlangt gewesen.

Mr. Bulmer fuhr schon früh am Donnerstagmorgen nach Oakleigh und bezog gegen Mittag sein Zimmer im Plough Hotel. Februar war ein toter Monat für Hotels an der See, und man war froh, ihn als Gast begrüßen zu dürfen.

Er war sicher, daß auch das Bay Hotel sehr froh sein würde, Sir Henry Bendetter begrüßen zu dürfen, ihn und die Frau, die sich Nutkin zu nennen pflegte, und daß er keine Schwierigkeiten haben würde, die beiden ausfindig zu machen, auch wenn sie höchstwahrscheinlich unter einem anderen Namen abgestiegen waren.

Er kannte diese Art von Hotels. Es war nicht schwer, die älteren Dauermieter auszumachen, die im Sommer hinauskomplimentiert wurden, damit Platz für die Feriengäste war, und denen man dann gnädig gestattete, im Winter, wenn das Geschäft schlecht ging, zurückzukommen; er erkannte auch die Geschäftsreisenden, die nur eine Nacht blieben. Paare, die gemeinsam im Februar hier aufkreuzten, waren vermutlich eine Seltenheit, und er vermutete, daß Sir Henry Bendetter und die Frau in seiner Begleitung wie bunte Hunde aus der Schar der Gäste hervorstachen.

Er verbrachte den Nachmittag damit, daß er sich in der Gegend umschaute und einen geeigneten Platz aussuchte, an dem das erste längere und entscheidende Gespräch stattfinden konnte. Natürlich würde es anfangs ein Geplänkel geben, Wortwechsel, Auseinandersetzungen, Verärgerungen, Proteste, einen Hinweis auf die Polizei, doch das zählte nicht als das erste wirkliche Gespräch.

Das erste wirkliche Gespräch war entscheidend für den weiteren Verlauf.

Bei diesem Gespräch wurden der Ton und die Gangart festgelegt. Und auch der Tarif, nach dem bezahlt wurde. Hier erreichte auch die Gefahr ihren Höhepunkt. Hier konnte sich der Fisch den Haken noch tiefer einziehen oder aber auch die Angelschnur durch ungeschickte Aktionen reißen.

Es gab noch andere, naheliegendere Risiken wie Mikrophone und Tonbandgeräte, weshalb Mr. Bulmer stets für das erste, entscheidende Gespräch einen Ort seiner eigenen Wahl bestimmte – und der war vorzugsweise im Freien, weit fort von der Verpestung durch raffinierte Abhöranlagen.

Er fuhr eineinhalb Stunden durch die Umgebung, bis er gefunden hatte, was er suchte. Die Suche wurde erschwert durch das winterliche Wetter, das seit Wochenbeginn die ganze Gegend in seinem Griff hatte, und er war nicht gerade besonders scharf darauf, die entscheidenden Verhandlungen mitten in einem Schneesturm zu führen. Deshalb hatte er sogar schon an ein gemütliches Beisammensein in seinem eigenen Wagen gedacht – doch dann hätte er die Kennzeichen abschrauben müssen, was unangenehm und außerdem mit einer gewissen Gefahr verbunden gewesen wäre.

Plötzlich, etwa vier Meilen vor der Küste, in den Hügeln, von denen man auf den kleinen Hafen hinunterschauen konnte, fand er, wonach er gesucht hatte. Etwa zweihundert Meter von einer Nebenstraße entfernt endete ein schmaler Weg als Sackgasse vor halbzerfallenen Mauern, die einmal ein Gehöft umgeben hatten, und einem kleinen, verlassenen Bauernhof, durch dessen Dach man teilweise den Himmel sehen konnte und dessen Haustür schief in den Angeln hing.

Hier würde er verhandeln. Es würde kalt und unfreundlich sein. Um so besser.

Er fuhr sehr langsam zurück und merkte sich bestimmte Punkte unterwegs, damit Sir Henry Bendetter keine Schwierigkeiten hatte, die Stelle zu finden anhand der Lageskizze, die er ihm anfertigen würde.

Mr. Bulmers Vorstellung eines bekannten Chirurgen war eher konventionell: ein großer, vornehm aussehender Mann etwa um die Fünfzig, mit eleganten grauen Schläfen, dazu feine, gefühlvolle Hände mit langen Fingern. Musikerhände.

Bendetter dagegen war ganz anders. Er war ein kleiner, untersetzter Mann mit kräftigem schwarzen Haar und starken Arbeiterhänden. Mr. Bulmer hätte ihn vermutlich gar nicht erkannt und ihn für einen Handelsvertreter der oberen Garnitur oder für einen Werbemann gehalten. Aber er hatte Glück.

Nicht, daß sich Mr. Bulmer auf das Glück verlassen hätte. Er hoffte, daß er kein Pech hatte, aber wenn das Glück auf seiner Seite stand, dann war das eine unerwartete Zugabe, und dieser Abend enthielt eine solche Zugabe.

Von achtzehn Uhr dreißig an saß er im Salon des Bay Hotels und beobachtete den dünnen Strom von Gästen, die an ihm auf dem Weg zum Speisesaal vorbeikamen, weil er sich sein Opfer gern zuvor anschaute. Es war die übliche Winterkollektion. Ein paar alte Damen, von denen sich manche sehr langsam an einem Stock vorwärtsbewegten. Ein rotgesichtiger Mann, der aussah wie die Karikatur eines ehemaligen Hauptmanns der indischen Kolonialtruppe. Ein Ehepaar in mittleren Jahren mit starkem Yorkshire-Akzent, die das Hotel mit einem verglichen, das sie in Scarborough bewohnt hatten.

Um neunzehn Uhr dreißig, nach zwei Tomatensäften, wurde er unruhig.

Ein Schild in der Halle verkündete in entschiedenen Worten, daß das Dinner nur zwischen achtzehn Uhr fünfundvierzig und neunzehn Uhr fünfundvierzig serviert wurde.

Er fragte sich, ob vielleicht etwas schiefgelaufen oder ob irgendwelche Pläne geändert worden waren, und um neunzehn Uhr fünfunddreißig ging er zur Rezeption. Die Empfangsdame, ein Mädchen um die neunzehn, das scheußlich überschminkt war, starrte ihn feindselig an und sagte: »Ja?«

Das Gästebuch lag offen vor ihm auf dem Empfangspult.

»Ich habe Freunde von mir erwartet, die hier übernachten wollten«, sagte er milde. »Ein Ehepaar, Mr. und Mrs. Ives de Boisculaire.«

»Wie?«

»Boisculaire – ein französischer Name. Aber vielleicht sind sie vom schlechten Wetter aufgehalten worden.«

Der ausländische Name, die Frage und seine umständliche Erklärung boten ihm genügend Zeit, die Spalte mit den neu angekommenen Gästen durchzusehen.

Er hörte das Mädchen in gelangweiltem Ton sagen: »Bei uns wohnt niemand mit so einem Namen. Heute ist überhaupt nur ein Ehepaar eingetroffen, und das hat einen anderen Namen.«

Es hatte in der Tat einen anderen Namen, aber er lautete auch nicht Bendetter. Die Eintragung war unter dem Namen Mr. und Mrs. H. Bendit aus London, Staatsangehörigkeit britisch, vorgenommen worden, und man hatte ihnen Zimmer zwölf zugeteilt. Das reichte Mr. Bulmer.

»Vielen Dank«, sagte er höflich, und in diesem Augenblick hörte er eine Stimme neben sich sagen:

»Mrs. Bendit fühlt sich nicht wohl – wäre es möglich, daß Sie ihr etwas Suppe, einen einfachen, gekochten Fisch und Kartoffelpüree hinaufschicken, Zimmer Nummer zwölf, bitte?«

Die Empfangsdame schnauzte ihn nicht gerade an, aber sie

erklärte, es sei nicht üblich, bei dem geringen Personal, das im Winter anwesend sei, Mahlzeiten auf den Zimmern zu servieren. Sie müsse erst den Koch fragen.

»Danke, und geben Sie der Geschäftsleitung meine besten Grüße weiter, und falls nötig informieren Sie sie dahingehend, daß ich, falls es dem Koch nicht möglich sein sollte, diesen bescheidenen Service durchzuführen, die Vereinigung britischer Hoteliers oder eine andere dafür in Frage kommende Körperschaft schriftlich darüber informieren werde.«

Mr. Bulmer fühlte, wie seine Nervenenden vor Aufregung zuckten. Das war ein Fisch, den an Land zu ziehen sich lohnte, eine Kämpfernatur! Er würde seine ganze Erfahrung dabei benötigen. Vielleicht mußte er sogar Nutkin einsetzen, um ihn aufzuweichen. Er nahm an, daß Nutkin sehr schnell klein beigeben würde, angesichts der Beziehungen ihres Gatten zum Hof. Jetzt überlegte er sich ein kleines Wortspiel und sagte sich, Nutkin, das Eichhörnchen, sei eine weiche Nuß zum Knacken, und kicherte dann leise, während er seinem Opfer zum Lift folgte.

Vor der Lifttür warf er die Leine zum erstenmal aus.

»Sir Henry Bendetter«, sagte er leise und in einem Ton, der eine Tatsache bestätigte und keine Frage enthielt. Der Fisch machte erst gar nicht den Versuch zu entkommen.

»Ja?«

»Meines Wissens sind Sie und Ihre – äh – Frau hier unter einem anderen Namen abgestiegen.« Dazu lächelte Mr. Bulmer auf freundliche Weise.

»Ich wäre Ihnen dankbar, wenn Sie Ihr Wissen für sich behalten würden. Ich bin leider wegen der Veröffentlichungen in der Presse recht gut bekannt. Wir reisen häufig und gern inkognito.«

»Wie die Hoheiten«, murmelte Mr. Bulmer und freute sich darüber, daß er auf diese Weise so elegant die Beziehung zum Hof ins Gespräch gebracht hatte.

»Was kann ich für Sie tun, Mr. – ?«

»Palmer. Mein Name ist Harold Palmer. Wir haben uns bisher nicht kennengelernt, und es geht um eine persönliche Angelegenheit.«

Sir Henry Bendetter zögerte.

»Vielleicht nach dem Abendessen, Mr. Palmer. Meine Frau ist —«

Jetzt war es an der Zeit, die Leine einmal anzureißen.

»Nicht nach dem Abendessen – jetzt gleich.«

»Ist es denn so eilig?«

Mr. Bulmer nickte und rückte seine Brille mit den dicken Gläsern zurecht.

»Wir müssen uns jetzt gleich einmal kurz unterhalten, Sir Henry. Nur ein paar Minuten, das ist alles.«

»Darf ich fragen, wobei es darum geht?«

»Um Nutkin«, sagte Mr. Bulmer so düster, wie er einen derart albernen Namen aussprechen konnte. Er sah, wie sich sein Opfer versteifte, wie sein Gesicht ausdruckslos wurde. Es war ein vierkantiges Gesicht, von Natur aus blaß, aber er fand, daß es noch um eine Nuance blasser geworden war. Zweifellos blinzelten die grauen Augen nervös, und wenn er sprach, waren seine Worte kaum zu hören.

»Wer oder was ist Nutkin?«

»Eine Frau. Wie wir beide wissen.«

»Und was soll mit Nutkin sein?«

»Das soll damit sein«, sagte Mr. Bulmer und reichte ihm eine Photokopie des kurzen Briefs. »Mein Chef hat natürlich das Original.« Er wippte auf den Ballen, bereit, mit einem Satz zurückzuspringen. Man mußte immer mit der Möglichkeit rechnen, daß ein Mann den Kopf verlor und versuchte, ihn niederzuschlagen.

»Ihr – was?«

»Mein Chef – der Herr, in dessen Auftrag ich arbeite, verstehen Sie?« Er fand es vornehmer zu behaupten, daß er für jemand anderen arbeitete.

Sir Henry Bendetter seufzte, drehte sich um und ging dann voraus zu einem Tisch in der Ecke eines Nebenraums. Dort waren sie allein; alle anderen saßen im Speisesaal.

»Ich nehme an, Sie wollen Geld.«

Mr. Bulmer riß entschuldigend beide Hände hoch.

»Nicht ich, sondern mein Chef. Verstehen Sie, mein Chef hat etwas gegen unmoralische Liaisonen. Er findet, daß diejenigen, die die Moral in dieser Weise verletzen, schwer bestraft werden müssen. Verstehen Sie? Es ist seine Methode, ein wenig Ordnung im heutigen, allzu freizügigen Gesellschaftsleben zu schaffen.«

»Wieviel? Tausend Pfund?«

Mr. Bulmer schüttelte den Kopf.

»Mein Chef ist ein harter Mann, wissen Sie. Wir müssen uns ausführlicher unterhalten – morgen. Sagen wir, gegen halb fünf. Bis dahin haben Sie Zeit, über alles nachzudenken, kapiert? Diese Skizze zeigt Ihnen, wo wir uns treffen. Und kommen Sie nicht mit irgendwelchen verdammten Tricks, klar? Also keine Tonbandgeräte, Mikrophone und solchen Quatsch, haben Sie verstanden?«

Mr. Bulmer verstärkte jetzt den Druck, und dabei wurde seine Stimme härter, der leichte Cockney-Akzent verstärkte sich, die Ausdrucksweise wurde gewöhnlicher.

Er sah zu, wie Bendetter erst mit den Achseln zuckte, dann zögernd nickte.

»Und kein Quatsch mit der Polizei, verstanden? Die versucht zwar, der Presse nicht die Namen bekanntzugeben, aber es kommt dann alles doch heraus, jedenfalls meistens. Mein Chef würde dafür sorgen, daß es in Ihrem Fall herauskäme, und er würde es bestimmt bei den richtigen Leuten anbringen, das können Sie mir glauben.«

Er warf die Planskizze auf den Tisch und stand auf. Beim Weggehen sagte er: »Also dann, bis morgen. Meine besten Grüße an Nutkin – oder soll ich sagen, Lady Catterley?«

Nachts im Bett ließ Mr. Bulmer die geistigen Filmsequenzen von dem Vergnügen ablaufen, das er mit Susan Barclay gehabt hatte. Sie war eine gutaussehende Frau gewesen, eine große, üppige Blondine mit ovalem Gesicht und großen blauen Augen, geschwungenen Augenbrauen, einer sehr kurzen Unterlippe und einem deutlichen Grübchen links vom Mund, das sich zitternd bewegte, als sie ihn beschwor und anflehte. Sie hatte ihn lange und ausführlich angebettet und war in vieler Hinsicht die Mühe wert gewesen.

Sir Henry würde dagegen eher langweilig sein, zumindest anfangs, aber mit Nutkin würde er bestimmt noch sein Vergnügen haben.

Mr. Bulmer traf pünktlich bei dem Gehöft ein. Es war bitterkalt und schneite, und es würde bald dunkel werden.

Sir Henry Bendetters Wagen stand bereits auf dem Hof. Mr. Bulmer bemerkte mit Genugtuung, daß es ein Bentley war. Er war leer, und Mr. Bulmer nahm an, daß Bendetter bereits in das verfallene Gebäude gegangen war. Das war gut: Pünktlichkeit in diesen Dingen war ein Hinweis auf Nervosität.

Dennoch näherte er sich vorsichtig dem Haus und schaute sich sorgfältig nach allen Seiten um, ob vielleicht noch jemand in der Umgebung war. Drinnen angekommen, hielt er kurz in der dunklen Diele an, wo die Tapete in Fetzen von den Wänden hing, und blieb dann abrupt unter der Tür zum Wohnraum stehen, denn die Gestalt am Fenster, die ihm den Rücken zugewandt hatte, war keinesfalls Bendetter.

Es war kein Mann.

Als sich die große Frau umdrehte und ihn anschaute, fühlte Mr. Bulmer, wie sein Herz einmal heftig bebte, sich dann verlangsamte und anschließend Purzelbäume schlug, und das Blut trommelte in seinen Ohren, als er das blonde Haar, die kurze Unterlippe und das tiefe Grübchen links vom Mund sah, dazu die großen blauen Augen, die jetzt so kalt waren wie das Eis draußen.

»Ich habe Sie nur einmal zuvor gesehen, Sie Schweinehund«, sagte sie leise. »Einmal nur habe ich Sie gesehen, ganz kurz, als Sie das Haus meiner Schwester Susan verließen. Ich habe zwei Jahre gebraucht, um Sie über die Wäschezettel Ihrer Firma zu ermitteln, Sie widerliche kleine Hyäne.«

Er wußte nicht, daß der Revolver, mit dem sie auf ihn zielte, leer war, ein Bluff, ein Mittel der Abschreckung für den Fall, daß er sie angreifen wollte. Er sah nur die Waffe, sah nichts als die Waffe – und das Eis in ihren blauen Augen.

»Sie haben meine Schwester auf dem Gewissen – meine Zwillingsschwester«, hörte er sie sagen, während es in seinen Ohren dröhnte. »Als Sie sie umgebracht haben, da haben Sie mich praktisch mit getötet. So ist das bei Zwillingen.«

Es gelang ihm, drei Worte hervorzustoßen: »Wir können reden.«

»Worüber?«

Jetzt kam es ihm so vor, als ob riesige Murmeln über seine

Brust rollten, und an seinem linken Arm kroch ein unerträglicher Schmerz vom Ellbogen nach oben. Er starrte sie entsetzt an und flüsterte:

»Bendetter und die Frau, die sich Nutkin nennt –«

Sie lachte zornig.

»Ich bin die Frau, die sich Nutkin nennt, und Sir Henry ist mein Mann, Sie dummes, kleines Schwein, und wir haben das Briefpapier der Catterleys benützt, um Ihnen diese Falle zu stellen. Wir könnten Sie wegen Erpressung anzeigen, aber ich habe mich dazu entschlossen, Sie zu töten.«

Er starrte in Panik auf den Revolver, den sie in der Hand hatte.

Der Schmerz breitete sich von seinem linken Ellbogen über die ganze Brust aus und reichte jetzt bis zum Ellbogen seines rechten Arms.

Er verlor das Bewußtsein, und sein Hobby hielt ihn nicht mehr warm.

Sir Henry Bendetter kam aus einem anderen Raum herüber, als sie ihn rief, und blickte auf Mr. Bulmer hinunter; dann kniete er sich neben ihn, untersuchte ihn, stand schließlich wieder auf und sagte:

»Er war genau im richtigen Alter und fett genug dafür, und er hatte emotionelle Störungen. Er darf sich jetzt nicht bewegen, aber er wird es später versuchen.«

»Was wirst du tun?«

»Ich werde das tun oder nicht tun, was Susan von mir erwartet hätte.«

»Und was heißt das?«

»Ich werde gar nichts tun.«

»Gar nichts?«

»Es wird heute nacht ziemlich kalt hier drinnen werden, wenn er bis dahin noch lebt. Die Kälte ist das schlimmste in solchen Fällen, meine Liebe«, verkündete Sir Henry Bendetter trocken und führte seine Frau dann zurück zum Wagen. Sie sah entspannt und fast glücklich aus.

Am Montag holten sie den Spaniel, SKH, von der Tierklinik ab.

Bis dahin interessierte sich Mr. Bulmer schon längst nicht mehr für sein wärmendes Hobby, da in ihm keine Wärme mehr war, und das war auch gut so, denn anderenfalls wäre etwas mit der Kühlung im städtischen Leichenhaus nicht in Ordnung gewesen, und das hätten die Steuerzahler in dieser Zeit der hohen Kommunalsteuersätze ihrerseits gar nicht in Ordnung gefunden.

*Aus dem Englischen übertragen
von Friedrich A. Hofschuster*

MEISTERMORDE

CHRISTIANNA BRAND

Gesegnet sei dies Haus

Sie waren schön; selbst in diesem ersten Augenblick, dachte die alte Frau später, hätte sie es wissen müssen; sie hätte sie als die erkennen müssen, die sie waren. Ruhig und still standen sie im Angesicht ihrer keifenden Bissigkeit, der Junge in der hautengen Jeans, den Trenchcoat zum Schutz vor dem feinen Nieselregen des Abends über dem Kopf wie einen Umhang; das Mädchen, dessen langes Haar wie ein Schleier zur birnenförmigen Wölbung ihres schwangeren Leibes herabfiel. Aber wenn auch der Argwohn der alten Frau sich legte, wollte sie sich ihren Groll nicht nehmen lassen.

»Was haben Sie hier zu suchen? Sie haben kein Recht, direkt vor meinem Fenster zu parken.«

Sie entgegneten nicht, daß die Straße schließlich nicht ihr gehöre. Das Mädchen sagte nur entschuldigend: »Wir haben keine Unterkunft für die Nacht.«

»Keine Unterkunft für die Nacht?« Sie warf einen Blick auf die ringlose Hand, die das dünne Mäntelchen zusammenhielt. »Können Sie denn nicht nach Hause?«

»Wir sind nicht in London zu Hause«, antwortete der Junge.

»Aber gestern nacht haben Sie doch irgendwo geschlafen.«

»Wir mußten gehen. Die Wirtin – Mrs. Mace –, sie ist verreist, und ihr Neffe kam nach Hause und wollte dort wohnen. Wir suchen schon seit Tagen, aber niemand nimmt uns auf.«

»Wegen des Kindes«, erklärte das Mädchen. »Es könnte ja jeden Moment kommen, verstehen Sie.«

Argwohn regte sich wieder. »Na, mich brauchen Sie da nicht anzuschauen. Ich hab' nichts, nur mein Zimmer hier im Souterrain – die anderen Räume sind Lagerräume, alle abgesperrt. Und oben – ja, da ist es voll.«

»O natürlich«, sagte das Mädchen. »Das meinten wir ja auch gar nicht. Wir wollten im Auto schlafen.«

»Im Auto?« Sie stand auf der obersten Stufe der Vortreppe, zum Schutz gegen den Regen in einen Schal gewickelt, und musterte das Pärchen im Licht der Straßenlampe mit zusammengekniffenen Augen. »Sie können sie doch nicht in dem Ding schlafen lassen«, sagte sie zu dem Jungen. »Nicht in ihrem Zustand.«

»Das weiß ich ja«, entgegnete er. »Aber was sollen wir sonst tun? Deshalb sind wir ja in diese ruhige Gegend gefahren.«

»Wir fahren natürlich weiter«, bemerkte das Mädchen, »wenn es Sie stört, daß wir hier sind.«

»Es ist eine öffentliche Straße«, verkündete die Alte unvermittelt. Aber sie war ja wirklich rührend, dieses arme junge Ding; und die beiden hatten so etwas an sich – so etwas Bestimmtes; sie waren so schön, so ruhig und still, ausdruckslos, beinahe farblos, wie Figuren in einer dämmrigen alten, nur von Kerzen erleuchteten Kirche zur – ja, zur Weihnachtszeit. Wie Figuren in einer Weihnachtskrippe. Unsicher sagte sie: »Wenn Ihnen ein paar Shilling weiterhelfen – «

Aber das lehnten sie sofort ab. »Nein, nein, Geld haben wir; jedenfalls genug. Und er kann morgen Arbeit kriegen. So ist es nicht. Es ist nur...« Das Mädchen breitete langsam, wie um zu erklären, die Hände aus. »Wir haben es Ihnen ja schon gesagt. Das Kind kann jeden Moment kommen, und niemand will uns aufnehmen. Sie sagen immer nur, leider – wir haben kein Zimmer.«

War das der Moment gewesen, in dem sie begriffen hatte? – als sie, beinahe ohne es zu wollen, sagte: »Hinten im Garten – da steht so ein Schuppen...«

Vielleicht war die Anstrengung schuld, die Unsicherheit, die endlose Suche nach einer Unterkunft, die erlöschende Hoffnung; jedenfalls wurde das Kind in dieser Nacht geboren. Keine

Zeit, einen Arzt oder eine Hebamme zu holen; aber Mrs. Vaughan hatte in solchen Dingen Erfahrung, brachte das Kind wohlbehalten zur Welt, kümmerte sich um die junge Mutter – die unerwartet widerstandsfähig trotz der äußeren Zartheit, ruhig, klaglos, allem Anschein nach immun gegen den Schmerz war –, bettete sie schließlich bequem auf die alte Matratze im Schuppen, deckte sie mit sauberem Bettzeug zu.

»Wenn Sie so weit sind, daß Sie aufstehen können – sehen wir weiter.« Und zu dem jungen Mann sagte sie scharf: »Was machen Sie denn da?«

Er hatte die Zeit des Wartens dazu verwendet, aus einer Holzkiste eine Art Wiege zu basteln, die er rundherum auspolsterte und mit zwei Daunenkissen aus dem Auto ausstaffierte. Nichts hatte er von ihr genommen, alles waren ihre eigenen Sachen.

»Schau, Marilyn – für das Baby.«

»O Jo«, sagte sie, »du hattest immer schon Talent zum Zimmermann! Und immer schon so geschickte Hände!«

Joseph. Und Marilyn. Joseph mit einem Talent zum Zimmermann, mit geschickten Händen. Und ein Knabe, der in einem Schuppen geboren worden war, weil sonst nirgends für ihn Platz war... Langsam ließ Mrs. Vaughan sich neben der Matratze auf ihre angeschwollenen, arthritischen Knie nieder und nahm mit so etwas wie Ehrfurcht im Herzen das Kind aus den Armen seiner Mutter. »Ich lege ihn in die Wiege. Sie ist gerade richtig für ihn.« Und leise fügte sie hinzu: »Er ist nicht der erste.«

Jo ließ ihr am nächsten Tag Geld für das Nötigste da, dann fuhr er weg und kam am Abend mit der Nachricht zurück, daß er auf einem Bauplatz Arbeit gefunden hatte; in der schwieligen Hand trug er einen kleinen Strauß müder Blumen, den er sorgfältig teilte, die eine Hälfte für Marilyn, die andere Hälfte für Mrs. Vaughan – »Bis ich Ihnen etwas Schöneres mitbringen kann« – und ein übriges Veilchen, das er dem Kind in das winzige, wie marmoriert wirkende Händchen drückte. »Und bis ich *dir* etwas Schöneres mitbringen kann«, sagte er.

Sie gaben ihm keinen Namen... Andere junge Paare, dachte sie, hätten ihre Mußestunden dazu verwendet, krampfhaft nach »etwas Ausgefallenem« zu suchen oder hätten ihn nach einem Popsänger benannt, einem dieser schlafflippigen, langhaarigen kleinen Taugenichtse, die auf der Bühne herumgrölten, während sie auf dünnen, von Drogen zuckenden Beinen ihre widerlichen Kapriolen schlugen. Aber nein – er hieß nur »das Baby«, »der Kleine«. Vielleicht, dachte sie, wagten sie es nicht, ihm seinen Namen zu geben; wagten nicht einmal, sich selbst einzugestehen...

Die große Frage nämlich, die sie bewegte, war: Wieviel wissen sie?

Aber – wieviel wußte sie selbst denn? Und was? – Was wußte sie tatsächlich? Das Heilige Kind war schon geboren, war vor langer Zeit geboren worden. Vage Gedanken an eine Wiederkehr spukten ihr durch den Kopf, aber hätte das nicht ein großes, deutlich erkennbares Ereignis sein müssen, etwas Schreckliches, das das Ende aller Dinge ankündigte? Das Ende. Und das andere war der Anfang gewesen. Vielleicht, dachte sie, könnte es ein Neubeginn sein. Da die ganze Welt so aus den Fugen geraten war, sollte ihr vielleicht eine zweite Chance gegeben werden...

Es war lange her, seit sie das letzte Mal in der Kirche gewesen war. Damals, ja; sie hatte die beiden Mädchen zu guten Katholikinnen erzogen, jeden Sonntag zur Messe, gewaschen und herausgeputzt, hatte sie in die Klosterschule geschickt, den Katechismus gelehrt, alles, was dazugehörte. Und was war der Dank gewesen? Sie hatten im Krieg zwei Heiden geheiratet, GIs, und waren nach Amerika gegangen – ins Glück oder ins Verderben, sie wußte es nicht, und es war ihr längst gleichgültig geworden; seit Jahren hatte sie von beiden nichts mehr gehört. Aber jetzt... Sie setzte ihren verbeulten alten Hut auf und marschierte auf ihren arthritischen Beinen in die St.-Stephans-Kirche.

Es war, als wäre man wieder ein Schulmädchen, die ganze Kindheit wurde wieder lebendig; wie man da in der muffigen, von Vorhängen abgeschlossenen Dunkelheit kniete, den Blick auf den Schattenriß des Profils gerichtet, das von der schwarzen Haube des Biretts mit seiner ballrunden Quaste gekrönt war, wie man sich zum schmiedeeisernen Gitter neigte, das einen vom Geistlichen trennte. »Im Namen des Vaters, des Sohnes und des Heiligen Geistes... Ja, meine Tochter?«

Er sprach ruhig und gütig mit ihr, während draußen wartende Beichtkinder rastlos von einem Fuß auf den anderen traten und neben ihren festen Vorsätzen zur Besserung daran dachten, daß die Alte wohl ein regelrechtes Register an Sünden zu beichten haben mußte. Vom Zufall sprach er, und von schicksalhaftem Zusammentreffen, daß man das Heilige Kind im Herzen trage und nicht versuchen solle – nun, die Dinge mit dem Verstand zu erklären... Sie dankte ihm, bekreuzigte sich aus alter Gewohnheit und ging.

»Die anderen – *die* haben Ihn auch nicht erkannt«, murmelte sie vor sich hin.

Sie trat in ihr Zimmer und sah das ruhige Gesicht, das sich über das schlafende Kind in der Wiege neigte; und zweifellos – ja, ganz zweifellos – war ein Leuchten um seinen Kopf.

Am Zahltag brachte Jo wieder Blumen mit. Aber gleich darauf stieß jemand die Vase um, die Blumen fielen heraus, und das Wasser lief aus – nicht einmal für den kleinsten Schmuck war Platz in dem engen Zimmerchen – jetzt, da Marilyn wieder auf war und mit dem Holzkasten neben sich im Lehnstuhl saß, umgeben von all den Dingen, die zur Versorgung eines Säuglings notwendig sind. Das Auto wurde als eine Art Lagerraum für alles benützt, was nicht täglich gebraucht wurde.

»Am Wochenende«, erklärte Jo, »suche ich uns eine Unterkunft.«

»Eine Unterkunft?« sagte sie, als wäre ihr der Gedanke völlig neu. Dabei hatte sie ihn gefürchtet. »Marilyn braucht noch Ruhe.«

»Aber bis zum Ende der Woche?« meinte er.

»Sie waren so gut zu uns«, sagte Marilyn. »Wir können nicht weiterhin Ihr Zimmer belagern. Wir müssen etwas suchen.«

Aber so einfach war das nicht. Jo war nach diesem Gespräch jeden Abend auf Wohnungssuche, aber sobald er das Kind erwähnte, verschlossen sich ihm Herzen und Türen.

»Aber ich will doch gar nicht, daß Sie gehen«, beteuerte sie. »Ich hab' jetzt selbst keine Familie mehr, es tut mir gut, Sie hier zu haben.« Sie kniete, wie sie das so häufig tat, neben der provisorischen Wiege nieder und sagte hingebungsvoll: »Und ich könnte nicht ohne – *ihn* sein.«

Sie ging los und kaufte ein Bett aus zweiter Hand, das stellte sie in den Schuppen, gab Marilyn ihr eigenes Bett und schlief selbst auf einer Matratze auf dem Boden, dicht neben sich die Wiege, so daß *sie* für das Kind da sein konnte, wenn es nachts erwachte, so daß sie es beruhigen und wieder in den Schlaf summen konnte. Ist Er allwissend, pflegte sie sich in der Dunkelheit zu fragen, versteht Er? Er ist noch so klein, begreift der göttliche Geist in Ihm, daß ich es bin, die Ihn hält und trägt? Werde ich eines Tages zur Rechten des Vaters sitzen, weil ich auf dieser Erde Seinen einzigen Sohn versorgt habe? Oder vielmehr Seinen – zweiten Sohn – es war alles so schwierig, und sie wagte nicht zu fragen.

Sie hatte schon lange keine nahen Freunde mehr, aber eines Abends endlich, als sie ein bißchen zu tief ins Glas geschaut hatte, flüsterte sie es unten im *Dog* Nellie zu.

»Du errätst nie, wen ich bei mir wohnen habe.«

Nellie kippte ihr fünftes Bier und gab einen zotigen Tip ab.

»Ein junges Paar«, sagte Mrs. Vaughan, die Zote ignorierend. »Und ein Baby.« Sie sah ihn vor sich, wie er da in seinem hölzernen Bettchen lag. »Um sein kleines Köpfchen«, sagte sie, »ist so was wie ein Licht, man kann es sehen. Es leuchtet im Dunkeln – ein richtiger Ring aus Licht.«

»Du wirst um meinen Kopf auch gleich einen Ring aus Licht sehen«, entgegnete Nellie derb, »wenn du noch ein Bier trinkst.« Und als Mrs. Vaughan, ein wenig wacklig auf den Beinen, nach Hause gegangen war, sagte Nellie vertraulich zum Wirt: »Ich glaub', die wird langsam senil, wirklich.«

»Ich finde, sie wirkt ganz normal«, entgegnete der Wirt, nicht darauf erpicht, daß seine Stammkunden senil wurden.

»Sie haben es auf ihren Strumpf abgesehen«, verkündete Nellie den Gästen im allgemeinen. »Ihr werdet schon sehen. Die mit ihrem Jesuskind! Die sind doch nur hinter ihrem Gesparten her.«

Und sie sann eine kleine List aus. »He, Billy, du arbeitest doch auf derselben Baustelle wie dieser Jo, der bei ihr wohnt. Erzähl ihm doch mal was von dem Geld, das die Alte hat. Sie hat's in einem Strumpf, für ihre Beerdigung. Weil sie Angst hat, daß sie sonst ins Gemeindegrab kommt. Klar, wer will das schon? Aber sie, sie hat richtig Angst davor.«

Billy machte sich also in der nächsten Arbeitspause auf der Baustelle an Jo heran.

»Ich höre, ihr wohnt bei der alten Mutter Vaughan, unten beim *Dog*. Seid wohl hinter ihrem Sparstrumpf her, wie?« Und er tat so, als kenne er das Versteck. »Tut doch einfach irgendwas anderes rein; das merkt sie bestimmt erst, wenn ihr weg seid. Halbe-Halbe, wenn ich dir sage, wo er versteckt ist?«

Zum erstenmal sah er Jo ins Gesicht und sah den Blick, mit dem Jo ihn anstarrte: ein Blick, der beinahe – schrecklich war.

»Er ist schnurstracks nach Hause gekommen«, erzählte Mrs. Vaughan Nellie an diesem Abend im Wirtshaus, »und – ›die Leute behaupten, daß Sie Geld haben, Mrs. V.‹, sagte er zu mir, – ›wenn das stimmt, sollten Sie es irgendwo unterbringen‹, sagte er, ›und allen erzählen, daß Sie's getan haben. So einsam, wie Sie hier wohnen, ist es gefährlich, wenn die Leute glauben, daß es bei Ihnen was zu stehlen gibt.‹« Er erklärte ihr, wie sie es bei der Post einzahlen könne, so daß niemand außer ihr selbst an das Geld herankönne. Dabei waren es nur ein paar Pfund, die sie sich für ihr Begräbnis vom Mund abgespart hatte. »Ich könnt's nicht aushalten im Gemeindegrab mit lauter wildfremden Leuten...«

»Du wirst noch in der Irrenanstalt landen, wenn du nicht vorsichtig bist«, erklärte Nellie. »Du und Maria und Joseph. Die sind doch im Auto gekommen, und nicht auf einem Esel, oder?«

»Dir fehlt eben der Blick. Du lebst ja nicht mit ihnen zusammen.«

»Sie haben doch vorher woanders gewohnt. Haben die anderen Wirtinnen den Blick gehabt?«

Wie hieß sie gleich – Mrs. Mace? Hatte Mrs. Mace den Blick gehabt, hatte sie die Wahrheit erkannt, selbst ehe das Kind gekommen war?

»Natürlich nicht«, schloß Nellie gereizt. »Sie hat sie rausgeschmissen, stimmt's?«

»Nein, gar nicht. Sie ist selbst aufs Land gezogen, ihr Sohn oder irgendein Verwandter brauchte die Wohnung.« Aber wenn sie Mrs. Mace besuchen könnte, mit ihr sprechen...

»Besuchen Sie Ihre letzte Wirtin nie?« fragte Mrs. Vaughan die beiden wie beiläufig. »Wohnt sie weit weg?«

»Nein, gar nicht weit, aber mit dem Baby und so... Trotzdem, Marilyn«, meinte Jo, »wir sollten bald mal rausfahren, nur um zu sehen, wie's ihr geht. Dann nehmen wir Sie mit«, schlug er Mrs. Vaughan vor. »Die Fahrt würde Ihnen sicher Spaß machen, und die Gegend ist wunderschön.«

»Ach ja, da hätte ich wirklich nichts dagegen. Diese Mrs. Mace«, fragte Mrs. Vaughan listig, »die hat wohl viel von Ihnen gehalten?«

»Sie war sehr gut zu uns«, antwortete Marilyn. »Sehr gut.«

»Und das Kind? Sie war nicht – na ja, schockiert?«

»Schockiert? Sie war hingerissen«, sagte Jo. Und dann gebrauchte er eine seltsame Formulierung: »In aller Stille hingerissen.«

Sie hatte es also gewußt. Mrs. Mace hatte es gewußt. In Mrs. Vaughan wuchs der Wunsch, Mrs. Mace zu besuchen, mit ihr zu sprechen, sie zu befragen, über alles mit ihr zu reden. Mit der Vertrautheit, dem Nachlassen der ersten heftigen Einwirkung ihres eigenen ungläubigen Staunens wurde es immer schwieriger zu verstehen, daß andere ihren Glauben nicht teilen konnten. »Ich sag' dir, ich seh' den Lichtschein um Seinen Kopf.«

Sie vertraute es Fremden im Bus an, flüchtigen Bekannten auf dem Weg zu den kleinen Läden des Orts. Die Menschen taten interessiert und gingen eilig auf Abstand. »Die arme Seele – wieder so eine arme Irre«, sagten sie mit dem verlegenen Kichern jener, denen etwas begegnet, das außerhalb ihrer Alltagserfahrung liegt. Mrs. Vaughan gewann allmählich einen traurigen Ruhm, zum allgemeinen Gespött.

Ihr Hauswirt, ein Ortsansässiger, bekam Wind von der Sache. Er kam ins Haus und sprach hinterher mit dem Jungen. »Ich hab's ihr gerade gesagt – Sie können nicht alle in diesem einen kleinen Zimmer hausen, das gehört sich nicht.«

»Der Schuppen ist ja auch noch da«, entgegnete Jo. »Ich schlafe draußen im Schuppen.«

»Aber lang wird Ihnen das nicht mehr Spaß machen«, versetzte der Mann mit einem schlüpfrigen Grinsen.

Jo sah ihn eigentümlich an – schon Billy hatte auf der Baustelle diesen Blick gesehen. Aber der Junge sagte nur ruhig: »Sie könnten uns nicht noch ein Zimmer vermieten? Mrs. Vaughan sagt, daß sie nur als Lagerräume benützt werden.«

»Sie sind vermietet – ob als Lagerraum oder für was anderes, das geht mich nichts an. Und es geht mich auch nichts an«, fuhr der Mann gerissen fort, »wie Sie leben oder was Sie tun. Nur eins – also, drei Erwachsene und ein Kind zum Preis für eine Person...«

»Ich zahle gerne etwas dazu, wenn es das ist«, sagte Jo. »Das schaffe ich schon. Ich kann nur woanders nichts finden, jedenfalls nicht zu dem Preis, den ich mir leisten könnte.«

»Gut, dann nur unter uns. Aber wie Sie das aushalten«, sagte er, während der Junge in seine Brieftasche griff, »ist mir schleierhaft. Die Alte tickt doch nicht mehr richtig. Ihr Kind soll einen Heiligenschein haben, und ihr Mädchen – « Aber da war er wieder, dieser Blick. Ein ganz seltsamer Blick, beinahe – beängstigend. »Na ja, ich mein' ja nur, die reinste Heilige Familie. Sie ist verrückt.«

»Sie hat vielleicht gewisse Vorstellungen«, entgegnete der Junge. »Deshalb ist sie noch lange nicht verrückt.«

Aber nicht alle waren seiner Meinung. Die Frau des Lebensmittelhändlers stellte Marilyn eines Tages, als sie zum Einkaufen ging, während Mrs. Vaughan zu Hause das Kind anbetete, zur Rede. »Alle sagen, daß sie den Verstand verloren hat. Sie sollten da nicht bleiben, schon gar nicht mit dem kleinen Kind. Das könnte gefährlich sein.«

So still und schön, das ruhige Gesicht vom langen, glatten Haar umrahmt. »Mrs. Vaughan – gefährlich? Sie ist lieb. Sie würde uns niemals etwas Böses tun, sie liebt uns.«

»Uns hat sie letztes Mal erzählt, daß das Baby mit gespreizten Armen daliegt wie ein – Gott, wie ein Kreuz eben. Sie sagt, es weiß, wie es einmal sterben wird. Also wirklich! So was nenne ich Gotteslästerung.«

»Er liegt wirklich oft mit gespreizten Armen da.«

»Jedes Baby liegt manchmal so. Und sie sagt, daß er leuchtet. Sie sagt, daß er einen Heiligenschein hat.«

»Ich habe einmal die Lampe auf den Boden gestellt, damit das Licht ihn nicht blendet. Es schimmerte durch eine Ritze im Holz. Wir haben ihr das erklärt.«

»Na, dann hat sie Ihnen aber nicht zugehört. Ich finde das alles nicht richtig. Überall wird getuschelt. Die Leute sagen – « Es kostete ein wenig Mut, nicht lockerzulassen angesichts dieser ruhigen Gelassenheit. »Die Leute sagen, Sie sollten mal mit ihr zum Arzt gehen.«

Mrs. Vaughan protestierte, wie vorauszusehen war, gegen den Vorschlag, einen Arzt aufzusuchen. »Wozu? Ich bin nicht krank. Mir ist es nie besser gegangen.« Aber sie war beunruhigt. »Sie glauben doch nicht, daß mir was fehlt?«

»Wir fanden nur, daß Sie ein bißchen blaß aussehen, weiter nichts.«

»Ich bin nicht blaß. Mir geht's gut, ich hab' mich mein ganzes Leben nicht wohler gefühlt. Sogar die Arthritis ist fast weg, ich habe kaum noch Schmerzen.« Und sie wußte, warum. Allein mit Ihm, hatte sie sein kleines Händchen genommen und damit ihre geschwollenen Knie berührt, hatte sich damit, weich und fest wie es war, über ihre eigenen knorrigen Finger gestrichen. »Schau sie dir an«, hatte sie Nellie am nächsten Abend im Wirtshaus bedrängt. »Nur noch halb so dick. Die Gelenke sind alle abgeschwollen.«

»Ich finde, sie sehen genau so aus wie vorher«, entgegnete Nellie und bemerkte plötzlich Mrs. Hoskins im Nebenraum und mußte schleunigst zu ihr. »Völlig übergeschnappt«, sagte sie zu Mrs. Hoskins. »Ich fühle mich überhaupt nicht mehr sicher mit ihr. Woher soll ich wissen, daß sie nicht plötzlich durchdreht und anfängt, auf mich einzudreschen? Da gehört ein Riegel vorgeschoben.«

Das einzige, was Mrs. Vaughan zum Durchdrehen hätte bringen können, war der Gedanke, ihre wunderbare kleine Familie könnte sie verlassen. Wenn Jo jetzt nach einer Unterkunft suchte, tat er es heimlich. Wenn Außenstehende ihr vorhielten, sie solle sie gehen lassen, junge Leute brauchten ihr eigenes Heim, entgegnete sie, »so« wäre es nicht zwischen ihnen; Marilyn wäre »anders«. Dennoch, sie waren jung und sollten wirklich nicht ständig mit einem alten Weib zusammengesperrt sein, darum setzte sie es schließlich durch, selbst in den Schuppen hinauszuziehen und ihnen ihr Zimmer zu überlassen; es wäre ja jetzt ein Bett draußen und bei diesem Wetter wäre es im Schuppen warm und trocken – es wäre ihr gerade recht. Früher wäre sie abends ins Wirtshaus gegangen, um sie für sich zu lassen, aber das *Dog* war nicht mehr, was es einmal gewesen war, die Leute waren nicht mehr so freundlich, sie schauten sie so komisch an und spotteten bestimmt manchmal hinter ihrem Rücken über ihre Behauptung, Gott bei sich im Haus zu haben. Das störte sie allerdings nicht weiter. Damals, vor langer Zeit, hatte auch niemand an Ihn geglaubt. Ich werd's ihnen beweisen, dachte sie, und sah den Kindern auf der Straße beim Spiel zu, und wenn sie eines fallen sah, holte sie das arme Opfer mit seinen Schrammen und Kratzern herein und überredete es, seine Wunden von der kleinen Hand des Babys berühren zu lassen. »Nicht wahr, es tut gleich nicht mehr weh?« fragte sie dann eifrig. »Jetzt hat es zu bluten aufgehört, schau. Kaum hatte das Baby dich angefaßt, da war's gleich viel besser, nicht wahr? Komm, sag mir selbst – stimmt es nicht?«

»Doch«, pflegten die Kinder zu sagen, während sie versuchten, sich ihren Händen zu entwinden, um nur endlich wegzukommen.

»Gefährlich ist das«, schimpften ihre Mütter, die klatschend vor den Geschäften beisammenstanden. »Man weiß ja nicht, wozu die Person imstande ist, wenn sie die Kinder zu sich ins Haus lockt.«

Eine Abordnung suchte schließlich Jo auf. »Sie sollen hier ausziehen, sie beide, und die Alte in Ruhe lassen. Sie wird ja noch ganz verrückt.«

»Aber gerade das können wir jetzt nicht tun«, entgegnete Jo. »Sie gerät schon außer sich, wenn wir es nur erwähnen.«

»Das würde das Faß vielleicht wirklich zum Überlaufen bringen«, meinte Mrs. Hoskins, die durch Nellie über alles informiert war. »Das würde ihr vielleicht den Rest geben.«

»Ja, und dann wäre sie ganz allein, und wir könnten uns nicht einmal um sie kümmern.«

»Sie können doch nicht ihr ganzes Leben in diesem einen Zimmer verbringen.«

»Wenn wir eine Wohnung auftreiben würden und sie mitnehmen könnten... Aber wir finden nichts, jedenfalls nichts, was wir uns leisten könnten; und schon gar nichts, wohin wir sie mitnehmen könnten.«

»Was? Zwei junge Leute wie sie wollen sich mit einer verrückten alten Frau belasten? Das geht doch nicht.«

»Sie hat sich ja auch mit uns belastet«, entgegnete Jo. »Was wäre denn aus uns geworden, wenn sie nicht gewesen wäre?«

Dennoch war klar, daß etwas getan werden mußte. Mit jedem Tag ihres gemeinsamen Lebens steigerte sich Mrs. Vaughans Besessenheit. Sie ertrug es nicht, das Kind auch nur eine Sekunde aus den Augen zu lassen, begleitete Marilyn, wenn sie es an die frische Luft hinaustrug und verscheuchte beinahe drohend die Neugierigen, die versuchten, einen Blick auf das nunmehr schon berühmte Kind zu werfen. Wenn sie kamen, um Ihm ihre Verehrung zu zeigen, gut und schön, wenn nicht...

»Wenn Sie nicht bald etwas wegen der Alten unternehmen«, sagte die Frau des Lebensmittelhändlers schließlich zu Jo, »werde ich es tun. Sie terrorisiert ja die ganze Gegend.«

»Sie würde keiner Fliege was zuleide tun. Sie glaubt einfach, daß unser Kind etwas – Besonderes ist. Wem schadet das denn schon?«

»Man kann nie wissen«, meinte der Lebensmittelhändler zur Unterstützung seiner Frau, obwohl er Mrs. Vaughan gern mochte – wie in der Tat früher jeder sie gern gehabt hatte. »Manchmal werden sie ja wirklich seltsam. Warum gehen Sie nicht einfach mit ihr zum Arzt und fragen ihn, was er meint, oder bringen Sie ins Krankenhaus?«

»Sie will nicht ins Krankenhaus, und sie will auch nicht zum Arzt.«

»Solche Leute kann man zwingen«, erklärte die Frau. »Mit Zwangsjacken und so. Da kommen sie mit einem ausgepolsterten Wagen und holen sie ab.« Auf jeden Fall, wiederholte sie, wenn nicht bald etwas getan würde, wolle sie selbst die Polizei anrufen, dann könnten *die* sich mit der Sache befassen. »Sie vertreibt mir die Kundschaft aus dem Laden. So kann das nicht weitergehen.«

Jo versprach hastig, etwas zu tun, und berief später eine kleine Versammlung der Unzufriedenen ein.

»Ich habe getan, was Sie mir geraten haben. Ich war im Krankenhaus, und dort schickte man mich zu einem Spezialisten, dem ich alles erzählt habe. Sie soll in eine Klinik, wo sie gar nicht merken wird, daß es eine Klinik ist, und dort soll sie beobachtet werden, so nennen sie das. Da gibt es Psychiater und solche Leute, und sie kann behandelt werden. Der Arzt sagt, es handelt sich wahrscheinlich nur um eine vorübergehende Geschichte, und sie kann wieder ganz geheilt werden.«

»Na bitte, da haben Sie's! Inzwischen können Sie und Marilyn sich eine andere Unterkunft suchen, und wenn sie zurückkommt, und Sie nicht mehr da sind, wird sie sich schon wieder einleben.«

»Wir gehen auf jeden Fall weg, auch wenn wir nichts finden. Wir könnten ja nicht zulassen, daß alles wieder von vorn anfängt.«

»Na, so schnell geht das mit der Behandlung sicher nicht. Da bleibt Ihnen genug Zeit, sich umzusehen.«

»Schön ist das nicht«, sagte er, »wir hier in ihrem Zimmer, und sie in der Anstalt.«

»Vorausgesetzt, Sie kriegen sie überhaupt hin. Wie wollen Sie sie denn dazu überreden?«

»Das hab' ich mir schon überlegt«, antwortete er. »Unsere letzte Wirtin —«

»Ach ja, diese Mrs. Mace, von der sie immer redet! Mrs. Mace würde das alles verstehen, sagt sie dauernd. Mrs. Mace wußte Bescheid... Sie wollen ihr sagen, daß Sie Mrs. Mace mit ihr besuchen werden.«

»Ja, so hab' ich's mir gedacht. Mrs. Mace wohnt jetzt draußen auf dem Land, und da ist die Klinik auch. Vielleicht fünfzehn, zwanzig Meilen von hier. Ich kann sie im Auto hinfahren. Sie fährt sicher mit, wenn sie glaubt, Mrs. Mace wäre dort. Ich denke, daß das klappt.«

Und es klappte. Mrs. Vaughan war bereit, selbst das angebetete Kind eine Weile zu verlassen, wenn sie dafür Mrs. Mace besuchen durfte. Es gab so viele verwirrende Fragen, die Mrs. Mace vielleicht für sie lösen konnte. Wie war das beispielsweise mit der Wiederkehr? Die Heiligen Drei Könige waren auch nicht gekommen, nicht einmal ein Hirte mit einem Lämmchen im Arm; und was war mit Herodes, der alle neugeborenen Knaben hatte ermorden lassen? Natürlich, man lebte in modernen Zeiten, was hätten sie mit einem lebenden Lamm überhaupt anfangen sollen? Und heutzutage ging keiner hin und ermordete die kleinen Kinder gleich scharenweise. Aber irgend etwas hätte doch eigentlich anstelle dieser Ereignisse geschehen müssen – irgend etwas Symbolisches. Und wenn es geschehen war, dann war es vielleicht wichtig, es zu erkennen. Mrs. Mace würde Verständnis haben, würde mindestens Teilnahme zeigen und alles mit ihr besprechen; sie hatte sie gekannt, noch ehe das Kind gezeugt worden war, sie war gewissermaßen von den Schwingen Gabriels gestreift worden, als dieser die Botschaft gebracht hatte: Gegrüßet seist du Maria, voll der Gnade, der Herr ist mit dir... Sie konnte es kaum erwarten, ihre wenigen schäbigen Sachen zusammenzuraffen und in den Karton zu packen, der als Koffer dienen mußte.

»Sie kümmern sich doch um alles, Marilyn, nur für die paar Tage? Ich möchte mal so richtig lang mit Mrs. Mace reden. Sie glauben doch auch, daß es ihr recht ist, wenn ich ein bißchen bleibe?«

»Es ist ein großes Haus; ähnlich wie ein Hotel«, sagte Jo. »Aber wunderschön, alles voller Bäume und Blumen. Und viele nette Leute«, fügte er vorsichtig hinzu.

»Ach, ich dachte, es wäre ein kleines Häuschen? Ich will ja nur Mrs. Mace besuchen. Ich kann doch zu ihr?«

»Aber ja, natürlich. Wir haben ihr geschrieben«, log Jo, »wie gut Sie zu uns gewesen sind.«

»Ich – gut?« fragte sie. »Wenn man bedenkt, was Sie für *mich* getan haben! Daß ich auserwählt wurde. Aber trotzdem, es – das letzte Mal war es nur ein Gastwirt, nicht wahr?« Plötzlich schoß ihr der Gedanke durch den Kopf, daß sie vielleicht an jenem Abend vor dem *Dog* hätten parken sollen, nur ein paar Häuser weiter – daß sie nur durch einen Irrtum zu ihr gekommen waren. »Ach, na ja, auch wenn ich nicht würdig war, auserwählt zu werden, Tatsache ist, daß Sie zu mir gekommen sind – und daß ich Sie erkannt habe. Gleich im ersten Moment, als ich Sie sah. Ich werd's nie vergessen.« So schön, so still und bescheiden, wie sie da draußen im abendlichen Nieselregen gestanden hatten, Maria und Joseph und die Verheißung des Heiligen Kindes. Und wie sie damals gewesen waren, so waren sie geblieben: ruhig, rücksichtsvoll, sanft; zurückhaltend, unemotional, wie sie selbst emotional und rückhaltlos war; beinahe farblos, beinahe unpersönlich – ein wenig abgesondert von anderen Menschen, von gewöhnlichen Menschen wie sie selbst; und doch lebten sie mit ihr zusammen, eng beieinander in diesem winzigen Zimmer – die Mutter und der Hüter von Gottes Sohn –, und sie war ihre einzige Freundin. Und das Wort ward Fleisch. Sie kniete nieder und küßte das winzige Händchen.

»Ich komme zurück zu dir, mein kleiner Herr. Ich werde dich immer lieben und dir immer dienen, das weißt du. Ich gehe jetzt nur fort, weil ich alles über dich wissen will, weil ich alles richtig machen will, und deshalb möchte ich mit Mrs. Mace reden.«

Ohne all die Augen zu beachten, die sie hinter verhängten Fenstern gehässig oder mitleidig oder auch nur mit Erleichterung beobachteten, stieg sie zu Jo in das klapprige kleine Auto und fuhr davon.

Marilyn stillte das Kind, als er nach Hause kam.

»Du hast ja Großreine gemacht«, rief er, erstaunt über die Veränderung im Zimmer. »Das muß eine Heidenarbeit gewesen sein.«

»Es hat mich abgelenkt«, erwiderte sie, stellte aber noch immer nicht die Frage, die sie am meisten beschäftigen mußte. »Ich muß sagen, ohne Mrs. Vaughan ist hier wirklich mehr Platz. Nicht so viel, wie wir bei Mrs. Mace hatten – «

»Bei Mrs. Mace konnten wir nicht bleiben, als der Neffe nach Hause kam.«

»Nein, ich weiß. Ich sag' ja nur.« Und jetzt endlich fragte sie: »Ist alles gut gegangen?«

»Ja, kein Muckser. Sie war natürlich ein bißchen verwundert, als wir ankamen, aber ich habe sie einfach weitergeschleppt und gesagt, wir würden gleich bei Mrs. Mace sein.«

»Und du hast die Stelle ohne Schwierigkeiten wiedergefunden?«

»Ja. Wirklich eine schöne Stelle, ideal, mitten im Wald.«

»Und Mrs. Mace?«

»Ist noch da, ganz o. k. Ein bißchen einsam, könnt' ich mir denken. Sie wird sich über Gesellschaft freuen.«

»Die kommen sicher gut miteinander aus.« Sie lächelte das ihr eigene kühle, ruhige unpersönliche kleine Lächeln, während sie das Kind an ihrer Schulter ein wenig hochschob, so daß sein flaumiges Köpfchen warm und süß duftend an ihrer Wange lag. »Nun, ihr Wunsch ist ihr erfüllt worden. Ein Gemeindegrab kann man das wirklich nicht nennen.«

»Nein, nur sie und Mrs. Mace; und mitten in diesem wunderbaren Wald, genau wie ich ihr versprochen habe, mit den

Blumen und dem kleinen Bach.« Er kam näher und strich mit gekrümmtem Zeigefinger über die kleine Mulde im zarten Nacken des Kindes. »Jammerschade, daß man sie umbringen mußte. Sie war eine gute alte Seele. Aber so ist das eben, es ist so schwer, was zu finden – wir mußten das Zimmer einfach haben.«

»Ja«, sagte sie, »besonders jetzt, wo wir den Kleinen haben.«

Aus dem Englischen übertragen
von Mechtild Sandberg-Ciletti

Meistermorde

Gwendoline Butler

Nordwind

Ich ahnte sofort, wer Harry Trask wirklich war. Er mußte das Glied einer fortlaufenden Linie sein, ein Erbe, ein Nachfolger.

CIA, kam es mir spontan in den Sinn: Er ist der Mann, der Jim Olsen ersetzen soll. (Jim war mein Freund gewesen. Jedenfalls hatten wir uns häufig gesehen.) Als nächstes dachte ich: Wenn er wirklich der Mann ist, den sie als Jims Nachfolger geschickt haben, dann ist er hier, um jemanden zu beobachten. Ich brauchte also nur aufzupassen, um wen er sich bemühte, mit wem er sich anfreundete.

Es dauerte einige Zeit, bis ich begriff, daß diese Person ich selbst war.

Diese wolkigen Spekulationen, die wie eine Luftblase über mir geschwebt hatten, waren plötzlich hart und konsistent wie ein Golfball geworden, der mich wie aus heiterem Himmel an empfindlichster Stelle traf.

Und tatsächlich lag ein Golfball zu meinen Füßen, als ich am Meer spazierenging. Ich hob ihn auf und warf ihn auf das Grün zurück. Der Hund sprang ihm prompt nach.

Wenn man in einer reichlich isolierten, aber intellektuellen Gemeinschaft allein lebt, erfindet man gewisse Spiele. Ich gehöre einer solchen Gruppe an, deren Leben um Schulen, Universitäten und Golfplätze kreist. Vor uns hatten wir nur die öde Nordsee; die Deutsche See, das Kaisermeer, wie unsere

Großväter sie nannten. Wir waren abseits von allem und jedem. Die Winde, die uns ins Gesicht bliesen, kamen geradewegs vom Ural.

Unser interessantestes Spiel ging um Personen und ist meine Erfindung. Wir haben es »Luftblasen« getauft, und es wurde halb im geheimen, halb in der Öffentlichkeit gespielt. Wir vertrieben uns damit die Zeit auf Cocktailpartys, bei langen Spaziergängen, im Bett. Man konnte es allein oder zu mehreren spielen. Die »Luftblasen« hatten keinen Anfang und kein Ende. Das Spiel war einfach und kreativ zugleich, und als solches erschien es uns die ideale Herausforderung an unsere Phantasie. Seitdem habe ich mir in einsamen Augenblicken viele Gedanken um dieses Spiel gemacht und bin zu dem Schluß gekommen, daß es eigentlich ausgesprochen destruktiv ist.

»Und es hat sich tatsächlich als sehr gefährlich erwiesen«, sagte ich laut vor mich hin und rührte in meiner Kaffeetasse herum. Der Ober, der mich nicht besonders gut verstand, und das war übrigens kein Wunder, denn ich begann gerade erst, seine Sprache zu lernen, legte mein Gemurmel anders aus und brachte mir Zucker.

Jene spezielle »Luftblase« begann auf einer Party. Es war ein kühler Sommerabend in einem Garten mit Blick aufs Meer. Eigentlich herrschten Temperaturen, die normalerweise niemand dazu verleitet hätten, seine Drinks im Freien zu nehmen, aber Clara und Jock kümmerten sich nicht um das, was das Thermometer anzeigte, wenn ihre Rosen blühten.

Rosen gedeihen am Meer ausgezeichnet, aber gelegentlich verbrennt die feuchte salzige Luft die Blüten. Genau dies war mit Clara und Jock Oban-Smiths Rosen passiert, deren Blütenblätter nun braun und verdorrt an den Stengeln hingen.

Trotzdem brach ich eine Rose und roch daran. Die Seeluft übertönt normalerweise sämtliche anderen Gerüche, aber in diesem Fall hatten die Rosen obsiegt. »Himmlisch«, sagte ich zu Jock. »Einfach hinreißend. Schöner denn je. Ein gutes Jahr.«

Jock war angenehm berührt. Natürlich wußte er, daß es eine Lüge war. Bei Rosen gab es nicht wie beim Wein gute und schlechte Jahrgänge. Trotzdem wußte er ein Kompliment an seine Gärtnerkunst durchaus zu schätzen. Jock und ich waren besonders gute Repräsentanten »des Spiels«.

In dem kleinen Garten drängten sich gut dreißig Gäste, und ich kannte sie ohne Ausnahme. In unserem kleinen Kreis waren keine Variationen mehr möglich, wir hatten sie bereits alle durchexerziert. Das war vermutlich auch der Grund dafür, daß unser Spiel so wichtig geworden war.

An jenem Abend jedoch erspähte ich eine Lücke in unseren Reihen.

»Wer fehlt denn heute?« ließ ich Jock raten.

»Jim Olsen natürlich«, erwiderte Jock prompt.

Jim Olsen war ein reichlich dicker, junger Amerikaner, der als Geographielehrer an die örtliche Grundschule für Jungen gekommen war. Er kleidete sich stets in elegantes Weiß und Grau. Allerdings wirkte er eigentlich zu wohlhabend und zu intellektuell (und offengestanden auch zu halbseiden... irgend etwas stimmte da nicht), um an einer Jungenschule zu unterrichten. Wir hatten nie begriffen, was er in diesem Teil der Welt zu suchen hatte, und so wurde er zur natürlichen Hauptperson unseres Spiels.

»Weshalb ›natürlich‹?«

»Die Stimme des Herrn hat gerufen. Man hat ihn in die Heimat zurückbeordert.«

»Aha!« Ich nickte wissend. »Ausgezeichnet beobachtet.«

In unserer phantastischen »Luftblase« bewegte sich Jim Olsen wie ein Goldfisch im Glas... stets gefolgt von Jock Oban-Smith. Eigentlich war dies ja Jocks »Luftblase«. Ich hatte mich an seinem Spiel nur beteiligt. Allerdings begann ich es mehr und mehr an mich zu ziehen. Und in dieser Variation war Jim Olsen kein Lehrer, sondern ein CIA-Agent.

»Wenn Jim wirklich bei der CIA ist«, hatte ich ursprünglich erklärt, als Jock und ich das Spiel begonnen hatten, »dann muß er aus einem bestimmten Grund hier sein.«

»Na, der liegt doch auf der Hand«, antwortete Jock Oban-Smith mit spielerischer Leichtigkeit. »Sie haben auf dem Luftstützpunkt einen russischen Spion... oder eine undichte Stelle im Sicherheitssystem. Die Amerikaner, die den Stützpunkt nutzen, obwohl sie es natürlich nicht zugeben dürfen, haben Panik gekriegt und den guten Jim hergeschickt, um die betreffende Person zu observieren.«

»Hm, klingt plausibel«, erwiderte ich nachdenklich.

»Schließlich wissen wir alle, daß hier mehr in der Luft herumfleucht, als die je eingestehen würden. Sicher ist da ein Spion am Werk... und natürlich auch Gegenspione. Die Idee gefällt mir, Jock.«

Obwohl wir selten über den Luftwaffenstützpunkt sprachen, war ich die letzte, die seine Existenz vergessen konnte. Mein Mann war dort Pilot gewesen. Gewesen oder wäre geworden? Ich war mir nie im klaren, welche Zeitform korrekt angewendet war... hatte er es getan oder es nur tun wollen? Er schien mir viele Ambitionen gehabt zu haben.

Oban-Smith riß mich aus meinen Gedanken: »Hör zu, Elizabeth! Ich weiß, wie trostlos es für dich ist, seit dein Mann fort ist. Bescheuerte Situation! Sag mir, wenn ich helfen kann.«

»O Jock, so schlimm ist es gar nicht«, protestierte ich. »Er ist schließlich weder tot, noch sind wir geschieden. Er kommt zurück.« In letzterem Punkt war ich meiner Sache zwar nicht sicher, aber das ist nicht wichtig. »Er ist nur auf einer Polarexpedition.«

»Aber sie dauert ein ganzes Jahr!« Er musterte mich mitfühlend. »Harte Sache.« Jock war noch nie, nicht einmal sechs Monate, von seiner Frau getrennt gewesen und würde es auch nie sein, aber Clara hatte mir anvertraut, daß sie sich nach einer Zeit der Ruhe und Beschaulichkeit sehnte und glücklich gewesen wäre, wenn der Nordpol Jock gerufen hätte.

»Mir kannst du nichts vormachen, meine Liebe«, fuhr Jock fort. »Ich habe dich auf deinen Spaziergängen beobachtet... wie du mit gesenktem Kopf in den Dünen gegen den Wind ankämpfst...«

»Wir haben eigentlich nie überlegt, wen Jim observieren könnte«, begann ich, um ihn abzulenken. »Er scheint außer uns niemanden zu kennen.«

»Nein, das ist nicht ganz richtig. Er hatte einen großen Bekanntenkreis: die Jungen in der Schule, das Lehrerkollegium. Er kannte eine Menge Leute. Sie werden ihn alle vermissen.«

»Ist er denn wirklich fort?«

»Ja, am Mittwoch. Mit dem Flugzeug. Natürlich hat er es nicht an die große Glocke gehängt. Diskretion ist alles. Der Schule hat man gesagt, seine Mutter sei gestorben. Aber das ist natürlich alles Tarnung. Na ja, jetzt ist er fort. Ohne ein Wort.«

Auf meinem üblichen langen Spaziergang durch die Dünen, die sich bis zum Luftwaffenstützpunkt erstreckten, dachte ich: Falls Jim Olsen tatsächlich CIA-Agent war und jetzt zurückbeordert wurde, dann muß ein anderer seinen Platz einnehmen, denn schließlich hatte er seine Aufgabe noch nicht erfüllt. Ich muß nur warten und aufpassen, um seinen Nachfolger identifizieren zu können.

Mir war klar, daß ich damit unser Spiel ins Extreme trieb und beschloß, diese Schlußfolgerung vorerst für mich zu behalten. Die Stadt schien mir voller Gespenster zu sein, als ich mich umwandte und wieder auf sie zuging. Die Sanddünen und die aufgebrachte See ließ ich hinter mir. Einige dieser Gespenster kamen aus der Geschichte wie zum Beispiel Mary Stuart und John Knox, aber andere waren meine ganz privaten Heimsuchungen. Jim Olsen hatte dort auch seinen Platz.

Im Oktober war dann ein junger Amerikaner eingetroffen. Er hatte kurzes Haar und wirkte äußerst sauber und adrett. Er behauptete, als Armeeoffizier in Athen stationiert gewesen zu sein, dabei sei sein Interesse am Altertum geweckt worden und er sei hergekommen, um die Antike zu studieren. Eine plausible Geschichte.

Na gut, dachte ich, wenn er Jim Olsens Nachfolger ist, der einen Spion observieren soll, dann muß ich aufpassen, an wen er sich heranmacht.

Ziemlich schüchtern erzählte ich Jock Oban-Smith von meiner weiteren Variation der »Luftblase«, und er stimmte mir darin zu, daß es eine interessante Bereicherung des Spiels sei.

Ich hielt also Augen und Ohren offen. Der junge Offizier hieß Harry Trask, ein Name, der, ob er nun echt war oder nicht, gut zu ihm paßte. Er war ein netter Junge, und ich mochte ihn durchaus. Zu Hause in den Staaten hatte er eine hübsche Frau namens Livia. Er zeigte mir ein Bild von ihr, aber natürlich war das kein Beweis für ihre Existenz. Harry Trask entpuppte sich als Einsiedler, der außerhalb seiner Beschäftigung mit der Antike kaum Freunde gewann. Wir trafen uns häufig bei Spaziergängen am Meer, wo wir gegen Wind, Sand und Gischt ankämpften. Er war auch sehr musikinteressiert, so daß ich ihn einlud, Aufnahmen von Vivaldi und Händel bei mir anzuhören. Dabei schien er Kompositionen, die nach 1760 geschrieben worden waren, abzulehnen. Falls ich Musik aus der Bronzezeit gehabt hätte, hätte er sich vermutlich darauf gestürzt.

Ich war wirklich schwer von Begriff. Erst im Frühjahr ging mir auf, daß die einzige Person, für die er sich wirklich interessierte, ich selbst war.

Ich! Warum ausgerechnet ich? dachte ich.

Seltsamerweise kam diese Erkenntnis zu einer Zeit, da ich zu dem Schluß gelangte, daß meine sogenannte »Luftblase« kein Hirngespinst, sondern die Wahrheit war. Schwer zu sagen, wie ich darauf gekommen bin. Vielleicht waren es einige seiner Bemerkungen, vielleicht auch seine Zurückhaltung in manchen Dingen.

Ja, warum ausgerechnet ich? Warum observierte er mich? Was hatte ich Interessantes für ihn zu bieten?

Aber natürlich wußte ich, was ich zu bieten hatte, selbst noch in seiner Abwesenheit... und zwar einen Ehemann, der einem strategisch außerordentlich wichtigen Luftwaffenstützpunkt zugeordnet war. Sicher war mein Mann im Augenblick weit weg, doch man durfte schließlich annehmen, daß mir einiges an seinem Leben und seiner Arbeit aufgefallen sein mußte oder daß er mir als seiner Frau auch einige Geheimnisse anvertraut hatte. Falls es also eine undichte Stelle gab, fiel auch auf mich ein Verdacht.

Oder... und damit blähte sich meine »Luftblase« noch weiter auf und wurde beinahe zu einem lästigen Geschwür... man hatte den Verdacht, daß ich eine Agentin war.

Jock Oban-Smith registrierte überrascht, daß ich mich an unserem Spiel nicht mehr beteiligte. (Clara hatte sich stets aus allem herausgehalten.) Aber wie hätte ich ihm erklären sollen, daß ich mich selbst in dieser »Luftblase« zu befinden schien?

Jock liebte die neutrale Distanz. Er war lieber der Arzt, der eine Krankheit diagnostizierte, als der vom Fieber befallene Patient. Und er verfügte über genau die richtige Chemie, um sich vor den Niederungen des modernen Alltags zu schützen, denn er war reich, und Clara besaß eigenes Geld.

»Du wirst allmählich langweilig, altes Mädchen«, beklagte er sich. »Ich werde etwas unternehmen müssen.«

»Ich wüßte wirklich nicht, was du tun könntest«, entgegnete ich.

»Ich frage Clara.«

Jock fragte stets Clara, obwohl er nicht immer tat, was Clara ihm riet. Was mich betraf, so wußte ich zum Beispiel, daß sie dagegen war, mich zu ermutigen, an unseren Spielen teilzunehmen. Sie glaubte, er sei in mich verliebt, aber das war Unsinn. Jock liebte überhaupt niemanden, nicht einmal Clara... Er liebte lediglich ihren Familienstammbaum. Er war versessen auf Ahnenforschung; sie mobilisierte die besten seiner Eigenschaften. Er konnte einem mit sanfter Gelassenheit von Claras vornehmer Herkunft erzählen, wenn er überzeugt war, daß man diese Ehre verdient hatte, und jeder war sich dann des Privilegs durchaus bewußt, das ihm zuteil geworden war. Clara allerdings sprach niemals darüber. Sie stand über diesen Dingen.

Im Frühsommer erreichte mich dann durch die üblichen verschlungenen Kanäle die Nachricht, daß sich die Rückkehr meines Mannes aus der Arktis verzögere. Ich hatte so etwas bereits erwartet und begann mich zu fragen, ob ich ihn je wiedersehen würde. Während einer längeren Trennung kommt in jeder Beziehung (finden Sie nicht?) der Zeitpunkt, an dem man plötzlich das Gefühl hat, daß die geliebte Person überhaupt nicht mehr zurückkommt. Und diese Angst ist zum großen Teil auch an dem schuld, was geschah. Ich machte mir Sorgen. Und es kamen keine Briefe von ihm. Wo er war, konnte er keine Briefe schreiben.

Von diesem Zeitpunkt an ließ ich es zu, daß Harry mich besuchte und sich so eng an mich anschloß, wie er es wollte, denn ich beobachtete ihn, während er mich beobachtete.

Ich war der Meinung, auf diese Weise herausfinden zu können, wessen man mich verdächtigte.

Innerhalb der »Luftblase« erkennt man gewisse Wertvorstellungen nur noch wie durch einen Zerrspiegel, so daß mir mein Verhalten durchaus annehmbar und vernünftig erschien.

Während die Freundschaft mit Harry enger wurde und wir uns häufiger trafen, hatte ich nur einen Gedanken: Wenn er mich schon beobachtet, dann soll es sich für ihn auch lohnen! Ich fuhr also häufig zum Stützpunkt hinüber. Ich hatte dort viele Bekannte, und daher war das ganz natürlich. Außerdem lud ich einige der jungen Piloten zu mir ein, die einsam waren und nur allzugern meinen Kaffee tranken und meine Schallplatten hörten. Das war eine völlig harmlose Angelegenheit, denn sie erwarteten von mir nur ein wenig Freundschaft und Verständnis, aber die »Luftblase« verzerrte alles, und ich mußte vermutlich den Anschein einer Frau erweckt haben, die sich während der Abwesenheit ihres Mannes nach besten Kräften amüsierte.

Jock Oban-Smith informierte mich dann über das nächste Stadium der Entwicklung. Eines Tages hielt er mich auf der Straße auf. Es wehte der übliche scharfe Wind.

»Du weinst!« warf er mir vor.

»Nein. Das ist Unsinn. Der Wind treibt mir die Tränen in die Augen. Das ist alles.«

»Hast du schlechte Nachrichten von deinem Mann?«

»Ich sage dir doch... Mit mir ist alles in Ordnung.«

»Aber du hast wieder keine Nachrichten!«

»Ich erwarte auch keine«, entgegnete ich gereizt. Ich versuchte, mich an ihm vorbeizudrängen, aber Jock versperrte mir den Weg.

»Dieser junge Mann ist in dich verliebt.« Er meinte natürlich Harry.

»Das glaube ich nicht.«

»Er zeigt sich jedenfalls sehr... sehr interessiert«, beharrte Jock.

»Fasziniert«, verbesserte ich ihn spöttisch.

»Du machst doch hoffentlich keine Dummheiten? Aber vermutlich könnte man es dir gar nicht übelnehmen.« Sein freundliches Gesicht wirkte besorgt. »Ich habe es von jeher bedauert, daß dein Mann dich so häufig allein läßt.« Er drohte mit dem Finger. »Und ich denke nicht nur an dich, sondern auch an den jungen Mann. Du hast ein Herz aus Stein... er nicht.«

»So, findest du? Denkst du das von mir? Ich spreche mal mit ihm«, versprach ich. »Das wollte ich sowieso schon lange tun. Wirklich.«

Am darauffolgenden Tag traf ich Harry in den Dünen. Er hatte einen kleinen Hund, einen herrenlosen Mischling, dabei, mit dem er sich angefreundet hatte. Den Hund kannte jeder in der Stadt. Er war als der kleine »lahme Hund« bekannt. Beide blieben stehen, als sie mich sahen.

»Ihre Frau muß sehr einsam sein«, begann ich. »So ganz ohne Sie.«

Harry und der Hund wandten wie zwei Marionetten gleichzeitig den Kopf und sahen mich an.

»Sie wollte es ja so«, erwiderte er trotzig. Er hatte in letzter Zeit kaum noch von seiner Frau gesprochen, so daß ich mich allmählich gefragt hatte, ob sie wirklich existierte. Jetzt allerdings sah es so aus, als sollte ich mich getäuscht haben. »Sie wollte es ja so«, wiederholte er. »Sie hängt an ihrem Leben zu Hause... an ihrer Töpferei und dem Geschäft, in dem sie die Sachen verkauft. Das konnte sie nicht aufgeben.«

»Ist sie Ihnen denn nie gefolgt? Ich meine, die Armee hat Sie doch sicher viel in der Welt herumgeschickt, oder?«

»Nur manchmal.« Was sein Leben anging, war er stets sehr verschlossen gewesen. »Aber was die Einsamkeit betrifft, müßten Sie doch Bescheid wissen«, konterte er plötzlich. »So lange wie Ihr Mann schon fort ist.«

»Nur habe ich das nicht gewollt. Man hat mich einfach nicht mit gelassen.«

Er warf mir einen skeptischen Blick zu, der sehr dem Ausdruck des Hundes glich. »Wie heißt Ihr Mann eigentlich? Das haben Sie mir nie erzählt.«

»Edward. Von jeher Edward.«

»Wie das klingt! Als ob er seinen Namen wechseln könnte wie die Hemden.«

In meiner »Luftblase« zerrten sich seine Worte ins Überdimensionale. Hatte ich richtig gehört? Das klang ja so, als ob er glaubte, der Spion, den er observierte, sei nicht ich, sondern mein Mann, und weil er an Edward nicht herankam, mußte ich dafür herhalten.

»Ich meine ja nur, daß die meisten Ted, Ed oder Eddie daraus machen. Aber er blieb immer Edward«, entgegnete ich. »Tja, und er ist wirklich schon lange fort.«

Das Tier tastete spielerisch mit seiner Pfote nach meinem Fuß. Es war ein freundlicher Hund. Ich bückte mich und streichelte ihn.

»Für mich war's eine wunderschöne Zeit«, sagte Harry. »Die Freundschaft mit Ihnen, unsere Spaziergänge, die Musik. Eine schöne Zeit«, wiederholte er beinahe verlegen und scheu.

Ich geriet in Panik. Sollte ich möglicherweise keinen Spionagethriller, sondern eine ganz banale Liebesgeschichte zwischen zwei einsamen Menschen erleben? Hatte ich einen schrecklichen Fehler gemacht?

»Sie mögen mich doch, oder?« erkundigte er sich noch immer zögernd.

»Aber natürlich.« Ich streichelte erneut den Hund, um seinem Blick nicht begegnen zu müssen. Statt dessen trafen mich die bittenden Augen des Hundes, und das war auch nicht viel besser.

»Sie mögen wohl Amerikaner, oder? Da war doch schon mal einer hier, stimmt's? Jim Olsen.«

»Ich habe mich schon gefragt, wann Sie ihn wohl erwähnen würden.«

»Alle scheinen ihn hier zu vermissen. Jeder erzählt mir, wie nett er gewesen ist. Schade, daß ich ihn nicht mehr kennengelernt habe.«

»Sie treffen ihn sicher eines Tages.«

»Amerika ist ein großes Land«, bemerkte er nachsichtig. »Er kam aus Boston, und ich bin aus New York. Wie sollten wir uns da wohl je begegnen? Komischerweise habe ich trotzdem von ihm gehört. Meine...« Er zögerte auf der Suche nach dem richtigen, dem wahren, dem treffenden Ausdruck. »Meine Familie kennt seine Familie.«

»Aha«, sagte ich. »Es gibt also eine Verbindung.«

»Er ist übrigens noch immer nicht heimgekommen. Allmählich machen sie sich Sorgen.«

»Amerika ist wie gesagt ein großes Land. Vermutlich ist er irgendwo aufgehalten worden. Er liebte die Dünen und den Strand hier unten«, fuhr ich fort. »Ich bin ihm auf meinen Spaziergängen häufig begegnet... oder umgekehrt. Ich weiß eigentlich nicht recht, wer wem begegnet ist. Aber er war sehr gern hier. Das ist sicher. Vielleicht ist er nie weiter gekommen, als bis zu diesen Sanddünen.«

»Das wäre ja ein schrecklicher Gedanke«, protestierte er.

»Warum denn? Sollte er hier bei den kleinen Krebsen und Muscheln nicht glücklich sein? Unsinn, ich habe nur Spaß gemacht.«

»An euren britischen Humor gewöhne ich mich wohl nie.«

»Damit wollen Sie vermutlich sagen, daß es ein geschmackloser Scherz war, oder?«

»War's das denn nicht?« konterte er steif.

»Ich bin ein bißchen gereizt. Die Abwesenheit gewisser Personen... na, Sie wissen schon.«

»Sind Sie denn eng mit Jim Olsen befreundet gewesen?«

»Nein, eigentlich nicht«, antwortete ich nach einer Pause.

»Sie stehen im Ruf, Menschen ganz nahe an sich heranzulassen und dann die Schotten dicht zu machen.«

»Tja, das ist nun mal so.«

»Wie Sie sehen, bin ich ganz ehrlich zu Ihnen.«

Ich setzte mich auf den trockenen Sand. Der Hund kam sofort zu mir und ließ sich neben mir nieder. Nach einer Weile tat Harry das gleiche. Der Himmel war von jenem klaren, silbrig glitzernden Pastellblau, das man nur im Norden findet. Im Westen leuchtete der Horizont pink- und goldfarben.

»Wir haben bald den längsten Tag«, bemerkte Harry und sah zum Himmel auf.

»Ja, richtig.« Die Jahreszeit der weißen Nächte, wie die Russen sie nannten. Je näher man dem Polarkreis kam, desto länger wurden die Tage.

»Und die kürzeste Nacht«, fuhr er fort. »Von Nacht kann da kaum noch die Rede sein. Die Nächte sind sowieso kürzer, als ich dachte.«

»Ja.« Ich hatte den Blick unverwandt zum Himmel gerichtet. »Wir sind hier doch sehr weit nördlich. Nächste Woche fahre ich nach Norwegen. Ich will von dort auf einem kleinen Frachter durch die Fjorde fahren. Wir durchqueren dabei den Polarkreis bis Kirkenes. Dort gehe ich von Bord und fahre direkt bis zur russischen Grenze. Ich möchte dort Blumen und Vögel beobachten.« Jetzt sah ich ihn an und entdeckte ein helles, hoffnungsvolles Leuchten in seinen Augen. Aber wer wußte schon, worauf er hoffte? »Möchten Sie nicht mitkommen?«

»Das könnte ich«, antwortete er. »Das wäre möglich.«

»Ich will bis an die russische Grenze«, wiederholte ich. »Die Tundra wird Ihnen gefallen... falls Sie sie nicht schon kennen«, sagte ich zuckersüß. Ich wollte, daß er meinen Vorschlag annahm. Dabei strafte ich jemanden, wußte nur nicht genau, wen.

Hätte ich je Briefe von Edward bekommen, hätte ich sie in diesem Augenblick sicher Harry gezeigt und gesagt: »Lesen Sie sie, und urteilen Sie dann. Entscheiden Sie, was er ist und wer ich bin. Ist er nur ein netter, schüchterner, schweigsamer Mann, der auf eine wissenschaftliche Expedition gegangen ist... oder sollte mehr dahinterstecken? Falls er doch gerissener ist, was bin dann ich? Ein unschuldiges Opfer oder seine Komplizin?« Doch ich hatte ja keine Briefe erhalten.

»Wie kommen Sie dorthin?« fragte er.

»Also, wenn Sie das wirklich nicht wissen... und ich bin sicher, Sie wissen es... Man fliegt nach Bergen und besteigt dort das Schiff. In Kirkenes geht man wieder an Land. Die Reise ist fast immer schon lange im voraus ausgebucht, aber Sie kriegen bestimmt noch einen Platz.«

Er ging auf die Anspielung nicht ein, sondern erwiderte nur: »Sind Sie sicher?«

»Ich habe die Reise schon vor Monaten gebucht.«

»Aha. Sie planen wirklich voraus.«

»Das muß man auch«, entgegnete ich kurz angebunden. »Also, was meinen Sie?«

Meine Einladung hatte eigentlich nichts Anzügliches. Sollte er doch davon halten, was er wollte. Er hatte den Interessierten, ja den Verliebten gespielt, und ich hatte ihm Ähnliches geboten. Er muß praktisch mit nach Norwegen kommen, überlegte ich. Wenn er CIA-Agent war, wie in meiner »Luftblase« vorausgesetzt, hatte er keine andere Wahl.

»Ich komme mit.«

»Was machen Sie mit dem Hund?«

»Sie haben doch eine Katze, oder? Was machen Sie mit ihr?«

»Clara Oban-Smith kümmert sich um das Tier. Das ist alles arrangiert.«

»Würde sie auch den Hund nehmen?«

»Clara sagt zu allem immer Ja und Amen. Deshalb ist sie eine so gute Ehefrau.«

»Sie können manchmal ganz schön gehässig sein, was?« bemerkte er kühl. Seltsamerweise war ich mir gerade in diesem Augenblick fast sicher, daß er in mich verliebt war.

Ich zuckte mit den Schultern. »Erfolgreiche Ehefrau, wenn Sie wollen.«

»Und das sind Sie nicht?«

»Ganz offensichtlich bin ich das nicht. Erfolgreiche Ehefrauen sind bei ihren Männern... und werden nicht einfach verlassen.«

»Aber Ihr Mann mußte doch auf eine Polarexpedition. Ehefrauen, Frauen können da nicht mit, stimmt's?«

Ich schwieg. »Also, Ihnen will ich es sagen: Es steckte ein bißchen mehr dahinter«, sagte ich schließlich. »Hinter dieser Expedition, meine ich.«

»Inwiefern?« Die Frage kostete ihn offenbar Überwindung.

»Das scheint Sie ja kaum zu überraschen. Sicher haben Sie das längst vermutet. Jock Oban-Smith jedenfalls hat es.« Ich dachte einen Augenblick nach. Ja, ich war mir fast sicher, daß Jocks Phantasie so weit gegangen war.

»Soll das heißen, daß er Sie verlassen hat? Daß Ihr Mann Sie verlassen hat?«

»Nein, nicht ganz. Ich meine, diese Polarexpedition hat einen geheimen Zweck... abgesehen von den wissenschaftlichen Aufgaben.«

»Spionage?«

»Natürlich hatten Sie längst diesen Verdacht, oder?«

Er starrte mich daraufhin nur ausdruckslos an. So sah man vermutlich aus, wenn die Tarnung geplatzt war.

»Falls die Mannschaft, der Ihr Mann angehört, tatsächlich diese Aufgabe hat, kann ich mir nicht vorstellen, daß Sie darüber Bescheid wissen würden«, entgegnete er kühl.

»Sie meinen, mein Mann würde es nicht wagen, mir etwas davon zu sagen?« konterte ich ebenso distanziert. »Das käme darauf an, nicht wahr?«

»Worauf?«

»Darauf, was für ein Ehemann er ist und was für eine Ehefrau ich bin«, antwortete ich in demselben sachlichen Ton. »Sie erzählen Ihrer Frau vermutlich nie etwas. Arme Livia! Ich kann sie nur bedauern.«

Eine gute Minute fixierte er mich unverwandt, dann brach er plötzlich in schallendes Gelächter aus. »Was sind Sie doch für eine Schwindlerin!« prustete er. »Fast hätte ich Ihnen geglaubt. Genau wie die Anspielung, man könnte Jim Olsen hier begraben haben.«

Wir gingen in die Stadt zurück und waren beide ziemlich einsilbig, während der Hund neben uns herhinkte.

In den folgenden Tagen traf ich meine Reisevorbereitungen, und ich nehme an, daß er dasselbe tat. Jock Oban-Smith sagte, er bedaure meine Abreise, tat jedoch nichts, um mich daran zu hindern.

»Ich nehme an, daß du dir diese Geschichte mit Harry Trask mittlerweile aus dem Kopf geschlagen hast, oder?« fragte er.
»Ja, natürlich. Völlig.«
»Du bist nämlich in ihn verliebt, stimmt's?«
»Unsinn.«
»O doch«, seufzte er. »Dabei war's ein so herrliches Spiel... unsere ›Luftblasen‹, meine ich. »Natürlich kann ich es jetzt nicht mehr spielen.«
»Aber natürlich kannst du das, Jock«, widersprach ich freundlich. »Du wirst nie aufhören. Schließlich machst du ja jetzt schon wieder weiter: mit der angeblichen Liebesgeschichte zwischen mir und Harry Trask. Das ist ein blendendes Beispiel für eine gute ›Luftblase‹.«
»Gut, ich gebe es zu«, erwiderte er nach einer Weile. »Und in meiner ›Luftblase‹ tust du es, um deinem Mann irgendwas heimzuzahlen.«
»Was denn?«
»Das ausgerechnet weiß ich nicht. Vielleicht dafür, daß er dich so lange allein gelassen hat... irgend so was. Ich werde darüber nachdenken.«
»Unter deiner freundlichen Maske bist du ganz schön kaltblütig, Jock«, bemerkte ich.
»Als ob dir das was ausmachen würde. Vergiß nicht, daß ich mich während deiner Abwesenheit um deine Katze kümmere. Das zum Beispiel zeigt doch, daß ich ein gutes Herz habe, oder?«
»Darüber reden wir noch, Jock.«
Jock Oban-Smith setzte seine Brille auf. Es war eine kleine Nickelbrille mit runden Gläsern, die ihm ein affektiertes Aussehen verlieh und seine Ähnlichkeit mit einer aufgeplusterten Eule noch unterstrich. Jock war weitsichtig, Clara war kurzsichtig. Ein perfektes Paar.

»Sehen wir uns morgen noch vor deiner Abreise?«

»Ja, wahrscheinlich schon. Doch, sicher, Jock.« Was bedeutete, wie er bestimmt erriet, daß die Antwort nein lautete.

»Und wohin willst du jetzt?«

»Nur noch mal schnell runter in die Dünen.«

»Dann, auf Wiedersehen.«

»Wiedersehen, Jock. Wiedersehen.«

Er gab mir einen Kuß auf die Wange. »Du hast ja deine Einkaufstasche dabei!« rief er mir noch nach.

Am Strand war es einsam. Nur die hungrigen Schreie der Möwen waren zu hören. Aber so hatte ich es gewollt. Es war genau richtig, um Abschied zu nehmen.

Ich kniete im Schutze einer Reihe von niedrigen, mit hartem Gras bewachsenen Dünen im Sand und dachte noch immer, ich sei allein, als ich meinen Namen hörte. Ich sah mich um und versuchte zu verbergen, was ich tat.

»Ach Sie, Harry?« Ich verlagerte das Gewicht auf die Fersen.

»Ich bin Ihnen nicht gefolgt, wenn Sie das meinen«, versicherte er mir hastig.

»Natürlich nicht.«

»Ich wollte mir nur noch mal ansehen, wo wir spazierengegangen waren. Das verstehen Sie doch, oder?«

Ich nickte. Insgeheim wünschte ich ihn in diesem Augenblick weit fort. Aber ich wußte, daß er nicht gehen würde.

»Was haben Sie denn da in der Hand?« fragte er. Er starrte mich an. »Das ist doch ein kleiner Spaten. Ein Kinderspaten.«

»Ich habe ihn im Sand gefunden«, log ich.

Doch sein Blick schweifte weiter. »Sie vergraben doch was.« Er trat näher, um besser sehen zu können. »Das ist doch Ihre Katze. Ihre Katze!«

»Er war ziemlich alt«, sagte ich. »Möglicherweise wäre er während meiner Abwesenheit gestorben. Ich wollte, daß er seine letzten Stunden bei mir verbringt. Außerdem halte ich nicht viel von Clara Oban-Smiths Tierliebe. Natürlich ist sie lieb und nett, aber sie hat keine Phantasie. Und Menschen ohne Phantasie haben meistens kein Herz für Tiere.«

»Mein Gott, Sie sind wirklich abgebrüht«, murmelte er.

»Ich konnte nicht anders. So ist es für meinen Kater gnädiger.«

»Aber wenn es schon sein mußte, warum haben Sie das arme Tier nicht wenigstens in Ihrem Garten begraben?«

»Nein, hier ist es viel besser«, entgegnete ich hastig. »Natürlicher, schöner. Aber ich muß ihn ziemlich tief eingraben... wegen der Möwen. Sie könnten mir helfen... wenn Sie wollen.«

»Nein. Sie sind sowieso schon fast fertig. Tun Sie es lieber allein.«

Er beobachtete, wie ich ein paar Schaufeln Sand auf das Katzengesicht streute. »Sie haben das Tier doch gern gehabt.«

»Ja, sicher.«

»Trotzdem haben Sie es umgebracht.«

»Das mußte ich tun.« Ich stand auf. »Ehrlich, es war das Beste.«

Wir wandten uns beide zum Gehen. Vor uns lag die Stadt, hinter uns waren Meer und Dünen.

»Ihr Hund hat es bei Clara bestimmt gut«, begann ich schließlich. »Sie hat sich übrigens schon mal um ihn gekümmert. Er hat praktisch schon mal jedem hier gehört.«

»Sagen Sie jetzt bloß nicht, daß Jim Olsen ihn vor mir gehabt hat«, murmelte er.

»Die beiden haben sich durchaus verstanden«, gab ich zu und vermied es, ihn anzusehen.

Einige Minuten lang gingen wir schweigend nebeneinander her. »Wissen Sie, was mir jetzt gerade durch den Kopf geht?«

»Nein.« Seine Stimme hatte einen merkwürdigen Unterton. Ich warf ihm einen flüchtigen Blick zu. Den Kopf zwischen die Schultern gezogen ging er neben mir.

»Ich frage mich, wessen Hund er als nächstes werden wird.«

»Ich glaube, Sie sind sein letztes Herrchen«, antwortete ich ernst. »Aber Sie müssen ja nicht mit mir kommen. Bleiben Sie doch hier. Sorgen Sie für ihn.«

»Nein, ich komme mit.«

Wir gingen in Bergen an Bord des Schiffes und fuhren von dort aus gemächlich mit vielen Stops in norwegischen Städten die Küste entlang und in ein oder zwei Fjorde. Bergen, Trondheim, Tromsø, Harstad lagen schließlich hinter uns.

Ich glaube, es gefiel ihm. Wir gingen in jedem Hafen auf Besichtigungstour und erreichten meistens nur knapp vor dem Ablegen unser Schiff, die »Arctic Queen«, das, wie in Norwegen üblich, pünktlich den Zeitplan einhielt.

Ein amerikanisches Ehepaar war an Bord, das offenbar eine Ehekrise durchmachte, denn sie stritten ständig. Zuerst dachte ich, es sei eine Art Zeitvertreib der beiden, doch dann registrierte ich, daß sie zunehmend unglücklicher aussahen. Die Frau sagte eines Tages zu mir: »Hat es zwischen Ihnen und Ihrem Mann je Kalten Krieg gegeben?«

»Ja, und manchmal auch einen sehr hitzigen«, erwiderte ich.

Offenbar nahm sie an, daß Harry und ich verheiratet waren, und vermutlich mußten wir tatsächlich wie ein Paar wirken, was wir ja auch gewissermaßen waren, obwohl sie, wenn sie sich die Mühe gemacht hätte nachzuforschen, herausgefunden hätte, daß wir getrennte Kabinen hatten.

In Kirkenes verließen wir die »Arctic Queen«, bezogen Zimmer in einem kleinen modernen Hotel, das offenbar nur Geschäftsleute oder Durchreisende für Kurzaufenthalte nutzten, um sich das Eisenbergwerk anzusehen. Vielleicht war unter den Gästen auch gelegentlich der Schulrat, der die Schule inspizierte.

Davon abgesehen gab es nur noch eine Kategorie von Gästen, was mich nicht überraschte: sorgfältig gekleidete Herren mit ausdruckslosen Gesichtern und wohlgeformten Schultern, die in ihrer unauffälligen Art Diszipliniertheit und stumme Autorität ausstrahlten.

Wir verbrachten zwei Tage in Kirkenes, und während dieses Zeitraums hielten sich etliche dieser Herren in unserem Hotel auf. Ich wußte, warum sie hier waren. Nur wenige Kilometer weit entfernt verlief die russische Grenze, und auf der sowjetischen Seite der Grenze gab es rote Telefone in den Häuschen der Wachposten, die nur in Notfällen klingelten. Und hinter der Demarkationslinie auf beiden Seiten waren deren hochempfindliche militärische Anlagen installiert. Grenzen wie diese läßt man nicht allein von rotbackigen Soldaten bewachen.

Ich fragte mich, welche Sprachen die unauffälligen Herren wohl sprechen mochten, wenn sie das militärische Hauptquartier am Rand der Stadt aufsuchten. Ich vermutete, daß es sämtliche Sprachen der NATO waren.

Harry paßte erstaunlich gut zu ihnen. Er fiel unter ihnen kaum auf.

»Bis jetzt hat mir die Reise Spaß gemacht«, erklärte er an unserem ersten Abend dort nach dem Essen. »Und sie war auch sehr lehrreich.« Ich musterte ihn aufmerksam. »Aber von Ihrem angeblichen Interesse für die Flora und Fauna habe ich allerdings noch nichts gemerkt.«

»Morgen«, erwiderte ich. »Morgen machen wir einen langen Spaziergang mit Picknick. Zum Wandern ist es hier einfach herrlich.«

»Sie haben doch eine Karte, oder? Ich finde, daß die Gegend hier für planlose Spaziergänge kaum geeignet sein dürfte.«

»Oh, eine Karte habe ich natürlich.«

Am darauffolgenden Tag machten wir uns schon früh auf den Weg. Wie versprochen hatte ich für das Picknick Brötchen mit geräucherter Wurst und Käse in meiner Schultertasche.

Bis zum letzten Augenblick war ich nicht sicher gewesen, ob Harry mitkommen würde. Eigentlich hatte ich eher damit gerechnet, daß er noch in der Nacht seine Koffer packen und verschwinden oder mich sogar verhaften lassen würde. Ich war sicher, daß er im Rahmen seiner Aufgaben beides hätte tun können.

Statt dessen jedoch machte er sich schweigend mit mir auf den Spaziergang. Je weiter wir nach Norden gekommen waren, desto besseres Wetter hatten wir. In Schottland war es bei unserer Abreise kalt und stürmisch gewesen, aber hier war es warm und windstill. Die Landschaft leuchtete golden, das Gras stand hoch und die Bäume waren zwergenhaft und zierlich. Ein kleiner Fluß floß in vielen Windungen durch das Weideland.

»Wie eine Mondlandschaft«, bemerkte ich. »Oder wenigstens wie man sich die Mondlandschaft vorgestellt hat, bevor wir wußten, daß sie aus Staub und Felsbrocken besteht. Hier ist alles zeitlos und ruhig.«

»So bezaubernd es jetzt ist, so grimmig kalt und öde muß es hier im Winter sein«, entgegnete Harry.

»Nur Schnee und Eis«, murmelte ich.

»Hoffentlich wissen Sie, wo wir sind.«

»Der Fluß fließt genau an der Grenze entlang«, sagte ich und deutete mit der Hand darauf. In der Ferne konnten wir die hölzernen Wachtürme sehen, von denen uns unsichtbare russische Augenpaare vermutlich jetzt schon beobachteten.

»Die Norweger haben doch sicher auch Grenzanlagen hier«, vermutete er und sah sich um.

»Bestimmt. Wenn wir wollten, könnten wir sie wahrscheinlich sogar finden. Aber sie lassen uns nicht zu nahe heran.«

»An die Grenze, meinen Sie?«

»An alles«, entgegnete ich leichthin. »Und wir starren die Russen in ihren Türmen lieber nicht an. Sie könnten sich provoziert fühlen.«

»Wirklich?«

»Keine Ahnung. Das hängt von ihrer Stimmung ab. Gelegentlich sollen sich die Russen und Norweger ja sogar treffen. Beim Fischen. Hier gibt's nämlich Lachse.«

»Sie fangen Lachse?«

»Mehr gibt's vermutlich auch nicht zu fangen«, murmelte ich. »Sie haben nicht zufällig eine Kamera dabei, oder?«

Er schüttelte den Kopf. »Nein.«

»Es muß Ihnen doch schrecklich heiß in Ihrem Jackett sein. Warum ziehen Sie es nicht aus?«

Er wischte sich über die Stirn. »Es ist wirklich heiß. Mit solchen Temperaturen habe ich am Polarkreis offengestanden nicht gerechnet.« Nichtsdestotrotz behielt er seine Jacke an.

Ich sah zur Sonne hinauf. »Fast Mittag. Jetzt ist vermutlich die heißeste Tageszeit.«

Mittlerweile war ich ziemlich verwirrt. Wir hatten diese lange Reise zusammen zurückgelegt, aber bisher hatte er mir nichts als bedingungslose Kameradschaft entgegengebracht. Vielleicht war meine »Luftblase« eine Seifenblase. Möglicherweise war er genau das, was er zu sein schien: ein Mann, der die Armee verlassen hatte, um Lehrer zu werden.

Nein, entschied ich. So harmlos war das Leben nicht... und wenn doch, dann war er bestimmt nicht harmlos. Um seinen Mund gab es Linien, die ein einfacher Lehrer nie haben konnte.

Wir waren jetzt nahe am Fluß. Eine Weile gingen wir einen schmalen, auf einer Seite von Birken und hohem Gras gesäumten Pfad entlang. Auf der anderen Seite glitzerte silbern der Fluß. Dann machte der Fluß plötzlich eine scharfe Biegung und verschwand aus unserem Blickfeld.

Eine kleine Lichtung mit einem Baum schien zum Verweilen einzuladen. »Ich bin dafür, daß wir hier Picknick machen«, entschied ich.

Ich setzte mich. Er blieb stehen und sah auf mich herab. Ich streckte die Arme nach ihm aus.

Er kniete nieder. »Ich habe sehr lange darauf gewartet, daß du mich bittest, dich zu küssen.«

»Ich habe die ganze Zeit über nichts anderes gewollt.«

»Ach was... du hast selbst nicht gewußt, was du willst.«

Selbst als ich ihn küßte, erlebte ich einen Moment äußerster Panik. Sich nicht zu kennen, nicht zu wissen, welche Signale man aussendet, ist gefährlich. Ich hatte ihm gegenüber also nicht den Eindruck erweckt, den ich zu erwecken glaubte?

Während wir uns mit den Händen erforschten, schoß es mir durch den Kopf: Verdammt, er tastet mich ab, um festzustellen, ob ich bewaffnet bin!

Ich entzog mich ihm. »Nein, ich habe auch keine Kamera.«

»Wie meinst du das?« Er klang verwirrt.

»Nicht wichtig. Machen wir endlich Picknick.« Ich packte die Sachen aus und verteilte die Sandwiches. Ich hatte Hunger und aß hastig, während ich Harry und die Umgebung nicht aus den Augen ließ.

Dann lehnten wir uns friedlich schweigend an den Baum zurück. Das heißt, wenigstens ich war friedlich gestimmt. Was mit ihm war, wußte ich ja nicht.

»Natürlich habe ich keine Kamera«, brach ich plötzlich das Schweigen. »Keiner von uns ist doch so dumm, an die russische Grenze eine Kamera mitzunehmen.«

»Wenn du meinst.«

»Ich habe auch keine Waffe. In diesem Punkt warst du dir doch nicht sicher, oder? Ich hab's gefühlt, als du dich vergewissern wolltest«, fügte ich humorlos hinzu. »Wir haben uns gegenseitig eine Menge Rätsel aufgegeben, was? Ich habe zwar keine Waffe, aber dafür hast du eine. Ich hab's gefühlt, als du mich geküßt hast.«

»Ja, ich trage eine Waffe«, gab er zu. »Wie übrigens viele Amerikaner.«

»So, tatsächlich? Auch im Urlaub? Paß auf, ich erzähle dir jetzt mal die Geschichte, die ich mir über dich zusammengereimt habe. Ich habe mir nämlich ausgedacht, daß du als Ersatz für Jim Olsen als CIA-Agent in meinen Freundeskreis eingeschleust worden bist. Als Jim nicht mehr war...« Ich zögerte. »...als er fort war... bin ich zu dem Schluß gekommen, daß du mich beobachtest. Und das sicher, um zu erfahren, ob ich durch meinen Mann, wegen ihm oder sogar gegen seinen Willen von gewissen Geheimsachen erfahren haben könnte. Jim hatte mich bereits observiert. Es war nur logisch, daß du seinen Platz eingenommen hast. Und so bin ich auf die Idee gekommen, mit dir ein wenig Schlitten zu fahren.«

»Was dir durchaus gelungen ist.«

»Ja, nicht wahr? Dabei sind wir vielleicht beide unschuldig. Vielleicht bist du nicht der, für den ich dich halte, und vielleicht bin ich keine Spionin.«

»Dieser eigenartige Humor, den du hast!« entgegnete er. »Du solltest ihn dir abgewöhnen. Er paßt nicht zu dir, Elizabeth.«

»Das ist doch egal.« Ich lehnte mich bequem gegen den Baumstamm. »Ich weiß, wie wir unsere Probleme lösen können. Ich habe nämlich einen Plan. Aber der gelingt nur hier.«

»Vermutlich. Wir sind diesseits der russischen Grenze.«

»Nein. Dir scheint entgangen zu sein, daß die Grenze nicht nur entlang des Flusses verläuft, sondern diesen gelegentlich auch schneidet. Und deshalb sind wir jetzt jenseits der Grenze... in Rußland.«

»Wie bitte?« Er sprang erschrocken auf.

»Na sicher«, erwiderte ich und blieb gelassen gegen den Baum gelehnt. »Mach dir nicht ins Hemd, wie man dort sagt, wo wir beide herkommen. 's wird schon alles gut gehen. Natürlich verhaftet man uns, aber wenn ich nur eine unschuldige Touristin bin und gegen dich ebenfalls nichts vorliegt, dann kommen wir beide wieder frei. Vermutlich nicht zur selben Zeit und sicher nicht zusammen. Falls ich allerdings in deinem Sinn schuldig bin und du der bist, für den ich dich halte...« Ich zuckte mit den Schultern.

»Was dann?« fragte er.

»Dann werden wir zwar verhaftet, aber nur einer von uns kommt frei.«

»Ist das wieder eine Kostprobe deines köstlichen Humors?«

Ich ignorierte die Ironie. »Ich habe einen Plan: Verabreden wir uns doch in genau sechs Monaten zum Kaffee bei McVitie's in der Prince's Street.« Ich lächelte. »Wenn wir beide dort sind... tja, dann sind wir eben beide in jeder Beziehung unschuldig.«

»Wenn ich nur wüßte, was ich von dir halten soll.«

»Das spielt jetzt keine Rolle mehr.« Ich hatte den Blick auf den Horizont fixiert. »Zwei Männer kommen auf uns zu. Es sind russische Soldaten.«

Dann stand ich auf und wartete.

Sechs Monate später leerte ich meine Tasse. Der Kaffee war weder schlecht noch gut gewesen. Ich dachte nach.

Schließlich rief ich den Ober. »Bitte zahlen!«

Der Ober verbeugte sich lächelnd. »Hat's geschmeckt? Eine leckere Tasse, was?« Das war gut gesagt, denn schließlich sprach er nicht in seiner Muttersprache.

»Köstlich«, log ich in seiner Sprache.

»Und wie hat es Ihrem Begleiter geschmeckt?«

»Auch sehr gut«, erwiderte ich.

Mein Mann, der wohlbehalten von seiner Polarexpedition zurückgekehrt war und sich vielmals dafür entschuldigt hatte, daß er nie geschrieben hatte (»Ich konnte wirklich nicht, Liz. Du weißt schon, die Umstände... Da wagte ich einfach nicht, Kontakt mit dir aufzunehmen«), betrat in diesem Augenblick das Café und hörte den Dialog. »Dein Russisch wird immer besser«, lobte er. Dann setzte er sich zu uns. Jetzt waren wir zu dritt.

»Ich lerne auch eifrig.« Ich drehte mich um. »Ich lebe mich allmählich ein. Was ist mit dir, Jim?«

»Langsam, langsam«, erwiderte Jim. »Gib mir Zeit.«

»Wir haben das einzig Richtige getan«, fiel mein Mann ein. »Nachdem wir dich umgedreht hatten, Jim... nachdem du einer von uns geworden warst... also zu dem Kreis von Leuten gehörtest, die die Gesellschaftsstrukturen aufbrechen wollen, in denen sie aufgewachsen sind, mußten wir alle raus. Schon um dich zu schützen, Jim.«

»Hoffentlich hast du recht«, seufzte Jim.

»Oh, du bist vollkommen sicher«, beruhigte ich ihn. »Harry

ist davon überzeugt, daß ich dich umgebracht und in den Dünen vergraben habe. Leider mußte ich meinen armen alten Kater opfern, damit er es auch wirklich geglaubt hat. Aber sowieso hätte ich ihn nie bei Clara Oban-Smith gelassen.«

»Ich nehme doch an, daß du dich in Harry nicht getäuscht hast, oder?« fragte mein Mann unruhig. »Wir haben seine Identität nie definitiv feststellen können, weißt du.«

Ich zuckte mit den Schultern. Sicher war ich mir gar nicht. Er gab mir noch immer Rätsel auf. Und vermutlich ging es ihm umgekehrt genauso. Und deshalb habe ich gesagt, daß die »Luftblase« gefährlich sei. Möglicherweise hatte ich ein unschuldiges Leben auf dem Gewissen.

*Aus dem Englischen übertragen
von Christine Frauendorf-Mössel*

MEISTERMORDE

AGATHA CHRISTIE

Das Harlekin-Teeservice

EINE MR. QUIN-STORY

Mr. Satterthwaite schnalzte zweimal verdrießlich mit der Zunge. Ob er recht hatte mit seiner Annahme oder nicht, er war jedenfalls immer mehr davon überzeugt, daß die Autos heutzutage wesentlich öfter kaputtgingen als früher. Die wenigen, denen er vertraute, waren wie alte Freunde, die die Prüfung der Zeiten überstanden hatten. Sicher, sie hatten ihre kleinen Eigenheiten, aber man kannte sie, kümmerte sich um sie und erfüllte ihre Bedürfnisse, bevor sie allzu dringend geworden waren. Dagegen die neuen Wagen! Lauter moderne, technische Spielereien, andere Fenster, ein neues, anders angeordnetes Armaturenbrett, gut aussehend in hochpoliertem Holz, aber ungewohnt, so daß die Hand unsicher über Nebelleuchten, Scheibenwischer, dem Choke etcetera innehielt, ohne sich entscheiden zu können. Das alles konnte man durch Schalter bedienen, die sich genau dort befanden, wo man sie am wenigsten erwartete. Und wenn die funkelnde Neuerwerbung im Gebrauch versagte, erklärte der Werkstattleiter das in überaus ärgerlicher Weise mit Kinderkrankheiten. »Fabelhafter Wagen, Sir, dieser Super Superbos. Mit den neuesten Extras ausgestattet. Aber natürlich noch mit den bekannten Kinderkrankheiten. Ha, ha.« Als ob ein Wagen ein Baby wäre!

Aber Mr. Satterthwaite, der immerhin ein Mann in reiferen

Jahren war, ging unbeirrt davon aus, daß auch ein neuer Wagen erwachsen zu sein hatte. Getestet, inspiziert, abgenommen – und ohne Kinderkrankheiten, wenn er an die Händler ausgeliefert wurde.

Mr. Satterthwaite war unterwegs zu einem Wochenendbesuch bei Freunden auf dem Land. Sein neuer Wagen hatte bereits auf der Strecke von London mehrere Symptome eines Unwohlseins gezeigt und stand jetzt in einer Reparaturwerkstatt, in der er auf die Diagnose wartete und auf die Auskunft, wie lange es dauern würde, bis Mr. Satterthwaite die Fahrt zu seinem Ziel fortsetzen konnte. Sein Chauffeur unterhielt sich angeregt mit einem der Mechaniker. Mr. Satterthwaite saß im Wagen und kämpfte um Geduld. Er hatte seine Gastgeber am Abend zuvor telephonisch verständigt, daß er rechtzeitig zum Tee bei ihnen eintreffen würde. Er rechnete damit, wie er ihnen versicherte, Doverton Kingsbourne lange vor vier Uhr nachmittags erreicht zu haben.

Wieder schnalzte er ärgerlich mit der Zunge und versuchte, seine Gedanken auf etwas Angenehmes zu konzentrieren. Es nützte nichts, in einem Zustand akuter Verärgerung dazusitzen, immer wieder auf die Armbanduhr zu schauen, zwischendurch mißbilligend mit der Zunge zu schnalzen und dabei, wie er sich eingestehen mußte, die Imitation einer Henne vorzuführen, die begeistert war über ihre Fähigkeit, ein Ei zu legen.

Ja. Etwas Angenehmes. Hatte es da nicht etwas gegeben – etwas, das ihm während der Fahrt aufgefallen war? Es war noch nicht so lange her. Etwas, das er durchs Fenster gesehen und das ihm gefallen und ihn fast ein wenig erregt hatte. Doch bevor er Zeit gehabt hatte, darüber nachzudenken, war das Fehlverhalten des Wagens in den Vordergrund getreten und hatte einen raschen Besuch bei der nächsten Kundendienststation erforderlich gemacht.

Aber was hatte er da gesehen? Es war links gewesen – nein, rechts. Ja, rechts, als sie ganz langsam durch eine Dorfstraße gefahren waren. Die Tür neben dem Postamt. Ja, jetzt war er ganz sicher. Direkt neben dem Postamt, weil er beim Anblick des Postamts daran gedacht hatte, die Addisons anzurufen und ihnen zu sagen, daß sich seine Ankunft verspäten konnte. Das Postamt. Ein Postamt in einem Dorf. Und daneben – ja, genau daneben, wenn nicht die nächste, dann bestimmt die übernächste Tür. Etwas, das alte Erinnerungen wachgerufen hatte, und er wollte – ja, was hatte er gewollt? Meine Güte, gleich würde es ihm wieder einfallen. Es hatte mit einer Farbe zu tun. Mit mehreren Farben. Ja, mit einer oder mehreren Farben. Oder mit einem Wort. Einem bestimmten Wort, das Erinnerungen an frühere Vergnügungen und Aufregungen wachgerufen hatte, etwas, das sehr lebhaft und lebendig gewesen war. Etwas, das er nicht nur zufällig gesehen, sondern beobachtet hatte. Nein, sogar noch mehr: Er hatte teilgenommen. Teilgenommen – wobei, warum und wo? An allen möglichen Orten. Die Antwort kam so rasch wie der letzte Gedanke. An allen möglichen Orten.

Auf einer Insel? Auf Korsika? In Monte Carlo, als er zusah, wie der Croupier das Rad drehte? In einem Haus auf dem Land? An allen möglichen Orten. Er war dortgewesen und noch jemand anders. Ja, noch jemand. Damit hing alles zusammen. Endlich kam er der Sache näher. Wenn er nur... In diesem Augenblick wurde er in seinen Gedanken vom Chauffeur unterbrochen, der mit dem Mechaniker an sein Fenster kam.

»Es wird nicht lange dauern, Sir«, versicherte der Chauffeur guten Mutes. »Zehn Minuten oder so – nicht länger.«

»Es ist nichts Ernsthaftes«, bestätigte der Mechaniker mit der leisen, rauhen Stimme der Leute auf dem Lande. »Kinderkrankheiten, könnte man sagen.«

Diesmal schnalzte Mr. Satterthwaite nicht mit der Zunge. Er biß statt dessen die Zähne zusammen. Zähneknirschend... Ein Ausdruck, den er oft in Büchern gelesen hatte, und eine Gewohnheit, die ihm gut bekannt war, weil seine obere Prothese nicht ganz fest saß. Zähne zusammenbeißen... zähneknirschend... Kinder, die zahnen... Kinderkrankheiten... Falsche Zähne... Das ganze Leben dreht sich um Zähne, dachte er.

»Doverton Kingsbourne ist nur ein paar Meilen von hier«, sagte der Chauffeur, »und es gibt ein Taxi hier. Sie könnten damit zum Haus Ihrer Freunde fahren, Sir, und ich bringe den Wagen nach, sobald er repariert ist.«

»Nein!« widersprach Mr. Satterthwaite.

Er sagte es in explosivem Ton, und sowohl der Chauffeur als auch der Mechaniker erschraken. Seine Stimme klang klar und entschieden. Mr. Satterthwaites Augen funkelten. Die Erinnerung war zurückgekehrt.

»Ich werde ein Stück die Straße zurückgehen, die wir gerade gekommen sind«, sagte er. »Wenn der Wagen fertig ist, holen Sie mich ab. Ich bin im Café Harlekin; ich glaube, so heißt es, gleich neben dem Postamt.«

»Es ist aber kein besonders netter Ort«, gab der Mechaniker zu bedenken.

»Dort holen Sie mich ab«, wiederholte Mr. Satterthwaite und sprach mit einer geradezu diktatorischen Autorität.

Dann ging er mit raschen Schritten davon. Die beiden Männer starrten ihm nach.

»Keine Ahnung, was in ihn gefahren ist«, murmelte der Chauffeur. »So hab' ich ihn noch nie erlebt.«

Das Dorf Kingsbourne Ducis entsprach keineswegs der ehemaligen vornehmen Erhabenheit, die sein Name nahelegte. Es war ein kleines Kaff mit einer einzigen Straße und ein paar Häusern. Die Geschäfte konnten manchmal nur mühsam verbergen, daß sie Wohnhäuser waren, die man in Geschäfte verwandelt hatte, während andere Häuser, die früher einmal Geschäfte gewesen waren, jetzt als Wohnstätten benützt wurden.

Das Dorf bot weder eine Erinnerung an alte Zeiten, noch war es hübsch. Es war schlicht und bescheiden. Vielleicht war ihm gerade deshalb ein Fleck von brillanter Farbe aufgefallen, dachte Mr. Satterthwaite. Ah, da war er schon am Postamt. Es war ein rein funktionelles Postamt mit einem Briefkasten davor, einem Zeitungsständer mit Zeitungen und Ansichtspostkarten, und ja, direkt daneben, das Schild über der Tür: Café Harlekin. Plötzlich überlief es Mr. Satterthwaite ganz heiß: Wirklich, er wurde alt. Er hatte Halluzinationen. Warum sollte dieser Name – Café Harlekin – sein Herz so durcheinanderbringen?

Der Mechaniker in der Werkstatt hatte völlig recht gehabt, es sah nicht gerade aus wie ein Lokal, in dem man versucht war, zu essen. Einen kleinen Imbiß, ja, vielleicht. Eine Tasse Kaffee am Vormittag. Und warum? Gleich danach wurde es ihm klar. Weil das Café, oder sollte man sagen, das Haus, in dem sich das Café befand, zweigeteilt war. Auf der einen Seite standen ein paar kleine Tischchen mit Stühlen, gedeckt für die

Gäste, die hier essen wollten. Die andere Seite dagegen war ein Laden. Ein Laden, in dem Porzellan verkauft wurde. Es war kein Antiquitätengeschäft, und es gab keine Glasregale mit Väschen und Tassen. Es war ein Geschäft, in dem modernes Geschirr verkauft wurde, und im Schaufenster zur Straße standen derzeit Tassen in allen Farben des Regenbogens. Ein Teeservice mit ziemlich großen Tassen und Untertassen, wobei jedes Stück eine andere Farbe aufwies: blau, rot, gelb, grün, rosa, lila. Kein Wunder, daß es ihm ins Auge gestochen hatte, als er mit dem Wagen langsam daran vorbeigefahren war und hinausgeschaut hatte, um sich nach dem Schild einer Reparaturwerkstatt umzusehen. Neben dem Service stand eine große Karte mit der Aufschrift »Harlekin-Teeservice«.

Natürlich hatte sich das Wort »Harlekin« in Mr. Satterthwaites Gedächtnis eingegraben, auch wenn es so weit zurücklag in seiner Erinnerung, daß es schwer gewesen war, es ins Bewußtsein zurückzurufen. Die bunten Farben. Die Farben Harlekins. Und er hatte gedacht, hatte sich gefragt, hatte die absurde, aber aufregende Idee gehabt, daß das ein Ruf an ihn war. An ihn ganz speziell. Daß er hier vielleicht beim Essen oder beim Einkauf von ein paar Tassen und Untertassen seinen alten Freund, Mr. Harley Quin, treffen würde. Wie viele Jahre war es her, seit er Mr. Quin zuletzt gesehen hatte? Eine beträchtliche Zahl von Jahren. War es an dem Tag gewesen, als er Mr. Quin nachgeschaut hatte, wie er von ihm wegging über eine Landstraße, die Straße der Liebenden, wie sie sie genannt hatten? Er hatte stets damit gerechnet, Mr. Quin eines Tages wiederzusehen, ihn mindestens einmal im Jahr zu treffen. Vielleicht auch zweimal. Aber nein, dazu war es nie gekommen.

Und heute also hatte er die wundervolle und überraschende Vorstellung, daß er hier im Dorf Kingsbourne Ducis Mr. Harley Quin vielleicht wiedersehen würde.

»Wie absurd von mir«, sagte Mr. Satterthwaite laut zu sich selbst. »Wie vollkommen absurd. Wirklich, solche Ideen hat man nur, wenn man alt wird.«

Mr. Quin hatte ihm sehr gefehlt. Er hatte seitdem etwas vermißt, was zu den aufregendsten Dingen in den späteren Jahren seines Lebens gehörte. Jemanden, der überall auftauchen konnte, und dessen Auftauchen immer versprach, daß sich etwas Aufregendes ereignen würde. Etwas, das sich mit ihm selbst ereignen würde. Nein, das war nicht ganz richtig – nicht mit ihm, sondern durch ihn. Das war das Aufregende dabei. Nur durch die Worte, die Mr. Quin von sich gab. Worte. Dinge, die ihm Mr. Quin vielleicht zeigte, Ideen, auf die er Mr. Satterthwaite brachte. Mr. Satterthwaite würde Dinge sehen, sich Dinge vorstellen, Dinge herausfinden. Er würde sich mit etwas befassen, das es wert war, daß man sich damit befaßte. Und Mr. Quin würde ihm gegenübersitzen und vielleicht anerkennend lächeln. Etwas, das Mr. Quin sagte, würde den Fluß der Ideen in Gang bringen, aber die aktive Person würde er selbst sein. Er – Mr. Satterthwaite. Der Mann mit so vielen alten Freunden. Ein Mann, zu dessen Freunden eine Herzogin zählte, der eine oder andere Bischof, Leute, auf die es ankam. Und besonders, wie man zugeben mußte, Leute, die in der Gesellschaft etwas bedeuteten. Denn Mr. Satterthwaite war immer ein Snob gewesen. Er hatte Herzoginnen bevorzugt, hatte mit Eifer und Genugtuung die Bekanntschaft alter Familien gesucht, solcher Familien, die seit mehreren Generationen den Landadel Englands repräsentierten. Und außerdem hatte er ein Interesse für junge Leute, die nicht unbedingt gesellschaftlich bedeutend waren – junge Leute in Schwierigkeiten, die verliebt waren oder unglücklich, die Hilfe brauchten. Denn durch Mr. Quin war Mr. Satterthwaite in der Lage, ihnen zu helfen.

Und jetzt schaute er durch das Fenster in ein wenig ansprechendes Café auf dem Land und in einen Laden mit modernem Porzellan und Teeservices und sicher auch mit Töpfen und Pfannen.

»Trotzdem«, sagte Mr. Satterthwaite laut zu sich selbst. »Ich muß hinein. Jetzt war ich schon töricht genug, den ganzen Weg zu Fuß zurückzulegen, jetzt muß ich auch hinein, für alle Fälle. Es wird sicher länger dauern, bis der Wagen repariert ist, als die versprochenen zehn Minuten. Ich schaue rein – nur für den Fall, daß ich drinnen was Interessantes finde.«

Noch einmal betrachtete er das Schaufenster voll Porzellan. Und dabei stellte er plötzlich fest, daß es gutes, solides Porzellan war. Gut gefertigt. Gute, moderne Produkte. Er blickte wieder zurück in die Vergangenheit, versuchte, sich zu erinnern.

Die Herzogin von Leith fiel ihm ein. Was für eine wunderbare alte Lady sie gewesen war. Wie gut zu ihrer Zofe, auf einer sehr rauhen Überfahrt zur Insel Korsika. Sie hatte sich ihr gewidmet mit der Hingabe eines Schutzengels und erst am nächsten Morgen wieder ihre autokratische, diktatorische Art des Umgangs mit Dienstboten fortgesetzt, welche die Hausangestellten jener Zeit ohne ein Anzeichen von Rebellion über sich ergehen ließen.

Maria. Ja, so hatte die Herzogin geheißen. Die gute alte Maria Leith. Ach ja, sie war schon vor ein paar Jährchen gestorben. Aber sie hatte ein Harlekin-Frühstücksservice gehabt, wie er sich erinnerte. Ja. Große, runde Tassen in verschiedenen Farben. Schwarz, gelb, rot und eine besonders aparte Tönung von braunrot. Braunrot mußte eine ihrer Lieblingsfarben gewesen sein. Sie hatte auch ein Rockingham-Teeservice gehabt, wie er sich erinnerte, dessen Grundfarbe braunrot war, mit Verzierungen in Gold.

»Ach«, seufzte Mr. Satterthwaite, »das waren Tage. Also, jetzt gehe ich rein. Vielleicht bestelle ich mir eine Tasse Kaffee oder irgendwas. Sie werden den Kaffee mit viel Milch servieren, fürchte ich, und schon gezuckert. Macht nichts, ich muß ohnehin die Zeit totschlagen.«

Er ging hinein. Die Seite mit dem Café war praktisch leer. Ziemlich früh, dachte Mr. Satterthwaite, für Leute, die Tee trinken. Und außerdem tranken heutzutage nur noch wenige Leute nachmittags ihren Tee. Ausgenommen die älteren Leute, und die tranken ihn zu Hause. Am entfernten Fenster saß ein junges Paar, und an einem Tisch vor der Rückwand klatschten zwei Frauen miteinander.

»Ich hab' zu ihr gesagt«, erklärte die eine, »du kannst das doch nicht machen. Nein, bei so was mach' ich nicht mit, und das hab' ich auch Henry gesagt, und der hat mir zugestimmt.«

Mr. Satterthwaite erkannte daraus, daß dieser Henry ein ziemlich hartes Leben führen mußte und es ohne Zweifel für ratsam hielt, ihr grundsätzlich zuzustimmen, ganz gleich, worum es ging. Eine höchst unattraktive Frau mit einer höchst unattraktiven Freundin. Er wandte seine Aufmerksamkeit der anderen Seite des Gebäudes zu und murmelte: »Darf ich mich mal umsehen?«

Für den Laden war eine recht nette Frau verantwortlich: »O ja, Sir. Wir haben derzeit eine gute Auswahl.«

Mr. Satterthwaite betrachtete die bunten Tassen, nahm die eine oder andere in die Hand, prüfte das Milchkännchen, betrachtete dann ein Zebra aus Porzellan und ein paar Aschenbecher mit einem recht netten Muster. Er hörte, wie Stühle zurückgeschoben wurden, drehte sich um und stellte fest, daß die zwei Frauen in mittleren Jahren zwar immer noch vergangenen Verdruß diskutierten, aber inzwischen bezahlt hatten und dabei waren, das Café zu verlassen. Als sie aus der Tür gingen, kam ein großer Mann in einem dunklen Anzug herein. Er setzte sich an den Tisch, der eben frei geworden war. Dabei wandte er Mr. Satterthwaite den Rücken zu, und der fand, daß es ein attraktiver Rücken war. Schlank, kräftig, muskulös, aber im Ganzen gesehen schien der Herr eine ziemlich düstere Erscheinung zu sein, weil es nicht besonders hell in dem Café war. Mr. Satterthwaite beschäftigte sich wieder mit den Aschenbechern. »Vielleicht kaufe ich einen, um die Besitzerin des Ladens nicht zu enttäuschen«, dachte er. Und während er es dachte, kam plötzlich die Sonne heraus.

Es war ihm nicht aufgefallen, daß es nur deshalb so düster gewesen war, weil draußen keine Sonne geschienen hatte. Sie mußte schon seit einiger Zeit hinter einer Wolke verschwunden gewesen sein. Aber jetzt brach plötzlich wieder der helle Sonnenschein durch. Er wurde in den Farben des Porzellans reflektiert und fiel durch ein Buntglasfenster mit kirchlichen Darstellungen, das, wie Mr. Satterthwaite annahm, vom ursprünglichen, viktorianischen Haus übriggeblieben sein mußte. Die Sonne schien durch das Buntglasfenster und erhellte das bis dahin düstere Café. Sie erhellte auch auf wunderliche Weise den Rücken des Mannes, der sich gerade hingesetzt hatte. Rot und blau und gelb. Und auf einmal wußte Mr. Satterthwaite, daß er genau das vor sich hatte, was er zu finden gehofft hatte. Seine Intuition hatte ihn nicht getrogen. Er wußte, wer da eben hereingekommen war und sich an den Tisch gesetzt hatte. Jetzt wandte Satterthwaite dem Porzellan den Rücken zu, ging wieder ins Café, um den Tisch herum und ließ sich dann am Tisch gegenüber dem Mann nieder, der eben hereingekommen war.

»Mr. Quin«, begann Mr. Satterthwaite. »Ich hab' irgendwie gewußt, daß Sie es sind.«

Mr. Quin lächelte. »Sie wissen immer so viel.«

»Es ist lange her, seit wir uns gesehen haben«, sagte Mr. Satterthwaite.

»Hat denn die Zeit etwas zu bedeuten?« warf Mr. Quin ein.

»Vielleicht nicht. Sie haben vermutlich recht. Nein, vielleicht nicht.«

»Kann ich Ihnen eine Erfrischung anbieten?«

»Gibt es denn hier Erfrischungen?« fragte Mr. Satterthwaite skeptisch. »Ich nehme doch an, daß Sie aus diesem Grund hereingekommen sind.«

»Wer weiß schon genau, aus welchem Grund er was tut?«

»Ich freue mich sehr, Sie wiederzusehen«, sagte Mr. Satterthwaite. »Ich hatte es schon fast vergessen. Ich meine, wie Sie sprechen, was Sie sagen. Das, woran Sie mich denken und was Sie mich tun lassen.«

»Ich – was lasse ich Sie denn tun? Sie täuschen sich vollkommen. Sie haben selbst immer sehr genau gewußt, was Sie tun wollten und warum Sie so genau wußten, daß es getan werden mußte.«

»Das fühle ich nur, wenn Sie bei mir sind.«

»O nein«, widersprach Mr. Quin leichthin. »Ich selbst habe gar nichts damit zu tun. Ich bin nur – wie ich Ihnen oft genug gesagt habe – ich bin nur einer, der gelegentlich vorbeikommt. Das ist alles.«

»Heute sind Sie rein zufällig durch Kingsbourne Ducis gekommen.«

»Und Sie sind nicht zufällig hier vorbeigekommen, sondern fahren an einen bestimmten Ort. Habe ich recht?«

»Ich besuche einen sehr alten Freund. Einen Freund, den ich seit vielen Jahren nicht gesehen habe. Er ist jetzt ein alter Mann und etwas leidend. Er hat einen Schlaganfall hinter sich und sich davon zwar einigermaßen erholt, aber man kann nie wissen.«

»Lebt er allein?«

»Derzeit nicht, wie ich mit Befriedigung sagen kann. Seine Familie ist aus dem Ausland zurückgekehrt, das heißt, das, was von seiner Familie noch übrig ist. Sie leben nun schon seit einigen Monaten bei ihm. Ich freue mich darauf, alle wiederzusehen. Das heißt, diejenigen, die ich von früher kenne, und die anderen, die ich noch nicht kenne.«

»Sie meinen die Kinder?«

»Kinder und Enkel.« Mr. Satterthwaite seufzte. Einen Moment lang fand er es traurig, daß er keine Kinder hatte und daher auch keine Enkel. Aber normalerweise bedauerte er es nicht im mindesten.

»Es gibt einen speziellen türkischen Kaffee hier«, sagte Mr. Quin. »Wirklich gut in seiner Art. Alles andere ist, wie Sie vermutet haben, ziemlich ungenießbar. Aber man kann immer eine Tasse türkischen Kaffee trinken, nicht wahr? Lassen Sie uns einen bestellen, denn ich nehme an, Sie wollen Ihre Pilgerfahrt in Kürze fortsetzen, oder was es sein mag.«

Durch die Tür kam ein kleiner, schwarzer Hund herein. Er setzte sich neben den Tisch und schaute Mr. Quin an.

»Ihr Hund?« fragte Mr. Satterthwaite.

»Ja. Darf ich Ihnen Hermes vorstellen...« Er streichelte den Kopf des schwarzen Hundes. »Kaffee«, sagte er dann. »Sag es Ali.«

Der schwarze Hund ging durch eine Tür in einen der hinteren Räume. Sie hörten, wie er kurz und scharf bellte. Gleich danach kam er zurück, und mit ihm ein junger Mann mit dunklem Teint, der einen smaragdgrünen Pullover anhatte.

»Kaffee, Ali«, bestellte Mr. Quin. »Zwei Kaffee.«

»Türkischen Kaffee, ist das richtig, Sir?« Ali lächelte und verschwand wieder.

Der Hund setzte sich neben seinen Herrn auf den Boden.

»Erzählen Sie«, bat Mr. Satterthwaite. »Erzählen Sie, wo Sie gewesen sind und was Sie getan haben und warum ich Sie so lange nicht gesehen habe.«

»Ich sagte doch vorhin, daß die Zeit keine Bedeutung hat. Ich erinnere mich sehr deutlich, und ich glaube, Sie erinnern sich auch sehr deutlich, bei welcher Gelegenheit wir uns zuletzt gesehen haben.«

»Eine sehr tragische Gelegenheit«, nickte Mr. Satterthwaite. »Ich denke nicht gern daran.«

»Wegen des Todes? Aber der Tod ist keineswegs immer eine Tragödie. Das habe ich Ihnen auch schon einmal gesagt.«

»Nein«, sagte Mr. Satterthwaite. »Vielleicht war der Tod – der, an den wir beide denken – keine Tragödie. Trotzdem...«

»Trotzdem kommt es vor allem auf das Leben an. Da haben Sie natürlich recht«, sagte Mr. Quin. »Ganz recht. Es kommt auf das Leben an. Wir wollen nicht, daß jemand stirbt, der jung ist und glücklich oder der glücklich sein könnte. Das will keiner von uns, oder? Und das ist der Grund, weshalb wir immer ein Leben retten müssen, wenn das Kommando dazu erteilt wird.«

»Haben Sie denn ein Kommando für mich?«

»Ich – ein Kommando für Sie?« Harley Quins längliches, trauriges Gesicht begann zu strahlen in einem eigenartigen, charmanten Lächeln. »Ich habe doch keine Kommandos für *Sie*, Mr. Satterthwaite. Ich habe nie irgendwelche Kommandos gehabt. Sie selbst wissen es, sehen es, erkennen, was zu tun ist, und Sie tun es. Gar nichts hängt von mir ab.«

»O doch, das tut es«, sagte Mr. Satterthwaite. »In dem Punkt können Sie meine Meinung nicht ändern. Aber sagen Sie mir eines: Wo sind Sie gewesen während dem, was zu kurz ist, um Zeit genannt zu werden?«

»Ach, mal hier und mal dort, in verschiedenen Ländern, mit verschiedenen Witterungen, mit verschiedenen Abenteuern. Aber meistens, wie üblich, nur im Vorübergehen. Ich glaube, daß eigentlich Sie mir etwas erzählen sollten, und nicht nur, was Sie getan haben, sondern auch, was Sie jetzt tun werden. Und über das Haus, in das Sie gehen. Wen Sie treffen. Wie Ihre Freunde sind.«

»Natürlich erzähle ich es Ihnen. Ich erzähle es Ihnen sogar sehr gern, weil ich über diese Freunde, die ich besuche, viel nachgedacht habe – Sie verstehen. Wenn man eine Familie längere Zeit nicht gesehen hat, wenn man über viele Jahre keinen engen Kontakt mit ihr hatte, ist es immer etwas schwierig, sobald man ihnen gegenübersteht, die alte Freundschaft und die alten Bindungen wieder aufzunehmen.«

»Wie recht Sie haben«, nickte Mr. Quin.

Der türkische Kaffee kam in kleinen Täßchen mit orientalischem Muster. Ali servierte sie mit einem Lächeln und verschwand dann wieder. Mr. Satterthwaite nippte und wiegte anerkennend den Kopf.

»Süß wie die Liebe, schwarz wie die Nacht und heiß wie die Hölle. Eine alte arabische Redensart, nicht wahr?«

Harley Quin lächelte über die Schulter.

»Ja«, sagte Mr. Satterthwaite, »ich muß Ihnen sagen, wohin ich gehe, auch wenn es auf das, was ich dort tue, kaum ankommt. Ich werde versuchen, alte Freundschaften wiederzubeleben und die jüngere Generation kennenzulernen. Tom Addison ist, wie ich schon sagte, ein sehr alter Freund von mir. In unseren jungen Jahren haben wir viel gemeinsam unternommen. Dann hat uns, wie das eben vorkommt, das Leben getrennt. Er war im diplomatischen Dienst tätig und lebte mehrere Jahre im Ausland, wobei er in den verschiedenen Botschaften immer höhere Positionen eingenommen hat. Manchmal besuchte ich ihn, wohnte dann auch bei ihm, und manchmal sah ich ihn auch, wenn er zwischendurch zu Hause in England war. Eine seiner frühen Stellungen trat er in Spanien an. Er heiratete ein sehr schönes spanisches Mädchen namens Pilar. Er hat sie sehr geliebt.«

»Haben sie Kinder?«

»Zwei Töchter. Ein blondes Mädchen, das Lily getauft wurde und ganz dem Vater nachschlug, und eine zweite Tochter, Maria, die das Ebenbild ihrer spanischen Mutter war. Ich war Lilys Pate. Natürlich habe ich die beiden Kinder nur sehr selten gesehen. Zwei- oder dreimal im Jahr gab ich eine Gesellschaft für Lily oder besuchte sie in ihrem Internat. Sie war eine reizende und bildhübsche Person, hing sehr an ihrem Vater, und er liebte sie abgöttisch. Aber zwischen diesen Begegnungen, diesen Versuchen, die Freundschaft zu beleben, machten wir schwierige Zeiten durch. Sie wissen das so gut wie ich. Die Menschen meiner Generation hatten es nicht leicht, sich während des Krieges zu treffen. Lily hat einen Piloten bei der Air Force geheiratet. Einen Kampfflieger. Bis vor kurzem habe ich mich nicht einmal mehr an seinen Namen erinnert. Aber jetzt ist er mir wieder eingefallen. Simon Gilliatt. Flugstaffelleiter Gilliatt.«

»Und er ist im Krieg umgekommen?«

»Nein, nein. Nein, er ist heil davongekommen. Nach dem Krieg verließ er die Air Force und ging mit Lily nach Kenia wie damals so viele junge Leute. Sie haben sich in Kenia niedergelassen und waren sehr glücklich dort. Sie bekamen einen Sohn, einen hübschen Jungen namens Roland. Später, als er in England zur Schule ging, habe ich ihn ein paarmal gesehen. Das letzte Mal war er, glaube ich, zwölf Jahre alt. Ein netter Junge. Hatte damals rotes Haar wie sein Vater. Ich habe ihn seither nicht mehr getroffen und freue mich auf unser heutiges Wiedersehen. Er muß jetzt dreiundzwanzig – nein, vierundzwanzig sein. Die Zeit vergeht.«

»Ist er verheiratet?«

»Nein. Das heißt, noch nicht.«

»Aha. Und hat er die Absicht zu heiraten?«

»Ich habe darüber nachgedacht, wegen gewisser Andeutungen, die Tom Addison in seinem Brief machte. Es gibt da eine Kusine... Toms jüngere Tochter Maria hat einen Arzt aus dem Dorf oder der näheren Umgebung geheiratet. Alles war sehr traurig. Sie ist im Kindbett gestorben. Ihr kleines Töchterchen wurde Inez getauft, ein Name, den ihre spanische Großmutter ausgewählt hat. Und ich habe Inez nur einmal gesehen. Ein dunkler, mediterraner Typ, ihrer Großmutter sehr ähnlich... Aber ich langweile Sie mit alledem.«

»O nein. Ich wollte es ja hören. Es ist sehr interessant für mich.«

»Das überrascht mich«, murmelte Mr. Satterthwaite. Er schaute Mr. Quin mit jenem leichten Argwohn an, der ihn manchmal überkam. »Sie wollen alles über diese Familie hören. Warum?«

»Damit ich mir in Gedanken ein Bild von diesen Leuten machen kann.«

»Nun gut: Das Haus, in das ich fahre, heißt Doverton Kingsbourne. Es ist ein schöner, alter Landsitz. Nicht so spektakulär freilich, daß er Touristen anziehen würde oder an bestimmten Tagen für Besucher offenstünde. Ein bequemes, ruhiges Haus auf dem Land für einen Engländer, der seinem Land gedient und sich zurückgezogen hat, um einen milden, angenehmen Lebensabend zu genießen. Tom hat das Leben auf dem Land seit jeher geliebt. Er ist gern zum Angeln gegangen, war ein guter Schütze, und wir erlebten viele glückliche Tage im Heim seiner Familie, als wir noch junge Burschen waren. Als Junge habe ich oft die Ferien auf Doverton Kingsbourne verlebt. Mein ganzes Leben lang habe ich dieses Bild im Gedächtnis. Für mich gibt es keinen schöneren Landsitz als Doverton Kingsbourne – nichts, was ihm auch nur annähernd gleichkommen könnte. Immer wenn ich in die Nähe komme, mache ich einen kleinen Umweg, und sei es auch nur, um einen Blick darauf zu werfen durch eine Lücke, zwischen den Bäumen hindurch, auf die lange Auffahrt vor dem Haus, auf den Fluß, in dem wir geangelt haben, auf das Haus selbst. Und dann erinnere ich mich wieder an all die Dinge, die Tom und ich zusammen gemacht haben. Er ist stets ein Mann der Tat gewesen. Ein Mann, der etwas zuwege gebracht hat. Und ich – na ja, ich war eben ein alter Junggeselle.«

»Sie waren viel mehr als das«, widersprach Mr. Quin. »Sie waren immer ein Mensch, der viele Freunde hatte und der seinen Freunden ein guter Freund gewesen ist.«

»Ich wollte, ich könnte das glauben. Vielleicht sind Sie nur zu nett zu mir.«

»Ganz und gar nicht. Außerdem fühlt man sich in Ihrer Gesellschaft wohl. Die Geschichten, die Sie erzählen können, die Dinge, die Sie gesehen, die Orte, die Sie besucht haben, die seltsamen Dinge, die sich in Ihrem Leben ereignet haben – Sie könnten ein Buch darüber schreiben«, sagte Mr. Quin.

»Wenn ich es täte, wären Sie die Hauptfigur darin.«

»O nein, das glaube ich nicht«, wandte Mr. Quin ein. »Ich bin derjenige, der nur eben mal vorbeikommt. Das ist alles. Aber fahren Sie fort. Erzählen Sie mir mehr.«

»Nun, das, was ich Ihnen berichte, ist im Grunde nichts als eine Familienchronik. Wie gesagt, es gab lange Perioden, Jahre, in denen ich keinen von ihnen gesehen habe. Aber sie waren und blieben stets meine alten Freunde. Tom und Pilar habe ich öfter gesehen, bis damals, als Pilar gestorben ist – sie starb bedauerlicherweise recht jung –, und später noch Lily, mein Patenkind, außerdem einmal Inez, die stille Tochter des Doktors, die bei ihrem Vater im Dorf lebt...«

»Wie alt ist die Tochter?«

»Inez ist neunzehn oder zwanzig, glaube ich. Ich freue mich darauf, sie kennenzulernen.«

»Es ist also im großen und ganzen eine glückliche Familienchronik?«

»Nicht ganz. Lily, mein Patenkind – die mit ihrem Mann nach Kenia gegangen ist –, kam dort bei einem Autounfall ums Leben. Sie war sofort tot und hinterließ ein eben ein Jahr alt gewordenes Baby, ihren Sohn Roland. Simon, ihr Mann, war völlig gebrochen. Sie waren ein ungewöhnlich glückliches Paar gewesen. Doch dann geschah ihm das Beste, was überhaupt geschehen konnte. Er heiratete wieder, eine junge Witwe, die Witwe eines seiner Freunde aus dem Krieg, der ebenfalls Staffelführer gewesen war. Die Frau war auch mit einem Kind – im gleichen Alter wie Roland – alleingeblieben. Der kleine Timothy und der kleine Roland sind, glaube ich, nur ein paar Monate auseinander. Simons zweite Ehe scheint recht glücklich zu sein, obwohl ich die beiden nie gesehen habe, weil sie in Kenia geblieben sind. Die Jungen wurden wie Brüder aufgezogen. Sie besuchten dieselbe Schule in England, dort habe ich sie getroffen, und verbrachten ihre Ferien meistens in Kenia. Sie wissen ja, was in Kenia geschehen ist. Einige Engländer sind danach noch dortgeblieben. Andere, Freunde von mir, sind nach West-Australien gegangen und haben sich dort wieder mit ihren Familien niedergelassen. Und manche sind heimgekommen nach England.

Simon Gilliatt, seine Frau und ihre zwei Kinder haben Kenia verlassen. Es war danach nicht mehr das gleiche Land für sie, also sind sie nach Hause gekommen und haben die Einladung angenommen, die ihnen der alte Tom Addison so oft ausgesprochen und immer wieder erneuert hat. Sie sind alle gekommen, sein Schwiegersohn, die zweite Frau seines Schwiegersohns und die beiden Kinder, die jetzt große Jungen oder sogar schon junge Männer sind. Sie leben als Familie dort und scheinen glücklich zu sein. Toms anderes Enkelkind, Inez Horton, lebt, wie ich schon sagte, bei ihrem Vater im Dorf, und ich glaube, sie verbringt viel Zeit auf Doverton Kingsbourne mit Tom Addison, der seine Enkelin sehr gern hat. Es hört sich an, als ob sie allesamt glücklich wären. Tom hat mich schon so oft und dringend eingeladen, hinzukommen, um es selbst zu sehen und sie alle wieder zu treffen. Also habe ich schließlich der Einladung Folge geleistet. Nur für ein Wochenende. Es wird eine betrübliche Erfahrung für mich sein, den lieben alten Tom kränklich anzutreffen. Er hat nicht mehr sehr lange zu leben, wie mir scheint, ist aber immer noch fröhlich und zuversichtlich, soweit ich das beurteilen kann. Und ich fahre natürlich auch hin, um das alte Haus wiederzusehen, mit dem so viele meiner Jugenderinnerungen verbunden sind. Wenn man kein sehr ereignisreiches Leben hinter sich hat, wenn einem persönlich nichts passiert ist, und das kann man von mir wohl behaupten, dann bleiben die Freunde, die Häuser und die Dinge, die man als Kind, als Junge und als junger Mann getan hat, in besonders lebhafter Erinnerung. Es gibt nur eines, was mir Sorgen macht.«

»Sie sollten sich keine Sorgen machen. Was bekümmert Sie?«

»Daß ich enttäuscht sein könnte. Das Haus, an das man sich erinnert, von dem man träumt, ist dann, wenn man es in Wirklichkeit wiedersieht, nicht selten ganz anders als in den Träumen und Erinnerungen. Vielleicht ist ein neuer Flügel angebaut oder der Garten verändert worden – alles mögliche könnte damit geschehen sein. Es ist wirklich sehr lange her, seit ich zuletzt dortgewesen bin.«

»Ich glaube, Ihre Erinnerungen begleiten Sie«, beruhigte ihn Mr. Quin. »Es freut mich, daß Sie hingehen.«

»Ich habe eine Idee«, sagte Mr. Satterthwaite. »Kommen Sie doch mit. Begleiten Sie mich bei diesem Besuch. Sie brauchen nicht zu befürchten, daß Sie nicht willkommen sind. Der liebe Tom Addison ist einer der gastfreundlichsten Menschen auf der Welt. Jeder meiner Freunde ist augenblicklich auch sein Freund. Kommen Sie mit! Sie müssen. Ich bestehe darauf.«

Mr. Satterthwaite machte eine impulsive Geste und hätte dabei fast die Kaffeetasse vom Tisch gestoßen. Er konnte sie gerade noch festhalten.

In diesem Moment ging die Tür zur Straße auf, und ein Glöckchen klingelte dazu in altmodischer Weise. Eine Frau in mittleren Jahren kam herein. Sie war ein wenig außer Atem und schien auch etwas erhitzt zu sein, sah aber für ihr Alter immer noch gut aus mit einem rotbraunen Haarschopf, der nur an wenigen Stellen mit Grau durchsetzt war. Sie hatte die elfenbeinweiße Haut, die man häufig bei Menschen mit rotem Haar und blauen Augen finden kann, und ihre Figur war straff, schlank und jugendlich. Jetzt warf sie einen kurzen Blick in das Café und wandte sich dann gleich dem Porzellanladen zu.

»Oh!« rief sie. »Sie haben ja noch die Harlekin-Tassen!«

»Ja, Mrs. Gilliatt, erst gestern haben wir eine neue Lieferung bekommen.«

»Ach, das freut mich. Ich habe mir schon Sorgen gemacht. Ich bin ganz schnell hergefahren, mit einem Motorrad von den Jungen. Sie sind irgendwo unterwegs, und ich habe sie nicht gefunden. Aber ich mußte etwas unternehmen, wissen Sie. Wir hatten heute morgen Pech mit dem Geschirr, und dabei sind ein paar Tassen kaputtgegangen – ausgerechnet, wo wir heute nachmittag Gäste zum Tee erwarten. Also geben Sie mir bitte eine blaue, eine grüne und vielleicht auch noch eine rote, für alle Fälle. Das ist das unangenehmste bei diesen verschiedenfarbigen Tassen, nicht wahr?«

»Nun ja, ich weiß, daß man angeblich nicht immer alle Farben bekommt, die man braucht.«

Mr. Satterthwaites Kopf hatte sich inzwischen erhoben, und er schaute über die Schultern mit einigem Interesse in den Porzellanladen, um zu sehen, was dort vor sich ging. Mrs. Gilliatt, hatte die Verkäuferin oder Besitzerin des Ladens gesagt. Aber natürlich! Jetzt wurde es ihm klar. Das mußte... Er stand auf, zögerte noch einen Moment und ging dann die zwei Schritte hinüber in den Laden.

»Entschuldigen Sie«, sagte er, »aber sind Sie nicht Mrs. Gilliatt von Doverton Kingsbourne?«

»O ja. Ich bin Beryl Gilliatt. Sind Sie – ich meine...?«

Sie schaute ihn an und zog dazu ein wenig die Brauen nach oben. Eine attraktive Frau, dachte Mr. Satterthwaite. Ein etwas hartes Gesicht vielleicht, aber tüchtig. Das also war Simon Gilliatts zweite Frau. Sie hatte nicht die Schönheit von Lily, aber sie schien dennoch eine hübsche Frau zu sein, mit angenehmem Wesen – und zweifellos recht kompetent. Plötzlich breitete sich ein Lächeln auf Mrs. Gilliatts Gesicht aus.

»Ich glaube... Ja, natürlich. Mein Schwiegervater, Tom, hat ein Foto von Ihnen, und Sie müssen der Gast sein, den wir heute nachmittag erwarten. Sie sind Mr. Satterthwaite, wenn ich nicht irre.«

»Genau«, bestätigte Mr. Satterthwaite. »Der bin ich. Aber ich muß mich gleich entschuldigen, weil ich wesentlich später bei Ihnen eintreffen werde, als ich plante. Bedauerlicherweise hatte ich eine Panne mit dem Wagen. Er ist momentan in der Garage und wird repariert.«

»Oh, wie unangenehm für Sie! Wirklich, wie schade. Aber es ist ja noch nicht Teezeit, also machen Sie sich keine Gedanken. Wir haben sowieso alles verschieben müssen. Wie Sie sicher eben hörten, bin ich rasch hergefahren, um ein paar Tassen zu besorgen, nachdem einige von diesem Geschirr heute morgen kaputtgegangen sind. So was passiert immer gerade dann, wenn man jemanden zum Lunch, zum Tee oder zum Abendessen eingeladen hat.«

»So, da haben wir schon alles, Mrs. Gilliatt«, rief die Frau im Laden. »Ich habe die Tassen eingepackt. Soll ich sie in einen Karton geben?«

»Nein, wenn Sie sie nur fest genug einwickeln und in meine Einkaufstasche stecken, das wäre mir lieber.«

»Wenn Sie jetzt gleich nach Doverton Kingsbourne zurückkehren, kann ich Sie in meinem Wagen mitnehmen«, bot Mr. Satterthwaite an. »Mein Chauffeur wird ihn in ein paar Minuten von der Werkstatt hierherbringen.«

»Sehr nett von Ihnen, und ich würde Ihr Angebot auch gern annehmen, aber ich muß das Motorrad zurückfahren. Die Jungen würden sich sonst ganz schön beschweren. Sie wollen heute abend noch irgendwo hinfahren.«

»Darf ich Sie bekanntmachen«, fragte Mr. Satterthwaite und wandte sich an Mr. Quin, der sich erhoben hatte und jetzt dicht neben ihm stand. »Das ist ein alter Freund von mir, Mr. Harley Quin, den ich zufällig hier getroffen habe. Ich habe versucht, ihn zu überreden, daß er mitkommt nach Doverton Kingsbourne. Glauben Sie, daß man Tom heute abend noch einen weiteren Gast ins Haus bringen kann?«

»Sicher, ich bin davon überzeugt, daß er sich freut, einen Ihrer Freunde kennenzulernen. Vielleicht ist es ja auch ein Freund von ihm.«

»Nein«, sagte Mr. Quin, »ich habe Mr. Addison noch nie gesehen, obwohl ich durch Mr. Satterthwaite viel von ihm gehört habe.«

»Dann sollte Mr. Satterthwaite Sie einfach mitbringen. Es wird uns freuen.«

»Es tut mir sehr leid«, erklärte Mr. Quin. »Bedauerlicherweise habe ich für heute bereits eine Verabredung getroffen. Genau gesagt« – er schaute auf seine Uhr –, »muß ich jetzt gleich los. Ich bin ohnehin schon spät dran, aber so geht es nun mal, wenn man alte Freunde trifft.«

»So, da sind Ihre Sachen, Mrs. Gilliatt«, sagte die Verkäuferin. »Ich glaube, es kann nichts passieren in Ihrer Einkaufstasche. Ich habe die Tassen noch einmal fest in Seidenpapier eingewickelt.«

Beryl Gilliatt verstaute das Paket vorsichtig in ihrer Tasche, dann sagte sie zu Mr. Satterthwaite:

»Also dann, bis nachher. Der Tee wird nicht vor Viertel nach fünf serviert, also machen Sie sich keine Gedanken. Ich freue mich sehr, Sie endlich kennenzulernen, nachdem ich so viel über Sie gehört habe, von Simon und von meinem Schwiegervater.«

Dann verabschiedete sie sich kurz von Mr. Quin und verließ den Laden.

»Meine Güte, die hat's aber eilig«, rief die Verkäuferin. »Aber sie ist immer so. Tüchtige Frau; die bringt den ganzen Tag über 'ne Menge zuwege.«

Man hörte, wie draußen der Motor des Motorrads aufheulte.

»Bemerkenswerte Frau, wie?« brummte Mr. Satterthwaite.

»So sieht es aus«, erwiderte Mr. Quin.

»Kann ich Sie wirklich nicht überreden?«

»Ich bin doch nur auf der Durchreise«, sagte Mr. Quin.

»Und wann sehen wir uns wieder? Das möchte ich nun doch ganz gerne wissen.«

»Oh, es wird nicht allzu lange dauern«, beteuerte Mr. Quin. »Ich bin sicher, daß Sie mich erkennen, wenn Sie mich sehen.«

»Haben Sie nicht – haben Sie mir nicht mehr zu sagen? Nichts weiter zu erklären?«

»Was sollte ich Ihnen denn erklären?«

»Zum Beispiel, warum ich Sie hier getroffen habe.«

»Sie sind ein Mann mit beträchtlichem Wissen«, lächelte Mr. Quin. »Ein Wort noch – das müßte eigentlich genügen. Ich glaube, es würde und es wird Ihnen sehr nützlich sein.«

»Was für ein Wort denn?«

»Daltonismus«, sagte Mr. Quin und schmunzelte.

»Ich glaube nicht...« Mr. Satterthwaite zog für einen Moment die Stirn in Falten. »Ja. Ja, ich weiß, aber im Augenblick erinnere ich mich nicht...«

»Leben Sie wohl für heute«, sagte Mr. Quin. »Da kommt übrigens Ihr Wagen.«

Und tatsächlich hielt der Wagen vor dem Postamt. Mr. Satterthwaite ging hinaus; er wollte keine Zeit mehr vergeuden und seine Gastgeber nicht länger als nötig warten lassen. Zugleich war er traurig, daß er sich von seinem Freund verabschieden mußte.

»Ich kann also wirklich nichts für Sie tun?« fragte er noch, und es klang fast etwas wehmütig.

»*Für mich* können Sie nichts tun.«

»Und für sonst jemanden?«

»Wahrscheinlich. Höchstwahrscheinlich.«

»Ich hoffe, ich erfahre noch, was Sie meinen.«

»Ich habe äußerstes Vertrauen in Sie«, sagte Mr. Quin. »Sie wissen immer alles. Sie sind ein ausgezeichneter Beobachter und verstehen die Bedeutung der Dinge. Sie haben sich nicht geändert, davon bin ich überzeugt.«

Seine Hand lag einen Moment auf Mr. Satterthwaites Schulter, dann ging er rasch hinaus und die Dorfstraße hinunter in die entgegengesetzte Richtung von Doverton Kingsbourne. Mr. Satterthwaite setzte sich in seinen Wagen.

»Hoffentlich gibt es jetzt keine Schwierigkeiten mehr«, seufzte er.

Sein Chauffeur beruhigte ihn.

»Es ist gar nicht weit von hier, Sir. Höchstens drei oder vier Meilen, und der Wagen läuft jetzt ganz prima.«

Er fuhr ein Stück weiter und wendete dann an einer Stelle, an der die Straße etwas breiter war, um dann die Strecke zurückzufahren, die er eben von der Garage gekommen war. Dann wiederholte der Chauffeur: »Nur drei oder vier Meilen.«

Mr. Satterthwaite murmelte halblaut das Wort »Daltonismus« vor sich hin, aber es bedeutete ihm nichts; dabei hätte es ihm eigentlich etwas sagen müssen. Es war ein Wort, das er schon einmal gehört hatte.

»Doverton Kingsbourne«, sagte Mr. Satterthwaite zu sich. Er sagte es sehr leise, und diese beiden Wörter bedeuteten ihm das, was sie immer bedeutet hatten. Ein Ort des fröhlichen

Wiedersehens, an den er gar nicht schnell genug hinkommen konnte. Ein Ort, wo er sich vergnügen würde, auch wenn viele derjenigen, die er gekannt hatte, nicht mehr hier waren. Aber Tom würde da sein. Sein alter Freund Tom, und wieder dachte er an die Wiesen und an den See und an den Fluß und an all die Dinge, die sie als Jungen getrieben hatten.

Der Tee wurde draußen auf dem Rasen serviert. Treppen führten von der Terrassentür des Salons hinunter bis zu der Stelle, an der ein großer Kupferahorn auf der einen und eine Libanonzeder auf der anderen Seite die Kulisse für die nachmittägliche Szene bildeten. Es gab zwei weißlackierte und mit hübschen Schnitzereien verzierte Tische und mehrere Gartenstühle: gerade mit hohen Lehnen und bunten Sitzkissen und bequeme, in denen man sich zurücklehnen, die Füße ausstrecken und, wenn man wollte, sogar schlafen konnte. Einige von ihnen hatten Überzüge, die sie vor der Sonne schützten.

Es war ein schöner Spätnachmittag, und das Gras leuchtete in einem bemerkenswert weichen, saftigen Grün. Das goldene Licht schimmerte durch den Kupferahorn, und die Zeder zeigte ihre schöne Silhouette vor einem rosig-goldenen Himmel.

Tom Addison wartete in einem großen, bequemen Korbsessel auf seinen Gast und hatte die Beine hochgelegt. Mr. Satterthwaite bemerkte mit einigem Amüsement, was er von vielen früheren Begegnungen mit seinem Gastgeber schon kannte: Er hatte bequeme Hausschuhe an seinen etwas geschwollenen, gichtigen Füßen, und der eine Schuh war rot, der andere grün. Guter alter Tom, dachte Mr. Satterthwaite, er hat sich nicht verändert. Und zugleich dachte er: Was bin ich doch für ein Idiot! Natürlich weiß ich, was das Wort bedeutet. Warum ist es mir nicht gleich eingefallen?

»Dachte schon, du kommst gar nicht mehr, du altes Ekel«, brummte Tom Addison.

Er war immer noch ein gutaussehender Mann, mit einem breiten Gesicht und tiefliegenden grauen Augen, dazu breite Schultern, die gerade waren und auch jetzt noch den Eindruck von Kraft vermittelten. Jede Linie in seinem Gesicht schien ein Zeichen von guter Laune und Wiedersehensfreude zu sein. Er ändert sich nicht, dachte Mr. Satterthwaite.

»Leider kann ich nicht aufstehen, um dich zu begrüßen«,

sagte Tom Addison. »Um mich auf die Beine zu bringen, braucht es zwei starke Männer und einen Spazierstock. Kennst du unsere kleine Meute oder nicht? Du kennst natürlich Simon.«

»Sicher. Es ist zwar ein paar Jährchen her, seit ich ihn zuletzt gesehen habe, aber er hat sich kaum verändert.«

Staffelführer Simon Gilliatt war ein schlanker, gutaussehender Mann mit einem Schopf von dichtem, rotem Haar.

»Schade, daß Sie uns nie besucht haben, als wir in Kenia waren«, sagte er. »Es hätte Ihnen gefallen. Wir hätten Ihnen viel zeigen können. Ach ja, man weiß nicht, was einem die Zukunft alles bringt. Damals dachte ich, daß ich meine Knochen einmal dort unten zur Ruhe legen würde.«

»Wir haben auch hier einen sehr schönen Friedhof«, warf Tom Addison ein. »Noch hat niemand unsere Kirche durch ständiges Restaurieren ruiniert, und es ist hier auch nicht viel gebaut worden, so daß wir noch Platz haben auf dem Friedhof. Und es gibt nicht diese schrecklichen Erweiterungen in der Form von neuen, scheußlichen Reihengräbern.«

»Was habt ihr bloß für ein makabres Thema«, bemerkte Beryl Gilliatt und lächelte dazu. »Da sind unsere Jungen«, sagte sie. »Aber Sie kennen sie ja schon, nicht wahr, Mr. Satterthwaite?«

»Ich glaube nicht, daß ich sie erkennen würde«, antwortete Mr. Satterthwaite.

Tatsächlich war er den beiden Jungen zuletzt begegnet, als er sie für einen Tag von der Unterstufe der höheren Schule abgeholt hatte. Obwohl zwischen ihnen keinerlei Verwandtschaftsverhältnis bestand – sie hatten verschiedene Väter und Mütter –, konnte man die beiden Jungen leicht für Brüder, ja sogar für Zwillinge halten, was auch nicht selten geschah. Sie waren etwa gleich groß und hatten beide rotes Haar. Roland hatte es wahrscheinlich von seinem Vater geerbt und Timothy von seiner Mutter, die ja auch kastanienrotes Haar hatte. Außerdem schien zwischen ihnen eine besonders enge Vertrautheit und Kameradschaft zu bestehen. Aber in Wirklichkeit, dachte Mr. Satterthwaite, waren sie doch sehr verschieden. Die Unterschiede waren sogar deutlicher als damals; jetzt waren die beiden ausgewachsene Männer und Mitte Zwanzig. Aber er erkannte auch keine Ähnlichkeit zwischen Roland und seinem Großvater, und abgesehen von dem roten Haar hatte er äußerlich auch nichts von seinem Vater geerbt.

Mr. Satterthwaite hatte sich schon früher gefragt, ob der Junge nicht ein wenig an Lily, seine tote Mutter, erinnerte. Aber auch hier erkannte er jetzt kaum noch Ähnlichkeiten. Wenn, dann hätte man eher Timothy für Lilys Sohn halten können. Die helle Haut und die hohe Stirn, dazu die schöne Form des Gesichts und die zarte Knochenstruktur... Und dann sagte jemand dicht neben ihm, mit weicher, tiefer Stimme:

»Ich bin Inez. Es ist lange her, daß wir uns gesehen haben.«

Ein schönes Mädchen, dachte Mr. Satterthwaite sofort. Der dunkle Typ. Und er begab sich in Gedanken weit in die Vergangenheit, bis in jene Freudentage, als er als Trauzeuge zu Tom Addisons Heirat mit Pilar hergekommen war. Sie zeigt ihr spanisches Blut, dachte er jetzt – die Art, wie sie den Kopf hält, ihre dunkle, aristokratische Schönheit. Ihr Vater, Dr. Horton, stand direkt hinter ihr. Er war ein älterer Herr. Ein netter Mann und sehr gütig, dazu ein guter Allgemeinmediziner ohne allzu großen Ehrgeiz, aber zuverlässig und seiner Tochter in aufopfernder Liebe verbunden, dachte Mr. Satterthwaite. Man konnte sehen, daß er sehr stolz auf sie war.

Mr. Satterthwaite fühlte, wie ihn ein großes Glücksgefühl überkam. All diese Leute, dachte er, mochten ihn vielleicht bisher kaum gekannt haben, und dennoch kamen sie ihm vor wie Freunde, mit denen er seit langem vertraut war. Das dunkle, schöne Mädchen, die zwei rothaarigen jungen Männer, Beryl Gilliatt, die sich mit dem Teetablett beschäftigte und Tassen und Untertassen arrangierte, dann einem Hausmädchen zuwinkte, das Kuchen und Platten mit Sandwiches herausbrachte. Eine großartige Teegesellschaft. Die Stühle wurden an die Tische herangeschoben, so daß man bequem sitzen und essen konnte. Die Jungen nahmen Platz und luden Mr. Satterthwaite ein, sich zwischen sie zu setzen.

Das freute ihn. Er hatte schon in Gedanken vorgehabt, als erstes mit den Jungen zu sprechen, um festzustellen, inwieweit sie ihn an Tom Addison in den alten Tagen erinnerten – und an Lily. Wie sehr wünschte ich mir, daß Lily jetzt bei uns sein könnte, dachte er. Und hier war er selbst und zugleich in Gedanken in den weit zurückliegenden Tagen der Jugend. Hier war er von Toms Eltern begrüßt und willkommen geheißen worden; damals gab es auch eine Tante und einen Großonkel und ein paar Kusinen. Jetzt war die Familie zwar nicht mehr so groß, aber es war wieder eine wirkliche Familie. Tom in seinen Filzhausschuhen, der eine rot, der andere grün, alt geworden, aber immer noch fröhlich und glücklich. Glücklich durch die Menschen, die ihn umgaben. Und da war Doverton, genauso, oder zumindest fast genauso, wie es immer gewesen war. Vielleicht nicht mehr so gepflegt, aber der Rasen befand sich immerhin in gutem Zustand. Und durch die Bäume konnte man immer noch den Fluß schimmern sehen. Mehr Bäume als früher. Und das Haus hätte vielleicht wieder einmal gestrichen werden müssen, aber es sah noch nicht schlimm aus. Tom Addison war schließlich ein reicher Mann. Er besaß Vermögen und eine Menge gutes Land. Ein Mann mit einfachen Vorlieben, der genug ausgab, um seinen Besitz in Schwung zu halten, aber ansonsten nicht mit dem Geld um sich warf. Er reiste selten und fuhr jetzt auch nicht mehr ins Ausland, aber er lud gern Freunde ein. Keine großen Partys, nur kleinere Feste im engen Freundeskreis. Freunde, die über Nacht oder auch ein paar Tage blieben, Freunde, die meist in der Vergangenheit eine engere Beziehung zu ihm gehabt hatten. Ein freundliches Haus.

Mr. Satterthwaite drehte sich ein bißchen in seinem Stuhl, zog ihn vom Tisch zurück und etwas zur Seite, damit er besser zum Fluß schauen konnte. Dort unten waren die Mühle und dahinter, auf der anderen Seite, die Felder. Und inmitten von einem der Felder entdeckte er mit Amüsement eine Vogelscheuche, eine dunkle Gestalt, auf deren Stroh sich trotz ihres ursprünglichen Zwecks die Vögel niederließen. Einen Augenblick lang sah sie aus wie Mr. Harley Quin. Vielleicht ist es wirklich mein Freund Mr. Quin, dachte Mr. Satterthwaite. Es war natürlich ein absurder Gedanke, und doch – wenn jemand versucht hätte, die Vogelscheuche nach dem Vorbild von Mr. Quin zu gestalten, hätte sie genau jene schlanke Eleganz bekommen, wie sie den meisten Vogelscheuchen abging.

»Schauen Sie unsere Vogelscheuche an?« fragte Timothy. »Wir haben ihr einen Namen gegeben. Wir nennen sie Mister Harley Barley.«

»Ach, wirklich?« fragte Mr. Satterthwaite. »Das ist aber sehr interessant.«

»Warum finden Sie das interessant?« wollte Roland, den sie Roly nannten, von ihm wissen.

»Nun, weil sie mich an jemanden erinnert, den ich kenne, und der heißt tatsächlich mit Vornamen Harley.«

Die Jungen begannen zu singen: »Harley Barley hält Wacht, bei Tag und bei Nacht. Er wacht über das Korn, und er wacht über das Heu, und er scheucht die Bösen fort wie die Spreu.«

»Ein Gurkensandwich, Mr. Satterthwaite?« fragte Beryl Gilliatt. »Oder ist Ihnen eines mit hausgemachter Leberpastete lieber?«

Mr. Satterthwaite entschied sich für die Leberpastete. Mrs. Gilliatt stellte ihm eine Tasse von der braunroten Farbe hin, die ihm schon in dem Geschäft so gut gefallen hatte. Wie fröhlich das bunte Teeservice auf dem Tisch wirkte! Gelb, rot, blau, grün und all die anderen Farben. Er fragte sich, ob jeder seine Lieblingsfarbe bekam. Timothy hatte, wie Mr. Satterthwaite feststellte, eine rote Tasse, Roland eine gelbe. Neben Timothys Tasse lag ein Gegenstand, den er erst gar nicht erkannte. Doch dann sah er, daß es eine Meerschaumpfeife war. Roland, der bemerkte, daß Mr. Satterthwaite sie anschaute, erklärte:

»Tim hat sie aus Deutschland mitgebracht. Er raucht so viel, daß er sich eines Tages Lungenkrebs holt.«

»Rauchen Sie denn nicht, Roland?«

»Nein, ich bin nicht fürs Rauchen. Ich rauche keine Zigaretten, und ich rauche auch kein Marihuana.«

Inez kam zum Tisch und setzte sich ihnen gegenüber. Die beiden jungen Männer boten ihr Sandwiches an. Dann begannen sie ein fröhliches Gespräch, das mit viel Lachen durchsetzt war.

Mr. Satterthwaite fühlte sich sehr glücklich bei diesen jungen Menschen. Nicht, daß sie sich besonders um ihn kümmerten, abgesehen von ihrer natürlichen Höflichkeit. Aber er hörte ihnen gern zu. Und er versuchte auch, sich ein Urteil über sie zu bilden. Er glaubte, ja, er war fast sicher, daß die beiden jungen Männer in Inez verliebt waren. Nun, kein Wunder – das nahe Beisammenleben förderte so etwas beträchtlich. Sie waren hergekommen, um bei ihrem Großvater zu wohnen, und ein wunderschönes Mädchen, Rolands Kusine ersten Grades, wohnte praktisch nebenan. Mr. Satterthwaite wandte den Kopf um. Er konnte durch die Bäume das Haus sehen, das sich gleich neben der Straße und dicht hinter der Einfahrt erhob. Das war das Haus, in dem Dr. Horton lebte, seit er hierhergekommen war, vor sieben oder acht Jahren.

Er schaute wieder auf Inez und fragte sich, welchem von den beiden jungen Männern sie wohl den Vorzug geben würde, oder ob ihre Sympathien vielleicht schon anderweitig vergeben waren. Es gab keinen Grund, weshalb sie sich nicht in eines dieser höchst attraktiven, jungen Exemplare des männlichen Geschlechts verlieben sollte.

Nachdem er gegessen und seinen Appetit gestillt hatte, wozu es keiner besonders großen Mengen bedurfte, schob Mr. Satterthwaite seinen Stuhl noch weiter zurück und drehte ihn etwas mehr zur Seite, daß er alle anderen sehen konnte.

Mrs. Gilliatt hatte zu tun. Sie spielt vielleicht ein wenig zu sehr die Gastgeberin, dachte er, und macht um ihre Hausfrauenpflichten mehr Aufhebens, als unbedingt nötig wäre. Ständig bot sie den anderen Kuchen an, schenkte ihnen Tee nach und reichte das eine oder andere Tablett herum. Manchmal, fand er, wäre es angenehmer und auch weniger formell, wenn die Leute sich selbst bedienen würden. Er wollte, sie hätte sich nicht als so sehr beschäftigte und bemühte Hausfrau gezeigt.

Dann schaute er zu Tom Addison, der in seinem Stuhl lag. Auch Tom beobachtete Beryl Gilliatt. Mr. Satterthwaite dachte bei sich: Er mag sie nicht. Nein. Tom mag diese Frau nicht. Und es war ja auch fast zu erwarten gewesen. Immerhin hatte Beryl die Stelle seiner eigenen Tochter, die Position von Simon Gilliatts erster Frau Lily eingenommen. Meine schöne Lily, dachte Mr. Satterthwaite wieder und fragte sich, warum er so deutlich fühlte, daß Lily auf eine seltsame Weise hier gegenwärtig war, obwohl er niemanden sah, der ihr auch nur im entferntesten ähnlich war. Trotzdem: Lily war hier bei dieser Teegesellschaft.

Vermutlich bildet man sich solche Dinge ein, wenn man alt wird, sagte sich Mr. Satterthwaite. Schließlich – warum sollte Lily nicht hier sein, um ihren Sohn zu besuchen?

Er schaute Timothy liebevoll an, bis er merkte, daß er nicht Lilys Sohn betrachtete. Roland war Lilys Sohn, Timothy dagegen der Sohn von Beryl.

Ich glaube, Lily weiß, daß ich hier bin. Ich glaube, sie möchte mit mir sprechen, überlegte Mr. Satterthwaite. O mein Gott, ich darf mir keine so törichten Dinge einbilden!

Aus irgendeinem Grund schaute er wieder zu der Vogelscheuche. Sie sah jetzt nicht wie eine Vogelscheuche aus, sondern wie Mr. Harley Quin. Eine Täuschung des Lichts, des Sonnenuntergangs verlieh ihm Farbe, und außerdem war ein schwarzer Hund wie Hermes in der Nähe, der Vögel jagte.

»Die Farbe«, murmelte Mr. Satterthwaite, schaute dann wieder auf den Tisch und das Teeservice und die Leute, die hier Tee tranken. Warum bin ich hier? fragte er sich. Warum bin ich hier, und was soll ich hier tun? Es muß einen Grund dafür geben...

Jetzt glaubte er zu fühlen, daß es etwas gab, eine Krise, etwas, das alle betraf – alle diese Menschen hier oder nur einige von ihnen? Beryl Gilliatt, Mrs. Gilliatt. Sie war nervös wegen irgend etwas. Am Rande der Verzweiflung vielleicht. Tom? Mit Tom war alles in Ordnung. Ihn betraf es nicht. Ein glücklicher Mensch, der Besitzer von so viel Schönheit, der Mann, der Doverton besaß und einen Enkel hatte, so daß das alles, wenn er selbst einmal starb, an Roland vererbt werden würde. Alles würde Roland gehören. Hoffte Tom, daß Roland Inez heiratete? Oder hatte er etwas dagegen, wenn Kusine und Vetter ersten Grades Mann und Frau wurden? Aber in der Vergangenheit hatten sogar Brüder ihre Schwestern geheiratet ohne schlimme Folgen, dachte Mr. Satterthwaite. Es darf nichts geschehen, beschwor Mr. Satterthwaite im stillen das Schicksal, es darf nichts geschehen. Ich muß es verhindern.

Es waren wirklich die Gedanken eines Verrückten. Eine friedliche Szene. Ein Teetisch. Die verschiedenen Farben des Harlekin-Services. Er warf einen Blick auf die weiße Meerschaumpfeife, die an der roten Tasse lehnte. Beryl Gilliatt sagte etwas zu Timothy. Timothy nickte, stand auf und ging auf das Haus zu. Beryl nahm ein paar leere Teller vom Tisch, stellte ein paar Stühle zurecht, murmelte dann Roland etwas zu, der aufstand und Dr. Horton einen Kuchen mit Zuckerstreusel anbot.

Mr. Satterthwaite beobachtete Beryl. Er mußte sie beobachten. Die Bewegung ihres Ärmels, als sie am Tisch vorbeikam. Er sah, wie eine rote Tasse vom Tisch gestreift wurde. Sie zerbrach am eisernen Fuß eines Stuhls. Er hörte ihren leisen Aufschrei, als sie sich bückte, um die Scherben einzusammeln. Sie ging zum Teetablett, kam zurück und stellte eine hellblaue Tasse mit Untertasse auf den Platz, an dem zuvor die rote gestanden hatte. Dann lehnte sie die Meerschaumpfeife wieder dagegen, brachte anschließend die Teekanne und schenkte Tee ein, ehe sie wieder wegging.

Jetzt saß niemand mehr am Tisch. Auch Inez war aufgestanden und weggegangen; sie redete mit ihrem Großvater. Ich verstehe das alles nicht, wunderte sich Mr. Satterthwaite. Irgend etwas geht hier vor. Etwas wird geschehen. Aber was?

Ein Tisch mit verschiedenfarbigen, bunten Tassen und – ja, Timothy, sein rotes Haar, das in der Sonne glühte. Rotes Haar in derselben Farbe, mit der gleichen, hübschen Welle auf der Seite, wie Simon Gilliatt es immer getragen hatte. Timothy, der zurückkam, einen Moment stehenblieb, den Tisch mit einem etwas überraschten Blick betrachtete und dann zu dem Platz ging, an dem die Meerschaumpfeife an der hellblauen Tasse lehnte.

In diesem Augenblick kam auch Inez zum Tisch zurück. Sie lachte plötzlich und sagte: »Timothy, trink deinen Tee bitte aus deiner eigenen Tasse. Die blaue ist die meine. Du hast die rote.«

Und Timothy erwiderte: »Sei nicht albern, Inez, ich kenne meine Tasse. Ich habe Zucker im Tee, und du magst keinen Zucker. Unsinn, das hier ist meine Tasse, und die Meerschaumpfeife lehnt ja auch daran.«

In diesem Augenblick kam Mr. Satterthwaite die Erleuchtung. Ein Schock. War er verrückt? Bildete er sich Dinge ein? War etwas von dem, was er sich einbildete, Wirklichkeit?

Er stand auf, ging rasch zum Tisch hin, und als Timothy die Tasse an die Lippen hob, brüllte er: »Nicht trinken! Nicht trinken, sage ich!«

Timothy drehte ihm sein überraschtes Gesicht zu. Mr. Satterthwaite wandte sich ab. Dr. Horton stand ziemlich erschreckt auf und kam näher.

»Was ist denn, Satterthwaite?«

»Diese Tasse. Da stimmt etwas nicht«, rief Mr. Satterthwaite. »Lassen Sie den Jungen nicht daraus trinken.«

Horton starrte ihn an. »Mein lieber Freund –«

»Ich weiß, was ich sage. Er hatte die rote Tasse«, erklärte Mr. Satterthwaite, »und die ist zerbrochen. Sie wurde durch eine blaue ersetzt. Er kann Rot und Blau nicht unterscheiden, nicht wahr?«

Dr. Horton sah ihn verblüfft an. »Sie meinen – Sie meinen – wie Tom?«

»Tom Addison. Er ist farbenblind. Das wissen Sie doch, oder?«

»O ja, natürlich. Wir alle wissen es. Deshalb hat er heute mal wieder zwei verschiedenfarbige Schuhe an. Er kann Rot und Grün nicht unterscheiden.«

»Dieser Junge auch nicht.«

»Aber – aber nein. Das heißt, bisher hat man noch nichts davon bemerkt – bei ...«

»Aber es könnte doch so sein, oder nicht?« fragte Mr. Satterthwaite. »Ich glaube, ich denke völlig richtig – Daltonismus. So nennt man das doch, oder?«

»Ja, man hat der Erscheinung diese Bezeichnung gegeben.«

»Frauen bekommen es nicht, aber sie können es weitervererben. Lily war nicht farbenblind, aber es könnte sein, daß Lilys Sohn farbenblind ist.«

»Aber mein lieber Satterthwaite, Timothy ist nicht Lilys Sohn. Roly ist Lilys Sohn. Ich weiß, sie sind einander ziemlich ähnlich. Gleiches Alter, gleiche Haarfarbe und so weiter, aber – vielleicht erinnern Sie sich nicht mehr daran.«

»Nein«, entgegnete Mr. Satterthwaite. »Ich hätte mich nicht erinnern sollen. Aber jetzt weiß ich alles. Ich sehe jetzt auch die Ähnlichkeit. Roland ist Beryls Sohn. Sie waren beide noch Babys, nicht wahr, als Simon wieder heiratete. Es ist leicht für eine Frau, sich um zwei Babys zu kümmern, vor allem, wenn beide rotes Haar haben. Aber Timothy ist Lilys Sohn, und Roland ist der Sohn von Beryl. Von Beryl und Christopher Eden. Für Roland – oder für den, der Roland genannt wird – gibt es keinen Grund, farbenblind zu sein. Ich weiß es, ich sage es Ihnen. Ich weiß es.«

Er sah, wie Dr. Hortons Blick von einem zum anderen wanderte. Timothy, der nichts von dem verstand, was sie sagten, aber die blaue Tasse in der Hand hatte und verwirrt schaute.

»Ich habe gesehen, wie sie die Tasse gekauft hat«, erklärte Mr. Satterthwaite. »Hören Sie zu. Sie müssen mir zuhören. Sie müssen wissen, daß ich mich nicht irre, wenn ich einmal etwas felsenfest behaupte.«

»Das stimmt. Ich habe es nie erlebt, daß Sie sich irrten.«

»Nehmen Sie ihm diese Tasse weg«, forderte Mr. Satterthwaite. »Nehmen Sie sie mit in Ihre Praxis, oder bringen Sie sie einem Chemiker oder Apotheker, und lassen Sie durch eine Analyse herausfinden, was drinnen ist. Ich habe gesehen, wie diese Frau die Tasse gekauft hat. Sie hat sie in dem Laden unten im Dorf gekauft. Sie wußte, daß sie eine rote Tasse zerbrechen und durch eine blaue ersetzen würde, und sie wußte auch, daß Timothy nicht bemerken würde, daß es sich um zwei verschiedene Farben handelt.«

»Ich glaube, Sie sind verrückt, Satterthwaite. Trotzdem werde ich tun, was Sie sagen.« Dr. Horton ging zum Tisch und streckte eine Hand nach der blauen Tasse aus.

»Darf ich mal?« sagte Dr. Horton zu Timothy.

»Selbstverständlich.« Timothy wirkte ziemlich verblüfft.

»Ich glaube, es ist ein Fehler im Porzellan. Sehr interessant.«

Beryl kam über den Rasen auf sie zu. Ihre Schritte wirkten schnell und hastig.

»Was machen Sie denn? Was gibt es? Was geht hier vor?«

»Gar nichts«, rief Dr. Horton fröhlich. »Ich wollte den Jungen nur ein kleines Experiment zeigen, das ich mit einer Tasse Tee machen kann.«

Er schaute sie sehr scharf an und erkannte den Ausdruck von Angst, von tiefem Entsetzen. Mr. Satterthwaite sah, wie sich seine Haltung veränderte.

»Kommen Sie mit, Satterthwaite? Nur ein kleines Experiment, Sie wissen schon. Wie man die verschiedenen Qualitäten von Porzellan prüfen kann. Da wurde nämlich kürzlich eine sehr interessante Entdeckung gemacht.«

Plaudernd ging er über den Rasen. Mr. Satterthwaite folgte ihm, und auch die beiden Jungen, die sich ebenfalls miteinander unterhielten.

»Worauf will der Doktor denn hinaus, Roly?« fragte Timothy.

»Keine Ahnung«, erwiderte Roland. »Er scheint ein paar ungewöhnliche Ideen zu haben. Na, wir werden es ja später erfahren. Holen wir lieber unsere Motorräder.«

Beryl Gilliatt drehte sich abrupt um. Sie lief rasch über den Rasen auf das Haus zu. Tom Addison rief ihr zu: »Ist was, Beryl?«

»Ich habe nur etwas vergessen«, antwortete Beryl Gilliatt. »Das ist alles.«

Tom Addison schaute Simon Gilliatt fragend an. »Ist etwas mit deiner Frau?«

»Beryl? O nein, nicht, daß ich wüßte. Vermutlich die eine oder andere kleine Sache, die sie versäumt hat. Kann ich etwas für dich tun, Beryl?« rief er ihr zu.

»Nein. Nein, ich komme gleich wieder.« Jetzt drehte sie den Kopf halb zur Seite und schaute den alten Mann an, der in seinem bequemen Sessel lag. Dann herrschte sie ihn plötzlich und mit großem Nachdruck an: »Du blöder, alter Trottel. Du hast wieder mal die falschen Schuhe an. Sie passen nicht zusammen. Weißt du, daß dein einer Schuh rot ist und der andere grün?«

»Ach, hab' ich es wieder mal geschafft?« sagte Tom Addison. »Du weißt, ich kann die beiden Farben nicht unterscheiden. Es ist komisch, aber so ist es eben.«

Sie ging an ihm vorbei und beschleunigte ihre Schritte.

Bald darauf hatten Mr. Satterthwaite und Dr. Horton das Tor erreicht, das auf die Straße führte. Sie hörten, wie ein Motorrad brummte, wie es nach wenigen Sekunden die Fahrt beschleunigte.

»Sie fährt weg«, sagte Dr. Horton. »Sie ist zum Motorrad gerannt. Wir sollten sie aufhalten, glaube ich. Wird sie zurückkommen?«

»Nein«, antwortete Mr. Satterthwaite. »Nein, ich glaube nicht, daß sie zurückkommt. Und vielleicht«, fügte er nachdenklich hinzu, »ist es sogar das beste.«

»Wie meinen Sie das?«

»Es ist ein altes Haus«, erklärte Mr. Satterthwaite. »Eine alte Familie. Eine gute Familie. Und es gehören viele gute Menschen dazu. Hier braucht man keinen Ärger, keinen Skandal – keine Schande soll auf dieses Haus fallen. Ich finde, es ist das beste, wenn wir sie davonfahren lassen.«

»Tom Addison hat sie nie gemocht«, stellte Dr. Horton fest. »Nie. Er war immer höflich und nett zu ihr, aber er hat sie nicht gemocht.«

»Und man muß auch an den Jungen denken«, fügte Mr. Satterthwaite hinzu.

»An den Jungen? Wie meinen Sie das?«

»An den anderen Jungen. An Roland. Auf diese Weise braucht er nicht zu erfahren, was seine Mutter versucht hat.«

»Aber warum hat sie es getan? Warum, um alles in der Welt, hat sie es getan?«

»Sie zweifeln offenbar nicht mehr daran, *daß* sie es versucht hat.«

»Nein, ich zweifle nicht mehr daran. Ich habe ihr Gesicht gesehen, Satterthwaite, als sie mich anschaute. In dem Augenblick wußte ich, daß das, was Sie sagten, die Wahrheit war. Aber warum?«

»Die Habgier, nehme ich an«, mutmaßte Mr. Satterthwaite. »Sie hatte kein eigenes Vermögen; ich glaube, ihr Mann, Christopher Eden, war ein netter Kerl, aber praktisch mittellos. Tom Addisons Enkel dagegen kann ein großes Vermögen erwarten, eine Menge Geld. Der Grundbesitz in dieser Gegend ist gewaltig im Wert gestiegen. Ich zweifle nicht daran, daß Tom Addison seinen ganzen Besitz oder zumindest den größten Teil davon seinem Enkel vermachen wird. Sie wollte ihn für ihren eigenen Sohn sichern und damit natürlich für sich selbst. Sie ist eine habgierige Frau.«

Mr. Satterthwaite drehte sich plötzlich um.

»Dort drüben brennt etwas«, rief er.

»Großer Gott, tatsächlich. Ach, die alte Vogelscheuche auf dem Feld. Sicher hat irgendein Lausejunge sie angezündet. Aber ich glaube, wir brauchen uns keine Sorgen zu machen. Eigentlich kann sich das Feuer nicht ausbreiten; sie wird verbrennen, und dann ist es vorbei.«

»Ja«, stimmte Mr. Satterthwaite zu. »Nun, gehen Sie ruhig, Doktor. Sie brauchen mich nicht bei Ihren Tests.«

»Ich habe kaum Zweifel darüber, was ich finden werde. Ich

meine nicht, um welche Substanz es sich handelt, aber ich bin ganz sicher, daß diese Tasse den Tod enthält.«

Mr. Satterthwaite hatte sich umgedreht und war durch das Tor wieder auf das Grundstück zurückgegangen. Jetzt näherte er sich dem Feld, auf dem die Vogelscheuche brannte. Dahinter ging die Sonne unter. Ein bemerkenswert schöner Sonnenuntergang an diesem Abend. Seine Farben erleuchteten die Luft und sogar die brennende Vogelscheuche.

»Das ist also der Weg, den Sie diesmal gewählt haben«, flüsterte Mr. Satterthwaite.

Er schaute ein wenig überrascht und erschreckt drein, denn in der Nähe der Flammen sah er die große, schlanke Gestalt einer Frau. Einer Frau in einem perlmuttfarbenen Kleid. Sie kam auf Mr. Satterthwaite zu. Er blieb abrupt stehen und blickte ihr entgegen.

»Lily«, murmelte er. »Lily.«

Jetzt konnte er sie deutlich sehen. Es war Lily, und sie kam auf ihn zu. War noch zu weit weg, daß er ihr Gesicht sehen konnte, aber er erkannte sie genau. Ein paar Augenblicke lang fragte er sich, ob noch jemand sie sehen konnte oder ob sie nur für ihn sichtbar war. Dann sagte er leise, nur geflüstert:

»Es ist alles gut, Lily; dein Sohn ist in Sicherheit.«

Sie blieb stehen und hob eine Hand an die Lippen. Er sah nicht ihr Lächeln, aber er wußte, daß sie lächelte. Sie küßte ihre Hand und winkte ihm damit, bevor sie sich umdrehte. Dann ging sie wieder dorthin, wo sich die Vogelscheuche in einen Haufen Asche verwandelte.

»Sie geht fort«, sagte Mr. Satterthwaite laut zu sich selbst. »Sie geht fort mit ihm. Gemeinsam gehen sie weg. Sie gehören natürlich in dieselbe Welt. Sie – ich meine, diese Art von Menschen – kommen nur zu uns, wenn es sich um einen Fall von Liebe oder Tod oder von beidem handelt.«

Er nahm an, daß er Lily nicht mehr sehen würde, aber er fragte sich, wann er wohl Mr. Quin wieder begegnen würde. Dann drehte er sich um und ging über den Rasen auf den Teetisch zu, auf dem noch das Harlekin-Teeservice stand, und zu seinem Freund Tom Addison. Beryl würde nicht zurückkommen, davon war er überzeugt. Doverton Kingsbourne war wieder sicher.

Über den Rasen kam der kleine, schwarze Hund gehüpft. Er blieb vor Mr. Satterthwaite stehen, hechelte ein wenig und wedelte mit dem Schwanz. Durch das Halsband war ein zusammengefaltetes Blatt Papier gesteckt. Mr. Satterthwaite bückte sich, nahm es heraus, glättete es und las die kurze Botschaft, die in bunten Buchstaben darauf stand.

>   Meinen Glückwunsch! Bis zu unserer
>   nächsten Begegnung
>   HQ

»Danke, Hermes«, raunte Mr. Satterthwaite und schaute zu, wie der Hund über die Wiese rannte, auf die zwei Gestalten zu, die, wie er wußte, dort auf das Tier warteten, aber für ihn bereits nicht mehr zu sehen waren.

*Aus dem Englischen übertragen
von Friedrich A. Hofschuster*

Meistermorde

CELIA DALE

Feen – Märchen

Ich, Edward Augustus Steynes, Mitglied der Königlichen Akademie der Schönen Künste, wohnhaft Holland Park, London, habe das dringende Bedürfnis, noch in der Hitze der Gefühle, da die Erinnerung an die ungeheuren Anschuldigungen gegen mein Mündel (nicht daß sie je verblassen könnten, sie bleiben auf ewig in mein Gedächtnis eingebrannt) noch frisch ist, die Wahrheit, wie ich sie verstehe, über die unglücklichen Verstrickungen niederzulegen, die in Szenen gipfelten, deren sich vielleicht ein antikes Melodram, aber kein Königliches Gericht als würdig erwiesen hätte und deren Auswirkungen, erst jetzt, nach fünf Wochen, allmählich zur alptraumhaften Vergangenheit zu werden begannen, von der sich jedoch, wie ich fürchte, ein zartes, sensibles junges Mädchen nie richtig erholen könnte.

Um ein tieferes Verständnis für die Folge der Ereignisse zu wecken, ist es nötig, weit bis in das... ich glaube, es war das Jahr 1868, zurückzugehen, als mein Cousin Rollo Ogilvy seine mutterlos gewordene Tochter Blanche aus Indien, wo er Offizier in einem Kavallerieregiment gewesen war, nach England zurückbrachte. Obwohl die schweren Unruhen dort mittlerweile der Vergangenheit angehörten, waren Gefahr und Härte des Lebens als Offiziersfrau für einen Menschen mit an sich schon labiler Konstitution, die durch eine zweite Schwangerschaft weiter geschwächt worden war, schließlich tödlich gewesen; wie viele Landsleute hatte man auch Rollos junge Frau Clara in jenem fremden Land mit ihrem ungeborenen Kind zur letzten Ruhe gebettet. Überwältigt von Trauer und Schmerz, hatte Rollo seinen Dienst quittiert und war in die Heimat zurückgekehrt, wo er Zuflucht im Haus der Mutter in Oxfordshire suchte; Lady Ogilvy, meine Tante, war seit vielen Jahren Witwe eines erfolgreichen, wohlhabenden Kaufmanns, der aufgrund seiner Verdienste um Industrie und die Armen dieses Landes geadelt worden war.

Zu jener Zeit war ich gerade dabei, mir als Maler klassischer Sujets einen Namen zu machen, und mein Bild »Sweet Echo... within thy airy Shell«, erregte in der Ausstellung der Akademie der Künste desselben Jahres viel kritisches Lob, so daß ich Long Basing erst Weihnachten nach Rollos Rückkehr nach England besuchte. Meine Tante war eine strenge, unbeugsame Frau, die ein großes Haus führte, und obwohl bei ihr für das leibliche Wohl der Gäste stets bestens gesorgt war, hatte ich die Vorschriften und Reglementierungen, denen man sich bei ihr unterwerfen mußte, stets als äußerst ärgerlich empfunden (so durfte, zum Beispiel, nicht einmal im Billardzimmer geraucht werden, sondern man mußte jedem Wetter auf der Terrasse trotzen oder durfte sich mit einer Zigarre bestenfalls in den Stallungen sehen lassen). Weihnachten war der Besuch bei ihr jedoch eine Pflicht, und ich verbrachte die beiden Festtage stets dort, sowohl um das Andenken des Onkels zu ehren als auch um meiner Ehrerbietung für die Tante Ausdruck zu verleihen.

Von Rollos Ehefrau war meine Tante von vornherein nicht begeistert gewesen. Rollo war ihr einziges Kind, und ich nehme an, daß sie gewisse Ambitionen gehabt hatte. Sie behauptete von vornherein, Clara sei eine schwächliche Natur (und recht hatte sie), das Leben in Indien würde sie umbringen (womit sie wieder recht behielt), und sie sei nicht die Frau, die kräftige Söhne gebären könne (womit sie ebenfalls recht gehabt hatte). Aber Rollo, ein gutaussehender, charmanter junger Mann, den so manche Tochter des Hochadels gern unter ihren Verehrern gesehen hätte, hatte sich Hals über Kopf verliebt und seine Clara weit fort, in die äußersten Weiten unseres Empires gebracht. Clara war erst vierundzwanzig, als sie starb, und obwohl ich ihr nur einmal, nämlich bei ihrer Hochzeit, begegnet war, war mir ihre golden und silbern schimmernde Erscheinung, ihre filigrane Schönheit stets in Erinnerung geblieben.

Als ich Blanche am Heiligen Abend zum erstenmal sah, verschlug es mir beinahe die Sprache. Blanche war das Ebenbild ihrer Mutter en miniature. Die damals Sechsjährige wurde von ihrem Kindermädchen in den Salon gebracht, weil sie dabei sein sollte, wenn die Kerzen am Christbaum angezündet wurden. Die Kleine selbst hätte dem Christbaum durchaus zum Schmuck gereicht, denn sie war wirklich eine kleine Fee ganz in Rosa und Weiß, mit langen, blonden Locken, die ihr bis über die große Schleife an der Taille ihres Kleides fielen, und den raschelnden Unterröcken, unter denen zierliche Füßchen in Spitzenstrümpfen und bronzefarbenen Schuhen hervorschauten.

Ihr Kindermädchen, eine vierschrötige Frau mit feistem Gesicht und düsterer Miene, hielt sie fest an der Hand, doch sie riß sich los und rannte zum Vater, das Gesicht leuchtend vor Liebe und Glück. Meine Tante wies sie streng zurecht und forderte sie auf, zuerst sie selbst und dann mich zu begrüßen. »Das ist dein Cousin Edward«, erklärte sie. »Er malt berühmte Bilder.«

Das Kind sah mich ernst an, und sagte dann mit der hübschesten Stimme, die man sich vorstellen kann: »Malst du auch von mir ein berühmtes Bild?«

»Aber sicher, Kleines«, erwiderte ich. Und so geschah es auch in den Jahren, die folgen sollten.

Die Reinheit des kindlichen Gemüts ist einzigartig. Erwachsene wirken im Vergleich verderbt, schwerfällig, geradezu tierisch und vom Wissen um die Sünde befleckt. Ein Kind dagegen ist die leibhaftige Unschuld und ursprüngliche Kreativität, mit glänzenden, voller Verwunderung in die Welt schauenden Augen und einem unverbrauchten Körper, biegsam wie eine Blüte. Man blicke einem Kind in die Augen und sehe wie ein Maler den marmorgleichen, glänzenden, von dichten Wimpern umgebenen Augapfel, das zarte Rosa der Wangen, die rosige Frische der Lippen und die perlweißen Zähne. An einem Kind ist jedes Zeichen jenes Wunders, das Gott vollbracht hat, rein und unberührt von den dunklen Mächten, die Männer und

Frauen beherrschen. Ängste mögen Kinder haben... vor Hexen und Ungeheuern vielleicht, aber Furcht vor den geheimen Wünschen und dem Verlangen, die in Erwachsenen lauern, kennen sie nicht. Kinder sind, wie Gott sie geschaffen hat: unbefleckt, noch warm von seinem Atem.

Das alles habe ich stets in meinen Bildern auszudrücken versucht. Die hohlwangigen und kranken Visionen der »Rossettis« dieser Welt sind nie mein Geschmack gewesen. Ich versuche lieber, das strahlende Weiß jungen Fleisches und jungen Geistes auf meiner Leinwand einzufangen... und ich finde, dies ist mir in meinen Bildern »Not Angles but Angels« (mittlerweile in der Stopford Art Gallery) oder »Attendent on Queen Mab« (Wenham Town Hall) gut gelungen. Sicher habe auch ich Kämpfe mit mir ausgetragen, erlebte auch ich düstere Phasen der Seele wie die meisten Menschen und Kunststudenten im besonderen. Der Verderbtheit und Zerstörungswut gibt man sich leicht hin. Doch die Seele muß über alles erhaben bleiben wie bei einem kleinen Kind.

Ich kehrte nach Weihnachten nach London und in mein Atelier zurück, war jedoch in Gedanken noch oft bei diesem Feen-Kind und erinnerte mich der mit lieblicher Stimme vorgetragenen Frage. Ich sann darüber nach, wie es wohl Blanche, die gerade dem schmutzigen Land ihrer Geburt entrissen und in so zartem Alter mutterlos geworden war, unter dem kühlen Regiment von Lady Ogilvy und jenem furchteinflößenden Kindermädchen ergehen würde.

Die Antwort lautete... schlecht. Denn der Vater, unfähig, sich mit dem Tod seiner jungen Frau abzufinden, sich an das Landleben anzupassen oder sich dem Aufbau einer neuen Karriere zu widmen, war nach Amerika verschwunden. »Er will sich dort mit dem beschäftigen, was er ›Ranching‹ nennt«, schrieb meine Tante in ihrer steilen Handschrift, »aber da er nicht einmal die einfachsten landwirtschaftlichen Kenntnisse besitzt, bin ich bezüglich des Erfolgs dieser Unternehmung sehr skeptisch.« Zu allem Überfluß wurde Blanche auch noch sehr krank, und meine Tante (zu bitten lag ihr nicht) legte mir nahe, Long Basing einen Besuch abzustatten, da das Kind den Vater schmerzlich vermisse.

Ich fand Blanche bei meinem Eintreffen auf einem Sofa liegend, allerdings nicht im Kinderzimmer, sondern in Lady Ogilvys Salon. Die hohen Fenster zum Rosengarten waren weit geöffnet; Blanche spielte lustlos mit ihren Puppen, doch als sie mich durchs Zimmer kommen sah, hellte sich ihre Miene augenblicklich auf, und sie breitete die Arme aus. »Papa!« rief sie. Dann, als sie ihren Irrtum bemerkte, fiel sie mit bebenden Lippen in die Kissen zurück.

»Dein Cousin Edward ist den weiten Weg von London hergekommen«, sagte meine Tante.

Das Kind strahlte wieder. »Um das berühmte Bild von mir zu malen?« fragte es.

»Möglich«, erwiderte ich und setzte mich zu Blanche auf die Couch. »Wenn du das möchtest...«

»O ja!« rief sie und schlang die Arme um meinen Hals. Ihre hellen Locken fielen gegen mein Gesicht, und ihr zarter Körper bebte in meinen Armen. Lachend sah sie zu mir auf. »O Cousin Edward, Sie haben so seidenweiche Koteletten!« behauptete sie. Und seit diesem Augenblick nannte sie mich, sobald wir allein waren, »Silky«, und ich durfte »Fee« zu ihr sagen.

Schließlich wurde die Ursache ihrer Krankheit offenbar. Sie war krank geworden, weil sie in ihrer Unkenntnis der Flora Englands auf einem Gartenspaziergang etwas entdeckt hatte, was sie für Erbsenschoten gehalten hatte. Ganz wie Kinder das eben tun, hatte sie einige davon gegessen... Unglücklicherweise jedoch waren es keine Erbsen, sondern die Samenschoten des Goldregens gewesen, deren Genuß tödlich sein konnte.

Im Salon der Tante lag sie im übrigen, weil das Kindermädchen Hodge entlassen worden war. Da sie die Unachtsamkeit begangen hatte, Blanche zu erlauben, unbeaufsichtigt im Garten herumzuspazieren und damit einen Unfall mit beinahe tödlichem Ausgang heraufbeschworen hatte. Lady Ogilvy sah sich gezwungen, sie ohne Zeugnis fristlos zu entlassen. Schwester Hodge hatte daraufhin ihre Koffer gepackt und war... nicht nach London, sondern in den Dorfgasthof gefahren, mit dessen verwitwetem Wirt sie offenbar ein reichlich vertrautes Verhältnis verband. Meine Tante hatte mittlerweile beschlossen, sich persönlich um das Mädchen zu kümmern, ihr Briefstil und die Grundlagen der Mathematik beizubringen, und ansonsten lediglich ein Dienstmädchen zu beschäftigen.

»Jetzt, da mein Sohn fort ist, ist Blanche außer mir die einzige Ogilvy«, erklärte meine Tante mit ihrem distanzierten Lächeln. »Es ist mir daher Pflicht und Freude zugleich, sie im Hinblick auf ihre spätere Stellung als meine Erbin zu erziehen.«

Ich blieb den ganzen Monat August. Während dieser Zeit kam meine Fee wieder zu Kräften und lief bald wie ein fröhlicher Kobold durch Haus und Garten von Long Basing. Sie hatte Respekt vor Lady Ogilvy und lernte daher mit großem Eifer während der gemeinsamen Unterrichtsstunden, wobei sie eine schnelle und intelligente Auffassungsgabe bewies. Zwischen diesem Feen-Kind und mir jedoch wuchs eine Intimität, ein Vertrauen, das mich in die magische Welt der Kindheit zurückversetzte. Hand in Hand erforschten wir Wälder und Felder des Anwesens, besuchten die Tiere auf der zum Besitz gehörenden Farm und ritten zusammen aus... ich auf Rollos vernachlässigtem Jagdpferd, Blanche auf ihrem fetten Pony. An Regentagen spielten wir Domino oder andere Spiele. Manchmal las sie mir auch die »Tales from Shakespeare« oder Geschichten von Maria Edgeworth vor, und ich nahm Block und Kohle und skizzierte sie, wie sie mit ihrem Buch vor mir saß, das Kinn in eine Hand gestützt, die Welt um sich herum vergessend.

Sie vertraute mir jedes Geheimnis an, und eines Tages, als wir im Dämmerlicht im Kinderzimmer saßen, schmiegte sie sich wie ein Kätzchen in meinen Schoß, schlang die Arme um meinen Hals und flüsterte: »Ich bin so froh, daß das Kindermädchen fort ist.«

»Ist sie denn nicht nett zu dir gewesen, mein Kleines?«

»Sie war einfach schrecklich. Sie hat mich an den Haaren gezogen und mir beim Ankleiden fast die Arme ausgerenkt. Es war es mir wert, fast zu sterben, nur um sie loszuwerden.«

»Aber du hast doch nicht gewußt, daß diese gemeinen Samenschoten giftig waren, oder?« fragte ich verwundert.

»Nein. Aber ich werde es mir fürs nächste Mal merken. Es hat furchtbar weh getan, aber um Schwester Hodge loszuwerden und dich herzuholen, hat es sich gelohnt.«

Schließlich kehrte ich nach London zurück. Die Zeit verstrich. Ungefähr zwei Jahre später zitierte meine Tante mich völlig unerwartet nach Long Basing. Rollo war tot. Eine Bande von sogenannten Viehdieben hatte offenbar versucht, Rollos Herde fortzutreiben, und in dem anschließenden Kampf war Rollo getötet worden. Meine Tante, das marmorweiße Gesicht unter Kaskaden schwarzer Spitzenschleier verborgen, sagte stoisch: »Blanche ist meine Erbin. Sie soll anders aufwachsen als ihr Vater. Wenn ich sterbe, wirst du ihr Vormund sein.«

Danach wurden meine Besuche in Long Basing häufiger, und meine Fee bekam die Erlaubnis, öfters zu mir nach London zu kommen, begleitet von meiner Tante oder der Zofe.

Es waren herrliche Zeiten. Gemeinsam besuchten wir den Zoo, Madame Tussaud's Wachsfigurenkabinett, Maskelyne und Devants. Zu Weihnachten gingen wir ins Weihnachtsspiel, dessen kitschige Märchengestalten meine Fee ebenso faszinierten wie Dan Lenos Späße. Ich erlebte, wie aus dem puppenhaften Kind eine schmale Zehnjährige wurde, mit der hellen Haut und dem goldblonden Haar der Mutter, doch mit einer Vitalität, die sich im Pulsieren des Blutes in ihren zarten Venen und im offen herausfordernden Blick ihrer Augen zeigte. Sie freute sich auf ganz bezaubernde Art und Weise über hübsche Kleider, und es war mir ein großes Vergnügen, ihr Spitzenkrägen und Volants, kleine Muffs, eine Haube oder einen Mantel zu kaufen, die etwas frivoler wirkten als die Kleidung, die meine Tante erlaubte. Dann umarmte sie mich und küßte mich stürmisch. »Liebster Silky«, flüsterte sie meistens, »du bist mein bester Papa.« Und jedesmal, wenn wir uns in den sonnendurchfluteten, nach Stall riechenden Hallen von Paddington Station verabschiedeten, sagte sie heftig: »Ich wünschte, wir könnten immer zusammenbleiben.«

Im darauffolgenden Frühjahr erlitt Lady Ogilvy einen Herzschlag. Es war geplant gewesen, daß sie und Blanche in Begleitung ihrer Zofen zwei Monate mit mir in Dieppe verbringen sollten, einem kleinen Seebad an der französischen Küste, das hauptsächlich von englischen Künstlern frequentiert wurde, wobei die meisten allerdings radikaleren Kunstrichtungen angehörten als ich. Dieses Vorhaben mußten wir natürlich aufgeben. Statt dessen reiste ich nach Long Basing und verbrachte den Sommer dort.

Es war eine seltsame Zeit. Einerseits lag im Krankenzimmer meine Tante, hilflos ans Bett gefesselt, von den Dienstboten gepflegt, regelmäßig vom Arzt behandelt. Es war ein Raum der Schatten und geschlossenen Vorhänge, der leisen Stimmen, der penetranten Gerüche von Medikamenten, das meine Fee täglich zweimal aufsuchte, um der Kranken vorzulesen und mit ihr zu plaudern, während sich die Zofe eine kurze Atempause gönnte.

Andererseits gab es die Felder und Gärten, in denen Blanche und ich spazierengingen – sie mit ihren Puppen, ich mit dem Skizzenblock – und die schönen, leeren Zimmer des Hauses, über die wir nun allein verfügen konnten. In einem kleinen Salon, der nach Norden lag, richtete ich mir ein Atelier ein. Ich ließ den Teppich aufrollen und wegschaffen, die Vorhänge abnehmen. Dort malte ich an glücklichen Tagen meine Bilder... machte Skizzen, Zeichnungen, Detailstudien... und das Modell war dabei stets meine bezaubernde Fee, die zufrieden war, nur still zu sitzen, soweit dies einer Elfjährigen eben möglich war, zufrieden, mit mir zu plaudern oder zu schweigen, den Blick oft in die Ferne gerichtet, in Gedanken versunken. Einige meiner besten Farbkompositionen entstanden bei diesen Sitzungen. Später habe ich sie dann in meinem Londoner Atelier ausgearbeitet... so zum Beispiel entstanden die Bilder »Cupid and my Campaspe«, das Blanche mit einem Kränzchen aus Rosen im Haar über ein Schachbrett gebeugt zeigt, und »Who shall be May Queen?« (das jetzt in der Storrington Town Hall hängt). Jenes waren Tage der Idylle, geprägt durch Schönheit und Unschuld, während das, was im Krankenzimmer geschah, bereits lange Schatten vorauswarf.

Als die Zeit des Abschieds näher kam, hatte Blanche oft tränengefüllte Augen und flüsterte: »Ich ertrage es nicht, daß du nach London gehst. Warum kann ich nicht bei dir leben?«

Ich strich ihr dann übers Haar. »Weil du alles bist, was deiner Großmutter geblieben ist. Es ist deine Pflicht, ihr die letzten Lebenstage zu erleichtern.«

»Trotzdem kann ich es nicht ertragen«, entgegnete sie und wandte sich mit dem trotzigen Schmollmund ab, den ich so an ihr liebte.

Und lange mußte sie es nicht mehr ertragen, die arme Kleine, denn ein oder zwei Tage vor meiner geplanten Abreise stellten sich bei Lady Ogilvy während der Nacht starke Übelkeit und Erbrechen ein. Da sie sich selbst nicht helfen konnte und das Pflegepersonal schlief, erlag sie in den frühen Morgenstunden einer akuten Kolik.

Über die darauffolgenden Wochen, ja Monate, möchte ich den Schleier des Schweigens breiten... die Trauer, die Kondolenzbesuche, die häuslichen und juristischen Verstrickungen. Es erscheint mir in diesem Zusammenhang ausreichend, anzumerken, daß ich angesichts der Tatsache, daß meine Tante mich testamentarisch tatsächlich zum Vormund ihrer Enkelin bestellt hatte, beschloß, mit Hilfe der ausgezeichneten Haushälterin und des übrigen Personals Long Basing zu behalten, das einzige Zuhause, das Blanche je gekannt hatte. Ich selbst wollte teils in Long Basing, teils in London leben, wo ich meinen größten Käuferkreis hatte. Die Skizzen und Studien, die ich in Long Basing anfertigte, konnte ich später im Atelier am Holland Park ausarbeiten. Es blieb jedoch das Problem, wie ich die Erziehung und Ausbildung meiner Fee fortführen sollte, für die bis dahin meine Tante verantwortlich war. Eine ganze Serie von Gouvernanten war die Folge.

Ich sage »Serie«, denn, bei Gott, die ideale Person war kaum zu finden. Einige erschienen zu streng, andere wiederum nicht streng genug, andere waren echte Blaustrümpfe, aber die meisten erwiesen sich als dumme Gänse. Meine Fee besaß die schnelle Auffassungsgabe des unverdorbenen Kindes, begriff rasch, hatte bereits viel in den Büchern gelesen, die im Hause zahlreich vorhanden waren, und wehrte sich gegen jede Art von Zwang. »Warum soll ich wie ein Papagei französische Vokabeln lernen?« protestierte sie oft und lehnte sich in der gewohnten liebevollen Weise an mich... obwohl sie inzwischen dreizehn Jahre alt und längst kein kleines Kätzchen mehr, sondern eher eine kleine, süße Katze war. »Wenn wir zusammen in Frankreich sind, dann kann ich auch Französisch parlieren...« Ich hatte den Plan eines Frankreichaufenthalts noch nicht aufgegeben. Oder: »Warum sollte ich über Flüsse und Seen in Australien Bescheid wissen? Ich gehe sowieso nie dorthin.«

Manchmal kam sie in Tränen aufgelöst zu mir. »Miss X ist so grausam! Sie klopft mir auf die Finger.« Oder, und in ihrem Unglück sah sie dann besonders bezaubernd aus: »Miss Y ist so dumm! Sie muß alles an den Fingern abzählen.«

Die Gouvernanten beklagten sich gleichermaßen offen und heftig, denn nur wenige zeigten Verständnis für die tragischen Verstrickungen im jungen Leben meiner Fee, oder sie akzeptierten während meiner Abwesenheit bereitwillig die Autorität der Haushälterin oder die gelegentlichen Ausfälle des Personals, denn in den Augen der einfachen Haushaltshilfen galten Gouvernanten nichts.

Unsere schönsten Tage erlebten wir, wenn Blanche mit ihrer treuen Agnes bei mir in London war. Dann betrachtete sie, in ihr kleines Hermelincape gehüllt, die Hände im passenden Muff verborgen, mit großen Augen die luxuriösen Auslagen in der Regent Street oder beklatschte in Kleidern aus Samt und mit zahlreichen Satinschleifen verziert, die Kapriolen der Clowns und Harlekins. Und es gab auch herrliche Tage in Dieppe, inmitten des eleganten Künstlerpublikums, das die Promenade entlangschlenderte, Kuchen aß und Schokolade trank, oder in Gesellschaft meiner Künstlerfreunde, die ihren gelegentlich etwas rauhen Humor in Gegenwart meiner jungen Begleiterin höflich zügelten. Ja, eine bezaubernde Zeit ist dies gewesen, in der das unschuldige Kind zu einem strahlenden jungen Mädchen aufblühte; einem jungen Mädchen, in dem jedoch noch immer das Kind steckte, trotz eines neuen, weiblichen Bewußtseins... halb Kind... halb Frau... und ganz mein.

Eher Kind als Frau schien auf den ersten Blick Madelaine Fenton zu sein, die Tochter eines Pfarrers aus East Anglia, die seit dessen Tod allein in der Welt stand. Doch Miss Fentons zierliche Gestalt täuschte darüber hinweg, daß in ihr eine intelligente, charaktervolle Person steckte, die sowohl energisch als auch anpassungsfähig sein konnte. Kaum einen Kopf größer als meine Fee (die schnell erwachsen geworden war), machte sie eher den Eindruck einer älteren Schwester als einer Gouvernante, und als solche schien Blanche sie auch zu akzeptieren. Mit ihrem klugen Witz, ihrer sanften, taktvollen Art fügte sich Madelaine Fenton perfekt in unsere Hausgemeinschaft ein.

So schien es schließlich, als seien all unsere Probleme gelöst. Miss Fenton war mit ihren neunzehn Jahren der Kindheit noch zu nahe, um die naiven Freuden des Landlebens nicht genießen zu können, und ihre zierliche Gestalt, ihr frisches, strahlendes Gesicht, machten sie beinahe zu Blanches Zwillingsschwester. Es war ein unaussprechliches Glücksgefühl, die beiden zu beobachten, wie sie Seite an Seite über die weiten Rasenflächen von Long Basing liefen oder im Schein der Lampe die Köpfe über den Büchern zusammensteckten, eher wie zwei Studentinnen als wie Zögling und Gouvernante. Es schien, als habe Blanche die Ältere vorbehaltlos in ihr Herz geschlossen.

Und mir erging es ebenso.

Es fällt mir schwer, die folgenden Ereignisse niederzuschreiben, denn der Schmerz ist noch frisch in mir. Doch ich will mich überwinden, um ungeachtet der eigenen Trauer meine Fee von jedem böswilligen Verdacht reinzuwaschen.

Meine Gefühle für Miss Fenton entwickelten sich. Nie hatten Frauen meines Alters solche Empfindungen in mir geweckt. Reife, in den Dingen des Lebens und der Gesellschaft erfahrene Frauen, deren Schönheit längst nicht mehr die Frische der Unschuld verriet, hatten mich nie anziehen können. Ich habe zuviel von den Schattenseiten des Lebens, zuviel von der beschämenden Leidenschaft unserer erwachsenen Begierden erlebt, um je Zärtlichkeit für die Frauen meines Alters zu empfinden. In Madelaine Fenton jedoch blühte noch diese Unschuld, die das Leben im Pfarrhaus in Suffolk geprägt hatte. Sie ahnte nichts vom Bösen im Menschen, sah die Welt noch mit den Augen des Kindes. Ihr Vater hatte sie unterrichtet, ohne daß ihre kindliche Seele Schaden genommen hätte. Ich begann also, Madelaine mit anderen Augen zu sehen, begann mich zu fragen, ob wir drei uns nicht eine Märchenwelt schaffen, ob diese beiden bezaubernden Geschöpfe nicht mein Kind und meine Frau werden konnten...

Weiter möchte ich darauf nicht eingehen. Die Tatsachen sind in den billigen Gazetten jener Tage nachzulesen.

In der Nacht zum 27. Juli erkrankte Madelaine Fenton schwer: Erbrechen, Magenkrämpfe, Fieber, Schweißausbrüche. Der Arzt vermochte die Symptome mit seinen Mitteln vorübergehend zu lindern, doch sie kamen wieder. Drei Tage lang schwebte sie zwischen Leben und Tod, am vierten Tag starb sie. Der Arzt stand vor einem Rätsel. Er erklärte ganz offen, daß er keinen Totenschein ausstellen könne. Die Todesursache mußte gerichtlich festgestellt werden.

Die Verhandlung zur Feststellung der Todesursache fand im Pfarrsaal des Dorfes Basing statt. Der vorsitzende Richter war ein Jurist, vom einfachen dörflichen Rechtsberater zum Richter aufgestiegen, mit dem die Ogilvys nie ein gutes Einvernehmen gehabt hatten. Meine Tante hatte ihn nie in ihrem Haus empfangen, wie das in bezug auf die Person des Pfarrers oder des Dorfarztes selbstverständlich gewesen war, und ich nehme an, daß er es nie verwunden hatte, daß meine Tante ihn nicht mit der Regelung ihrer Angelegenheiten betraut hatte. Sie hatte es stets für das Beste gehalten, ihre Geschäfte in der Hand einer Londoner Anwaltsfirma zu belassen, eine Regelung, die ich als Testamentsvollstrecker und Vormund von Blanche beibehielt. Schon nach den ersten einleitenden Worten des Richters war klar, daß er der Tragödie, die man vor ihm ausbreitete, weder verständnisvoll, geschweige denn unparteiisch gegenüberstand.

Der eisige... ja bösartige Ton, der in der Verhandlung vorherrschte, erregte bald die Aufmerksamkeit der Journalisten, die als Prozeßbeobachter von mehreren Blättern nach Basing entsandt worden waren. Die Vernehmung des behandelnden Arztes durch den Richter war gegen Ende des ersten Tages noch nicht beendet, und als sie am darauffolgenden Vormittag fortgesetzt wurde, drängten sich im Pfarrsaal Basings die Zeitungshyänen zuhauf. TRAGÖDIE IM HERRENHAUS – MYSTERIÖSER TODESFALL AUF FAMILIENSITZ – ARZT SAGT ÜBER DAS HAUS DES GRAUENS AUS... so lauteten die Schlagzeilen, denn die sogenannten Herren von der Presse hatten nicht lange gebraucht, um die traurige Vergangenheit der Familie auszugraben und in drastischer Deutlichkeit vor ihrem Publikum auszubreiten: das mutterlose Kind, der Weggang des Vaters nach Amerika und sein baldiger Tod, das plötzliche Ableben von Lady Ogilvy und nun der Verlust von Madelaine Fenton. Vor dem Hintergrund dieser traurigen Serie von Ereignissen hob sich wie ein Stern am dunklen Nachthimmel die leuchtende Gestalt des Waisenkindes ab, und auf sie stürzten sich die Hyänen.

Nur der Arzt, Mrs. Poole, die Haushälterin, und ich waren aufgefordert worden, auszusagen. Nie wäre mir der Gedanke gekommen, daß man dasselbe von einem Mädchen dieses zarten Alters verlangen könnte, doch als die Aussage des Arztes schließlich beendet war, verfügte der vorsitzende Richter, daß auch Blanche am darauffolgenden Tag gehört werden sollte. Ich telegraphierte umgehend unserem Londoner Anwalt, Mr. Forbes, und bat ihn, bei der Verhandlung anwesend zu sein, denn ich war wild entschlossen, das Kind um jeden Preis vor der schmerzlichen Erfahrung dessen, was ihm bevorstand, zu schützen. Der Richter ordnete außerdem an, daß sämtliche Hausangestellten im Zeugenstand vernommen wurden, und fragte die Köchin, Mrs. Burgess, auf das Ausführlichste darüber aus, was an jenen verhängnisvollen Tagen zu den Mahlzeiten serviert worden war. Nach Mrs. Burgess kamen nacheinander in den Zeugenstand: das Zimmermädchen, das Madelaine während der Krankheit betreut hatte, das Dienstmädchen, dem das Servieren der Mahlzeiten oblag und das die Tabletts aus dem Krankenzimmer abgeräumt hatte, und schließlich das Küchenmädchen, das das Geschirr gespült hatte. So sehr sich Dr. Pierce auch bemüht hatte, jeden voreiligen Schluß zu vermeiden und zu versuchen, seine Freunde und Patienten vor bösartigen Verdächtigungen zu bewahren, war er am Ende doch gezwungen, zuzugeben, daß Madelaine an einer Vergiftung gestorben war. Welch schreckliches Versehen konnte zu diesem tragischen Tod geführt haben?

Jeder, der an jenen verhängnisvollen Tagen in Long Basing gewesen war, wurde in den Zeugenstand gerufen. Ich selbst unterlag nur einer kurzen Tortur, denn ich hatte gerade einige Tage in London verbracht, als Madelaine erkrankte. Erst das Telegramm von Mrs. Pool, der Haushälterin, hatte mich zurückgerufen... doch zu spät, um meiner liebsten Freundin noch Lebewohl zu sagen. Die Aussagen der Hausangestellten brachten sowohl loyale Gefühle als auch Unmut und Verstimmung zum Vorschein... letztere waren nichts anderes als kleine Eifersüchteleien, da die Stellung einer Gouvernante in einem Haushalt, wie gesagt, schwer zu definieren ist: Da war zum Beispiel der Gärtnergehilfe, der zudringlich geworden war, das Zimmermädchen, das zusätzliche Arbeit nicht schätzte, und merkwürdigerweise vor allem Blanches ehemaliges Kindermädchen, das mittlerweile die Frau des Dorfgastwirts geworden war und ohne mein oder Lady Ogilvys Wissen aufgrund ihrer Freundschaft mit Mrs. Burgess ein häufiger Besucher im Küchentrakt gewesen war. Ihr Auftritt gab mir die meisten Rätsel auf. Doch dann wurde gegen den Protest unseres Anwalts auch meine Fee in den Zeugenstand gerufen.

Was folgte, ist kaum zu beschreiben. Endlose Stunden stand sie dort, bleich und aufrecht wie eine Altarkerze, ganz in Schwarz gekleidet, die blonden Locken unter einer Haube verborgen, deren Schleier sie zurückgeschlagen hatte, die schmalen Hände in schwarzen Handschuhen auf dem Geländer gefaltet. Einmal schien es beinahe so, als würde sie ohnmächtig werden, doch gegen den Protest des Anwalts blieb sie im Zeugenstand und trank ein paar Schluck Wasser, den Blick unverwandt auf den Richter geheftet. Ob sie im Krankenzimmer gewesen sei? Selbstverständlich. Ob sie irgendeine giftige Substanz verabreicht habe? Selbstverständlich nicht. Welche Gefühle sie für Miss Fenton gehegt habe? Sie habe sie geliebt, lautete die Antwort, und an dieser Stelle brach ihre Stimme und die geliebten Augen füllten sich mit Tränen. Ob Miss Fenton die Gewohnheit gehabt habe, Medizin zu nehmen... wie zum Beispiel Hustensaft, Mittel gegen Kopfschmerzen oder gegen die Beschwerden an bestimmten Tagen (hier wurden Blanches Wangen dunkelrot). Vielleicht ein Abführmittel aus Faulbaumrinde oder Senneschoten? Ja. Ob Miss Fenton einige dieser Hausmittel auch ihr gegeben habe? Gelegentlich. Und sie seien ihr bekommen? Ja, immer.

Der Richter und Mr. Forbes fochten wie Terrier ihren Kampf, der eine entschlossen, das zarte Kind im Zeugenstand um jeden Preis einzuschüchtern, wobei die verachtenswerte Absicht seiner Fragen immer offenkundiger wurde, der andere verzweifelt bemüht, den Boden für weitergehende Spekulationen zu bereiten, um aufzuzeigen, wie viele Personen Gelegenheit gehabt hatten, Madelaines Tod herbeizuführen... falls dieser überhaupt auf eine böse Absicht zurückzuführen war, was er offen bezweifelte. Angesichts der Unzufriedenheit einiger Angestellter, besonders auch angesichts des Grolls, den die von Lady Ogilvy schmählich entlassene und durch eine hübsche Gouvernante ersetzte Kinderschwester Hodge ganz offenbar empfinden mußte (und der Richter schämte sich nicht, an dieser Stelle sogar anzudeuten, daß auch die Umstände von Lady Ogilvys Tod einer genaueren Untersuchung bedürften), war wirklich alles möglich. Für viele schien es das wahrscheinlichste zu sein, daß sich Madelaine in der Annahme, ein harmloses Mittel, wie Senneschoten, einzunehmen, statt dessen an einer tödlichen Substanz vergriffen hatte.

Endlich war die Tortur vorüber. Trotz der bösartigen Anspielungen im richterlichen Schlußwort, entschieden die Geschworenen, daß die Todesursache nicht eindeutig geklärt werden konnte. Das war zwar nicht das Urteil, das ich erhofft hatte, aber zumindest brachte es die Verleumdungen zum Schweigen und befreite uns von der Last, im Mittelpunkt des öffentlichen Interesses zu stehen. Fünf Tage lang hatten wir im grellen Rampenlicht der Boulevardpresse gelebt, die unsere Worte und Taten vor ihren Lesern minutiös ausbreitete, Portraits von uns auf der ersten Seite abdruckte, denn ein schönes Mädchen aus bestem Haus, das im Mittelpunkt einer gerichtlichen Untersuchung stand, die beinahe einem Mordprozeß gleichkam, war für die Presse das gefundene Fressen.

Halb ohnmächtig klammerte Blanche sich an mich, als wir uns den Weg durch die Menge zu unserer Kutsche bahnten; schluchzend lag sie in meinen Armen, als ich sie auf ihr Zimmer trug, während die Dienstboten, deren Charaktere sich auf so unterschiedliche Art und Weise entblößt hatten, eifrig um uns bemüht waren. Irgendwann fand sie endlich Schlaf, und ich konnte mich meiner Trauer hingeben.

Wir werden Long Basing verlassen. Da der Besitz ein unveräußerliches Erbgut ist, darf er nicht verkauft werden, doch ich bin zuversichtlich, daß wir einen Pächter finden. Wir... meine Fee und ich... werden jedenfalls nie dorthin zurückkehren, sondern die Vergangenheit vergessen und in meinem Haus in Holland Park leben. Ich habe dort eine treue Dienerschaft, meine Bilder verkaufen sich gut... die schrecklichen Ereignisse der vergangenen Monate haben meinem Ruf als Künstler nicht geschadet... meine Existenz ist verhältnismäßig gesichert. Die Welt kann uns nie wieder verletzen, denn bei mir ist meine Fee vor aller Unbill geschützt. Sie wird weiterhin mein Modell bleiben, auch dann noch, wenn sie zur Frau reift, denn obwohl sie den strahlenden Glanz des Kindlichen verlieren wird, bleibt sie bestimmt so süß und bezaubernd, wie ich sie immer gekannt habe. Zweifellos wird eines Tages ein hübscher junger Mann auftauchen, der sie mir wegnehmen wird. Ich habe Angst vor diesem Moment, doch ich bete, daß er mir noch viele Jahre erspart bleibt und ich meine Fee vor den Mitgiftjägern schützen kann, die sie, wie ich fürchte, zahlreich umgarnen werden... Mit meinem Vermögen und dem Erbe der Ogilvys nämlich wird sie eines Tages, nach meinem Tod, eine reiche Frau sein. Aber wie der Dichter schon sagt »Schönheit macht eher Diebe als Gold«, und sie ist wahrlich schön mit jener kindlichen Reinheit in ihrem offenen Blick.

Ich habe all das in der verzweifelten Hoffnung niedergeschrieben, die düsteren Erinnerungen an die Vergangenheit auszumerzen, die Fakten jener traurigen und einzigartigen Folge von Ereignissen, die diesen Alptraum an Verdächtigungen und Verfolgungen nach sich zog, so darzustellen, wie ich sie sehe, und um meine tiefe und reine Treue zu meinem Feen-Kind, meiner Blanche, zu beweisen.

Edward Augustus Steynes.

»Diese Aufzeichnungen wurden beim Nachlaß von Edward Augustus Steynes, Mitglied der Akademie der Künste, gefunden und gelangten zur Kenntnis der Staatsanwaltschaft, wurden allerdings im Prozeß gegen die siebzehnjährige Blanche Clarissa Ogilvy nicht verwandt, die des Giftmordes mit Hilfe von Goldregensamen beschuldigt und von Richter Talbot am Old Bailey, dem Londoner Strafgericht, zum Tode verurteilt wurde. Das Urteil wurde später in eine lebenslange Haftstrafe umgewandelt. Es heißt, Blanche Ogilvy sei nach ihrer Freilassung nach Australien ausgewandert.«

Aus dem Englischen übertragen
von Christine Frauendorf-Mössel

Meistermorde

LIONEL DAVIDSON

Der indische Seiltrick

Der Spey ist einer der schönsten Gebirgsflüsse an der schottischen Ostküste. Keiner der bedeutenden Flüsse des Vereinigten Königreichs weist eine reißendere Strömung auf. Unterhalb von Grantown schwillt er zu einem tosenden Strom an und durchfließt eine wildromantische Schlucht voller bizarrer Felsen und Sandbänke.

Wumm! dachte Waring lautmalerisch. Es klang wie ein riesiger Vorschlaghammer. Er hörte es. Er las darüber. Und das tat er in einem bequemen Stuhl in einer gemütlichen Hotelhalle einige hundert Meter vom schäumenden und rauschenden Gebirgsfluß entfernt. Und selbst auf diese Distanz noch hing das Tosen des mächtigen Wildwassers wie Motorenlärm in der Luft. Es erregte ihn. Er glaubte beinahe herauszuhören, wie die großen Lachse in Dunkelheit und Schnee mit dem Wasser kämpften. Und zwar jetzt. Genau jetzt. Am liebsten wäre er hinausgegangen und hätte es sich angesehen.

Doch er tat es nicht. Seit seiner Operation waren Monate vergangen, aber er ermüdete immer noch schnell. Statt dessen trank er einen Schluck... einen extra großen Schluck Whisky.
»Liebling«, sagte seine Frau mit warnendem Unterton.
»Sei nicht so ängstlich.«
»Du kriegst Herzklopfen.«

»Unsinn.« Trotzdem schob er Whiskyglas und Buch beiseite. »Es ist wie eine Sucht«, sagte er zu Nigel gewandt.

»Tja, sie lassen einen einfach nicht mehr los«, antwortete Nigel.

Nigel wirkte schläfrig; zufrieden und schläfrig. Er hatte an diesem Tag am Blackrock gefischt und drei prächtige Atlantik-Lachse herausgezogen, die mittlerweile verpackt und zum Räuchern in Aberdeen vorbereitet waren. Waring hatte das kleinere Stillwasser abgefischt und war leer ausgegangen. Am darauffolgenden Tag allerdings war er am Blackrock an der Reihe!

Das Tosen des Flusses jagte ihm erneut einen wohligen Schauer über den Rücken, und wieder drängte es ihn hinaus in die Dunkelheit.

»Weißt du, was ich morgen mal gern versuchen würde?« wandte er sich an Estelle. »Den Indischen Seiltrick. Wenn du meinst, daß du es schaffst, heißt das.«

»*Wenn du* es schaffst, mein Lieber, und wenn der Fluß mitmacht.«

»Es ist genau das, was mir jetzt Spaß machen würde.«

»Brucie macht es bestimmt keinen Spaß«, warf Nigel ein.

»Brucie kann mich mal.«

»Brucie ist der Boß.« Brucie war der für das Fischwasser zuständige Jagdgehilfe.

»Nicht in unserem Revier.«

In Nigels Revier, verbesserte sich Waring insgeheim. Und das war ein einmalig gutes Fischwasser: Zwei Quadratruten besten Fischwassers, das von mehreren Sportanglern im Verband gehalten wurde. Durch puren Zufall hatte Nigel sich vor Jahren einen Anteil daran sichern können. Seine Firma hatte den Anglerverband gegen sämtliche Kosten versichert, die aus etwaigen Unfällen entstehen konnten. Als es schließlich der Sprößling einer Tabakdynastie tatsächlich geschafft hatte, ins Stillwasser am Blackrock zu fallen, hatte Nigel den Fall bearbeitet und die Chance genutzt, die lange Schlange anderer Aspiranten aus dem Feld zu schlagen und den Anteil des Tabakerben zu kaufen, der das Recht gehabt hatte, das Fischwasser jeweils in den ersten beiden Aprilwochen zu nutzen. Und seitdem waren sie jedes Jahr hierher gekommen.

»Was ist mit dem Schnee?« fragte Estelle. »Das Wasser wird steigen. Dann kannst du dir sämtliche Tricks der Welt aus dem Kopf schlagen.«

»Der Schnee macht nichts«, wehrte Waring ab. »Der bleibt liegen.« Insgeheim war es ihm völlig egal, was mit dem Schnee war. Er fieberte geradezu darauf, seine großen, bunten künstlichen Fliegen im Schmelzwasser einzusetzen... zum Beispiel seine »Thunder-and-Lightning« oder die blitzende »Childers«. Und vor allem brannte er darauf, es mit dem Indischen Seiltrick zu versuchen.

Er war glücklich.

Allein die Vorfreude machte ihn glücklich. Dabei hatte es noch Monate zuvor überhaupt nichts mehr gegeben, worauf er sich hätte freuen können. Und trotzdem hatte es ihm eigentlich nichts ausgemacht. An der Schwelle des Todes hatte er gemerkt, daß es ihm nicht weh tat, alles zu verlieren, was er sein eigen nannte. Es war verhältnismäßig unproblematisch zu sterben; jeder mußte schließlich mal in den sauren Apfel beißen; es war etwas ganz Alltägliches. Jetzt allerdings, da ihm das Leben erneut geschenkt worden war, liebte er es sehr. Er wußte es mehr zu schätzen als früher. Und er schätzte vor allem die großartigen Qualitäten seiner Frau Estelle. Angesichts der saftigen Arztrechnungen dieses Jahres und der Wahrscheinlichkeit, daß er bald aus dem Berufsleben ausscheiden mußte, war seine Hochachtung für Estelle sprunghaft gestiegen. Estelles größter Vorzug nämlich waren ihre dreißigtausend Pfund pro Jahr.

Eigentlich war er in dieser Beziehung immer recht offen gewesen. Sie wußte, daß er sie nicht so liebte, wie sie geliebt werden wollte. Aber sie liebte *ihn*. Und das war die Hauptsache. Davon abgesehen, hatte er ihr nie etwas verwehrt... solange er noch gekonnt hatte. Eine andere Lebensweisheit war ihm schon ziemlich früh klargeworden: Sexuell ziemlich unattraktive Frauen sind ganz wild auf Sex. Mutter Natur schien das so eingerichtet zu haben... vielleicht war das der gerechte Ausgleich dafür, daß sie in anderer Beziehung zu kurz gekommen waren. Estelle jedenfalls war auf diesem Gebiet wie eine Löwin. Sie war ganz versessen darauf.

Während er darüber nachdachte, schweifte sein Blick durch

die große Hotelhalle, und er fragte sich, ob wohl irgendein anderer vermutete, welcher Sex-Appetit in seiner zierlichen, unattraktiven Frau steckte. Die Halle war voller Langweiler, die ihre hausbackenen Frauen angähnten, und er sah hastig wieder weg, um niemanden zu ermutigen, ein Gespräch mit ihm anzufangen.

Er schaute Nigel an und ertappte ihn dabei, wie er ebenfalls ziemlich ungeniert gähnte. Nigel war ein einziges gähnendes Etwas... von den Fingerspitzen bis zu den Zehen. Einer seiner Füße allerdings war Estelles Bein verdächtig nahe, stellte Waring fest. Er hatte beinahe den Eindruck, daß sie sich noch Sekunden zuvor berührt hatten. Außerdem kam ihm der Verdacht, daß Nigels Gähnen und Strecken weniger eine Müdigkeitserscheinung als eher eine Art Lockerungsübung waren.

Na gut, dachte Waring. Die Situation ist unter Kontrolle. Weniger gut wäre es gewesen, wenn er die Lage nicht unter Kontrolle, ja gar nichts von ihr geahnt hätte. Aber in diesem Punkt wußte er Bescheid.

Er hatte das Gefühl, daß Estelle es ihm hatte sagen, ihm hatte erklären wollen, daß es keine Bedeutung habe, daß sie eben nur nicht über ihren Schatten springen könne; daß er trotzdem derjenige sei, den sie liebe und verehre. Und er wäre froh gewesen, wenn sie so mit ihm gesprochen hätte, denn Estelle log nie.

Aber leider hatte sie es eben nicht gesagt, und in der verzwickten Situation konnte er ihr auch nicht auf die Sprünge helfen. Und vor allem wußte er, daß es nicht mehr lange die Wahrheit bleiben würde, obwohl sie es jetzt vielleicht für die Wahrheit hielt.

In letzter Zeit war ihm eine ganze Menge klargeworden. Seit seiner Begegnung mit dem Tod schien er praktisch alles zu wissen. Er glaubte ganz besondere Kenntnisse über die Imperative des Lebens, die Muster zu besitzen, die allem Leben zugrunde lagen.

Während er im Krankenhaus gelegen und gefühlt hatte, wie ihm das Leben allmählich zu entgleiten drohte, hatte er all die Menschen beobachtet, die gekommen und gegangen waren und es so ernst in allem gemeint hatten. Er hatte die Welt wie durch das falsche Ende des Teleskops betrachtet und gedacht, was für ein dämliches Spiel es doch war! Solange er noch mitgespielt hatte, hatte es ihm durchaus gefallen, aber in jenen Stunden hatte er gemerkt, daß es völlig bedeutungslos war. Mit dem neuen Leben war jedoch auch die Freude am Spiel zurückgekehrt. Was hatte dem Spiel nur wieder Bedeutung verliehen? Er wußte es nicht. Und trotzdem war sie auf mysteriöse Weise wieder da. Der Imperativ war wieder da... derselbe Zwang, der die Lachse jedes Jahr in den Fluß zurückkehren ließ.

Die großen, prächtigen Fische kamen den weiten Weg übers Meer, Tausende von Kilometern, nur um dieses bestimmte Mündungsgebiet, diesen Fluß zu finden, ihn hinaufzuschwimmen, wobei Wasserfälle und Stromschnellen sie nicht aufzuhalten vermochten, und zu laichen, wo auch sie gelaicht worden waren. Sie konnten nicht anders, erlagen einem inneren Zwang.

So war es auch bei Estelle: Auch sie konnte nicht anders, mußte es einfach tun. Vielleicht hatte sie darin nur eine flüchtige Affäre gesehen, und dabei hätte es durchaus auch bleiben können. Nur hatte Waring gerade während dieser Angeltour gemerkt, daß Estelle Nigel zunehmend mehr zugetan war. Und Nigel konnte ganz offenbar ihre Ansprüche im Bett erfüllen. In dieser Beziehung war mit *ihm* in letzter Zeit wahrlich nicht mehr viel und während der Krankheit natürlich überhaupt nichts gelaufen. Er wußte, daß Estelle jede Nacht, nachdem er seinen Schlaftrunk genommen hatte, in Nigels Zimmer schlich, und er war ihr deshalb nicht böse. Was ihn allerdings nicht hinderte, sich über die Konsequenzen klar zu sein.

Estelle war keine Frau, die auf Männer Jagd machte. Aber auf Nigel mußte man ja auch nicht Jagd machen. Er war da... ein alter Freund, der zu allem Überfluß in letzter Zeit offenbar mit dem Gedanken liebäugelte, in den Hafen der Ehe einzulaufen. O ja, er sah es bereits kommen, was kommen mußte. Estelle brauchte Sex und haßte Lügen. Irgendwann würde sie den Wunsch haben, ihr Leben wieder in Ordnung zu bringen, und ihre Unzufriedenheit mit ihm würde zunehmen. Noch liebte sie ihn. Daran zweifelte er nicht. Und wie Nigel gesagt hatte, wollte sie bestimmt bei ihm bleiben. Noch kannte sie die blinde Macht in sich nicht, jenen Imperativ des Lebens, der das, was sie verband, zuerst schwächen und dann gänzlich zerstören würde. Waring wußte das nur zu gut. Er hatte überhaupt das Gefühl, eine Überdosis vom Baum der Erkenntnis abbekommen zu haben.

Er war völlig ehrlich zu sich und wußte daher, daß er, wenn er die Wahl zwischen Estelle und ihren dreißigtausend hätte, ohne Zögern nach den dreißigtausend greifen würde... auch wenn das das traurige Ableben von Estelle voraussetzen mußte. Aber diese Entscheidung war ihm abgenommen. Estelles Geld war nur verfügbar, solange sie lebte. Keine Estelle... kein Geld.

Die beste Lösung war daher, daß Nigel gehen... und sich selbst nach einer Frau umsehen mußte; vorzugsweise natürlich nach einer Frau, die auch über dreißigtausend pro Jahr verfügte. Aber da gab es einen Haken: Nigel war faul. Er würde keinen Finger krumm machen. Schon aus diesem Grund hatte er die Lösungsformel kürzlich auf einen kürzeren und machbareren Nenner gebracht.

Nigel würde ganz einfach von der Bildfläche verschwinden müssen.

Estelle hatte ihr Strickzeug genommen, und sie schlenderten nun, freundlich nach allen Seiten Gute Nacht wünschend, durch die Hotelhalle.

Draußen hörte er das gedämpfte Rauschen des Flusses. Er toste und schäumte wie eine Maschine. Warings Herz schlug schneller, doch er beachtete es gar nicht. Morgen kam der Indische Seiltrick dran!

Nach dem Frühstück war es noch immer dunkel, und obwohl sie ein paar Minuten zu früh kamen, wartete Brucie bereits auf sie. Wie ein Fels in der Brandung stand er im Vestibül und rauchte seine Pfeife. In der Hand hielt er den Transportzettel der Lachsräucherei in Aberdeen.

»Morgen, Brucie«, grüßte Nigel und nahm den Zettel freudig in Empfang. »Wie ist das Wasser heute?«

»Hoch«, antwortete Brucie.

»Kann man fischen?«

»Hoffen wir's.«

»Ist es kalt?« erkundigte sich Estelle fröstelnd.

»Gesund, würde ich sagen«, antwortete Brucie und nahm die Pfeife aus dem Mund.

Estelle schloß den Gürtel ihres Lammfellmantels und zog die Mütze über die Ohren. Sie wußte, daß Brucie mit der letzten Bemerkung gemeint hatte, daß Krankheitserreger bei solch gesunden Bedingungen nicht überleben konnten.

Brucie hatte die Pfeife aus dem Mund genommen, um neugierig auf das aufgerollte Seil in Warings Hand zu schauen. Im ersten Augenblick war Waring nahe daran, eine Erklärung zu liefern, doch dann fiel ihm etwas ein, er dachte, blöder Brucie, und ging als erster hinaus zum Wagen. Die anderen folgten.

Brucie hatte bereits den Schnee vom Auto gekehrt und die Fenster frei gemacht, doch der Atem von vier Personen und Pfeifenrauch ließen sie bald wieder beschlagen. Nigel ließ den Motor an und schaltete Scheibenwischer, Scheinwerfer und Lüftung ein, so daß sie bald die kreisförmige Auffahrt hinunter in Richtung Dorf fahren konnten.

Das bläuliche Licht wurde allmählich silbern. Ein dichter Schneeteppich hatte sich über alles gelegt, und noch immer wirbelten ein paar Schneeflocken durch die Luft. Hinter ihnen blitzten die Scheinwerfer anderer Autos vor dem Hotel auf und schwenkten dann in eine andere Richtung.

Nigel fuhr langsam weiter, ins Dorf und wieder hinaus und den steilen Weg zur Hütte hinauf.

Den Wagen stellten sie gut zweihundert Meter von der Hütte entfernt ab und kämpften sich den letzten Rest des Wegs durchs Unterholz. Aus dem Schornstein der Hütte stieg bereits Rauch auf. Brucie wohnte dort zwar nicht, hatte aber etliche Ausrüstungsgegenstände ständig dort, die teilweise unbewacht vor der Tür standen. Niemand jedoch wagte es, diese auch nur anzufassen. Brucies tellergroße kräftige Hände waren in der ganzen Umgebung bekannt. Aus demselben Grund machte er sich auch nie die Mühe, die Hütte abzuschließen. Jetzt ging er einfach darauf zu und stieß wortlos die Tür auf. Er war beleidigt, weil Waring die Sache mit dem Seil nicht erklärt hatte.

In der Hütte brannte eine Petroleumlampe, und auf dem Holz- und Kohleherd summte der Wasserkessel. Estelle kochte nach alter Gewohnheit Tee, während Brucie die Angelausrüstung bereitstellte, und die beiden anderen ihre Anglerkleidung anzogen.

Die brusthohen Hosen aus gummiertem Material fühlten sich steif, unbequem und eiskalt an. Waring zog seine Schuhe aus, stieg in eine Hose, zog sie bis zur Brust hoch und befestigte die Träger über den Schultern. Dann setzte er sich und streifte die dicken Wollsocken über die Füße. Er war schon jetzt müde. Während er schließlich seine Tasse Tee trank, beobachtete er, wie Brucie weiter die Ausrüstung zusammenstellte.

Brucie hatte bereits zwei Wurfruten und zwei Spinnruten auf dem Fußboden bereitgelegt und ging nun hinaus, um einen Blick aufs Wasser zu werfen. Anschließend kam er zurück und fragte, welche Fliegen sie zu benutzen gedachten. Er tat dies mit völlig unbewegtem Gesicht. Von Spinnern war erst gar nicht die Rede, denn Brucie verachtete diese Angelart. Als sie ihre Vorschläge vorgebracht hatten, sagte er ihnen, was sie wirklich benutzen sollten.

Waring hörte ihm kaum zu. Erneut ertappte er Brucie dabei, wie er das aufgerollte Seil musterte, und er begann zu überlegen, ob es vielleicht gegen die Regel sein könnte. Bei Brucie gab es praktisch für alles eine Regel. Der Bursche war sogar imstande, einfach eine Regel zu erfinden oder fortzulaufen, um sich telephonisch eine solche zu beschaffen. Zwar konnte sich Waring wirklich nicht vorstellen, daß das Seil »regelwidrig« sein sollte, aber da er nicht sicher war, hielt er lieber den Mund. Er hatte vor, das Seil erst mal mit ins Wasser zu nehmen und Brucie zu trotzen, falls er Probleme machte. Brucie war eigentlich nicht in der Position, Vorschriften zu machen oder tendenziöse Meinungen zu verbreiten, sondern hatte eher zu gehorchen. Es war wichtig, daß Brucie umgehend die entsprechenden Anweisungen ausführte, wenn Waring ihm erst einmal erklärt hatte, worauf es ankam. Er nahm allerdings kaum an, daß Brucies beleidigter Stolz es zuließ, Fragen bezüglich des Seils zu stellen.

Brucie fragte auch nicht und war weiterhin beleidigt. Als sie aufbrachen, griff er sofort nach Nigels Angelausrüstung und ging mit diesem direkt zum kleineren Stillwasser hinunter, so daß Waring sich um seine Sachen selbst kümmern mußte.

Waring störte das wenig. Zusammen mit Estelle sammelte er Angelrute und alles übrige ein. Dann machten sie sich auf den langen Marsch zum Blackrock hinunter.

Draußen vor der Hütte erwartete sie eine Märchenlandschaft. Ufer, Bäume und das zerklüftete Flußtal waren schneebedeckt. Das schönste jedoch war der Fluß selbst. Die Luft schwirrte von der tosenden Macht des Wassers, das sogar die Erde vibrieren ließ. Waring lachte laut auf. Er sah, wie Estelle stumm lächelte, obwohl ihre Miene angesichts der Kälte verkrampft wirkte.

»Es wird dir gleich warm werden!« schrie er ihr ins Ohr.

»Mir ist warm. Laß mich das Seil nehmen!«

»Du hast schon genug zu schleppen.« Er schlang sich das Seil um Schulter und Brust.

»Du willst damit doch nicht wirklich heute in den Fluß, oder?«

»Mal sehen.«

Das Wasser stand so hoch, daß er nicht einmal wußte, ob er überhaupt rein konnte. Es hatte eine rötlich braune Färbung und war reißender denn je. Als sie jedoch das Ufer erreichten, erkannte er sofort, daß es gehen mußte. Der Wasserspiegel lag mehr als einen Meter unter dem Höchststand, so daß die Kiesbänke noch frei lagen. Diese Kiesbänke liefen bis weit in den Fluß hinein, und er kannte den Untergrund auf beiden Uferseiten. Dort war es nicht tief. Und selbst dort, wo sich der Grund weiter absenkte, war es nicht gefährlich. Alles kam darauf an, daß man sicheren Tritt fand.

Er nahm das Seil ab, rollte es aus und streifte die Schlinge über den Kopf.

»Henry, es ist gefährlich«, warnte Estelle.

»Sei nicht so ängstlich.«

»Die Strömung ist viel zu reißend.«

»Du gibst mir mit dem Seil Führung.« Er befestigte es über dem Brustkorb. »Ich mache dir Handzeichen und benutze meine kleine Pfeife.« Er hielt ihr die Pfeife unter die Nase, die er an einem Band um den Hals trug. Mittlerweile mußte er aus vollem Hals schreien, um sich verständlich zu machen, und konnte noch immer nicht aufhören zu lachen. Er sah, daß auch Estelle lachte. Ihr Mund zuckte besorgt und lachte doch. Es war das Wasser. Diese erstaunlichen Wassermassen, die endlos den Blackrock umflossen; Schaumkronen markierten die Strömungsrichtung, und die Luft war voller herrlicher Gischt. Es war eine Welt des Wassers, und in diesem Wasser schwammen Lachse, die wilden Geschöpfe aus fernen Meeren.

»Ich nehme die Fliege«, erklärte er.

Brucie hatte bereits eine Fliege angebracht, und zwar eine große, tiefgehende Fliege.

»Tu's nicht, Henry.«

»Nur ein oder zwei Würfe.«

»Henry, ich bitte dich aufrichtig!«

»Und bitte zieh nicht zu fest. Du mußt überhaupt nicht ziehen«, sagte er. »Du mußt mir nur Führung auf dem Rückweg geben.« Doch Estelle konnte ihn schon nicht mehr hören. Er lief bereits mit schweren Schritten über die Kiesbank, in der rechten Hand die Angelrute, in der linken den Landungshaken. Das sogenannte Gaff benutzte er wie einen Spazierstock, trat vorsichtig von der Kiesbank ins Wasser, machte ein paar Schritte und wußte sofort, daß die Sache gefährlich war. Das Flußbett hatte sich verändert. Plötzlich stand er bis über die Knie und Sekunden später schon bis über der Hüfte im Wasser. Und obwohl er längst gesehen hatte, was los war, kam die reißende Macht des Wassers doch wie ein Schock.

Er hatte Mühe, das Gleichgewicht zu halten und stützte sich schwer auf das Gaff. Die Strömung hätte ihm beinahe die Angelrute aus der Hand gerissen, deren biegsames Ende wild im Wasser hin und her schlug. Schließlich gelang es ihm, die Angel aus dem Wasser zu heben und tiefer zu gehen, wo er sicheren Tritt suchte. Das ohrenbetäubende Rauschen des Flusses nahm ihm beinahe die Orientierung, und der auf dem Wasser kreisende Schaum verursachte ihm Schwindelgefühle. Er wußte nicht, wie tief er bereits gekommen war. Um das festzustellen, hätte er sich umdrehen müssen, doch das wagte er nicht. Jeder Blick zurück konnte ihn aus dem Gleichgewicht bringen, und dann schwappte das Wasser möglicherweise über den oberen Rand der Gummihose, ergoß sich in diese und zog ihn unter Wasser. Genau das war dem Tabakerben passiert.

Schließlich fand er einen Stein, einen soliden Fels, der ihm genügend Halt bot, um sich gegen die Strömung zu behaupten. Die ganze Aktion hatte ihm den Atem genommen. Er wußte, daß er umkehren mußte, und zwar sofort. Sein Herz klopfte zum Zerspringen, und die unaufhörlich kreisenden Strudel machten ihn schwindelig. Er schloß die Augen und überlegte jeden weiteren Schritt. In dem Moment, da er die Augen wieder aufschlug, sprang ein Lachs aus dem Wasser, und segelte nicht einmal zehn Meter von ihm entfernt durch die Gischt. »O Gott!« entfuhr es ihm unwillkürlich. Der Bursche war so groß wie ein Hund und mußte mindestens dreißig oder vierzig Pfund wiegen. Der Lachs sah ihn an. Während er einen Halbkreis durch die Luft beschrieb, waren seine kalten Fischaugen auf Waring gerichtet, dann tauchte er wieder ins Wasser ab.

Waring sah genau, wo er ins Wasser tauchte und erkannte den Grund. Er hatte mit diesem Manöver jenen langen Felsgrat übersprungen, der die eine Wand des Stillwasserbeckens bildete. Jetzt war der Lachs im Becken. Und Dutzende seiner Artgenossen würden sich mit ihm dort ausruhen, bevor sie sich weiter der peitschenden Strömung auf ihrem Weg flußaufwärts stellten.

»Herrgott«, stöhnte er und wußte, daß er es einfach versuchen mußte. Mehr als ein Versuch blieb ihm allerdings nicht. Das Schwindelgefühl war wie weggeblasen, und er hatte sich allmählich an die Strömung gewöhnt. Mit etwas Umsicht traute er es sich zu, freihändig zu stehen. Er versuchte es, und es gelang. Schließlich zog er die Fliege aus dem Laufring und spulte vier oder fünf Meter Schnur ab. Dann hob er beidhändig die lange Angelrute, ließ sie so lange hin und her durch die Luft sausen, bis zehn bis fünfzehn Meter Schnur nachgegeben hatten und warf diese mit einer blitzschnellen Bewegung aus. Sie schoß quer zur Strömung flußabwärts; er sah die Schnur durch die Gischt und zwischen den vereinzelten Schneeflocken hindurchzischen, und fühlte sofort, wie die Rute sich durchbog, als die Strömung die Fliege mit sich riß. Mit ein paar sicheren Bewegungen gab er dem Köder die Führung, die er brauchte, und als er sah, wie sich der Winkel der Rutenspitze schlagartig veränderte, wußte er, daß er direkt am Rand des natürlichen Wasserbeckens stand, in dem nun sein Köder zwischen den Lachsen auf und ab hüpfte. Er hoffte inständig, daß einer von ihnen danach schnappen würde, und begann bedächtig Schnur einzuholen, um die Fliege in Bewegung zu halten. Um ständig Kontakt zu seinem Köder zu halten, legte er den Finger vorsichtig auf die Angel. Sobald ein Lachs nämlich angebissen hatte, würde er abdrehen und der Köderhaken sich in sein Maul graben. Genau das würde er mit dem Finger an der Schnur spüren.

Waring stand tief in der Strömung. Adrenalin schoß durch seine Adern. Er merkte den Druck der Wassermassen kaum noch. Stück für Stück holte er die Schnur ein, bis die Fliege wieder vor dem Laufring lag. Kein Lachs hatte angebissen. Noch einmal, dachte er. Nur noch einmal! Die Lachse waren da! Zu Dutzenden mußten sie dort schwimmen! Aber er wußte natürlich, daß es Wahnsinn war, daß das Schwindelgefühl jeden Augenblick wiederkehren konnte. Außerdem mußte er unbedingt den Seiltrick, den Indischen Seiltrick versuchen, bevor Brucie auftauchte.

In dem Augenblick, da sich die Spannung gelegt hatte, da die Jagd vorerst vorüber war, erfaßte ihn das Schwindelgefühl erneut. Waring verharrte bewegungslos und stocksteif im Wasser, stützte sich schwer auf das Gaff, schloß die Augen, drehte sich langsam um, und schlug die Augen erst wieder auf, als er glaubte, frontal zum Ufer zu stehen. Die Richtung stimmte zwar nicht ganz, aber er sah das Ufer. Es war ungefähr zwölf Meter von ihm entfernt, und Estelle hüpfte dort erregt auf und ab und gestikulierte wild. Ihr Gesicht war von der Kälte gerötet, und sie schien ihm etwas zuzurufen. Er konnte sie zwar nicht hören, winkte jedoch zurück. Beinahe augenblicklich verspürte er einen Ruck am Seil und merkte, daß sie ihn landeinwärts zu ziehen versuchte. Aber genau das wollte er absolut nicht! Jetzt zählte jede Geste, und er bedeutete ihr, aufzuhören, doch sie schien nicht zu verstehen. Schließlich zeigte er auf den schwarzen Fels, einen riesigen Steinquader am äußersten Uferrand. Nach kurzem Zögern nickte Estelle und watete darauf zu.

Waring spürte die Strömung jetzt mit voller Macht. Mit Hilfe des Gaffs stemmte er sich dagegen, setzte vorsichtig einen Fuß vor den anderen, um rechtzeitig jene tückischen Kuhlen zu fühlen, die Steinbrocken hinterlassen hatten, und in denen man allzu leicht ertrinken konnte. Er war in Schweiß gebadet, fühlte jedoch nichts. Sein Ziel lag hinter dem schwarzen Fels, und er hielt geradewegs darauf zu, bis er ihn schließlich berühren konnte. Sich mit einer Hand auf das Gaff stützend, legte er den anderen Arm um den Fels und balancierte auf jenem schmalen Vorsprung weiter, hinter dem das Stillwasserbecken lag... sehr tief, sehr gefährlich.

Bedächtig tastete er sich über den schmalen Grat, hielt den Fels mittlerweile mit beiden Armen umklammert, und stieß auf der Rückseite schließlich auf eine Kiesbank. Sie war zwar schmaler als die, die er verlassen hatte, doch das Wasser hatte sie noch nicht ganz überspült.

Waring verließ den schmalen Vorsprung. Er war erschöpft, durfte sich jedoch noch keine Pause gönnen. Nachdem er seine Angelrute auf die Kiesbank gelegt hatte, streifte er die Seilschlinge über den Kopf. Am Vortag hatte er einen kleineren, vorspringenden Felsen markiert. Er fand ihn, legte das Seil darum und zurrte es fest. Dann ließ er das durchhängende Stück ins Wasser gleiten und sah, wie es von der Strömung erfaßt wurde. Er betrachtete es einen Augenblick, bückte sich und legte schließlich die Hand darauf. Das Seil vibrierte heftig im Wasser, doch am anderen Ende fühlte er Estelle, wie er zuvor seinen Köder an der Leine gespürt hatte. Dann sah er auf die Uhr und begann zu zählen.

Erst jetzt durfte er ein wenig ausruhen. Er setzte sich auf die Kiesbank, an deren hinterem Ende ebenfalls ein Felsblock aufragte; er war kleiner als all die übrigen, doch von dort aus war es nur noch ein kurzer Weg hinauf bis zu jener Stelle, unter der Nigel jetzt fischte; und zum richtigen Zeitpunkt mußte Nigel sich sogar ganz unmittelbar unterhalb dieses Punktes befinden. Jetzt war dieser Zeitpunkt allerdings noch nicht gekommen.

Nigel würde bis gegen zehn Uhr dort angelangt sein, nachdem er auf dem üblichen Weg vom oberen Ende des Stillwassers gekommen war. Und sobald er besagte Stelle einmal erreicht hatte, war er gezwungen, mindestens eine gute halbe Stunde lang dort zu bleiben, denn nur so war es überhaupt möglich, in diesem Stillwasser zu fischen, das überall sonst viel zu tief war. Es blieb einem also nichts anderes übrig, als den Köder von diesem Punkt aus kreuz und quer über das Becken auszuwerfen, wobei man an jeder Seite kaum einen halben Meter Platz hatte. Wo immer Nigel also dort unten stehen mochte, Waring mußte ihn zwangsläufig erwischen. Den Felsbrocken hatte er bereits gelockert. Das Ding mußte mehrere Zentner wiegen, und obwohl es fest saß, ließ es sich durchaus bewegen. Waring hatte es bereits ausprobiert und festgestellt, daß er ihn ohne allzu große Anstrengung hinunterstoßen konnte. Die Folge war ein plausibler Unfall. Ein Fels, von heftigen Regenfällen und dem Schmelzwasser gelockert. Kein Fehler des Jagdgehilfen. Kein Fehler des Anglers. Die unwägsamen Gefahren des Sports.

Am Vortag hatte er nur wenige Minuten für den Hin- und Rückweg zu besagter Stelle gebraucht. Jetzt setzte er sich dafür ein Limit von neun Minuten, um für alle Eventualitäten vorzusorgen.

Als die neun Minuten verstrichen waren, machte er sich fertig. Er legte sich das Seil erneut um, hob seine Angel auf und tastete sich vorsichtig zur Vorderseite des Felsens. Estelle hatte den Blick ängstlich auf diese Stelle gerichtet und winkte ihm sofort zu. Waring erwiderte die Geste nicht. Brucie war noch nirgends zu sehen, doch es konnte nicht mehr lange dauern, bis er auftauchte. Und Waring wollte auf jeden Fall vermeiden, daß der Jagdgehilfe ihn in der Nähe des schwarzen Felsens sah.

Waring kämpfte sich in Richtung Flußmitte, um so weit wie nur möglich vom Felsen wegzukommen. Schließlich blieb er stehen und starrte genau eine Minute lang ins Wasser, bevor er sich umdrehte. Dann winkte er, und Estelle zog.

Sie zog viel zu fest. Wenn sie so weitermachte, verlor er das Gleichgewicht! Er stemmte sich gegen das Seil und wurde sicherer. Das Ding war tatsächlich hilfreich. Er war mittlerweile todmüde und erschöpft, sein Herz klopfte zum Zerspringen, und zu allem Übel sah er plötzlich alles doppelt. Zum ersten Mal wurde ihm klar, daß er den Rückweg nie geschafft hätte, wenn er auch noch das Ufer und das schnell fließende Wasser zwischen sich und seinem Ziel hätte beobachten müssen. Aber da ihm das Seil sichere Führung gab, konnte er sich ausschließlich auf seine Füße konzentrieren und stolperte schon nach wenigen Minuten aus dem Wasser.

Da kam Brucie auch schon den Abhang herunter.

»Liebling, das war heller Wahnsinn!« schrie Estelle.

Waring brachte kein Wort heraus.

»Ich dachte echt, mich trifft der Schlag.«

Estelle redete aufgeregt weiter, doch Waring hörte sie kaum.

Er rang noch immer nach Luft und fummelte an der Seilschlinge an seiner Brust herum, als Brucie sie erreichte.

Der Riese starrte ihn sprachlos an. »Was hatten Sie denn vor? Wollten Sie 'nen Wal fangen, oder was?« fragte er schließlich.

Waring antwortete nicht. Estelle würde ihm früher oder später sicher alles erklären. Und mit Brucie hatte er noch einiges vor.

»Ich hab' ihn gebeten, nicht reinzugehen«, plapperte Estelle weiter. »Die Strömung ist viel zu reißend. Das Seil sollte ihm den Rückweg erleichtern. Seit seiner Krankheit sind seine Würfe nicht mehr weit genug. Aber er ist viel zu weit rausgegangen!«

»Warum denn das?« fragte Brucie. »Mit der Fliege geht's doch auch von hier aus.«

»Geht es eben nicht.«

»Geht es ausgezeichnet!« lispelte Brucie vor Erregung. »Mr. Clintock schafft es mit der Fliege!«

»Ich brauche dazu den Spinner«, erklärte Waring.

Der Spinner war ein sicherer Tip, wenn man Brucie aus dem Häuschen bringen wollte.

»Den Spinner?« krächzte Brucie. »Warum den Spinner? Das hier ist das richtige Wasser für die Fliege. Hier fischt man mit der Fliege!«

»Nehmen Sie meine Spinnrute und gehen Sie damit zum nächsten Stillwasserbecken«, forderte Waring ihn auf. »Ich komme gleich nach.«

»Hier fischt man mit Fliegen, Mr. Waring«, wiederholte Brucie verzweifelt. »Geben Sie sich eine Chance, Sir. Haben Sie Geduld.«

Das »Mr. Waring« und »Sir« waren schon ein Fortschritt. Und Brucie hatte auch keinen Unsinn wegen des Seils erzählt. Es konnte also gar nicht regelwidrig sein.

»Beeilen Sie sich, Brucie!« drängte Waring. »Nehmen Sie die Spinnrute und die ganze restliche Ausrüstung. Und vergessen Sie das Gaff nicht.«

Er zwang damit Brucie, zu ihm zu kommen, und sich das Gaff bei ihm abzuholen. Brucie biß ziemlich fest auf seine Pfeife, doch er gehorchte. Dann stapfte er wütend davon.

»Henry, es war so gefährlich!« jammerte Estelle.

»Du hast deine Sache gut gemacht«, entgegnete er.
»Und du warst gemein zu Brucie.«
»Brucie wird's verkraften.«
»Ich muß das irgendwie wiedergutmachen.«
»Kein Problem.« Es gab eine sehr verläßliche Methode, Brucie zu versöhnen. Der Flachmann steckte in Estelles Tasche.
»Aber du darfst nicht so fest ziehen«, fuhr Waring unbeirrt fort. »Das Seil macht das ganz von allein. Du regst dich sonst nur unnötig auf.«
»Mit dem Seil hat das nichts zu tun.«
»Es hat nur was mit dem Seil zu tun.«

Bis zum Stillwasserbecken war es ein gut zehnminütiger strammer Fußmarsch, und als sie ankamen, war von Brucie keine Spur zu sehen. Das Angelzeug lag da, doch Brucie hatte sich in die Hütte verzogen, um zu schmollen. Von der Hütte aus konnte er das gesamte Fischwasser überblicken.

Und das ist die nächste Aufgabe, überlegte Waring. Brucie mußte am Tag X von seinem Ausblick auf das Fischwasser weggelockt werden. Genau das war der Grund gewesen, weshalb er diese Gehorsamsübungen mit ihm angestellt hatte. Die Entscheidung sollte am übernächsten Tag fallen, wenn Nigel erneut am kleinen Stillwasser auf dem Posten war. Gleichzeitig war es ihr Abreisetag, denn nach dem Mittagessen wollten sie aufbrechen. Damit blieb für sein Vorhaben lediglich der Vormittag. Nicht, daß er so lange gebraucht hätte. Dazu bedurfte es nur neun Minuten... *Eine* Voraussetzung allerdings war, daß Brucie ohne Zögern spurte.

Waring fischte eine gute Stunde erfolglos mit der Spinnrute, dann begann es heftig zu schneien. Für das übliche zweite Frühstück um elf Uhr war es zwar noch reichlich früh, doch sie kehrten trotzdem zur Hütte zurück. Nigel war schon vor ihnen eingetroffen. Er und Brucie hievten gerade einen Zehnpfünder auf die Waage.

»Mit der Fliege gefangen«, erklärte Brucie bedeutungsvoll.
Estelle besänftigte den Unhold mit dem Flachmann, was ihm bald soweit die Zunge löste, daß er von anderen Malzwhiskys zu schwärmen begann, die er irgendwann einmal getrunken hatte. Und die Atmosphäre wurde immer vertraulicher.

Waring hielt sich aus diesen Vertraulichkeiten strikt heraus. Brucie mußte wissen, wohin er gehörte. Er hatte schließlich noch einiges mit ihm vor.

Das dichte Schneetreiben hielt bis nach dem Mittagessen an, dann setzte heftiger Schneeregen ein. Das bedeutete natürlich, daß es für diesen Tag mit dem Angeln vorbei war. Als Ersatz besichtigten sie die Tweedfabrik. Die Tweedfabrik war bei jedem ihrer Aufenthalte am Fischwasser ein »Muß«, doch diesmal war Waring so zerstreut, daß es ihn fast wahnsinnig machte.

Der Zustand hielt auch noch während des Abendessens an. Draußen war der Wind, der den Schneeregen gebracht hatte, stärker geworden. Waring hörte, wie die Nässe gegen die Fenster klatschte, und fragte sich automatisch, welche Auswirkungen das Wetter wohl auf ihr Angelprogramm haben könnte. Fast alle Fischwasser der Gegend hatten gute und weniger gute Fischgründe. Das war die Ursache dafür, daß auf strenge Wechsel der Tagesstandorte unter den Anglern geachtet wurde. Wenn allerdings kein Angelwetter war, kam die festgelegte Reihenfolge durcheinander, und genau das durfte er nicht zulassen. Er mußte das kleine Stillwasser am darauffolgenden Tag unbedingt für sich haben, damit Nigel am übernächsten Tag, dem sogenannten Tag X, an die Reihe kam.

Später, als sie im Aufenthaltsraum saßen, wurde das Heulen des Windes so stark, daß es sogar das Tosen des Flusses übertönte. Waring beobachtete, daß die passionierten Angler unter den Gästen sorgenvoll gegen das Barometer klopften.

Waring ließ sich nicht aus der Ruhe bringen, trank seinen Whisky und las in seinem Buch.

»Diese Art von tückischen Strudeln findet sich häufig hinter Kiesbänken, und stellt für den Sportfischer mit schwerer Ausrüstung insofern eine große Gefahr dar, als es für den, der von der Strömung erfaßt und in die Tiefe gezerrt wird, keine Rettung gibt. Man lasse daher Vorsicht walten. Und wenn Hilfe nicht in unmittelbarer Nähe und sofort verfügbar ist...«

Waring las die Passage zum zweiten, dann zum dritten Mal, und die Buchstaben verschwammen ihm in seiner Begeisterung beinahe vor den Augen. Die Vorstellung dessen, was Nigel am sogenannten Tag X zustoßen würde, war so perfekt, daß sie ihm fast wie eine Prophezeiung vorkam. Das tiefe Wasser mit dem tückischen Strudel lag direkt hinter der Kiesbank. Und zu irgendwelcher Art von Vorsicht würde Nigel nicht mehr in der Lage sein... nicht, nachdem ihm ein Felsbrocken auf den Kopf gefallen war. Und Hilfe war nur in der Person Warings in der Nähe... und Hilfe durfte er von ihm bestimmt nicht erwarten.

Nigel hatte wieder einmal zu gähnen begonnen, und Estelle packte prompt ihr Strickzeug zusammen. Waring trank seinen Whisky aus und stand auf.

Laß morgen Angelwetter sein, betete er inständig. Laß Angelwetter sein!

Am darauffolgenden Morgen kam Waring so langsam aus den Federn, daß Estelle bereits ohne ihn hinuntergegangen war. Deshalb konnte er es sich leisten, sich im Badezimmer erst einmal zu übergeben. Draußen wehte der Wind die Schneeflocken fast horizontal über das Tal. Seine Beine waren so schwach, daß er fürchtete, ohnmächtig zu werden.

Schließlich nahm er sich zusammen, ging hinunter, aß einen Teller Porridge und einen Bückling, und trank zwei Tassen Kaffee.

»Ich weiß nicht, wie *du* die Lage siehst«, begann Nigel und warf einen Blick aus dem Fenster. »Aber das beste Wetter ist das heute nicht, oder?«

»Warten wir ab, was Brucie sagt.«

»O Brucie!« seufzte Estelle. Es gab kaum eine Witterungslage, die Brucie vom Angeln abhalten konnte, worauf sich wiederum Warings einzige Hoffnung gründete und was verhinderte, daß ihm sein Bückling wieder hochkam. Er war sich nicht ganz sicher, aber er glaubte sich an eine Regel zu erinnern, die besagte, daß die einmal begonnene Rotation unter den Anglern weitergehen mußte, sobald ein Mitglied sich entschließen sollte, an dem ihm zustehenden Standort zu fischen. Und er war entschlossen, ein solches Mitglied zu sein. Trotzdem mußte Brucie natürlich gehört werden.

Brucie wartete bereits mit dampfender Pfeife im Vestibül.

»Na, Brucie?« fragte Nigel. »Wie sieht's aus?«

»Frisch draußen«, erwiderte Brucie, während vor den hohen

Glasfenstern ein regelrechter Schneesturm ausgebrochen zu sein schien.

»Kann man fischen?« wollte Waring wissen.

Brucie nahm die Pfeife aus dem Mund und schwieg. Warings Herz hörte beinahe auf zu schlagen. »Fischen kann man immer«, lautete schließlich die Antwort. »Es ist nicht gerade ideal«, führte er aus. »Es weht eine kleine Brise...«

Besagte kleine Brise hätte in diesem Augenblick beinahe die Eingangstür aus den Angeln gerissen.

»Meinen Sie, es ist unten am kleinen Stillwasser auch so schlimm?«

»Nein«, erwiderte Brucie vorsichtig. »Hinter dem hohen Ufer ist es verhältnismäßig geschützt. Am kleinen Stillwasser... kann man schon fischen.«

»Dann fische ich«, erklärte Waring.

Die Antwort war schnell... zu schnell gekommen. Alle starrten ihn an, und Nigel brach in schallendes Gelächter aus. »Du alter Fuchs! Du hinterhältiger Bursche! Du willst morgen an den Blackrock, was?«

»Also ich bin dafür, es heute zu versuchen«, murmelte Waring und seine Nackenhaare sträubten sich unwillkürlich.

Nigel lachte noch lauter, und selbst Brucie entblößte eine Reihe schlechter Zähne. »Alter Kindskopf!« Nigel gab ihm einen freundschaftlichen Klaps auf die Schulter. »Du kannst in jedem Fall morgen an den Blackrock. Ich habe meine Beute schon... und nicht die schlechteste. Ich trete dir das große Stillwasser freiwillig ab.«

»Ich will *heute* fischen«, erklärte Waring steif.

»Ach, Henry«, seufzte Estelle.

»Laß den Unsinn, alter Junge. Versuch's morgen am Blackrock, wenn das Wetter gut ist.«

»Morgen wird das Wetter ideal«, prophezeite Brucie.

»Wirklich?« fragte Waring.

»Bestimmt. Und heute kann man was anderes unternehmen.«

»Was zum Beispiel?«

»Man könnte die alte Whiskybrennerei besuchen«, schlug Brucie vor.

»Ach so«, murmelte Estelle lahm.

»Die Glentorran-Brennerei. Wir haben ja den ganzen Tag.« Brucie hatte seit Jahren versucht, ihnen den Besuch in der Brennerei schmackhaft zu machen. Doch da sie gut vierzig Kilometer weit entfernt lag, war sie für einen kleinen Nachmittagsausflug nie in Betracht gekommen.

»Es ist jedenfalls sehr großzügig von dir, Nigel«, bemerkte Waring.

»Unsinn. Für mich hat sich die Reise mehr als gelohnt.«

Das kann man wohl sagen, dachte Waring. »Also gut. Ich bin einverstanden.«

»Na prima. Brucie, wir folgen Ihnen.«

Waring strahlte innerlich, als sie im Wagen saßen, blieb jedoch vorsichtig. Es gab noch ein paar Einzelheiten, die vorbereitet werden mußten. In Gedanken ging er noch einmal seinen Plan durch. Was war mit Fingerabdrücken auf Gestein? Gab es so etwas überhaupt? Wenn ja, warum durfte es sie nicht geben? Immerhin war er dort oft gewesen. Fußspuren im Schnee? Ja. Da mußte er sich etwas einfallen lassen... sie irgendwie vernichten. Und was war mit dem Kies an der Uferböschung? Wer sollte dort allerdings nach Spuren suchen? Auf Mord würde sowieso niemand kommen. Ein Felsbrocken hatte sich durch Wind und Regen gelockert und war heruntergebrochen. Niemand konnte Verdacht schöpfen, es sei denn, er würde in seiner Aufregung etwas fallen lassen... zum Beispiel ein Messer, die Anglerschere oder etwas von all den zahlreichen anderen Ausrüstungsgegenständen, die er bei sich trug. Auch an seinen Anglerhut mußte er denken. Den konnte er übrigens dazu benutzen, die Spuren im Schnee zu verwischen. Dann allerdings mußte er vorher die Ersatzköder entfernen, die meistens unter dem Hutband steckten. Vor allem Fliegen lösten sich so leicht. Er mußte sich im Geiste eine Checkliste machen, und Ruhe bewahren. Gleichzeitig nahm er sich vor, nicht abzuwarten, was passierte, sobald er den Felsbrocken hinuntergestoßen hatte. Aber was sollte schon schiefgehen? Niemand würde etwas merken. Brucie jedenfalls ganz bestimmt nicht. Das war der entscheidende Punkt. Daran mußte noch gefeilt werden. Noch bevor sie allerdings die Whisky-Brennerei erreicht hatten, war für Waring auch dieses Problem zur Zufriedenheit gelöst.

Die Glentorran-Brennerei war noch immer ein kleines Familienunternehmen und stellte ein Rohprodukt her, das zur Produktion von sogenannten »Premium Blends« sehr gefragt war. Nur selten tauchte angeblich der echte, unverfälschte, lange gelagerte Malzwhisky dieser Brennerei in den Lagern der Kellermeister der entlegendsten Hochburgen schottischen Brauchtums auf. Und noch seltener, so will es die Volkssage, war jene beinahe sakrosankte Flasche »Partner's Reserve«, die nur alle tausend Jahre einmal für Leute vom Rang königlicher Hoheiten an aufwärts verfügbar wurde. Der »Reserve« war stets mindestens vierzig Jahre gelagert, und die versiegelten Eichenfässer, die die kostbare Flüssigkeit enthielten, wurden nach strengem Ritual von der Steuerbehörde bewacht. Trotz all dieser Vorsichtsmaßnahmen jedoch, gab es offenbar ein Abfallprodukt, das auf mysteriöse Weise durch Verdunstung entstand, von dem Brucie noch schwärmte, als sie bereits durch das baufällige Eingangstor der Brennerei schritten.

Brucie hatte Freunde in der Glentorran-Brennerei, und während sie die Runde machten, wurden ihnen immer wieder kleine Kostproben offeriert. Auf Warings Bitte hin erkundigte sich Brucie schließlich diskret nach jenem geheimnisumwitterten »Verdunstungsprodukt«, und bevor sie die Brennerei verließen, übergab einer der Fahrer ihnen ein Lebensmittelpaket für seine arme, kranke Tante mit auf den Weg. Und fünfzehn Pfund aus Warings Brieftasche wechselten den Besitzer.

Als sie nach dem Mittagessen die Rückfahrt antraten, nahm Waring das Lebensmittelpaket in seine Obhut. Seiner Schätzung nach konnte es kaum mehr als einen Viertelliter enthalten, und aus dem ältesten der Fässer dürfte es auch nicht verdampft sein. Nichtsdestotrotz schien allein das reife Alter der Flüssigkeit Brucie in eine Art Trance zu versetzen.

»Sollten wir nicht mal einen Tropfen probieren?« fragte er.

»Morgen«, vertröstete Waring ihn. »Zum zweiten Frühstück. Als feierlichen Abschiedstrunk. Vorausgesetzt, ich habe überhaupt etwas gefangen, das zu feiern sich lohnt.«

Er hatte schon jetzt das Gefühl, daß er zu diesem Zeitpunkt einen solchen Tropfen dringend nötig hatte. Und vermutlich nicht nur er. Sie alle. Bis auf einen natürlich.

Und das brachte Brucie zum Schweigen.

Der entscheidende Tag begann trübe und wurde dann doch strahlend schön. Brucie hatte mit seiner Vorhersage recht behalten. Der Wind hatte sich gelegt, der Schnee war harschig, und am stahlblauen Himmel leuchtete klar die Sonne. Waring stand alledem sehr mißtrauisch gegenüber. Das Ganze war einfach zu schön, um wahr zu sein. Ihm wurde klar, daß er unter diesen idealen Bedingungen mehr und nicht weniger Entschlossenheit mobilisieren mußte, und konzentrierte sich grimmig auf seine Checkliste.

Brucie erwartete sie an diesem Morgen mit einem Gesicht, das vor lauter grinsender Fröhlichkeit kaum noch zu erkennen war. »Mr. und Mrs. Waring, Mr. Clintock! Na, habe ich das richtige Wetter bestellt?«

»Das haben Sie, Brucie. Das haben Sie wirklich«, antwortete Nigel geistreich.

»Heute wartet ein schöner, schwerer Fisch nur auf Sie, Mr. Waring.«

»Hoffentlich.«

»Ganz bestimmt... ganz bestimmt. Haben wir alles? Ah, da ist ja wieder Ihr hübsches Seil...« bemerkte Brucie beim Anblick von Warings Seilrolle mit großzügigem Humor. »Ist sonst *alles* da?« Sein Blick schweifte suchend über die Runde.

Estelle klopfte mit der flachen Hand auf ihre Tasche. »Hier drinnen, Brucie. Hier drinnen.«

»Es wird ein großartiger Vormittag! Verlassen Sie sich drauf!«

Brucie sorgte dafür, daß sie in den Wagen und wieder herauskamen, und lief so geschäftig in der Hütte umher, daß Waring erst auf dem Weg zum Fluß, als Brucie mit dem Angelgerät ihnen voraus marschierte, merkte, daß Estelle ihre Tasche gar nicht bei sich hatte.

»Der Kerl macht mich heute wahnsinnig«, sagte Estelle ärgerlich. »Sie muß noch im Wagen liegen. Wir holen sie später.«

»Er wird sie bestimmt nicht vergessen... so bewundernswert konzentriert wie er heute bei der Sache ist!«

Waring war es nicht minder.

»Brucie«, begann er, als sie das Ufer erreicht hatten. »Merken Sie sich eines: Ich möchte heute unbedingt was fangen, ja?«

»Das werden Sie auch. Kein Zweifel.«

»Ich versuch's mit der Fliege... aber ich möchte auch gern mal die Spinnrute ausprobieren.«

»Warum denn nicht?« entgegnete Brucie mit seltener Toleranz.

»Und ich stecke meinen Radius so weit wie überhaupt möglich. Passen Sie also gut auf, was ich mache. Sobald ich rufe, bringen Sie sämtliches Angelgerät zum nächsten Becken.«

»Alles klar«, versprach Brucie. »Ich beobachte Sie beide von dort oben... Sie und Mr. Clintock.«

»Sobald ich Ihnen zuwinke oder pfeife... kommen Sie sofort runter und schnappen sich meine Sachen... Ich komme hinterher.«

»Sie können sich auf mich verlassen.«

»Wenn ich Glück habe... dann gibt's 'ne kleine Feier... Sie wissen schon.«

»Sagen Sie nichts mehr, Mr. Waring«, erwiderte Brucie grinsend. »Wenn Sie mich jetzt nicht mehr brauchen, schaue ich nur kurz nach Mr. Clintock.«

»Aber vergessen Sie ja nicht, auf meine Zeichen zu achten, ja?«

»Selbstverständlich, Sir. Petri Heil!«

Warings Herz war an diesem Morgen in keiner guten Verfassung. Es schlug unregelmäßig. Er konnte kaum glauben, daß es in weniger als einer halben Stunde geschafft sein sollte. Es war mittlerweile halb zehn vorbei. In dreißig Minuten hatte Nigel die richtige Stelle erreicht. Es ging alles ein bißchen zu schnell, und es herrschten Bedingungen, mit denen er nicht gerechnet hatte. Er hatte sich auf Wind und heftiges Schneetreiben eingestellt, sich beinahe schon als Teil der Mächte der Natur gesehen, als etwas, das man später verdrängen, das man sogar vergessen konnte. Aber an diesem strahlenden Tag schien das alles gänzlich unwirklich zu sein.

Er streifte das Seil über die Schultern.

»Henry, sei bitte vorsichtig! Die Strömung ist noch immer sehr stark.«

»Ich schaffe das schon.«

»Bitte geh nicht so weit.«

Waring antwortete ihr nicht. Er knotete das Seil fest, nahm

Wurfrute und Gaff und ging über die Kiesbank in den Fluß. Wissend, was ihn erwartete, machte er vorsichtig die ersten Schritte ins Wasser und stützte sich geschickt mit dem Landungshaken ab. Die Macht der Strömung warf ihn trotzdem beinahe zur Seite, doch er stemmte sich beherzt dagegen und kämpfte sich vorwärts. Er mußte darauf achten, den Zeitplan einzuhalten. Allerdings kam er nicht darum herum, ein paar Würfe zu versuchen.

Schließlich hatte er jene Stelle am Stein erreicht, die ihm einen sicheren Halt bot, wie er seit dem ersten Versuch zwei Tage zuvor wußte. Seine ganze Situation kam ihm plötzlich völlig unwirklich vor: das Tosen und Rauschen des Wassers, die Gefahr, der er sich aussetzte... ganz abgesehen von dem, was er noch riskieren würde. Dabei hatte das Wort Gefahr in diesem Augenblick eigentlich gar keine Bedeutung für ihn. Es war alles so unwirklich. Er überlegte, daß es dazu vielleicht hatte zwangsläufig kommen müssen, daß er sich unbewußt bereits darauf vorbereitet hatte. Automatisch begann er mit der Arbeit. Er spulte Schnur ab, ließ die lange Rute mehrmals durch die Luft ziehen, dann kam der Wurf. Und es paßte zu diesem Eindruck des Irrealen, daß fast augenblicklich ein Fisch anbiß. Er fühlte es mit dem Finger. Jeder Zweifel war ausgeschlossen. Der unsichtbare Lachs hatte den Köder geschnappt, drehte ab, blieb stehen. Waring gab sofort Schnur nach, machte keine Bewegung und fühlte kurz darauf, daß der Köder wieder frei im Wasser schwamm. Der kräftige Lachs wäre mindestens zwanzig Minuten lang mit dem Köder im Maul flußaufwärts geschwommen, um ihn auszutricksen, ihn müde zu machen, und dann hätte er ihn mit einem Wurf an Land befördern müssen. Doch er hatte keine zwanzig Minuten Zeit.

Waring erkannte mit einem Blick auf die Uhr, daß ihm noch genau fünfzehn Minuten blieben. Es war mittlerweile zwanzig vor zehn. Um zehn vor zehn wollte er sich umdrehen und Brucie dort oben in seiner Hütte das verabredete Zeichen geben. Um fünf vor zehn mußte er sicher sein, daß Brucie unten am Fluß war und mit dem Angelgerät in die entgegengesetzte Richtung abzog. Erst dann konnte er sich auf den Weg machen.

Er landete ein halbes Dutzend Würfe, alle von derselben Stelle aus. Er kannte Brucie zu gut, um zu wissen, daß ihm das kaum gefallen würde, falls er ihn beobachtete. Wenn man Erfolg haben wollte, mußte man ständig und gleichmäßig in Bewegung sein. Er jedoch verharrte stoisch an einer Stelle. Und so wollte er es halten, solange es ging.

Kurz vor zehn Uhr stellte er seine Aktivitäten ein, schloß die Augen und ging im Geist noch einmal seine Checkliste durch. Dann schlug er die Augen wieder auf und tastete, unsicher die Balance haltend mit der Hand, in der er das Gaff hielt, ungeschickt nach der Trillerpfeife. Als er sie endlich zu fassen bekam, riß er sie zu allem Überfluß von der Schnur, an der sie befestigt war. Er durfte sie auf keinen Fall an der falschen Stelle verlieren. Der Gedanke brachte ihn plötzlich aus dem Gleichgewicht, und leichtes Schwindelgefühl erfaßte ihn. Er schloß erneut die Augen, verdrängte seine Ängste und gab blind etwas Schnur nach. Er durfte nicht tatenlos herumstehen. Das machte ihn nur verdächtig. Schließlich riß er die Augen weit auf, landete einen Wurf, und wie in einem Traum biß erneut sofort ein Fisch an.

Da wußte er plötzlich, daß alles gelingen würde. Er hatte das untrügliche Gefühl, daß alles gutgehen müßte. Es war dieselbe Empfindung, die er schon damals im Krankenhaus gehabt hatte: Das Unglaubliche würde geschehen.

Er ließ auch diesen Fisch ziehen, warf einen Blick auf die Uhr, steckte die Trillerpfeife zwischen die Lippen, drehte sich um, pfiff und winkte gleichzeitig. Draußen vor der Hütte glaubte er eine ähnliche Bewegung zu erkennen, und mit einem undefinierbaren Gefühl in der Magengegend wurde er sich klar, daß der Countdown jetzt lief. Er warf den Köder noch mehrere Male aus, ohne überhaupt darauf zu achten, wo er landete. Dann wandte er sich um und sah, wie Brucie das Angelgerät einsammelte und wegging.

Aber er ging in die falsche Richtung.

Er ging in Nigels Richtung.

Waring blinzelte ungläubig in die Sonne, schüttelte dann den Kopf, als wolle er einen bösen Traum verscheuchen, und riskierte erneut einen Blick. Brucie verschwand allmählich aus seinem Blickfeld... und noch immer in die falsche Richtung.

Er blies mit aller Macht die Trillerpfeife und schwenkte die Arme. In diesem Augenblick drehte sich Brucie tatsächlich um, winkte zurück, machte jedoch keine Anstalten, die eingeschlagene Richtung zu ändern. Danach ging er unbeirrt und ohne sich noch einmal umzudrehen weiter.

Irgend etwas war auf fatale Weise schiefgegangen. Waring wußte es. Er pfiff unaufhörlich, ohne die geringste Reaktion bei Brucie hervorzurufen. Offenbar konnte der Jagdhelfer ihn gar nicht hören.

Das war ein Irrtum. Brucie hörte ihn sehr gut und kicherte still vor sich hin. Waring mußte sich schon ein paar Minuten gedulden. Seine Frau hatte ihm gerade gestanden, die Tasche mit dem köstlichen alten Whisky im Auto vergessen zu haben, und ihn gebeten, diese zu holen und vorsorglich in die Hütte zu schaffen. So etwas ließ er sich natürlich nicht zweimal sagen. Allerdings hatte er vor, auf dem Weg dorthin noch kurz bei Clintock vorbeizuschauen, ob da alles in Ordnung war... schließlich winkten von beiden Herren fette Trinkgelder... Sobald der Whisky sicher in der Hütte war, konnte er dann mit Warings Gerät geradewegs zum nächsten Stillwasserbecken laufen. Immerhin hatte er schon alles Nötige dabei. Und was bedeuteten schon einige Minuten Verzögerung angesichts eines herrlichen, alten Whiskys? Dieser verrückte Waring hörte überhaupt nicht mehr auf zu pfeifen. Komischer Kerl. Brucie beschloß, sich lieber nicht mehr umzusehen.

Waring spuckte die Trillerpfeife aus und watete auf die Kiesbank zu. Noch hatte er einige Minuten Spielraum. Vielleicht genügten sie, um Brucie doch noch zur Umkehr zu bewegen. Heftig gestikulierend wandte er sich in Estelles Richtung. Sie allerdings reagierte prompt. Er fühlte, wie das Seil sich straffte.

Doch der Ruck kam zu heftig. Sie schien wie verrückt zu ziehen. Waring machte ihr Zeichen, lockerzulassen, doch sie zerrte unaufhörlich weiter. Schließlich blieb ihm nichts anderes übrig, als mit den Händen nach dem Seil zu greifen, und sich dagegenzustemmen. Dabei mußte er so fest zupacken, daß ihm die Angelrute entglitt. Er ließ sie los. Die Schnur allerdings, die noch weit abgespult war, verfing sich plötzlich an seinen Ohren und am Hals. Mit dem inzwischen vertrauten Gefühl der Unwirklichkeit registrierte er, daß er erneut einen Fisch am Haken hatte... oder vielmehr der Fisch ihn. Jedenfalls hatte der Lachs den Köder... Und er hatte keine Angel mehr.

Und während ihm all das durch den Kopf ging, merkte er noch etwas ganz anderes: Estelle hatte das Seil losgelassen.

Bisher hatte er sich heftig dagegen gestemmt, doch plötzlich war kein Gegengewicht mehr vorhanden, und er fiel unweigerlich rückwärts in das tosende Wasser.

Waring fühlte, wie das eiskalte Wasser in seine Gummihose drang, und versuchte vergeblich, wieder auf die Beine zu kommen. Das Wasser hielt ihn wie mit eiserner Hand fest und zog ihn mit rasender Geschwindigkeit rückwärts. Er war zum hilflosen Spielball feindlicher Mächte geworden. Einen flüchtigen Augenblick lang gelang es ihm sogar noch, die Arme aus dem Wasser zu heben und zu winken. Und Estelle winkte zurück und formte etwas mit den Lippen. Er konnte sie zwar nicht hören, sah jedoch deutlich, daß sie lächelte.

Und wie auf Knopfdruck wurde ihm in schneller Abfolge etliches klar, während er mit dem Rücken über eine scharfe Kante streifte: Nigel hatte unrecht gehabt, mit seiner Vermutung, Estelle würde um jeden Preis bei ihm bleiben wollen, denn sie hatte das Seil einfach losgelassen; die scharfe Kante, die er gespürt hatte, war jener Felsvorsprung gewesen, der eine Wand des Stillwasserbeckens bildete; demnach hatte der Lachs ihn in das stille Wasser gezogen. Und schließlich dämmerte ihm – und er empfand dabei eine Wut, die er damals, als ihm das Leben zum erstenmal zu entgleiten drohte, nicht gekannt hatte –, was Estelle ihm so unaufhörlich lächelnd zurief. Es war nur ein Wort, das sie allerdings ständig wiederholte, und auch ihr Winken drückte nur eines aus: Lebewohl!

Aus dem Englischen übertragen
von Christine Frauendorf-Mössel

Meistermorde

Colin Dexter

Im Lulu-Bar-Motel

Ich werde nie vergessen, was Louis immer sagte – vor allem zweifellos deshalb, weil er es so oft sagte und dabei stets ein zynisches Lächeln um seinen harten alten Mund spielte. »Die Leute sind ja so naiv!« pflegte er zu sagen, unser Louis. Und ich selbst hab' diese Worte bestimmt tausendmal gebraucht – erst gestern abend wieder als meine Schützlinge mit ihren dicken Brieftaschen vor dem Lulu-Bar-Motel aus meinem Bus stiegen, wo sie sich einige Zeit später, die gestärkten Servietten auf dem Schoß, über eins von Louis' fünf Sterne Diners samt exklusiven Weinen und einem Likörchen zum Schluß hermachen wollten. Ja, die Leute sind ja so naiv... Nicht alle allerdings (wohlgemerkt!) – und bitte, mißverstehen Sie mich nicht. Diese besondere Manifestation unserer menschlichen Schwachheit ist für mich persönlich nur insofern von Bedeutung – von peripherer Bedeutung –, als ich mir gelegentlich ein dünnes Scheibchen von diesem großen Kuchen abschneide, so wie ich das tat, bevor ich all die feinen Lederkoffer ablud und durch die Motelkorridore schleppte.

Aber gehen wir chronologisch vor. Die Schlepperei kommt gleich nach der Ankunft beim Motel, wo ich wie immer, (die schwarze Aktentasche fest unter meinen rechten Arm geklemmt), den guten Leutchen in einer kurzen Ansprache mitteile, daß wir angekommen sind. »Angekommen am ersten

Übernachtungsort einer großartigen Rundreise, die jedem einzelnen von Ihnen einen bleibenden Eindruck hinterlassen wird. Ab morgen – und das tut mir echt leid, meine Herrschaften – wird ein anderer an meiner Stelle Ihre Betreuung übernehmen, aber so läuft das nun mal. Ich bin nur der Mann für die erste Etappe, und ein anderer wird das Vergnügen haben, Sie nach dem Frühstück weiterhin zu begleiten. Aber heute abend sitze ich in der Cocktailbar, und wenn Sie irgendwelche Probleme haben, ganz gleich, was für welche, brauchen Sie nur zu mir zu kommen, dann werden wir das bestimmt ohne Mühe bereinigen. Eines noch, Herrschaften. Ein kleiner Tip in aller Freundschaft. Hier treiben sich manchmal so ein paar Kerle rum, die es faustdick hinter den Ohren haben. Ich will Sie bestimmt nicht daran hindern, Ihren Urlaub zu genießen, und vielleicht hat der eine oder andere unter Ihnen Lust drauf, ein Spielchen mit dem schärfsten Zocker von hier bis Detroit zu riskieren, aber... Wie gesagt, nur ein Tip in aller Freundschaft, Herrschaften. Ich sage nur: Manche Leute sind ja so naiv! – Und es wär' mir gar nicht recht, wenn von Ihnen einer – na ja, wie ich schon sagte, es wäre mir einfach nicht recht.«

So trage ich das im allgemeinen vor, und ich denke, Sie werden mir zustimmen, daß das eine ganz gute Art ist. »Okay«, sagen Sie? »Wenn welche darunter sind, denen es Spaß macht, ihr Erspartes anderen Leuten nachzuschmeißen, dann ist das ihr Bier. Man kann schließlich nicht das Leben anderer für sie leben, stimmt's? Sie haben Ihr Bestes getan, Dannyboy. Lassen Sie's also gut sein.« Alles ganz logisch und vernünftig, das weiß ich. Trotzdem machen sie mir ein bißchen Sorge, diese warmherzigen, sauberen Leutchen, weil sie – na ja, einfach weil sie so naiv sind. Und wenn Sie nicht gern davon hören wollen, wie so nette, anständige Leute gewitzten Gaunern auf den Leim gehen, gefällt Ihnen die Geschichte bestimmt nicht. Kein bißchen.

Die meisten waren so um die Sechzig, Anfang Siebzig, und während sie im Gänsemarsch an dem abgewetzten alten Fahrersitz vorbeizogen, drückte mir jeder ein paar Dollar in die Hand und dankte mir für den schönen Start in den Urlaub. Danach brauchte ich ungefähr zwei Stunden, um das ganze Gepäck in die Zimmer zu bugsieren, und es war halb neun, ehe ich mir Lucys Hühnercurry schmecken lassen konnte. Lucy? Sie ist eine echte Prachtfrau – so eine vollbusige Blondine, die die meisten meiner Mitsünder liebend gern verführen würden, und, um ehrlich zu sein... aber kehren wir zum Thema zurück. Die Cocktailbar ist mit billigem Glanz eingerichtet, viel Chrom, ein tiefer, üppig gemusterter Teppich, orangefarbene Kunstledersessel, indirekte Beleuchtung, die alles in ein sanftes rosa Licht taucht. Gegen halb zehn fing der Laden an sich zu füllen. Unter den Gästen waren einige, die ich aus dem Bus kannte; aber es waren auch andere da. O ja, es waren auch ein paar andere da...

Er war nicht groß – vielleicht einsfünfundsechzig – und er trug einen aufdringlichen karierten Anzug, wie früher im Film. Als ich hereinkam, stand er am Tresen und ließ flink wie ein Zauberkünstler ein Kartenspiel in seinen Händen hin und her gleiten. »Wie wär's mit einem Spielchen, Herrschaften? Lukey ist mein Name.« Er war auf eine unangenehme Art eigentlich gar nicht unfreundlich, und wenn er den Mund zu einem breiten Lächeln verzog, daß die weißen Zähne blitzten, konnte man ihn beinahe mögen. Manchmal.

Es war kurz vor zehn, als der erste Kunde anbiß – ein stämmiger Bursche mittleren Alters, der den Eindruck machte, als könne er ganz gut für sich selbst sorgen. Ich beobachtete sie ohne sonderliches Interesse, als sie sich einander gegenüber an einen der Tische in der Mitte setzten, und es dauerte nicht lange, da schauten auch ein paar andere herüber. Es war eine kleine Abwechslung – ein bißchen Spannung. Und es ging ja nicht um *ihr* Geld.

Für Lukey gab's im Grund nur ein Spiel, und ich muß es ein bißchen erläutern, damit Sie der Geschichte auch folgen können. (Nur Geduld, bitte, wir sind jetzt schön im Zug.) Also, erst zahlt man einen Dollar Einsatz an die Kasse. Dann bekommt jeder Spieler zwei Karten, die Bilder zählen zehn, das As elf, die anderen das, was draufsteht. Daraus folgt, so wie der Tag der Nacht folgt und das Glück Lukey, daß Fortuna einem lächelt, wenn man eine Zehn und ein As aufnimmt – das ist nämlich einundzwanzig, meine Freunde, und einundzwanzig ist das Beste, was man kriegen kann. Man kann Karten nachkaufen, soviel man will, Hauptsache, man schießt nicht über diese einundzwanziger Grenze hinaus, und – aber ich glaube, es wird Ihnen jetzt keine Mühe mehr machen, den Ereignissen zu folgen.

Die affenartige Geschwindigkeit, mit der ein Spiel dem anderen folgte, war es, die die Zuschauer faszinierte. Da unserem Herausforderer (»Nennen Sie mich Bart«) die Regeln offensichtlich nicht fremd waren, zogen die beiden in einer Minute fünf oder sechs Spiele runter. Klatsch! Einen Dollar in die Kasse. Klatsch! Einen Dollar drauf. Flip, flip; kaufe; reicht; zuviel. Dollar, Dollar; flick, flick; schneller, immer schneller. Bald stehe ich hinter Bart und kann seine Karten sehen. Er nimmt eine Zehn auf und eine Vier; und ohne auch nur eine Sekunde zu überlegen, sagt er: »Reicht.« Lukey deckt eine Sieben auf und eine Acht – dann legt er sich noch eine Karte auf – einen Buben. Zuviel! Und Bart streicht wieder das Geld ein, ehe es von neuem losgeht. Dollar, Dollar, flip, flip. Als Bart wieder gewinnt, fragt Lukey ihn sehr höflich, ob er gern geben würde. Aber Bart lehnt das freundliche Angebot ab.

»Nein«, sagt er, »ich habe hier grad 'ne dicke Gewinnsträhne, Kumpel. Geben Sie nur weiter so – mehr verlange ich nicht.«

Lukey gibt also weiter; und was für ein fingerfertiger Bursche unser Lukey ist! Seine Fingerchen fliegen nur so. Nicht mal ein Replay in Zeitlupe würde zu einer wahrhaftigen Würdigung dieses Prestissimo genügen. Man konnte diese Finger mit dem Adlerauge des alten Cortez beobachten, und trotzdem konnte man nie erkennen, ob er die Karten von oben, aus der Mitte oder von unten ausspielte. Aber trotz allem vergrößert sich Barts Gewinn immer weiter. Jetzt nimmt er eine Sieben auf, dann eine Vier; verlangt für zehn Dollar eine weitere Karte. Lukey setzt zehn Dollar dagegen, gibt Bart eine Neun – und es sieht verdammt gut aus. Dann deckt Lukey sein eigenes Paar auf? (Warum er sich überhaupt die Mühe macht, weiß ich wirklich nicht, denn er kennt die Karten doch von Anfang an): eine Sechs und eine Neun – sieht ziemlich übel aus. Er deckt noch eine Karte auf – eine Acht. Und wieder hat er zuviel.

»Meine Chancen werden gleich besser«, sagt Lukey.

»Aber dann bin ich nicht mehr dabei«, versetzt Bart und nimmt sich die zweiundzwanzig Dollar aus der Kasse.

»Soll das heißen, Sie hören auf?«

»Ich hör' auf«, bestätigt Bart.
»Sie spielen wohl nicht das erste Mal.«
»Stimmt genau.«
»Hören Sie immer auf, wenn Sie gewinnen?«
»Genau.«

Ein paar Sekunden lang sagt Lukey gar nichts. Er schiebt nur die Karten zusammen und starrt sie so finster an, als stimme seine Welt nicht mehr. Dann ruft er die Macht der Dichter an und deklamiert die beiden einzigen Zeilen, die er je gelernt hat: »Bart«, sagt er, »›nimmst du all das, was du gewonnen, um es in einem einz'gen kühnen Wurf zu wagen...‹ Kennen Sie das? Na, wie wär's? Sie haben mir etwas über siebzig Dollar abgenommen, wie wär's, wenn Sie das wieder einsetzen würden – ich halte dagegen... Was sagen Sie dazu? Nur noch ein Spiel und fertig.«

Die Zuschauer, inzwischen ungefähr dreißig an der Zahl, waren in zwei Lager gespalten. Die einen drängten Bart weiterzumachen, die anderen meinten, er solle aufhören. Und alle waren sie voll mit dabei, ganz besonders einer...

Ich hatte ihn vorher schon am Tresen gesehen, ein witziger kleiner Bursche. Seinem verwitterten, braungebrannten Gesicht nach mußte er Mitte oder Ende Siebzig sein, war trotz seiner Plateauschuhe höchstens einsachtundvierzig bis einsfünfzig groß. Er trug einen in grellem Rot und Königsblau gestreiften Blazer, und unter der Brusttasche stand von geschmackloser, aber liebevoller Hand gestickt: Virgil K. Perkins Jr. Was einen zu der Überlegung veranlaßte, ob Virgil K. Perkins Sr. noch irgendwo im Umlauf war – ein Blick auf das Greisengesicht seines Sohnes allerdings ließ das bezweifeln. Dieser alte Knabe also redet Bart mit besonderer Inbrunst zu, seinen Gewinn einzustecken und Schluß zu machen. Und eine Zeitlang schien es, als wolle Bart auf ihn hören. Aber nein. Die Versuchung ist stark – und er gibt ihr nach.

»Okay«, nickt Bart, »dann also noch ein Spiel.«

Jetzt war es Lukey, dem nicht ganz wohl zu sein schien, als er seine siebzig Dollar dagegensetzte und die Karten zur Hand nahm. Aus anderen Teilen des Raumes drängten sich jetzt die Leute wieder in Scharen heran: vierzig, fünfzig waren es jetzt, die schweigend zusahen, wie Lukey gab. Bart ließ seine beiden

Karten ein paar Sekunden auf dem Tisch liegen, und seine Hände waren nicht ganz ruhig, als er sie aufnahm. Eine Zehn; eine Sechs. Dann sagte er: »Reicht«; aber er mußte es zweimal sagen, weil es ihm beim erstenmal im Hals steckenblieb. Jetzt war Lukey an der Reihe. Ganz langsam drehte er seine Karten um, eine Sechs – und dann eine Neun. Fünfzehn. Lange blickte er stirnrunzelnd auf seine Fünfzehn, und seine rechte Hand spielte mit der nächsten Karte, die obenauf lag, bog sie aufwärts, drehte sie halbherum – und legte sie zurück.

»Fünfzehn«, sagte er.

»Sechzehn!« Barts Stimme klang erregt, und schon packte er den Stapel Banknoten in der Mitte des Tisches.

Dann war er verschwunden.

Die Zuschauer zerstreuten sich, während Lukey immer noch in seinem Sessel saß und die Karten unentwegt mit Blitzesschnelle von einer Hand in die andere gleiten ließ. Bis der witzige alte Knabe ihn ansprach.

»Sie haben einen Drink verdient, Sir«, sagt er. »Virgil K. Perkins Junior ist mein Name, und das ist Minny, meine Frau.«

»Wir sind aus Omaha«, erklärt Minny pflichtschuldig.

Virgil holt Lukey also einen Whisky, und sie fangen an zu reden.

»Sind Sie selber auch Kartenspieler, Mr. Perkins?«

»Ich? Nein, Sir«, antwortet Virgil. »Ich und meine kleine Frau hier – (Minny war bestimmt zehn Zentimeter größer als er) – »wir fangen gerade unseren Urlaub an, Sir. Wir kommen aus Omaha, wie sie Ihnen schon sagte.«

Aber die Herkunft dieser stolzen Bürger scheint Lukey nicht von Belang.

»Ein paar schnelle Spielchen, Mr. Perkins?«

»Nein«, lehnt Virgil mit einem ruhigen Lächeln ab.

»Aber Mr. Perkins! Mir ist's gleich – mir ist's völlig gleich, ob ich gewinne oder verliere, wirklich. Wir brauchen ja nur –«

»Nein!« wiederholt Virgil.

»Na, Sie haben aber doch sicher schon mal von Anfängerglück gehört?«

»Nein!« sagt Virgil noch einmal mit Nachdruck.

»So, Sie sind also aus Omaha?« sagt Lukey ganz nett und höflich zu Minny...

Ich ging zum Tresen hinüber und ließ mir von Lucy, die manchmal nach zehn rauskommt und bedient, einen Orangensaft geben. Sie sieht sehr appetitlich in ihrer ausgeschnittenen Bluse aus. Aber sie sagt nichts zu mir; zwinkert mir nur zu – ohne zu lächeln.

Tatsächlich, als ich zum Tisch zurückkam, war Virgil K. Perkins dabei, »Nur so zum Spaß ein Spielchen zu wagen«, wie er es formulierte; und ich brauche Ihnen jetzt sicherlich nicht sämtliche Einzelheiten wiederzukäuen, oder? Es wird alles genauso enden, wie Sie es erwarten... Aber vielleicht sollte ich es doch niederschreiben, wenn auch nur der Ordnung halber; ich mache es so kurz wie möglich.

Zunächst lief alles nach dem gewohnten Muster ab; Dollar, Dollar; flip, flip. Schön gemütlich, in aller Ruhe; und bald strahlte der witzige kleine Bursche übers ganze Gesicht und griff mit wachsendem Eifer nach seinen Karten. Aber natürlich war das Glück gegen ihn: zwanzig Dollar verloren; dreißig; vierzig...

»Mir scheint, ich habe eine kleine Glückssträhne«, sagt Lukey mit einem entwaffnenden Lächeln, als sei er jederzeit bereit, dem alten Virgil, dessen Mund immer verkniffener wurde, seinen Gewinn hinzuschieben. Es beginnt auch langsam ein bißchen auffällig zu werden, und bestimmt wird bald jemand auf diese flinken Finger aufmerksam, die ständig Achten und Neunen verteilen, wo nur Vieren und Fünfen den alten Virgil retten könnten. Und bald ist es soweit.

»Warum lassen Sie nicht den alten Herrn mal geben?« fragt einer.

»Ja, warum nicht?« stimmt ein anderer ein.

»Wollen Sie mal geben, Virgil?« fragt Lukey bereitwillig.

Aber Virgil schüttelt den Kopf. »Ich hab' genug«, sagt er. »Ich sollte wirklich nicht –«

»Komm«, sagt Minny sanft.

»Er kann gern geben. Er kann ruhig geben, wenn er will«, erklärt Lukey.

»Aber er kann nicht von unten geben!«

Lukey sprang blitzartig auf und schaute sich im Saal um. »Wer hat das gesagt?« fragte er, und seine Stimme klang giftig und drohend. Alle Gespräche waren verstummt, und niemand war bereit, sich zu melden. Am wenigsten ich – der es gesagt hatte.

»Na schön«, sagte Lukey und setzte sich wieder, »dann geht's nicht anders, Virgil! Wenn mich so ein Feigling, der nicht mal bereit ist, so eine gemeine Verleumdung, daß ich schummle, zu wiederholen, dann müssen wir die Sache ein für allemal klären. Das geht mir nämlich an die Ehre. Also, *Sie* geben, Virgil!«

Der alte Mann zögerte, aber nicht lange. »Ehre« war ein großes Wort, etwas, das man nicht auf die leichte Schulter nehmen konnte. Er nahm also die Karten und mischte sie mit einer Ungeschicklichkeit, die ihresgleichen suchte, aber irgendwie kriegte er sie schließlich alle auf die Reihe und gab.

»Ich kauf' eine«, sagt Lukey und legt einen Zehn-Dollar-Schein in die Mitte.

Virgil zieht nach und schiebt Lukey eine Karte hin.

»Reicht«, sagt Lukey.

Der Alte zieht ein Riesentaschentuch aus seiner Blazertasche, wischt sich die Stirn und deckt dann seine eigenen Karten auf: eine Dame; und – ein As!

Lukey zuckt nur mit den Achseln und schiebt das Geld rüber. »So ist's richtig, Alter. Geben Sie sich ein paarmal solche Karten und –«

»Nein!« ruft Minny, die von Anfang an immer wieder ihre Warnungen geblökt hat.

Aber Virgil legt ihr sanft die Hand auf die Schulter. »Sei mir nicht böse, Minny. Und mach dir keine Sorgen. Ich mach' nur noch ein kleines Spielchen und ...«

Und noch eines, und noch eines, und noch eines. Und Fortuna lächelte dem kleinen Mann aus Omaha nicht. Ging es nur darum, das Gesicht zu wahren? Oder die Ehre? Keine Spur! Es war der reine Todesmut, der den alten Knaben trieb, atemlos seinen Verlusten hinterherzuhecheln, während Minny neben ihm saß, die Augen fest zugedrückt, als setzte sie den letzten Funken Hoffnung in die Macht stummen Gebets. (Ich klemmte die Aktentasche fester unter meinen rechten Arm, als ich hinter der Menge Lucy erblickte. Ihre Augen hielten mich fest – wieder ohne ein Lächeln.) Um halb elf hatte Virgil K. Perkins Jr. eintausend Dollar verloren und hockte wie ein

Häufchen Elend in seinem Sessel. An Freunden fehlte es ihm nicht; die Zuschauer hatten alle von Anfang an hinter ihm gestanden und gewünscht, der Alte möge gewinnen. Und jetzt konnte auch keiner mehr dem fingerfertigen Lukey die Schuld geben, denn lange schon teilte sich Virgil selbst seine katastrophalen Verluste aus.

Aber jetzt hatte er genug. Er schob die Karten langsam über den Tisch und stand auf.

»Tut mir leid, Minny«, sagte er mit erstickter Stimme zu seiner Frau. »Es war so sehr dein Geld wie meines...«

Aber Lukey beugte sich über den Tisch und legte seine große Hand auf das magere Handgelenk des Alten. Er spricht ganz ruhig.

»Hören Sie, Virgil. Sie haben eben tausend Dollar verloren, stimmt's? Drum hören Sie mir jetzt mal genau zu, weil ich Ihnen nämlich sagen werde, wie Sie das alles wieder in Ordnung bringen können. Also, wir spielen nur noch ein einziges Spiel –«

»Nein!« Minnys Stimme war diesmal laut und schrill. »Nein, das wird er nicht tun. Er legt nicht einen einzigen Dollar mehr auf diesen Tisch, haben Sie verstanden? Er ist ja nur – er ist doch nur ein armer alter Narr, sehen Sie das denn nicht? Er ist ein naiver, armer alter –« Aber da versagte ihre Stimme, und Virgil setzte sich wieder und legte ihr den Arm um die Schulter, während sie lautlos zu weinen begann.

»Wollen Sie denn Ihr Geld nicht zurückhaben?« Lukeys Stimme ist nicht laut, aber jeder kann seine Worte hören.

»Hören Sie nicht auf ihn!« ruft einer.

»Machen Sie Schluß, Sir!« ruft ein anderer.

Worauf Lukey sich umdreht und zu allen gemeinsam sagt: »Der alte Virgil hier hat mehr Mumm in den Knochen als ihr alle zusammen! Außerdem weiß nicht ein einziger von euch, was ich ihm vorschlagen will. Oder?« Lukey sieht sich mit frechem Gesicht um. »Oder? Wißt ihr's?«

Jetzt ist wieder alles still. Lukey schaut zu Virgil hinüber und macht ihm sein Angebot.

»Also, passen Sie auf, Virgil. Ich hab' heut abend einen Haufen Glück gehabt, das werden Sie sicher bestätigen. Darum will ich Ihnen eine Chance geben, wie Sie sie nie wieder bekommen werden. Ich werde folgendes tun: Wir spielen nur ein einziges letztes Spiel, und ich gebe Ihnen zwei Punkte Vorsprung. Verstehen Sie? Wenn ich achtzehn aufnehme, gilt es nur sechzehn. Das gilt genauso für jedes andere Ergebnis. Also, was sagen Sie dazu, Virgil?«

Aber der alte Virgil schüttelt den Kopf. »Sie sind ein guter Kerl, Lukey, aber –«

»Dann sagen wir drei Punkte Vorsprung«, fällt Lukey ihm ins Wort. »Wenn ich zwanzig hab, gilt's nur siebzehn. Okay? Hören Sie, Virgil!« Er beugt sich über den Tisch und faßt den Alten wieder beim Handgelenk. »Kein Mensch wird Ihnen jemals ein besseres Angebot machen. Kein Mensch. Soll ich Ihnen mal was sagen? Es ist praktisch sicher, daß Sie Ihr ganzes schönes Geld wieder zurückkriegen.«

Es war verlockend. Herrgott, war das verlockend! Und es zeigte sich bald, daß auch die Zuschauer dieses Angebot sehr verlockend fanden; viele von ihnen revidierten ihre frühere Einschätzung der Lage.

»Also, was meinen Sie?« fragt Lukey.

»Nein!« antwortet Virgil. »Es geht ja nicht nur um mich – es geht auch um Minny. Ich hab' mich für einen Abend lächerlich genug gemacht, nicht wahr, Minny?«

Da sah Minny ihn an, sah ihm direkt in die Augen. Ihr tränennasses Gesicht war wie verwandelt, und ihre blauen Augen blitzten beinahe herausfordernd.

»Nimm ihn beim Wort, Virgil!« sagt sie mit ruhiger, stolzer Autorität.

Aber Virgil war immer noch niedergeschlagen und unschlüssig. Er fuhr sich mit beiden Händen durch das wellige weiße Haar und dachte ein, zwei Minuten lang schweigend nach. Dann hatte er sich entschieden. Er nahm den größten Teil des Geldes, das er noch in seiner Brieftasche hatte, heraus und zählte die Scheine mit liebevoller Wehmut ab, ehe er sie in einem säuberlichen Stapel in die Mitte des Tisches legte. »Wollen Sie nachzählen, Lukey?« fragt er. Und es war, als hätte sich das Blättchen plötzlich gewendet; als hätte der Alte den Duft des Sieges in der Nase.

Sekundenlang schien es, als wäre jetzt Lukey derjenige, der nervös und unschlüssig war; sein ganzes forsches Selbstvertrauen schien ihn vorübergehend verlassen zu haben. Aber sein Vorschlag war angenommen worden, und die fünfzig oder sechzig Zuschauer waren nicht in Stimmung, ihn das vergessen zu lassen. Langsam zählte er seinerseits das Geld ab und legte es auf Virgils Stapel.

Zweitausend Dollar bei einem Spiel!

Lukey hat die Karten schon in der Hand, mischt sie mit seiner gewohnten Fingerfertigkeit.

»Wieso geben *Sie?*«

Lukey schaut auf und blickt mir scharf in die Augen. »Haben Sie das eben gesagt, Mister?«

Ich nicke. »Genau. Ich. Und ich möchte wissen, wieso Sie sich einbilden, daß Sie ein Recht darauf haben, die Karten zu geben – Sie geben nämlich nicht ehrlich, Bruder. Sie nehmen sie von oben und von unten, und ich traue Ihnen auch zu, daß Sie sie –«

»Wir sehen uns draußen, Mister, sobald ich –«

»Da täuschen Sie sich«, entgegne ich ruhig. »Ich geh' nämlich heute abend nicht mehr raus – schon gar nicht zu einem Stelldichein mit Ihnen.«

Er sah verdammt gefährlich aus – aber das war mir gleich. Die Haut über seinen Handknöcheln war weiß, als er langsam aufstand und seinen Sessel zurückschob. Und dann setzte er sich ebenso langsam wieder nieder – und bescherte allen eine Riesenüberraschung. Er schiebt die Karten über den Tisch und sagt: »Er hat recht, Virgil. Geben Sie!«

Irgendwie gelang es dem Alten, mit zitternden Händen die Karten zu mischen; und als zwei zu Boden fielen, hob ich sie auf und gab sie ihm zurück.

»Abheben«, sagt Virgil.

Lukey hebt ab – ungefähr in der Mitte, das heißt, so wie ich Lukey kenne, war es genau in der Mitte. Es ist wie ein Wunder, aber Virgils Hände sind ruhig geworden, und er gibt die Karten mit fester, sicherer Hand. Eine für Lukey, eine für ihn selbst; noch eine für Lukey und noch eine für ihn selbst. Beide ließen sie sie einen Moment lang verdeckt auf dem Tisch liegen. Dann nimmt Lukey die seinen auf – erst die eine, dann die andere.

»Reicht!« sagt er, und seine Stimme klingt ein wenig heiser.

Alle Augen waren jetzt auf Virgil gerichtet, als dieser seine erste Karte auflegte – eine Sieben; dann eine zweite Karte – eine Zehn! Und nun, liebe Freunde, brauchen Sie nur noch drei dazuzuzählen – und Sie haben beruhigende zwanzig Augen. Im ganzen Saal beifälliges Gemurmel.

Jetzt richten sich alle Blicke auf Lukey, und in der plötzlichen gespannten Stille dreht er langsam die Karten um: zuerst ein König, und dann – heiliges Kanonenrohr! – ein As! Und während Lukey lächelnd auf diese prachtvollen Einundzwanzig hinuntersieht, geht ein Stöhnen durch die Menge wie immer, wenn der Favorit beim letzten Hindernis reißt.

Und wie, meine Freunde, geht es nun weiter? Nun, ich werd's Ihnen sagen. Lucy war es, die gleich nachdem Lukey gegangen war den Anfang machte. Sie drängte sich durch die Zuschauer und schob ihre Hand tief zwischen ihre herrlichen Brüste, um die Trinkgelder herauszunehmen, die sie an diesem Abend eingenommen hatte.

»Mr. Perkins, nicht wahr? Ich weiß, es ist nicht viel, aber – wenn es eine kleine Hilfe ist, bitte nehmen Sie es.« Es waren ungefähr sieben oder acht Dollar, nicht mehr, aber glauben Sie mir, sie trugen zweihundertfach Früchte. Der nächste war ich. Ich hatte im Bus ungefähr fünfunddreißig Dollar eingenommen, und nachdem ich mir die alte Aktentasche noch einmal fester unter den Arm geklemmt hatte, zog ich das Geld aus der hinteren Hosentasche und legte es neben Lucys zerknitterte Scheine.

»Mr. Perkins«, begann ich ernst. »Sie hätten in meinem Bus sein sollen, alter Freund.« Das war alles, was ich sagte.

Virgil selbst gab gar nichts von sich. Er hockte nur so klein und verschrumpelt da wie vorher, und Minny schluchzte neben ihm leise vor sich hin. Er sah aus, als traute er sich nicht, seine Stimme zu strapazieren. Aber das machte nichts. Die Leute waren alle traurig und voll zorniger Teilnahme – und, wie gesagt, sie hatten alle nicht zu knapp Louis' erstklassigen Wein genossen. Und großzügig waren sie, das muß man sagen. Zwanzig Dollar; noch mal zwanzig Dollar; ein Fünfziger; ein paar Zehner; wieder ein Zwanziger; noch ein Fünfziger – ich zählte mit, während diese sauberen, gottesfürchtigen Leute von ihrem mühsam Ersparten gaben. Und ich glaube, es war nicht ein einziger unter ihnen, der nicht seinen Beitrag zu dem stetig wachsenden Haufen leistete. Aber immer noch blieb Virgil stumm. Als er schließlich zum Ausgang schlurfte, Minny an der einen Hand, einen dicken Packen Geld in der anderen, drehte er sich um, als wollte er all diesen guten Freunden doch noch etwas sagen. Aber noch immer fehlten ihm, so schien es, die Worte; und da wandte er sich wieder um und ging aus der Cocktailbar hinaus.

Am nächsten Morgen erwachte ich spät, und auch da nur, weil Lukey über mich gebeugt stand und mich sachte an der Schulter rüttelte.

»Louis sagt, er will dich um halb elf sprechen.«

Ich hob den linken Arm und sah auf meine Uhr; schon fünf vor zehn.

»Alles in Ordnung, Danny?« Lukey stand jetzt an der Tür – er mußte den Zimmerschlüssel gehabt haben! –, und aus irgendeinem Grund sah er nicht sehr fröhlich aus.

»Klar, klar!«

»Also dann, um halb«, wiederholte Lukey und schloß die Tür hinter sich.

Ich war immer noch sehr müde, und der Kopf tat mir weh – sehr ungewöhnlich für mich. Ich hatte am Abend vorher nichts getrunken – nur den Orangensaft, den Lucy – Orangensaft...? Ich wurde ein bißchen stutzig und drehte mich zur anderen Seite des Bettes. Lucy war weg – zweifellos schon früh gegangen; aber Lucy war ja in solchen Dingen immer sehr vorsichtig und vernünftig...

Stirnrunzelnd rasierte ich mich, und stirnrunzelnd nahm ich meinen Anzug vom Bügel im Schrank und stellte fest, daß die Aktentasche weg war. Es hätte mich allerdings noch stutziger gemacht, wenn sie *nicht* weggewesen wäre. Während ich mich anzog, bekam ich langsam wieder einen klaren Kopf. Ich nahm die beiden dicken versiegelten Umschläge, die die ganze Nacht unter meinem Kopfkissen gelegen hatten, steckte jeden in eine Manteltasche und war eigentlich ganz vergnügt, als ich an die Tür von Louis' Privatsuite klopfte und direkt hineinging. Es war zehn Uhr zweiunddreißig.

Sechs Stühle standen wie immer um den ovalen Tisch, und

vier waren bereits besetzt. Lukey und Bart waren da, dann Minny, und am Kopfende des Tisches Louis selbst – so klein wie immer in seinen Plateauschuhen, aber ohne den grellgestreiften Blazer jetzt; ohne das wellige weiße Haar, das am vergangenen Abend seinen großen kahlen Kopf bedeckt hatte.

»Du bist spät dran«, sagt er, aber nicht unfreundlich. »Setz dich, Danny.«

Ich setzte mich brav und kam mir vor wie ein kleiner Junge in der ersten Schulklasse. Aber so komm ich mir bei Louis meistens vor.

»Hast du Lucy gesehen?« fragt Minny, während Bart mir einen Tropfen Whisky einschenkt.

»Lucy? Nein. Ist sie nicht in ihrem Zimmer?«

Aber keiner schien Lust zu haben, mir diese Frage zu beantworten, und wir warteten ein paar Minuten schweigend, ehe Louis wieder zu sprechen begann.

»Danny«, sagte er, »du wirst dich erinnern, als wir dich vor ein paar Monaten in unser neuestes kleines Unternehmen reinnahmen, wollte ich so ungefähr eine Viertelmillion anpeilen, bevor wir was Neues starten.«

Ich nickte.

»Das haben wir jetzt so ziemlich erreicht – dir wird das ja wahrscheinlich nicht ganz verborgen geblieben sein? Schließlich gehörte es zu deinen Aufgaben, meine kleine Lucy montags immer zur Bank zu fahren, nicht wahr, Danny? Und ich denk mir, du hast eine ziemlich gute Vorstellung davon, wie die Aktien stehen.«

Ich nickte wieder und sah ihm weiterhin unverwandt in die Augen.

»Gut. Es war unter uns allen hier ein Geheimnis – stimmt's? –, daß ich diese kleine Kapitalanlage hier Lukey und Bartholomew übergeben würde, sobald sie mir – na ja, sobald sie mir zeigten, daß sie es wert sind.«

Ich nickte langsam zu jedem seiner Sätze; aber er hatte etwas ausgelassen.

»Lucy sollte doch auch beteiligt sein«, sagte ich.

»Du hast meine Lucy sehr gern, nicht wahr?« fragte Minny.

»Stimmt. Ich hab' sie sehr gern, Minny.« Und das war die Wahrheit.

»War für uns alle nicht schwer, das zu sehen, wie Minny?« Louis wandte sich Minny zu und tätschelte ihr liebevoll den Arm. Dann richtete er seine Aufmerksamkeit wieder auf mich. »Du brauchst dir um unsere kleine Tochter keine Sorgen zu machen, Danny. Überhaupt keine! Ist dir mal der Gedanke gekommen, dir zu überlegen, warum ich den netten kleinen Laden hier das Lulu-Bar-Motel getauft habe?«

Im ersten Moment war ich verdattert, aber der Whisky tat meinem Kopf gut, und ich kapierte plötzlich, was er meinte. Ja! Unser Louis war doch wirklich ein tiefes Wasser. Das »Lucy, Lu-ke, Bar-tholomew Motel«...

Aber Louis sprach noch. »Ich hab' dich heute morgen nur hier runtergebeten, Danny, weil ich hoffte, ich könnte hier jetzt alles abwickeln, und um dir zu sagen, daß ich mir deines kleinen Beitrags natürlich immer völlig bewußt war. Aber – in gewisser Hinsicht ist das alles direkt mit Lucy verbunden, nicht wahr? Und ich denke« – Er sah Lukey und Bart an – »ich denke, wir rufen am besten heute abend noch einmal eine kleine Sitzung zusammen. Gegen acht? In Ordnung?«

Wir waren alle einverstanden, und ich stand mit den anderen auf.

»Fährst du in die Stadt, Danny?« fragte Louis mit einem Blick auf meinen Mantel.

»Ja.« Mehr sagte ich nicht. Dann ging ich und nahm den nächsten Bus.

Es war mir früher immer aufgefallen: Jedesmal, wenn ich wegen irgend etwas ein schlechtes Gewissen hatte, hatte ich das Gefühl, die anderen Leute wüßten es. Aber das ist jetzt vorbei. Und außerdem ist es ja ursprünglich Lucys Idee gewesen – nicht meine. Sie hatte mich natürlich gebraucht, um den Scheck herzustellen und Louis' Unterschrift zu fälschen; am Kartentisch bin ich vielleicht so tolpatschig wie ein arthritischer Tintenfisch, aber ich hab' mein eigenes Fachgebiet. Und Lucy traute mir, auch deshalb, weil ich all das schöne Geld – zweihundertvierzigtausend Dollar genau! – mit mir herumgetragen hatte; lauter säuberliche Bündel von fünfhundert Dollarscheinen, alle ordentlich in versiegelten Umschlägen. Zwei ganze Tage hatte ich es in der alten Aktentasche mit mir herumgeschleppt. Und nun, Lucy – Lucy, mein Liebling! –, werden wir uns bald an der Sperre von Bahnsteig eins treffen, und dann in aller Stille in den sinkenden Abend hineinfahren...

Um viertel vor zwölf war ich da – stand in meinem Mantel da und wartete zuversichtlich. Lucy war nie in ihrem Leben zu früh gekommen. Ich zündete mir noch eine Zigarette an; dann noch eine. Um viertel vor eins wurde ich ein wenig unruhig; um viertel vor zwei wurde ich sehr unruhig; und um viertel vor drei dämmerte mir langsam die Wahrheit. Trotzdem wartete ich weiter – wartete und wartete...

Als der große Zeiger der Bahnhofsuhr auf die Vier rückte, gab ich endlich auf und ging hinüber zur Anschlagtafel mit den abfahrenden Zügen. Ich fand einen Zug, der fünfundvierzig Minuten später nach New York abfuhr, und hielt es für das Beste, den zu nehmen. Ich ging ins Bahnhofsrestaurant und setzte mich mit einer Tasse Kaffee an einen Tisch. Wieder eine Illusion in Scherben, und doch... Arme, arme schöne Lucy! Ich gestattete mir beinahe ein wehmütiges Lächeln, als ich mir vorstellte, wie sie die beiden Umschläge in der Aktentasche öffnete und darin die vierhundertachtzig Blätter knisternden neuen Papiers, jedes genau auf die Größe einer Fünfhundert-Dollar-Note zugeschnitten. Sie hatte mich wohl für ziemlich, nun ziemlich naiv gehalten, als wir vereinbart hatten, daß *sie* die Aktentasche mitnehmen sollte...

Eine Einzelfahrkarte nach New York kostete meiner Schätzung nach ungefähr fünfzig oder sechzig Dollar. Als ich mich in die, wie mir schien, kürzere Schlange am Schalter stellte, zog ich den prallgefüllten Umschlag aus der rechten Tasche meines Mantels, riß ihn auf – und dachte, mich trifft der Schlag. Darinnen waren ungefähr zweihundertvierzig Blätter knisternden neuen Papiers, jedes genau auf die Größe einer Fünfhundert-Dollar-Note zugeschnitten. Meine Hände zitterten, als ich aus der Schlange trat und den anderen Umschlag öffnete. Genau das gleiche. Das heißt, nein, nicht *genau* das gleiche. Auf dem obersten Blatt Papier stand ein kurzer Text in Louis' unverwechselbarer winziger Handschrift.

Ich habe mich immer bemüht, es dir beizubringen, Dannyboy, aber du hast meine Filosofie anscheinend nie begriffen, wie? Es ist genauso, wie ich dir immer gesagt habe. Die Leute...

Sie können sich wohl inzwischen selbst denken, wie die letzten Worte lauten.

Ich ging zurück ins Restaurant, bestellte mir noch einen Kaffee und zählte das Geld, das ich in meinen Taschen hatte. Genau zehn Dollar und vierzig Cents. Und dann fragte ich mich, was ich jetzt tun sollte. Vielleicht – vielleicht gab es ein, zwei Punkte zu meinen Gunsten. Wenigstens konnte ich das Wort »Philosophie« richtig schreiben; und es bestand weiterhin die große Wahrscheinlichkeit – genau wie Louis so oft zu sagen pflegte –, daß ich irgendwo bald auf ein paar nette, gottesfürchtige, naive Leute stoßen würde.

Aber als ich mir jetzt die Gesichter meiner Mitmenschen im Bahnhofsrestaurant betrachtete, sahen sie mir alle sehr finster und sehr abweisend aus.

*Aus dem Englischen übertragen
von Mechtild Sandberg-Ciletti*

Meistermorde

Patricia Highsmith

Die schrecklichen frühen Morgenstunden

Eddies Gesicht wirkte zornig und zugleich ausdruckslos, so, als ob er an etwas ganz anderes dächte. Er starrte seine zweijährige Tochter Francy an, die wie ein Häufchen Elend neben dem Doppelbett hockte. Francy war zum Bett gewankt, hatte mit den kleinen Fäusten daraufgehämmert und war dann zusammengebrochen.

»Kümmere du dich um sie«, sagte Laura. Sie stand da und hatte noch den Staubsauger in der Hand. »Ich hab' zu tun!«

»Du hast sie geschlagen, verdammt noch mal, also kannst du dich auch um sie kümmern!« Eddie rasierte sich am Ausguß in der Küche.

Laura ließ das Rohr des Staubsaugers los, ging zu Francy hin, deren Wange blutete, entschied sich dann aber anders und kehrte zum Staubsauger zurück, steckte ihn aus und begann das Kabel einzurollen, um das Gerät aufzuräumen. Sollte die Wohnung heute abend doch dreckig bleiben, ihr war es egal.

Die anderen Kinder, Georgie, knapp sechs, Helen, vier, und Stevie, drei, beobachteten die Szene mit feuchten Lippen und einem schwachen Lächeln.

»Das ist eine ordentliche Schnittwunde, verdammt!« Eddie legte ein Handtuch unter die Wange des kleinen Mädchens. »Die muß genäht werden, ich schwöre es! Schau dir das doch an! Wie hast du das überhaupt gemacht?«

Laura schwieg, zumindest was die Beantwortung der Frage betraf. Sie war erschöpft. Die Jungs – das heißt, Eddies Freunde – kamen heute abend um neun zum Pokern, und sie mußte noch mindestens zwanzig Leberwurst- und Schinkenbrötchen machen für den Imbiß um Mitternacht. Eddie hatte den ganzen Tag über geschlafen und zog sich jetzt, um sieben, erst an.

»Bringst du sie ins Krankenhaus, oder was?« fragte Eddie. Sein Gesicht war zur Hälfte mit Rasierschaum bedeckt.

»Wenn ich sie wieder hinbringe, werden sie doch nur denken, daß du sie geschlagen hast. Meistens ist das ja doch der Fall, oder?«

»Komm mir nicht mit dem Quatsch – nicht diesmal«, sagte Eddie. »Und ›sie‹ – wer, zum Teufel, sind eigentlich diese ›sie‹? Die können mich mal.«

Zwanzig Minuten später saß Laura in der Wartehalle des St.-Vincent's-Hospitals in der 11. Straße West. Sie lehnte sich in dem Stuhl mit der geraden Lehne zurück, so weit es ging, und schloß halb die Augen. Außer ihr warteten noch sieben Personen, und die Schwester hatte ihr gesagt, es könne eine halbe Stunde dauern, aber sie würde sehen, ob sie nicht schneller drankäme, weil die Kleine immer noch blutete. Laura hatte bereits ihre Geschichte von sich gegeben: Francy war gegen das Rohr des Staubsaugers gefallen und mußte dabei an das Verbindungsstück gekommen sein, das einen Verschlußknopf hatte. Da Laura in Wirklichkeit das Kind damit geschlagen hatte – genauer gesagt, hatte sie das Rohr plötzlich zur Seite gerissen, weil Francy immer wieder daran zerrte –, nahm sie an, daß die gleiche Verletzung auch dadurch hervorgerufen worden wäre, wenn Francy dagegen gefallen wäre. Das klang vernünftig.

Es war nun schon das dritte Mal, daß man Francy ins St. Vincent's gebracht hatte – vier Blocks von ihrer Wohnung in der Hudson Street. Eine gebrochene Nase – Eddies Schuld, sein Ellbogen –, eine Blutung am Ohr, die nicht aufhören wollte, und das dritte und einzige Mal, als sie nicht selbst mit ihr hergekommen waren, hatte Francy sich den Arm gebrochen. Weder Eddie noch Laura hatten gewußt, daß ihr Arm gebrochen war. Wie hätten sie das auch wissen sollen? Man konnte es schließlich nicht sehen. Aber zu dieser Zeit hatte Francy außerdem ein schwarzblaues Auge gehabt, Gott allein wußte, woher, und deshalb war eine von der Sozialfürsorge bei ihnen vorbeigekommen. Wahrscheinlich hatte ihnen eine Nachbarin die Sozialfürsorgerin auf den Hals gehetzt, und Laura war zu neunzig Prozent sicher, daß es die alte Mrs. Covini im Parterre war, der Teufel sollte sie holen. Mrs. Covini war eine von diesen fetten, immer schwarz angezogenen italienischen Mammas, die ihr ganzes Leben inmitten der Schar ihrer Kinder verbrachten. Ausgestattet mit Nerven aus Stahl, küßte und liebkoste sie die Kinder den ganzen Tag, als wären sie Geschenke des Himmels und sehr seltene und einzigartige Geschöpfe auf Erden. Diese Mrs. Covini ging übrigens nicht zur Arbeit, wie Laura schon oft festgestellt hatte. Laura dagegen arbeitete als Kellnerin fünf Abende die Woche in einem Eßlokal an der Sixth Avenue. Das und das tägliche Aufstehen um sechs Uhr früh, wenn sie Eddie Schinken und Eier machen und seine Lunchbox packen mußte, bevor sie die Kinder fütterte, die schon auf waren, und dann den ganzen Tag über keine Ruhe mehr gaben – das reichte doch wohl, um einen Ochsen müde zu machen, oder? Jedenfalls, das Spionieren von Mrs. Covini hatte ihr dieses Ungeheuer – sie war mindestens einsachtzig groß – bereits dreimal auf den Hals gehetzt. Ihr Name war, passend genug, Mrs. Crabbe. ›Vier Kinder sind eine rechte Last... Benützen Sie keine Mittel zur Empfängnisverhütung, Mrs. Regan?‹ Du meine Güte! Laura bewegte den Kopf von der einen auf die andere Seite, während sie auf dem unbequemen Stuhl saß, und stöhnte; dabei kam sie sich genauso vor wie in der Schule, wenn sie vor einer Algebra-Aufgabe saß, die sie zu Tode langweilte. Sie und Eddie waren praktizierende Katholiken. Sie allein wäre vielleicht bereit gewesen, die Pille zu nehmen, aber Eddie wollte davon nichts wissen, und dabei blieb es. Sie allein hätte sie ja wohl auch gar nicht gebraucht. Jedenfalls, damit war das Thema für sie und Mrs. Crabbe erledigt, und das hatte Laura eine gewisse Befriedigung verschafft. Sie und Eddie hatten sich wenigstens in diesem Punkt ihre Rechte und ihre Unabhängigkeit bewahrt, Gott sei Dank.

»Der nächste.« Die Schwester winkte ihnen lächelnd.

Der junge Arzt pfiff durch die Zähne. »Wie ist denn das passiert?«

»Sie ist gefallen. Gegen das Rohr des Staubsaugers.«

Der Geruch eines Desinfektionsmittels. Die Wunde, die genäht wurde. Francy, die draußen in der Halle fast geschlafen hatte, war beim Stich der örtlichen Betäubung aufgewacht und jammerte nun die ganze Zeit. Der Arzt gab Francy das, was er »ein mildes Beruhigungsmittel« nannte, in einer von Zuckerguß umhüllten Tablette. Dann murmelte er etwas zur Schwester.

»Was sind das für Blutergüsse?« fragte er Laura. »An ihren Armen.«

»Ach, da hat sie sich gestoßen. Im Haus. Sie bekommt leicht einen Bluterguß.« Es war doch nicht derselbe Arzt, bei dem Laura vor drei oder vier Monaten gewesen war, oder?

»Bitte warten Sie einen Augenblick.«

Bald danach kam die Schwester zurück, und sie und der Arzt warfen einen Blick auf die Karte, die die Schwester mitgebracht hatte.

Die Schwester sagte zu Laura: »Ich nehme an, eine von unseren Sozialhelferinnen besucht sie derzeit gelegentlich – ist das richtig, Mrs. Regan?«

»Ja.«

»Haben Sie einen Termin mit ihr vereinbart?«

»Ja, ich glaube. Ich habe es zu Hause aufgeschrieben«, log Laura.

Mrs. Crabbe klingelte am nächsten Abend ohne vorherige Ankündigung um Viertel vor acht. Eddie war gerade nach Hause gekommen und öffnete sich eine Dose Bier. Er war Bauarbeiter und machte im Sommer, wenn es lange hell blieb, fast jeden Tag Überstunden. Wenn er heimkam, ging er immer als erstes an den Ausguß, wusch sich von oben bis unten mit einem nassen Handtuch, machte sich dann eine Dose Bier auf und setzte sich an den wachstuchbezogenen Tisch in der Küche.

Laura hatte die Kinder schon um sechs Uhr gefüttert und war gerade dabei, sie ins Bett zu bringen, als Mrs. Crabbe klingelte. Eddie fluchte, als er sie hereinkommen sah.

»Es tut mir leid, hier einzudringen...« Von wegen. »Wie geht es Ihnen?«

Francys Gesicht war noch verpflastert, und das Pflaster war feucht und mit Ei befleckt. Im Krankenhaus hatten sie gesagt, sie sollten das Pflaster drauflassen und nicht berühren. Eddie, Laura und Mrs. Crabbe setzten sich an den Küchentisch, und es wurde eine regelrechte Lektion daraus.

»...Es ist Ihnen doch klar, daß Sie die kleine Frances als Ventil für Ihre schlechte Laune benützen? Manche Menschen schlagen mit den Fäusten gegen eine Wand, andere streiten miteinander, aber Sie und Ihr Mann neigen dazu, die kleine Frances zu schlagen. Ist das nicht so?« Mrs. Crabbe zeigte ein falsches, freundliches Lächeln und schaute vom einen zum anderen.

Eddie machte eine finstere Miene und zerdrückte ein Streichholzbriefchen zwischen den Fingern. Laura wand sich vor Scham und schwieg. Sie wußte, was diese Frau meinte. Bevor Francy geboren wurde, hatte sie Stevie ein bißchen zu oft verprügelt. Sie hatte das dritte Kind nicht haben wollen, verdammt noch mal, vor allem in einer Wohnung, die so klein war wie die ihre, genau wie die Frau es jetzt gerade sagte. Und dann kam Francy – das vierte Kind.

»...aber Sie müssen sich beide einmal vor Augen halten, daß Francy nun einmal hier ist...«

Laura war froh, daß sie schon wieder mit der Geburtenkontrolle anfing. Eddie schaute drein, als ob er gleich explodierte, und trank sein Bier, als würde er sich schämen, dabei erwischt zu werden, aber auch, als hätte er das Recht dazu, wenn es ihm danach war, Bier zu trinken, denn es war ja sein Heim.

»...eine größere Wohnung, vielleicht? Größere Räume vor allem. Das würde die Belastung Ihrer Nerven wesentlich verringern...«

Eddie war gezwungen, ihre finanzielle Situation ins Gespräch zu bringen. »Ja, ich verdiene nicht schlecht in meinem Beruf. Ich hab' Erfahrung. Aber wir haben auch große Ausgaben, wissen Sie. Ich möchte nicht in eine größere Wohnung ziehen – momentan jedenfalls nicht.«

Mrs. Crabbe hob den Blick und schaute sich um. Ihr schwarzes Haar war ordentlich in Wellen frisiert und sah fast aus wie eine Perücke. »Ein schöner Fernsehapparat. Haben Sie ihn gekauft?«

»Ja, und wir bezahlen noch die Raten dafür. Das ist einer von den Gründen«, sagte Eddie.

Laura war nervös und verkrampft. Sie bezahlten auch noch die Raten für Eddies Hundertfünfzig-Dollar-Armbanduhr; ein Glück, daß er sie momentan nicht trug, sondern seine billige – aber er nahm die gute nie zur Arbeit mit.

»Und das Sofa und die Sessel, sind die nicht auch neu... Haben Sie die auch gekauft?«

»Ja«, nickte Eddie und lehnte sich zurück. »Die Wohnung ist eigentlich möbliert vermietet, aber Sie hätten sehen sollen, was das für Zeug war –« Er machte eine spöttische Geste in Richtung auf das Sofa.

An dieser Stelle mußte Laura ihren Eddie verteidigen. »Was hier gestanden hat, das war ein altes, rotes Ungetüm von Plastiksofa. Man hat nicht mal drauf sitzen können.« Der Arsch hat einem weh getan, hätte Laura hinzufügen können.

»Wenn wir in eine größere Wohnung ziehen, haben wir wenigstens erst einmal das«, sagte Eddie und deutete in Richtung auf das Sofa und die Sessel.

Sofa und Sessel waren mit beigefarbenem Plüsch überzogen, der ein Blumenmuster in Hellblau und Rosa aufwies. Kaum drei Monate im Haus, hatten die Kinder bereits die Sitzflächen mit Schokoladenmilch und Orangensaft versaut. Laura war es unmöglich, die Kinder von den Möbeln fernzuhalten. Sie brüllte sie immer wieder an, daß sie gefälligst auf dem Fußboden spielen sollten. Aber es ging ja darum, daß das Sofa und die Sessel noch nicht bezahlt waren, darauf wollte Mrs. Crabbe hinaus, nicht auf die Bequemlichkeit der Leute, und wie es in der Wohnung aussah, o nein.

»Die Sachen sind fast bezahlt. Nächsten Monat zahle ich die letzte Rate«, sagte Eddie.

Das war nicht wahr. Es würde noch ein paar Monate dauern, weil sie zweimal die Ratenzahlung versäumt hatten und der Mann aus dem Geschäft in der 14. Straße die Möbel schon fast wieder abgeholt hätte.

Jetzt hielt die alte Schachtel eine Rede über die Kosten der Ratenzahlungen. Man soll immer die ganze Summe bezahlen, erklärte sie, denn wenn man das nicht tut, kann man es sich auch nicht leisten, was immer es ist, klar? Laura kochte innerlich und war genauso wütend wie Eddie, aber bei solchen Leuten, die sich in die Probleme anderer einmischten, war es wichtig, daß man bei allem, was sie sagten, so tat, als wäre man ganz ihrer Meinung. Nur dann konnte man hoffen, daß sie sich nicht mehr blicken ließen.

»... wenn das mit der kleinen Frances so weitergeht, muß das Gericht einschreiten, und das würden Sie doch nicht wollen, oder? Das würde bedeuten, daß man Ihnen Frances wegnehmen und anderswo großziehen würde.«

Die Vorstellung war Laura gar nicht unangenehm.

»Wohin? Wohin wird man sie bringen?« fragte Georgie. Er hatte seine Pyjamahose an und stand in der Nähe des Tischs.

Mrs. Crabbe achtete nicht auf ihn. Sie war zum Gehen bereit.

Eddie schickte ihr einen Fluch hinterher, als sie aus der Tür war, und ging zum Kühlschrank, um sich noch ein Bier zu holen. »*Verdammtes Eindringen in mein Privatleben!*« Er stieß die Kühlschranktür mit dem Fuß zu.

Laura platzte fast vor Lachen. »Das alte Sofa! Erinnerst du dich? *Jesus!*«

»Schade, daß es nicht mehr hier war; vielleicht hätte sie sich den Hintern daran aufgestoßen.«

An diesem Abend um Mitternacht, als Laura in dem Eßlokal ein Tablett mit vier Superburgers und vier großen Kaffeebechern austrug, fiel ihr wieder etwas ein, was sie vier oder fünf Tage aus ihren Gedanken verbannt hatte. Unglaublich, daß sie fünf ganze Tage lang nicht daran gedacht hatte. Inzwischen war es wahrscheinlicher als jemals zuvor. Eddie würde einen Tobsuchtsanfall bekommen.

Am nächsten Morgen Punkt neun rief Laura Dr. Weebler an, vom Zeitungsladen unten im Parterre. Sie sagte, es sei dringend, und bekam einen Termin um elf Uhr fünfzehn. Als Laura die Wohnung verließ, um zum Doktor zu gehen, war Mrs. Covini in der Halle und wischte den Teil der weißen Fußbodenkacheln, der direkt vor ihrer Tür war. Laura hielt es für ein schlechtes Vorzeichen, daß sie gerade jetzt Mrs. Covini zu Gesicht bekam. Sie und Mrs. Covini sprachen nicht mehr miteinander.

»Ich kann es nicht einfach so mir nichts, dir nichts abtreiben«, sagte Dr. Weebler, zuckte mit den Schultern und zeigte sein widerliches Lächeln, das auszudrücken schien: »Das ist eine Sache, die in erster Linie Sie angeht. Ich bin nur der Doktor.« Und er erklärte: »So etwas kann man auch verhindern. Abtreibungen sind heutzutage wirklich nicht mehr nötig.«

Ich gehe, verdammt, zu einem anderen Doktor, dachte Laura, während der Zorn in ihr hochstieg, aber es gelang ihr, die freundliche, höfliche Miene zu bewahren. »Hören Sie, Doktor Weebler, mein Mann und ich sind praktizierende Katholiken, das habe ich Ihnen schon gesagt. Zumindest mein Mann ist es, und – na ja, Sie wissen schon. So kommt es eben dazu. Aber ich habe schon vier Kinder. So haben Sie doch ein Einsehen.«

»Seit wann verlangen praktizierende Katholiken eine Abtreibung? Nein, Mrs. Regan – aber ich könnte Ihnen einen anderen Arzt empfehlen.«

Und Abtreibungen waren angeblich in New York und in letzter Zeit leicht zu bewerkstelligen. »Wenn ich das Geld zusammenkriege – wieviel würde es kosten?« Dr. Weebler war billig, deshalb ging sie zu ihm.

»Es ist keine Frage von Geld.« Der Doktor wurde ungeduldig. Andere Patienten warteten auf ihn.

Laura war nicht sicher, aber sie sagte: »Sie treiben bei anderen Frauen ab, warum nicht bei mir?«

»*Bei wem?* Ja, wenn Gefahr besteht für die Gesundheit der Frau – das ist etwas anderes.«

Laura kam nicht weiter mit ihm, und diese nutzlose Expedition kostete sie siebeneinhalb Dollar, zahlbar sofort und in bar, und das einzige, was sie noch aus ihm herauslockte, war ein Rezept für eine Packung Nembutal. Am Abend gestand sie es Eddie. Besser gleich, als es noch lange zu verschieben, wie sie aus Erfahrung wußte, vor allem, weil die verdammte Geschichte ihr dauernd durch den Kopf ging.

»Oh, *Gooooott!*« sagte Eddie, ließ sich auf das Sofa fallen und quetschte dabei die Hand von Stevie, der auf dem Sofa war und gerade die Hand ausgestreckt hatte, als Eddie sich darauf fallen ließ.

Stevie begann zu jammern.

»Ach, hör schon auf, das hat dich ja wohl nicht umgebracht!« fuhr Eddie den Kleinen an. »Und was nun? Ich frage dich, *was nun?*«

Ja, was nun? Laura versuchte tatsächlich zu denken: Was nun? Was, zum Teufel, konnten sie tun außer auf eine Fehlgeburt zu hoffen – zu der es bestimmt nicht kommen würde? Ja, wenn sie die Treppe hinunterfiele oder so, aber sie hatte nicht den Mut, die Treppe hinunterzufallen. Wenigstens nicht so, daß es wirkte. Stevies Geheul war eine scheußliche Hintergrundmusik. Wie in einem Horrorfilm. »Oh, kannst du nicht aufhören, Stevie?«

In diesem Augenblick begann Francy zu brüllen. Laura hatte sie noch nicht gefüttert.

»Ich muß mich besaufen«, verkündete Eddie. »Aber wahrscheinlich haben wir nichts da.«

Er wußte, daß nichts da war. Sie hatten nie stärkere Sachen im Haus, weil sie so schnell alle wurden. Eddie wollte ausgehen. »Willst du nicht zuvor essen?« fragte Laura.

»Nee.« Er zog sich einen Pullover an. »Ich will einfach die ganze, verdammte Scheiße vergessen. Nur für 'ne *kleine* Weile vergessen, sonst gar nichts!«

Zehn Minuten später, nachdem sie Francy etwas gefüttert hatte – dünner Kartoffelbrei, aus einer Flasche mit Sauger, weil das weniger Schweinereien machte als aus dem Teller – und den anderen Kindern einen Karton mit Feigenriegeln hingestellt hatte, tat Laura das gleiche, aber sie ging in eine Bar weiter unten an der Hudson Street, wo Eddie nie hinkam. Heute war der eine ihrer zwei freien Abende, an denen sie nicht in das Eßlokal mußte, und das war ein Glück. Sie trank zwei Whisky sour und nebenher eine Flasche Bier, und dann begann ein recht netter Mann mit ihr zu reden und lud sie noch zu zwei Whisky sour ein. Nach dem vierten fühlte sie sich wunderbar, sogar richtig toll und wichtig, wie sie so auf dem Barhocker saß und hier und da einen Blick auf ihr Spiegelbild hinter den Flaschen warf. Wäre es nicht wunderbar, wenn sie noch einmal ganz von vorn anfangen könnte? Ohne Ehe, ohne Eddie, ohne Kinder? Einfach neu – ein unbeschriebenes Blatt?

»Ich fragte Sie: Sind Sie verheiratet?«

»Nein«, log Laura.

Aber ansonsten sprach er nur vom Football. Er hatte an diesem Tag eine Wette gewonnen. Laura gab sich Tagträumen hin. Ja, früher war es mal eine richtige Ehe gewesen, mit Liebe und allem. Sie hatte gewußt, daß Eddie nie viel Geld machen würde, aber man konnte deshalb trotzdem anständig leben, nicht wahr? Und weiß Gott, ihre Ansprüche waren nicht so teuer – wohin ging also all das Geld? Die Kinder. Das war das Loch, durch das all ihr Geld verschwand. Wirklich schade, daß Eddie Katholik war, aber wenn man auch einen Katholiken heiratete –

»Hey, Sie hören mir ja gar nicht zu!«

Laura träumte ziellos weiter. Jedenfalls, früher einmal hatte sie einen Traum gehabt, einen Traum von Liebe und Glück und davon, daß sie für Eddie und sich selbst ein hübsches Heim einrichten würde. Und jetzt kamen sie schon von draußen herein in ihr Heim, um sie dort zu bedrängen! Diese Mrs. Crabbe. Was wußte sie schon davon, wie es ist, wenn man morgens um fünf von einem plärrenden Kind geweckt wird oder wenn einen Stevie oder Georgie mit dem Finger ins Gesicht stechen, nachdem man nur ein paar Stunden geschlafen hat und der ganze Körper weh tut vor Müdigkeit. Das waren die Momente, in denen sie oder Eddie imstande waren, sie zu verprügeln. In diesen schrecklichen frühen Morgenstunden. Laura fühlte, daß sie den Tränen nahe war, also hörte sie lieber dem Mann zu, der immer noch vom Football redete.

Er wollte sie nach Hause begleiten, also ließ sie ihn. Sie war so beschwipst, daß sie seinen Arm brauchte. Dann, an der Tür, sagte sie, daß sie bei ihrer Mutter wohne und allein nach oben gehen müsse. Er wurde frech, aber sie schubste ihn weg und schlug ihm die Haustür vor der Nase zu, die zum Glück ins Schloß schnappte. Laura hatte noch nicht den zweiten Stock erreicht, als sie Schritte hörte und schon dachte, der Kerl müßte irgendwie reingekommen sein, aber dann zeigte es sich, daß es Eddie war.

»Na, wie geht's?« fragte Eddie scheinbar arglos.

Die Kinder fielen gerade über den Kühlschrank her. Das taten sie etwa einmal monatlich. Eddie scheuchte Georgie fort und schloß die Kühlschranktür, rutschte auf ein paar grünen Bohnen aus, die auf dem Boden lagen, und wäre beinahe hingefallen.

»Und schau nach dem Gas, um Himmels willen!« rief Eddie.

Jeder Brenner war an, und sobald Laura es sah, roch sie auch das Gas, überall Gas. Eddie schloß alle Brennerhähne und riß ein Fenster auf.

Georgies Gejammere war der Anlaß für die anderen, und sie stimmten ein.

»Seid ruhig, seid doch endlich ruhig!« brüllte Eddie. »Was ist denn los, seid ihr noch hungrig? Hast du ihnen nichts gegeben?«

»Natürlich hab' ich ihnen was gegeben«, sagte Laura.

Eddie stieß gegen den Türrahmen, seine Füße rutschten in einem komischen Zeitlupentempo zur Seite, und er ging ziemlich heftig zu Boden. Die vierjährige Helen lachte und klatschte vor Freude in die Hände. Stevie kicherte. Eddie verfluchte alle Anwesenden und warf seinen Pullover auf das Sofa, traf aber daneben. Laura zündete sich eine Zigarette an. Sie hatte immer noch das Hochgefühl vom Whisky sour und genoß es.

Jetzt hörte sie, wie ein Glas auf dem Boden der Toilette zersplitterte, hob aber kaum die Augenbrauen und inhalierte den Rauch. Ich muß Francy in ihrer Wiege festbinden, dachte sie, und ging auf die Kleine zu, um es zu tun. Francy saß wie eine schmutzige Stoffpuppe in einer Ecke. Ihre Wiege stand im Schlafzimmer, genau wie das Doppelbett, in dem die anderen drei Kinder schliefen. Das verdammte Schlafzimmer war wirklich nichts als ein Schlafzimmer, dachte Laura. Da drinnen gab's nur Betten. Sie zerrte Francy an ihrem Lätzchen hoch, das die Kleine noch umgebunden hatte, und in diesem Augenblick rülpste Francy und spuckte das dick gewordene Essen auf Lauras Arm.

»Igitt!« Laura ließ das Kind los und schüttelte den Arm.

Francy schlug mit dem Kopf auf den Boden auf, und jetzt stieß sie einen lauten Schrei aus. Laura ließ sich am Ausguß Wasser über den Arm laufen und schubste dabei Eddie zur Seite, der sich bereits bis zur Taille ausgezogen hatte und sich rasierte. Eddie rasierte sich immer abends, damit er morgens noch ein wenig länger schlafen konnte.

»Du bist besoffen«, stellte Eddie fest.

»Na und?« Laura ging zurück und schüttelte Francy, damit sie aufhörte zu schreien. »Du meine Güte, *hör auf!* Was hast du schon zu jammern?«

»Gib ihr ein Aspirin und nimm dir selbst auch eines«, empfahl Eddie.

Laura sagte ihm, was er mit sich tun könne. Wenn Eddie heute abend etwas von ihr wollte – das konnte er vergessen. Sie würde zurückgehen in die Bar, klar. Die Bar war bis drei Uhr morgens offen. Laura merkte, daß sie Francy ein Kissen aufs Gesicht drückte, damit sie endlich mit dem Schreien aufhöre, und wenn es nur für eine Minute war, und Laura erinnerte sich an das, was Mrs. Crabbe gesagt hatte: Francy sei das Ziel geworden – das Ziel? Das Ventil für sie beide. Es stimmte ja, sie schlug Francy öfter als die anderen, aber Francy brüllte auch mehr. Als passende Aktion zu ihren Gedanken gab Laura der Kleinen eine kräftige Ohrfeige. Das macht man, wenn die Leute hysterisch sind, dachte sie. Francy verstummte, aber nur für ein paar Sekunden, dann begann sie noch lauter zu schreien.

Die Leute von unten klopften gegen ihre Zimmerdecke. Mit einem Besenstiel, wie Laura vermutete. Laura stampfte dreimal mit dem Fuß als Antwort.

»Hör zu, wenn du es nicht fertigbringst, daß dieses Kind endlich *den Mund hält*...«, brüllte Eddie.

Laura stand vor der Schranknische und kleidete sich aus. Sie zog einen Morgenmantel an und schlüpfte in die alten braunen Slipper, die ihr als Hausschuhe dienten. Auf dem Klo hatte Eddie das Glas zerbrochen, das sie zum Zähneputzen benutzten. Laura schob die Scherben mit dem Fuß beiseite, war zu müde, um noch aufzukehren. Aspirin. Sie holte ein Röhrchen aus dem Arzneischrank, und es rutschte ihr aus den Fingern, bevor sie es aufschrauben konnte. Ein Krach, und die Tabletten waren auf dem ganzen Boden verstreut. Gelbe Pillen. Nembutal. Das war wirklich schade, aber sie würde alles morgen früh aufkehren. Und die Pillen retten. Laura nahm zwei Aspirin.

Eddie brüllte, wedelte mit den Armen durch die Luft und trieb die Kinder in das zweite Doppelbett. Das war normalerweise Lauras Aufgabe, und sie wußte, daß Eddie es nur tat, weil er nicht wollte, daß sie die ganze Nacht durchs Haus tobten und sie beide störten.

»Und wenn ihr nicht im Bett bleibt, alle miteinander, dann kriegt ihr eine Tracht Prügel von mir.«

Poch-poch-poch von unten. Schon wieder.

Laura fiel ins Bett und wachte auf, als der Wecker rasselte. Eddie stöhnte und bewegte sich langsam, als er aus dem Bett stieg. Laura lag da und genoß die letzten paar Sekunden, bis sie das Klappern hörte, welches bedeutete, daß Eddie den Wasserkessel aufgesetzt hatte. Sie machte alles andere, den Pulverkaffee, den Orangensaft, Schinken und Eier und warme Fertigmüslis für die Kinder. Dabei ging sie den letzten Abend in Gedanken noch einmal durch. Wie viele Whisky sour hatte sie gehabt? Fünf vermutlich und nur ein Bier. Mit dem Aspirin konnte das nicht mehr so schlimm sein.

»Hey, was ist mit Georgie?« brüllte Eddie. »Was ist denn im Klo los?«

Laura kroch aus dem Bett und erinnerte sich. »Ich fege es gleich zusammen.«

Georgie lag auf dem Boden vor der Klotür, und Eddie bückte sich neben ihn.

»Ist das nicht Nembutal?« fragte Eddie. »Georgie muß ein paar davon gegessen haben. Und schau Helen an!«

Helen lag neben der Dusche.

Eddie schüttelte Helen, brüllte sie an, sie solle aufwachen. »Jesus, die sind wie im Koma!« Er zerrte Helen an einem Arm heraus, hob dann Georgie auf und trug ihn zum Ausguß. Klemmte sich den Jungen unter den Arm wie einen Mehlsack, machte ein Geschirrtuch naß und klatschte es Georgie über Gesicht und Kopf. »Glaubst du, wir sollten einen Doktor holen? – Mein Gott, so mach doch! Gib mir Helen.«

Laura tat es, dann zog sie sich an. Die Slipper behielt sie an den Füßen. Sie mußte Weebler anrufen. Nein, das St. Vincent's, das war näher. »Weißt du die Nummer vom St. Vincent's?«

»Nein«, sagte Eddie. »Was macht man, daß sie sich übergeben? Was gibt man da? Senf, nicht wahr?«

»Ja, ich glaube.« Laura ging zur Tür. Sie fühlte sich noch ein wenig beschwipst und wäre beinahe auf der Treppe gestolpert. Wäre nicht schlecht gewesen, dachte sie, als ihr wieder einfiel, daß sie ja schwanger war, aber es klappte natürlich erst, wenn es schon ziemlich weit war.

Sie hatte keine Münzen dabei, aber der Mann im Zeitungsladen sagte, er traue ihr, und gab ihr einen Dime aus seiner eigenen Tasche. Er öffnete eben erst den Laden, weil es noch sehr früh war. Laura schlug die Nummer nach, und als sie in der Telephonzelle stand, hatte sie sie schon zur Hälfte wieder vergessen. Sie mußte noch mal nachschlagen. Der Zeitungshändler beobachtete sie, weil sie gesagt hatte, daß es ein Notruf sei und daß sie ein Krankenhaus anrufen müsse. Laura nahm den Hörer ab und wählte dann die Nummer, so gut sie sich daran erinnerte. Dann drückte sie den Zeigefinger ihrer rechten Hand auf den Haken – der Mann draußen konnte den Haken nicht sehen –, weil sie wußte, daß es nicht die richtige Nummer war, doch da der Mann sie von draußen beobachtete, begann sie zu reden. Die Münze kam zurück, und sie ließ sie im Fach liegen.

»Ja, bitte. Ein Notruf.« Sie nannte Namen und Adresse. »Schlaftabletten. Ich glaube, wir brauchen eine Magenpumpe... Danke. Wiederhören.«

Dann ging sie in die Wohnung zurück.

»Sie sind noch bewußtlos«, sagte Eddie. »Wie viele Pillen haben sie denn genommen, was meinst du? Sieh doch mal nach.«

Stevie brüllte nach seinem Frühstück. Und Francy weinte, weil sie noch in ihrer Wiege festgebunden war.

Laura warf einen Blick auf den Fliesenboden im Klo, konnte aber nicht ahnen, wie viele Pillen fehlten. Zehn? Fünfzehn? Es waren Dragees mit Zuckerhülle, deshalb hatten die Kinder sie gelutscht. Laura fühlte sich leer und war entsetzt und erschöpft. Eddie hatte den Wasserkessel aufgesetzt, und sie tranken im Stehen den Pulverkaffee. Eddie sagte, sie hätten keinen Senf im Haus – Laura erinnerte sich, daß sie den letzten für die Schinkensandwiches aufgebraucht hatte –, und nun versuchte er, Georgie und Helen etwas Kaffee einzuflößen, aber es schien nichts hinunterzugehen und tropfte nur auf den Boden und auf ihre Pyjamas.

»Feg das Zeug erst mal zusammen, damit wenigstens Stevie nichts davon nimmt«, befahl Eddie und nickte in Richtung auf das Klo. »Wann kommen denn die vom Krankenhaus? Ich muß sehen, daß ich weiterkomme. Unser Vorarbeiter ist ein Scheißkerl, du weißt ja, er hat verdammt viel dagegen, wenn jemand zu spät kommt.« Er fluchte, nachdem er seine Lunchbox genommen und festgestellt hatte, daß sie leer war, dann warf er sie in den Ausguß, daß es klapperte.

Immer noch benommen, fütterte Laura die kleine Francy am Küchentisch – sie hatte schon wieder ein blaues Auge; woher, zum Teufel, hatte sie das wohl wieder bekommen? –, gab Stevie Cornflakes mit Milch – er mochte kein warmes Müsli. Der Junge aß allein und kippte dabei die Schüssel um, so daß alles über das Wachstuch lief. Georgie und Helen schliefen noch in dem Doppelbett, wie Eddie sie hineingelegt hatte. *Na ja, schließlich ist das St. Vincent's im Anmarsch*, dachte Laura. Aber sie kamen nicht. Jetzt schaltete sie das kleine Batterieradio ein, um ein paar Takte Tanzmusik zu hören. Dann wechselte sie Francys Windel. Darüber hatte Francy gejammert – über die nasse Windel. Heute morgen hatte Laura das Geheul kaum gehört. Stevie war inzwischen vom Tisch aufgestanden und hinübergehüpft zu Georgie und Helen. Er stach sie mit dem Finger ins Gesicht, versuchte, sie zu wecken. Auf dem Klo leerte Laura das Töpfchen der Kinder aus, wusch den Topf, kehrte die Glasscherben und die Pillen zusammen und klaubte dann die Pillen aus der Kehrschaufel. Zuletzt legte sie sie auf eine freie Stelle in den Regalen des Medizinschränkchens.

Um zehn ging Laura hinunter in den Zeitungsladen, gab dem Mann den Dime zurück und mußte die Nummer des Krankenhauses noch einmal nachschlagen. Diesmal wählte sie richtig, bekam jemanden an die Leitung, sagte, worum es ging, und fragte, warum noch niemand gekommen sei.

»Sie haben um sieben angerufen? Das ist komisch. Da hatte ich auch schon Dienst. Aber wir schicken gleich einen Krankenwagen.«

Laura kaufte vier halbe Liter Milch und Babynahrung im Feinkostladen, dann ging sie wieder nach oben. Sie fühlte sich vielleicht ein wenig schläfrig, aber nicht sehr. Atmeten Georgie und Helen noch? Sie wollte absolut nicht hinübergehen und nachsehen, konnte es nicht ertragen. Dann hörte sie, wie der Krankenwagen vorfuhr. Laura trank gerade ihre dritte Tasse Kaffee. Sie schaute sich im Spiegel an, doch das konnte sie ebenso wenig ertragen. Je aufgeregter sie aussah, desto besser war es vielleicht. Zwei Männer in weißen Anzügen kamen herauf und gingen gleich zu den zwei Kindern hinein. Sie hatten Stethoskope umhängen. Sie murmelten und gaben gedämpfte Ausrufe von sich. Einer drehte sich um und fragte: »*Was* haben sie genommen?«

»Schlaftabletten. Sie sind an die Nembutal geraten.«

»Der hier ist schon ganz kalt. Ist Ihnen das nicht aufgefallen?«

Er meinte Georgie. Einer der Männer wickelte die Kinder in Decken vom Bett, der andere bereitete eine Spritze vor. Er gab beiden Kindern Spritzen.

»Sie brauchen vor zwei, drei Stunden nicht anzurufen«, sagte einer von ihnen.

Der andere erklärte: »Laß sie, sie ist in einem Schock. Trinken Sie eine Tasse heißen Tee, Lady, und legen Sie sich hin.«

Dann fuhren sie davon. Der Krankenwagen entfernte sich mit heulender Sirene in Richtung St. Vincent's.

Das Geheul wurde von Francy fortgesetzt, die ihre fetten, kleinen Babybeine gespreizt hatte, allerdings kaum weiter gespreizt als sonst, während ihr das Pipi aus der zusammengeknüllten Windel tropfte. Alle Gummihöschen waren noch schmutzig in der Schüssel unter dem Ausguß. Es war eine Arbeit, die sie eigentlich noch gestern abend hatte tun wollen. Laura ging zu Francy hin und gab ihr eine Ohrfeige, nur damit sie eine Minute lang still war, und Francy fiel auf den Boden. Dann gab ihr Laura einen Fußtritt in den Bauch, etwas, das sie noch nie zuvor getan hatte. Francy lag da und war endlich einmal wirklich still.

Stevie schaute Laura aus weit aufgerissenen Augen und mit offenem Mund an, als wüßte er nicht, ob er lachen oder weinen sollte. Laura schleuderte die Schuhe von den Füßen und suchte nach einem Bier. Natürlich, wieder keins da. Also kämmte sie sich, zog sich die Schuhe wieder an und ging in den Feinkostladen. Als sie zurückkam, saß Francy da, wo sie zuvor gelegen hatte, und heulte. Sollte sie ihr wieder die Windel wechseln? Eine ungewaschene Gummihose anziehen? Laura machte sich ein Bier auf, trank einen Schluck, dann wechselte sie die Windel, um irgend etwas zu tun. Das Bier noch griffbereit neben sich, ging sie zum Ausguß, füllte eine Plastikschüssel mit lauwarmem Seifenwasser und gab die sechs Gummihöschen hinein, dazu ein paar schmutzige Windeln.

Gegen Mittag klingelte es an der Tür, und es war Mrs. Crabbe, das verdammte Luder; sie war Laura ungefähr ebenso willkommen wie die Polizei.

Und diesmal gab sich Laura ungnädig. Sie unterbrach die alte

Schachtel jedesmal, sobald sie zu sprechen begonnen hatte. Mrs. Crabbe fragte, wie die Kinder an die Schlaftabletten gekommen seien. Wann sie sie gegessen hatten?

»Ich weiß nicht, warum man sich ein solches Eindringen in die Privatsphäre gefallen lassen muß!« brüllte Laura.

»Aber ist Ihnen nicht klar, daß Ihr Sohn tot ist? Er hatte innere Blutungen von den Glassplittern.«

Laura ließ einen von Eddies Lieblingsflüchen vom Stapel.

Dann ging die alte Schachtel, und Laura trank Bier, drei Dosen nacheinander. Sie war sehr durstig. Als es wieder klingelte, ging sie einfach nicht zur Tür, doch bald begannen sie zu klopfen. Nach ein paar Minuten wurde es Laura zu dumm, also öffnete sie die Tür. Es war wieder die alte Crabbe mit zwei Männern in Weiß, und einer hatte eine Art Schulranzen dabei. Laura wehrte sich, aber sie zogen ihr eine Zwangsjacke an. Dann brachten sie sie in ein anderes Krankenhaus, nicht ins St. Vincent's. Hier hielten sie zwei Männer fest, während eine dritte Person ihr eine Spritze verpaßte. Die Spritze hätte sie fast umgeworfen, aber nicht ganz.

Und dort wurde ihr auch, einen Monat später, die Abtreibung gemacht. Das Beste, was ihr seit langem passiert war.

Sie mußte die ganze Zeit in dem Krankenhaus bleiben; es hieß Bellevue. Als sie den Schädelschrumpfern sagte, daß sie die Ehe satt hatte, ihre Ehe, da schienen sie ihr zu glauben und sie zu verstehen, aber zuletzt gaben sie es dann doch zu: Die Behandlung, die sie dort bekam, zielte darauf ab, daß sie zurückkehren konnte zu ihrem Mann und den Kindern. In der Zwischenzeit waren ihre drei Kinder – Helen hatte sich erholt – in einer Art Kinderheim untergebracht. Eddie hatte Laura im Bellevue besucht, aber sie hatte ihn nicht sehen wollen, und Gott sei Dank hatte man sie nicht dazu gezwungen. Laura wollte sich scheiden lassen, aber sie wußte, daß Eddie niemals in eine Scheidung einwilligen würde. Er fand, daß Eheleute sich nicht scheiden lassen konnten. Laura dagegen wollte frei sein, unabhängig und allein. Sie wollte auch die Kinder nicht mehr sehen.

»Ich möchte ein neues Leben anfangen«, erklärte sie den Psychiatern, die ihr allmählich so auf die Nerven gingen wie Mrs. Crabbe.

Es gab nur einen Weg, wie sie hier rauskam, und der bestand

darin, wie Laura nach und nach einsah, daß sie die Leute hier zum Narren hielt. Sie durfte weg aus der Anstalt, erklärten sie ihr, unter der Bedingung, daß sie zurückkehrte zu Eddie. Sie erkämpfte sich von einem Doktor die schriftliche Bestätigung – sie bestand darauf, es schriftlich zu erhalten –, daß sie keine Kinder mehr bekommen durfte, was bedeutete, daß sie ein Recht hatte, die Pille zu nehmen.

Eddie paßte das gar nicht, obwohl es eine Anordnung des Doktors war. »Das ist keine Ehe«, sagte Eddie.

Während sie im Bellevue war, hatte Eddie eine Freundin gefunden, und daher kam er nachts manchmal nicht nach Hause und ging von dort aus, wo er schlief, direkt zur Arbeit. Laura engagierte einen Privatdetektiv, nur für einen Tag, und der lieferte ihr Namen und Adresse der Frau. Dann forderte Laura die Scheidung aufgrund der Untreue ihres Mannes, ohne Alimentenforderungen zu stellen, richtig wie eine Emanze. Eddie bekam die Kinder zugesprochen, was Laura sehr recht war, denn er mochte sie lieber als sie. Laura arbeitete von nun an ganztägig in einem Warenhaus, was ein bißchen hart war, weil sie so viele Stunden auf den Beinen bleiben mußte, aber alles in allem nicht so hart wie das Leben, das sie hinter sich gelassen hatte. Sie war erst fünfundzwanzig und sah recht hübsch aus, wenn sie sich die Zeit für ein Make-up nahm und sich ein bißchen nett herrichtete. Außerdem hatte sie gute Aussichten, in ihrem Job noch befördert zu werden.

»Ich bin ganz zufrieden«, sagte Laura zu einer neuen Freundin, der sie ihre Vergangenheit geschildert hatte. »Ich fühle mich ganz anders, so, als ob ich schon hundert Jahre gelebt hätte, und doch bin ich noch ziemlich jung... Heiraten? Nein, nie wieder.«

Sie wachte auf und stellte fest, daß alles nur ein Traum war. Das heißt, nicht *alles* war ein Traum. Das Aufwachen ging allmählich vor sich, es war kein plötzliches Erwachen wie am Morgen, wenn man die Augen aufmacht und sieht, was vor einem ist. Sie hatte zwei verschiedene Pillen genommen, auf Anweisung des Arztes. Jetzt schien es ihr, als ob das Trickpillen gewesen wären, welche die Welt rosig aussehen ließen und sie selbst fröhlicher machten – aber in Wirklichkeit, um sie dazu zu bringen, daß sie wie ein benommenes Schaf im alten Trott dahinlebte. Sie stellte nach und nach fest, daß sie am Ausguß in der Küche ihrer Wohnung an der Hudson Street stand, ein Geschirrtuch in der Hand. Es war vormittags, zehn Uhr zweiundzwanzig nach der Uhr neben dem Bett. Aber sie *war* doch im Bellevue gewesen, oder nicht? Und Georgie war doch tot, denn jetzt waren nur Stevie und Helen und Francy in der Wohnung. Es war September, das erkannte sie an der Zeitung, die auf dem Küchentisch lag. Und wo lag es – das Attest, das der Doktor unterschrieben hatte?

Wo hatte sie es aufgehoben? In ihrem Portemonnaie? Sie schaute nach, es war nicht da. Sie öffnete den Reißverschluß ihrer Handtasche. Auch nichts. Aber sie hatte es doch noch, oder? Einen Augenblick lang fragte sie sich, ob sie schwanger war, doch an ihrer Figur war nichts zu erkennen. Dann ging sie wie von einer geheimnisvollen Kraft getrieben, der Kraft eines Hypnotiseurs, zu einer ramponierten, braunen Lederkassette, in der sie ihre Ketten und Armbänder aufbewahrte. In der Kassette war ein angelaufenes, altes silbernes Zigarettenetui, in das gerade vier Zigaretten paßten, und drinnen war das zusammengefaltete weiße Papier. Da also war es. Sie hatte es noch.

Sie ging ins Bad und schaute in den Arzneischrank. Wie sahen die Pillen aus? Da lag etwas, das Ovral hieß. Das mußte es sein, es hörte sich irgendwie so an. Na, wenigstens nahm sie sie; das Fläschchen war schon halb leer. Und Eddie war verärgert darüber. Jetzt erinnerte sie sich. Sie mußte nur dabeibleiben, das war wichtig.

Aber sie hatte nicht seine Freundin durch einen Detektiv herausgefunden. Sie hatte keinen Job in einem Warenhaus. Komisch, wo ihr doch alles so klar vorgekommen war, der Job, bei dem sie bunte Schals und Strumpfhosen verkaufte, sich das Gesicht mit Make-up verschönerte, toll aussah und sogar neue Freundinnen kennenlernte. Hatte Eddie überhaupt eine Freundin? Laura konnte es nicht sagen. Jedenfalls konnte sie jetzt die Pille nehmen, und das war schon ein kleiner Triumph für sie. Aber es war doch auch ein schwacher Trost für das, was sie alles ertragen mußte. Francy heulte. Vielleicht war es Zeit, daß sie gefüttert werden mußte.

Laura stand in der Küche, biß sich auf die Unterlippe, dachte, daß sie jetzt Francy füttern mußte – nach dem Essen war sie meistens eine Weile still – und daß sie genau nachdenken mußte, jetzt, wo sie wieder denken konnte und ganz aufgewacht war. Großer Gott, das Leben konnte doch nicht einfach so weitergehen, oder? Sicher hatte sie den Job in dem Eßlokal verloren, also mußte sie sich um einen neuen kümmern, denn sie würden es nicht schaffen, nur mit Eddies Lohn. *Francy füttern!*

Es klingelte. Laura zögerte kurz, dann machte sie die Tür auf. Sie hatte keine Ahnung, wer draußen sein konnte.

Francy brüllte.

»Hör schon auf, du kommst ja gleich dran!« fuhr Laura die Kleine an und ging zum Kühlschrank.

Draußen stand Mrs. Crabbe.

*Aus dem Englischen übertragen
von Friedrich A. Hofschuster*

> MEISTERMORDE

JANE AIKEN HODGE

Selbstmord oder Mord?

Der Wind heulte die ganze Nacht, rüttelte am Haus, riß die letzten Blätter von den Birken und peitschte den Regen gegen die Schlafzimmerfenster. Der Morgen brachte lediglich eine leichte Aufhellung in all der Dunkelheit. »Ich kann nicht«, murmelte sie, als der Wecker neben dem anderen Bett schrillte.

»Wieder nicht?« Doch er schwang die Beine aus dem Bett und streckte die Hand aus, um die Deckenbeleuchtung einzuschalten.

»Nicht! Es blendet so.«

James brummte Unverständliches, nahm seine Kleidungsstücke und verschwand im Badezimmer. Bald würde er ihr eine Tasse Tee ans Bett bringen, wie er das jeden Morgen seit ihrer Fehlgeburt getan hatte, denn seither brachte sie es nicht mehr über sich, aufzustehen. Danach würde er ihr einen Abschiedskuß geben und hinunterlaufen, um den Wagen aus der Garage zu holen und nach London zu fahren. Sie hätte sich kämmen und sich für ihn hübsch machen sollen, doch statt dessen zog sie die Decke über den Kopf.

Als er ihr den Tee brachte, war sie schon fast wieder eingeschlafen. Sie richtete sich widerwillig im zerwühlten, unordentlichen Bett auf. »Ich habe die ganze Nacht nicht geschlafen«, erklärte sie. »Dieser schreckliche Wind! Stell die Tasse bitte auf den Tisch, ja?«

»Gut.« Die Untertasse klirrte auf der staubigen Tischoberfläche. »Soll ich aus der Stadt was mitbringen?«

»Nein, danke. Was sollte ich mir schon wünschen? Was könnte ich mir je noch wünschen?«

»Das weiß der Himmel.« Er hob ihren alten Morgenmantel vom Fußboden auf und legte ihn aufs Bett. »Mach's gut. Ich bin so gegen sieben wieder zu Hause... hoffe ich wenigstens.«

»So spät erst?« Das war ein täglicher Streitpunkt, seit sie auf Anraten des Arztes ihren Job aufgegeben hatte und sie hier aufs Land gezogen waren.

»Ja, leider. Soll ich in der Mittagspause bei Smithfield ein paar Steaks für uns besorgen?«

»Nein, bitte nicht!« Sie schüttelte sich. »Das ist mir zu blutig. Es ist bestimmt noch was in der Kühltruhe.«

»Wieder so ein Fertiggericht? Na, gut... Wiedersehen.« Damit war er verschwunden. Es dauerte eine gute Minute, bis ihr klarwurde, daß er vergessen hatte, sie zu küssen. Sie weinte ein wenig, bedauerte sich selbst, stellte fest, daß der Tee bereits kalt war, und döste weiter. Es war nach zehn, um elf Uhr wurde es Zeit, aufzustehen und sich den ersten Drink des Tages zu gönnen. Sie nickte gerade wieder ein, als Ginger mit einem Sprung auf dem Bett landete. Ginger hatte Hunger. James mußte vergessen haben, ihn zu füttern. Er strich unaufhörlich um ihren Kopf, schnurrte und tastete mit seinen Pfoten nach ihr. Um halb elf Uhr schließlich gab sie auf und stand auf.

Das Gesicht, das ihr aus dem Badezimmerspiegel entgegensah, wirkte verschlafen und elend. Sie hätte dringend zum Friseur gemußt... Aber weshalb sollte sie das kümmern? James merkte sowieso nie etwas und ging auch nicht mehr mit ihr aus. Was sollte das alles, wo sie doch hier auf dem Land begraben war? »Sechs Monate«, sagte sie zu dem Gesicht im Spiegel. »Genau sechs Monate.« Wann hatte sie angefangen, Selbstgespräche zu führen?

Drunten war ein Stuhl vom Küchentisch zurückgeschoben und eine halbleere Kaffeetasse stand auf einer Untertasse voller Zigarettenkippen. James wußte doch, daß sie das haßte. Wie konnte er nur? Sie war schon auf halbem Weg zum Telefon in der Diele, um ihn anzurufen und sich zu beklagen, überlegte es sich dann doch anders. Die letzten Male, die sie ihn im Büro angerufen hatte, hatte Miss Mintons Stimme so merkwürdig geklungen. Aber Miss Minton hatte sie noch nie gemocht. Das Wochenende mit ihr war katastrophal gewesen. Einweihungsfeier... lächerlich! Um sie aufzuheitern, hatte es geheißen. Miss Minton in einer ihrer Schürzen beim Abspülen. Miss Minton, die mit James zur katholischen Kirche im Nachbardorf fuhr. Verdammte Miss Minton...

Wenigstens hatte James noch etwas Kaffee übriggelassen. Während sie den Rest aufwärmte, öffnete sie eine Dose Katzenfutter, um Ginger zu besänftigen. »Du bist mir der Richtige«, murmelte sie gereizt. »Solange ich dir zu fressen gebe, ist alles in Ordnung.« Der Kater sah nervös zu ihr auf und konzentrierte sich dann aufs Fressen. Der Kater hatte sich angewöhnt, vor ihr zurückzuschrecken, seit sie ihm auf der Treppe einen Fußtritt verpaßt hatte. Dämliches Vieh!

Selbst aufgewärmt schmeckte der Kaffee noch ausgezeichnet. Vorübergehend fühlte sie sich sogar besser. Was hatte der Arzt gesagt? Machen Sie Pläne. Beschäftigen Sie sich. Sie griff nach Block und Bleistift und dachte über Weihnachten nach. Aber Weihnachten bedeutete, daß man einkaufen gehen mußte, und Einkaufen bedeutete London. Und wie sollte sie nach London kommen? Die Einkäufe würde James übernehmen müssen. Sie durfte nicht vergessen, ihm eine Liste zu schreiben. Und zwar gleich heute beim Abendessen. Was das Abendessen betraf, war er am Morgen gemein gewesen. »Wieder so ein Fertiggericht?« hatte er gesagt. Sie stand auf und schlurfte zur Kühltruhe. Rinderbraten in Burgunder. Das hatte es bereits am Vorabend gegeben, und das Fleisch war völlig trocken gewesen, weil James natürlich hoffnungslos zu spät gekommen war. Heringsfilets in Sahne. Das war vorgestern dran gewesen. Ganz unten in der Ecke lag noch ein Paket tiefgefrorener Scampis. Sie würde ihre »Scampis provençales« machen. Das mochte James besonders gern.

Machen Sie Pläne, hatte der Arzt gesagt. Und er hatte recht gehabt. Sie fühlte sich gleich besser. Sie spülte das Geschirr. Dabei fiel ihr auf, daß James offenbar nichts gegessen hatte. So was Dummes. Auf diese Weise mußte er krank werden, und was sollte dann aus ihr werden? Sie mußte unbedingt mit ihm darüber sprechen. Sollte sie ihn anrufen und ihn drängen, wenigstens anständig zu Mittag zu essen? Diesmal hatte sie die Nummer schon fast gewählt, bevor sie es sich anders überlegte und wieder einhängte. Sowieso war es bereits nach elf. Sie kehrte in die Küche zurück, holte die Flasche Sherry und ein Glas und ging ins Wohnzimmer.

Dort mußte dringend Staub gewischt werden. Die Rosen, die James ihr zum Geburtstag geschenkt hatte, hatten bereits braune Blütenblätter auf den Flügel abgeworfen, auf dem sie nicht mehr spielte.

Wind und Regen peitschten gegen das große Fenster. Sie fröstelte, lief zum Thermostat, drehte die Heizung höher und hörte zufrieden, wie der Gasboiler im Keller mit lautem Brummen ansprang. James drehte die Heizung stets ganz klein, wenn er nach Hause kam. Ihm mochte das genügen. Er war schließlich den ganzen Tag fort. Frische Luft und viel Bewegung, hatte der Arzt geraten. Sie sah auf das verregnete Tal hinab, das menschenleer und einsam wirkte. Nein, heute ging das wirklich nicht.

Es war schon weit nach elf, und sie hatte sich noch immer nicht den lebensrettenden ersten Drink eingeschenkt. Selbst nach dem Kaffee zitterte ihre Hand an diesem Vormittag heftig, und als das Telefon klingelte, verschüttete sie den Sherry und fluchte. Das konnte nur James mit einem seiner besorgten, langweiligen Anrufe sein. Diesmal würde sie ihm sagen, daß er unbedingt getrennte Betten besorgen mußte. »Ich kann es nicht ertragen«, murmelte sie, als sie den Hörer abhob.

Am anderen Ende jedoch ertönte eine Frauenstimme. Sally. Die fröhliche, dumme Sally aus der Zeitschriftenredaktion, in der sie gearbeitet hatte. Und ausgerechnet jetzt hatte sie die Sherryflasche in der Küche gelassen. Wie konnte sie Sally nur abwimmeln? Aber Sallys Stimme klang an diesem Vormittag überhaupt nicht fröhlich. »Hör zu, meine Liebe. Ich rufe von zu Hause aus an. Ich habe den Tag frei und wollte mal mit dir reden. Wie geht's dir übrigens?«

Die beiläufige Frage machte sie wütend. »Am liebsten wäre ich tot.«

»Du mußt da endlich raus, meine Liebe. Ganz ehrlich! Nimm dich zusammen. Ich habe neulich James gesehen.«

»Na und?«

»In einem Restaurant. In einem guten Restaurant. Und zwar mit seiner hübschen Sekretärin. Dieser Miss Minton. Ich warne dich...«

»Ach, scher dich zum Teufel!« Damit knallte sie den Hörer auf die Gabel. »Verdammte Intrigantin!« schimpfte sie laut und griff mit zitternder Hand nach dem Sherryglas. Sie hatte sich wirklich besser gefühlt, war bereit gewesen, neu anzufangen, etwas zu tun... Und jetzt hatte Sally alles verdorben. Aber natürlich war das nur der pure Neid. Sie waren alle neidisch gewesen, als sie James geheiratet hatte – kein Wunder. Die Erinnerung an das verlorene Glück verursachte bei ihr einen säuerlichen Geschmack im Mund. Sie und James waren so glücklich gewesen. Überschwenglich, unersättlich glücklich. Sie hatten mehr in ihre Tage und vor allem in ihre Nächte gepackt, als Tage und Nächte Stunden fassen konnten.

Es war James' Schuld, daß ihnen das entglitten war. Schließlich war er derjenige gewesen, der unbedingt ein Kind wollte. Jedenfalls hatte er es gesagt. Dieser Unsinn von der katholischen Familienethik. Ihr Glas war leer. Sie schenkte automatisch nach. Wie hatte er nur annehmen können, sie wäre in der Lage, während jener schrecklichen ersten Monate der Schwangerschaft, ihren Job zu behalten? Ihr war ständig übel gewesen, sie hatte sich in der Damentoilette fast die Seele aus dem Leib gekotzt. Entsetzlich! Nie mehr! Wenn dieser Arzt nur noch einmal behauptete, eine neue Schwangerschaft würde ihr guttun, würde sie zu einem anderen gehen. Und was die Behauptung betraf, die Fehlgeburt sei ihre Schuld gewesen... Nichts als Unsinn! Sie stellte ihr klebriges Glas auf den Intarsientisch, den James' Mutter ihnen geschenkt hatte, und dachte voller Genugtuung daran, wie wütend ihn die Spuren machen würden, die es darauf hinterließ. Ein penibler Hausdrachen... das war James. Ständig putzte er herum.

Das Telefon klingelte erneut. Nein, bitte nicht schon wieder Sally! Falls sie es war, würde sie ihr schon den Mund stopfen. Aber es war Miss Minton. James wollte sie sprechen. Sie hatte das ungute Gefühl, daß Miss Minton zuhörte, während sie mit James telefonierte, und war versucht, ihm von Sallys Anruf zu erzählen. Aber das war alles nur üble Verleumdung. Sie wollte sich nicht auf dieselbe, primitive Ebene begeben und auch noch darüber reden. James hatte es offenbar eilig. Er klang ganz atemlos. »Ich habe einen schrecklichen Tag, Liebes. Und zu allem Übel muß ich heute abend auch noch einen Klienten zum Essen ausführen. Keine Ahnung, wie lange das dauert. Ich übernachte lieber im Club.«

»Oh!« Sie hatte sich sehnsüchtig gewünscht, das breite Bett ganz für sich zu haben, aber jetzt plötzlich war die Aussicht, allein zu sein, überraschend deprimierend. »Ich wollte heute abend eigentlich meine ›Scampis provençales‹ machen«, sagte sie lahm.

»Schade.« Weshalb klang seine Stimme so merkwürdig? »Übrigens«, fuhr er hastig fort. »Eigentlich wollte ich es dir schon heute morgen sagen, aber du hast geschlafen, als ich ging. Ich glaube, drunten in der Diele hat es nach Gas gerochen. Ruf doch bitte das Gaswerk an. Sie sollen jemanden schicken, der den Boiler im Keller überprüft. Wenn du ihnen sagst, daß er möglicherweise leckt, kommen sie sofort.«

Wieder diese Betulichkeit, dachte sie. Typisch James. »Ich habe nichts gerochen«, entgegnete sie. Sie wußten beide, daß sie durch eine Kinderkrankheit fast allen Geruchssinn verloren hatte. »Wenn ich das Gaswerk anrufe, dann lassen die mich den ganzen Tag warten.«

»Wolltest du denn weg?«

Sie starrte durch das Haustürfenster auf den zugigen Weg hinaus. »Du weißt, daß der Arzt mir Spaziergänge verordnet hat. Ich soll täglich zum Dorf und zurück wandern... Daß da praktisch nur Morast ist...«

»Mr. James...«, ertönte plötzlich Miss Mintons Stimme. »Da ist ein Anruf für Sie auf dem anderen Apparat.« Seit wann nannte sie ihn überhaupt Mr. James?

»Das auch noch!« stöhnte James. »Versprich mir, das Gaswerk anzurufen, Liebling. Um meinetwillen. Ich mache mir sonst Sorgen.«

»Ja, schon gut. Und viel Spaß bei deinem ›Arbeitsessen‹.« Mit Miss Minton vielleicht? Mr. James... also wirklich! Sollte Sally doch recht gehabt haben? »Kenne ich den Klienten?« fragte sie plötzlich beiläufig.

»Nein.« James klang sehr kurz angebunden. Offenbar war ihm der Sarkasmus in ihrer Stimme nicht entgangen. Dann:

»Ich muß jetzt Schluß machen, Liebes. Vergiß das Gaswerk nicht.« Er legte auf, ohne eine Antwort abzuwarten.

Wie unhöflich! Das Selbstmitleid trieb ihr die Tränen in die Augen, als sie an ihre Verlobungszeit dachte. Damals hatten sie täglich so ausgedehnte Telefongespräche miteinander geführt, daß sich schon alle über sie mokiert hatten. Wie lange war das her? Zwei Jahre? Zwei Jahrhunderte.

Der endlose Tag, der vor ihr lag, versprach nichts als Langeweile. Sie hatte vorgehabt, die Scampis zu marinieren und ihren Spezialreis dazu zu machen. Aber zuvor wäre sie ins Dorf gelaufen, um Knoblauch zu besorgen. Dazu bestand jetzt keine Veranlassung mehr. Ihr reichte zum Mittagessen ein gekochtes Ei. Und ein weiteres zum Abendessen? Und dann konnte sie mit den Frauenzeitschriften, die James so verächtlich fand, früh ins Bett gehen. Was das Gaswerk betraf... Das war schließlich seine Idee gewesen. Sollte er doch selbst dort anrufen.

Der Sherry machte sie wohltuend schläfrig. Heute nacht, wenn James nicht wie sonst nach Mitternacht ins Bett kam und sie störte, wollte sie schlafen, schlafen... nichts als schlafen. Er würde nie begreifen, wie schlecht sie schlief, und behauptete stets, sie würde gar nicht merken, wenn er ins Bett ging. Natürlich merkte sie es nicht – oder sie tat wenigstens so. Zu Weihnachten würde es getrennte Betten geben... Das hieß, vielleicht war es besser, wenn sie das Doppelbett behielt und für James ein Bett ins Arbeitszimmer stellen ließ. Wenn er schließlich immer bis spät abends arbeiten wollte, dann war er in seinem Zimmer am besten aufgehoben. Mit dem halbleeren Glas in der Hand stand sie auf und ging langsam durch die Diele. Seit wann hatte James es sich eigentlich angewöhnt, die Tür zu seinem Arbeitszimmer stets zuzumachen? Sie hatte das Gefühl, es seit einer Ewigkeit nicht mehr betreten zu haben. Nachdem die letzte Zugehfrau endgültig fortgeblieben war, hatte James ihr ziemlich schroff, wie sie im nachhinein fand, erklärt, daß er in Zukunft dort selbst saubermachen würde.

Ganz offensichtlich hatte er das auch getan. Im Vergleich zum übrigen Haus war der Raum eine Überraschung. Selbst James' Schreibtisch, über den sie sich früher stets mokiert hatte, war relativ aufgeräumt. Als erstes jedoch fiel ihr eine langstielige, einzelne rote Rose in einem hohen Weinglas neben der Schreibmaschine auf. Es war keine späte Gartenrose, sondern Glashausware. Sollte es eine von einem Dutzend Rosen sein, die James jemandem geschenkt hatte? Hatte er sie hierher gestellt, weil sie das Zimmer nie betrat... oder weil er wollte, daß sie sie fand?

Oder war das alles dumme Einbildung? Sie hatte von jeher zuviel Phantasie gehabt und selbst am meisten darunter gelitten. Allerdings war gerade das einer ihrer Vorzüge als Redakteurin bei einer Frauenzeitschrift gewesen. Trotzdem war die Sache seltsam. Je länger sie darüber nachdachte, desto merkwürdiger kam ihr das ganze Zimmer vor. Irgendwie fühlte sie sich in diesem Raum nicht erwünscht. Es herrschte eine feindselige Atmosphäre. Ihr wurde plötzlich schwindelig, und sie ließ sich mit einem Plumps auf James' Stuhl fallen. Dabei landete ihr Sherryglas auf der Kante eines Papierstapels, kippte um und der restliche Inhalt ergoß sich über die Papiere. James würde außer sich sein vor Wut. Zum Glück hatte sie noch ihre Küchenschürze an. Sie band sie ab und wischte damit die klebrige Flüssigkeit auf, die bereits zwischen die einzelnen Blätter gelaufen war. Zumindest schien es sich nicht um ein fertiges Manuskript, sondern nur um Notizen für eine Rede oder ähnliches zu handeln.

Sie drehte den Stapel um, um auch darunter zu wischen. »Erstes Kapitel«, las sie. Großer Gott, James schrieb ein Buch! Absurd! Schließlich war sie es, die literarisches Talent besaß, nicht er. Darüber hatten sie sogar stets Witze gemacht. Sie hatte immer einen Bestseller schreiben wollen, sogar mehrere angefangen, aber stets zu viele andere Dinge zu tun gehabt, um damit fertig zu werden. Während ihr diese Gedanken durch den Kopf schossen, begann sie James' »literarischen« Versuch zu überfliegen. »Verzweiflung ist am Grad verlorenen Glücks meßbar«, begann das Manuskript. Armer James! Er versuchte einen dieser modernen Romane zu schreiben, die er sich zu lesen angewöhnt hatte. Damit würde er nie Glück haben, dazu war er viel zu fröhlich und extrovertiert, der Ärmste.

Fröhlich? Eigentlich war keiner von ihnen beiden seit der Fehlgeburt besonders fröhlich gewesen. Man mußte um die Toten trauern. Genau das hatte sie ihm gesagt, als er den jämmerlichen Versuch unternommen hatte, aus ihrem Geburtstag ein kleines Fest zu machen. Der Champagner, den er mitgebracht hatte, war lauwarm gewesen und beim Öffnen bereits zur Hälfte ausgelaufen. Sowieso... Dorschfilets mit Champagner! Eine lächerliche Zusammenstellung. Und später, James' zaghaften, unvermeidlichen Annäherungsversuch im Bett! Sie sah sich um. Hier war genug Platz für ein Sofa. Dann würde Gott sei Dank der Zank ein Ende haben.

Sie hatte plötzlich kein Bedürfnis mehr, James' deprimierendes Buch zu lesen. Außerdem war das Schwindelgefühl stärker geworden. Vermutlich war es der leere Magen. Nur noch ein Glas Sherry, dann wollte sie sich zwei Eier kochen. Aber zuerst mußte sie das Manuskript wieder ordentlich hinlegen. Eigentlich war es gemein von ihm, sich hier in diesem Zimmer zu vergraben und düsteres, muffiges Zeug zu schreiben, während sie annahm, er habe sich Arbeit aus dem Büro mitgebracht. Kein Wunder, daß ihr die Atmosphäre hier so feindselig vorgekommen war. Und was die Rose anging... Sie verspürte plötzlich eine wilde Lust, sie einfach fortzuwerfen, nahm dann jedoch nur das Glas und ging in die Küche, um frisches Wasser nachzufüllen.

Nach dem Mittagessen legte sie sich aufs Sofa und war bald erstaunlich tief und fest eingeschlafen, bis sie schließlich von Gingers fernem kläglichen Miauen geweckt wurde. »Was ist denn jetzt schon wieder?« rief sie ärgerlich, doch der Kater schrie nur noch lauter, so daß sie schließlich aufstand und auf Strümpfen schläfrig in die Diele wankte, wo Ginger vor der Kellertür saß. Als er sie sah, miaute er erneut kläglich im Einklang mit dem Heulen des Windes draußen. »Mistvieh!« murmelte sie resigniert. »Du hast mich aufgeweckt. Meinst du, da unten ist wieder eine Maus?« Sie öffnete die Kellertür und hörte das vertraute Knacken und Rappeln, das der Boiler verursachte, wenn er sich ausschaltete. Doch Ginger, der in solchen Fällen oft dem Geräusch nachging, hatte es sich offenbar plötzlich anders überlegt und zog sich in die Küche zurück. »Auch gut.« Sie knallte die Kellertür zu und legte sich wieder aufs Sofa.

Diesmal wurde sie von Angstträumen heimgesucht. Sie hatte einige Abende zuvor einen Thriller im Fernsehen gesehen, in dem sich Bankräuber als Monteure des Gaswerks verkleidet hatten. In ihrem Traum war sie einer von ihnen, der auf der Flucht vor der Polizei in seinem Kleintransporter mit dem Emblem des Gaswerks enge Landstraßen entlangraste. Die ganze Zeit über wußte sie mit jenem doppelten Bewußtsein des Träumenden, daß das, wovor sie floh, sie am Ende der Straße unausweichlich erwartete. Sie hörte die Polizeisirene... Nein, es war die Türglocke. »Verdammt!« Sie richtete sich abrupt auf und fuhr sich mit der Hand durchs unordentliche Haar. Ach was, warum sollte sie überhaupt aufmachen? Vermutlich war es nur wieder mal eine von diesen burschikosen Damen in Tweed, die für irgendwelche wohltätigen Zwecke sammelten. Sonst fand praktisch niemand den Weg hierher. Oder, noch schlimmer, war es vielleicht sogar ein Wahlhelfer, der für eine der politischen Parteien die Gegend abgraste? Die Glocke schlug erneut an. Der Klingelton war trotz des Heulens des Windes laut und deutlich vernehmbar.

Die Dämmerung hatte an diesem Novembernachmittag bereits eingesetzt, und im Haus brannte noch kein Licht. Es konnte nicht mehr lange dauern, bis der unwillkommene Besucher aufgab und wieder fortging. Sie kuschelte sich wieder in ihre Sofaecke. Es war wirklich das beste, erst gar nicht zu öffnen. Eine Frau allein im Haus... Einfach lächerlich, so spät noch für wohltätige Zwecke zu sammeln. Woher sollte sie wissen, daß es kein Frauenmörder war? Eigentlich hatte sie an der Haustür eine Kette anbringen lassen wollen, es dann jedoch einfach vergessen. Sie dachte ja gar nicht daran, zur Tür zu gehen. Sowieso war es viel zu spät. Derjenige, der geklingelt hatte, war sicher längst wieder auf und davon. Sie konnte froh sein. Wenn es eine dieser wohltätigen Damen aus dem Dorf gewesen war, hätte sie sie hereinbitten und ihr eine Tasse Tee anbieten müssen. Dabei hatte sie keinen Bissen im Haus, und es war überall staubig. Einfach unmöglich. James würde sich doch um eine neue Zugehfrau aus dem Dorf kümmern müssen. Schließlich hatte er die besten Kontakte dort. Er ging jeden Samstag und Sonntag in die Dorfkneipe und kannte alle.

Sie nahm sich vor, noch am selben Abend mit ihm darüber zu sprechen. Dann fiel es ihr wieder ein... Er blieb ja über Nacht in der Stadt. Dumm! Wie hatte sie das nur vergessen können? War das besorgniserregend? Vielleicht sollte sie den Arzt um andere Tabletten bitten. Herrgott, wenn nur dieser Sturm endlich aufhören würde. Das Haus knackte und ächzte in sämtlichen Fugen. Und es war bereits stockdunkel. Sie sah auf die Uhr. Dabei war es erst vier Uhr. Schließlich knipste sie die Leselampe an, stand auf und zog die schweren Übervorhänge am Fenster vor. Das war schon besser. Sie fühlte sich sicherer. Falls das Böse bei ihr angeklopft hatte, hatte sie es erfolgreich abgewimmelt. Niemand konnte sie sehen. Und James kam nicht nach Hause. Ein frühes Abendessen und früh ins Bett. Heute brauchte sie nicht irgendeine schreckliche Mahlzeit endlos warmzuhalten, bis endlich das Motorengeräusch seines Wagens hinter der Anhöhe zu hören war.

Das Schwindelgefühl war noch immer da. Sie brauchte unbedingt was zu trinken. Schließlich wollte sie ja auch früh zu Abend essen... Sie ging durch die Diele, ohne Licht zu machen, stolperte über die Katze und fluchte laut. Eines Tages würde sie sich wegen dieses dämlichen Viehs noch das Genick brechen. Wieso schlief der Kater überhaupt ausgerechnet in der Diele? Wartete er noch immer auf die Maus im Keller? Wenigstens war er jetzt endlich rausgegangen. Sie hatte das laute Klappern der Katzentür gehört. Sollte er doch bleiben, wo der Pfeffer wuchs.

Das Geschirr vom Mittagessen war noch nicht abgewaschen, und das Sherryglas stand auf der Anrichte. Die Flasche war fast leer. James hatte offenbar nachts davon getrunken. Sie holte eine frische Flasche aus der Speisekammer und blieb einen Augenblick stehen, um auf den Regen zu hören, der auf das verrostete Eisendach trommelte. Schreckliches Haus. Schreckliches Wetter. Schreckliches Leben.

Die Katzentür klappte laut auf und zu, und Ginger kam herein, das goldbraune Fell dunkel vor Nässe, und versuchte, sich an ihren Fußgelenken zu trocknen. »Verdammtes Vieh!« murmelte sie emotionslos. Der erste Schluck Sherry rann wohlig durch ihre Kehle. Kaum hatte sie es sich wieder auf dem Sofa bequem gemacht, ertönte draußen in der Diele erneut das geradezu gespenstisch schrille Schreien des Katers, das sich in das Heulen des Windes mischte. Sie war fast erleichtert, als dazu plötzlich das Telefon zu klingeln begann. Sollte das schon wieder James sein, der sich wegen irgendwelcher Nebensächlichkeiten den Kopf zerbrach? Nein, es meldete sich eine fremde, beinahe distanziert klingende Männerstimme, die sie sofort als die Stimme des jungen Pfarrers Paul Marchant erkannte. »Ist mit Ihnen alles in Ordnung?« erkundigte er sich. »Bitte entschuldigen Sie die Störung, aber ich habe am Nachmittag bei Ihnen geklingelt, aber es hat mir niemand aufgemacht. Deshalb war ich offengestanden in Sorge. Ihr Haus ist so abgelegen...« Er verstummte zögernd.

Am liebsten hätte sie laut aufgelacht. Er war also der Frauenmörder gewesen. Ausgerechnet der Pfarrer. Und er hatte vermutlich ehrlich befürchtet, daß ihr etwas zugestoßen sein könnte. Oder hatte er Angst gehabt, daß sie... und der Gedanke war gar nicht schön... eine Überdosis Schlaftabletten geschluckt haben könnte? Sie mochte für die katholische Kirche ein verlorenes Schaf sein, aber er mußte wissen, daß sie so etwas nie tun würde. »Oh, das tut mir leid.« Sie war selbst erstaunt über den verbindlichen Ton, den sie plötzlich zustande brachte. »Ich muß heute nachmittag auf der Couch eingeschlafen sein. Heute nacht habe ich offengestanden kein Auge zugetan. Die Klingel habe ich überhaupt nicht gehört. Entschuldigen Sie bitte. Hoffentlich war's nichts Wichtiges?«

»Nein, nein«, antwortete er. »Ich dachte nur einfach, daß Sie sich an einem solchen Tag dort oben vielleicht einsam fühlen müssen. Kein Grund, sich zu entschuldigen. Der Spaziergang hat mir gutgetan. Es ist herrlich, wenn einem mal der Wind so richtig um die Nase bläst.«

Die Unterhaltung war mühsam genug, und sie war froh, als er bald auflegte. Geistesabwesend griff sie nach der Sherryflasche und goß nach. Der Anruf kam ihr irgendwie merkwürdig vor. Er war kurz nach ihrem Einzug im Haus gewesen. Sie hatten ihm Tee angeboten und ihm gesagt, daß sie katholisch waren. Weshalb war er also ein zweites Mal gekommen? Tauschten die Geistlichen der verschiedenen Konfessionen vielleicht Informationen nach dem Motto aus: In meine Kirche kommt sie nicht, vielleicht versuchen Sie mal ihr Glück? Oder...? Sie trank ihr Glas in einem Schluck zur Hälfte aus. Sollte James etwas zu ihm gesagt haben? Sie wußte, daß sie sich öfter samstags im »Four Feathers« trafen. War es möglich, daß James diesem blutjungen Pfarrer erzählt hatte, daß er sich Sorgen um sie machte? Hatte er ihn gebeten, sie zu besuchen... sie vielleicht zu überreden, sich aktiv in der Gemeinde zu betätigen? Vermutlich eher im Frauenverein als im Mütterbund, was?

Sie weinte erneut. Doch die Tränen brachten diesmal keinen Trost. Falls James ihr das wirklich angetan hatte... hinter ihrem Rücken geredet, sie hintergangen hatte, dann würde sie... Sie würde ihn am liebsten umbringen. Wenn er über sie geredet hatte, war zwischen ihnen alles zu Ende... was allerdings nicht bedeutete, daß auch ihre Ehe zu Ende war, denn sie waren nach katholischem Ritus getraut, und dieses eiserne Band würde sie auf ewig aneinander ketten. Bis der Tod euch scheide, hatte es geheißen. Plötzlich sah sie sich im Geiste die Schlaftabletten, die ihr der Arzt so großzügig verschrieb, in... ja, worin löste man sie überhaupt auf?

Diese Gedanken waren einfach grauenvoll. Natürlich waren der Wind, das Alleinsein und die Verzweiflung daran schuld. Ohne James wäre sie verloren... wäre ihr Zustand noch desolater, als er es jetzt schon war. Bei dieser Vorstellung kam sie abrupt auf die Beine. Sie schwankte. Das Bild der einzelnen roten Rose in seinem Arbeitszimmer hatte sie den ganzen Nachmittag gequält. Vielleicht konnte dieses deprimierende Buch ihr mehr über James sagen. Plötzlich war nämlich der Gedanke, James zu verlieren, eine weder abwegige noch rein hypothetische, sondern eine sehr reale Möglichkeit geworden.

Sallys Anruf. James mit Miss Minton im Restaurant. Hatte er ihr zwölf Rosen geschenkt und eine für sich behalten? Hatte er eine Affäre mit ihr? Erklärte das die vielen Abende, an denen er so lange gearbeitet hatte? War er dann gar nicht im Büro gewesen? Aber doch nicht James, der gläubige Katholik, der vor ihrer Heirat so streng und zugeknöpft gewesen war! Unmöglich. Albern. James und Miss Minton hatten an jenem Wochenende zusammen die Messe besucht.

Das Glas schlug klirrend gegen die Flasche, als sie durch die Diele zu James' Arbeitszimmer lief. Merkwürdig, wie unsicher sie plötzlich auf den Beinen war. Waren die neuen Medikamente daran schuld? Sie setzte sich auf James' Schreibtischstuhl, stellte Flasche und Glas vorsichtig auf ein Blatt Schmierpapier und griff nach dem Manuskript. Verzweiflung ist am

Grad des verlorenen Glücks meßbar. Zum Teufel mit James! Was wußte er denn schon von Verzweiflung? Schließlich hatte er nicht allein dort weinend vor Schmerz und Angst gelegen und ihr Kind verloren. Verglichen mit ihren Gefühlen war seine Art von Verzweiflung einfach kindisch. Sie wollte nichts darüber lesen. Außerdem verschwammen die Buchstaben seltsamerweise vor ihren Augen. Es war ihr zu mühsam.

Brütete sie vielleicht etwas aus? Falls sie wirklich krank war, mußte James zu Hause bleiben und sie pflegen... ihr eine Hilfe besorgen... ins Arbeitszimmer ziehen... ein normales Leben wieder möglich machen. Aber war ein normales Leben überhaupt je wieder möglich? Als sie nach der Flasche griff, stieß sie das Glas mit der einzelnen, langstieligen Rose um. Wasser ergoß sich über das Manuskript, doch diesmal versuchte sie erst gar nicht, den Schaden so klein wie möglich zu halten. Dazu war sie viel zu sehr damit beschäftigt, die Blüte zu zerpflücken.

Hagelkörner prasselten gegen das Fenster, das keine Vorhänge hatte. Das Zimmer war schrecklich. Überall kam ihr Haß entgegen. Und sie erwiderte diesen Haß. Das mußte James klarwerden, sobald er sah, was sie mit seiner Rose gemacht hatte. Sollte sie auch das Manuskript vernichten? Ihr Kind. Sein Buch. Sie zerriß die erste Seite. Doch ihre Hände zitterten. Die Anstrengung war zu groß für sie. Sollte er doch sein kindisches Buch behalten. Außerdem hatte sie nur noch den Wunsch, dieses schreckliche Zimmer mit seinen kahlen Fenstern so schnell wie möglich zu verlassen. Sie war krank. Sie würde sich ins Bett legen, und James tat alles sicher leid, wenn er am darauffolgenden Abend nach Hause kam. Zuerst mußte sie sich allerdings noch eine Flasche Sherry holen. Die leere Flasche warf sie in James' Papierkorb. Das sollte ihm eine Lehre sein. Vielleicht hörte er dann endlich auf, ihr vorzuwerfen, sie tränke zuviel. Das Prasseln des Regens auf dem Dach der Speisekammer zerrte an ihren Nerven. »Ich werde noch mal verrückt«, murmelte sie. »Das ist zuviel für mich. Ich kann es nicht ertragen.« Und in der Diele schrie erneut die Katze. »Zuviel.« Langsam wie eine Traumwandlerin, die volle Flasche in der Hand, ging sie durch die Küche in die Diele, wo die Katze, die vor der Kellertür lag, den Kopf hob und einen Schrei ausstieß, der ihr durch Mark und Bein ging.

»Verdammtes Vieh!« Sie warf die Flasche. Hatte sie erwartet, die Katze würde davonlaufen, wie sie das immer getan hatte, sobald sie mit einem Gegenstand nach ihr geworfen hatte? Falls das so war, wurde sie enttäuscht. Die Flasche traf Ginger genau am Kopf und zerschellte dann an der Kellertür.

»Puss?« Die Katze lag bewegungslos auf dem Boden. Blut tropfte in die Sherrylache. Furchtbar. Ein Unfall. Was würde James dazu sagen? Sie fühlte sich so elend, daß ihr selbst das nichts mehr ausmachte. Sie war zu krank, um hinauf in ihr Bett zu gehen. Statt dessen schwankte sie ins Wohnzimmer, sank auf die Couch und ließ den Tränen freien Lauf.

Und draußen strömte wie schon den ganzen Tag über Gas in die Diele aus dem Keller, wo James, bevor er am Morgen ins Büro gefahren war, ein Ventil gelockert hatte.

Aus dem Englischen übertragen
von Christine Frauendorf-Mössel

Meistermorde

P. M. Hubbard

Mary

Das scheußlichste Haus, das ich kenne, war das der Margesons in Marlow. Es war nicht in Marlow, nur die Postadresse war Marlow. Es stand ein Stück stromabwärts am Fluß. An der Lage war nichts auszusetzen. Scheußlich hatten es die Margesons gemacht. Gerald Margeson hatte einen Haufen Geld, das er mit einer Fabrik in Slough verdiente. Was genau er fabrizierte, weiß ich nicht, und es spielt auch keine Rolle, ich kann mir allerdings nicht vorstellen, daß es etwas von Geschmack war. Wie dem auch sei, es verkaufte sich offensichtlich gut, und das Unternehmen war ein Familienbetrieb. Ich glaube, die gesamten Gewinne fielen so ziemlich zu gleichen Teilen an ihn und seine Frau. Bei dem vielen Geld hätten sie sich etwas wirklich Schönes leisten können, wenn sie schon am Fluß leben wollten. Statt dessen kauften sie ein Haus namens Riverlawns, einen Backsteinkasten, der so um die zwanziger Jahre entstanden war. Selbst das wäre nicht schlimm gewesen, wenn sie es gelassen hätten, wie es war. Wie ich schon sagte, das Haus an sich war gar nicht so übel, und es hatte einen großen Garten zum Fluß hinunter. Aber nachdem sie es billig erstanden hatten – ich meine natürlich nach ihren Maßstäben; ich hätte nicht einmal daran denken können, so etwas zu kaufen –, gingen sie schnurstracks daran, es nach ihren Vorstellungen zu der Prunkvilla eines Industriemagnaten zu verwandeln.

Sie bauten Terrassen und Pergolen und Wintergärten, zur Straße hin eine Garage für ihre drei Autos, am Fluß ein Bootshaus für ihr Motorboot. Garage und Bootshaus bekamen aufwendige Fachwerkmauern, aber den ehrlichen Backstein des Hauses selbst übertünchten sie mit blaßrosa Betonfarbe. Den größten Teil des Gartens opferten sie einem Swimmingpool samt Sonnenterrasse, Duschräumen und Cocktailbar, alles aus Beton. Die Rasenflächen gingen praktisch in Beton und Mosaikpflaster unter, und trotz aller Panoramafenster konnte man den Fluß kaum sehen, es sei denn, man ging nach oben, wo die Fenster klein waren.

Innen war es genauso schlimm. Das Haus hatte kleine quadratische Räume, die wenigstens warm und gemütlich hätten sein können, aber sie wurden zugerichtet, als hätte Le Corbusier die Hand im Spiel gehabt. Gerald Margeson hatte allerdings bestimmt nie von Le Corbusier gehört, aber Janet vermutlich, und die Innenausstattung war ihr Werk. Die Margesons waren keine vulgären Parvenüs. Sie gehörten beide, schon ehe sie anfingen, das große Geld zu machen, der Mittelklasse an. Ich kannte sie seit langem, Janet besser als Gerald, und ich hatte sie gern. Dazu hatte ich Grund, ihnen dankbar zu sein. Mir ging es nie glänzend, und sie waren trotz aller ihrer Marotten immer sehr liebenswürdig. Sie wußten einfach nicht recht, was sie mit dem vielen Geld anfangen sollten, das sie verdient hatten. Sie waren nicht einmal sehr glücklich.

Sie hatten keinen besonderen Anlaß, unglücklich zu sein. Sie hatten Geld, sie waren beide offensichtlich gesund, sie hatten einen Sohn und eine Tochter und erfreuten sich – wir sind ja heute alle von Freud angehaucht – eines befriedigenden Sexuallebens. Ich weiß das, weil ich an einem Sonntagmorgen im Sommer beinahe mitten hineingeplatzt wäre, als ich im Haus niemanden vorgefunden hatte, und unangemeldet in die Außenbezirke des Swimmingpools vordrang. Ich konnte ungesehen verschwinden, die beiden waren zu beschäftigt, um mich zu bemerken, aber selbst von der anderen Seite der Wand war Janets Befriedigung deutlich vernehmbar. Es war also auch auf diesem Gebiet augenscheinlich alles in Ordnung. Vielleicht bevorzugte Gerald in Wirklichkeit seine Sekretärin, aber wenn das der Fall war, so war er reich genug, sie sich leisten zu können, und Manns genug, um für Janet ausreichend übrig zu haben. Ich konnte keinen Grund sehen, weshalb sie, in ihrem Rahmen, nicht hätten glücklich sein sollen, aber ich wußte, daß sie es nicht waren.

Ich sage, »in ihrem Rahmen«; das ist eine Einschränkung, die man bei jedem machen muß. Mir wären das Leben, das sie führten, und das Haus, in dem sie wohnten, unerträglich gewesen, aber sie hatten beides selbst gewählt und hätten es meiner Ansicht nach ändern können, wenn sie das gewollt hätten. Ich war selbst nicht so glücklich, daß ich mich berufen gefühlt hätte, anderen in dieser Hinsicht gute Ratschläge zu geben, schon gar nicht Leuten, die die Voraussetzungen zum Glücklichsein in solchem Maß besaßen wie die Margesons. Aber ich hatte wenigstens eine ziemlich klare Vorstellung davon, was ich wollte, während diesen beiden eine solche Vorstellung zu fehlen schien. Sie zeigten manchmal diesen Ausdruck leicht grollender Verständnislosigkeit, als könnten sie nicht herausbekommen, warum es nicht rundum besser ging, wo doch offensichtlich alles so gut ging.

Wenigstens versuchten sie nicht, wie andere reiche Leute, die ich gekannt habe, ihr Bedürfnis damit zu stillen, daß sie weiterhin am Haus herumhantierten. Sie lebten einfach weiter so, wie sie waren, in dem Haus, wie es war. Vielleicht warteten sie beide, jeder auf seine Art, auf irgendein Ereignis, aber wenn das der Fall war, so wußten sie nicht, worauf sie eigentlich warteten. Ich glaube, sie wußten nicht einmal, daß sie überhaupt warteten. Das Seltsame war, daß ich dabei war, als das Ereignis eintrat, und ich wußte es augenblicklich.

Ein Mädchen kam den gepflasterten Weg vom Fluß herauf. Sie trug einen einteiligen schwarzen Badeanzug, und an der Form ihrer unteren Körperhälfte erkannte ich, daß sie ein Mädchen war. Ihrem Oberkörper nach hätte sie ebensogut ein Junge sein können, zumindest aus dieser Entfernung. Sie wirkte sehr jung, fast wie ein Kind. Ihre Haut war sehr weiß und ihr kurzes Haar sehr dunkel, und die Augen waren weit offen und sehr grün. Wir saßen draußen am Schwimmbecken und tranken einen Aperitif. Es war Mitte Juli und warm. Wir hörten zu sprechen auf und beugten uns ihr entgegenblickend in unseren

Stühlen vor. Sie kam ganz langsam den Weg herauf und sah uns an, einen nach dem anderen. Ich wandte den Blick von ihr ab und beobachtete Gerald und Janet.

Gerald war ein Mann mit rosiger Gesichtsfarbe, einem runden Kopf und einem kleinen ingwerroten Schnurrbart. Er begann gerade am Scheitel die ersten Haare zu verlieren und um die Mitte ein wenig anzusetzen, aber dank seiner Gesichtsform wirkte er noch immer sehr jung. Manchmal sah er so schuljungenhaft aus, daß das Bärtchen falsch schien. Den Kopf ein wenig vorgeschoben, den Mund einen Spalt geöffnet, starrte er das Mädchen an. Er war ein Mann, der immer erhitzt aussah, wenn er erhitzt war, und in diesem Moment sah er erhitzter aus denn je.

Janet war rein äußerlich das ganze Gegenteil von ihm, dunkelhaarig, blaß und schlank. Ihre beiden Kinder schlugen Gerald nach. Selbst das Mädchen war rötlich und stämmig. Sie waren beide weg, das Mädchen im Internat, der Junge in einem Paukkurs, um sich auf die Abschlußprüfung vorzubereiten. Das Mädchen auf dem Weg hätte Janets Tochter sein können, die dunkle, blaßhäutige Tochter, die sie nie gehabt hatte. Janet betrachtete sie mit hochgezogenen Brauen und einem kleinen Lächeln um den Mund.

Das Mädchen blieb vor uns stehen und sagte: »Hallo!« Sie sagte es dreimal, einmal zu jedem von uns, und jedesmal in anderem Ton. Sie war ein seltsames kleines Geschöpf und sehr wachsam.

Gerald sagte: »Wo kommst du denn her?« Er sprach in dem nachsichtig scherzhaften Ton, den er seinen eigenen Kindern gegenüber angeschlagen hatte, ehe sie dafür zu alt geworden waren. Er konnte mit Kindern bis zu einem gewissen Alter gut umgehen. Danach wurden sie ihm zu schlau.

»Aus dem Fluß«, antwortete das Mädchen. Ihre Stimme klang sehr hoch und dünn, aber irgendwie reif. Ich fragte mich, ob sie so jung war, wie sie aussah.

»Das sehen wir«, meinte Janet. »Wie bist du da hineingekommen?« Sie sprach sehr leise, und ihre Stimme schwankte ein wenig. So hatte ich sie nie mit jemandem sprechen hören.

»Vom Boot aus«, erklärte das Mädchen.

Mich sah sie nach jenem ersten Hallo überhaupt nicht mehr

an. Sie hielt den Blick auf Gerald und Janet gerichtet. Ihre Augen gingen von einem zum anderen, je nachdem, mit wem von beiden sie sprach.

Gerald stand von seinem Stuhl auf und blickte zum Fluß hinaus. Selbst von hier aus konnte man den Fluß nur sehen, wenn man stand.

»Ich sehe nirgends ein Boot«, sagte er.

»Es war aber da«, entgegnete das Mädchen. »Es ist weitergefahren.«

»Weiß man auf dem Boot, wo du bist?« fragte Janet.

Das Mädchen zögerte. Sie rieb ein feuchtes Bein sachte am anderen. Sie wirkte plötzlich sehr verloren.

»Ich – ich weiß nicht«, sagte sie. »Ich glaube nicht. Ich weiß es nicht.« Sie fröstelte.

Gerald ging in eine der Umkleidekabinen und kam mit einem Badetuch zurück. Keiner von uns sprach. Er legte ihr das Tuch um die Schultern, und ich sah, daß ihr Oberkörper, wenn auch erst andeutungsweise, so doch unverkennbar der eines Mädchens war. Janet stand auf und ging zu ihr. Sie nahm sie in den Arm, führte sie zu uns herüber und setzte sie auf einen Stuhl. Vor ihr stehend sah sie zu ihr hinunter.

»Durchgebrannt?« fragte sie, und das Mädchen nickte.

»Warum? War es nicht schön?«

Das Mädchen schüttelte den Kopf. Nur ihr Kopf und ihre Fußspitzen waren zu sehen. Der Rest ihres Körpers schien unter dem großen Badetuch zu nichts geschrumpft zu sein.

»Vielleicht solltest du es uns lieber erzählen«, meinte Janet.

Das Mädchen sah sie und Gerald an. Sie standen jetzt beide vor ihr, und die Kleine bewegte nur ihre Augen. Dann warf sie mir einen sehr kurzen Blick zu. Ich saß noch auf meinem Stuhl, und sie sah mich aus dem Augenwinkel an. Ihr Gesicht war ernst und ausdruckslos. Ich wußte, daß sie überlegte, was sie sagen sollte. Ich meine nicht, daß ich glaubte, was sie sagen würde, würde die Unwahrheit sein. Ich hatte den Eindruck, daß sie die Wirkung ihrer Worte auf ihre Zuhörer erwog. Das tun Kinder ja schon sehr früh. Später lernen sie nur, es weniger offenkundig werden zu lassen.

»Es ist das Schulboot«, sagte sie. »Es ist unser Sommerausflug.« Wie sie es betonte, klang es zynisch, obwohl ihr das sicher nicht bewußt war, und rief einen Eindruck unglaublicher Trostlosigkeit und Desillusioniertheit hervor, als wäre spontanes Genießen jenseits ihres Horizonts.

»Man wird sich um dich sorgen«, sagte Gerald und lächelte dabei, weil er die ganze Zeit lächelte, während er sie ansah.

Ganz flüchtig erwiderte sie das Lächeln. Es war das erste Lächeln, das sie einem von uns gönnte. Aber sie sagte nichts. Es war klar, daß die Sorgen der Schule sie nicht beunruhigten.

»Deine Eltern werden sich auf jeden Fall Sorgen machen«, bemerkte Janet. Das Mädchen sah zu ihr auf, ohne zu lächeln jetzt. Und auch Janet lächelte nicht.

Das Mädchen schüttelte den Kopf. »Sie sind tot«, erklärte sie.

Janets Gesicht zog sich mit der erschreckenden Plötzlichkeit eines angestochenen Luftballons zusammen. Sie beugte sich hinunter und umschlang das Mädchen, und dieses kuschelte sich, in das große Badetuch vermummt, mit einer Art instinktiven Wohlbehagens in die Umarmung, ähnlich wie ein Kätzchen, wenn man es auf den Arm nimmt.

»Armes Kind«, murmelte Gerald.

Janets Gesicht hatte sich jetzt wieder geglättet. Sie sah beinahe unnatürlich ruhig aus. Ihr Gesicht war dem des Mädchens sehr nahe, und die Züge des Mädchens waren ruhig. Die Ähnlichkeit war wirklich außergewöhnlich.

»Wie heißt du?« fragte Janet.

»Mary.«

Janet stand auf und zog das Mädchen mit sich hoch. Sie hielt sie immer noch mit beiden Armen umschlungen. Als sie sprach, war ihre Stimme heiter und bestimmt.

»Gut, Mary«, sagte sie, »ich nehme dich jetzt mit ins Haus und stecke dich ins Bett. Danach überlegen wir, was zu tun ist.«

Sie gingen zusammen zum Haus, ganz von selbst im Gleichschritt.

»Armes Kind«, sagte Gerald noch einmal.

»Hör mal«, begann ich, »ihr werdet das jetzt erst einmal klären müssen, und dazu braucht ihr mich sicher nicht. Ich mach' mich davon. Entschuldige mich bei Janet. Sie wird es schon verstehen.«

Er sah mich etwas unsicher an. Er war sichtlich ratlos.

»Na ja«, sagte er, »gut, Bill. Tut mir leid. Du bekommst doch irgendwo was zu essen?«

»Aber natürlich«, antwortete ich. »Es gibt Lokale genug.«

»Na gut«, wiederholte er sich. »Tut mir wirklich leid.«

»Das braucht es nicht«, erwiderte ich. »Ich komme morgen irgendwann mal vorbei.«

Er nickte, und wir gingen zum Haus zurück. Als wir dort ankamen, nickte er noch einmal und ging hinein. Ich lief durch den Garten und setzte mich in meinen Wagen. So fing es an.

Am nächsten Tag fuhr ich erst ziemlich spät am Abend zu den Margesons hinaus. Während des Tages hatte ich keine Zeit, und am frühen Abend wollte ich nicht kommen, weil ich dachte, sie würden sich dann verpflichtet fühlen, mich zum Essen einzuladen, um für den vergangenen Abend Wiedergutmachung zu leisten. Das war so ihre Art, bei Gerald vielleicht noch ausgeprägter als bei Janet. Er war sich jeder Verpflichtung, die aufs Finanzielle reduziert werden konnte, sehr bewußt.

Es war wieder ein warmer Abend. Als ich ankam, saßen sie beide im Wintergarten und blickten durch das Panoramafenster über das Schwimmbecken dorthin, wo sie wußten, daß der Fluß war. Sie waren beim Kaffee.

Ich setzte mich zwischen sie und sagte: »Na, was habt ihr nun mit unserer mysteriösen Mary angefangen?«

Sobald ich es ausgesprochen hatte, wußte ich, daß es falsch war. Beide sahen mich kurz an und gleich wieder weg. Sie tauschten einen Blick. Gerald brachte ein leises Lachen zustande, aber es schwang mehr als nur ein Anflug von Verlegenheit darin mit. Wieder sah er mich an, mit einem beinahe trotzigen kleinen Lächeln. Diesmal fast wie ein kleiner Junge, den man bei einer Missetat ertappt hat.

»Mary ist oben im Bett«, sagte er.

Ich war jetzt vorsichtiger. Ich zog nur eine Braue hoch und erwiderte sein Lächeln. »Sie ist also noch hier?«

»Gerald hat sich erkundigt«, erklärte Janet, »aber niemand scheint sie zu suchen. Und sie will nicht in die Schule zurück, wo immer diese Schule auch ist. Deshalb haben wir sie noch eine Nacht bleiben lassen. Sie ist – ich glaube, sie fühlt sich hier wohl.«

»Ihr wißt nicht, wo die Schule ist?« Sie schüttelte den Kopf, und ich ließ es dabei bewenden. »Das ist jedenfalls sehr lieb von euch. Ich kann mir vorstellen, daß sie sich hier wohl fühlt.«

»Wir finden es schön, sie hier zu haben«, warf Gerald ein. Er sagte es ein wenig förmlich, und ich fühlte mich irgendwie zurechtgewiesen.

Danach hab' ich nie wieder irgendwelche Fragen gestellt. Ich weiß bis heute nicht, ob Gerald sich wirklich bemühte, herauszufinden, woher das Mädchen gekommen war; sie selbst war offensichtlich nicht bereit, es ihnen zu sagen. Ich nehme an, wenn sie von einem der Vergnügungsdampfer gekommen war, vermißten die Leute, die für sie verantwortlich waren, sie erst viel weiter stromaufwärts, vielleicht in der Gegend von Reading oder so. Sie hätten ihr Verschwinden natürlich der Polizei melden müssen, aber wenn ich die Sache richtig sah, hätten sie alle Publicity tunlichst vermieden. In den Landesnachrichten jedenfalls wurde nie etwas über sie gebracht, und wenn es lokale Presseberichte gab, so nicht in Marlow. Der Fluß fordert jeden Sommer seine Opfer. Die Margesons mögen alles mögliche unternommen haben, zur Polizei gingen sie nie. Ich weiß nicht, wie sie es mit ihrem sehr rechtschaffenen Gewissen vereinbarten, Mary einfach bei sich zu behalten. Aber sie behielten sie bei sich.

Ich sah sie nicht mehr sehr häufig, und das Mädchen sah ich nie. Besuchte ich sie doch einmal, so sprachen sie kaum über sie. Aber beide machten mir auf ihre unterschiedliche Art den Eindruck von Menschen, die ein wunderbares Geheimnis hüten. Aus ihren spärlichen Bemerkungen ging klar hervor, daß beider Leben sich nur um Mary drehte, und ich stellte mir vor, daß Mary praktisch alles tun und haben konnte, was sie wollte. Solange sie dabei alle glücklich waren und keiner etwas Gesetzwidriges tat, fand ich das sehr erfreulich, wenn ich auch sagen muß, daß es mich verwunderte. Im übrigen ging mich ja die ganze Sache sowieso nichts an. Erst nachdem ich Mary wiederbegegnet war, fing ich an, mir Gedanken zu machen.

Es muß ungefähr eine Woche nach ihrem Auftauchen gewesen sein. Ich mußte Gerald in einer geschäftlichen Angelegenheit sprechen, und als ich in seinem Büro anrief, sagte man mir, er wäre bereits nach Hause gefahren. Das war so gegen halb vier Uhr nachmittags. Ich wußte, daß er sich seine Arbeitszeit so ziemlich nach Belieben einteilte. Das geht wahrscheinlich, wenn einem keine Aktionäre im Nacken sitzen. Wie dem auch sei, ich wollte ihn unbedingt sprechen, deshalb fuhr ich zum Haus hinaus. Ich ging, wie immer, einfach hinein. Personal, das im Haus wohnte, hatten sie nicht, und um diese Tageszeit wäre sowieso niemand im Dienst gewesen. Es war immer noch warmes Wetter.

Ich ging ins Wohnzimmer, aber da war niemand. Die Milchglastür zum Wintergarten stand offen, und als ich auf sie zuging, rief dahinter jemand »Hallo-oh«. Es war die Stimme, die ich an jenem Abend eine Woche zuvor das erste Mal gehört hatte, sehr hoch und dünn, aber reif.

»Hallo, Mary«, grüßte ich und trat in den Wintergarten.

Sie trug den schwarzen Badeanzug, in dem sie in den Garten gekommen war, aber sie schien ihn besser auszufüllen. Ich glaube allerdings, daß das nur so ein Eindruck war. Möglich, daß sie in einer Woche an Janets Tisch ein wenig zugenommen hatte, aber das war es nicht allein. Sie war selbstsicherer. Sie fläzte in einem Liegestuhl. Kinder fläzen selten; das ist ein Körperverhalten, das mit der Trägheit der Adoleszenz kommt, aber es war genau das richtige Wort. Sie hatte den Kopf weit nach rückwärts geneigt und schaute, gewissermaßen über ihre Stirn hinweg, nach mir, als ich hereinkam. Ein erwartungsvolles Lächeln lag auf ihrem Gesicht, aber als sie mich sah, erlosch es. Sie rührte sich nicht, aber ihr Gesicht veränderte sich, und während ich um den Stuhl herumging, so daß ich sie von vorn sehen konnte, begleitete mich ihr Blick, und sie drehte langsam den Kopf. In ihren Augen lag die gleiche Wachsamkeit wie an jenem ersten Abend.

»Oh, hallo«, sagte sie.

Es war lächerlich, aber ich wußte nicht, was ich sagen sollte. Ich wollte sie fragen, ob Gerald da wäre, aber ich wußte nicht, wie ich ihn nennen sollte, weil ich nicht wußte, wie sie ihn nannte. »Mr. Margeson« schien bei einem Kind dieses Alters absurd formell, aber »Gerald« schien mir auch nicht in Ordnung. Ich dachte daran, »Onkel Gerald« zu sagen, aber ich wußte ja nicht, ob sie ihn so nannte.

Sie sagte: »Gerald ist noch nicht zurück.«

Ich weiß nicht, warum, aber es gefiel mir nicht, wie sie das sagte. Vor einigen Jahren fanden es viele Eltern fortschrittlich, sich von ihren Kindern beim Vornamen nennen zu lassen, aber mich hatte das immer gestört, und inzwischen hört man es sowieso kaum noch. Aber das war es auch nicht allein. Sie sagte es nicht wie eines dieser fortschrittlichen Kinder von seinem Vater. Sie sagte es wie eine Erwachsene. Ich war merkwürdig berührt, aber ich war zu alt, um mich von einem Kind aus der Fassung bringen zu lassen.

»Ach, das macht nichts«, meinte ich. »Er kommt sicher bald. Man sagte mir, er wäre unterwegs.« Ich redete auch mit ihr, als wäre sie eine Erwachsene. Auch das berührte mich unangenehm, aber ich konnte es nicht ändern.

Sie beobachtete mich immer noch. Sie fläzte jetzt nicht mehr. Sie sagte: »Brauchen Sie ihn?« Ein sehr feiner, aber unverkennbarer Unterton von Unwillen lag in ihren Worten.

»Ja, ziemlich dringend«, antwortete ich.

»Ach, er kommt bestimmt bald«, sagte sie. Es hatte nichts mit meinem Anliegen zu tun. Sie schien sich Geralds und seiner baldigen Heimkehr so sicher wie ihrer selbst.

Ich saß da und sah sie an. Ich wollte sie, wenn möglich, auf keinen Fall wie eine Erwachsene behandeln. Ich wollte sie mir genau ansehen, und das tat ich. Sie lag in ihrem Liegestuhl und starrte mich mit ihren leicht zusammengekniffenen grünen Augen an. Ich sagte schon, daß sie nicht mehr fläzte. Das soll nicht heißen, daß sie ihre Körperhaltung in irgendeiner Weise sichtbar verändert hatte; das war nicht der Fall. Aber sie war nicht mehr schlaff. Sie war sich ihres ganzen Körpers bewußt. Sie unterwarf ihn bewußt meiner Betrachtung, während sie mich aus schmalen Augenschlitzen beobachtete. Mir fiel plötzlich auf, daß ihr Körper wie ihre Stimme war, sehr leicht und zart, aber irgendwie reif. Er bedeutete mir nichts. Ich habe für sehr junge Mädchen nichts übrig. Ihr Gesicht war das Gesicht eines Kindes, aber Gott, Kindergesichter gibt es in vieler Art.

»Fühlst du dich wohl hier?« fragte ich.

Sie öffnete die Augen, und über ihr Gesicht flog ein leicht wehmütiges kleines Lächeln. Sie kuschelte sich sogar ein wenig in ihren Stuhl. Sie war plötzlich ganz Kind, ein sehr anziehendes Kind.

»O ja«, sagte sie. »Es ist wirklich schön.«

»Gut«, erwiderte ich und meinte es auch. Ich glaube, ich schämte mich ein wenig.

Dann hörte ich vor dem Haus Geralds Wagen halten, und wenig später kam Gerald ins Haus. Ich stand auf.

»Ich rede mit Gerald«, sagte ich.

Sie nickte und ging ihm in den Vorsaal entgegen.

Beinahe augenblicklich war ich von neuem unangenehm berührt; Gerald zeigte ebenfalls Unwillen über meinen Besuch.

»Ach – hallo, Bill«, rief er, während er mich mit seinen runden, etwas vorstehenden Augen anstarrte und den Mund unter dem kleinen Bärtchen säuerlich zusammenzog. Er hielt ein kleines Paket in der Hand.

»Hallo«, sagte ich. »Hast du eine Minute Zeit? Ich hab' bei dir im Büro angerufen, aber man sagte mir, du wärst schon auf dem Heimweg.«

»Oh? – Ja, natürlich.« Er zögerte einen Moment, dann legte er das Päckchen auf den Tisch im Vorsaal. »Janet ist nicht da«, bemerkte er. »Hast du mit Mary gesprochen?«

»Ja. Aber ich bin eben erst gekommen. Sie sieht gut aus.«

Er drehte sich um und ging mir voraus in sein Arbeitszimmer.

»O ja«, nickte er, »es geht ihr gut. Also – was kann ich für dich tun?«

Unser Gespräch dauerte nur ein paar Minuten, dann fuhr ich wieder. Danach sah ich sie ungefähr fünf Tage lang nicht.

Als ich das nächste Mal nach Riverlawns kam, platzte ich in ein häusliches Gewitter hinein. Schon beim Eintritt in den Vorsaal hörte ich aus dem Wohnzimmer Weinen, und einen Moment darauf flog die Tür auf, und Mary rannte heraus. Sie trug ein sehr hübsches Baumwollkleid, aber ihr Gesicht war verkrampft, ihre Augen glänzten. Sie blieb stehen, als sie mich sah, und einen Moment lang umfaßten mich ihre grünen Augen mit einem weit offenen, taxierenden Blick. Dann drückte sie das Taschentuch an ihr Gesicht, drehte sich um und lief die Treppe hinauf. Das Taschentuch war schon in ihrer Hand gewesen, als sie aus dem Wohnzimmer herausgekommen war.

Als ich hineinging, fand ich Janet allein vor. Sie saß auf dem Sofa. Sie sah bekümmert aus, als hätte auch sie ein wenig geweint und wäre immer noch den Tränen nahe. Mit einem Ruck hob sie den Kopf, als ich eintrat.

»Oh – Bill!«

»Hallo, Janet.«

Sie sah mich fragend an. Ich kenne Janet seit langem, länger als Gerald. Ich hatte sie früher einmal sehr gern, und jetzt tat sie mir leid. Ich wußte, daß sie mit mir sprechen wollte, sich aber nicht recht dazu entschließen konnte. Ich setzte mich ans andere Ende des Sofas, ohne etwas zu sagen.

»Hast du Mary gesehen?« fragte sie schließlich.

»Ja. Ja, sie ging gerade nach oben, als ich kam.«

Sie holte tief Atem und sagte: »Ich – ich mache mir Sorgen, Bill.«

»Was gibt's denn?«

»Ich finde – ich finde, Gerald ist irgendwie gemein zu Mary. Und ich hab' sie so gern. Es ist so gar nicht seine Art.«

»Hast du mal mit ihm darüber gesprochen?« fragte ich.

Sie schüttelte den Kopf. Sie konnte jetzt ihren Kummer nicht mehr verbergen.

»Das ist es ja«, antwortete sie, »ich schaffe es einfach nicht. Es ist schwer zu erklären.«

»Na dann versuch's doch mal«, ermunterte ich sie, »jetzt, wo du schon angefangen hast.«

Sie blickte auf ihre Hände hinunter, die sie im Schoß zusammengekrampft hatte.

»Ich weiß nicht«, murmelte sie. »Ich glaube, er ist irgendwie eifersüchtig auf sie.«

»Weshalb sollte er eifersüchtig sein?«

Wieder schüttelte sie den Kopf, ohne mich anzusehen.

»Ich weiß nicht«, sagte sie wieder. »Ich habe sie sehr gern. Ich hatte sie gleich vom ersten Moment an gern. Als ob« – sie warf mir einen raschen Blick zu und sah wieder weg – »als ob sie zu mir gehörte, weißt du. Und ich glaube, daß Gerald ihr das vielleicht übelnimmt.«

»Ich verstehe«, murmelte ich. Ich verstand überhaupt nicht, aber das sagt man eben so. »Hast du – ich meine, ist er in deinem Beisein zu ihr unfreundlich?«

»Nein, eigentlich nicht. Er behandelt sie genauso, wie er unsere Kinder in diesem Alter behandelte. Aber ich beobachte manchmal, wie er sie ansieht – ich weiß auch nicht. Und das Kind ist ganz unglücklich darüber. Ich glaube, Mary hat Angst, daß er sie wegschickt. Sie hat sich hier gerade ein bißchen ausgeweint. Es ist mir schrecklich. Ich finde es so – so gemein von ihm.«

»Ich verstehe«, sagte ich wieder und diesmal glaubte ich, wirklich zu verstehen, zumindest mehr als zuvor. »Janet, warum schickt ihr sie nicht fort? Irgendwann müßt ihr es ja doch tun, nicht wahr?«

»O nein –« rief sie, aber ich beachtete es nicht.

»Wie die rechtliche Situation ist, weiß ich nicht«, bemerkte ich, »und es geht mich auch nichts an, aber ich denke, sie kann nicht ewig bei euch bleiben. Und es lohnt doch keine Kräche mit Gerald?«

»Es hat keine Kräche gegeben«, entgegnete sie.

»Das ist wahrscheinlich das Problem. Und in ungefähr einer Woche kommen die Kinder nach Hause. Was sollen die denn davon halten?«

»Warum sollte es sie stören?« Es war verblüffend, wie sie das sagte. Es war, als hätte ich plötzlich die reizlosen, mondgesichtigen Margeson-Kinder durch die Augen ihrer Mutter gesehen und erkannt, daß sie für sie genauso aussahen wie für mich. Kein Wunder, daß ich verblüfft war.

»Ich denke, daß es sie ein bißchen stören könnte«, gab ich sehr vorsichtig zu bedenken. »Besonders wenn Mary zwischen dir und Gerald Unfrieden stiftet.«

Sie warf den Kopf zurück und sah mich an. In ihrem Blick war eine Art wild entschlossener Abwehr.

»*Sie* ist es nicht, die Unfrieden stiftet.«

Ich erwiderte nichts, weil ich nicht wußte, was ich sagen sollte.

»Bill«, fragte sie plötzlich, »würdest du mit Gerald reden?«

»Janet, du bist ja verrückt. Was würde er denken?«

»Ich meine nicht für mich. Er soll gar nicht wissen, daß ich mit dir darüber gesprochen habe. Ich meine – unterhalte dich einfach mal mit ihm und versuch herauszukriegen, wie seine Einstellung ist.«

»Und dann soll ich's dir weitererzählen?«

Ich wollte sie damit erschüttern, und das gelang mir auch, aber sie gab dennoch nicht klein bei.

»Ach, bitte, Bill«, bat sie. »Am Donnerstag. Das ist übermorgen. Da bin ich abends nicht da. Da spiele ich Bridge. Komm doch am Donnerstag und sieh, ob du nicht mal mit Gerald reden kannst. Bitte.«

»Und was ist mit Mary?« fragte ich.

»Oh, Gerald würde in ihrem Beisein nichts sagen. Aber sie ist um die Zeit sowieso im Bett.«

Ich stand auf. »Mal sehen«, meinte ich. »Aber ich hab' dir ja schon gesagt, was ich denke. Schick sie fort, Janet.«

Sie schüttelte den Kopf. »Bitte sprich erst mit Gerald.«

Mit einem Achselzucken ging ich. Im Vorsaal war niemand. Draußen war es jetzt richtig schwül, als zöge sich ein Gewitter zusammen. Teilweise lag es vielleicht an der Witterung, aber noch dazu lastete eine bleischwere Bedrückung auf mir.

In den nächsten zwei Tagen wurde es noch heißer und drückender, aber das Gewitter kam einfach nicht. Am Donnerstag fuhr ich gegen sieben nach Riverlawns hinaus. Die schrägen Strahlen der Sonne fielen immer noch heiß in den Garten. Alles war still. Ich ging ins Haus und rief, aber niemand antwortete mir.

Ich ging weiter in den Garten. Ich wollte gerade rufen, als ich hinter der Wand beim Schwimmbecken Stimmen hörte. Ich wußte, wem die Stimmen gehörten, und ging weiter zum Torbogen in der Wand. Mein Schritt auf dem Mosaikpflaster war lautlos. Kurz bevor ich am Torbogen war, hörte ich Gerald sagen: »Du hast einen Rücken wie ein Junge.« Seine Stimme klang heiser und ein wenig atemlos. Mary lachte. Es klang wie das Klimpern eines Glockenspiels. »Aber vorn seh' ich anders aus, nicht?«

Ich machte den Hals lang und blickte um die Mauerkante herum. Es war derselbe Platz, an dem ich an einem Sonntagmorgen Gerald und Janet bei der Liebe überrascht hatte. Weder Gerald noch Mary sahen in meine Richtung. Mary stand mit erhobenen Armen, die Hände auf dem dunklen Scheitel. Ihr Badeanzug war bis zu den Hüften heruntergerollt, und Gerald kniete hinter ihr. In der linken Hand hatte er eine Cremetube, seine rechte glitt über Marys Rücken. Es war nicht die Art, wie man ein Kind anfaßt. Bei jeder Abwärtsbewegung berührte seine Hand den aufgerollten Wulst des Badeanzugs und schob ihn ein bißchen weiter hinunter. Er selbst hatte nur eine Badehose an. Sein Mund war leicht geöffnet, und in der Stille konnte ich seinen Atem hören.

»Mir gefällt alles an dir«, raunte er. »Soll ich dich ganz eincremen?«

Mary lachte wieder, rührte sich aber nicht.

»Ich hab' nichts dagegen«, sagte sie. »Meinetwegen kannst du tun, was du willst.«

Ich drehte mich um und ging zum Haus zurück. Auf dem Weg hörte ich Gerald fragen: »Wirklich?«, und es klang, als sagte er es mit zusammengebissenen Zähnen. Mary lachte wieder, ein hohes, helles Lachen.

Ich ging ums Haus herum und ließ den Wagen an. Es war mir gleichgültig, ob mich jemand bemerkte, aber ich glaubte nicht, daß es jemand hören würde. Ich fragte mich, was ich Janet sagen sollte, wenn ich sie wiedersah.

Tatsächlich traf ich sie erst viel später wieder. Ich sprach einmal am Telefon mit ihr, aber nur sehr kurz. Gerald sah ich am selben Abend noch einmal, und er bemerkte mich zum zweitenmal nicht. Mit trockenem Mund und einem Gefühl quälender Leere fuhr ich von Riverlawns weg. Ich fühlte mich beleidigt, als hätte jemand mir homosexuelle Avancen gemacht. Hauptsächlich aber war ich entsetzt über die Situation und die Tatsache, daß ich hineingezogen war und nicht heraus konnte. Ich setzte mich in ein Gasthaus auf der anderen Seite von Marlow, um etwas zu trinken und zu essen. Ich blieb nicht lange. Als ich draußen wieder in meinen Wagen stieg, fuhr Gerald auf den Parkplatz.

Wie ich schon sagte, er bemerkte mich nicht. Er stieg aus und ging ins Gasthaus. Er bewegte sich langsam. Ich sah ihn nur von der Seite, aber er wirkte benommen, wie völlig absorbiert von irgend etwas, mit dem er sich nicht recht auseinandersetzen konnte. Auf seinem Gesicht lag ein Ausdruck von Verwirrung. Sobald er drinnen war, brauste ich direkt nach Riverlawns zurück.

Ich ging nach hinten in den Garten, aber da war niemand. Die

Sonne war untergegangen, aber die Luft war heiß und schwer. Nirgends war ein Laut zu hören. Ich ging von hinten ins Haus, und als ich in den Vorsaal kam, sah ich Mary, die auf der Treppe stand und zu mir heruntersah. Sie trug einen Morgenrock mit großen Blumen, sehr fröhlich und sehr teuer wirkend, aber sie selbst sah gar nicht fröhlich aus. Sie stand ganz still, während wir uns im dämmrigen Licht ansahen.

»Es ist niemand da«, sagte sie dann. »Was wollen Sie?«

Ich stieg ein paar Stufen hinauf, um sie besser sehen zu können. Sie rührte sich nicht, aber es war, als zöge sie sich in sich selbst zurück. Auf ihrem Gesicht war weder Freude noch Furcht, nur ein Ausdruck der Berechnung. Kein schöner Anblick auf einem so jungen Gesicht. Ich sprach sehr ruhig, ja, sanft mit ihr.

»Wann gehst du wieder von hier fort, Mary?« fragte ich. »Es ist Zeit, daß du gehst. Denn irgendwann mußt du auf jeden Fall gehen, das weißt du.«

Sie schüttelte den Kopf. Jetzt, wo sie wußte, was ich wollte, war sie selbstsicherer.

»Ich will aber nicht gehen«, entgegnete sie. »Es gefällt mir hier. Und sie wollen auch nicht, daß ich gehe.«

»Jetzt vielleicht nicht«, versetzte ich. »Aber der Tag wird kommen, denke ich.«

Sie starrte mich immer noch an, bemüht herauszufinden, was ich wollte.

»Was hat Janet gesagt?« fragte sie.

»Was sie gesagt hat, spielt keine Rolle«, erwiderte ich. »Du hast sie belogen, und sie hat dir geglaubt.«

Ihre Augen weiteten sich, und eine ganze Weile sagte sie gar nichts. Ich sah plötzlich, daß sie wütend war. Es war eine kalte, haßerfüllte Wut, in der nichts Kindliches lag. Ich blickte in die starren Reptilaugen und begriff zum ersten Mal, vor was für einer Gegnerin ich da stand.

»Warum können Sie mich nicht in Ruhe lassen?« fragte sie. »Ich kann ihnen Lügen über Sie erzählen, und die werden sie auch glauben. Gerald jedenfalls. Er weiß nicht, daß Sie hier sind, nicht wahr?«

»Du kannst ihm erzählen, was du willst«, entgegnete ich. »Aber ich kann auch mit ihm sprechen, nicht wahr? Und ich glaube, wenn ich das getan habe, wird er dich wegschicken wollen.«

Sie lächelte. Es war beklemmend. Sie sah zu mir hinunter und lächelte über irgend etwas, von dem nur sie wußte. Mir galt das Lächeln nicht, für mich hatte sie nur eine Art trotziger Geringschätzung.

»Das kann er gar nicht«, eröffnete sie mir. »Jetzt nicht mehr. Fragen Sie ihn nur, dann werden Sie schon sehen.«

Das Lächeln erlosch. Ihr Gesicht war wie leer. Einen Moment lang starrte ich zu der kleinen weißen Maske hinauf, dann nickte ich. Ich stieg die paar Stufen wieder hinunter, drehte mich um und ging zu meinem Wagen hinaus. Ich wußte nicht, ob sie Gerald sagen würde, daß ich dagewesen war. Ich glaubte es nicht, aber es spielte meiner Ansicht nach sowieso keine Rolle.

In dieser Nacht lag ich lange wach und versuchte einen Ausweg zu finden, der nicht in die totale Katastrophe münden würde. Ich mußte etwas tun, weil nichts tun die Katastrophe nur hinausschieben würde, und ich konnte nicht zulassen, daß eine Katastrophe dieses Ausmaßes die Margesons traf. Mary selbst sah ich als eine Art Inbegriff des Bösen. Ich hatte ihr gegenüber kaum persönliche Gefühle, aber der Eindruck des Bösen war sehr stark. Jetzt war keine Zeit, in Erfahrung zu bringen, woher das Böse gekommen war, oder zu versuchen, es auszutreiben. Wenn man sieht, daß Menschen in einem brennenden Haus eingesperrt sind, nimmt man sich nicht die Zeit, die Ursache des Feuers festzustellen. Irgendwann in den frühen Morgenstunden faßte ich meinen Entschluß, dann schlief ich ein. Als ich erwachte, war ich bestürzt über meine Entscheidung, wie einem das manchmal geschieht, aber ich konnte keinen Grund sehen, sie zu ändern.

Ich wartete, bis ich sicher sein konnte, daß Gerald in die Firma gefahren war, dann rief ich Janet an.

»Oh, Bill!« rief sie. »Hast du mit Gerald gesprochen?«

»Hör mal, Janet«, entgegnete ich, »ich muß unbedingt mit dir reden. Aber ich hab' heute den ganzen Tag keine Zeit. Kannst du mich abends irgendwo treffen?«

»Ja, sicher. Wenn es nicht zu weit weg ist. Um welche Zeit denn?«

»Es geht leider erst um zehn. Vorher schaffe ich es nicht.«

»Ach, das ist aber spät«, meinte sie. »Geht es nicht früher?«

»Nein, Janet, es geht nicht. Aber ich muß dich unbedingt sprechen.«

Sie zögerte, aber nicht lange. »Also gut. Und wo?«

»Kennst du das Gasthaus auf der anderen Seite von Marlow? Das *Haywain*? Es hat einen Garten zum Fluß hinunter, mit Tischen. Treffen wir uns dort im Garten. In Ordnung?«

»So spät«, murmelte sie wieder, aber ich ließ ihr keine Zeit zu weiterer Überlegung.

»Also dann, um zehn«, sagte ich und legte auf. Ich wußte, sie würde kommen.

Gerald rief ich erst am frühen Nachmittag an. In seinem Büro. Er war noch dort.

»Ach, hallo, Bill. Was kann ich für dich tun?« Seine Stimme klang nicht sehr erfreut.

»Gerald, ich möchte mit dir reden.«

Er zögerte ziemlich lange. Dann fragte er: »Worüber?«

»Mary«, antwortete ich.

Diesmal zog sich das Schweigen so in die Länge, daß ich Zweifel bekam, ob er überhaupt noch dran war. Dann sagte er: »Ich verstehe.« Wieder folgte eine Pause. Schließlich fragte er: »Hast du mit Mary gesprochen?«

»Ja.«

»Hast du mit Janet gesprochen?« Seine Stimme war so leise, daß ich sie kaum hören konnte.

»Nein.«

Er seufzte kurz. »Also gut, Bill. Wo wollen wir uns treffen?«

»Im Garten vom *Haywain*. Heute abend um zehn. In Ordnung?«

»Bill –«, begann er, überlegte es sich dann aber anders. »In Ordnung«, sagte er. Ich legte auf.

Die Hitze staute sich immer dichter, und bei Sonnenuntergang war der ganze Himmel verhangen. Als ich nach Riverlawns kam, konnte man von Westen her den Fluß hinunter das Grollen des heraufziehenden Gewitters hören. Ich war um viertel vor zehn da. Den Wagen hatte ich in einer Seitenstraße etwa eine Viertelmeile entfernt stehengelassen. Ich ging direkt ums Haus herum zum Schwimmbecken. Ich zog mich um und ließ meine Sachen in einer der Kabinen. An einem Haken hingen ein schwarzer Badeanzug und ein Badetuch. Ein kleiner Badeanzug und ein sehr großes Badetuch. Ich wußte, wem sie gehörten. Es war ein Detail, an das ich nicht gedacht hatte, aber es konnte nützlich sein. Ich nahm die beiden Sachen und ging ins Haus. Es war jetzt dunkel. Es donnerte unablässig, und der ganze westliche Himmel war von flackerndem Wetterleuchten erhellt. Kalte feuchte Luftmassen wälzten sich den Fluß herauf. Bald würde es regnen.

Ich ging geradewegs zu Marys Zimmer hinauf. Ich wußte, welches es war. Ich öffnete die Tür und ging hinein. Das Zimmer war nicht erleuchtet, aber ich sah sie sogleich, sie lag am Fenster und schaute ins Gewitter hinaus. Flüchtig durchzuckte mich die Frage, ob sie Angst vor Blitzen hatte. Wenn das der Fall gewesen wäre, ich weiß nicht, was ich getan hätte. Aber sie drehte sich um, ganz gemächlich, und sah mich an. Sie wußte gleich, wer ich war. Sie war ganz ruhig.

»Was wollen Sie?« fragte sie.

»Dich, Mary«, sagte ich.

Selbst da war ihr noch nicht ganz klar, was ich meinte. Ich ging durch das Zimmer auf sie zu, und sie rührte sich überhaupt nicht. Ich warf ihr das Badetuch über den Kopf und hob sie hoch. Sie wehrte sich ein bißchen, dann hing sie schlaff in meinen Armen. Ich glaube, sie wußte in diesem Moment genau, was geschehen würde. Sie wußte überhaupt zuviel. Das war von Anfang an ihr Problem gewesen. Als wir aus dem Haus traten, tauchte ein greller Blitz für einen Moment den Garten in blendende Helligkeit, dann brach das Gewitter über uns los. Im lichtflackernden Chaos eilte ich durch den Garten und trug Mary auf dem Weg, auf dem sie gekommen war, zum Fluß zurück.

*Aus dem Englischen übertragen
von Mechtild Sandberg-Ciletti*

Meistermorde

P. D. James

Das Mädchen, das Friedhöfe liebte

Sie hatte keine Erinnerung an den Tag im heißen August neunzehnhundertsechsundfünfzig, als sie für immer zu ihrer Tante Gladys und zu ihrem Onkel Victor in das kleine Ostlondoner Haus Alma Terrace 49 gekommen war. Sie wußte, daß es drei Tage nach ihrem zehnten Geburtstag war und daß sie nun, da ihr Vater und ihre Großmutter tot, kurz hintereinander an Influenza gestorben waren, von ihren einzigen lebenden Verwandten in Obhut genommen werden sollte. Aber das waren nur Tatsachen, die ihr irgend jemand zu irgendeiner Zeit kurz berichtet hatte. Sie hatte keinerlei Erinnerung an ihr früheres Leben. Jene ersten zehn Jahre waren eine leere Landschaft, so wenig greifbar wie ein Traum, der verblaßt ist, in ihrer Seele jedoch eine offene Wunde diffuser kindlicher Angst zurückgelassen hatte. Für sie begannen Erinnerung und Kindheit mit dem Moment, in dem sie in dem kleinen fremden Zimmer erwacht war und Sambo, das Kätzchen, das noch im Schlaf zusammengerollt auf einem Handtuch am Fußende ihres Bettes lag, zurückgelassen hatte, um barfuß zum Fenster hinüberzugehen und die Vorhänge aufzuziehen.

Und da, unter ihren Augen ausgebreitet, lag der Friedhof voll Glanz und Geheimnis im frühen Morgenlicht, von Eisengittern umschlossen, von den Hintergärten der Alma Terrace nur durch einen schmalen Pfad getrennt. Es versprach wieder ein warmer Tag zu werden, und über den dichtgeschlossenen Reihen der Grabsteine hing ein feiner Dunst, der hier und dort von einem Obelisk oder den Flügelbögen marmorner Engel beherrscht wurde, deren Köpfe körperlos auf einem Meer flirrenden Lichts zu treiben schienen. Noch während sie in regloser Verzauberung hinuntersah, begann der Dunst sich zu lichten, und der ganze Friedhof zeigte sich ihr, ein Wunderwerk von Stein und Marmor, leuchtendem Gras und sommerlichen Bäumen, blumengeschmückten Gräbern und einem Netz sich kreuzender Wege, das sich weiter dehnte, als das Auge reichte. In der Ferne konnte sie gerade noch die Spitze der viktorianischen Kapelle erkennen, funkelnd wie der Turm eines verzauberten Schlosses aus einem längst vergessenen Märchen. In diesen Augenblicken staunender Verwunderung durchlief sie ein Schauder des Entzückens, der sich, selten empfunden, wie Schmerz durch ihren mageren Körper stahl. An diesem ersten Morgen ihres neuen Lebens, da sie hinter sich eine leere Vergangenheit und vor sich eine unbekannte, beängstigende Zukunft wußte, nahm sie den Friedhof in Besitz. Ihre ganze Kindheit und Jugend hindurch sollte er ihr ein Ort der Wonne und des Geheimnisses bleiben, ihre Zuflucht und ihr Trost.

Es war eine Kindheit ohne Liebe, beinahe ohne Wärme. Ihr Onkel Victor war der ältere Stiefbruder ihres Vaters; auch das hatte man ihr gesagt. Er und ihre Tante waren in Wirklichkeit gar nicht ihre Verwandten. Ihr karges Liebesvermögen verbrauchten sie füreinander, und selbst da äußerte es sich nicht im Verströmen eines positiven Gefühls, sondern vielmehr in Form eines Schutz- und Trutzpakts gegen die bedrohliche Welt, die außerhalb der adretten Gardinen ihres beengend kleinen Wohnzimmers lag.

Aber sie versorgten sie so pflichtschuldig, wie sie den Kater Sambo versorgten. Man war überzeugt, daß sie Sambo abgöttisch liebe, *ihren* Kater, den sie mitgebracht hatte, die einzige Verbindung zu ihrer Vergangenheit, beinahe ihr einziger Besitz. Nur sie wußte, daß sie ihn ablehnte und fürchtete. Aber sie pflegte und fütterte ihn mit der gleichen Gewissenhaftigkeit, die sie auf alles verwendete, was sie tat, und dafür war er ihr mit sklavischer Ergebenheit zugetan, ging ihr kaum von der Seite, trottete mit ihr zum Friedhof und kehrte erst um, wenn sie das Haupttor erreichten. Aber er war nicht ihr Freund. Er liebte sie nicht, und er wußte, daß sie ihn nicht liebte. Er war ein Mitverschworener, der, wenn er sie aus schmalen azurblauen Augen ansah, sich an einem geheimen Wissen ergötzte, das auch ihr Wissen war. Er fraß gierig, doch er wurde niemals dick. Vielmehr ging sein geschmeidiger schwarzer Körper in die Länge, bis er, im Sonnenlicht auf dem Fensterbrett ausgestreckt, die spitze Nase stets dem Friedhof zugewandt, so unheimlich und unnatürlich aussah wie ein pelztragendes Reptil.

Es war ihr Glück, daß es in der Alma Terrace ein Törchen zum Friedhof gab und daß der Weg über den Friedhof eine Abkürzung zur Schule war, was ihr gestattete, die Gefahren der Hauptstraße zu meiden. An ihrem ersten Schultag hatte ihr Onkel zweifelnd gesagt: »Na ja, es wird schon in Ordnung sein. Aber irgendwie scheint's mir ungut, daß ein Kind jeden Tag zwischen Reihen von Toten hindurchmarschieren soll.«

Ihre Tante hatte erwidert: »Die Toten können aus ihren Gräbern nicht aufstehen. Sie bleiben ruhig liegen. Vor den Toten braucht sie sich nicht zu fürchten.«

Ihre Stimme war unnatürlich barsch und laut gewesen. Und es hatte aggressiv geklungen, beinahe trotzig. Aber das Kind wußte, daß die Tante recht hatte. Sie fürchtete sich tatsächlich nicht vor den Toten, sie fühlte sich sicher und geborgen bei ihnen.

Die Jahre im Haus in der Alma Terrace glitten dahin, so neutral und fade wie die Mandelsüßspeise ihrer Tante – wahrgenommen, aber ohne Eindruck zu hinterlassen. War sie glücklich gewesen? Es war ihr nie in den Sinn gekommen, sich diese Frage zu stellen. Sie war in der Schule nicht unbeliebt, rief aber, da sie weder hübsch noch intelligent genug war, bei den Kindern oder den Lehrern kein besonderes Interesse hervor; ein ganz gewöhnliches Kind, das nur deshalb etwas anders als die anderen war, weil sie eine Waise war. Sie besaß jedoch nicht die Fähigkeit, sich den Gefühlsvorschuß, den ihr das einbrachte, zunutze zu machen. Sie hätte vielleicht Freunde gefunden, stille, zurückhaltende Kinder, wie sie selbst eines war, die sich von ihrer so gar nicht bedrohlichen Mittelmäßigkeit hätten ansprechen lassen. Aber sie hatte etwas an sich, das die schüchternen Annäherungsversuche der anderen zurückwies – ihre

Autonomie, der unbeteiligte, gleichgültige Blick, die Weigerung, etwas von sich selbst zu geben, und sei es nur in einer oberflächlichen Freundschaft. Sie brauchte keine Freunde, sie hatte den Friedhof und seine Bewohner.

Sie hatte ihre Lieblinge unter ihnen. Sie kannte sie alle, wußte, wann sie gestorben waren, wie alt sie geworden waren, in manchen Fällen, wie sie gestorben waren. Sie kannte ihre Namen und lernte ihre Grabsprüche auswendig. Für sie waren sie realer als die Lebenden, diese Reihen innig geliebter Frauen und Mütter, angesehener Kaufleute, unvergessener Väter, zärtlich geliebter Kinder. Die neuen Gräber interessierten sie kaum, wenn sie auch aus der Ferne bei den Beerdigungen zuzusehen pflegte, um später hinzuschleichen und die Trauerbotschaften zu lesen. Aber am liebsten waren ihr die vernachlässigten alten Gräber mit den verwitterten Steinen, den schiefstehenden Kreuzen, auf denen die Zeit die eingeritzten Worte beinahe ausgewaschen hatte. Um die Namen jener längst Gestorbenen rankten sich ihre kindlichen Phantasien.

Selbst die Jahreszeiten erlebte sie durch den Friedhof. Die goldgelben und lilafarbenen Spitzen der ersten Krokusse, die durch die harte Erde stießen. Der April mit den sich wiegenden Narzissen. Der ganze Friedhof in gelber und weißer Pracht, wenn die trauernden Hinterbliebenen die Gräber zu Ostern schmückten. Der Duft frisch gemähten Grases und der modrig erdige Geruch des Hochsommers, als atmeten die Toten die von Blumenduft erfüllte Luft und atmeten zugleich ihren eigenen geheimnisvollen Hauch aus. Der blendende Glanz der Sonne auf Stein und Marmor, während die alten Frauen in ihren fleckigen Baumwollkleidern mit den Vasen zum Brunnen hinter der Kapelle schlurften. Die Verwandlung des Friedhofs beim ersten Schnee, der groteske Anblick der Marmorengel mit ihren hohen weißen Hauben. Kam Tauwetter, so stand sie am Fenster und wartete auf den Moment, in dem die weiße Vermummung fallen und die Engel wieder im alten Gewand dastehen würden.

Nur einmal hatte sie nach ihrem Vater gefragt. Von da an wußte sie instinktiv, daß dieses Thema aus irgendwelchen geheimnisvollen Gründen, die nur die Erwachsenen kannten, tabu war. Sie hatte mit ihren Hausaufgaben am Küchentisch gesessen, während ihre Tante das Abendessen gekocht hatte. Von ihrem Geschichtsbuch aufsehend, hatte sie gefragt: »Wo ist Daddy eigentlich begraben?«

Die Bratpfanne hatte klirrend gegen den Herd geschlagen, der Kochlöffel war ihrer Tante aus der Hand gefallen. Sie hatte viel Zeit gebraucht, um ihn aufzuheben, zu waschen und das Fett vom Boden aufzuwischen.

Das Kind hatte noch einmal gefragt: »Wo ist Daddy eigentlich begraben?«

»Oben im Norden. In Creedon, außerhalb von Nottingham, zusammen mit deiner Mama und deiner Großmutter. Wo sonst?«

»Kann ich da hinfahren? Kann ich ihn besuchen?«

»Wenn du älter bist, vielleicht. Es bringt doch nichts, da an den Gräbern rumzustehen. Die Toten sind sowieso nicht mehr da.«

»Und wer kümmert sich um sie?«

»Um die Gräber? Das Friedhofspersonal. Jetzt komm, mach deine Hausaufgaben, Kind. Ich muß den Tisch gleich fürs Essen herrichten.«

Nach ihrer Mutter, die bei ihrer Geburt gestorben war, hatte sie nicht gefragt. Daß ihre Mutter sie verlassen hatte, schien ihr immer Vorsatz gewesen zu sein, zugleich ein Quell geheimer Schuld. »Du hast deine Mutter umgebracht.« Irgendwann hatte einmal jemand diese Worte zu ihr gesagt und ihr diese Last aufgebürdet. Sie verbot es sich, an ihre Mutter zu denken. Aber sie wußte, daß ihr Vater bei ihr geblieben war und sie geliebt hatte, daß es nicht sein Wunsch gewesen war, zu sterben und sie zu verlassen. Eines Tages würde sie heimlich losziehen und sein Grab finden. Und wenn sie es gefunden hatte, würde sie es jede Woche besuchen. Sie würde es pflegen und Blumen darauf pflanzen und das Gras schneiden, wie die alten Frauen auf dem Friedhof das taten. Und wenn es keinen Stein hatte, würde sie einen kaufen, kein Kreuz, sondern einen glänzenden Obelisken, den größten im ganzen Friedhof mit seinem Namen darauf und einem Grabspruch, den sie auswählen würde. Sie würde natürlich warten müssen, bis sie älter war, bis sie aus der Schule kam und arbeiten und genug Geld sparen konnte. Aber eines Tages würde sie ihren Vater finden. Dann würde sie auch ein Grab haben, das sie besuchen und pflegen konnte. Es galt, eine Schuld der Liebe abzutragen.

Vier Jahre nach ihrer Ankunft im Haus in der Alma Terrace kam der einzige Bruder ihrer Tante aus Australien zu Besuch. Rein äußerlich hatte er große Ähnlichkeit mit seiner Schwester, die gleiche stämmige, kurzbeinige Gestalt, die gleichen kleinen Augen in einem runden, dicklichen Gesicht. Aber Onkel Neds forsche Selbstsicherheit, seine muntere Herzlichkeit war der unsicheren, zurückhaltenden Art seiner Schwester so fremd, daß man sie dem Wesen nach niemals für Geschwister gehalten hätte. Während der Dauer seines zweiwöchigen Besuchs beherrschte er mit seiner durchdringenden, fremd klingenden Stimme und seiner selbstbewußten Männlichkeit das kleine Haus. Er bescherte ihnen eine Reihe unbekannter Vergnügen, Restaurantbesuche im West-End, einen Nachmittag beim Greyhound-Rennen, eine Theatervorführung in Earls Court. Er war nett zu dem Kind, steckte ihm des öfteren Geld zu, spazierte eines Morgens sogar mit der Kleinen durch den Friedhof, um sich seine Rennzeitung zu kaufen. Am selben Abend, als sie ungehört die Treppe zum Abendessen herunterkam, schnappte sie Bruchstücke einer Unterhaltung auf, eines Gesprächs unter Erwachsenen, die sie zu jenem Zeitpunkt nicht verstand, jedoch in ihr Gedächtnis aufnahm und dort verwahrte.

Zuerst hörte sie die herzhaft dröhnende Stimme Onkel Neds: »Wir standen da und schauten uns zusammen so einen Grabstein an. Geliebter Mann und Vater, am 14. März 1892 plötzlich und unerwartet von unserer Seite gerissen. So was in der Art. Mit einem riesigen Marmorengel, der zum Himmel zeigte. Ihr kennt die Dinger ja. Da schaut mich die Kleine an und sagt: ›Daddy ist auch plötzlich gestorben.‹ Genau das hat sie gesagt. Ganz kühl und sachlich. Wie, in Gottes Namen, ist die darauf gekommen? Ich meine, wieso sagte sie das ausgerechnet in dem Moment? Ich war ganz schön verdattert, kann ich euch sagen. Ich wußte überhaupt nicht, wo ich hinschauen sollte. Und das dann auch noch auf dem gottverdammten Friedhof. Eins kann ich euch versprechen, wenn ihr nach Sidney kommt. Da erwartet euch eine bessere Aussicht.«

Sie schlich näher, strengte sich aber vergebens an, das undeutliche Gemurmel, das ihre Tante zur Antwort gab, zu verstehen.

Dafür hörte sie die Worte ihres Onkels um so deutlicher: »Diese Hexe hat ihm nie verziehen, daß er Helen geschwängert hat. Für ihre kostbare einzige Tochter war ihr keiner gut genug. Und als Helen dann bei der Geburt starb, gab sie ihm daran auch noch die Schuld. Der arme Teufel, der hat sich nichts als Kummer und Verdruß eingehandelt, als er diesem Mädchen begegnete. Zu weich, zu romantisch. Das war immer schon Martins Problem.«

Wieder undeutliches Gemurmel, der Klang von Schritten, als ihre Tante vom Tisch zum Herd ging, das Rücken eines Stuhls. Dann wieder die Stimme von Onkel Ned.

»Ein komisches Ding, die Kleine, nicht wahr? Altmodisch. Morbide könnte man fast sagen. Ihr ganzes Leben scheint sich auf dem Friedhof abzuspielen. Und sie ist ihrem Vater wie aus dem Gesicht geschnitten. Mensch, das hat mich richtig erschreckt, sage ich euch. Sieht mich mit seinen Augen an und sagt: ›Daddy ist auch ganz plötzlich gestorben.‹ Das kann man wohl sagen! Influenza? Na, so kann man's auch nennen. So ein geläufiger Begriff hat eben auch sein Gutes, denke ich. Da kommen die Leute nicht drauf. Wie lang ist es jetzt her? Vier Jahre? Kommt mir länger vor.«

Nur ein Teil dieses in Bruchstücken belauschten, unverständlichen Gesprächs hatte sie beunruhigt. Onkel Ned wollte sie überreden, zu ihm nach Australien zu kommen. Man würde sie vielleicht von hier wegbringen, sie würde den Friedhof nie wiedersehen, würde vielleicht Jahre brauchen, das Geld zu sparen, um nach England zurückkehren und das Grab ihres Vaters suchen zu können. Und wie sollte sie es regelmäßig besuchen, wie es pflegen und versorgen, wenn sie auf der anderen Seite der Welt lebte? Nach Onkel Neds Abreise packte sie monatelang jedesmal eiskalte Furcht, wenn sie einen seiner Briefe mit den australischen Marken durch den Briefschlitz flattern sah.

Aber sie hätte keine Angst haben müssen. Erst im Oktober 1966 verließen sie England, und sie reisten allein. Als sie ihr an einem Sonntagmorgen beim Frühstück ihren Entschluß mitteilten, wurde offenkundig, daß sie nie auch nur erwogen hatten, sie mitzunehmen. Pflichtschuldig wie immer hatten sie ihre Entscheidung bis zu dem Zeitpunkt aufgeschoben, an dem sie von der Schule abgegangen war und sich als Stenotypistin bei einer Immobilienfirma ihren eigenen Lebensunterhalt verdiente. Ihre Zukunft war gesichert. Sie hatten alles getan, was ihr Gewissen von ihnen verlangte. Zaghaft und ein wenig kleinlaut rechtfertigten sie ihre Entscheidung, als glaubten sie, es wäre ihr wichtig, wäre für sie von Belang, ob sie blieben oder gingen. Die Arthritis der Tante werde immer schmerzhafter und lästiger; sie sehnten sich nach der Sonne; Onkel Ned wäre ihr einziger naher Verwandter, und keiner von ihnen werde jünger. Ihr Plan, über den sie monatelang flüsternd hinter geschlossenen Türen beraten hatten, war, zunächst für sechs Monate besuchsweise nach Sidney zu gehen und dann, vorausgesetzt, es gefiel ihnen in Australien, einen Einwanderungsantrag zu stellen. Das Haus in der Alma Terrace wollten sie verkaufen, um den Flug zu finanzieren. Es war bereits ausgeschrieben. Aber sie hatten Vorsorge für ihre Pflegetochter getroffen. Als sie ihr mitteilten, was vereinbart worden war, neigte sie ihren Kopf tief über den Teller, um ihre Freude zu verbergen. Mrs. Morgan, drei Häuser weiter, war bereit, sie als Untermieterin ins Haus zu nehmen, wenn sie nichts dagegen hatte, das kleine Zimmer nach hinten hinaus, zum Friedhof, zu nehmen. Im inneren Tumult von Freude und Erleichterung hörte sie kaum die nächsten Worte ihrer Tante. Einen kleinen Haken hatte die Sache. Jeder wußte, was Mrs. Morgan von Katzen hielt. Man würde Sambo einschläfern lassen müssen.

Sie sollte am Nachmittag des Tages, an dem ihre Tante und ihr Onkel aus Heathrow abflogen, zu Mrs. Morgan ziehen. Ihre beiden Koffer, die ihre gesamte Habe enthielten, waren schon gepackt. In der Handtasche waren die mageren amtlichen Beweise ihrer Existenz verstaut: ihre Geburtsurkunde, ihr Krankenversicherungsausweis, ihr Postsparbuch, das die mühsam zusammengetragene Summe von einhundertdrei Pfund auswies.

Gleich am Tag nach ihrem Umzug wollte sie mit der Suche nach dem Grab ihres Vaters beginnen. Aber zuerst brachte sie Sambo zum Tierarzt, um ihn einschläfern zu lassen. Aus zwei ineinandergeschobenen Kartons, die sie mit Löchern versah, machte sie einen Katzenkäfig und setzte sich dann, den Käfig zu ihren Füßen, geduldig ins Wartezimmer. Der Kater gab keinen Laut von sich, und diese stille Resignation rührte sie, rief zum erstenmal eine Aufwallung von Mitleid und Zuneigung hervor. Aber sie konnte ihn nicht retten. Sie wußten es beide. Er hatte ja sowieso immer gewußt, was sie dachte, hatte um die Vergangenheit gewußt und um die Zukunft. Sie teilten etwas, ein Wissen, eine gemeinsame Erfahrung, an die sie sich nicht erinnern und die er nicht ausdrücken konnte. Mit seiner Vernichtung würde nun selbst dieses zarte Band, das sie noch mit den ersten zehn Jahren ihres Lebens verknüpfte, für immer abgeschnitten werden.

Als sie ins Sprechzimmer geholt wurde, sagte sie: »Ich möchte ihn einschläfern lassen.«

Der Tierarzt strich ihm mit kräftigen, erfahrenen Händen über das glänzende Fell.

»Sind Sie sicher? Er scheint mir noch ganz gesund zu sein. Er ist natürlich alt, aber in bemerkenswert guter Verfassung.«

»Ja, ich bin sicher. Ich möchte ihn einschläfern lassen.«

Und sie ging, ohne einen Blick, ohne ein weiteres Wort.

Sie hatte geglaubt, es würde sie froh machen, befreit zu sein von dem Zwang, Liebe vorzutäuschen, befreit vom anklagenden Blick der schrägen Augen. Aber auf dem Rückweg zur Alma Terrace weinte sie; wie Regentropfen rannen ihr die Tränen über das Gesicht.

Sie bekam ohne Schwierigkeiten eine Woche Urlaub. Sie war mit ihren Urlaubstagen sparsam umgegangen. Mit ihrer Arbeit war sie wie immer auf dem laufenden. Sie hatte sich ausgerechnet, wieviel Geld sie für Bahn und Bus und für eine Woche Unterkunft in einem bescheidenen Hotel brauchen würde. Ihre Pläne waren gefaßt. Schon seit Jahren. Sie würde ihre Suche dort aufnehmen, wo sie ihrer Geburtsurkunde zufolge zur Welt gekommen war, im Cranstown House, Creedon, Nottingham. Die derzeitigen Eigentümer würden sich vielleicht an sie und ihren Vater erinnern. Wenn nicht, gab es vielleicht Nachbarn oder ältere Dorfbewohner, die den Tod ihres Vaters noch im Gedächtnis hatten und wußten, wo er beerdigt war. Wenn das scheiterte, würde sie es bei den ortsansässigen Bestattungsunternehmen versuchen. Es waren schließlich nur zehn Jahre vergangen. Irgend jemand im Ort würde sich erinnern. Irgendwo in Nottingham mußten die Beerdigungen amtlich aufgezeichnet sein. Sie sagte Mrs. Morgan, sie nehme eine Woche Urlaub, um die Heimatstadt ihres verstorbenen Vaters zu besuchen, packte eine Reisetasche und nahm am folgenden Morgen den frühesten Zug vom St.-Paanras-Bahnhof nach Nottingham.

Auf der Busfahrt von Nottingham nach Creedon regten sich zum ersten Mal Angst und Mißtrauen. Bis dahin war sie voll ruhiger Zuversicht gereist, doch sonderbarerweise ganz ohne Aufregung, als wäre diese lang geplante Reise so natürlich und unvermeidbar wie der tägliche Weg ins Büro, eine Wallfahrt, die ihr von jenem Moment an bestimmt war, als sie, ein barfüßiges Kind im weißen Nachthemd, die Vorhänge ihres Schlafzimmers aufgezogen und das Königreich zu ihren Füßen gesehen hatte. Jetzt aber schlug ihre Stimmung um. Während der Bus durch die Vorstädte zuckelte, rutschte sie auf ihrem Sitz hin und her, als löste das seelische Unbehagen körperliche Unrast aus. Sie hatte eine grüne Landschaft erwartet, kleine Kirchen, die von Eiben beschattete Dorffriedhöfe bewachten. So waren die Friedhöfe gewesen, die sie bei Ausflügen besucht und beinahe so sehr geliebt hatte wie den, den sie in ihren Besitz genommen hatte. Nur im Frieden eines solchen von Vogelgezwitscher erfüllten Heiligtums konnte ihr Vater ruhen. Aber Nottingham hatte sich in den letzten zehn Jahren ausgebreitet, und Creedon war jetzt wenig mehr als ein dörflicher Vorort, von der Stadt durch einen Siedlungsgürtel aufdringlicher moderner Häuser, Tankstellen und Einkaufsarkaden getrennt. Nichts an der Reise war vertraut, und doch wußte sie, daß sie diese Straße schon früher einmal gefahren war, in Angst und Schmerz.

Doch als der Bus dreißig Minuten später an der Endstation in Creedon hielt, wußte sie sofort, wo sie war. Das *Dog and Whistle* stand immer noch an einer Ecke der staubigen, mit Abfällen übersäten Dorfwiese, und davor war immer noch dasselbe alte Bushäuschen. Beim Anblick seiner beschmierten Wände kehrte die Erinnerung so rasch zurück, als wäre nie etwas vergessen gewesen. Hier hatte ihr Vater sich stets von ihr getrennt, nachdem er sie zum regelmäßigen Sonntagsbesuch bei der Großmutter hergebracht hatte. Hier hatte die alte Köchin ihrer Großmutter auf sie gewartet. Hier hatte sie sich umgedreht, um ein letztes Mal zu winken, und ihren Vater gesehen, wie er geduldig darauf wartete, daß der Bus sich zur Rückfahrt in Bewegung setzte. Hier hatte er sie abends um halb sieben wieder abgeholt. Creedon House war das Haus, in dem ihre Großmutter gelebt hatte. Sie selbst war zwar dort geboren, aber es war nie ihr Zuhause gewesen.

Sie brauchte nicht nach dem Weg zum Haus zu fragen; brauchte, als sie fünf Minuten später beklommen und fasziniert an ihm emporblickte, den Namen nicht zu lesen, der auf dem verwitterten, mit einem Vorhängeschloß gesicherten Tor stand. Es war ein quadratisch gebautes Haus aus dunklem Backstein, das in unangemessener und falscher Großartigkeit am Ende einer von Hecken gesäumten Dorfstraße stand. Es war kleiner, als sie es in Erinnerung hatte, aber dennoch war es ein schreckliches Haus. Wie hatte sie diese verschnörkelten überhängenden Ziergiebel, das hohe, steile Dach, die versponnenen Erkerfenster, den finsteren Turm am Ostende je vergessen können?

Am Tor war mit Drähten das Schild eines Immobilienmaklers befestigt, und es war offensichtlich, daß das Haus leer stand. Die Farbe der Haustür blätterte ab, der Rasen wucherte wild, die Zweige der Rhododendronbüsche waren geknickt, und der Kiesweg war von Unkrautbüscheln durchsetzt. Hier war niemand, der ihr bei der Suche nach dem Grab ihres Vaters helfen konnte. Aber sie wußte, daß sie in das Haus hinein, daß sie sich zwingen mußte, durch diese bedrohlich wirkende Tür zu treten. Das Haus wußte etwas, hatte ihr etwas zu erzählen, das auch Sambo gewußt hatte. Sie konnte dem nächsten Schritt nicht entrinnen. Sie mußte die Maklerfirma aufsuchen und sich eine Erlaubnis zur Besichtigung holen.

Sie hatte den nächsten Bus zurück verpaßt, und als der darauffolgende in Nottingham ankam, war es nach drei. Sie hatte seit dem Frühstück am frühen Morgen nichts gegessen, war aber so von ihrem Vorhaben getrieben, daß sie den Hunger nicht spürte. Doch sie wußte, daß es ein langer Tag werden würde und daß sie etwas essen mußte. Sie ging in eine Imbißstube, kaufte sich einen Käsetoast und eine Tasse Kaffee, gönnte sich nur widerwillig die wenigen Minuten, die sie brauchte, um die Mahlzeit hinunterzuschlingen. Der Kaffee war heiß, aber beinahe ohne Geschmack. Das Aroma fehlte ihr nicht, aber als die heiße Flüssigkeit ihr brennend durch die Kehle rann, wurde ihr bewußt, wie dringend sie sie gebraucht hatte.

Das Mädchen an der Kasse konnte ihr den Weg zu der Immobilienfirma sagen. Es schien ihr ein gutes Omen, daß es nur zehn Minuten zu Fuß waren. Sie wurde von einem scharfgesichtigen jungen Mann im übertrieben eleganten Nadelstreifenanzug empfangen, der sie nach einem kundigen Blick auf ihren alten blauen Tweedmantel, die billige Reisetasche und die Handtasche aus Kunstleder der Kategorie von Interessenten zuordnete, von denen wenig zu erwarten ist und die keinen Aufwand wert sind. Doch er suchte ihr die Unterlagen heraus, und seine Neugier regte sich, als sie nur einen kurzen Blick darauf warf und sie dann einsteckte. Ihre Bitte, das Haus noch am Nachmittag besichtigen zu dürfen, wurde, wie sie erwartet hatte, höflich, aber ohne Enthusiasmus aufgenommen. Sie kannte sich in diesem Geschäft aus und wußte den Grund für dieses Verhalten. Das Haus stand leer, sie würde eine Begleitperson brauchen. Nichts an ihrer ehrenwerten Schäbigkeit ließ hoffen, daß sie kaufen würde. Als er sich für einen Moment entschuldigte, um mit einem Kollegen zu sprechen, und bei der Rückkehr sagte, er könne sie sofort nach Creedon hinausfahren, wußte sie auch dafür die Ursache. Es gab im Büro im Moment nicht sonderlich viel zu tun, und es war Zeit, daß jemand von der Firma einmal nach dem Anwesen sah.

Sie sprachen nichts während der Fahrt. Als sie Creedon erreichten und er in die Straße zum Haus einbog, kehrte die Beklemmung, die sie bei ihrem ersten Besuch gespürt hatte, zurück, aber sie war tiefer und stärker. Jetzt beruhte sie nicht mehr nur auf der Erinnerung an vergangenes Elend. Dies waren wieder lebendig gewordene kindliche Not und Angst, jedoch verstärkt durch die schreckliche Vorahnung einer Erwachsenen. Als der Makler seinen Morris auf dem grasbewachsenen Straßenrand parkte, sah sie zu den blinden Fenstern hinauf und wurde von einer Aufwallung so gellenden Entsetzens gepackt, daß sie einen Moment lang unfähig war, zu sprechen oder sich zu rühren. Sie nahm wahr, daß der Mann ihr die Tür aufhielt, sie roch das Bier in seinem Atem, sie sah sein Gesicht, das ihr mit einem Ausdruck mühsam bewahrter Geduld unangenehm nahe war. Es drängte sie zu sagen, sie hätte es sich anders überlegt, das Haus wäre nicht das richtige für sie, es hätte keinen Sinn, es zu besichtigen, sie würde im Wagen auf ihn warten. Aber sie zwang sich, von dem warmen Sitz aufzustehen, und stolperte, voller Verachtung für ihre Ungewandtheit, unter seinem hochnäsigen Blick aus dem Wagen. Sie wartete schweigend, während er das Vorhängeschloß aufsperrte und das Tor öffnete.

Zwischen den ungepflegten Rasenflächen und den ausladenden Rhododendronbüschen gingen sie auf die Haustür zu. Und plötzlich waren die Füße, die neben ihr über den knirschenden Kies schritten, andere Füße, und sie wußte, daß sie neben ihrem Vater ging, wie sie das in ihrer Kindheit getan hatte. Sie brauchte nur die Hand auszustrecken, um die Berührung seiner Finger zu spüren. Ihr Begleiter sagte etwas über das Haus, aber sie hörte es nicht. Die sinnlosen Worte verklangen, und sie hörte eine andere Stimme, die Stimme ihres Vaters, hörte sie zum erstenmal seit mehr als zehn Jahren.

»Es ist ja nicht für immer, mein Schatz. Nur bis ich Arbeit gefunden habe. Und ich besuche dich jeden Sonntag zum Mittagessen. Hinterher können wir dann einen Spaziergang machen, nur wir zwei. Das hat Großmutter versprochen. Und ich kaufe dir ein Kätzchen. Ich bringe es nächstes Wochenende mit. Großmutter hat sicher nichts dagegen, wenn sie es sieht. Einen schwarzen kleinen Kater. Du wolltest doch immer eine schwarze Katze. Wie wollen wir ihn nennen? Kleiner schwarzer Sambo? Er wird dich an mich erinnern. Und dann, wenn ich Arbeit gefunden habe, kann ich ein kleines Haus mieten, und wir sind wieder zusammen. Ich sorge schon für dich, mein Liebling. Wir sorgen füreinander.«

Sie wagte nicht aufzusehen, aus Angst, sie würde wieder diese verzweifelt bittenden Augen sehen, die sie anflehten, ihn zu verstehen, es ihm leichter zu machen, ihn nicht zu verachten. Sie wußte jetzt, daß sie ihm hätte helfen müssen, sagen müssen, daß sie ihn verstand, daß es ihr nichts ausmachte, auf einen Monat oder so bei der Großmutter zu leben, daß alles gut werden würde. Aber eine so erwachsene Reaktion hatte sie nicht zustande gebracht. Sie erinnerte sich an Tränen, verzweifeltes Festhalten an seinem Mantel, an die alte Köchin ihrer Großmutter, die sie mit strengem Gesicht von ihm weggerissen und ins Bett hinaufgetragen hatte. Und die letzte Erinnerung zeigte ihn ihr, wie sie ihn vom Fenster ihres Zimmers über der Veranda gesehen hatte, einen geschlagenen Mann, der todmüde, mit gesenktem Kopf, die Straße hinunter zur Bushaltestelle ging.

Als sie vor der Haustür standen, blickte sie auf. Das Fenster war noch da. Aber natürlich war es da! Sie kannte jedes Zimmer in diesem dunklen Haus.

Der Garten lag im weichen Licht der Oktobersonne, doch der Vorsaal kam ihr kalt und düster entgegen. Die wuchtige Mahagonitreppe führte aus der Düsternis in eine Dunkelheit, die wie ein schwarzer Schleier über ihnen hing. Der Makler tastete an der Wand nach dem Lichtschalter. Aber sie wartete nicht. Sie fühlte wieder den gewaltigen Türknauf aus Messing, den ihre Kinderfinger kaum hatten umspannen können, und trat mit unbeirrbarer Sicherheit in den Salon.

Das Zimmer roch anders. Damals hatte es einen Geruch nach Veilchen gehabt, in den sich der Geruch von Möbelpolitur mischte. Jetzt roch die Luft klamm und modrig. Fröstelnd, aber völlig ruhig stand sie in der Dunkelheit. Sie hatte das Gefühl, eine Barriere der Furcht durchstoßen zu haben, so wie vielleicht ein Gefolterter durch eine Schmerzbarriere in einen Zustand von Frieden gelangt. Sie spürte, wie eine Schulter sie streifte, als der Mann zum Fenster ging und die schweren Vorhänge aufzog.

»Die letzten Eigentümer haben es teilmöbliert gelassen«, sagte er. »Das macht sich besser. Man bekommt eher ein Angebot, wenn ein Haus bewohnt aussieht.«

»Hat denn schon jemand ein Angebot gemacht?«

»Noch nicht. Das Haus ist nicht jedermanns Geschmack. Bißchen groß für eine moderne Familie. Und dann der Mord. Das ist jetzt zehn Jahre her, aber die Leute in der Nachbarschaft reden immer noch darüber. Das Haus hat seitdem vier verschiedene Besitzer gehabt, und keiner ist lange geblieben. Das wirkt sich natürlich auf den Preis aus. Es wäre naiv, sich einzubilden, man könnte einen Mord vertuschen.«

Sein Ton war bemüht nonchalant, aber er sah ihr unverwandt ins Gesicht. Er trat zum offenen Kamin, legte einen Arm auf den Sims und beobachtete sie, während sie wie in Trance im Zimmer umherging.

»Was für ein Mord?« hörte sie sich fragen.

»Eine vierundsechzigjährige Frau. Von ihrem Schwiegersohn totgeschlagen. Die alte Köchin kam aus der Küche herein und entdeckte ihn mit dem Schürhaken in der Hand. Könnte so einer gewesen sein.« Er wies mit dem Kopf zu einem Sortiment Feuerhaken aus Messing, die am Kamingitter lehnten. »Es ist genau da passiert, wo Sie jetzt stehen, in diesem Sessel.«

Mit einer Stimme, die so barsch und unwirsch war, daß sie sie kaum erkannte, entgegnete sie: »Es war nicht dieser Sessel. Er war größer. Der Sitz und die Lehne waren bestickt, und die Armlehnen waren mit einer gehäkelten Borte eingefaßt, und die Füße waren wie Löwenklauen.«

Er warf ihr einen scharfen Blick zu. Dann lachte er vorsichtig. Der scharfe Blick nahm einen neuen Ausdruck an. Konnte es Geringschätzung sein?

»Ach, Sie wissen also davon. Sie sind eine von denen.«

»Eine von denen?«

»Sie wollen in Wirklichkeit gar nicht kaufen. Sie könnten sich ein Haus dieser Größe sowieso nicht leisten. Sie wollen nur den Kitzel, wollen sehen, wo es geschehen ist. In unserem Beruf bekommt man es mit allen möglichen Leuten zu tun, und im allgemeinen weiß ich auf den ersten Blick Bescheid. Ich kann Ihnen sämtliche blutigen Details erzählen, wenn es Sie interessiert. So viel Blut hat's allerdings gar nicht gegeben. Der Schädel war zertrümmert, aber die Alte hatte vor allem innere Blutungen. Es heißt, daß nur ein Rinnsal ihre Stirn herablief und auf ihre Hände tropfte.«

Das kam so zungenfertig heraus, daß sie wußte, er hatte es alles schon früher erzählt, und es machte ihm Spaß, zum schaurigen Vergnügen der Interessenten und zur eigenen Kurzweil dieses kleine Gruselmärchen zum besten zu geben. Sie wünschte, ihr wäre nicht so kalt. Wenn sie nur wieder warm werden könnte, dann würde auch ihre Stimme nicht so merkwürdig klingen.

»Und das Kätzchen«, sagte sie mit spröden Lippen. »Erzählen Sie mir von dem Kätzchen.«

»Ja, das war besonders schaurig. Die Katze hockte auf ihrem Schoß und leckte das Blut auf. Aber Sie wissen das ja, nicht wahr? Sie haben die ganze Geschichte schon gehört.«

»Ja«, log sie. »Ich habe die ganze Geschichte schon gehört.«

Aber das stimmte nicht. Sie hatte es gesehen. Sie war dabei gewesen.

Der Sessel begann seine Konturen zu verändern. Eine formlose schwarze Masse schwamm vor ihren Augen, nahm Gestalt und Wesen an. Ihre Großmutter saß dort, eine vierschrötige Kröte, im schwarzen Sonntagsstaat für den Morgengottesdienst, mit Hut und Handschuhen, das Gebetbuch auf dem Schoß. Sie sah wieder den Schleimfaden an ihrem Mundwinkel, das Netz geplatzter Äderchen an den Seiten der scharfgeschnittenen Nase. Sie wollte ihre Enkelin vor dem Kirchgang inspizieren, musterte sie wieder mit jenem Blick nörglerischer Mißbilligung. Da saß die Hexe. Die Hexe, die sie und ihren Daddy haßte, die ihr erzählt hatte, er sei ein unfähiger Taugenichts und habe ihre Mutter auf dem Gewissen. Die Hexe, die ihr damit drohte, Sambo einschläfern zu lassen, weil er an ihrem Stuhl gekratzt hatte, weil Daddy ihn ihr geschenkt hatte. Die Hexe, die sie für immer von ihrem Daddy trennen wollte.

Und sie sah noch etwas anderes. Auch der Feuerhaken war da, gerade so, wie sie ihn in Erinnerung hatte, eine lange Stange aus blitzendem Messing mit einem schweren Knauf.

Sie packte ihn, wie sie ihn damals gepackt hatte, und schlug ihn mit einem gellenden Schrei des Hasses und des Entsetzens ihrer Großmutter auf den Kopf. Sie schlug und schlug und hörte bei jedem sausenden Schlag den dumpfen Aufprall des Messings auf dem Leder. Und schrie immer noch. Das ganze Zimmer erzitterte unter dem Entsetzen ihrer Schreie. Aber erst als die Raserei sich legte und die grauenvollen Schreie verstummten, wurde ihr durch den Schmerz ihrer wunden Kehle bewußt, daß es ihre Schreie gewesen waren.

Zitternd, um Atem ringend stand sie da. Ihre Stirn war schweißnaß, und sie fühlte das Brennen der herabsickernden Tropfen in ihren Augen. Sie blickte auf und sah die Augen des Mannes, weit aufgerissen vor Angst, hörte einen halblauten Fluch, eilende Schritte, die sich entfernten. Der Feuerhaken entglitt ihren feuchten Händen, und sie hörte seinen gedämpften Aufschlag auf dem Teppich.

Was er gesagt hatte stimmte, es war kein Blut da. Der Sonntagshut hing schief über dem toten Gesicht. Aber noch während sie hinsah, quoll unter seiner Krempe träge ein tiefrotes Rinnsal hervor, schlängelte sich über die Stirn abwärts, rann durch die Falten der Wangen und tropfte gleichmäßig auf die behandschuhten Hände. Sie hörte ein leises Miauen. Ein schwarzes Pelzknäuel kroch hinter dem Sessel hervor, und der Geist Sambos, Angst in den Azuraugen, sprang genau wie er selbst zehn Jahre zuvor gesprungen war auf weichen Pfoten auf den reglosen Schoß.

Sie sah ihre Hände an. Wo waren die Handschuhe, die weißen Baumwollhandschuhe, die sie auf Befehl der Hexe beim Kirchgang immer hatte tragen müssen? Diese Hände, längst nicht mehr die Hände einer Neunjährigen, waren nackt, der Sessel war leer. Nichts war hier als das aufgeplatzte Leder, der Wust herausquellenden Roßhaars, ein schwacher Duft nach Veilchen, der im stillen Zimmer hing.

Sie lief durch die Haustür hinaus, ohne sie hinter sich zu schließen, genau wie damals. Sie ging, wie sie damals in ihren weißen Handschuhen und ihrem sauberen Kleidchen gegangen war, den Kiesweg zwischen den Rhododendren hinunter, durch das schmiedeeiserne Tor hinaus, die Straße hinauf zur Kirche. Die Glocke hatte gerade erst zu läuten angefangen; sie würde rechtzeitig kommen. In der Ferne hatte sie ihren Vater gesehen, wie er von der Rieselwiese über einen Zauntritt auf die Straße geklettert war. Er mußte sich also schon bald nach dem Frühstück auf den Weg gemacht haben und zu Fuß nach Creedon gegangen sein. Und warum so früh? Hatte er den langen Marsch gebraucht, um irgend etwas mit sich zu klären? War es ein kläglicher Versuch gewesen, die Hexe günstig zu stimmen, indem er sie und das Kind zur Kirche begleitete? Oder war er – wunderbarer Gedanke! – gekommen, um sie wegzuholen, um dafür zu sorgen, daß ihre wenigen Sachen zum Ende des Gottesdienstes fertig gepackt wurden? Ja, das hatte sie damals geglaubt. Sie erinnerte sich jetzt, wie dieser Funke Hoffnung zur vollen glänzenden Flamme der Gewißheit geworden war. Wenn sie nach Hause kam, würde alles bereit sein. Gemeinsam würden sie vor die Hexe hintreten und ihr trotzen, ihr sagen, daß sie zusammen fortgehen würden, sie beide und Sambo, daß sie sie nie wiedersehen würde. Am Ende der Straße drehte sie sich um und sah zum letzten Mal den geliebten Schatten, wie er über die Straße zum Haus ging, auf die verhängnisvoll offenstehende Tür zu.

Und danach? Das Bild begann jetzt zu verblassen. Vom Gottesdienst wußte sie nichts mehr; nur rote und blaue Leuchten in ständig wechselnden, kaleidoskopartigen Mustern, die sich schließlich zu einem Buntglasfenster zusammenfügten, auf dem der gute Hirte ein Lamm an seine Brust drückte, war ihr im Gedächtnis geblieben. Und danach? Zweifellos hatten im Vorraum Fremde gewartet, die mit ernsten Mienen tuschelten und besorgte Blicke tauschten, unter ihnen eine Frau in Uniform, draußen vor dem Portal ein schwarzes Auto. Und danach nichts. Keine Erinnerung.

Aber jetzt endlich wußte sie, wo ihr Vater beerdigt war. Und sie wußte, warum sie ihn niemals würde besuchen können, warum sie niemals die Wallfahrt zu dem Ort würde antreten können, wo er ihretwegen begraben lag; zu dem Ort der Schande, an den sie ihn verbannt hatte. Es gab keine Blumen, keinen Obelisk, keine in Marmor geritzten Worte der Liebe für jene, die in ungelöschtem Kalk hinter einer Zuchthausmauer lagen. Plötzlich kam ganz von selbst das letzte Bild der Erinnerung. Sie sah wieder das offene Kirchenportal, das Grüppchen hineingehender Menschen, die fragenden Gesichter, die sich ihr zuwandten, als sie allein in den Vorraum trat. Sie hörte wieder die dünne Kinderstimme und die Worte, die mehr als alle anderen schuld waren, daß man ihm die Hanfschlinge über den verhüllten Kopf gestreift hatte.

»Großmutter? Es geht ihr nicht gut. Sie hat gesagt, ich soll allein zur Kirche gehen. Nein, es ist nichts Schlimmes. Es geht schon. Daddy ist bei ihr.«

*Übertragen aus dem Englischen
von Mechtild Sandberg-Ciletti*

Meistermorde

H. R. F. KEATING
Eine aufrechte Frau

Zu Weihnachten mußte bei Mrs. Prothero alles seine Ordnung haben. Es war ihr wichtig, daß gewisse Dinge jedes Jahr gleich abliefen. Deshalb machte sie sich Punkt elf Uhr am Morgen des Tages vor dem Heiligen Abend, einem Samstag, daran, den einfachen Weihnachtsschmuck aufzuhängen, den sie und ihr Mann mochten. Sie legten beide keinen Wert auf Extravaganz, aber es gehörte sich, in diesen Tagen festliche Akzente zu setzen, und das taten sie.

Zunächst schnitt sie zwei silberne Engel aus, die sie rechts und links über dem Kamin aufhängte. In wenigen Minuten würde ihr Mann mit einem kleinen Stechpalmenstrauß nach Hause kommen, gerade ausreichend, um ein Zweiglein über jedes Bild im Wohnzimmer zu hängen.

Schnipp, schnapp klapperte die große Schere in Ellen Protheros kräftiger, etwas arbeitsrauher Hand. Stück für Stück fielen die unerwünschten Ränder der Silberfolie herab, und die Gestalt des Engels schälte sich heraus – nur eine Figur, da beide gleichzeitig aus der gefalteten Rolle ausgeschnitten wurden, somit völlige Einheitlichkeit garantiert war. Ellen machte nun schon seit vielen Jahren diese Weihnachtsengel; seit es überall Alufolie zu kaufen gab und sie in der Kirchenzeitschrift einen Artikel mit der Überschrift »Basteln Sie Ihren eigenen hübschen Weihnachtsschmuck« entdeckt hatte. Bald waren die

Engel, steif und geradlinig, mit langen Trompeten an den Lippen, aus der starren Folie befreit.

Ellen legte sie auf den Sekretär neben das Telefon und warf einen Blick auf die Taschenuhr, die sie seit ihren Tagen als Krankenschwester immer trug.

Arthur hatte sich ein wenig verspätet. Aber da der erste Feiertag auf einen Montag fiel, ging es an diesem Morgen zweifellos besonders lebhaft zu. Ein Glück, daß die Bank wenigstens samstags geschlossen war, und er Zeit hatte, sich ins Gewühl der Einkaufsstraßen zu stürzen, um die letzten Dinge zu besorgen, die früher nicht eingekauft werden konnten. Es war lieb von ihm, das jedes Jahr zu tun, wenn auch im Grunde nicht mehr als seine Pflicht.

Doch die Engel hatten kaum begonnen, in der vom Kamin aufsteigenden Wärme sacht hin und her zu schwingen, als es etwas unzart an die Wohnungstür bummerte. Ellen eilte in den Vorsaal hinaus.

Sie stellte sich Arthur vor, wie er draußen stand, die etwas zu kurz geratenen Arme mit einem Stapel von Päckchen und Paketen beladen, so daß er an den Wohnungsschlüssel, der mit einer Kette an einem Hosenträgerknopf befestigt war und in seiner Hosentasche steckte, nicht herankam. Es war jedes Jahr das gleiche.

Ein seltener Funke von Vergnügtheit blitzte in ihren großen grauen Augen auf und verwandelte das strenge Gesicht mit der langen geraden Nase und dem eigensinnigen Kinn, während sie zur Tür lief und öffnete. Und da stand er, genau so, wie sie ihn sich vorgestellt hatte.

»Du Armer«, sagte sie. »Es war wohl fürchterlich.«

Sie schloß die schwere Tür hinter ihm.

»Es war ziemlich stürmisch«, bestätigte ihr Mann, während er ins Wohnzimmer tappte und den Stechpalmenstrauß, den er krampfhaft in der Hand gehalten hatte, auf den Sekretär legte, den einzigen freien Platz, den er entdecken konnte.

Ellen nahm ihm rasch die übrigen Sachen ab und trug sie in die blitzsaubere Küche, auf die sie so stolz war.

»Weißt du was«, rief sie, während ihr Mann wieder hinausging, um seinen Mantel in den Garderobenschrank zu hängen, »wir machen zur Abwechslung mal etwas anderes. Wir trinken jetzt gleich einen Schluck auf Weihnachten, und ich räum' das Zeug hier vor dem Mittagessen weg, wenn du die Stechpalme aufhängst.«

Einen Moment lang zeigte Arthurs rundes, verschmitztes Gesicht echtes Bedenken über diese Abweichung vom Gewohnten, dann aber straffte er mit einem kleinen Achselzukken die Schultern unter seinem schwarzen Jackett.

»Na, dann mal los«, rief er verwegen und marschierte entschlossen zum Hängeschrank in der Ecke, wo die alkoholischen Getränke aufbewahrt wurden. Er schenkte zwei Gläser Ingwerwein ein und gab zu seinem einen Schuß Whisky. Einen Moment lang hielt er danach die Whiskyflasche hoch, um festzustellen, wieviel noch darin war.

»Die Kollegen haben bei unserer kleinen Einladung neulich dem Whisky ganz schön zugesprochen«, bemerkte er, als Ellen wieder hereinkam.

Sie machte ein strenges Gesicht.

»Das war Mr. Perkins«, sagte sie. »Als dein Stellvertreter sollte er sich eigentlich mehr zurückhalten.«

Arthur seufzte. Dann hellte sich sein Gesicht auf.

»Aber ich fand, die ganze Sache lief besser ab als in manchem anderen Jahr«, erklärte er.

Ellen überlegte. »Ja«, stimmte sie zu, »die jüngeren Angestellten waren wirklich wohlerzogen. Besonders der junge Smith. Er hat sich sehr höflich mit mir unterhalten, hat sich danach erkundigt, wie wir Weihnachten feiern und so weiter. Er war tatsächlich interessiert.«

Arthur blies zweifelnd die rosigen Wangen auf.

»Ich bemühe mich, ihn zu mögen«, sagte er. »Ich finde, das ist meine Pflicht. Aber er ist immer so herausfordernd gekleidet.«

»Nein«, entgegnete Ellen mit Entschiedenheit. »Ich war wirklich beeindruckt. Ich glaube, ich muß meine Meinung über ihn revidieren.«

Arthur reichte ihr das Glas.

»Sollen wir auf ihn trinken?« fragte er nur halb im Scherz.

»Nein«, antwortete Ellen bestimmt, »wir trinken auf Weihnachten.«

»Auf Weihnachten«, sagte Arthur und hob sein Glas.

»Auf drei ruhige und friedliche Tage«, antwortete Ellen.

Sie trank einen kleinen Schluck und setzte sich in ihren Sessel neben den Kamin, die Fußspitzen auf der rußgeschwärzten Umrandung.

»Ich finde«, sagte sie, »unser Entschluß, Weihnachten niemals zu verreisen, ist wirklich gescheit. Diese kleine Ruhepause ist mir wichtiger als Jubel, Trubel, Heiterkeit.«

»Völlig richtig«, stimmte Arthur ihr zu, obwohl man sich bei ihm trotz all seines rosigen Wohlwollens schwer vorstellen konnte, daß er mit Jubel, Trubel, Heiterkeit viel Erfahrung hatte.

Ellen trank ein Schlückchen von dem Wein und bemerkte mit einem unerwarteten kleinen Lachen: »Gestern nachmittag ist etwas Komisches passiert. Ich habe gestern abend vor lauter Hektik vergessen, es dir zu erzählen.«

»Was war denn?«

»Ein Mann war hier. Du weißt ja, manchmal klingeln Leute hier, obwohl unsere Tür in dem Gewirr von Wohnungen so versteckt ist. Wahrscheinlich, weil wir im Parterre wohnen.«

»Ja, ja. Ich hab' schon oft gedacht, daß man da etwas unternehmen sollte. Vielleicht ein Schild aufhängen. Aber die meisten Leute ignorieren solche Schilder.«

»Ja. Weißt du, ich wollte ihm sagen, daß ich bei Hausierern nie was kaufe, aber er schaffte es doch tatsächlich, daß ich ihm alle möglichen Fragen beantwortete, ehe ich ihn endlich loswurde. Und rate mal, wie ich das gemacht habe?« fragte sie mit triumphierendem Blick.

»Wie denn«, sagte Arthur. »Hast du den Teppichklopfer geholt?« Er lachte.

»Oh, das hätte ich, wenn nötig, schon getan«, antwortete Ellen. »Aber das brauchte ich gar nicht. Nach langem Hin und Her habe ich nämlich aus ihm herausbekommen, was er mir eigentlich verkaufen wollte. Eine Versicherung. Da hab' ich ihm gesagt, wer du bist. Du hättest sein Gesicht sehen sollen! ›So was kann auch nur mir passieren‹, brummte er, ›da bilde ich mir ein, eine zukünftige Kundin gefunden zu haben, und sie entpuppt sich als Frau eines Bankdirektors.‹«

Arthur schien den Scherz nicht recht zu würdigen.

»Du sagst, er hat dir Fragen gestellt. Was für Fragen?«

»Ach, Dutzende. Manche waren richtig albern. Zum Beispiel, ob wir am Heiligen Abend nachts zur Messe gingen.«

»Mir gefällt das nicht«, sagte Arthur mit einem Ausdruck beinahe bühnenreifen Argwohns auf dem runden Gesicht.

»Ach, er hatte seine Gründe«, erklärte Ellen. »Im Winter wäre es gefährlich, nachts auf die Straße zu gehen, sagte er. Es könnte leicht passieren, daß man ausrutscht und sich ein Bein bricht.«

»Du hast ihm gesagt, daß wir nicht außer Haus gehen?« fragte Arthur.

»O ja. Aber warum nimmst du das eigentlich so ernst?«

Arthur antwortete mit dem Kopfschütteln eines Mannes, der die Welt kennt.

»Weil ich den starken Verdacht habe«, antwortete er, »daß dein Versicherungsvertreter ein ganz gemeiner Gauner war. Das ist ein alter Trick, um das Terrain zu sondieren. Und diese Burschen werden besonders gern an Feiertagen aktiv.«

Ellen brauchte einen Moment, um das zu verdauen.

»Nun«, sagte sie schließlich, »jetzt weiß er jedenfalls, daß diese Wohnung über Weihnachten nicht leersteht – eine glückliche Fügung eigentlich.« Sie schaute ihren Mann mit Wohlwollen an.

Aber der sah nicht zu ihr. Er starrte vielmehr mit halbgeöffnetem Mund wie gebannt auf die Tür hinter ihr.

Ellen drehte sich um, um zu sehen, was ihn so faszinierte.

An der halboffenen Tür des Zimmers stand ein Mann. Er war ungefähr dreißig Jahre alt und trug trotz des beißend kalten Wetters nur einen Trenchcoat und keinen Hut. Die großen braunen Augen in dem mageren Gesicht zeigten einen Ausdruck, in dem sich prahlerischer Mut und Verlegenheit mischten.

Jetzt fand Arthur die Sprache wieder.

»Wer, zum Teufel, sind Sie?« fragte er scharf. »Und wie sind Sie hier hereingekommen?«

Aber Ellen kannte den Mann.

»Arthur«, sagte sie, und ihre Stimme klang plötzlich dumpf von unbekannten Ängsten. »Arthur, das ist der Mann, von dem ich dir erzählt habe.«

»Ganz recht«, bestätigte der Eindringling in frechem Ton.

»Ich bin gestern mal vorbeigekommen. Ich habe mit Ihrer Frau einen kleinen Schwatz gehalten.«

»Sie wissen also meinen Namen?« fragte Arthur. Ein kleines Tremolo des Zweifels raubte seiner Stimme einiges von der Bestimmtheit, mit der er die Frage eigentlich hatte stellen wollen.

Der Mann lächelte beinahe einschmeichelnd.

»Wir mußten alles über Sie wissen«, erklärte er. »Und genauso mußten wir Ihnen letzte Woche Ihren Wohnungsschlüssel aus der Tasche ziehen und einen Abdruck machen. Das gehört alles dazu.«

Neben ihm wurde die Tür weit aufgestoßen, und ein zweiter Mann trat ein. Er war älter als der erste, zwischen fünfundvierzig und fünfzig, untersetzt, breitschultrig, mit einem feisten Fettwanst, über dem sein schwerer Mantel auseinanderklaffte.

»Halt deinen gottverdammten Mund, Tony«, sagte er kurz.

»Was soll das?« fragte Arthur wieder. »Wer sind Sie?«

Der selbstbewußte Neuankömmling ging auf die vorwurfsvolle Frage gar nicht ein.

»Sie brauchen mir nur zuzuhören und zu tun, was Ihnen gesagt wird«, erklärte er mit einer flotten Unbekümmertheit, die zu seiner geschäftigen Art paßte.

»Das werde ich bestimmt nicht tun. Ich weiß ja nicht einmal Ihren Namen.«

Der kleine Mund in dem fleckigen Gesicht verzog sich zu einem flüchtigen Grinsen.

»Ach, Sie legen Wert auf Formen, Meister? Na schön, meinetwegen. Dawson ist mein Name. Und ich bin hier, um Ihre Bank zu knacken. Wir machen's unterirdisch. Ein Tunnel unter der Gasse durch zum Haus auf der anderen Seite.«

»Das bringt Ihnen gar nichts«, sagte Arthur scharf, leicht aus der Fassung, aber beherzt. »Das ganze Geld liegt im Haupttresor, und da kommen Sie so schnell nicht rein.«

Fest auf seinen kurzen, stämmigen Beinen stehend, grinste Dawson wieder.

»Und wie steht's mit den Schließfächern, Sie Schlauberger?« sagte er. »Sie haben doch den Schlüssel zum Tresorraum? Stimmt's?«

Arthurs rundes rosiges Gesicht wurde blaß.

»Woher wissen Sie das?« fragte er erschrocken.

Dawson drehte sich um und rief laut und übermütig: »He, Dennis, alter Junge, komm rein und zeig dein pickliges Gesicht.«

Ein junger Mann von neunzehn oder zwanzig trat ein wenig verlegen ins Zimmer. Dawson hatte recht: gleich links unterhalb der schmalen Nase hatte er einen brennend rot entzündeten Pickel im bleichen Gesicht.

»Smith!« rief Arthur, als er ihn sah.

Der Junge warf ihm einen trotzigen Blick zu.

»Ja«, sagte er, »daher wissen wir über alles Bescheid, was in der Bank vorgeht, Sir.« Das letzte Wort war offener Hohn.

Arthur ignorierte es. »Sie haben unser Vertrauen verraten.« So schulmeisterlich die Bemerkung war, sie war nicht ohne Würde. Sie klang wie eine Verurteilung.

Einen Moment lang fehlte Smith die Antwort. Dann sprudelte es nur so.

»Was heißt hier, ich hab' Ihr Vertrauen verraten? Glauben Sie vielleicht, daß ich Ihnen für das lumpige Gehalt, das Sie mir zahlen, irgendwas schulde? Jetzt mache ich das große Geld, und dann kann ich richtig auf den Putz hauen.«

Es war ein Moment des Triumphs für ihn. Eine Unabhängigkeitserklärung. Aber es war ihm nicht gestattet, den Augenblick auszukosten. Sein neuer Chef trampelte ebenso rücksichtslos auf seinen Gefühlen herum, wie der alte es getan hatte.

»Schon gut, Junge«, sagte er, »du kriegst schon deinen Anteil.« Er wandte sich Arthur zu. »Also, jetzt wollen wir den Schlüssel für den Tresorraum, Meister. Wo haben Sie ihn? Da drüben?« Er marschierte direkt auf den glänzend polierten Sekretär aus dunklem Eichenholz zu.

Arthur eilte ihm nach.

»Verschwinden Sie augenblicklich aus meiner Wohnung«, rief er.

Dawson drehte sich um, und die beiden kleinwüchsigen Männer standen sich in wortloser Konfrontation gegenüber, das entrüstete kleine Rotkehlchen und der kleine aggressive Raubvogel.

»Ich zähle bis fünf«, drohte Arthur. »Dann rufe ich die Polizei an.« Er warf einen demonstrativen Blick auf das Telefon auf dem Sekretär, wobei er grandios die Tatsache ignorierte, daß Dawson breitbeinig zwischen ihm und dem Apparat stand, während Tony, der Vertreter, und der junge Smith die Szene vom Kamin aus beobachteten.

»Eins. Zwei. Drei —«

»Arthur«, rief Ellen ängstlich dazwischen. »Arthur, sie sind zu dritt.«

»Überlaß das mir, Ellen.« Es war der Bankdirektor, der da sprach. »Vier«, zählte er weiter. »Fünf.«

Er gab Dawson einen Stoß. Ebensogut hätte er versuchen können, einen Felsbrocken aus dem Weg zu räumen.

»Die Leitung ist sowieso unterbrochen«, erklärte Dawson. »Also, geben Sie den Schlüssel her.« Er griff mit der rechten Hand in die durchhängende Tasche seines offenen Mantels und zog ein stumpfglänzendes Metallband heraus.

»Wissen Sie, was das ist?« fragte er. »Das ist ein Schlagring.« Er zog sich das gefährlich aussehende Ding über die Finger.

»Arthur!« sagte Ellen eindringlich. »Es hat keinen Sinn, sich gegen so einen Menschen zur Wehr zu setzen.«

»Ganz recht, Alte«, bestätigte Dawson. »Also los, machen Sie schon, Schlaumeier.«

»Nein!« krächzte Arthur, schoß blitzschnell zum Ende des Sekretärs, ergriff den Stechpalmenstrauß, den er wenige Minuten vorher dorthin gelegt hatte, und rammte ihn Dawson ins Gesicht.

Dawson heulte vor Schmerz auf, und Arthur wirbelte herum, um auf die offene Tür zuzueilen. Leider stieß er dort mit einem weiteren Eindringling zusammen, einem dunklen, kraushaarigen Mann, so breit und kräftig wie ein Bierkutscher. Arthur flog taumelnd nach rückwärts. Dawson, dessen Gesicht von Blutstropfen gesprenkelt war, packte ihn bei der Schulter und drehte ihn mit einem Ruck herum. Der Schlagring schoß mit schrecklicher Wucht von unten nach oben. Mit einem Knall, der so klar und scharf war wie ein Pistolenschuß, traf er Arthurs Unterkiefer. Arthur stürzte um wie ein Baum unter der Axt. Mit dem Hinterkopf schlug er auf die rußgeschwärzte Kaminumrandung. Das Geräusch klang gedämpfter als bei Dawsons Schlag, aber ebenso schrecklich.

Augenblicklich lag Ellen neben ihm auf den Knien.
Der Mann an der Tür sprach.
»Warum, in Teufels Namen, hast du das getan?« fragte er Dawson mit einem starken walisischen Akzent.
»Du hast ja nicht gesehen, was das Schwein mit mir gemacht hat«, fuhr Dawson ihn scharf an. »Er hat mir die Stechpalme da mitten ins Gesicht gedrückt.«
»Deswegen hättest du noch lange nicht so zuschlagen müssen«, entgegnete der Neuankömmling unwillig und bestürzt.
Aber Dawson ließ sich nicht so leicht ins Unrecht setzen.
»Hör mal, Morgan«, sagte er, »wenn ich einen Rat von dir will, dann sag' ich's dir.«
»Ja, aber —«
»Geh da rüber zum Schreibtisch und such die Schlüssel für den Tresor.«
Morgan warf ihm nur einen finsteren Blick zu, dann trat er zum Sekretär, zog heftig die Lade auf und begann zu kramen.
»Und wo ist der Spezialist?« fuhr Dawson ihn an.
»Der hat sich's im Schlafzimmer bequem gemacht, wenn du's genau wissen willst«, antwortete Morgan.
»Ja, ich will's genau wissen«, entgegnete Dawson. »Schließlich ist er derjenige, der den Geldschrank knacken soll. Er ist wichtig.«
Morgans Haltung drückte deutlich seine Gefühle darüber aus, daß er offensichtlich nicht wichtig war. Aber er sagte nichts.
Auf dem Boden neben dem offenen Kamin hatte Ellen inzwischen ihren Mann mit ruhiger Sachkundigkeit untersucht. Jetzt sah sie auf.
»Er ist schwerverletzt«, sagte sie. »Er darf auf keinen Fall bewegt werden, bevor der Arzt sich um ihn kümmern kann.«
»Kein Arzt«, befahl Dawson.
Ellen, die immer noch auf den Knien auf dem Boden lag, brauchte mehrere Sekunden, um das aufzunehmen. Dann stand sie mit einer steifen Bewegung auf.
»Bitte hören Sie auf mich«, flehte sie Dawson an. »Ich war jahrelang Krankenschwester. Ich kann eine schwere Verletzung auf den ersten Blick erkennen. Mein Mann muß ins Krankenhaus.«

»Sie müssen ihn schon hier pflegen«, entgegnete Dawson barsch. »Ich kenn' euch Krankenschwestern. Ich war selbst mal im Krankenhaus. Bissige Weiber seid ihr. Na, versuchen Sie ruhig Ihr Glück.« Er sah zu dem rundlichen kleinen Mann hinunter, der bewußtlos auf dem Boden lag. »He, Morgan«, rief er, »du und Tony, ihr könnt ihn ins Bad rübertragen. Stimmt doch, daß es kein Fenster hat?«

Er warf dem jungen Smith, der seit dem plötzlichen Ausbruch von Gewalt starr an Ort und Stelle stand und noch blasser aussah als vorher, einen Blick zu.

»Hab' ich dir doch gesagt«, versicherte er hastig. »Ich hab' mich auf der Party genau umgesehen.«

»Dann bringt ihn raus!«

Morgan, im weißen Polohemd, und Tony, mit der gestreiften Clubkrawatte, sahen sich an, schienen aber unfähig, etwas zu sagen. Sie gingen zu Arthur hinüber.

»Ganz vorsichtig«, bat Ellen. »Auf keinen Fall ruckartige Bewegungen.«

Die beiden knieten beinahe ehrfürchtig nieder und hoben Arthur langsam hoch. Ellen folgte ihnen mit starrer Miene hinaus.

Smith eilte in den kleinen Vorsaal und öffnete die Badezimmertür.

Im Wohnzimmer durchwühlte Dawson den ganzen Sekretär und versuchte, die oberste Schublade zu öffnen. Er hatte sie gerade mit der Kohlenschaufel aufgebrochen und sich darüber gestürzt wie ein ausgehungertes Huhn über eine Schüssel Abfälle, als Tony wieder hereinkam.

»Sie ist gar nicht damit einverstanden«, meldete er.

»Ach, und du willst, daß sie damit einverstanden ist?« versetzte Dawson, ohne weiter auf ihn zu achten. »Du möchtest wohl alle glücklich und vergnügt sehen, was?« Er fuhr plötzlich herum. »Aber Glück und Vergnügen gibt's nicht, wenn man nicht selber dafür sorgt.«

In seiner Hand baumelte ein Ring mit zwei Schlüsseln daran.

Tonys Augen leuchteten auf.

»Ist das der richtige?« fragte er.

»Klar. Der hier ist es, und der andere ist für das Sicherheitsschloß an der Wohnungstür, wie's aussieht. Aber zwischen uns und der Bank sind noch fünf Meter Stein und Erde, macht also, daß ihr in die Küche kommt, und brecht die Dielen raus.«

Um Mitternacht brannte das Feuer im Wohnzimmer immer noch hell, etwas nie Dagewesenes. Aber der kleine Kamin war so mit Asche verunreinigt, wie Ellen Prothero das niemals geduldet hätte. Und über ihm schwangen die Engel aus Silberfolie wild hin und her.

Aber während es im leeren Wohnzimmer nur unordentlich war, herrschte in der Küche das Chaos. Das glänzende gelbbraune Linoleum war zerrissen. Drei Bodendielen waren entfernt worden und lagen jetzt aufgestapelt neben Ellens Bügelbrett. In einer Ecke des Raumes, wo sonst das kleine Gemüseregal mit Kartoffeln, Karotten und Zwiebeln stand, häuften sich Lehmbrocken und schmutzverkrustete Backsteine aus den Grundmauern des Wohnhauses.

Auf dem fleckenlos reinen Küchentisch hockte Dawson, baumelte mit den kurzen Beinen und schlürfte Kaffee, den Morgan, der längst sein weißes Polohemd ausgezogen hatte, gerade gekocht hatte. Die Art, wie er adrett Tassen, Untertassen und Löffel gedeckt hatte, sprach für seine Erziehung. Tony saß mit schmutzverschmiertem unglücklichen Gesicht erschöpft auf einem von Ellens beiden Küchenstühlen. Der junge Smith mit dem brennend roten Pickel saß auf dem anderen, die Ellbogen auf die Knie gestützt, der ganze Körper schlaff.

»Also«, sagte Dawson unvermittelt, »um wieviel seid ihr jetzt weitergekommen?«

Tony blickte rasch auf. »Mindestens noch mal dreißig Zentimeter«, antwortete er.

»Fünfundzwanzig Zentimeter«, korrigierte Morgan.

»Fünfundzwanzig Zentimeter?« wiederholte Dawson mit einem wütenden Knurren. »Also hört mal, meine Herrschaften, das ist viel zu langsam.«

»Wir mußten ja abstützen«, erklärte Morgan verdrossen.

»Abstützen? Ja, was zum Teufel glaubt ihr denn, daß ihr da fabriziert? Einen Kanaltunnel? Los, runter und weitergraben.«

»Viel Hilfe kriegen wir nicht gerade«, brummte Morgan.

»Ach, du möchtest wohl gern, daß ich mit runtergeh', was?« sagte Dawson. »Und was passiert, wenn ein neugieriger Nachbar anklopft? Die alte Schachtel im Bad würde doch augenblicklich losschreien, und dann hätten wir die Polizei auf dem Hals.«

Morgan stierte finster auf die grau-gelben Karos des verwüsteten Linoleums.

»Und was ist mit dem Spezialisten?« fragte er. »Der hockt im Schlafzimmer und spielt Patience. Nicht mal seinen Kaffee konnte er sich selbst holen. Warum packt der nicht mal zu?«

»Steht nicht in seinem Vertrag, Freund«, antwortete Dawson mit einem Aufflackern seiner früheren Unbekümmertheit. »Er knackt den Safe, und er braucht nicht –« Er brach ab.

Von draußen kam ein Stakkato gedämpfter Schläge.

»Da sind sie schon«, flüsterte der junge Smith heiser. »Das ist die Polizei.«

»Das ist die alte Ziege«, entgegnete Dawson. »Geh und stopf ihr das Maul.«

»Aber das letzte Mal –«

Dawson schwang eine Faust, und der junge Smith rannte zur Tür.

Er blieb nicht lange aus.

»Sie will mit dir reden«, meldete er, den Kopf nur verlegen zur Tür hereinstreckend.

»Hast du ihr gesagt, sie soll mit dem Krach aufhören?« fragte Dawson.

Der Junge machte ein Gesicht, als würde er am liebsten seinen Kopf einziehen und sich verkriechen, bis die Lage sich beruhigt hatte. Aber offensichtlich wagte er das nicht.

»Ich hab' ihr gesagt, es hätte keinen Zweck, du würdest doch nicht mit ihr reden«, behauptete er.

Ein bissiges Grinsen flog über Dawsons Gesicht.

»Und dann kommst du her und fragst?« sagte er.

»Aber sie hat gesagt, daß es Mr. Prothero wirklich schlecht geht«, wandte Smith ein. »Sie hat was von einem Schädelbruch gesagt. Ich weiß nicht.«

»Na und, dann hat er eben einen Schädelbruch«, sagte Dawson. »Wen interessiert das schon?«

Hinter Smith begannen von neuem die Schläge an die abgeschlossene Badezimmertür. Smith blieb stehen, wo er war, halb drinnen, halb draußen.

»Also gut«, meinte Dawson schließlich. »Bring sie rein.«

Smith verschwand so rasch wie ein Schuljunge, dem man seine Strafe erlassen hat. Einen Augenblick später kam Ellen vor ihm in die Küche marschiert. Die Stunden, die sie eingesperrt mit ihrem verletzten Mann verbracht hatte, hatten ihre Spuren hinterlassen. Ihre Züge hatten alle Weichheit, die sie je besessen hatten, verloren. Ihre Augen waren tief eingesunken. Und sie blitzten zornig.

»So«, sagte sie und trat direkt auf Dawson zu, »Sie graben hier seelenruhig wie eine Bande geldgieriger Maulwürfe Ihren Tunnel. Aber Sie sollten in Ihre Träume von Reichtum und Luxus die ernüchternde Tatsache einbeziehen, daß keine drei Meter von Ihnen entfernt ein Mann liegt, der mit dem Tode ringt. Und Sie sind schuld daran.«

Bei Dawson, der weiterhin beinebaumelnd auf dem Tisch saß, rief sie keinerlei Reaktion hervor. Aber auf die anderen wirkten ihre Worte offensichtlich. Tony rutschte unruhig auf seinem Stuhl hin und her und warf einen flehenden Blick auf Morgan. Morgans Gesicht war plötzlich wie versteinert.

Nach einer Weile antwortete Dawson ihr.

»Okay, aber ich glaube kein Wort.« Er sprang vom Tisch und zwang Ellen, zurückzuweichen. »Los«, befahl er, »zurück ins Bad, und machen Sie uns ja keine Schwierigkeiten mehr.«

Ellens brennender Blick verdammte ihn.

Dawson grinste. »Sie können sich einen Kaffee mitnehmen«, sagte er. »Oder auch zwei, einen für jeden.«

»Kaffee«, gab Ellen zurück. »Neben Ihnen liegt ein Mann, der tot sein wird, ehe der erste Feiertag um ist, und Sie bieten ihm Kaffee an.« Plötzlich drehte sie sich nach den anderen um. »Nein«, rief sie, »ich erlaube nicht, daß Sie ihn einfach sterben lassen. Ist denn keiner unter Ihnen, der den Mut hat, den Mund aufzumachen?«

Dawson blieb ungerührt.

»Also schön«, meinte er, »wollen wir mal sehen, ob einer Schiß hat.« Er sah einen nach dem anderen an. Dann riß er abrupt den Kopf herum und starrte Tony an. »Glaubst du der Dame?« fragte er. »Na komm schon, du kannst es ruhig sagen. Glaubst du, daß der Alte stirbt?«

Tony lief rot an.

»Mensch, halt doch den Mund«, versetzte er. »Natürlich glaube ich es nicht. Kann ja gar nicht stimmen.«

Der junge Smith zeigte beinahe komische Erleichterung, dem Dilemma entronnen zu sein.

Dawson wandte sich Morgan zu. »Und, wie steht's mit dir? Glaubst du, daß er stirbt?«

Morgan brachte es fertig, ein nachdenklich kritisches Gesicht zu machen. »Ich vermute, die gute Dame ist ein bißchen hysterisch«, konstatierte er.

Dawson grinste sein schiefes kleines Lächeln. »Ja, genau, hysterisch«, nickte er. »Dann kann man sie ignorieren, was, mein Junge? Mit hysterischen Frauen braucht ein netter junger Mann, der mit seinem eigenen Fitness-Center und so den Weg in die große Welt machen will, sich nicht einzulassen.«

Morgan biß sich auf die Lippe.

»Und ist es nicht jammerschade«, fuhr Dawson fort, »daß das Fitness-Center so tief in die roten Zahlen gerutscht ist, daß der nette Mr. Morgan jetzt eine Bank ausrauben muß?«

Morgan wollte aufspringen, überlegte es sich aber im letzten Augenblick anders.

Jetzt wandte sich Dawson dem jungen Smith zu.

»Na, glaubst du, daß dein ehemaliger Chef die goldene Uhr für fünfzigjährige treue Dienste nicht bekommen wird?« fragte er.

»Nein, nein«, schrie Smith beinahe. »Nein, ich glaub' der alten Kuh kein Wort.«

Aber so leicht sollte er nicht davonkommen.

Ellen trat so dicht auf ihn zu, daß ihr langes, unerbittliches Gesicht beinahe das seine berührte.

»Nein«, sagte sie. »Sie haben meinen Mann gesehen. Sie werden jetzt die Wahrheit sagen.«

»Ich – ich hab' ihn nur ganz flüchtig gesehen.«

»Sie haben ihn genau gesehen. Ich hab' Sie beobachtet. Antworten Sie mir.«

Der junge Smith blieb ihr die Antwort schuldig.

»Komm schon, Jungchen«, forderte Dawson ihn auf. »Gib Antwort.«

Der ganze Körper des Jungen spannte sich.

»Nein«, stieß er hervor. »Nein, sage ich. Ich glaub' ihr nicht ein einziges Wort. Er ist in Ordnung. Der alte Prothero ist schon in Ordnung.«

Dawson schob sich hinter ihn und Ellen und gab beiden einen Stoß.

»Pech gehabt, Oma«, höhnte er. »Hat nicht geklappt. Zurück ins Bad jetzt.«

»Ich bin müde«, protestierte Morgan, als Dawson die drei am folgenden Abend weckte.

»Müde?« schnauzte Dawson. »Du hast doch gerade eine Stunde gepennt, oder nicht? Glaubst du vielleicht, daß ich mir das leisten konnte? Glaubst du, ich hätte, seit wir hier sind, auch nur ein Auge zugemacht?«

»Ich sehe nicht ein, warum du es nicht hättest tun können«, entgegnete Morgan.

»Ach nein? Na, dann will ich dir sagen, warum nicht. Wenn ich das täte, würde unser kleiner Smithie hier die Alte ruckzuck rauslassen. Sieht doch jeder, daß er auf ihr Schauermärchen reingefallen ist.«

»Ich hätte auf ihn aufpassen können«, versetzte Morgan.

Dawson warf ihm einen Blick zu. »Glaubst du vielleicht, der Junge hat vor dir Angst?« fragte er. »Er weiß genau, daß du ihm vor lauter Schiß, was die Nachbarn denken könnten, keine reinwürgen würdest. Er würde den starken Mann spielen und dich zum Teufel schicken. Und wo säßen wir dann?«

Er wandte sich ab und sah auf die Uhr auf dem Kaminsims.

»Kurz nach halb sieben«, sagte er. »Spätestens um halb acht sind wir drinnen. Dann bleiben dem Spezialisten noch mehr als drei Stunden, um alles abzudichten und sein Zeug zu legen, und beim ersten feierlichen Glockenschlag sprengen wir wie geplant.«

Die stämmigen kurzen Beine weit gespreizt, stand er da, in den Augen etwas wie ein visionäres Leuchten. Es erlosch abrupt.

»Smithie«, rief er, »geh und schau mal ins Bad.«

Aber der junge Smith bockte. »Schon wieder ich. Warum immer ich?«

Dawson sah ihn nur an. Dann ging er mit raschem Schritt durch den Raum zu seinem Mantel, der über einem Stuhl lag.

Er tauchte die Hand in die Tasche und zog den Schlagring heraus.

Der junge Smith brauchte keine weitere Aufforderung.

Aber schon nach wenigen Sekunden kam er, gefolgt von Ellen, wieder herein.

»Herrgott noch mal«, schimpfte Dawson, »hast du sie wieder rausgelassen?«

Ellen ignorierte das.

»Nein«, sagte sie grimmig zu Dawson, »er ist noch nicht tot. Deswegen haben Sie doch den Jungen herübergeschickt, nicht wahr?«

»Wenn er wirklich im Sterben läge«, entgegnete Dawson, äußerlich Ruhe bewahrend, »würde ich vielleicht wirklich jemanden schicken, der sich nach ihm erkundigen würde. Aber da das nicht der Fall ist, tu' ich es nicht.«

Smith, der an der Tür stehengeblieben war, mischte sich ein.

»Aber er sieht jetzt ziemlich übel aus.«

»Ach was?« entgegnete Dawson. »Du willst dich jetzt wohl als Kurpfuscher niederlassen, was? Da du deine Karriere im Bankfach aufgegeben hast.«

»Nein«, erwiderte Smith, »aber es geht ihm wirklich schlecht. Man sieht es ihm an.«

Ellen hakte sofort nach.

»Genau«, stimmte sie zu. »Man kann dieses Gesicht nicht einfach ignorieren, nicht wahr? Darum sollten Sie Ihre Freunde lieber überreden, mich Hilfe holen zu lassen.«

»Machen Sie sich doch nicht lächerlich«, platzte Smith darauf heraus. »Glauben Sie vielleicht, die Sanitäter würden herkommen und ihn holen und uns ruhig weiterarbeiten lassen?«

»Dann müssen Sie eben aufhören zu arbeiten, nicht wahr?« gab Ellen unerbittlich zurück. »Aber wir können nicht aufhören! Wir können nicht!« rief Smith. »Wir sind jetzt dicht davor. Geld, Geld, so viel Geld, wie ich's mir nie hätte träumen lassen. Und dann werd' ich's ihnen zeigen. Drüben in Südamerika kauf' ich mir eine Villa und Autos und einen Haufen Maßanzüge. Und die Puppen kommen dann ganz von selbst.«

»Geld«, entgegnete Ellen. »Ein bißchen Geld gegen ein Menschenleben. Sie müssen sich entscheiden.«

»Nein«, schrie der Junge. »Ich sage euch, so schlecht geht's ihm gar nicht. Ich hab' ja nur sein Gesicht gesehen und rundherum Verband. Der kann genausogut quicklebendig sein.«

»Sie wissen, daß er das nicht ist. Und ich rühre mich hier nicht von der Stelle, bis ich Sie dazu gebracht habe, etwas zu unternehmen.«

Aber jetzt mischte sich Dawson ein.

»Tony«, befahl er kurz, »bring sie zurück.«

»Ich?« rief Tony, Vorwurf und Entrüstung in den braunen Hundeaugen.

»Ja, du«, fuhr Dawson ihn an. »Hier hab' ich das Sagen, das solltest du nicht vergessen.«

Tony trat zu Ellen. »Sie müssen zurück«, sagte er. Ellen ignorierte ihn. Tony bot ihr überhöflich den Arm.

»Gestatten Sie?«

Wieder ignorierte sie ihn.

»Tony!« mahnte Dawson.

Ein Ausdruck kindlicher Wut verfinsterte Tonys Gesicht. Er packte Ellen beim Arm, zerrte sie hinaus und schlug knallend die Tür hinter sich zu. Draußen im Flur, wo sich inzwischen Mengen schmutziger Erde aus dem Tunnel angehäuft hatten, brüllte er laut: »Herrgott noch mal, hören Sie endlich auf.«

Dann senkte er plötzlich die Stimme.

»Es hat sowieso keinen Zweck. Sie kennen Dawson nicht. Der junge Smith hat solche Angst vor ihm, daß er keinen Finger rühren würde, selbst wenn er wollte. Und ich kann mir nicht vorstellen, daß er will. Er ist ein widerlicher kleiner Kriecher.«

Auch Ellen flüsterte. Aber es war ein grimmiges Flüstern.

»Und Sie sind nicht widerlich? Sie hätten gern, daß es allen gutgeht? Ich weiß Bescheid, sehen Sie.«

Tony zuckte mit den Achseln.

»Na ja, es ist doch nichts dabei, wenn man ein bißchen Spaß haben will und den anderen das gleiche wünscht«, antwortete er.

»Und Sie reden sich ein, daß mein Mann Spaß hat?« flüsterte Ellen scharf. »Daß er Spaß hat, während er dem Tod immer näher rückt.«

»Nein«, ereiferte sich Tony und sprach beinahe laut dabei. »Aber ich meine, das ist doch alles nur ein Trick, stimmt's? Es ist ja ganz okay, daß Sie versuchen, Dawson zurückzuhalten, das nehme ich Ihnen gar nicht übel. Aber mir können Sie die Wahrheit sagen.«

»Schön, ich werd' sie Ihnen sagen. Nur unter uns.« Ellen sah ihn mit ihren großen grauen Augen an. »Mein Mann liegt im Sterben«, erklärte sie. »Lassen Sie sich das gesagt sein. Er ringt mit dem Tode, und Sie lassen ihn sterben.«

»Hören Sie«, erwiderte Tony, während er sich verzweifelt umsah, »ich würde Ihnen ja gern helfen. Aber ich kann nicht. Ich sitze genauso in der Falle wie Sie.«

»Mein Gott, reißen Sie sich doch zusammen!« fuhr Ellen ihn mit angewidertem Blick an. »Wir gehen jetzt wieder hinein, und Sie sagen den anderen, daß es Zeit ist, Hilfe zu holen.«

»Nein«, flehte Tony.

»Gehen Sie hinein«, befahl Ellen. Sie ging zur Wohnzimmertür und riß sie auf.

Tony ging hinein, und Ellen folgte ihm dicht auf.

Dawson sah ihn finster an.

»Ich hab' dir doch gesagt, du sollst sie einsperren«, knurrte er.

»Ja. Ja. Schauen Sie, Mrs. Prothero —«

»Sagen Sie's ihm«, befahl Ellen.

Tony wandte sich Dawson zu. »Herrgott noch mal«, platzte er heraus, »sie hat recht. Das wissen wir doch alle. Der Alte stirbt. Das können wir doch nicht einfach geschehen lassen.« Jetzt endlich sah er Dawson direkt an. »Du mußt ihr erlauben, Hilfe zu holen«, sagte er. »Sonst brülle ich direkt hier los.«

Er drehte sich um und wollte zum Fenster. Dawson packte ihn am Ellbogen, noch beinahe ehe er sich in Bewegung gesetzt hatte. Er riß ihn herum und schleuderte ihn an die Wand neben dem Sekretär. Dann beugte er sich über den Sessel und nahm den Schlagring, der auf seinem Mantel lag.

Er baute sich vor Tony auf und schlug ihn ins Gesicht, bis er zu Boden stürzte.

Lange blieb Tony nicht liegen. Dafür sorgte Dawson. Er ließ den jungen Smith Wasser holen, goß es über Tony aus, zog ihn auf die Füße und schickte beide wieder in den Tunnel hinunter. Das alles innerhalb von zehn Minuten.

Doch dann geschah etwas, womit Dawson überhaupt nicht gerechnet hatte. Der Tunnel stürzte ein.

Smith wurde teilweise verschüttet, und Dawson selbst kroch hinunter und zerrte den bewußtlosen Jungen an den Armen heraus. Danach kroch er nochmals hinunter und grub sich mit einem von Ellens Töpfen durch den Erdrutsch, bis er Morgan erreichte.

Als er schließlich wieder herauskam, lag Smith immer noch bewußtlos auf dem schmutzigen Küchenboden, und Tony, dessen Spanielgesicht von Schrammen und Kratzern entstellt war, hockte neben ihm und blickte niedergeschlagen zu ihm hinunter.

Dawson schickte ihn nach Ellen.

»Kümmern Sie sich um den Jungen«, befahl er ihr, als Tony sie hereinbrachte. »Schauen Sie nach, was ihm fehlt. Wir hatten ein kleines Malheur.«

Wortlos kniete Ellen neben Smith nieder, wie sie zuvor neben ihrem Mann gekniet hatte. Mit ruhiger Sachkundigkeit machte sie sich an die Arbeit, und nach fünf Minuten sah sie auf.

»Es ist nur sein Fuß, soweit ich feststellen kann«, verkündete sie. »Aber der ist schwer angeschlagen. Es ist unmöglich zu sagen, wie schlimm die Verletzung ist. Außerdem ist er bewußtlos, aber er wird bald wieder zu sich kommen. Der arme Junge.«

»Gut«, meinte Dawson. »Tun Sie, was für ihn getan werden muß.«

»Was für ihn getan werden muß?« gab Ellen zurück, die immer noch auf dem schmutzigen Linoleum kniete. »Es geht nicht darum, was ich tun kann. Der Junge gehört ins Krankenhaus.«

Dawson antwortete ihr mit einem unangenehmen Grinsen.

»Nichts da Krankenhaus«, versetzte er. »Sie haben gesagt, er hat sich nur den Fuß verletzt. Damit werden Sie doch fertig. Aber Sie haben Ihre Chance verpaßt, nicht? Sie hätten ihn Ihrer Liste der Todgeweihten anfügen sollen.«

Ellen hatte sich mit ihrem Patienten beschäftigt. Jetzt warf sie Dawson einen kurzen Blick zu.

»Wird es nicht langsam Zeit, daß Sie aufhören so zu tun, als ginge es meinem Mann nicht so schlecht, wie ich gesagt habe?« fragte sie.

Dawson antwortete nicht. Eine Zeitlang wanderte er in der Küche umher, soweit das bei Erde und Geröll möglich war. Dann pflanzte er sich wieder vor Ellen auf.

»Jetzt hören Sie mal zu«, sagte er. »Sie flicken den Jungen so weit zusammen, daß wir hier abhauen können, wie geplant, nämlich mit unseren hübsch eingewickelten Geldpäckchen, während die Leute in Scharen aus der Mitternachtsmesse kommen. Wenn's nicht anders geht, tragen wir den Jungen und behaupten, er wäre betrunken. Aber wir verschwinden genau um diese Zeit, und wir verschwinden mit dem Geld. Ist das klar?«

Ellen blickte auf. »Und wenn ich nicht tue, was Sie wollen?«

Dawsons Antwort kam ohne Zögern.

»Sie haben gesehen, wie es Tony gegangen ist. Ihnen blüht das gleiche, auch wenn Sie eine Frau sind.«

Ellen sah ihn ganz ruhig an.

»Dann muß ich Ihnen eben helfen«, sagte sie.

Dawson blickte zu Smith hinunter. Er war volle einsachtzig lang und nahm einen großen Teil des Küchenbodens ein.

»Warten Sie«, sagte Dawson, »ich trage ihn in den Flur. Den Türschlüssel hab' ich ja in der Tasche, da kann also nichts passieren, und wir können hier weitergraben. Wir haben jetzt nach dem Einsturz einen Haufen Arbeit. Da muß ich selbst mit anpacken.«

Er ging aus der Küche, und Ellen hörte, wie er in plötzlich ganz anderem Ton, nämlich ausgesprochen devot, den Mann, der die ganze Zeit das Schlafzimmer besetzt hielt, fragte, ob er ausnahmsweise so gut sein könne, den Badezimmerschlüssel an sich zu nehmen und »die Alte im Auge zu behalten«. Anscheinend war er damit einverstanden, denn als Dawson wieder hereinkam, packte er ohne weiteres den langen mageren Smith und deponierte ihn draußen im Flur auf dem Teppich neben einem Erdhaufen. Als sie folgte, sah sie flüchtig den geheimnisvollen Geldschrankknacker. Er lag, auf einen Ellbogen gestützt, mit Schuhen auf ihrem Bett. Und auf dem Bett ihres Mannes hatte er seine Patiencekarten ausgelegt.

Der junge Smith kam bald, nachdem Dawson wieder im Tunnel verschwunden war, zu Bewußtsein. Ellen tupfte ihm die Stirn mit einem feuchten Geschirrtuch ab, das sie aus der Küche mitgebracht hatte.

»Und«, fragte sie munter, »wie geht es jetzt?«

Smith antwortete heiser, daß er sich nicht allzu schlecht fühle. Er verlangte quengelig zu wissen, was geschehen sei, und Ellen berichtete es ihm, auch daß Dawson ihr befohlen hatte, ihn wieder so weit auf die Beine zu bringen, daß sie in drei Stunden mit dem Geld fliehen konnten.

»Aber der Fuß wird doch wieder, nicht wahr?« fragte Smith.

»Vorausgesetzt, daß er richtig behandelt wird«, antwortete Ellen trocken.

»Die richtige Behandlung krieg' ich schon«, versicherte Smith eifrig. »In Südamerika sind die Krankenhäuser genausogut wie sonstwo. Und dann kann ich auch zahlen. Dann hab' ich Geld. Dann mache ich mir ein richtig schönes Leben.«

Ellen betrachtete ihn. »Sie armer Kerl«, sagte sie sehr leise und sehr vertraulich. »Die Mädchen werden trotzdem nichts von Ihnen wissen wollen.«

Smith starrte sie entsetzt an. Das war Blasphemie.

»Sie werden schon sehen«, flüsterte er fieberhaft, »wenn ich das Geld habe, laufen sie mir in Scharen hinterher. In Scharen.«

»Ihnen? Wenn Ihnen die Art von Erfolg so wichtig ist – und das ist, weiß Gott, jämmerlich genug –, müssen Sie auch jemand sein, der einen gewissen Respekt verdient. Und glauben Sie, daß Sie, nur weil Sie sich von Dawson mit Drohungen zu einem Verbrechen zwingen lassen und zusehen, wie ein unschuldiger Mann stirbt, in irgendeiner Hinsicht ein anderer geworden sind?«

»Ja, bin ich.«

»Machen Sie sich nicht lächerlich«, entgegnete Ellen, als befände sie sich auf der Kinderstation. »Sie sind nichts wert, und Sie werden auch nie etwas wert sein.« Sie sah ihm dabei direkt in die Augen. »Es sei denn«, fügte sie hinzu, »Sie gehen, wenn der Moment gekommen ist, den rechten Weg, auch wenn es noch so schwer ist.«

Smith wandte sich ab.

Ellen stand auf und ging zur offenen Tür ihres Schlafzimmers.

»Ich möchte nach meinem Mann sehen«, sagte sie zu dem Mann, der auf dem Bett lag. »Würden Sie bitte die Badezimmertür aufsperren?«

Der Spezialist maß sie mit einem eisigen Blick seiner kleinen blaßblauen Augen. Aber er schwang sich vom Bett und öffnete ihr die Tür.

Trotz des Rückschlags, den die Tunnelbauer erlitten hatten, erfüllte der dröhnende Schlag der Kirchenglocken minutenlang die Luft, kurz nachdem Morgan die Badezimmertür aufsperrte und Ellen mitteilte, daß der große Tresor gleich gesprengt werden würde.

»Aber der Spezialist wollte vorher unbedingt noch einen Kaffee haben«, fügte er hinzu. »Scheint sein gutes Recht zu sein. Da hab' ich Ihnen gleich zwei Tassen mitgebracht.«

Ellen sah ihn an. »Glauben Sie immer noch im Ernst, daß mein Mann in einem Zustand ist, in dem er Kaffee trinken kann?« fragte sie.

Morgan senkte den Kopf. »Es tut uns allen sehr leid, daß das passieren mußte«, sagte er.

»Wem tut es leid?« konterte Ellen. »Glauben Sie, Dawson tut es leid?«

Morgan biß sich auf die Unterlippe. »Na ja, dem vielleicht nicht.« Er blickte flüchtig auf. »In vielerlei Hinsicht wollte ich, ich hätte mit diesem Burschen nie zu tun gehabt.«

»In vielerlei Hinsicht«, ahmte Ellen ihn ironisch nach. »Aber es geht nicht so weit, daß Sie bereit wären, etwas zu ändern. Er hat Sie in ein Verbrechen hineingezogen, und es wird auch noch ein Mord dazukommen. Vor dem Gesetz sind Sie in gleichem Maß schuldig. Und das Gesetz hat recht.«

Morgans Gesicht wirkte gequält. »Wenn Sie das doch verstehen würden«, seufzte er. »Es war strikt abgemacht, daß bei dieser Geschichte keine Gewalt angewendet werden sollte. Ich sagte, daß ich nur dann überhaupt mitmachen würde. Und er brauchte mich, verstehen Sie, wegen meiner früheren Erfahrung im Bergbau. Und nur, weil ich so in der Klemme saß, mußte ich mich überhaupt auf diese Sache einlassen.«

»Und jetzt werden Sie lebenslänglich im Zuchthaus landen«, vollendete Ellen grimmig für ihn den Gedanken.

Aber sie konnte ihn damit nicht zum Schweigen bringen.

»O nein«, entgegnete er. »Da täuschen Sie sich. Wir haben nicht berücksichtigt, was für ein schlauer Kerl Dawson ist. Aber ich hab' ihn beobachtet. Und er ist wirklich clever. Mit seiner Hilfe sind wir längst alle in Südamerika, ehe irgend jemand von dieser Sache Wind bekommt.«

»Genau«, meinte Ellen. »Dawson ist clever. Zu clever für Sie.«

Morgan brauchte eine Weile, ehe er begriff. Von seinem ausdrucksvollen dunklen Gesicht war klar abzulesen, was ihm durch den Kopf ging. Er war nahe daran, das Wort »betrogen« laut auszusprechen, als aus dem Tunnel in der Küche der Widerhall eines einzigen peitschenden Knalls herausdrang.

»Der Tresor«, sagte Morgan.

Und im nächsten Moment klang gedämpft, aber schrill das durchdringende Läuten einer Alarmanlage durch den Tunnel.

Ellen erfaßte zuerst, was geschehen sein mußte.

»Ihr Mr. Dawson scheint doch nicht so clever zu sein«, stellte sie fest. »Er hat anscheinend eine der Alarmanlagen übersehen.«

Ohne ein Wort versuchte Morgan die Wohnungstür zu öffnen. Aber der Schlüssel war in Dawsons Tasche. Mit gehetztem Blick sah er sich um und rannte ins Wohnzimmer zu den Fenstern. Aber er war nicht schnell genug.

Aus der Küche kamen Poltergeräusche, dann stürzte Dawson heraus.

»Morgan!« rief er. »Den Schlüssel zum Bad, schnell. Ich muß wissen, wo die Anlage ist.«

Mit einem Sprung war Ellen vor der Badezimmertür und stellte sich breitbeinig davor.

»Sie rühren ihn nicht an«, erklärte sie drohend, als Dawson in den Flur kam. »Die kleinste Aufregung kann jetzt sein Tod sein.«

»Aus dem Weg!« Dawson trat mit geballter Faust auf sie zu.

In diesem Augenblick hörte das Läuten auf.

Tony, der mit angstverzerrtem Gesicht aus der Küche kam, blieb stehen.

»Der Spezialist«, sagte er. »Er muß sie gefunden haben. Er rannte rum wie ein angeschossenes Kaninchen, als ich abhaute.«

Smith humpelte aus der Küche herein, in den Händen groteskerweise einen großen Bogen Weihnachtspapier, und überschüttete Dawson mit ängstlichen Fragen. Selbst nachdem der sie scharf beantwortet hatte, blieben sie wie angewurzelt stehen, als könne keiner von ihnen glauben, daß die Sirene schwieg. Und sie standen immer noch so, als der Spezialist aus dem Tunnel kroch.

»So«, sagte er ohne Umschweife zu Dawson, »und was wollen Sie jetzt tun?«

Dawson überlegte. »Hier warten«, antwortete er schließlich. »Wir warten noch ein paar Minuten ab, ob jemand was gehört hat. Es muß irgendeine alte Anlage gewesen sein. Die andere, die mit der Polizei verbunden ist, haben wir auf jeden Fall lahmgelegt.«

»In Ordnung«, sagte der Spezialist. Er ging zur Wohnungstür und versuchte sie zu öffnen. »Sperren Sie die mal lieber auf«, bemerkte er. »Wenn wir abhauen müssen, muß es schnell gehen.«

Dawson nahm den Schlüssel aus seiner Tasche und drehte ihn im Schloß um. Dann schlenderte er, völlige Gelassenheit vortäuschend, ins Wohnzimmer und ließ sich in Arthurs Sessel fallen.

Die anderen folgten ihm.

»Hör mal«, sagte Tony, »wäre es nicht besser, wir würden alle woanders warten? Wir können ja zurückkommen, wenn wir sicher sind, daß die Luft rein ist.«

»Damit du türmen kannst?« versetzte Dawson. »Wir bleiben hier, Kumpel.« Er musterte die anderen und nahm schließlich den kreidebleichen Smith aufs Korn. »Hast wohl die Hosen voll, was, mein Junge?« sagte er.

»Nein, nein, das stimmt nicht. Wirklich nicht.«

Es war jedoch offensichtlich, daß er, ganz abgesehen davon, ob er die Polizei fürchtete oder nicht, Todesangst vor Dawson hatte.

»Na komm schon«, sagte Dawson zu ihm, »du kannst dich beruhigen, Jungchen. Kein Mensch kümmert sich um den Alarm. Du kannst es mir glauben.«

Ellen, die gleich an der Tür stand, mischte sich ein.

»Es wäre weit besser für Sie alle, wenn er gehört worden wäre.«

»Ich sage Ihnen, daß kein Mensch etwas bemerkt hat«, entgegnete Dawson.

»Wenn der Alarm nicht gehört wurde, Sie Ihren Plan ausführen und sich davonmachen, wird man mich hier mit einem Toten finden.«

Dawson fand sein schiefes Grinsen wieder.

»Das kann mich wenig kümmern«, versetzte er. »Da bin ich schon weit weg.«

»Und dann?« fragte Ellen streng.

»Dann? Dann bin zur Abwechslung ich mal oben. Dann lass' *ich* die anderen kriechen.«

Er streckte trotzig seinen fetten Wanst vor. Aber seine prahlerischen Worte hatten Ellen nur in ihrer Einschätzung seiner Person bestätigt.

»Ich will Ihnen mal etwas sagen«, erwiderte sie. »Früher hätte ich einen Menschen wie Sie vielleicht nicht verstanden. Aber wenn man lange dunkle Stunden mit einem Sterbenden eingesperrt ist, kommt einiges in Bewegung. Ich kann jetzt ganz klar sehen, bis in Ihr Innerstes. Und ich werde Ihnen sagen, was Sie tun werden, wenn Sie nach Südamerika kommen und sich in das Leben stürzen, von dem Sie so lange geträumt haben. Sie werden sich irgendwo zusammenrollen und sterben.«

Dawson sprang auf.

»Sie werden sterben«, fuhr Ellen ungerührt fort. »Sie werden sterben, weil nur der Gedanke Sie am Leben erhalten hat, daß eines Tages *Sie* die anderen kriechen lassen werden. Und wenn Sie glauben, das erreicht zu haben, sind Sie erledigt. Ich weiß nicht, wie und an welchem Ort es Sie erwischen wird. Ich könnte mir vorstellen, daß das Spiel Sie erledigen wird. Sie werden Ihr ganzes Geld verspielen und in der Gosse landen, und wenn es so weit ist, werden Sie sich irgendwo verkriechen und sterben.«

Nach diesen Worten wurde klar, daß Ellen endlich ihren Kampf gewonnen hatte. Dawson stand wie gelähmt da, aller kämpferischen Kraft beraubt. Über seinem Kopf schwangen die trompetenden Engel träge hin und her.

»Und Sie«, fuhr Ellen die anderen an, »werden Sie jetzt Ihre Chance wahrnehmen? Hier können Sie endlich eine eigenständige Entscheidung treffen, Smith, und Sie, Tony, Sie können ausnahmsweise einmal in einer realen Welt handeln. Und Sie,

Morgan, glauben Sie eigentlich immer noch, daß dieser Bursche so clever ist?«

»Ich hau' ab«, erklärte Morgan und wollte in den Flur hinaus. Aber eine Stimme hielt ihn auf.

Klein, ungerührt und unauffällig stand der Spezialist da und sagte nur ein Wort.

»Halt!«

Morgan drehte sich um.

»Ihr seid doch nichts als ein Haufen Narren«, zischte der Spezialist. »Ich hab' euch den Safe geknackt, und ihr laßt euch von einer alten Hexe, die Haare auf den Zähnen hat, ins Bockshorn jagen.«

»Ja«, sagte Morgan langsam, »stimmt, das Geld ist ja da. Es wäre blöd, wenn wir es uns jetzt nicht nehmen würden.«

Und Dawson riß sofort wieder die Führung an sich.

»Das kann man wohl sagen«, stimmte er zu. »Keine Menschenseele hat den Alarm gehört. Los, wieder rein, und schnell.«

Er rannte in den mit Erdhaufen besetzten Flur, und die anderen folgten ihm.

Aber nicht alle.

»Nein!« schrie der junge Smith plötzlich. »Ich hau' ab.«

Er war näher an der Wohnungstür als die anderen. Er drehte sich um und griff mit der Hand zum Türknauf.

Aber Dawson hatte seine Kampfkraft wiedergefunden. Blitzschnell wirbelte er bei Smiths hysterischem Aufschrei herum und stürzte sich auf ihn.

Smith drehte sich um und schlug zu. Blind, aber mit Wucht. Seine Faust traf Dawsons Gesicht und brachte seinen Angriff zum Stillstand. Mit fliegender Hand drehte der Junge den Knopf am Schloß, riß heftig die Tür auf und stürzte ins Treppenhaus.

»Hilfe! Hilfe, Polizei! Hilfe!«

Die Schreie des Jungen hallten laut durch das Haus, und beinahe ebenso laut war der Widerhall seiner hinkenden Schritte.

In Panik polterten die anderen ihm hinterher. Nur der Spezialist verharrte einige Sekunden, um ein Abschiedswort zu sprechen.

»Sie haben gewonnen, Sie Miststück«, knurrte er Ellen wütend an. »Sie haben gewonnen, aber ich hoffe, er krepiert wirklich. Und er krepiert unter Qualen.«

Dann rannte auch er schnell, wachsam um sich sehend, aus der Wohnung.

Ellen drehte sich zur Badezimmertür um.

»Arthur«, rief sie, »hast du das gehört? Er hofft, du krepierst. Du kannst jetzt rauskommen.«

*Aus dem Englischen übertragen
von Mechtild Sandberg-Ciletti*

Simon Brett

Ich versteh' nicht viel von Kunst

Die meisten halten mich für ein wenig behämmert. Das kommt wahrscheinlich auch davon, daß ich ziemlich groß bin. Leute, die so aussehen wie ich, haben in zu vielen Filmen und Fernsehserien den blöden Ganoven gespielt. Und wenn man früher mal Profiringer gewesen ist, erwartet niemand besonders viel von einem, was den Intellekt angeht.

Außerdem hat es – das ist mir klar – ein paar unangenehme Ereignisse in der Vergangenheit gegeben. Jobs, die nicht so gelaufen sind wie geplant. Als ich zum Beispiel im Fluchtauto vor der Bank gesessen habe und mit den falschen Leuten losgefahren bin, oder als ich nach dem Goldbarrenraub durchgedreht und alles wieder bei der Sicherheits-Transportfirma abgeliefert habe, oder als ich bei meiner Lösegeldforderung meine Privatadresse als Ablieferungsort angegeben habe. Okay, blöde Fehler, aber das kann jedem mal passieren im Eifer des Gefechts. Nur daß sich die Leute so was einfach merken, und deshalb habe ich den Ruf, ein Vollidiot zu sein.

Und das Ergebnis ist, daß ich immer nur Jobs bekomme, die, milde ausgedrückt, alles andere als anspruchsvoll sind. Ja, die meisten der Spinner, die mich noch anheuern, denken sich: ›Wir haben keinen stumpfen Gegenstand gefunden, also muß der Trottel ran.‹

Natürlich sehe ich selber meine geistigen Fähigkeiten in

einem ganz anderen Licht, aber man muß schließlich leben, und in einer Zeit der Arbeitslosigkeit kann man nicht wählerisch sein. Ich meine, man liest ja alles mögliche über das Ansteigen der Verbrechensrate, aber glauben Sie bloß nicht, daß es allen Verbrechern gutgeht. Nein, wir spüren die Krise der Wirtschaft wie jeder andere. Zum Beispiel gibt es viel zu viele, die sich hereindrängen. Natürlich ist das eine Nebenwirkung der Arbeitslosigkeit, und die meisten Neuen sind wirkliche Amateure, aber sie vermasseln uns Profis ganz schön die Tour. Sie unterbieten unsere Tarife und bringen eine Unehrlichkeit ins Geschäft, die es früher nicht gegeben hat. Der Kuchen ist längst nicht mehr so groß, wie er einmal war, und es gibt verdammt viele Neulinge, die versuchen, sich ein Stück davon abzusäbeln.

Das heißt, daß ich praktisch jeden Job annehme, den man mir bietet ... Fahrer, Rausschmeißer, Einschüchterer, Aufpasser – oft schon bin ich als Aufpasser beim Schmierestehen eingebuchtet worden, natürlich nur wegen meiner Größe. Aber trotzdem, ich mache alles – außer Killen auf Bestellung. Das ist gegen meine Prinzipien, genau wie Raubüberfälle auf alte Ladys. Aber wie gesagt, jetzt ist nicht die Zeit, wählerisch zu sein. Wenn dieses Land mehr als drei Millionen Arbeitslose hat, kann man vorläufig seine Pläne und allen Ehrgeiz vergessen, ebenso wie den Gedanken an eine Karriere, und man muß froh sein, wenn man überhaupt noch einen Job bekommt.

Deshalb hab' ich nicht lang überlegt, als man mir die Sache mit der Harbinger Hall angeboten hat. Abgesehen von allem anderen hat es sich ziemlich einfach angehört, und die Bezahlung war verdammt gut. Fünf Riesen für ein bißchen einfachen Diebstahl ... Na, das konnte doch gar nicht so schlecht sein, oder? Klar, es gab natürlich das Risiko, daß man geschnappt wurde, aber eigentlich hat die Sache nicht nach Schwierigkeiten gerochen. Obwohl man natürlich bei feinen Landsitzen und Villen nie ganz sicher sein kann. Oft hängen Speere und Schußwaffen und solches Zeug an den Wänden, und es besteht immer die Gefahr, daß jemand einen Temperamentsausbruch kriegt und mit so einem Ding auf einen losgeht.

Trotzdem – fünf Riesen für einen Wochenendjob in einem schlechten Herbst waren gutes Geld.

Der erste Kontakt kam über Wally Clinton, was mich, ehrlich gesagt, überrascht hat. Denn als ich damals Wally nach der Sache bei dem Juwelier nach Heathrow fahren sollte, ist mir das Benzin ausgegangen. Also ich hätt' eigentlich gedacht, daß ich für ihn nicht gerade der Held des Monats gewesen bin. Da sieht man, wie falsch man die Leute oft beurteilt. Er hat das Vergangene vergangen sein lassen und mir außerdem noch einen netten Job in den Schoß fallen lassen. Ich nehme alles zurück, was ich letztes Silvester im Black Dog über ihn gesagt habe.

Jedenfalls, Wally nimmt mit mir Kontakt auf, fragt, ob ich bereit bin, mitzumachen, und als ich ja sage, meint er, ich soll den Kerl treffen, und zwar in einem Saunaklub in der St. Martin's Lane.

Komischer Saunaklub, das. Kein Mädchen weit und breit. Ich denk' fast, das Ding ist wirklich für so Spinner, die nur Sauna haben wollen. Alles pieksauber und ordentlich, keine kleinen Massagekabinen mit Plastikvorhängen, kein komischer Geruch, keine zerknüllten Papiertaschentücher auf dem Boden. Sehr komisch.

Der Kerl an der Tür hat mich schon erwartet. Gibt mir ein großes, weißes Handtuch und führt mich in einen Umkleideraum, ganz fein mit Holzwänden und sauberen Bodenfliesen. Ich soll mich ausziehen, mir das Handtuch umwickeln und in die Sauna gehen. Mr. Loxton würde dann bald nachkommen.

Ich brauch' Ihnen nicht zu sagen, daß ich mir ziemlich komisch vorgekommen bin, wie ich da auf dem Holzregal gehockt und nichts als mein Handtuch angehabt hab'. Zuerst hab' ich mich auf die oberste Bank gesetzt, aber verdammt, war das heiß! Bald hab' ich gemerkt, daß es um so kühler wird, je weiter man nach unten geht, also hab' ich mich auf die unterste Stufe gesetzt. War immer noch verdammt heiß, das kann ich Ihnen sagen. Ein Kerl von meiner Größe, wenn der schwitzt, dann schwitzt er wirklich.

Ich hab' mir überlegt, warum Mr. Loxton ausgerechnet diesen Ort für ein Gespräch ausgesucht hat. Ich meine, eine Sauna ist ja ganz gut, wenn man Angst hat, daß die Gegenpartei mit Kanonen ausgerüstet ist. Denn die kann man nirgends verstecken, wenn man sich erst mal ausgezogen hat. Jedenfalls nicht besonders bequem. Aber darum ist es ja bei meiner Verabredung gar nicht gegangen.

Andererseits ist es vielleicht gar nicht so schlecht, wenn man nicht erkannt werden will. Das Licht in der Sauna war ziemlich schwach, und zwischendurch war immer mal wieder ein bißchen Dampf in der Luft. Außerdem sehen die Leute immer ganz anders aus, wenn sie nackt sind. Oh, ich weiß, man kann eine Leiche gut an geheimen Muttermalen und Leberflecken erkennen und so, aber im Durchschnitt sieht ein Kerl ohne Plünnen ganz anders aus als in Wirklichkeit. Sagen wir, das nächste Mal kommt er ganz angezogen, und du wunderst dich, wie viele Hinweise du über einen Kerl bekommst nach der Art, wie er angezogen ist. Also, ich dachte mir, Mr. Loxton will mich in der Sauna treffen, um unerkannt zu bleiben.

Als er hereinkam, war ich erst recht davon überzeugt. Er hatte sich ein großes Handtuch umgewickelt, bis unter die Achseln, genau wie ich, aber er hat sich auch noch ein kleines auf den Kopf gelegt wie ein Boxer. Er hat mir das Gesicht nie zugewendet, hat mich gar nicht angeschaut, sondern ist gleich zu einem Holzeimer in der Ecke gegangen, hat einen Holzlöffel voll Wasser genommen und das Wasser auf den Haufen Steine geschüttet, die auf dem Ofen lagen. Mann, da hat es erst richtig gedampft! Und als er sich dann an mich gewendet hat, hab' ich ihn nur ganz verschwommen sehen können.

»Sie sind Billy Gorse.«

Ich gab es zu. Es war sowieso keine Frage, sondern eine Behauptung.

»Nett, daß Sie gekommen sind. Wally Clinton hat Sie mir für einen Job empfohlen.«

Er hat vielleicht sein Gesicht hinter Handtüchern und Dampf versteckt, aber er hatte eine Stimme, die sehr klar und deutlich zu erkennen war. Sie wissen schon, Privatschule und so, und vielleicht auch ein bißchen zickig. Ich bin gut in Stimmen, weiß, daß ich sie wiedererkenne, wenn ich sie einmal gehört habe.

Ich hab' erst mal die Klappe gehalten und auf Details gewartet, also hat er weitergeredet. »Was Sie für mich tun sollen, Gorse, ist folgendes: Sie sollen ein Gemälde stehlen.«

»Scheiße«, sagte ich. »Ich versteh' nicht viel von Kunst.«
»Das ist auch gar nicht nötig.«
»Aber klar... Gemälde... Ich meine, das ist doch eine Arbeit für'n Spezialisten, oder? Nicht einfach reingehen und jemand das Videogerät klauen. Wenn es ein gutes Gemälde ist, gibt es überall Sicherheitseinrichtungen. Und wer soll das Ding dann verhökern?«
»Das soll nicht Ihre Sorge sein. Ich sagte, ich will nur, daß Sie ein Gemälde stehlen.«
»Meinen Sie, daß ich, sagen wir, nur einer aus einem ganzen Team bin?«
»Sie brauchen nichts über andere möglicherweise Beteiligte zu wissen. Sie sollen meine Instruktionen befolgen, ohne viele Fragen zu stellen.«
»Das kann ich.«
»Gut. Wally hat gesagt, daß Sie das können. Sie führen die Arbeit am letzten Oktoberwochenende aus.«
»Und wo?«
»Haben Sie schon mal von der Harbinger Hall gehört?«
Ich schüttelte den Kopf.
»Dann wissen Sie wahrscheinlich auch nichts von der Harbinger Madonna.«
»Wer ist denn die?«
»›Die‹ ist das Gemälde, das Sie stehlen sollen.«
»Oh. Aha. Na klar, wie gesagt, ich versteh' nicht viel von Kunst.«
»Nein.« Seine Stimme hörte sich an, als ob ihm das recht wäre. Blasierter Kerl.
Er fragte mich, wohin er seine Anweisungen schicken sollte. Beinahe hätte ich ihm meine Privatadresse gegeben, aber dann hat mir ein Vögelchen gesagt, daß ich die Pferde besser zurückhalten sollte, und ich hab' ihm die Adresse von Red Ritas Haus gegeben. Sie hebt mir öfter die Post auf, als Ausgleich für gewisse Dienste, auf die ich hier nicht näher eingehen möchte.
Dann langte Mr. Loxton in sein Handtuch und zog einen Plastikbeutel heraus. Der denkt auch an alles, sagte ich mir – nicht, daß die Notizen feucht werden.
»Da drinnen sind fünfhundert. Zweitausend bekommen Sie mit den Instruktionen. Die zweite Hälfte, wenn der Auftrag

ausgeführt ist.« Er stand auf. »Bleiben Sie noch zehn Minuten hier. Wenn Sie im Umkleideraum auftauchen, bevor ich das Haus verlassen habe, ist unser Vertrag automatisch annulliert.« Er griff nach der Türklinke.

»Ach, noch etwas, Mr. Loxton...«

Seine Reaktion war eine halbe Sekunde verzögert, was mir bestätigte, daß das nicht sein richtiger Name war. Kein Wunder, die wenigsten, mit denen ich zu tun habe, reisen unter ihrem wirklichen Namen. Das ist nix für mich. Ich bleib' lieber bei ›Billy Gorse‹. Nur einmal hab' ich mir 'nen anderen Namen ausgedacht, und den hab' ich dann mitten bei der Arbeit vergessen.

»Was wollen Sie noch, Mr. Gorse?«

Ich hatte, was ich wollte, aber ich sagte noch: »Ja, also ich möchte mich noch bedanken für den Job, Mr. Loxton.«

Er gab einen komischen Ton von sich, wie ein Knurren, und ging hinaus.

Lange zehn Minuten in der Hitze! Als ich rausgekommen bin, hab' ich geschwitzt wie griechischer Käse.

Die Anweisungen kamen – vermutlich durch einen Boten – in der nächsten Woche. Ich bin zu Red Rita aus Gründen, die keinen was angehen, und nach einem bißchen Hin und Her hat sie mir diesen dicken braunen Umschlag gegeben. Nur mein Name drauf, sonst nichts. Keine Briefmarke, kein gar nichts. Einfach in den Briefkasten gesteckt. Sie hat nicht gesehen, wer ihn gebracht hat.

Erst hab' ich die Scheinchen gezählt. Fünfziger, vierzig davon, alles wie abgemacht und ganz korrekt. Dann eine Postkarte mit einer Puppe im blauen Fummel, die was Kleines auf dem Knie hat. Das ist wahrscheinlich das Bild, das ich klauen soll. Ich hab's mir gar nicht lange angeschaut, sondern erst mal das getippte Blatt mit den Anweisungen aufgemacht.

Auch drinnen war nicht von mir die Rede, und das Blatt hatte auch keine Unterschrift. Einfaches Papier, und auch sonst konnte man nicht sehen, woher es kam. Es war alles in Großbuchstaben getippt, was mir ein bißchen gestunken hat. Vielleicht hat Wally Clinton ein paar Worte über meine Lesekunst

fallengelassen, der gemeine Hund. Aber immerhin, ich hab'
mir deutlich genug ausklamüsern können, was ich tun sollte.

ERSTENS: FÜLLEN SIE DEN BEILIEGENDEN ANTRAG AUS,
UND BUCHEN SIE EINEN AUFENTHALT BEIM ›WOCHENENDE
AUF EINEM HERRSCHAFTLICHEN LANDSITZ‹ IN DER HAR-
BINGER HALL FÜR DEN 29. UND 30. OKTOBER. SCHICKEN SIE
DIE GESAMTE SUMME DURCH GELDANWEISUNG. ALLE IHRE
SPESEN WERDEN BEZAHLT.

ZWEITENS: FAHREN SIE AM KOMMENDEN FREITAG ZUR
HARBINGER HALL, UND NEHMEN SIE AN DER FÜHRUNG
DURCH DAS GEBÄUDE TEIL. FÜHRUNGEN FINDEN ZUR VOL-
LEN STUNDE ZWISCHEN ZEHN UHR VORMITTAGS UND VIER
UHR NACHMITTAGS STATT. WENN SIE IN DER GROSSEN
HALLE SIND, BETRACHTEN SIE SICH SORGFÄLTIG DAS GE-
MÄLDE MIT DER MADONNA UND DIE SICHERHEITSVORKEH-
RUNGEN, DIE DEUTLICH SICHTBAR SIND.

SOBALD DIE FÜHRUNG DAS ENDE DER LANGEN OBEREN
GALERIE ERREICHT HAT, HALTEN SIE SICH ETWAS ZURÜCK,
WENN DIE GRUPPE DAS BLAUE SCHLAFZIMMER BETRITT.
ÖFFNEN SIE DIE TÜR MIT DER AUFSCHRIFT ›PRIVAT‹ AM
ENDE DER GALERIE. SIE KOMMEN ZUM OBERSTEN PUNKT
EINES KLEINEN TREPPENHAUSES. GEHEN SIE SO SCHNELL
WIE MÖGLICH NACH UNTEN, WO SIE IN EINE KLEINE VOR-
HALLE KOMMEN. AN DER WAND GEGENÜBER DER TREPPE
SEHEN SIE DIE KÄSTEN, VON DENEN AUS DIE SICHERHEITS-
EINRICHTUNGEN DES HAUSES UND DAS ALARMSYSTEM GE-
STEUERT WERDEN. DIE KÄSTEN MÜSSEN MIT EINEM
SCHLÜSSEL GEÖFFNET WERDEN, ABER SIE WERDEN DIE
DRÄHTE SEHEN, DIE AUS DEM OBEREN RAND DER KÄSTEN
HERAUSKOMMEN. WENN SIE DIE MADONNA WIRKLICH
STEHLEN, MÜSSEN SIE DIESE DRÄHTE DURCHSCHNEIDEN.
NACHDEM SIE SICH IHRE POSITION EINGEPRÄGT HABEN, GE-
HEN SIE SO SCHNELL WIE MÖGLICH DIE TREPPE HINAUF
UND MISCHEN SICH WIEDER UNTER DIE GRUPPE DER FÜH-
RUNG. MACHEN SIE DIE FÜHRUNG BIS ZUM ENDE MIT, UND
FAHREN SIE DANN HEIM, OHNE WEITERE NACHFORSCHUN-
GEN ANZUSTELLEN.

ZUSÄTZLICHE INSTRUKTIONEN FOLGEN IN DER NÄCH-

STEN WOCHE. PRÄGEN SIE SICH DIE HIER BESCHRIEBENEN DETAILS EIN, UND VERBRENNEN SIE DIE BLÄTTER DANN.

Ich hab' getan, was er geschrieben hat, und noch vor dem Freitag hab' ich eine Bestätigung meiner Buchung für das ›Wochenende auf einem herrschaftlichen Landsitz‹ zurückbekommen. Ich hab' die Broschüre darüber gelesen und muß sagen, daß sich das nicht unbedingt so anhört, als ob es was für mich wäre. Spaziergänge im Park, Vorlesungen über die Geschichte des Hauses, ein mittelalterliches Bankett am Samstagabend, ein Abschiedstee mit Lord Harbinger am Sonntag. Ich meine, ich stell' mir ein Wochenende ein bißchen anders vor. Ich fahre lieber mit ein paar Kumpels am Samstag nach Southend und kipp' ein paar Bierchen. Aber für fünf Riesen krieg' ich eine Menge Bier.

Ja, und am Freitag mach' ich es so, wie er es mir geschrieben hat. Ich fahr' mit dem Zug raus nach Limmerton, und von da nehm' ich den Bus, der einen umsonst zur Harbinger Hall fährt.
 Keine schlechte Hütte, die der alte Lord Harbinger da hat, das muß man ihm lassen. Von Architektur versteh' ich ja nicht viel mehr als von Kunst, aber daß es eine alte Burg ist, das steht fest. Heutzutage baut man die Häuser nicht mehr so, nicht mit riesengroßen Säulen vor der Tür und diesen komischen Fenstern und dem ganzen verrückten Zeug auf dem Dach.
 Tolle Lage und so weiter. Es steht ziemlich erhöht, auf einem kleinen Hügel, und von dort aus kann man das ganze Land sehen. Das heißt, man sieht das Haus vom Bus aus. Wenn man näher kommt, ist da erst mal 'ne Weile gar nichts, weil die Burg auf einem richtig steilen Hügel mit Bäumen steht. Also geht es im Zickzack die Auffahrt nach oben, was bestimmt ein bißchen haarig zu fahren ist, und man ist froh, daß der alte Bus gute Bremsen hat. Und dann plötzlich kommt man oben raus und steht direkt vor dem Haus, und es ist verdammt groß. Und links und rechts sind Parkplätze, aber der Bus läßt einen direkt vor der Haustür aussteigen.
 Als ich ausgestiegen bin, hab' ich mich ein bißchen umgeschaut. Sie wissen ja, manche von diesen vornehmen Herrensitzen haben einen Zoo oder einen Vergnügungspark oder sonst

was zur Unterhaltung. Und wenn ich mir schon ein ganzes Wochenende dort um die Ohren schlagen mußte, wollte ich wenigstens wissen, ob es da was Interessantes zu tun gibt. Aber nein, da hatte ich kein Glück. Das Ganze ist nicht dafür eingerichtet; vielleicht ist ja auch das Grundstück nicht groß genug dafür.

Ehrlich gesagt, das Gebäude hat auch ein bißchen alt und heruntergekommen ausgeschaut. Ich meine, eine solche Burg ist nun mal nicht mein Geschmack. Ehrlich, wenn sie mir gehörte, würde ich sie abreißen und ein hübsches Stadthaus im Regencystil mit Doppelgarage und einem Badezimmer mit italienischem Marmor bauen lassen. Aber das hier – sogar ich hab' sehen können, daß da ein paar Scheinchen reingesteckt werden müßten.

Und wenn meine Busladung alles war, was hier so vorbeikommt, dann mußten sie ganz schön lang warten, bis die Scheinchen von den Touristen zusammenkommen. Okay, Ende der Saison und so weiter, aber wir waren nicht besonders viele. Wir haben sogar warten müssen, bis noch ein paar von den Parkplätzen heraufgekommen sind, bevor sie mit der Führung anfangen konnten, und selbst dann waren wir höchstens ein Dutzend. Wenn man pro Nase zwei Pfund bekommt für alles, dauert es ziemlich lang, bis die Kröten zusammenkommen.

Der Führer, der uns alles gezeigt und erklärt hat, leierte sein Sprüchlein herunter; klar, er hat es sicher schon tausendmal gesagt, und es hat ihm schon beim erstenmal keinen Spaß gemacht. Das Ganze ist mir vorgekommen wie eine Tonbandaufnahme, auch die Witze und alles. Ich glaube, der Kerl war nicht recht glücklich dabei.

Und was er erklärt hat, war todlangweilig. Ich bin schon auf der Schule nicht mit Geschichte klargekommen, hab' einfach nicht einsehen können, wozu das gut sein sollte, und deshalb hat mir das ganze Gequassel darüber, was für ein Herzog welchen Flügel gebaut hat und wann, gar nichts gebracht. Und zu denken, daß mir ein ganzes Wochenende mit Vorlesungen bevorstand – furchtbar! Allmählich ist mir der Gedanke gekommen, daß ich meine fünf Riesen ganz schön sauer verdienen muß.

Jedenfalls, irgendwann kommen wir in die Große Halle, und ich sehe das Bild, um das ein solches Theater gemacht wird. Nicht viel anders als auf der Ansichtskarte – in Wirklichkeit sieht es ganz genauso aus, nur größer. Eigentlich nicht richtig groß im Vergleich zu den anderen, die hier an den Wänden hängen. Ich schätze, es war ungefähr sechzig mal vierzig Zentimeter. Warum ich ausgerechnet dieses Bild klauen soll, konnte ich nicht begreifen. Es hat einige gegeben, die zehnmal so groß waren und bestimmt viel wertvoller. Aber mich geht das ja nichts an. Und es ist vielleicht sogar ein Glück, daß sie mir nicht zumuten, mit einem von den Riesenschinken unterm Arm davonzuspazieren.

Das Bild stellt also eine Alte mit ihrem Sprößling dar. Der Rahmen war noch das beste. Nur Gold und so geschlängelt wie die Einfassung an der Cocktailbar meines Schwagers, die er in seinem Wohnzimmer stehen hat. Und unten in der Mitte ist ein kleines Messingschild angeschraubt. Darauf heißt es:

MADONNA UND KIND
Giacomo Palladino
Florentinische Schule
(1473–1539)

Nie gehört von dem Kerl.

Aber ich hab' meine Anweisungen auswendig gelernt wie ein guter Junge und schau mir das Bild ziemlich genau an. Ich kann nicht viel sehen von einer Sicherheitseinrichtung, ich meine, auf dem Parkett ist zwar ein dickes rotes Seil gespannt, damit die Zuschauer nicht näher als eineinhalb Meter hingehen können, aber das hält niemanden auf. Natürlich könnte es sein, daß irgendwo ein photoelektrischer Strahl oder ein Erschütterungsmesser angebracht ist, der einen Alarm auslöst, wenn man das Ding anfaßt. Also steige ich über das Seil, um mich genauer umzuschauen.

»Kunstfreund, wie?« fragt eine spöttische Stimme hinter mir.

Ich dreh' mich um und seh' einen Kerl in Uniform. Nicht der Führer; der ist schon am anderen Ende der Halle und brabbelt über den einen oder anderen König. Nee, dieser ist wahrscheinlich eine Art Wachmann, der mir schon unangenehm aufgefallen ist, als wir angekommen sind.

»Von wegen«, sage ich und zeige das, was die Leute für mein gewinnendes Lächeln halten. »Ich versteh' nicht viel von Kunst.«

»Warum wollen Sie dann die Madonna aus der Nähe betrachten?«

Ich will schon sagen, daß ich mich nur für die Sicherheitseinrichtungen interessiere, aber dann fällt mir ein, daß das vielleicht doch nicht so clever ist, also zucke ich einfach mit den Schultern, steige zurück über das Seil und gehe zu den anderen hinüber. Als wir die Halle verlassen, schaue ich mich noch mal um und sehe, wie mir dieser Wachmann richtig gemein nachschaut.

Oben folge ich ohne Mühe den Anweisungen. Bücke mich und mach' das alte Spielchen mit den Schnürsenkeln, während die anderen hinübergehen, um sich die Geschichte des Blauen Schlafzimmers zu Gemüte zu führen, schaue mich kurz um, sehe, daß ich der einzige auf der Galerie bin, und schon geht's durch die Tür mit ›Privat‹ und die Treppe hinunter.

Es ist genauso, wie er geschrieben hat. Da hängen sie an der Wand, die großen Metallkästen mit den bunten Lämpchen und den Schlüssellöchern aus Chrom. Und oben die Drähte. Nicht besonders dick. Ein kurzes Schnapp mit der Eisenzange – kein Problem.

Ich denke eine Minute lang nach. Manche von diesen Systemen haben eine Ausfallsicherung, das heißt, der Alarm wird ausgelöst, wenn jemand mit den Drähten herumfummelt. Einen Moment lang frage ich mich, ob mich da vielleicht jemand reinlegen will. Sicher gibt es ein paar Kerle, die ich im Lauf meiner Karriere beleidigt habe, natürlich ohne daß ich es wollte, aber das alles wäre schon ziemlich kompliziert gewesen, nur um mir irgend etwas heimzuzahlen. Und dann hab' ich ja schon zweieinhalb Riesen in der Tasche. Niemand gibt so viel Geld aus, um mir eins auszuwischen. Jetzt renne ich wieder die Treppe hinauf.

Ich hab' grade die Tür zugemacht, als ich sehe, wie der Wachmann über die lange Galerie auf mich zukommt. Jetzt weiß ich nicht, ob er mich gesehen hat, aber er schaut noch immer ziemlich gemein drein. »Suchen Sie was, Sir?« ruft er, und es hört sich wieder spöttisch an.

»Für kleine Jungs«, sage ich und schlendere dann weiter zum Blauen Schlafzimmer.

Das nächste Päckchen kommt am Mittwoch, also drei Tage bevor ich mein ›Wochenende auf einem herrschaftlichen Landsitz‹ antreten soll. Ich bin zufällig grade bei Red Rita, als wir hören, wie es durch den Briefschlitz plumpst; klar, daß ich die Tür aufreiße, um zu sehen, wer es gebracht hat, aber es ist niemand zu sehen.

Da es schon ein bißchen knapp ist und Red Rita grade mit jemand anders zu tun hat, öffne ich das Päckchen gleich dort. Es ist Geld drin, was ich diesmal gar nicht erwartet habe. Aber nur Fünfer und Einer und ein bißchen Kleingeld für meine Spesen bisher: was ich für die Buchung des Wochenendes bezahlt habe, der Fahrpreis London–Limmerton und zurück, sogar die zwei Pfund für die Führung. Da scheint sich jemand genau erkundigt zu haben. Das gibt mir ein gutes Gefühl. Gut, zu merken, daß man es mit Kerlen zu tun hat, die wissen, was läuft. In unserem Geschäft gibt es viele Trottel.

Außer dem Geld ist noch ein Autoschlüssel drin. Nur einer an einem kleinen Ring, und daran hängt ein gelbes Plastikschild ohne Aufschrift. Und dann natürlich die Anweisungen. Wieder in Blockschrift, was mir immer noch ein bißchen stinkt. Und wieder so klar, daß jeder Idiot sie verstehen kann. Ich hätte gern gewußt, ob mir da jemand was unter die Nase reiben will.

AM SAMSTAG, DEM 29. OKTOBER, UM NEUN UHR MORGENS GEHEN SIE ZUM UNTERIRDISCHEN PARKPLATZ AM CAVENDISH SQUARE. DORT, IN PARKBUCHT NUMMER 86, FINDEN SIE EINEN ROTEN PEUGEOT, DEN SIE MIT DEM BEILIEGENDEN SCHLÜSSEL AUFSPERREN UND ANLASSEN KÖNNEN. AUF DEM RÜCKSITZ LIEGT EIN GROSSER KOFFER, IN DEM SIE IHRE KLEIDUNG ETC. FÜR DAS WOCHENENDE VERSTAUEN SOLLEN.

NEHMEN SIE NICHTS AUS DEM KOFFER!!
IM HANDSCHUHFACH DES WAGENS FINDEN SIE GELD FÜR

DIE PARKGEBÜHR. FAHREN SIE DIREKT ZUR HARBINGER HALL. UNTER NORMALEN VERKEHRSBEDINGUNGEN DÜRFTEN SIE GEGEN HALB EINS DORT ANKOMMEN, GERADE RECHTZEITIG FÜR DAS LUNCH-BÜFETT, MIT DEM DAS WOCHENENDE AUF EINEM HERRSCHAFTLICHEN LANDSITZ ERÖFFNET WIRD.

NEHMEN SIE WÄHREND DES WOCHENENDES AN ALLEN GEBOTENEN VERANSTALTUNGEN TEIL, UND BENEHMEN SIE SICH SO NATÜRLICH WIE MÖGLICH. LENKEN SIE AUF KEINEN FALL DIE AUFMERKSAMKEIT AUF SICH.

DER GEEIGNETE AUGENBLICK FÜR DEN DIEBSTAHL DER MADONNA KOMMT AM SPÄTEN SONNTAGNACHMITTAG, WENN SICH DIE GÄSTE VERABSCHIEDEN. AM ENDE DES BESUCHS IST ES TRADITION, DASS SICH LORD HARBINGER, SEINE FAMILIE UND DIE ANGESTELLTEN IN DER VORDEREN HALLE EINFINDEN, UM SICH VON IHREN GÄSTEN ZU VERABSCHIEDEN. DAS GEBÄUDE WIRD AN DIESEM, DEM LETZTEN TAG DER SAISON, BIS GEGEN VIER VON TAGESBESUCHERN GERÄUMT SEIN. ES GIBT DANN AUCH KEINE WACHLEUTE MEHR, DIE AUF DIE MADONNA ACHTEN.

FOLGEN SIE DIESEN ANWEISUNGEN SEHR GENAU!
NACH DEM TEE MIT LORD HARBINGER HABEN DIE GÄSTE DES WOCHENENDES EINE HALBE STUNDE ZEIT ZUM PACKEN UND WERDEN GEBETEN, BIS GEGEN SECHS IN DER VORDEREN HALLE ZU ERSCHEINEN, UM SICH ZU VERABSCHIEDEN UND IN DEN BUS ZUM BAHNHOF ODER IN IHRE EIGENEN WAGEN ZU STEIGEN. PACKEN SIE IHRE SACHEN, UND GEHEN SIE UM ZEHN VOR SECHS HINUNTER IN DIE VORDERE HALLE! *LASSEN SIE IHREN KOFFER IN IHREM ZIMMER!* WENN DIE MEISTEN GÄSTE UNTEN SIND, MACHEN SIE EINE GROSSE SCHAU DARAUS, DASS SIE IHREN KOFFER VERGESSEN HABEN, UND BEGEBEN SIE SICH ZURÜCK IN IHR ZIMMER, UM IHN ZU HOLEN. *DAS NÄCHSTE MUSS SEHR RASCH GESCHEHEN!* GEHEN SIE VON DEN PRIVATZIMMERN ZUR LANGEN GALERIE UND DIE TREPPE HINUNTER ZU DEN SICHERUNGSKÄSTEN. SCHNEIDEN SIE DIE DRÄHTE AM OBEREN ENDE DER KÄSTEN DURCH. RECHTS DAVON IST EINE TÜR, DIE IN DIE GROSSE HALLE FÜHRT. GEHEN SIE HINÜBER UND DIREKT ZU DER MADONNA, VERTAUSCHEN SIE DANN DAS ORIGINALGEMÄLDE

MIT DER KOPIE IN IHREM KOFFER. SIE BRAUCHEN DAS BILD NUR VON DEM HAKEN AN DER RÜCKSEITE ZU NEHMEN. WENN DIE ALARMANLAGE AUSGESCHALTET IST, GIBT ES KEINE WEITEREN SICHERHEITSVORKEHRUNGEN.

HÄNGEN SIE DIE KOPIE AN DEN HAKEN, LEGEN SIE DAS ORIGINALGEMÄLDE IN IHREN KOFFER, UND KEHREN SIE AUF DEM WEG, DEN SIE GEKOMMEN SIND, ZURÜCK IN IHR ZIMMER. DANN GEHEN SIE ÜBER DIE HAUPTTREPPE HINUNTER IN DIE VORDERE HALLE. DIE GANZE OPERATION DÜRFTE NICHT LÄNGER ALS HÖCHSTENS FÜNF MINUTEN DAUERN UND WIRD BEIM DURCHEINANDER, DAS DIE VERABSCHIEDUNG DER GÄSTE VERURSACHT, NICHT BEMERKT WERDEN. GESELLEN SIE SICH ZU DEN ANDEREN, UND BENEHMEN SIE SICH VÖLLIG NATÜRLICH. LASSEN SIE EINEN DER ANGESTELLTEN IHREN KOFFER HINAUSTRAGEN ZUM WAGEN, UND BITTEN SIE IHN, DASS ER IHN AUF DEN RÜCKSITZ LEGT.

FAHREN SIE DIREKT ZURÜCK NACH LONDON. STELLEN SIE DEN WAGEN WIEDER IN DIE GARAGE AM CAVENDISH SQUARE. PARKEN SIE IN BUCHT 86 ODER IN DER UNMITTELBAREN NÄHE. NEHMEN SIE IHRE EIGENEN SACHEN AUS DEM KOFFER, ABER LASSEN SIE DEN KOFFER MIT DEM GEMÄLDE, DEN AUTOSCHLÜSSEL UND DEN PARKSCHEIN IM WAGEN. DANN VERSCHLIESSEN SIE DEN WAGEN UND DRÜCKEN DEN KNOPF INNEN HINUNTER, BEVOR SIE DIE TÜR VON AUSSEN SCHLIESSEN. DABEI MÜSSEN SIE DEN GRIFF FESTHALTEN, DAMIT DER KNOPF NICHT MEHR HERAUSSPRINGT.

WENN SIE ZU DER ADRESSE ZURÜCKKEHREN, DIE WIR BISHER BENÜTZTEN, LIEGEN DIE ZWEITEN ZWEIEINHALBTAUSEND PFUND DORT FÜR SIE BEREIT.

PRÄGEN SIE SICH WIE ZUVOR DIESE ANWEISUNGEN GUT EIN, *UND VERBRENNEN SIE DIE BLÄTTER ANSCHLIESSEND.*

Ich habe zwar meine Prinzipien, aber mein Geschäft ist nun mal das Verbrechen, und daher ist es eine natürliche Reaktion, wenn ich mir jeden Plan, der an mich herankommt, erst einmal genau anschaue und mir überlege, was für mich drin ist. Sie verstehen, vielleicht ein Zuschlag, eine Extrazahlung über dem ursprünglich vereinbarten Honorar.

Und nachdem ich meine Instruktionen gelesen hatte, ist mir

sofort klargewesen, daß ich, vorausgesetzt, es klappte alles, von dem Moment an, an dem ich die Harbinger Hall am Sonntagabend verlasse, im vorübergehenden Besitz eines außerordentlich wertvollen Gemäldes bin.

Nun bin ich lange genug im Geschäft, um zu wissen, daß den Gaunern, die mit der Ware zu entkommen versuchen, oft ziemlich schlimme Sachen passieren. Man hört, daß sie von anderen Banden überfallen und entführt, ausgeraubt und niedergeschlagen werden oder daß sie auf irgendeine andere Weise nicht dazu kommen, die Ware abzuliefern. Und obwohl ich nicht glaubte, daß mir so etwas passieren würde, habe ich mir überlegt, wie die Sache aussehen würde, wenn ich so täte, als ob mir so etwas passiert wäre. Ich meine, wenn ich zum Beispiel am Straßenrand gefunden werde, mein Wagen auf der einen Seite eingedrückt ist und ich selbst eine Beule auf dem Schädel habe, während der Koffer verschwunden ist – in einem solchen Fall würden die Bosse nie beweisen können, daß ich den Kerl kenne, der das getan hat.

Verstehen Sie mich nicht falsch: Ich habe nichts Bestimmtes geplant, sondern nur die Möglichkeiten in Gedanken durchgespielt. Wie gesagt, ich versteh' nicht viel von Kunst, aber ich weiß auch, daß man ganz spezialisierte Helfer braucht, wenn man ein bekanntes, gestohlenes Gemälde loswerden will.

Einer der Vorteile von Red Ritas Gewerbe besteht darin, daß sie eine Menge Leute kennt, und als ich ihr gegenüber erwähne, ganz beiläufig, daß ich etwas Hintergrund über die Kunstszene brauche, stellt sich doch heraus, daß sie zufällig einen Kerl kennt, der bei den weniger öffentlichen Transaktionen internationaler Kunstsammler als Zwischenhändler auftritt! Und er ist einer von den vielen, die ihr eine Gefälligkeit schulden, und, ja, sie wäre gern bereit, mich mit ihm zusammenzubringen. Für dich, Darling, tu' ich alles und so weiter.

Wenn ich darüber nachgedacht hätte, dann hätte ich mich nicht zu wundern brauchen. Ich meine, krumme Buchmacher sind immer noch Buchmacher, krumme Anwälte arbeiten in ganz normalen Anwaltsbüros, aber ich hatte nicht damit gerechnet, daß ein krummer Kunsthändler in einer schicken kleinen Galerie in der Bond Street arbeiten würde. Doch das war die Adresse, die mir Red Rita gegeben hat, und als ich dort ankam, schien mich Mr. Depaldo schon erwartet zu haben. Die hochnäsige Puppe am Schreibtisch sagte, sie würde nur eben nachsehen, ob er frei ist, und ich hab' solange Zeit gehabt, mir eine Serie von Bildern anzuschauen, die mir vorkamen wie eine Explosion in der Küche eines chinesischen Restaurants. Ich weiß wirklich nicht, wieso es Leute gibt, die solches Zeug kaufen. Ich meine, wenn man nicht einmal mehr weiß, was es sein soll, wie soll man dann wissen, daß einen der Maler nicht einfach verarscht? Verstehen Sie mich nicht falsch, ich bin nicht gegen jede Art von Kunst. Mein Schwager hat eine Sammlung von Sonnenuntergängen, auf schwarzem Samt gemalt, und bei denen kann ich richtig sehen, daß sie gut sind. Aber dieses moderne Zeug – vergessen wir's!

Ich werde also in Mr. Depaldos tuntiges kleines Büro geführt, und der Kerl ist ein ganz Aalglatter, das sieht man auf den ersten Blick. Gestreiftes Hemd, Fliege, Sie kennen diese Typen. Wenn ich nicht von seiner Verbindung mit Red Rita wüßte, würde ich sagen, er ist eine ganz schöne Schwuchtel.

Aber sie scheint ihn gewaltig in der Hand zu haben. Erst hat er mich gar nicht sehen wollen, aber Rita hat ihm gedroht, daß sie was verlauten läßt über irgend so 'ne Sache, wenn er sich weigert. Also benimmt er sich sehr höflich.

Ich frage ihn, ob es möglich ist, ein gestohlenes Bild zu verkaufen, und er sagt mit einer Menge unnötig vornehmem Palaver, daß es möglich ist.

Dann erwähnte ich die Harbinger Madonna, und er wird plötzlich munter wie ein Knastbruder, der Morgenluft wittert. Und ich frage ihn, wieviel das Ding seiner Schätzung nach wert ist.

»Das ist schwer zu sagen. Die Preise bei den Auktionen sind so unvorhersehbar. Ich meine, es sind ja nicht viele Palladinos im Umlauf und sicher keiner von dieser Qualität. Das letzte Werk von ihm, das auf den Markt gekommen ist, war ein heiliger Sebastian, ich glaube, im Jahr achtundsechzig. Er ist für achthundert verkauft worden.«

Das kam mir nicht besonders viel vor. Ich meine, da zahlt mir doch jemand fünf Riesen und bekommt nur achthundert für die Ware – so kann man sich keine goldene Nase verdienen.

Der alte Depaldo muß geahnt haben, was ich dachte, weil er ziemlich säuerlich sagt: »Achthundert*tausend*, natürlich. Aber das war vor fünfzehn Jahren. Und es war ein kleineres Werk. Wenn die Madonna heute auf den Markt käme, brächte sie mindestens zwei.«

»Zwei?« Ich fragte lieber noch, um nicht noch einmal reinzufallen.

»Millionen.«

»Bei einer Versteigerung?«

»Ja. Ein – ein privater Verkauf würde natürlich nicht annähernd so viel einbringen.«

»Sondern wieviel?«

Man weiß ja, alle Hehler legen erst einmal eine Pause ein, bevor sie den Preis nennen. Dabei ist es gleich, ob es um einen Farbfernseher geht, um eine Lastwagenladung voll Schnaps oder um das *Letzte Abendmahl* – sie zögern immer, bevor sie einen bescheißen. »Vielleicht eine. Bestimmt siebenhundertfünfzig.«

Selbst wenn er die Wahrheit sagte – es war eine Menge Zaster. Daneben sahen meine fünf Riesen für den Job und das Risiko ziemlich mickerig aus.

»Und wenn das Bild – zur Verfügung stehen würde, könnten Sie es verkaufen?«

Er nickte und wirkte plötzlich fast übereifrig. Sicher wußte er, daß da viel mehr für ihn drin war, als er zugab. »Es gibt nur zwei Leute in London, die so etwas vorbereiten können, und der eine bin ich.«

»Aber ich bin der erste, der mit Ihnen darüber redet?«

Er nickt wieder. »Ja.«

Also hatten meine Bosse vielleicht ein Geschäft mit dem anderen eingefädelt. »Und wie hoch ist Ihre Kommissionsrate?«

»Sechzig Prozent«, sagte er so glatt und kalt wie Eiscreme, die einem den Rücken hinunterläuft. »Sehen Sie, in solchen Angelegenheiten muß das Risiko in Rechnung gestellt werden, im Verhältnis zu dem, was man zu verlieren hat.«

Damit wollte er wohl sagen, daß er seine schnieke Galerie hatte und die hochnäsige Puppe unten im Büro und seinen internationalen Ruf und daß ich nichts als ein billiger Gauner war. Ich bin gar nicht darauf eingegangen. Dachte, ich könnte später vielleicht noch ein bißchen an den Zahlen fummeln, wenn es notwendig wurde.

»Haben Sie eine Ahnung«, sagt er jetzt richtig keß, »wann dieser ungewöhnliche Besitz auf den Markt kommen könnte?«

»Nein«, antwortete ich ihm. »Ich wollte ja nur ein paar Informationen, nicht wahr?«

Er schaut mich ein bißchen sauer an.

»Aber wenn es irgendwann auf den Markt kommt«, fahre ich fort, »sind Sie dann interessiert am Verkauf?«

»O ja«, sagt er.

Ich habe noch keine Pläne gemacht. Aber es ist gut, erst einmal alles ausklamüsert zu haben, für den Fall, daß es notwendig wird.

Am Samstagmorgen folge ich den Anweisungen wie ein braver Junge. Komme Punkt neun zum Parkplatz am Cavendish Square, finde den Wagen in der Parkbucht Nummer 86. Ein roter Peugeot, wie sie sagten. Normaler PKW, nicht einer von denen mit Hecktür. Der Schlüssel paßt ins Türschloß und in die Zündung. Ich versuche, damit den Kofferraum aufzusperren, aber dafür paßt der Schlüssel nicht. Dazu braucht man einen anderen. Macht nichts.

Auf dem Rücksitz der Koffer, wie vereinbart. Einer von denen, die wie eine Brieftasche aufzuklappen sind, mit einem Reißverschluß, der über drei Seiten geht. Drinnen elastische Gurte, mit denen man die Kleidung festmachen kann. Auf der einen Seite, ebenfalls mit einem Gurt befestigt, ist ein hartes, rechteckiges Paket – in Stoff eingewickelt. Das muß die Kopie des Gemäldes sein, aber ich finde, es ist nicht der richtige Augenblick, mir die Sache genauer anzusehen. Ich nehme mein Zeug aus der Plastiktasche, die ich dabeihabe, und schnalle meine Sachen auf die andere Seite des Koffers. Nur die Kleidung und das Rasierzeug. Und einen Metallschneider. Ach ja, und noch etwas, das der Priester genannt wird. Ein kleiner Stock mit einem schweren Ende. Die Fischer haben damit die Fische totgeschlagen. Mit meinem Priester wurden ein paar schräge Vögel niedergeschlagen, und so. Nie würde ich eine Kanone bei mir haben wollen, aber der Priester ist praktisch.

Der Wagen springt bei der ersten Drehung des Zündschlüssels an, daraus schließe ich, daß er erst an diesem Morgen hier geparkt wurde. Im Handschuhfach liegt der Parkschein. Eingecheckt um 08.12 Uhr. Schade, daß ich nicht dran gedacht habe und ein bißchen früher gekommen bin. Es ist immer gut, zu wissen, mit wem man es zu tun hat, und ›Mr. Loxton‹ ist mir bisher etwas zu sehr als Dampfwolke aufgetreten.

Im Handschuhfach das Geld für die Parkgebühr, abgezählt. Ein bißchen teuer für die kurze Zeit, wie ich finde, und ich sage es dem Kerl an der Ausfahrt.

»Alles wird teurer, Kumpel. Da, der neue Tarif.« Und er gibt mir einen gedruckten Zettel, zusammen mit meiner Quittung.

Ich schieb' beides in die Tasche – was rege ich mich auf? Ist ja nicht mein Geld.

Nicht, daß ich gedacht hätte, es paßt zu mir, aber das ›Wochenende auf einem herrschaftlichen Landsitz‹ war wirklich meilenweit von meiner Szene entfernt. Ich meine, wir wurden ja recht ordentlich behandelt, die Angestellten – respektvoll und so – geben einem das Gefühl, als ob man was ganz Besonderes wäre, aber man merkt auch, daß sie es nicht wirklich meinen; es ist so, als ob sie ständig hinter deinem Rücken über dich kichern.

Okay, wir durften ein paar Dinge tun, die den gewöhnlichen Tagesbesuchern nicht gestattet waren. Wir konnten die Wagen direkt vor dem Haus stehenlassen, wir konnten durch die meisten Türen gehen, auf denen ›Privat‹ stand, und wir durften uns sogar auf die Stühle *setzen*. Aber obwohl sie uns die ganze Zeit angeblich wie richtige Hausgäste behandelten, bin ich sicher, daß die Angestellten nur beobachtet haben, wie wir uns blamieren. Ich meine, daß der eine oder andere nicht richtig angezogen ist oder daß er das falsche Messer und die falsche Gabel nimmt bei einer Mahlzeit – sie haben richtig darauf gewartet, daß so etwas passiert. Und ich fürchte, für mich war es besonders schwierig. Gute Manieren gehören leider nicht zum Lehrplan einer Erziehungsanstalt.

Übrigens, die anderen haben so getan, als ob sie es nicht merken würden. Ich hab' genau gesehen, daß sie von den Angestellten genauso ausgelacht wurden wie ich, aber sie schienen es gar nicht zu bemerken. Sie glaubten wirklich, daß sie wie echte Hausgäste behandelt würden – als ob sie persönlich von Lord Harbinger eingeladen worden wären und nicht eine Menge Geld bezahlen würden dafür, daß sie in seiner Hütte herumlungern konnten und ihn für genau festgelegte eineinhalb Stunden zum Tee und zum Abschied am Sonntagnachmittag sehen durften.

Außerdem muß ich ehrlich sagen, daß das nicht Leute waren, wie ich sie mag. Ich hab' vielleicht viele Fehler, aber niemand hat das Recht, mich als einen Snob zu bezeichnen. Und das waren die übrigen Gäste – einer wie der andere.

Viele waren Amerikaner, und die waren bei weitem nicht so unangenehm wie die Engländer. Ich meine, die kapierten ja auch so wenig von Kultur, daß sie sich immer nur darüber wunderten, wie alt dies und das war. Scheinbar war die Harbinger Hall einmal der Schauplatz in einer Fernsehserie gewesen, und die hatten den Film drüben in Amerika gesehen und gingen deshalb lange herum und schauten sich die einzelnen Sachen an, die sie schon kannten, und photographierten sich vor verschiedenen Hintergründen. Komisches Volk, diese Yanks, das war seit jeher meine Meinung.

Aber sie waren wenigstens freundlich. Die englischen Gäste taten so, als würden sie mir ansehen, daß ich nicht zu ›ihrer Art‹ gehöre. Und damit hatten sie verdammt recht! Ich wollte um nichts in der Welt ein ekelhafter kleiner Fabriksbesitzer sein, der nur, weil er ein bißchen Geld hat, glaubt, daß er sich eine vornehme Herkunft kaufen kann. Ich hab' zwar nicht das, was man gesellschaftlichen Glanz nennt, aber das, was ich habe, gehört dafür wirklich mir.

Jedenfalls, den Engländern war ich vermutlich nicht recht. Sie konnten mich nicht ausstehen. Ich hab' gemerkt, wie sie hinter vorgehaltener Hand über mich geredet haben, wenn ich in ein Zimmer gekommen bin. »Der fällt hier total aus dem Rahmen«, hörte ich einen schmierigen kleinen Senffabrikanten sagen. »Ich hätte gedacht, die Anträge der Leute, die übers Wochenende hierherkommen, würden wenigstens etwas gesiebt.«

Unter anderen Umständen hätte ich ihm die falschen Zähne so in den Rachen gerammt, daß sie am anderen Ende herauskommen, aber ich durfte ja keine Aufmerksamkeit auf mich lenken, und deshalb hab' ich ihn gelassen.

Inzwischen wird Ihnen schon klargeworden sein, daß es mit der Gesellschaft nicht weit her war, und glauben Sie mir, die Unterhaltung war noch schlechter. Du meine Güte! Ich hab' Ihnen schon meine Meinung über die Geschichte gesagt, und ich dachte eigentlich, daß der alte Trottel von Führer schon alles herausgeplappert hätte, was es zur Harbinger Hall zu sagen gibt, aber weit gefehlt! Für das ›Wochenende auf einem herrschaftlichen Landsitz‹ haben sie einen Scheißgeschichtsprofessor angeheuert, der uns wieder durch alle Räume führte, von einem Herzog zum anderen. Dann kommt noch so ein Idiot und zeigt uns die ganzen Familienporträts und, als ob das nicht genug wäre, gibt uns auch noch eine hochnäsige alte Jungfer mit blaugefärbtem Haar eine Lektion über die Haushaltsführung im achtzehnten Jahrhundert. Ich sage Ihnen, ich hab' zu meiner Zeit schon langweilige Jobs übernommen, aber lieber beobachte ich eine ganze Woche lang einen Kerl und warte, bis er aus seiner Haustür herauskommt, als daß ich noch ein Wochenende mit diesem Volk verbringe.

Das altertümliche Bankett war nicht besser. Also, ich stelle mir unter einem netten Samstagabend eine Lokalrunde vor mit ein paar Bierchen, und wenn einem ein bißchen exotisch zumute ist, endet man im ›Chinkie‹ oder im ›Indianer‹ – aber ich weiß nicht, wie jemand auf die Idee kommt, vor siebzehn verschiedenen Messern und Gabeln zu sitzen, während die Diener auf und ab marschieren und Tabletts mit gefüllten Schweinen und Pfauen herumtragen. Normalerweise hab' ich nichts gegen Musik, gute Lieder zum Mitsingen mit Joanna oder ein nettes Band mit James Last oder Abba und solches Zeug, aber ich flehe zu Gott, daß er mich nie mehr in eine Lage bringt, in der ich mich natürlich verhalten soll, während ein paar so Vögel Madrigale zur Laute singen!

Aber ich blieb dabei und hielt mich an meine Anweisungen wie ein richtiger kleiner Streber und konzentrierte mich im Geist auf die fünf Riesen. Oder vielleicht auf ein bißchen mehr als das.

Weil ich so groß bin, hab' ich immer einen stark entwickelten Appetit, und all die Vorträge und das Gerede hatten ihn noch verstärkt, so daß ich mich, auch wenn nichts serviert wurde, was mir besonders geschmeckt hätte, doch ordentlich bedient habe mit dem gefüllten Schwein und dem Pfau und den Obsttorten und was weiß ich. Ich hab' mich sogar gezwungen, ein paar Schluck von dem Met zu trinken, eine Übung, die ich keinem empfehlen möchte, der noch seine Geschmacksknospen im Mund hat.

Der Erfolg von dem Ganzen war, daß ich um ein Uhr morgens im Bett aufwache mit furchtbarem Sodbrennen. Es war mehr als nur Sodbrennen, glaube ich, es hat gebrannt bis hinauf in die Brust, und auf dem Weg nach unten hat es sich in etwas verwandelt, was noch unangenehmer gewesen sein muß als zu Beginn. Um es rundherum zu sagen, ich mußte aufs Klo, und zwar schleunigst.

Also, ich finde es unmöglich, wie die Strom sparten auf den Treppenabsätzen, und der Orientierungssinn ist noch nie meine besondere Spezialität gewesen, daher bin ich durch eine ganze Reihe von Korridoren und über mehrere Treppenabsätze gesaust, bis ich gefunden habe, was ich suchte.

Und, du meine Güte, was war das für ein Anblick, als ich endlich drinnen gewesen bin! Ein riesiger Sitz aus dunklem Holz, wie etwas aus einem alten Ruderboot, und die Kloschüssel selbst mit rosa und blauen Rosen drauf! Und dahinter ein Wasserkasten, der losgeht, als ob eine Bombe explodiert. Ehrlich, man könnte denken, in einem Haus wie dieser Harbinger Hall hätten sie wenigstens anständige Klos, ich meine in der Art wie das von meinem Schwager, avocadogrün und flach mit passendem Waschbecken und vergoldeten Delphinen als Wasserhähne.

Aber ich hatte keine Zeit, mir über den Mangel an gutem Geschmack bei Lord Harbinger Sorgen zu machen. Nichts wie rein, die Tür zugesperrt, die Pyjamahose runter, und dann auf eine lange Sitzung.

So peinlich es ist, ich muß zugeben, daß ich ein bißchen eingenickt bin. Vermutlich war es der Met, der mir da zu schaffen gemacht hat. Denn als nächstes weiß ich nur, daß ich auf einmal Stimmen hörte. Ich meine nicht so wie die Spinner, die auf einmal irgendwelche ›Stimmen‹ hören – nein, da waren zwei Männer vor der Scheißhaustür, und die haben laut miteinander geredet. Also halte ich den Atem an – unter anderem – und höre zu.

Also, erstens hab' ich eine von den Stimmen erkannt. Sagte doch, daß ich mir Stimmen gut merken kann, oder? Ja, richtig geraten, es war Mr. Loxton von der Sauna.

»Ich habe Ihren Kontaktmann heute nachmittag getroffen«, sagte er. »Es ist alles für morgen abend bereit. Es wird eine schnelle Übergabe werden.«

»Darum mache ich mir keine Sorgen. Es ist das, was vorher geschehen soll.«

»Das wird sicher bestens laufen. Ich habe mit den Angestellten gesprochen, und es hört sich so an, als ob sich die anderen Gäste alle an ihn erinnern könnten.«

»Aber wenn er so blöde ist, wie er aussieht, glauben Sie dann, daß er wirklich das tut, was er tun soll?«

»Es ist nicht schwierig. Und wenn er es verpatzt, rufen wir einfach die Polizei und lassen ihn festnehmen.«

»Darauf bin ich nicht gerade scharf«, sagte der andere in bissigem Ton. Seine Stimme klang älter und wirklich ganz vornehm wie die von einem Kabinettsminister, der interviewt wird, wenn Sie verstehen, was ich meine. »Die Polizei könnte etwas zu sehr in der Sache recherchieren. Nein, wir müssen hoffen, daß die Sache so läuft, wie wir es geplant haben.«

»Ich bin sicher.« Mr. Loxtons Tonfall wirkte sehr beruhigend und... Wie sollte man die Stimme bezeichnen? Wie die von einem Oberkellner, der glaubt, daß er ein großes Trinkgeld bekommt.

»Ja. Und Sie sind sicher, daß er nicht argwöhnisch wird?«

»Ausgeschlossen. Der Kerl ist mit großer Sorgfalt ausgesucht worden. Er ist ein ganz ungewöhnlich blöder Ochse.«

»Schön. Dann also – gute Nacht.«

Die ältere Stimme entfernte sich. Ich öffnete leise die Tür einen Spalt und schaute hinaus. Der eine, der gerade noch gesprochen hat, ist nicht mehr zu sehen, aber ich sehe den anderen, wie er gerade »Gute Nacht« sagt. Mr. Loxtons Stimme. Ein gemein aussehender Schweinehund, wenn man sich den Dampf wegdenkt. Das Wichtigste: Er trägt eine gestreifte Hose, also ist er einer von Harbingers Angestellten. Wie ich es schon fast dachte: Ich bin Teil eines ganz dicken Dings hier im Haus.

Und das ist noch nicht alles, was ich aus dem Gespräch erfahren habe. Vielleicht war es die Bezeichnung ›ungewöhnlich blöder Ochse‹, die ich schon öfter im Lauf meines Lebens gehört habe, aber seitdem werde ich das Gefühl nicht los, daß Loxton und der andere über mich geredet haben.

Bis ich zurück bin im Bett, hab' ich mein Sodbrennen ganz vergessen. Ich kann mich jetzt nicht von so was ablenken lassen – ich brauche meinen ganzen Kopf fürs Denken.

Mir ist zwar noch nicht klar, was da passiert, aber ich weiß jetzt schon, daß es mir hinten und vorne nicht paßt. Ich bin ein paarmal in meiner Laufbahn reingelegt worden, und man bekommt allmählich ein Gefühl dafür. Man kennt zwar noch keine Einzelheiten, merkt aber, daß irgendwas nicht koscher sein kann. So, wie wenn dein Mädchen es mit 'nem anderen treibt.

Ich geh' die ganze Geschichte noch mal für mich durch und horche auf die Dinge, die nicht echt klingen. Versuche, mich zu erinnern, ob es nicht das eine oder andere gegeben hat, was mir gleich sauer aufgestoßen ist. Und dabei bin ich auf ein paar solcher kleiner Dinge gekommen.

Erstens die Tatsache, daß ausgerechnet Wally Clinton mich empfohlen haben soll. Wie gesagt, er hatte keinen Grund, bei mir den großen Wohltäter zu spielen. Ich hätte ihn einmal beinahe in den Knast gebracht, und er hat den Jungs in Blau ein besonders großes Geburtstagsgeschenk machen müssen, um da wieder rauszukommen. Es war nicht meine Schuld, aber von solchen Details war Wally noch nie begeistert.

Mein erster Gedanke ist also, daß Wally drauf aus ist, sich irgendwie zu revanchieren, und daß er mich hochgehen läßt, wenn ich die Alarmdrähte durchzwicke, aber das paßt irgendwie nicht zur Tapete. Die Sache ist einfach zu kompliziert. Er bräuchte nicht einen Loxton und dieses ganze Theater dazu. Und zweieinhalb Riesen ist für einen wie Clinton ein Monatseinkommen. Das würde er nicht für mich einfach wegwerfen.

›Mit großer Sorgfalt ausgesucht‹, hat Loxton gesagt. Was soll das heißen? frage ich mich und denke an meinen Ruf im Geschäft, wo man mich, wie ich schon erwähnt habe, für ziemlich behämmert hält. Ein Trottel, der alles tut, was man ihm sagt, ohne lange zu fragen.

Das ist es natürlich. Loxton wollte einen, der garantiert total behämmert ist, und Wally Clinton hat mich empfohlen.

Dieser Gedanke ist schmerzlich, und ich will gar nicht länger darüber nachdenken. Wenn das der Fall ist, folgt eines auf das andere. Ja, man hat mir eine Falle gestellt – aber für etwas Größeres als nur für Wallys Rache. Ich versuche, mir zu überlegen, was da noch in der Sache dringend ein Deodorant nötig hat.

Mir fällt wieder ein, daß ich von Anfang an beeindruckt war von der Tüchtigkeit der Gauner, mit denen ich es zu tun hatte. Die volle Aufmerksamkeit für das kleinste Detail. Sie haben mir Anweisungen gegeben, die man nicht falsch auffassen kann. Sie haben mir sogar meine Spesen zurückbezahlt. Und sie haben auch noch das abgezählte Geld für das Parkhaus am Cavendish Square ins Handschuhfach gelegt.

Bei diesem Gedanken legte ich 'nen Stopp ein. Der Wagen sollte in die Cavendish-Square-Garage zurückgebracht werden. Ich sollte von der Harbinger Hall direkt dort hinfahren, ganz allein und gemütlich. Alles war ganz toll geplant – bis zu dem Punkt, an dem ich die Harbinger Hall verlasse – und von da an kann ich tun, was ich will. Ich weiß, sie halten mich für blöde, aber selbst ein noch so böder Idiot muß doch eigentlich draufkommen, was man alles mit einer Leinwand tun kann, die ein paar Millionen wert ist – statt sie einfach in einem Wagen in einer Garage liegenzulassen. Wenn man sich überlegte, mit welcher Sorgfalt sie alles andere geplant hatten, dann war das Ende alles andere als durchdacht. Aber warum?

Und dann kam mir noch etwas in den Kopf. Ich ging zu meiner Bomberjacke, die über dem Stuhl hing, und kramte in einer Außentasche. Die neue Preisliste, die mir der Kerl in der Garage gegeben hat.

Da war es. Hat mir einen verdammten Stich gegeben, als ich es gelesen hab'.

Die Garage ist sonntags ganztägig geschlossen.

Sie hatten sich gar nicht die Mühe gemacht, die Einzelheiten der Übergabe zu durchdenken, weil sie genau wußten, daß ich gar nicht so weit kommen würde.

Und dann fiel mir das andere ein, was mir sauer aufgestoßen ist. Der abgesperrte Kofferraum des Peugeots.

Das Aufbrechen von Schlössern ist nicht mein größtes Talent, aber ich hab' immer einen passenden Satz von Nachschlüsseln dabei, und ich schaff' es damit auch meistens. Natürlich hätte ich den Kofferraum des Peugeots leichter mit einer Brechstange aufkriegen können, aber ich wollte nicht, daß man es auf den ersten Blick merkt. Also zeigte ich Geduld, und nach zehn Minuten hatte ich die Kiste offen.

Und auf welch eine Schatztruhe fiel da das Licht meiner Bleistiftlampe? Ein komplettes Do-it-yourself-Einbrecherwerkzeug. Ein Satz Meißel, Stemmeisen, Drahtscheren, Brechstangen – alles, was man sich denken kann. Auch ein Stethoskop. Vermutlich für die alte Lauschmethode beim Öffnen von Safes. Das wird heute kaum noch von den Schränkern praktiziert.

Auch Dynamit wird heute kaum noch verwendet. Plastiksprengstoff ist viel handlicher. Aber derjenige, der den Kofferraum so ausstaffiert hat, dachte wohl, daß ich für die Safenummer noch Dynamit verwende.

Sie dachten wohl auch, daß ich noch etwas brauche. Die rechteckige Form des Koffers war mir vertraut, und die des in Stoff eingewickelten Gegenstands im Koffer erst recht. Ich fühlte die Knubbeln des goldenen Rahmens, als ich das Tuch wegzog.

Es war natürlich ein Gemälde. Die gleiche Größe wie die Madonna. Alt, genau wie die Madonna. Aber es war nicht die Madonna. Schwer zu erkennen, was es wirklich war. Oder was es einmal gewesen ist. Die Farbe bröckelte ab und war fleckig. Kein Mensch hätte für das Bild auch nur zwei Pfund gegeben – geschweige zwei Millionen.

Aber das Sonderbare daran war, daß es am unteren Teil des Rahmens ein Messingschild hatte, auf dem stand:

MADONNA UND KIND
Giacomo Palladino
Florentinische Schule
(1473–1539)

Jemand wollte mich da ganz bestimmt reinlegen, aber ich konnte mir immer noch nicht denken, warum.

Der Sonntag war so langweilig und fade wie der Samstag. Irgendein Wildhüter hat uns einen langen Vortrag über die Jagd auf das Schottische Waldhuhn gehalten, und dann war da noch so ein Trottel, der lang und breit über Wappen geredet hat, und der ›traditionelle Sonntagslunch‹ war nicht viel mehr als ein Haufen Knorpel. Der Koch, der die Soße gemacht hat, sollte vom Gewerbeamt verklagt werden. Ich meine, wenn die oberen Klassen seit dem Einfall der Normannen mit so 'ner Soße abgefüttert werden, braucht man sich nicht zu wundern, daß sie solche Schleimscheißer sind.

Der Nachmittag war, wie es in der Broschüre hieß, ›lockerer gegliedert‹. Das bedeutete, Gott sei Dank, daß ihnen nichts Blödes mehr eingefallen ist, mit dem sie uns anöden können. Die Gäste wurden ermutigt, im Park spazierenzugehen bis zum großen Ereignis, dem Tee bei Lord Harbinger.

Ich machte mir nicht die Mühe, draußen herumzulatschen. Legte mich einfach auf mein Bett und dachte nach. Und ich hab' versucht, die einzelnen Steinchen zusammenzusetzen. Auch wenn schon viel Gemeines darüber gesagt wurde, mit meinem Verstand ist alles okay. Er arbeitet nur ein bißchen langsam, das ist alles. Mit der Zeit komme ich schon voran.

Das Dumme ist nur, wenn ich viel nachdenke, braucht das auch viele Energien, und ich muß darüber eingeschlafen sein. Als ich zu mir komme, ist es Viertel vor fünf, und der königliche Kommandotee hat schon um halb fünf angefangen. Mann, hab' ich mich beeilt beim Aufstehen! Die eine Hälfte von mir hat immer noch überlegt, was da wohl läuft, und die andere hat sich an die Anweisungen gehalten. Ich soll mich natürlich betragen, ohne die Aufmerksamkeit auf mich zu lenken.

Als ich über den Treppenabsatz renne, schaue ich durch das große Fenster. Der rote Peugeot parkt direkt vor dem Haus.

Und ich sehe auch, wie Mr. Loxton gerade den Kofferraum zuklappt und davongeht. Hast wohl gedacht, ich bin da drinnen beim Tee, was, Loxton?

Der Tee hat mir dann die letzte, entscheidende Tatsache geliefert. Sobald man mich Lord Harbinger vorgestellt hat, ist eines zum anderen gekommen.

»Guten Tag«, sagte er mit einem netten, begeisterten Ton. »Es freut mich, Sie in Harbinger Hall begrüßen zu dürfen.«

Das war die Stimme, nicht wahr? Der Kerl, mit dem Loxton in der Nacht zuvor geredet hat. Jetzt war mir klar, was für ein Insider-Job das war.

Und was ich sonst noch alles kapierte, hat ein unangenehmes Prickeln in meiner Magengrube ausgelöst.

Um halb sechs war die Teestunde zu Ende. Lord Harbinger schaltete seine Freundlichkeiten ab wie eine Glühbirne, trotz der Amerikaner, die gern noch lange mit der Aristokratie beisammengewesen wären. Wir alle wurden aus dem großen Wohnzimmer gescheucht, damit wir unsere Sachen packen. Ich ging in mein Schlafzimmer.

Es gab ja nicht viel zu packen. Aber jetzt hab' ich zum erstenmal in das Paket geschaut, das in meinem Koffer gelegen hat. Nach dem, was ich in der Nacht zuvor im Kofferraum des Wagens gesehen hatte, konnte es alles mögliche sein.

Nein, es war eine Kopie der Madonna. Eine verdammt gute obendrein. Ich hätte sie nicht vom Original unterscheiden können. Aber wie gesagt, ich versteh' nicht viel von Kunst.

Um zehn vor sechs gehe ich genau nach Anweisung hinunter in die Halle und lasse meinen Koffer im Schlafzimmer. Unten treiben sich schon ein paar von den Gästen herum, und in einer Ecke stehen Stapel von Gepäck. Auf einen flüchtigen Blick sehe ich einen Koffer, der haargenau so aussieht wie der oben in meinem Schlafzimmr. Brauchen eine Menge teurer Koffer für den Job, die Leute, aber wenn alles klappt, hat es sich gelohnt, dann können sie sich noch ein paar Koffer mehr leisten.

Plötzlich höre ich Loxtons Stimme, der Lord Harbinger zuflüstert: »Ich fahre danach weg, so schnell ich kann.«

»Fein«, sagt der edle Lord.

Kurz vor sechs sind die meisten Gäste unten, und das Personal der Harbinger Hall stellt sich in einer Reihe zum Verabschieden auf wie in den Fernsehserien. Die Amerikaner finden es wunderbar und fangen zu gurren an wie glückliche Tauben.

»Ach, Scheiße«, sage ich laut. »Demnächst vergess' ich noch meinen Kopf.« Dann fügte ich noch für die Leute, die sich nach mir umgedreht haben, hinzu: »Nee, is' nur der blöde Koffer, den ich vergessen habe, sonst nichts.«

Sie wenden sich mit einem Ausdruck des Abscheus von mir ab, und ich renne hinauf. Mache alles genau nach Anweisung. Ins Schlafzimmer, den Koffer geholt, auf die lange Galerie, die ›Privat‹-Treppe hinunter. Heraus mit der Metallzange, die Kabel an der Oberkante der Kästen durchgetrennt, schnipp, schnapp. Ich bin ziemlich aufgeregt, aber es ist nichts zu hören.

Hinaus in die Große Halle, den Koffer auf einen Tisch. Den Reißverschluß aufgemacht. Die Kopie der Madonna aus dem Tuch gepackt. Alles genauso, wie ich es tun muß.

Den Koffer zugemacht, wieder die Treppe hinauf. Lange Galerie, Schlafzimmer, zurück über die Haupttreppe in die Halle, wo ich bei der Treppe kurz stehenbleibe, um auszuschnaufen. Dauer der ganzen Operation: dreieinhalb Minuten.

Sie haben inzwischen sicher kapiert, daß ich diesen unglücklichen Rufe habe, alles zu verpatzen. Und wirklich, immer wenn mein Job fast erledigt ist, scheint irgend etwas schiefzulaufen. Nennen wir es Pech, aber es ist schon so oft passiert, daß manche Leute dafür einen nicht ganz so gnädigen Ausdruck haben.

Jedenfalls, ich stehe also oben auf der Treppe vor all den Leuten, und ich lange hinauf, um mir die Stirn abzuwischen, und – Sie werden's nicht glauben! – ich habe vergessen, den Reißverschluß meines Koffers zuzumachen, ich halte ihn am Griff, und er fällt auseinander! Mein Rasierwasser und weiß Gott was noch alles purzelt klappernd die Treppe hinunter, und im offenen Koffer, nur mit den Gurten festgeschnallt, ist die Harbinger-Madonna, und alle können sie sehen.

»Mein Gott!« sagt Lord Harbinger.

Ich sage ein unanständiges Wort.

Mehrere Angestellte kommen auf mich zu und halten mich

fest. Andere werden in die Große Halle geschickt, um nach dem Schaden zu sehen. Loxton kommt als erster zurück. Er schaut ziemlich verärgert drein.

»Mylord, die Drähte der Alarmanlage sind durchgeschnitten. Er hat die Madonna durch eine Kopie ersetzt!«

»Was?!« plustert sich Lord Harbinger auf.

»Soll ich die Polizei benachrichtigen, Mylord?« fragt ein anderer Angestellter.

»Äh... Mhm...«

»Na schön.« Ich zucke mit den Schultern. »Da haben wir's wieder mal. Die Tragik meines Lebens. Ich verpatze jeden Job. Dabei habe ich gedacht, ich hätte gerade diesen bis ins Detail ausgearbeitet.«

»Soll ich die Polizei verständigen, Mylord?« fragt der Angestellte wieder.

»Äh...«

»Ja, keine schlechte Idee«, sage ich zu ihm. »Diesmal bin ich wirklich mit der Ware in der Hand erwischt worden. Ich bin sicher, die Polizei wird diesen Fall sehr genau untersuchen wollen.«

»J-ja.« Seine Lordschaft ist noch nicht sicher. »Unter normalen Umständen würde ich natürlich augenblicklich die Polizei verständigen. Aber die Situation ist – äh – ziemlich peinlich.«

»Warum denn?« fragte ich. »Ich werde nicht leugnen, daß ich es getan habe.«

»Nein, aber, äh – äh...« Dann endlich findet er das richtige Gleis. »Aber Sie sind ein Gast in meinem Haus. Es ist nicht üblich, daß die Harbingers ihre Gäste der Polizei überantworten, selbst wenn sie die Regeln der Gastfreundschaft über Gebühr verletzt haben.«

»Ach«, sage ich.

»Meine Güte«, ruft eine von den Amerikanerinnen. »Ist das nicht fabelhaft?!«

Harbinger kommt jetzt mehr und mehr in Fahrt. Er zeigt nachdrücklich auf die Tür und sagt: »Verlassen Sie augenblicklich mein Haus!«

Ich gehe die restlichen Stufen hinunter. »Und das soll ich wohl besser hierlassen, wie?« Ich hebe die Madonna hoch.

»Ja.«

Ich reiche ihm etwas zögernd das Bild. »Die Kopie können Sie auch behalten. Ich habe keine Verwendung dafür. Außerdem wird sich die Polizei dafür interessieren. Vielleicht können die bei der Polizei sogar feststellen, von wem sie angefertigt worden ist.«

»Ja«, sagt seine Lordschaft abrupt. »Das heißt, nein. Die Kopie können Sie meinetwegen mitnehmen.«

»Aber –«

»Nehmen Sie sie. Wenn die Polizei durch die Kopie auf Ihre Spur käme, würde das die Regeln der Gastfreundschaft ebenso verletzen, wie wenn ich Sie gleich festnehmen lassen würde. Nehmen Sie die Kopie mit.«

»Aber ich will sie nicht mehr.«

»*Sie werden sie mitnehmen, Sir!*« bellt er mich an.

»Na schön, wie Sie meinen«, sage ich knurrend.

»Mein Gott, das ist so *ungeheuer britisch!*« sagt eine von den Amerikanerinnen. Damit ist ihr Wochenende erst komplett.

Sie geben mir das Bild aus der Großen Halle, ich stecke es in meinen Koffer und werde von Loxton hinausgeführt. Die Gäste und die Angestellten machen mir den Weg frei, als wollte ich ihnen eine Versicherung aufschwatzen.

Draußen sagt Loxton: »Gott, ich hab' ja gewußt, daß Sie blöd und unfähig sind, aber ich hätte nie gedacht, daß ein Mensch *so* blöd und *so* unfähig sein kann.«

Ich lasse beschämt den Kopf hängen.

»Und jetzt ab mit Ihnen in den Wagen und los!«

»Nein – das ist nicht mein Wagen«, sage ich. »Er ist gestohlen. Bei meinem Glück werde ich vermutlich auf der Heimfahrt von der Polizei angehalten. Ich fahre mit dem Bus zur Bahnstation.«

Loxton wirkt daraufhin gar nicht glücklich.

Es dauert, bis alle Gäste im Bus verstaut sind. Loxton steht dort, während sich alle verabschieden. Ich setze mich mit meinem Koffer hinten rein. Alle anderen setzen sich nach vorn. Ich bin in Ungnade gefallen.

Der Bus fährt im Zickzack nach Limmerton hinunter. Ich

drehe mich um und sehe, wie Loxton auf den Peugeot zurennt, der direkt vor der Harbinger Hall parkt. Ich schaue auf meine Uhr. Viertel vor sieben. Wir sind etwas spät dran.

Ich sehe, wie Loxton in den Wagen springt. Ohne die Tür zuzumachen, läßt er ihn an und legt den Rückwärtsgang ein, fährt zurück, daß der Kies spritzt.

Aber es ist zu spät. Die Hall ist gerettet, er nicht.

Der hintere Teil des Peugeots verwandelt sich in einen orangeroten Feuerball. Im Innern des Busses hört man es nur gedämpft. Ein paar Gäste schauen sich neugierig um, doch in diesem Moment biegt der Bus um eine von den Haarnadelkurven, und dann ist nichts mehr zu sehen.

Im Zug klamüsere ich mir alles zusammen. Sie haben mich allein in einem Abteil sitzen lassen. Ich bin immer noch wie ein Aussätziger. Die anderen sind froh, daß sich ihre Vermutungen über meine Person bestätigt haben.

Lord Harbinger steckt in Geldschwierigkeiten. Der Unterhalt der Hall kostet eine Menge, und die Besucher strömen nicht gerade hinein. Die ›Wochenenden auf einem herrschaftlichen Landsitz‹ bringen zwar ein paar Eier, aber sie erfordern auch zusätzliches Personal, so daß unterm Strich nicht viel bleibt.

Aber er hatte die Madonna. Verkaufen konnte er sie nicht, das hätte nicht gut ausgesehen, ein Eingeständnis seines Versagens. Außerdem hatten er oder Loxton einen Plan ausgearbeitet, mit dem sie mehr bekamen als durch einen Verkauf. Die Madonna sollte gestohlen werden, sie würden die Versicherungssumme kassieren und danach das Bild unter der Hand selbst verhökern. Aber für den Diebstahl brauchten sie einen wirklichen Dieb.

Auftritt meiner Wenigkeit.

Ich mußte Verdacht erwecken, als ich für meinen Eintagesbesuch hingekommen bin, und beim ›Wochenende‹ bin ich ja auch aufgefallen wie ein bunter Hund. Wenn ich den Diebstahl begangen und die echte Madonna gegen die Kopie ausgetauscht hätte, wäre mir mein Koffer von Loxton zum Wagen gebracht worden. Er hätte ihn mit dem leeren Koffer vertauscht, der beim Gepäck neben der Tür stand, und die Madonna in einen anderen Wagen gebracht, um später damit nach London zu fahren und den Handel mit Mr. Depaldos Rivalen abzuschließen.

Ich wäre mit dem Peugeot davongefahren, vielleicht voller Pläne, wie ich meine Auftraggeber bescheißen und selbst einen kleinen Handel machen könnte. Doch darüber machten sie sich keine Gedanken, weil sie wußten, daß spätestens auf halbem Weg nach London das Dynamit im Kofferraum des Peugeots explodieren würde. Wenn die Polizei dann das Wrack untersucht hätte, würde man mich als den Blödmann identifizieren, der sich das ganze Wochenende so komisch benommen, die Drähte der Alarmvorrichtung durchgeschnitten und die Gemälde ausgetauscht hat. Mein Beruf ist amtsbekannt. Schließlich habe ich ein ganz schönes Strafregister beisammen. Und außerdem hatte ich das ganze Werkzeug im Kofferraum, zusammen mit dem Dynamit, dessen schlampige Verpackung mein bedauerliches Ende zur Folge hatte und ein paar angesengte Holzsplitter und Leinwandfetzen, die einmal ein Gemälde gewesen waren. Ein sehr altes Gemälde, wie die Tests ergeben würden. Und das Messingschild, das das Feuer bestimmt überstehen würde, konnte diese Reste als Giacomo Palladinos Meisterwerk *Madonna und Kind* identifizieren. Wieder ein großes Kunstwerk, das der Nation auf tragische Weise verlorengegangen ist!

Alle Achtung. Ein guter Plan.

Nur einen Fehler haben sie dabei gemacht. Wie schon ein paar andere vor ihnen haben sie Billy Gorse für noch blöder gehalten, als er aussieht.

Ich fühlte mich wohl und entspannt. Schade, daß es im Zug keinen Büfettwagen gab. Ein paar Bierchen hätten mir jetzt gutgetan.

Später wollte ich zu Red Rita gehen. Ja, das wäre fein. Vielleicht verschwindet sie zusammen mit mir. Sie hat auch mal eine Abwechslung verdient. Schaut in letzter Zeit ein bißchen spitz und blaß aus. Vielleicht zur Abwechslung mal Südamerika?

Ich hole meinen Koffer herunter und mache ihn auf.

Ist mir richtig ans Herz gewachsen, die Madonna.

Und ich war sehr froh, daß ich die zwei Bilder in der Großen Halle nicht ausgetauscht habe.

Ich versteh' ja nicht viel von Kunst, aber allmählich fange ich an zu kapieren, was sie wert ist.

*Aus dem Englischen übertragen
von Friedrich A. Hofschuster*

Meistermorde

Francis Clifford

Hin und her

Als er sie zum erstenmal sah, trat sie als ›L'Oiseau d'Or‹ auf und schwebte drei Meter über ihm in einer Zirkuskuppel bei Madrid. Mittlerweile nannte er sie ›Tony‹, was der Kurzname für Antonia war, und sie kannte ihn schlicht als ›Clay‹, mehr wußte sie nicht. Aber Namen waren für sie nicht weiter von Bedeutung. Sie war zierlich, schön und wagemutig wie ein Vogel, und bereits nach den ersten Sekunden war ihm klar gewesen, daß sie die Richtige für ihn war.

»Was willst du mit deinem Leben anfangen?« Fragen dieser Art wurden normalerweise in alten Filmen gestellt, aber exakt dies waren die Worte, die er erst fünf Wochen zuvor zu ihr gesagt hatte. Seit diesem Zeitpunkt erprobten sie für sich die Abgeschiedenheit der gemieteten, kalkweißen Villa über der pittoresken Küste Sardiniens. »Liebst du mich, mein Vogelmädchen?« fragte er sie regelmäßig, und sie rümpfte dann ein wenig die Nase, runzelte die Stirn und tat so, als würde sie nachdenken.

Er schätzte sie auf Anfang Zwanzig. Sie hatte ungewöhnlich ausdrucksvolle Hände, was gelegentliche Grammatikfehler ihres mit leichtem Akzent gesprochenen Englisch wettmachte. Ihre Mutter, so erfuhr er, war Spanierin gewesen, und ihr Vater stammte aus Polen. Beide traten noch immer als Zirkusartisten mit einer Jongliernummer irgendwo in den Vereinigten

Staaten auf. Sie hatte Modigliani-Augen... braun und von faszinierender Lebendigkeit. Das glatte, rabenschwarze Haar trug sie schulterlang. Sie hatte ihm nie gesagt, wie ihr Nachname lautete, aber das war auch ohne Bedeutung. Tony genügte ihm vollkommen.

»Tony«, sagte Clay in diesem Moment. »Du bist bezaubernd.«

»Danke.«

»Und du wirst täglich bezaubernder.«

»Du schmeichelst mich.«

»Mir«, verbesserte er sie.

»Du bist so klug... und ich bin so ein Dumpfkopf.«

»Dummkopf.«

»Also gut, aber ein Dummkopf in vier Sprachen.« Ihr Lächeln wirkte angestrengter, als ihr bewußt war. »Wenigstens lasse ich mich nicht von einer Sprache gängeln, wie ihr Engländer das tut.«

Er zog eine Grimasse. »Touché.« Dann küßte er sie.

»Gib mir eine Zigarette, bitte.«

Clay zündete eine Zigarette an und steckte sie ihr zwischen die Lippen. Sie lagen auf Liegestühlen am Pool. Olivfarbene Haut und ein rosaroter Bikini... Jedesmal, wenn sein Blick über sie glitt, war er von neuem fasziniert. Er war dreißig, untersetzt und muskulös. Das wellige Haar trug er kurz, und er hatte blaue Augen. Man mußte ihm schon sehr übel wollen, wenn man nicht eingestand, daß er ausgesprochen gut aussah. Er hatte ihr gesagt, daß er aus London stamme, was sehr plausibel klang, und daß er in der Metallindustrie tätig sei. Das alles interessierte sie allerdings zu wenig, um irgend etwas in Frage zu stellen.

»Wie wär's mit einem Drink?«

»Ja, bitte«, erwiderte sie. »Ein Cloudy Sky.«

»Du meinst Gin mit Ingwerbier?«

Er stand auf und ging um den Pool herum. »Weißt du was?« sagte er unvermittelt und wandte den Kopf. »Du bist ein Geschenk des Himmels, Vogelmädchen.«

Kaum hatte er das letzte Wort ausgesprochen, rutschte er aus. Für den Bruchteil einer Sekunde ruderte er wild mit Armen und Beinen und versuchte, sein Gleichgewicht zu halten, bis er sich wie ein betrunkener Tänzer auf den feuchten Fliesen um die eigene Achse drehte und unsanft zu Boden fiel.

»Clay! Ist mit dir alles in Ordnung?«

»O Mann!« Seine Augen weiteten sich vor Schmerzen. »O Mann!«

»Was hast du?« Sie kauerte erschrocken neben ihm nieder. »Ist was gebrochen?«

»Nein, das glaube ich nicht.«

»Ich hole einen Arzt.«

»Hilf mir erst mal auf.«

Er schleppte sich zum nächsten Liegestuhl und untersuchte vorsichtig seine Fußgelenke.

»Was ist?«

»Das war ganze Arbeit, was?« murmelte er zwischen zusammengebissenen Zähnen. »Das linke ist nicht so schlimm... aber das rechte... ohaaaaah!«

Ihre Hände zitterten. »Der Knochen?«

»Nein. Eher der Muskel... die Sehnen.«

»Ah... die Muskeln.«

Sie stand sofort auf und ging ins Haus. Kurz darauf kam sie mit einem Kübel Eiswürfel und einem Stapel Servietten zurück. Sie wickelte eine Handvoll Eiswürfel in ein Tuch und legte die Kompresse vorsichtig auf Clays rechtes Fußgelenk.

»Du kennst dich offenbar mit solchen Dingen aus«, bemerkte er.

»Beim Zirkus passiert so was öfter.«

»Aber bestimmt hat es noch keiner mit soviel Eleganz und Grazie geschafft wie ich.«

»Talente wie du sind rar.«

»Du Biest.«

»Entspann dich jetzt lieber und genieß die Aussicht.«

»Die Aussicht kenne ich mittlerweile in- und auswendig.«

»Nur Diebe und Zigeuner leben nach der Maxime, nie irgendwohin zurückzukommen. Wozu gehörst du?«

»Daß mir ausgerechnet das passieren mußte! Tonymädchen, du hast einen kompletten Idioten vor dir.«

»Das weiß ich.« Sie entzog sich ihm, stopfte ein Kissen unter das verletzte Bein und sagte: »Du mußt den Fuß hochlegen.«

»Wirklich?«

»Und wenn es heute abend nicht besser ist...«

»Wenn es heute abend nicht besser ist, kriegt es die Krankenschwester mit mir zu tun.«

»Wenn es heute abend nicht besser ist«, konterte sie mit geheimnisvollem Lächeln, »mußt du die Krankenschwester erst mal erwischen.«

»Ich werd's schon schaffen«, behauptete Clay.

»Was mich nicht überraschen würde.«

Er unterdrückte ein Stöhnen. »Du bist eine Schmeichlerin, Vogelmädchen.«

Später am Nachmittag fuhr sie mit dem Fiat ins Dorf hinunter. Die Straße war kurvenreich, schmal und unübersichtlich und gab abwechselnd und völlig unverhofft den Blick aufs Meer und auf die Berge frei. Feigen- und Olivenbäume wuchsen an den Hängen, und Ziegen stoben vor dem Wagen davon, wenn dieser mit quietschenden Reifen eine Kurve nahm.

»Fahr vorsichtig«, hatte Clay sie schläfrig gewarnt, als sie sich von ihm verabschiedet hatte. »Hier gibt's keine Unfallrettung.«

Die Häuser des Dorfes lagen geduckt an den Hängen, die einen kleinen Fischerhafen umgaben. Eine Woche zuvor, als Tony dort zum erstenmal mit ihrem Korb barfuß in Hose und Bikinioberteil erschienen war, hatten die Einheimischen nicht geahnt, daß eine so bezaubernde, zierliche Person mit derartiger dramatischer Leidenschaft um die wenigen Dinge des täglichen Lebens feilschen konnte. Das allerdings hatte sich dann schnell herumgesprochen, und mittlerweile begegnete man ihr überall mit Respekt und Staunen.

Ein- oder zweimal pro Woche entlud sich ein Bus mit krebsroten Touristen im Dorf, die sich dann über den saftigen Spanferkelbraten und das selbstgebackene Brot im Restaurant am Hafen hermachten und wieder verschwanden. An diesem Tag jedoch blieb dem Dorf ein derartiger Überfall erspart. Tony beendete ihre Einkäufe und spazierte am Wasser entlang. Fremde nickten ihr zu, und sie erwiderte jeden Gruß. Im Restaurant am Hafen nahm sie den Umhängekorb von der Schulter und setzte sich an einen Tisch im Freien.

»Un cappuccino«, bestellte sie.

Dann zündete sie sich eine Zigarette an und nahm die *La*

Stampa zur Hand. Außer ihr waren nur wenige Gäste anwesend. Ein Priester mit blauschwarzem Schimmer auf Wangen und Kinn starrte intensiv in seine Kaffeetasse, und ein großer, kräftig gebauter Mann mit der *Herald Tribune* in der Hand und einem dünnen Oberlippenbärtchen konnte kaum den Blick von ihr wenden. Ihr Kaffee kam, und sie gab Zucker hinein. Die Weltnachrichten waren deprimierend wie eh und je, und sie verspürte kein Verlangen, sich damit zu belasten. Sie rauchte ihre Zigarette, verfütterte einen Keks an die Tauben, lächelte unwillkürlich bei der Erinnerung an Clays unfreiwillige Tanzeinlage am Pool, bezahlte, stand auf und schlenderte dorthin zurück, wo sie den Wagen geparkt hatte.

Kaum eine Stunde nachdem sie fortgefahren war, bog sie wieder in die steile, kurze Auffahrt zur Villa ein. Es war kurz nach fünf Uhr, und das gleißende Licht am Himmel war kraftloser geworden. Sie nahm den Korb vom Beifahrersitz und ging auf die Haustür zu.

»Stehenbleiben!«

Verdutzt drehte sie sich um. Vor ihr stand der muskulöse Mann aus dem Restaurant. Wie hatte er nur so schnell hier sein können? schoß es ihr durch den Kopf. Gleichzeitig fiel ihr Blick auf die Pistole in seiner Hand.

Er trug einen zerknitterten, leichten Sommeranzug und hatte eine Reisetasche einer Fluglinie bei sich. Mit wachsendem Mißtrauen registrierte sie sein struppiges braunes Haar, das sich an den Schläfen bereits zu lichten begann, und das blauweiße Sweatshirt, das unter dem Jackett hervorschaute.

Er machte eine energische Bewegung mit der Pistole. »Machen Sie auf!«

Sie wirbelte herum und tat, was er befohlen hatte. Sie öffnete die mit Schmiedeeisen vergitterte Tür und führte ihn in das Haus, in dem es nach dem hellen Licht draußen fast dunkel zu sein schien. Sie hatte ein merkwürdig hohles Gefühl in der Magengrube, und als sie auf die Terrasse neben den Pool hinaustraten, wurde ihr zum erstenmal bewußt, wie einsam und abgelegen das Haus eigentlich war. Clay lag dösend im Schatten eines Sonnenschirms, ohne zu ahnen, wie verletzbar er in diesem Augenblick wirkte.

»Wer ist sonst noch hier?« fragte der Mann dicht hinter ihr.
»Niemand.«
»Kein Dienstmädchen?«
»Nein.«
»Kein Gärtner... oder ein Hund?«
»Nein.«

Er hatte so laut gesprochen, daß Clay sich bewegte. Er schlug die Augen auf und starrte die beiden schläfrig an.

»Hallo«, murmelte er schließlich. »Ihr habt mich bei einem Nickerchen überrascht.« Dann fiel sein Blick auf die Pistole, und seine Miene änderte sich schlagartig. Er fuhr wie von der Tarantel gestochen auf. »Was zum Teufel...«

»Bleiben Sie, wo Sie sind!«

»Wer sind Sie?« Clay kniff die Augen gegen das Licht zusammen. Er wirkte völlig verwirrt. »Was, um Himmels willen, ist eigentlich los?«

»Er hat mich draußen abgefangen«, erklärte Tony stockend.

»Gehen Sie zu ihm«, befahl der Fremde, der die Angewohnheit hatte, wie ein Boxer den Kopf zwischen die Schultern zu ziehen. »Stellen Sie sich neben ihn, und von jetzt an reden Sie nur noch, wenn Sie gefragt werden, kapiert?«

Er war wirklich ein imposanter Muskelprotz und hatte eine harte kehlige Aussprache. Seine Nationalität war nicht auszumachen, aber er war bestimmt weder Amerikaner noch Engländer.

»Weshalb hat dieser Hampelmann einen bandagierten Fuß?«

»Er hat sich den Fuß verstaucht.«

»So, wirklich?« Die Pistole gab ihm alle Macht der Welt. Er kam näher. »Das ist ja ein günstiger Zufall.«

»Hören Sie...«, begann Clay.

»Zuhören tue ich schon lange nicht mehr. Merken Sie sich das, Freundchen!«

»Was, zum Teufel, wollen Sie eigentlich?«

»Dazu kommen wir noch«, entgegnete der Fremde. Er setzte sich auf die Kante einer Liege und wirkte sehr selbstsicher, als er sie eingehend musterte. Er stellte seine Reisetasche zwischen die Beine auf den Boden und zog das Jackett aus, während er die Pistole von einer Hand in die andere nahm. Seine sehnigen Unterarme waren braungebrannt. Auf dem einen war die Tätowierung ›MORGEN‹ auf der anderen ›GESTERN‹ zu lesen.

»Wir werden uns gegenseitig einen netten Gefallen tun«, erklärte er.

»Das haben wir nicht nötig.«

»Was ihr nötig habt, spielt keine Rolle. Es wird gemacht, was ich sage.« Er stand auf. »Und jetzt möchte ich zum Beispiel das Haus sehen.«

Tony runzelte die Stirn.

»Ich möchte mal einen Blick ins Haus werfen«, wiederholte er. »Und ich rate Ihnen, keine Dummheiten zu machen, solange wir drin sind«, wandte er sich drohend an Clay. »Sonst geht es der Kleinen schlecht. Aber, daß wir uns nicht mißverstehen... Wenn Sie parieren, wird niemandem etwas geschehen.«

Tony führte ihn ins Haus. Der Fremde folgte ihr lautlos wie eine Katze. Im Wohnzimmer blieb sie stehen, damit sich ihre Augen an das veränderte Licht gewöhnen konnten. Sofort fühlte sie die Pistolenmündung im Rücken.

»Wo ist das Telefon?«

Sie führte ihn zum größten Schlafzimmer, stieß die Tür auf und trat beiseite, doch er bedeutete ihr, vorauszugehen. »Was soll das?« fragte sie, und das Weiße in ihren Augen blitzte auf, doch der Moment des Zorns verstrich. Er war mit wenigen Schritten neben dem Bett und riß das Telefonkabel mit so brutalem Ruck aus der Wand, als wollte er ihr damit bewußt die Realität und Ausweglosigkeit ihrer Situation vor Augen führen.

Wortlos und stets nur wenige Schritte hinter oder neben ihr ließ er sich auch die übrigen Räumlichkeiten zeigen. In der Küche nahm er eine Büchse Bier aus dem Kühlschrank und trank sie aus. In der Garage zeigte er ein flüchtiges Interesse an der Tauchausrüstung. Ansonsten hielt er sich nirgends auf. Minuten später schob er sie wieder auf die Terrasse hinaus, wo Clay sie mißmutig und hilflos erwartete.

»Braver Junge«, lobte der Fremde. »Gratuliere.« Das Wasser im Pool glitzerte in der Sonne. »Waren Sie schon mal im Marionettentheater?« Er verzog das Gesicht zu einer Art Grinsen. »Je kräftiger man am Faden zieht, desto besser die Wirkung, finden Sie nicht auch?«

»Bastard!«

Der Fremde ignorierte die Bemerkung. Er ging zu seiner

Reisetasche und öffnete den Reißverschluß. Dann griff er hinein und zog ein Handfunksprechgerät mit Schulterhalfter heraus.

»Na, was halten Sie davon?« wandte er sich an Tony.

»Gar nichts.«

»Das hübsche Ding ist speziell für solche Zeitgenossen konstruiert, die wir zwar aus den Augen verloren haben, aber nicht aus dem Sinn.«

»Das verstehe ich nicht.«

»Keine Angst, das kommt gleich.« Er holte ein zweites Funkgerät aus der Tasche und drückte auf einen roten Knopf. Mit leisem Klicken wurde dadurch eine über einen Meter lange Antenne ausgefahren. »Wissen Sie, wie diese Dinger funktionieren?«

Tony schüttelte den Kopf.

»Dann sollten Sie das jetzt lernen.«

Ihr Blicke trafen sich. »Und wenn ich keine Lust habe?«

»So dumm sehen Sie gar nicht aus.«

»Ich bin auch nicht primitiv genug, mir die Unterarme tätowieren zu lassen!« Tony ließ ihrer Wut freien lauf. »MORGEN und GESTERN... Was soll das heißen? Das ist doch deutsch oder? Nur Leute, die nie erwachsen geworden sind, lassen sich Worte oder Bilder in die Haut brennen.«

Der Fremde machte eine blitzschnelle Bewegung. Seine Fußspitze traf genau Clays verletztes Gelenk. Clay schrie vor Schmerz auf und sank in sich zusammen. Sein Mund formte ein tonloses O.

»Sehen Sie, was Sie angerichtet haben?« sagte der Fremde vorwurfsvoll. »Ihr Freund hätte gern auf die Erfahrung verzichtet.« Dann änderte sich sein Ton schlagartig. »Nehmen Sie das zweite Funkgerät, und hören Sie mir genau zu.«

Widerwillig griff sie nach dem Apparat. Der Fremde begann ihr zu erklären, wie er funktionierte. Es war kinderleicht, und sie hatte keine Fragen. Die Pistole in seiner Hand wirkte sehr überzeugend. Ein- oder zweimal sah sie Clay an, und Angst und Resignation lagen in diesen Blicken. Der Fremde forderte sie schließlich auf, zum anderen Ende der Terrasse zu gehen und von dort aus mit leiser Stimme Funkkontakt zu ihm aufzunehmen. Nach mehreren Fehlversuchen und lauten Kommandos des Fremden, die richtigen Tasten zu betätigen, kam schließlich reibungslos eine Verbindung zustande. Tonys Stimme war deutlich zu hören: »Was Sie auch wollen, Sie haben einen Fehler gemacht. Wir gehören nicht zu ihresgleichen. Es war dumm von Ihnen, sich ausgerechnet dieses Haus auszusuchen... Over.«

»Ich habe Ihnen schon einmal geraten, Ihr Schicksal nicht herauszufordern... Over.«

»Sie sind ein Alptraum«, kam es störrisch zurück. »Over.«

»Von Traum kann hier keine Rede sein, und das wissen Sie ganz genau... Over und Out.«

»Um Himmels willen«, versuchte Clay es erneut. »Wer sind Sie überhaupt? Noch vor einer halben Stunde...«

»Noch vor einer halben Stunde, Freundchen, sind Sie ein reichlich nutzloses Mitglied der Gesellschaft gewesen. Die herrlichen Tage in der Sonne mit Ihrer Märchenprinzessin sind vorbei. Das Leben besteht nicht nur aus Zuckerlecken. Sie werden sich bald sehr nützlich machen dürfen.«

Tony schlenderte auf die beiden zu. »Viel Wind um nichts.« Sie konnte den Mund nicht halten. »Alles hohles Gequatsche.«

»Ist das wirklich Ihr Eindruck?«

»Sie sind doch nur eine taube Nuß!«

Der Fremde feuerte einen Schuß ab. Die Kugel pfiff zwischen Tony und Clay hindurch und zerfetzte hinter den beiden einen Wasserball mit lautem Knall. Das alles war so schnell gegangen, daß sie nicht einmal mehr Zeit gehabt hatten, zusammenzuzucken. Erst als alles vorbei war, schnappten sie starr vor Schreck nach Luft. Dann fiel die schlappe Haut des Wasserballs klatschend in den Pool.

»Allmächtiger«, flüsterte Clay. Die Entfernung zwischen ihm und Tony hatte kaum einen halben Meter betragen. Seine Nackenhaare sträubten sich.

»Verlassen Sie sich nicht allzusehr auf die Blufftheorie«, riet der Fremde. »Sie würden es nur bitter bereuen... Damit das ein für allemal klar ist. Wir drei sind aufeinander angewiesen, und es gibt kein Entrinnen.«

Der Fremde ging zu der von einer Bougainvillea überwachsenen Balustrade am hinteren Ende des Swimmingpools. Er wirkte verschlossen und aufreizend gelassen. Von der Balustrade aus betrachtete er die wildromantische Aussicht. Irgendwann war dort ein Teil der Steilküste ins Meer abgerutscht. Bizarre Felsen säumten die Küstenlinie, und das Meer schillerte in zahllosen Buchten in sämtlichen Grün- und Blautönen. In der Ferne leuchtete karamelfarben das Dorf, und auf den Hängen über dem Meer lagen vereinzelt wie Tupfer mittelgroße Villen, deren strahlendes Weiß von Tamarisken, Myrten und wilder Blumenpracht etwas gebrochen wurde.

»Kommen Sie her!« befahl der Fremde. »Sie auch, Freundchen. Und bringen Sie gleich meine Tasche mit.«

Clay humpelte schwerfällig. Gegen die gelassene Selbstsicherheit des Fremden mit der Waffe, von der dieser so rücksichtslos Gebrauch zu machen verstand, hatte er nicht nur rein physisch, sondern auch geistig in diesem Moment keine Chance, da er die Situation einfach noch nicht recht begriffen zu haben schien.

»In der Tasche ist ein Fernglas«, erklärte der Fremde. »Und ein Stativ. Bringen Sie beides mit rüber.«

Clay hatte keine Wahl. Trotz seiner Größe war das Fernglas erstaunlich leicht.

»Schauen Sie doch mal durch.«

Er richtete das Fernglas auf die Villa, die in der Gegend als ›Castello di Roccia‹ bekannt war. Sie lag – größer und isolierter als alle übrigen Häuser – auf einer schroffen Felsnase, die eine Bucht von einer anderen trennte. Die Fassaden zierte pastellblauer Stuck, und die ausladenden Ziegeldächer schimmerten rotbraun. Auf der dem Land zugewandten Seite erstreckten sich terrassierte Gärten, und eine aufgeschüttete Auffahrt führte zwischen weißen Mauern durch ein schmiedeeisernes Tor. Clay stellte das Fernglas schärfer ein, und plötzlich sprang ihm das Haus über eine Entfernung von gut zweihundertfünfzig Metern in allen Einzelheiten messerscharf ins Auge.

»Nicht übel, was?«

Clay nickte unwillkürlich.

»Wenn Sie das Ding jetzt noch auf dem Stativ justieren, ist es fast zu gut, um wahr zu sein.«

Die Sonne glühte wie geschmolzenes Metall auf der Wasseroberfläche, und das Meer selbst leuchtete türkisblau wie auf einem Reiseprospekt. Das Motorboot, das Clay zum Wasserskilaufen benutzte, lag in der kleinen hufeisenförmigen Bucht unter ihnen am Steg.

»Also passen Sie auf«, begann der Fremde in spielerischem Plauderton. »Wer von Ihnen hat schon mal was vom Rivers-Brillanten gehört?«

Clay und Tony sahen sich an, sagten jedoch nichts.

»Lesen Sie denn keine Illustrierten?« Er stand nur auf Armeslänge von den beiden entfernt etwas weiter hinten, doch die Pistole verlieh ihm Sicherheit. »Keiner?... Das ist eine Bildungslücke. Also, zu Ihrer Information: der Rivers-Brillant ist einer der ganz großen.«

»Na und?« Clay runzelte die Stirn.

»Der Rivers-Brillant befindet sich im Besitz einer gewissen Barbara Ashley«, fuhr der Fremde gelassen fort. »Und diese Barbara Ashley...«

»Großer Gott!« entfuhr es Clay unwillkürlich, der ahnte, was jetzt kommen würde.

»... lebt im Castello di Roccia. Und das Castello di Roccia liegt, wie Sie wissen, hier direkt vor Ihrer Nase.«

In Tonys Kopf begann es zu arbeiten. Ihr Blick schweifte nachdenklich zwischen Clay und dem Fremden hin und her.

»Weshalb erzählen Sie uns das alles?«

»Weil ich den Rivers-Brillanten haben möchte... und Sie werden ihn mir besorgen.«

Tonys Herzschlag schien auszusetzen.

»Ich?«

»Ja, ganz richtig.«

»Sie sind ja verrückt.« Tony warf den Kopf zurück. Ihre Stimme klang ungläubig. »Das ist der größte Blödsinn, den ich je gehört habe.«

»Sie besorgen ihn, meine Schöne. Und dabei bleibt's!«

»Aber wie denn, um Gottes willen?« Sie gestikulierte erregt. »Wie denn nur? Das ist doch ganz unmöglich. Außerdem...«

»Es ist möglich, glauben Sie mir.«

»Aber nicht mit mir.«

»Gerade mit Ihnen. Es gibt keine bessere Lösung.«

»Sie sind ja verrückt«, mischte Clay sich ein. »Tony ist keine Diebin.«

»Es gibt immer ein erstes Mal. Geben Sie ihr das Fernglas«, befahl der Fremde schroff. »Sie soll sich ansehen, wohin sie muß.«

»Sie können sie nicht zwingen.«

»Sie wissen verdammt gut, daß ich das kann. Also halten Sie die Klappe... Bitte«, fuhr er fort und nickte Tony zu, »sehen Sie sich das Haus dort drüben gut an, und hören Sie mir aufmerksam zu, ja?«

Tony hob das Fernglas an die Augen. Der Fremde ließ ihr eine gute halbe Minute Zeit, bevor er weitersprach.

»Das Haus hat nur einen normalen Zugang, und der führt durch das große Tor. Aber diesen Weg können Sie kaum benutzen. Barbara Ashley führt kein sehr gastliches Haus. Und wenn Sie über die Mauer klettern würden, müßten Sie sehr schnell feststellen, daß es dahinter von Sicherheitsleuten wimmelt. Außerdem wären Sie dann noch immer nicht im Haus. Also scheidet das schon mal aus.«

Tony warf Clay einen entsetzten Seitenblick zu, sagte jedoch nichts.

»Konzentrieren Sie sich gefälligst auf unser Objekt«, wies der Fremde sie zurecht. »Schwenken Sie mit dem Fernglas nach links... bis zum oberen Klippenrand. Sehen Sie die Mauer dort? Sie wirkt praktisch wie eine Fortsetzung der Klippen.« Er wartete ungeduldig. »Genau gegenüber dem oberen Klippenrand befinden sich hinter den Balkonen zwei Glastüren... und zwar im zweiten Stock des Hauses... Sehen Sie sie?... Zwischen den Casuarinabäumen.«

Er nahm ihr Schweigen als Zustimmung.

»Hinter den beiden Türen liegt das Ankleide- und das Badezimmer der Ashley. Mehr braucht Sie nicht zu interessieren.«

Durch das Fernglas besehen, wirkten die beiden Glastüren zum Greifen nahe. Doch in Wirklichkeit waren sie beinahe unerreichbar. Mit einer ihr selbst fremden Stimme hörte Tony sich sagen: »Das soll wohl ein Witz sein... ein übler Scherz.«

»Zehn Sekunden Aufenthalt im Ankleidezimmer – mehr brauchen Sie nicht.«

»Da komme ich doch nie hin!«

»Mit ein bißchen Hilfe von mir und unserem Freund hier übertreffen Sie sich selbst.«

»Niemals«, wehrte sie ab. »Das geht niemals.«

»Heute abend findet irgendwo in Calagonone ein Fest statt«, fuhr der Fremde fort. »Und auch die fragliche Dame ist eingeladen. Es ist kein gewöhnliches Fest, das dürfen Sie mir glauben. Dem Tresor der Bank wurde bereits ein Besuch abgestattet, um den besagten Gegenstand abzuholen. Und das bedeutet, daß sich bis zu dem Zeitpunkt, da sich das schmiedeeiserne Tor öffnet und der weiße Mercedes mit ihr davonfährt, der Gegenstand meiner Träume in der Villa befindet. Man muß ihn sich nur holen.«

»Heute abend?« Das war Clay.

»Ja, heute abend.«

»Woher, zum Teufel...?«

»Ich habe Freunde.«

»Hier bestimmt nicht.«

»Hier habe ich Komplizen«, verbesserte der Fremde ihn.

Tony wirbelte zu ihm herum. »Warum ausgerechnet ich?« Sie machte eine hilflose Handbewegung. »Warum ausgerechnet wir?«

»Also hören Sie mir gut zu«, erwiderte er. »Wenn es soweit ist, fahren wir mit dem Motorboot zum Fuß der Klippen rüber. Ja, wir beide... Wir klettern gemeinsam die Felswand rauf und auch wieder runter und kehren hierher zurück. Nur die Strecke vom oberen Mauersims bis zum Ankleidezimmer und zurück müssen Sie allein bewältigen... aber selbst dann wird die Stimme unseres Freundes hier Sie begleiten.«

Clay runzelte die Stirn. »Das verstehe ich nicht.«

»Sie dirigieren Sie über das Funksprechgerät. Und die Anweisungen, die Sie ihr geben, hängen von dem ab, was Sie durch das Fernglas sehen. Voraussetzung sind lediglich ein leeres Ankleidezimmer und hellerleuchtete Fenster. Sie sind mit dem Fernglas immer auf dem laufenden.«

»Und wenn die Vorhänge zugezogen sind?«

»Das ist noch nie vorgekommen. Sie läßt auch die Fenster immer offen.«

»Woher wissen Sie das?«

»Von Freunden«, antwortete der Fremde erneut. Er zuckte mit den Schultern. »Wozu sind Freunde sonst gut?« Er lächelte grimmig. »Barbara Ashley geht normalerweise vom Ankleidezimmer ins Badezimmer und wieder zurück. Nach unseren Beobachtungen ist das Ankleidezimmer gewohnheitsgemäß fünfzehn bis zwanzig Minuten leer. In dieser Zeit habt ihr beide eure große Nummer. Der Rest ist ein Kinderspiel.«

Tony senkte das Fernglas. Sie war bleich und wirkte nervös. »Die Wachen, von denen Sie gesprochen haben...«

»Die haben wir praktisch schon hinters Licht geführt.«

»Zwischen der Mauer und dem Haus ist ein Gartenteil... wie überall.«

»Schauen Sie noch mal durchs Fernglas«, befahl der Fremde. »Was sehen Sie?«

»Wo?«

»Was führt von der hohen Mauer zu den Glastüren?«

»Meinen Sie die Telefondrähte?«

»Volltreffer... Die sind geradezu wie geschaffen für Ihre Drahtseilnummer.«

Ihre Augen waren groß vor Staunen, als sie sich langsam zu ihm umdrehte. Es schien ihr plötzlich die Stimme verschlagen zu haben. »Soll das heißen...« Sie verstummte und mußte von neuem beginnen: »Wollen Sie ernsthaft...?«

»Warum glauben Sie, daß ich hier bin?« fragte der Fremde, als sie wieder verstummte. »Drunten im Dorf weiß man es vielleicht nicht, aber Sie sind ein kluges Mädchen.«

»Diese Drähte halten mich nie aus.«

»Sollen wir wetten?«

»Sie Schwein«, knurrte Clay in seiner maßlosen Wut.

Die Waffe in seiner Hand machte jede Verweigerung unmöglich. Der Mann mochte zwar unberechenbar sein, aber von seinem Plan wich er bestimmt kein Jota ab, soviel wenigstens war sicher.

»Ich habe Sie mit Bedacht ausgewählt und auf den richtigen Zeitpunkt gewartet«, fuhr der Fremde fort. »Machen Sie sich keine Illusionen. Ich kriege keine kalten Füße und haue nicht ab. Die Sache findet genauso statt, wie ich es Ihnen gesagt habe.«

Tony machte sich tatsächlich nichts mehr vor: Das Unglaubliche geschah, und sie war daran beteiligt. Sie sahen zu, wie die Sonne hinter den purpurroten Bergen unterging. Fledermäuse schwirrten durch die Luft, und die Dunkelheit legte sich wie eine schwere Decke über das Meer. Die Lichter des fernen Dorfes blinkten hell unter den ersten fahlen Sternen. Das Castello di Roccia schien zwischen Himmel und Meer einfach in der Luft zu hängen. Etwa ein Dutzend erleuchtete Fenster gaben der finsteren Masse des Hauses Kontur. Clay hatte das Fernglas auf die beiden Fenster gerichtet, die für sie allein wichtig waren. Mit Hilfe des starken Objektivs konnte man in den dahinterliegenden Räumen erstaunlich viele Details erkennen. »Wie ich gesagt habe«, erklärte der Fremde. »Es ist, als ob man durchs Schlüsselloch schaut. Also passen Sie auf, daß Sie sich nicht ablenken lassen.« Er ließ sie erneut mit dem Funksprechgerät üben. »Wenn Sie sich auch nur dreißig Sekunden nicht melden, wird unser Freund hier wünschen, Ihnen nie begegnet zu sein.«

Tony hielt sich sklavisch an seine Anweisungen. »Lammfromm«, lobte der Fremde mit arrogantem Selbstbewußtsein. Während er keine Nerven zu haben schien, litt Tony unendlich. Sie rauchte eine Zigarette nach der anderen und konnte keine Sekunde still sitzen. Um Viertel nach acht Uhr zwang der Tätowierte sie, Clay an den Stuhl hinter dem auf das Stativ montierte Fernglas zu fesseln, und um halb neun folgte er Tony den Felshang hinunter zum Steg, an dem das Motorboot lag. Sie hatten die Tauchanzüge aus der Garage angezogen und waren bald nicht mehr zu sehen. Von Clay hatte der Fremde sich mit den Worten verabschiedet: »Lassen Sie uns ja nicht im Stich, Freundchen. Passen Sie bloß auf, daß ich nicht das Gefühl kriege, daß Sie mich austricksen wollen.«

Der Außenbordmotor sprang sofort an. Der Tätowierte lenkte das Boot sicher in die Bucht hinaus. Sobald sie das offene Meer erreicht hatten, schaltete er den Motor ab, hängte die Ruder ein und zwang Tony, zu rudern.

Kurz darauf befahl er ihr: »Fragen Sie unseren Freund, ob er uns sehen kann.«

Tony rief Clay mit leiser, fester Stimme. Das Funkgerät trug sie um Schulter und Taille geschlungen.

»Ja und nein«, antwortete Clay. »Eigentlich sehe ich euch nur, weil ich weiß, daß ihr dort draußen sein müßt.«

»Kannst du etwas hören?«

»Nein.«

Das Meer war glatt und ruhig. Tony ruderte das Boot mit regelmäßigen Schlägen um einen Felsen herum. Dann begann die letzte Teilstrecke über die nächste Bucht. Das Wasser phosphoreszierte stellenweise, und vor ihnen waren bereits die Klippen steil und dunkel aufgetaucht, auf denen die große Villa ihnen den Blick auf die Sterne versperrte. Sie brauchten höchstens eine Viertelstunde, bis sie den Fuß der Klippen erreicht hatten. In dieser Zeit hatte sich Clay mehrmals über Funk gemeldet. »Ankleidezimmer und Badezimmer sind leer... Es ist noch niemand zu sehen... Alles leer... Noch immer keiner da...« Nur einmal war die Verbindung gestört, und seine Stimme war nur verzerrt und leise zu hören. Ansonsten hatte man den Eindruck, er säße direkt neben ihnen.

Der Fremde steuerte das Boot mit nachtwandlerischer Sicherheit durch die Dunkelheit. Tony allerdings versuchte sich währenddessen ausschließlich auf das zu konzentrieren, was ihr bevorstand, sobald sie die Klippen erklommen hatten.

»Beide Zimmer sind noch immer leer...«

Im nächsten Augenblick ertönte ein leises Rascheln am Bootsrumpf, die Dunkelheit nahm plötzlich Konturen an, und der Duft von Schilf lag in der Luft. Der Fremde befahl Tony, die Ruder einzuholen. Als dies geschehen war, paddelte er mit den Händen weiter. Nach ein paar Metern glitt das Boot durch eine torartige Öffnung in einem riesigen, überhängenden Fels, und das Wasser dahinter war glatt und still wie in einer Badewanne. Dort machte der Fremde das Boot an Bug und Heck fest, kletterte auf einen Felsvorsprung und zog Tony zu sich herauf. Tony, die in der Finsternis kaum die Hand vor Augen zu sehen vermochte, nahm die Hilfe dankbar an, ohne sich der Absurdität der Lage bewußt zu sein. Auf allen vieren schließlich krochen sie durch die Felsöffnung, bis sie den Fuß der Klippen erreicht hatten.

»Und jetzt dort hinauf.«

Sie zögerte.

»Nach Ihnen.« Selbst in diesem Moment konnte er sich einen höhnischen Tonfall nicht verkneifen. »Für wie blöd halten Sie mich eigentlich?«

Tony begann mit dem Aufstieg. Zu ihrer Erleichterung

merkte sie bald, daß der Felsen längst nicht so steil war, wie sie erwartet hatte, und daß sie verhältnismäßig schnell vorwärts kamen. Sie war schließlich schwindelfrei, und man fand überall mit Händen und Füßen gut Halt. Das Schlimmste an diesem Teil des Unternehmens war Clays fast ständige stimmliche Präsenz, die ihre Gedanken in eine unerwünschte Richtung lenkte.

»Immer noch leere Zimmer...«

Sie verlor allmählich jegliches Zeitgefühl. Ein- oder zweimal brach ein Stein los und fiel polternd in die Tiefe. Ihr Atem ging laut und keuchend, und der Fremde schien dieselben Probleme zu haben. Als sie zum Himmel aufsah, bewegten sich die Sterne über ihr im Rhythmus ihres Herzschlags. Endlich hatten sie den Klippenrand erreicht und sanken atemlos und erschöpft nieder. Etliche Meter vom Steilabhang entfernt erhob sich die Hauswand der Villa vor ihnen wie eine überdimensionale Kuchendekoration. Tony starrte darauf, suchte krampfhaft nach einem Ausweg aus ihrer mißlichen Lage und wußte doch, daß sie jeden Mut und jede Kraft zum Widerstand bereits verloren hatte. Es blieb ihr nicht anderes übrig, als sich mit ihrer Situation abzufinden.

›Je kräftiger man an den Fäden zieht, desto besser...‹ zitierte sie den Fremden insgeheim. Madre de Dios! ›Tu was er sagt‹, hatte Clay ihr eingebleut. ›Der Kerl ist schießwütig. Um Himmels willen, du mußt es versuchen...‹ Na gut. Na gut.

Wenige Minuten später stieg sie auf die Schultern des Mannes und schwang sich von dort auf die Mauer. Um sie herum herrschte eine geradezu unheimliche Stille, und sie bewegte sich mit äußerster Vorsicht. Zwischen ihr und dem Garten mit seinen vielen Büschen und Sträuchern lag nur ein schmaler Zwischenraum. Die Fenstertüren hinter den Balkonen, die sie zuletzt durch das Fernglas gesehen hatte, befanden sich zu ihrer Rechten. Sie waren hell erleuchtet, wurden jedoch teilweise von Bäumen verdeckt. Vorsichtig kroch sie ein Stück auf der Mauer näher in ihre Richtung und hielt nach den Telefonleitungen Ausschau.

Wie aus heiterem Himmel hört sie plötzlich ein Räuspern und Spucken. Sie erstarrte, halb wahnsinnig vor Angst, und die quälenden Sekunden des Wartens wurden zu Stunden. Schließlich sah sie eine Bewegung... ein dunkler Schatten, der sich auf einem schmalen Weg neben dem Haus von ihr entfernte – offenbar ein Wachtposten. Flach auf die Mauer gepreßt wartete sie, bis die Gestalt außer Sichtweite war, und es kostete sie eine geradezu unmenschliche Überwindung, sich danach wieder aufzurichten.

Wenige Minuten später entdeckte sie die beiden Telefonleitungen. Sie führten von einer Stelle über dem Balkon des Ankleidezimmers zu einem Holzpfahl dicht an der Mauer, auf der sie stand. Die schimmernden Oberflächen der Porzellanisolatoren wiesen ihr den Weg. Ihr Mund war wie ausgetrocknet, als sie langsam näher schlich. Der Einblick in die Fenster war ihr noch immer durch die Bäume versperrt.

Plötzlich jedoch bewegte sich ein Schatten im grellen Lichtschein des Zimmers. Und fast gleichzeitig ertönte Clays Stimme aus dem Funkgerät.

»Jetzt ist sie im Zimmer.«

Clay beobachtete, wie Barbara Ashley das Ankleidezimmer betrat und sich auszuziehen begann. Sie war eine gutgebaute Blondine Ende Dreißig, dreimal verwitwet und seit kurzem einmal geschieden. Ihr letzter Ehemann war ein bekannter Millionär gewesen. Unter anderen Umständen hätte Clay die Szene vermutlich genossen. Zweimal ging sie zwischen Bade- und Ankleidezimmer hin und her. Einmal stellte sie sich halbnackt vor einen Spiegel in kunstvollem Goldrahmen und hielt sich ein großes Schmuckstück an den Hals.

»Sie ist noch da.«

Clay war aufs höchste angespannt und konzentriert. Er konnte Tony nicht sehen, und seit sie vom Boot aus kurz mit ihm gesprochen hatte, hatte sie kein einziges Wort mehr von sich gegeben. Clay glaubte beinahe, Selbstgespräche zu führen. Zögernd schaltete er jedoch das Mikrophon wieder ein.

»Sie ist immer noch da.«

Genau in diesem Augenblick entledigte sich Barbara Ashley ihres Slips und verschwand im Badezimmer. Das hatte endgültig ausgesehen. Trotzdem wartete Clay noch einen Moment, für den Fall, daß sie es sich doch noch anders überlegte. Wenn Tony zu früh mit ihrem Balanceakt über die Telefonleitung begann, konnte das verheerende Folgen haben. Er zögerte noch weitere Minuten, bevor er endlich zu einer Entscheidung gelangte.

»Die Luft ist rein... Du kannst jetzt gehen.«

Wieder hatte er das unbefriedigende Gefühl, daß ihm überhaupt niemand zuhörte. Er starrte angestrengt durch den Feldstecher. Unerträglich lange schien überhaupt nichts zu passieren, und sein Magen begann sich zu verkrampfen. Dann plötzlich sah er hoch oben in der Luft Tonys Silhouette, wie sie sich klein und zierlich wie eine balinesische Tänzerin mit ausgestreckten Armen der Balkontür näherte. Unwillkürlich entfuhr ihm ein erschreckter Ausruf. Er saß wie versteinert, während er sie beobachtete. Tony bewegte sich mit geradezu aufreizender Bedächtigkeit. Der kalte Schweiß brach ihm aus, und seine Spannung steigerte sich ins Unerträgliche. Wäre es eine Zirkusvorstellung gewesen, das Publikum hätte in diesen Augenblicken an sich halten müssen, nicht zu applaudieren.

Schließlich hatte sie den Balkon erreicht und kletterte über die Balustrade. Dann verschwand sie für Sekunden im dunklen Schatten der Hauswand, bevor sie vor der Balkontür wiederauftauchte. Clay mußte sich zwingen, in diesem Augenblick nicht das Funkgerät einzuschalten, um mit ihr zu sprechen. Wie ein Schatten huschte sie über den Balkon, blieb zögernd stehen und öffnete dann die Tür. Bruchteile von Sekunden später war sie im Zimmer, und er hielt den Atem an. Das waren die entscheidenden Augenblicke.

»Und nicht nur den Rivers-Brillanten«, hatte der Mann gesagt. »Bringen Sie ruhig auch den Rest mit.«

Clay war erstaunt, wie schnell sie wieder auf dem Balkon auftauchte. Vermutlich hatten der Schmuck und der Brillant auf dem Tischchen vor dem Spiegel gelegen. Das hatte Tony natürlich Zeit erspart. Sie trat ins Freie und stopfte etwas in ihren Tauchanzug. Abgesehen von dem Balanceakt über die Telefonleitung war die Sache ein Kinderspiel. Der Rückweg über die Drähte trieb Clay erneut den Angstschweiß auf die Stirn. Auf halbem Weg blieb sie plötzlich wie angewurzelt stehen. Clay schloß sofort daraus, daß der Wachmann in der Nähe sein mußte. Seine Hände hielten das Fernglas verzweifelt umklammert, während seine Phantasie mit ihm durchzugehen drohte. Als Tony sich schließlich wieder bewegte, begann er vor Erleichterung zu zittern, und zu dem Zeitpunkt, da er annehmen konnte, daß sie die Mauer erreicht und auf dem Rückweg über die Klippen war, hatte sich bei ihm Hochstimmung eingestellt.

Clay blieb auf seinem Beobachtungsposten. Barbara Ashley ließ sich im Badezimmer Zeit, und das Boot hatte seinen Anlegeplatz in der kleinen Bucht fast erreicht, bevor sie ins Ankleidezimmer zurückkehrte und in einer dramatischen Szene den Verlust entdeckte. Das dumpfe Tuckern des Außenborders unten in der Bucht war deutlich hörbar, als drüben im Castello di Roccia die Hölle losbrach.

Clay wartete ungeduldig auf Tony und den Fremden. Fast war alles ausgestanden. Die Zukunft konnte wieder beginnen. Nach einer Weile bewegte sich etwas in der Dunkelheit über der Bucht, und er erkannte Tony auf dem Pfad, der zur Terrasse führte. Aber sie war allein. Niemand sonst war zu sehen. Nur Tony.

»Wo ist er?«

Selbst noch in diesem Augenblick erwartete er die Männerstimme zu hören. Er starrte suchend an ihr vorbei.

»Er kommt nicht mehr.«

Sie hatte die Terrasse erreicht. »Kommt nicht? Was soll das heißen?« Clay war fassungslos. »Warum kommt er nicht?«

»Weil ich ihn drüben gelassen habe.«

Er starrte sie mit offenem Mund an, als sie sich neben ihm auf den Liegestuhl fallen ließ.

»Was heißt, du hast ihn drüben gelassen?«

»Er ist drüben am Fuß der Klippen.«

Ihm kam ein schrecklicher Gedankte. »Lebt er?«

»Natürlich lebt er.«

»Großer Gott!« entfuhr es ihm.

Er war wie betäubt und konnte keinen klaren Gedanken fassen. Sein Blick schweifte übers Meer. Drüben über der Bucht war das Castello di Roccia in gleißendes Flutlicht getaucht.

»Er bekommt, was er verdient hat«, erklärte Tony. »Gib mir jetzt bitte einen Kognak.«

»Wie denn, bitte schön?« Sie schien vergessen zu haben, daß er an den Stuhl gefesselt war. »Tony... was ist passiert? Mein Gott, sprich doch endlich!«

»Ich habe 'ne Menge Schmuck gestohlen, das ist alles.«

Er schüttelte heftig den Kopf. »Nein, was mit ihm passiert ist, will ich wissen.« Er wiederholte: »Was ist mit ihm?«

»Ich hab' ihm einfach einen Schubs gegeben... Ganz zum Schluß natürlich, als wir beide im Boot waren und gerade abgelegt hatten. Er ist ins Wasser gefallen, und ich bin davongerudert.«

»Mein Gott«, stöhnte Clay.

»Er hat ziemlich geflucht.«

Clay schluckte. »Mach mich erst mal los.« Sie begann seine Fesseln zu lösen. »Was ist mit dem Schmuck, den du geholt hast?«

»Den hat er.«

»Großer Gott!«

»Nicht schon wieder!«

»Wie?«

»Fällt dir nichts anderes ein als ›Mein Gott oder großer Gott‹?« Sie löste den letzten Knoten und warf das Seil zu Boden. »Hol mir jetzt einen Kognak, Clay.«

»Aber dieser Mann...«

»Entschuldige, aber ich habe eine anstrengende Klettertour und einen Balanceakt auf einer Telefonleitung hinter mir, bin außerdem in ein fremdes Haus eingestiegen und...«

»Und hast dich vor dem Gesetz schuldig gemacht... wie ich auch.« Er war aufgestanden. »Wie konntest du nur eine solche Dummheit... Verstehst du denn nicht? Wenn er davonkommt, stecken wir bis zum Hals in Schwierigkeiten.«

»Man hat mich zu diesem Diebstahl gezwungen. Das heißt, er hat mich gezwungen. Und du warst gefesselt.«

»Versuch das mal der Polizei klarzumachen.«

»Es ist die Wahrheit.«

»Die glaubt man uns bestimmt nicht.«

Clay ging hastig zum Fernglas und richtete es auf den Fuß der Klippen, doch genausogut hätte er in einen dunklen Tunnel schauen können. Zitternd richtete er sich wieder auf. Er war nervös.

»Ich muß ihn erwischen.«

»Du mußt was?«

»Wir sind dran, wenn man ihn findet.«

»Dran? Wieso? Was soll das heißen?«

»Das ist doch jetzt egal!« fuhr er sie an. »Ich mach' mich auf die Socken. Halt gefälligst nach mir Ausschau.«

Er griff nach dem Funksprechgerät, das er benutzt hatte, und lief zum Tor. Tony spielte noch einmal die Verwirrte und protestierte heftig. »Du bist verrückt! So wie der uns bedroht hat!« schrie sie.

»Darum geht es jetzt doch nicht.«

»Das ist lächerlich! Warum sollen wir das alles noch mal durchmachen? Er kommt nicht hierher zurück.«

»Wenn er die Waffe noch hat, kommt er, wohin *er* will.«

»Der ist froh, wenn er verduften kann.«

»Ich setze ihn irgendwo an der Küste ab.«

»Warum läßt du ihn nicht ein bißchen schwimmen?«

Doch Clay hörte ihr gar nicht mehr zu. Tony stand auf, trat an die Balustrade und beobachtete, wie Clay schnell in der Dunkelheit verschwand. Ihre Augen hatten sich in der grünlich schimmernden Sternennacht zu schmalen Schlitzen verengt.

»Was ist denn mit deinem Fußgelenk los?« Sie hatte damit eigentlich noch bis später warten wollen, konnte sich die Bemerkung jedoch plötzlich nicht mehr verkneifen. »Du hinkst ja gar nicht mehr.«

Tony ging ins Haus, schenkte sich einen Kognak ein und zog den Taucheranzug aus. Sie wußte ganz genau, was sie jetzt tun mußte. Kaum fünf Minuten später war sie mit dem Fiat auf der Straße. Auf dem halben Weg zum Dorf kamen ihr zwei Wagen des Überfallkommandos mit quietschenden Reifen entgegen. Hinter der nächsten Kurve hielt sie am Straßenrand an und schaltete den Motor aus.

»Clay?« sagte sie leise ins Funkgerät. »Clay?«

»Ja?« kam es sofort zurück.

»Die Polizei ist unterwegs... Over.«

»Gut.«

»... Hast du deinen Freund schon gefunden?«

Er trug es mit Fassung. »Freund?« Im Hintergrund hörte sie das Tuckern des Außenbordmotors.

»Dann eben deinen Partner.«

»Worauf willst du hinaus?«

»Das weißt du doch.«

»Fehlt dir was?«

»Nein, nicht mehr, Freundchen.« Sie spitzte die Lippen. »Hörst du noch zu? Dein Freund hat einen entscheidenden Fehler gemacht. Die Tätowierungen auf seinen Armen... MORGEN und GESTERN. Die hatte ich schon mal gesehen. Das Gesicht hatte ich vergessen, aber nicht die Tätowierungen... oder wenigstens nicht, wo sie mir schon mal aufgefallen waren. Das ist nämlich in Madrid gewesen. Er hat dort ein Plakat der ›L'Oiseau d'Or‹ betrachtet. Und das war an demselben Tag, an dem du mich später angesprochen hast. Zuerst konnte ich den Zusammenhang nicht recht begreifen. Ich wollte es einfach nicht glauben. Aber auf dem Rückweg über die Klippen hat er einmal von dir als Clay gesprochen, und deinen Namen konnte er wirklich nicht kennen. Und da ist es mir natürlich wie Schuppen von den Augen gefallen. Du hast mich übel ausgenutzt, Freundchen. Du und dein sauberer Komplize. Ihr beide habt mir ein schönes Theater vorgespielt.«

Sie hielt einen Moment inne und gab ihm Gelegenheit, etwas zu erwidern. »Tony?« begann er. »Was ist nur in dich gefahren, Tony?«

»Adieu«, entgegnete sie. »Trotz allem hoffe ich, daß die Polizei dich nicht erwischt. Und weißt du warum?... Es lag zwar nicht in deiner Absicht, aber du bist sehr gut zu mir gewesen.« Sie lachte. »Und sei deinem tolpatschigen Freund nicht böse... Over und out.«

Sie war bereits weit weg, als der Morgen dämmerte... in einem anderen Land. Als sie die Augen in ihrem Hotelzimmer aufschlug, wußte sie zuerst lange nicht, wo sie eigentlich war. Dann kam ihr plötzlich alles wieder in den Sinn. Sie tastete unter das Kissen, zog einen Gegenstand hervor und betrachtete den schillernden Rivers-Brillanten und all den übrigen Schmuck, den sie unter ihrem Tauchanzug verborgen beinahe in einem anderen Leben entwendet hatte, mit kindlichem Staunen.

Sie kam spät zum Frühstück hinunter und kaufte unterwegs am Stand eine Zeitung. Eine Nachricht aus Sardinien stach ihr bereits auf der ersten Seite ins Auge.

ERFOLGREICHER VILLENEINBRUCH

> Heute abend wurde im Castello di Roccia, der sardischen Residenz von Mrs. Barbara Ashley eingebrochen. Dabei wurden zahlreiche Schmuckstücke aus dem Schlafzimmer entwendet, während Mrs. Ashley ein Bad nahm...

»Kaffee?« riß der Ober sie aus ihren Gedanken.

> ... Wie die Diebe in das Haus eindringen konnten, bleibt ein Rätsel, da das Grundstück streng bewacht wird. Trotz der Dreistigkeit des Unternehmens ist Mrs. Ashley jedoch nicht sonderlich betrübt...

»Kaffee?«

> ... ›Sämtliche Stücke sind Imitationen‹, sagte sie uns. ›Kein vernünftiger Mensch würde den Rivers-Brillanten einfach so herumliegen lassen. Ich habe eine spezielle Vereinbarung mit der Bank... so daß ich zu jeder Tageszeit dort Bescheid sagen und im Bedarfsfall meine echten Stücke auf dem Weg zu einer Einladung aus der Stahlkammer holen kann.‹

»Kaffee?« versuchte es der Ober erneut.

Tränen rollten Tony übers Gesicht. Er hatte das zuerst gar nicht gemerkt.

»Entschuldigen Sie«, murmelte er jetzt ernst. »Kann ich irgend etwas für Sie tun?«

Sie schüttelte den Kopf. Zu seiner Überraschung sah er plötzlich, daß sie schallend lachte. So hatte er noch nie jemanden lachen gesehen. Verdutzt starrte er auf die Zeitung.

»Was ist da so lustig?«

»Das Leben!« glaubte er sie sagen zu hören, aber sie prustete dabei so laut, daß er nicht sicher sein konnte.

*Aus dem Englischen übertragen
von Christine Frauendorf-Mössel*

Meistermorde

Edmund Crispin
Ungebetene Gäste

(I)

»Wir sind's nur«, sagten sie.

Ich muß mich vorstellen.

Dies alles wird nicht gelesen, geschweige denn gedruckt werden. Niemals.

Dennoch bleibt die Gewohnheit – die Gewohnheit, Worte in der wirksamsten Anordnung, die man sich vorstellen kann, zu gruppieren. Und es bleibt die Selbstachtung. Die Selbstachtung und die Gewohnheit veranlassen mich zu dem Versuch, dies so zu berichten, als würde es eines Tages doch gelesen werden – was Gott verhüten möge.

Ich bin siebenundvierzig, unverheiratet, lebe allein, Kriminalschriftsteller minderer Bedeutung, der im Durchschnitt jährlich um einiges weniger als tausend Pfund verdient.

Ich lebe in Devon.

Ich lebe in einem Häuschen, das insofern abgelegen ist, als es im Umkreis von einer Viertelmeile kein weiteres Haus gibt.

Es fehlt mir jedoch nicht an Gesellschaft.

Außerdem habe ich ein Telefon.

Ich bin Hypochonder bis in die tiefsten Herzkranzgefäße.

Außerdem fürchte ich Unfälle mit Knochenbrüchen. Das Telefon ist also eine Notwendigkeit. Da ich mir nur eines leisten kann, will sein Standort wohlüberlegt sein. Nun ist es nach langem Bedenken im Flur, gleich am Fuß der steilen Treppe, installiert. Es steht auf einem niedrigen Bord, knapp sechzig Zentimeter über dem Boden, so daß ich es auch erreichen kann, wenn ich hinkriechen muß.

Sollte mich meine Herzattacke im oberen Stock ereilen, so habe ich Pech gehabt.

Für mich ist das Telefon nur für den Notfall da. Andere Leute sehen das jedoch anders.

Zum Beispiel der Leiter meiner Bank.

»Torhaven 1-5-3«, melde ich mich.

»Hallo? Bradley, spricht dort Mr. Bradley?«

»Bradley am Apparat.«

»Hier ist Wimpole, Wimpole. Mr. Bradley, ich muß Sie dringend sprechen.«

»Am Apparat.«

»Also, folgendes, Mr. Bradley. Wann können wir mit weiteren Einzahlungen rechnen, Mr. Bradley? Abhebungen, ja, daran mangelt es nicht, aber die Einzahlungen...«

»Ich tue, was ich kann, Mr. Wimpole.«

»Ja, sicher, aber was ist mit den Einzahlungen? Was wird im kommenden Monat hereinkommen, Mr. Bradley?«

»Einiges, hoffe ich.«

»Ja, Sie hoffen, Mr. Bradley, Sie hoffen und hoffen. Aber was soll ich der Zentrale sagen, Mr. Bradley? Wie soll ich den Leuten dort die Sache darstellen? Sie haben den Überziehungskredit bei uns, diese fünfhundert Pfund...«

»Schon seit Jahren, Mr. Wimpole.«

»Ja, Mr. Bradley, und genau da liegt der Hase im Pfeffer. Sie müssen den Betrag reduzieren, Mr. Bradley, reduzieren, sage ich«, brüllt dieser Irre mich an.

Wenn ich den Betrag reduzieren könnte, dann könnte ich auch fliegen.

Ich bin angemessen fleißig. Ich bemühe mich, zweitausend Worte pro Tag zu schreiben, wovon ich durchaus leben könnte, wenn es mir je gelänge, sie zu schaffen. Aber wenn man allein lebt, befindet man sich ganz im Gegensatz zu dem, was allgemein angenommen wird, keineswegs in einem Zustand ungestörter Ruhe und Beschaulichkeit.

Ganz im Gegenteil.

Ich hab's mit Nachtarbeit versucht, ein tiefes Gähnen zu jedem Schlag auf die Maschine. Ich hab' versucht, mit den Hühnern aufzustehen.

Da kommt nun H. L. Mencken ins Spiel, der der Ansicht ist, daß schlechtes Schreiben auf schlechte Verdauung zurückzuführen ist.

Meine eigene Verdauung ist zu jeder Zeit schlecht, besonders schlecht zu der Stunde, in der der Milchmann kommt, und ich habe immer festgestellt, daß ich am frühen Morgen nicht viel zusammenbringe. Das ist eine Schwäche, ich gebe es gern zu. Aber es muß wohl so sein. Ich muß mich darum bei der Arbeit an die Bürozeiten halten, von neun bis fünf.

Ich habe das allen Leuten erklärt, habe darum gebeten, mich nur *abends* anzurufen oder zu besuchen, es sei denn, es handelt sich um einen Notfall. Nicht zu den Bürozeiten, sage ich ihnen. Sie würden doch einen Rechtsanwalt auch nicht wegen nichts und wieder nichts während seiner Arbeitszeit anrufen, nicht wahr? Na also, warum rufen Sie dann mich an?

Ich tippe gerade einen Satz, der folgendermaßen anfängt: ›Seine zerschmetterte Hand, die ihn jetzt weniger schmerzte, gab ihm dennoch ein Gefühl für ...‹

Ich weiß, was nach dem ›für‹ kommt: ›... die erschreckende Gebrechlichkeit des menschlichen Körpers‹.

Oder vielmehr, ich wußte es, und es kam nicht. Es wäre vielleicht gekommen – schwach wie es war –, hätte nicht in diesem Moment die Türglocke geläutet. Ich hoffte, es wäre etwas Besseres gekommen.

Es läutete also. Mrs. Prance, die eigentlich an diesem Morgen hätte kommen sollen, war noch nicht da, deshalb öffnete ich selbst, polterte von meinem Arbeitszimmer im ersten Stock die Treppe hinunter zur Haustür. Es war der Gasmann. Da der

Zähler außen am Haus war, verstand ich nicht, warum ich seine Begutachtung erst absegnen mußte.

»Ein Gefühl für die grauenvollen Qualen«, sagte ich zum Gasmann, »denen der menschliche Körper unterworfen ist.«

»Prächtiges Wetter für diese Jahreszeit.«

»Ich lasse Sie jetzt allein, wenn es Ihnen nichts ausmacht. Ich hab' ein bißchen zu tun.«

»Wie Sie wollen«, erwiderte er verschnupft.

Dann kam Mrs. Prance.

Mrs. Prance kommt dreimal die Woche morgens. Sie ist langsam und schwerhörig, aber solange ich nicht im Fußballtoto gewinne, kann ich mir was Besseres nicht leisten.

Sie geht an die Tür, wenn es läutet, aber ans Telefon geht sie nie, weil sie Angst davor hat, obwohl ich mir die äußerste Mühe gegeben habe, sie an den Apparat zu gewöhnen.

Sie ist immer sehr erpicht darauf, daß ich genau weiß, was sie in meinem schäbigen kleinen Haus treibt, und es entsprechend anerkenne.

»Mr. Bradley?«
»Ja, Mrs. Prance?«
»Wegen dem *Superglanz*.«
»Was ist damit, Mrs. Prance?«
»Bitte?«
»Ich sagte, was ist damit?«
»Wir sollten wirklich was anderes nehmen.«
»Ja, gut, dann nehmen wir doch etwas anderes. Unbedingt.«
»Bitte?«
»Ich sagte: ›Ja‹.«
»Es bringt das Holz gar nicht richtig zum Glänzen.«
»Das können Sie am besten beurteilen, Mrs. Prance.«
»Bitte?«
»Seien Sie mir nicht böse, Mrs. Prance, aber ich muß jetzt arbeiten. Wir unterhalten uns ein anderes Mal darüber.«

»Aufgeblasener Kerl«, fluchte Mrs. Prance.

›... gab ihm ein Gefühl von – ein Gefühl von – ein Gefühl von –‹ Das Telefon läutet.

Mrs. Prance schreit herauf, daß das Telefon läutet.

Ich stolpere runter und hebe ab.
»Schätzchen!«
»O hallo, Chris.«
»Wie geht's dir, Schätzchen?«
»Ein Gefühl für die maßlose Grausamkeit, die sich durch die ganze Geschichte zog.«
»Was sagst du da, Schätzchen?«
»Entschuldige. Ich hab' gerade versucht, ein Glas Wasser auf dem Kopf zu balancieren.«
Perlendes Gelächter.
»Du bist ein Schatz. Hör mal, ich hatte gerade eine glänzende Idee. Ein Fest. Hier in meiner Wohnung. Heute in einer Woche. Du kommst doch, Edward, nicht wahr?«
»Ja, natürlich komme ich, Chris. Aber darf ich dich kurz an etwas erinnern?«
»Was denn, Schätzchen?«
»Du hast mir versprochen, mich während der Arbeitszeit nicht anzurufen.«
Erst kurzes Schweigen, dann: »Ach, das eine Mal zählt doch nicht. Es wird bestimmt ein herrliches Fest, Schätzchen. Das eine Mal macht dir doch nichts aus!«
»Chris, machst du gerade Kaffeepause?«
»Ja, richtig, du kannst dir nicht vorstellen, wie dringend ich sie gebraucht habe.«
»Aber ich mache *keine* Kaffeepause.«
Darauf längeres Schweigen, dann: »Du liebst mich nicht mehr.«
»Ich versuche lediglich, eine Geschichte fertig zu kriegen. Ich habe einen Termin.«
»Wenn du zu meinem Fest nicht kommen willst, brauchst du es nur zu sagen.«
»Natürlich will ich zu deinem Fest kommen, aber ab und zu muß ich auch mal was verdienen. Im Ernst, Chris, bis zu deinem Fest ist es noch eine Woche hin, hättest du mit deinem Anruf nicht bis heute abend warten können?«
Schluchzen. »Ich finde dich gemein. Ich finde dich absolut scheußlich.«
»Chris!«
»Und ich will dich nie wiedersehen.«

›Ein Gefühl von Verrat‹, tippte ich eifrig. ›Immer noch brannte der Schmerz in seinem Arm, aber er war jetzt –‹
Es läutete.
›— er war jetzt geringer – eher –‹
»Die Wäscherei, Mr. Bradley!« schrie Mrs. Prance die Treppe herauf.
»Ich komme, Mrs. Prance.«
Ich trat auf den kleinen Vorplatz hinaus. Mrs. Prances großflächiges Mondgesicht sah von unten zu mir herauf.
»Sie kommen nächste Woche schon am Donnerstag«, schrie sie mir zu, »wegen Karfreitag.«
»Ja, Mrs. Prance, aber warum müssen Sie *mir* das sagen? Ich meine, Sie sind doch am Donnerstag wie üblich da, nicht wahr, um das Bett frisch zu beziehen?«
»Bitte?«
»Danke, daß Sie mir Bescheid gesagt haben, Mrs. Prance.«

Es war ein bemerkenswerter Dienstagmorgen: sieben Anrufe, keiner davon im mindesten wichtig, elf Leute an der Tür und Mrs. Prance eifrigst darauf bedacht, daß auch kein Fünkchen ihrer Bemühungen meiner Anerkennung entging, die ich natürlich lautstark zu äußern hatte. Um halb zehn hatte ich mich an meine Schreibmaschine gesetzt. Um zwölf hatte ich folgendes zustande gebracht:
›Seine zerschmetterte Hand, die ihn jetzt weniger schmerzte, weckt in ihm dennoch ein Gefühl von Verrat, der erschreckenden Gebrechlichkeit des menschlichen Körpers, aber der Schmerz war jetzt geringer als vorher, war ihm eher gleichgültig geworden, nach allem, denn wenn auch der Schmerz abgeschüttelt werden konnte, so war doch der Verrat...‹
Ich habe nie behauptet, daß ich mir die Sätze aus dem Ärmel schütteln kann, aber das war wirklich ein ganz schlimmer Morgen.

(II)

Der Nachmittag ließ sich besser an. Mit einem herzhaften Wurstbrot im Magen brachte ich es ohne Störung auf sieben Absätze.

›Während er sich mühsam herauskämpfte, überfiel ihn Haß‹, tippte ich, enthusiastisch den achten Abschnitt in Angriff nehmend. ›Nie zuvor hatte ein solches Gefühl –‹

Es läutete.

›– hatte ein solches Gefühl sein ruhiges Dasein in Aufruhr gebracht. Es war, als –‹

Es läutete wieder, ziemlich lange und nachdrücklich.

›– als hätte ein wildes Tier sich seiner bemächtigt, ein ungebärdiges, unersättliches Tier.‹

Jetzt läutete es mehrere Sekunden lang ohne Unterbrechung.

›War dies ein Überlebensmechanismus, oder würde es seinen Geist verwirren? Er wußte es nicht. Eines jedoch war klar‹ . . . , nämlich daß ich die verdammte Tür würde aufmachen müssen.

Ich tat es.

Draußen auf der Straße parkte ein Auto, und auf der Schwelle stand ein spätjugendliches Paar, dem man auf den ersten Blick ansah, daß es gerade aus dem *Duke* kam.

Das *Duke of Devonshire* ist meine Stammkneipe. Als ich in diesen ruhigen Teil Devons zog, hatte ich zunächst nichts gegen das *Duke* einzuwenden; es war ein bescheidenes Dorfwirtshaus, in dem es bescheidene dörfliche Getränke gab und hin und wieder eine Schweinepastete oder Rouladen. Aber dann wechselte es den Besitzer, und der machte ein Schlemmerlokal daraus. Lachs, Wildpasteten in Blätterteig, Wachteleier und ähnliche Extravaganzen wurden unter Trompetengeschmetter eingeführt; in Karossen aller Art rollten die zahlungskräftigen Verrückten heran, lechzend nach Bauernschmaus auf exotische Art und elegant servierter Hummercremesuppe, dürstend nach den essigsauren vierundsechziger Rotweinen oder dem immer schlecht eingeschenkten abscheulichen selbstgebrauten Bier; und niemand hatte mehr Frieden.

Insbesondere hatte ich keinen Frieden mehr. »Gehen wir

doch noch auf einen Sprung zu Ted«, sagten die Leute, wenn sie bei Lokalschluß aus der Bar verscheucht wurden. »Er wohnt ganz in der Nähe.«

»Charles«, sagte der Mann vor der Tür und bot mir die Hand.

Die Frau an seiner Seite kicherte. Ihr Haar war toupiert, und ihre Lippen schimmerten so bleich, daß sie sich erschreckend wie Narben vom fleckigen Teint abhoben. »Das ist Ted, Mausi«, sagte sie.

»Ted! Natürlich, Ted! Kenne ihn doch seit Jahren. Wie geht's Charley, alter Junge?«

»*Ted*, mein Engel.«

Ich kannte sie beide flüchtig von einer oder zwei Partys. Sie waren vermutlich verheiratet, aber noch nicht lange, wenn sie sich noch mit solchen Blödheiten wie ›mein Engel‹ titulierten.

»Wir stören doch nicht«, sagte sie.

Von dieser sachlichen Feststellung gereizt, hätte ich am liebsten gesagt: ›Doch, und wie Sie stören.‹ Aber das mußte ich hinunterschlucken; die gutbürgerliche Erziehung verbietet solche Antworten, es sei denn, sie sind scherzhaft gemeint.

»Kommen Sie herein«, murmelte ich.

Sie kamen herein.

Ich führte sie ins Wohnzimmer, das mangels größerer Geldbeträge ein Schatten dessen geblieben ist, was mir einst vorschwebte. Es stehen zwei Sessel darin, ein Sofa, ein Couchtisch, ein Eckschrank für die Getränke; alles wirkt trotz *Superglanz* stumpf und schäbig auf dem einfachen Teppich.

Ich bugsierte sie auf das Sofa.

»Kaffee?« meinte ich.

Aber das entsprach nicht den Wünschen.

»Sie haben nichts Alkoholisches im Haus, alter Junge?« fragte der Mann.

»*Stanislas*«, empörte sich die Frau.

»Doch, natürlich. Whisky? Gin? Sherry?«

»Ach, Stanislas, Schätzchen, du bist schrecklich«, stellte dieses weibliche Wesen fest. »Einfach so zu fragen.«

Ich konnte mich an ihre Namen nicht erinnern, aber Stanislas konnte nicht der richtige Name sein. »Stanislas?« fragte ich.

»Das ist nur zwischen uns.« Sie nahm eine seiner Hände und knetete sie. »Es stört Sie doch nicht? Es ist so eine Art privater Scherz – nur zwischen uns.«

»Ach so. Also, was möchten Sie gern trinken?«

Er entschied sich für Whisky, sie nahm Gin und Wermut.

»Entschuldigen Sie mich einen Moment, ich muß rasch noch mal nach oben«, sagte ich, nachdem ich sie bedient hatte.

›Eines war klar: Giorgios Karte stimmte nicht, und die Folge war, –‹

»Huhu!«

Ich ging auf den Vorplatz hinaus.

»Ja?«

»Wir fühlen uns einsam.«

»Ich komme gleich runter.«

»Sie sitzen schon wieder an Ihrer schrecklichen Maschine.«

»Nein, ich hab' nur was nachgeprüft.«

»Wir haben aber die Maschine gehört. Jetzt kommen Sie doch runter, Charles – Edward, meine ich. Wir müssen Ihnen etwas unheimlich Wichtiges erzählen.«

»Ich komme sofort«, rief ich hinunter, in Gedanken ganz bei Giorgios Karte.

Ich füllte ihre Gläser frisch auf.

»Sie sind Diana«, sagte ich zu ihr.

»Daphne«, quiekte sie.

»Ach ja, natürlich. Daphne. Ist der Drink in Ordnung?«

Da sie gerade einen kräftigen Zug genommen hatte, konnte sie mir nicht antworten. Stanislas raffte sich auf, um die Gesprächslücke zu füllen.

»Na, was macht die Schriftstellerei?«

»Es läuft ganz gut.«

»Wimmelt wohl von Marsmenschen, wie? Ich lese ja leider solches Zeug nicht, interessiere mich mehr für Biographien und Geschichte. Hat Daphne es Ihnen schon erzählt?«

»Nein. Was denn?«

»Na, das von Uns alter Junge, das von Uns.«

Das war der erste Hinweis darauf, daß sie nicht verheiratet waren. Kosenamen können die Zeit der ersten Liebe um Jahre überleben und zu automatisierten Reflexen erstarren, bieten also keinen Aufschluß über die tatsächliche Beziehung. Aber wenn in dem Wörtchen ›Uns‹ der Großbuchstabe so hörbar wird, kündigt das etwas Neues an.

»Aha!« machte ich.

Mit einiger Anstrengung beugte sich Stanislas vor. »Daphnes Mann ist ein Schwein«, erklärte er klar und deutlich.

»Giorgios Karte«, murmelte ich. »Fehlerhaft.«

»Ein brutales Schwein. Darum tut sie sich jetzt mit mir zusammen.«

Befriedigt sank er in die Polster zurück. »Liebling«, sagte er.

›– die Folge davon war, daß wir uns zwei Meilen südwestlich von der erwarteten Position befanden.‹ »Und was ist die erwartete Position?« fragte ich.

»Wir gehen zusammen weg«, antwortete Daphne.

»Noch am heutigen Tag, Liebling.«

»Mein Engel.«

»Ja, noch heute«, bekräftigte Stanislas und schlürfte demonstrativ die letzten Tropfen Whisky aus seinem Glas. »Noch heute. Wir haben es genau geplant«, teilte er mir vertraulich mit.

›Der Plan war gescheitert, hatte sich als Fiasko entpuppt. Giorgio hatte versagt.‹

»Hatte sich als Fiasko entpuppt«, sagte ich, in der Hoffnung, es würde mir gelingen, mich dieser Formulierung zu erinnern, wenn diese beiden Irren wieder aus dem Haus waren.

»Fiasko, das ist das richtige Wort für Daphnes Ehe«, erklärte Stanislas. Plötzlich bekam er das heulende Elend. »Was Daphne gelitten hat, wird kein Mensch je erfahren«, schluchzte er. »Dieses Schwein hat sie sogar – geschlagen.« Daphne senkte in schweigender Bestätigung züchtig die Lider. »Und deshalb gehen wir jetzt zusammen weg«, fuhr Stanislas fort, der sich wieder ein wenig gefaßt hatte. »Wir fangen ein neues Leben an. Im Ausland. Eine neue menschliche Beziehung.«

›Doch war dieses Scheitern endgültig? Gab es nicht noch eine Chance?‹

»Entschuldigen Sie mich für einen Moment«, sagte ich, »ich muß noch einmal nach oben.«

Aber dieser Versuch mißlang. Daphne packte mich so heftig beim Handgelenk, als ich schon im Aufstehen war, daß ich beinahe seitlich umgestürzt wäre.

»Sie sind doch auf unserer Seite, nicht wahr?« hauchte sie.
»Aber ja, natürlich.«
»Mein Mann würde uns verfolgen, wenn er eine Ahnung hätte.«
»Dann ist es ja gut, daß er nichts weiß.«
»Aber er wird es erraten. Er wird sich denken, daß es Stanislas ist.«
»Ja, wahrscheinlich.«
»Es stört Sie doch nicht, daß wir zu Ihnen gekommen sind, Charles? Wir müssen warten, bis es dunkel wird.«
»Also, eigentlich hätte ich noch was zu arbeiten.«
»Entschuldigen Sie«, sagte sie und strich ihren Rock glatt. »Es war rücksichtslos von uns, hier so hereinzuplatzen. Wir müssen gehen.« Sie zupfte an ihrem Rocksaum, machte aber keine Anstalten aufzustehen, und ich füllte brav ihr Glas auf.
»Nein, gehen Sie nicht.« Das war britische Mittelklasse in Hochform. »Erzählen Sie mir doch noch etwas darüber.«
»Stanislas!«
»Hm.«
»Wach auf, mein Engel. Erzähl Charles, wie es war.«
Stanislas schaffte es immerhin, sich halbwegs aufrecht hinzusetzen. »Was soll ich ihm denn erzählen?«
»Das von uns, mein Engel.«
›Aber das Teuflische war, wenn Giorgios Karte nicht stimmte, waren unsere Chancen gleich Null.‹
»Gleich Null«, brummte ich. »Null.«
»Von wegen Null, alter Junge«, zischte Stanislas mich an. »Nichts dergleichen. Ich muß sagen, ich hab' was gegen dieses ›Null‹. Wir sind vielleicht nichts Besonderes wie Sie, der Herr Schriftsteller, aber Nullen sind wir nun wirklich nicht, Daphne und ich. Wir sind Menschen, mit allem, was dazugehört. Wir bluten, wenn man uns verletzt. Ich bin kein toller Hecht, das gebe ich gern zu, aber Daphne – Daphne –«
»Eine wunderbare Frau«, nickte ich.
»Ja, das sagen Sie jetzt, aber was hätten Sie vor fünf Minuten gesagt? Wie? Hm?« Er starrte in sein leeres Glas.

»Das gleiche natürlich.«

»Sie kommen sich wohl sehr toll vor, wie? Sie bilden sich ein, Sie hätten – Sie hätten den Stein des Weisen gefunden. Na, dann lassen Sie sich mal eines sagen, hochverehrter Mister Bradley: Sie bilden sich vielleicht ein, daß Sie mit Ihrer Krimischreiberei was Besseres sind, aber ich kann Ihnen sagen, es gibt Wichtigeres im Leben als Kriminalromane. Sie werden das wahrscheinlich nicht verstehen, aber ich spreche von der Liebe. Daphne und ich, wir lieben uns. Sie können ruhig spotten, und Sie tun's ja auch. Ich kann Ihnen nur sagen, Sie sind völlig auf dem Holzweg. Daphne und ich, wir gehen zusammen weg, und zum Teufel mit den – den Spöttern.«

»Trinken Sie doch noch ein Glas.«

»Hm, ja, danke, hätt' nichts dagegen.«

Sie blieben vier geschlagene Stunden.

So um die Halbzeit herum taten sie mal so, als tränken sie Tee. Etwas später äußerten sie sich bestürzt darüber, so lange geblieben zu sein – ohne jedoch an Aufbruch zu denken. Während Giorgio und seine Karte unwiderruflich meinem Gedächtnis entglitten, machten sie mir nochmals klar, daß sie für ihre Flucht den Schutz der Dunkelheit brauchten; das war es, was sie hier hielt, nicht meine charmante Gesellschaft. Da ich nun jeglicher Möglichkeit beraubt war, mein Tagespensum doch noch zu schaffen, hörte ich mir wohl oder übel ihre Seelenergüsse an – er schuldig geschieden, obwohl die Unschuld in Person, sie an einen brutalen Klotz gebunden, der unglücklicherweise weitreichenden lokalen und nationalen Einfluß besaß und sie bis ans Ende der Welt verfolgen würde, wenn nicht geeignete Maßnahmen getroffen wurden, seine Bemühungen zu vereiteln.

Ich erfuhr eine ganze Menge über diese Maßnahmen, registrierte alles, ohne in diesem Moment noch zu wissen, wie nützlich diese Informationen noch sein würden.

»Charles, Edward.«

»Ja?«

»Wir sind wirklich rücksichtslos.«

»Aber nein.«

»Wir haben Sie nicht weiterarbeiten lassen.«

»Jetzt ist es sowieso zu spät.«

»Es ist nie zu spät«, weinerlich: »Gehen Sie ruhig rauf, und schreiben Sie. Wir bleiben hier sitzen und tun keiner Seele was zuleide.«

»Ich hab' so ziemlich alles vergessen, was ich schreiben wollte, außerdem habe ich die letzte Postabholung verpaßt.«

»Ach, Charles, Charles, Sie beschämen uns. Wir haben uns schandbar benommen.«

»Das ist doch lächerlich.«

»Aber natürlich haben wir uns schandbar benommen. Wir haben Ihren Whisky und Ihren Gin getrunken, wir haben auf Ihrem Sofa gesessen, wir haben Sie von der Arbeit abgehalten. Ist doch wahr, nicht mein Engel? Wir haben ihn doch von der Arbeit abgehalten?«

»Wenn du es sagst, mein Engel.«

»Ganz entschieden sage ich das. Und es ist eine Schande.«

»Dann haben wir eben Schande auf uns geladen, mein Schatz. Schlimm«, sagte er theatralisch. »Aber sind wir wirklich so schlimm? Ich meine, er ist sein eigener Herr, er kann über seine Zeit verfügen, wie er will, er kann arbeiten, wann es ihm Spaß macht. Anders als du und ich. Er ist fein raus.«

»O Gott«, murmelte ich.

»Na ja, ist doch wahr«, erklärte Stanislas mit schwerer Zunge. »So ein richtig schönes, ruhiges Leben.«

»Ruhig, ja, das ist es.«

»Sie brauchen doch nichts zu tun, was Sie nicht tun wollen. Ach, wann werd' ich den Tag mal erleben?«

»Er macht ein ganz böses Gesicht.«

»Was? Der alte Charles mit einem bösen Gesicht? Du täuschst dich, mein Engel. Glaub das ja nicht. Sie sind doch nicht böse, Charles, oder?«

»Wir sind wirklich ziemlich lange geblieben, Liebling. Liebling, bist du wach? Ich sage, wir sind wirklich ziemlich lange geblieben.«

»Hm.«

»Aber es ist auch eine besondere Situation. Edward, es ist eine besondere Situation. Das sehen Sie doch ein, nicht wahr? Was Besonderes. Wegen Stanislas und mir.«

Ich sagte: »Ich weiß nur, daß ich —«

»Es ist ja nur dies eine Mal«, fiel sie mir ins Wort. »Dies eine Mal werden Sie uns doch verzeihen? Schließlich sind Sie ja wirklich Ihr eigener Herr. Und außerdem – es sind ja nur wir.«

Ich starrte sie an.

Mein Blick fiel auf ihn: Er schnarchte leise. Ich sah sie an: Sie döste. Ich stellte mir vor, was für ein Leben auf sie wartete, wenn sie zusammen fortgingen.

Aber dieses ›Es sind ja nur wir‹ hatte etwas in Bewegung gesetzt.

Ich dachte daran, wer mich an diesem einen Tag, der durchaus kein besonderer war, alles gestört hatte: Mrs. Prance, der Gasmann, Chris (zweimal: sie hatte noch ein zweites Mal während meiner Arbeitszeit angerufen, um sich dafür zu entschuldigen, daß sie das erste Mal während meiner Arbeitszeit angerufen hatte), der Mann von der Wäscherei, der Lebensmittelhändler (daß es diese Woche keine Chivers-Erbsen gab), mein Steuerberater, eine Frau, die für die Kirche sammelte, ein Franzose, der wissen wollte, ob er auf dem richtigen Weg zum *Duke* sei.

Ich dachte daran, daß ein Mann von der Versicherungsanstalt dagewesen war, um sich zu erkundigen, ob ich Mrs. Prance versichert hätte, und wenn nicht, warum. Ich dachte an einen langen, ergebnislosen Anruf von irgend jemands Sekretärin, der beim BBC arbeitete. Nach langem Hin und Her stellte sich nur heraus, daß der Betreffende trotz seines dringenden Verlangens, mit mir Kontakt aufzunehmen, in dem BBC-Club verschwunden war, ohne irgendeine Nachricht zu hinterlassen. Ich dachte daran, daß eine Gruppe von Studenten an der Universität von Essex einen Vortrag von mir hören wollte und gütigerweise bereit war, mir die Bahnreise zweiter Klasse zu bezahlen – für den Vortrag gäbe es kein Honorar.

Ich dachte daran, daß die Arbeit eines ganzen Morgens aus einem einzigen verhunzten, unfertigen Absatz bestand und daß ich am Nachmittag vor dieser weiteren Störung kaum mehr als zweihundert Wörter zustande gebracht hatte.

Ich dachte daran, daß ich die letzte Postabholung verpaßt hatte.

Ich dachte daran, daß ich aus ähnlichen Gründen auch an den anderen Tagen die Postabholung verpaßt hatte und daß Verleger von Schriftstellern, die immer wieder ihre Termine versäumen, nicht viel halten.

Ich dachte daran, daß ich knapp bei Kasse war und daß es absolut nichts zur Verbesserung der Situation beitrug, wenn ich vier Stunden hier herumsaß und praktisch fremde Leute bewirtete.

An dies alles dachte ich.

Und ich sah rot.

›Rote Nebel schwebten vor seinen Augen.‹

Ich nahm den Schürhaken aus dem Kamin und trat hinter das Sofa, auf dem sie saßen.

Ob sie sich wohl gefragt haben – überlege ich manchmal –, was ich da tat, warum ich mit einer dicken Eisenstange in der Hand hinter dem Sofa herumschlich?

Sie waren wahrscheinlich viel zu weit hinüber, um sich Gedanken zu machen.

Wie dem auch sei, es blieb ihnen nicht viel Zeit, sich Gedanken zu machen.

(III)

Achtzehn Monate sind vergangen.

Am Ende der ersten Woche kam ein Constable von der Kriminalpolizei zu mir. Er hieß Ellis. Er war von einer schwindsüchtigen Magerkeit und schien sich trotz seiner Jugend in einer Dauerdepression zu befinden. Er war in Zivil.

Er teilte mir mit, daß sie Daphne Fiddler und Clarence Oates hießen.

»Wir sind dieser Angelegenheit nachgegangen, Sir, und es scheint, daß Sie diese Dame und diesen Herrn nicht näher kannten.«

»Ich war ihnen nur ein- oder zweimal begegnet.«

»Aber an jenem Dienstagnachmittag waren sie hier.«

»Ja, aber nur weil sie drüben im Gasthaus nicht bleiben konnten. Wenn das Gasthaus schließt, kommen die Leute oft hierher zu mir.«

Auf dem Sofa sitzend, ohne seine Flecken zu beachten, sagte Ellis: »Sie wollten was zu trinken, wie?«

»Ja, den Anschein hatte es.«

»Ich hoffe, ich störe Sie nicht bei der Arbeit, Sir.«

»Doch, Officer, Sie stören mich tatsächlich bei der Arbeit. Wie die beiden neulich auch.«

»Ich wäre Ihnen dankbar, Sir, wenn Sie mich nicht ›Officer‹ nennen würden. Als Anrede ist das Wort ungeeignet.«

»Verzeihen Sie.«

»Leider muß ich Sie noch ein wenig länger bei der Arbeit stören, Sir. Also, wenn ich fragen darf, hat dieses – dieses Paar Ihnen irgend etwas über seine Pläne erzählt?«

»Hat es denn anderen etwas darüber erzählt?«

»Ja, Mr. Bradley, etwa der Hälfte der Einwohnerschaft von Süddevon.«

»Nun, ich kann Ihnen berichten, was sie mir erzählten. Sie sagten, sie wollten per Schiff von Torquay nach Jersey, dann mit dem Flugzeug von Jersey nach Guernsey und dann weiter mit einem Hovercraft von Guernsey nach Frankreich. Sie wollten mit Tagesausweisen nach Frankreich hinüber, wollten aber ihre Pässe mitnehmen und Bargeld in ihre Kleider einnähen. Von Frankreich wollten sie weiter, in irgendein anderes Land, in dem es möglich ist, ohne Aufenthaltsgenehmigung Arbeit zu finden.«

»Tja, in manchen Ländern gibt's riesige Gesetzeslücken«, stellte Ellis philosophisch fest.

»Ich glaube nicht, daß so was klappt«, meinte ich.

»Sie Kellnerin, er Taxifahrer«, murmelte Ellis pessimistisch.

»Wann haben Sie sie zuletzt gesehen?«

»Als sie wegfuhren.«

»Ja, aber um welche Zeit?«

»Ach so, nach Einbruch der Dunkelheit. Gegen sieben ungefähr. Ist ihnen denn was passiert?«

»Ihr Wagen wurde bei den Wasserfällen gefunden. Leer.«

»Oh.«

»Kein Gepäck.«

»Oh.«

»Sie haben also vermutlich den Bus nach Torquay genommen.«

»Läßt sich das nicht feststellen?«

Ellis rutschte ungeduldig auf den Polstern hin und her. »Der Fahrer ist ein Idiot. Der sieht und hört überhaupt nichts.«

»Ich war selbst draußen bei den Wasserfällen.«

»Wie bitte?«

»Ich sage, ich war selbst draußen bei den Wasserfällen. Ich folgte ihnen zu Fuß – wobei ich natürlich nicht *wußte*, daß ich ihnen folgte.«

»Haben Sie ihren Wagen dort gesehen?« fragte Ellis.

»Ich hab' mehrere Wagen gesehen, aber die sehen ja alle gleich aus. Und alle hatten ihre Scheinwerfer abgeschaltet. Man spaziert nicht an den Wasserfällen herum und schaut in geparkte Autos, die die Scheinwerfer ausgeschaltet haben.«

»Und dann, Sir?«

»Dann bin ich wieder zurückgegangen. Ich mache den Spaziergang abends nach dem Essen ziemlich häufig.«

(Ich hatte tapfer der Versuchung widerstanden, mich über die Felder zu schleichen, und war wie gewöhnlich auf der Straße zurückgegangen. Ein Glück für mich, daß ich den Wagen unbemerkt in der Nähe der Bushaltestelle hatte abstellen können, und ein Glück für mich, daß ich an das Gepäck gedacht hatte, ehe ich losgefahren war.)

»Glück für mich«, sagte ich.

»Wie bitte?«

»Glück für mich, daß ich den Spaziergang noch machen kann.«

Ellis stand vom Sofa auf. Glück für mich, daß er nicht die Ausrüstung dabei hatte, um die Flecken auf dem Sofa zu untersuchen.

»Es ist eine reine Routineermittlung, Mr. Bradley«, erklärte er schwach, als hätte seine Lebensenergie einen Tiefpunkt erreicht. »Mrs. Fiddlers Mann und Mr. Oates' Frau hielten es für ihre Pflicht nachzufragen – beim Vermißtendezernat. Aber unter uns gesagt«, fügte er hinzu, und seine Stimme belebte sich vorübergehend, »denen ist das schnurzegal. Es liegt ja auf der Hand, was passiert ist, und den beiden ist das schnurzegal. Am besten, man redet nicht viel darüber, Mr. Bradley, und läßt Gras über die Sache wachsen.«

Damit ging er.

Eigentlich müßte ich mich schuldig fühlen; tatsächlich fühle ich mich befreit.

Katharsis.

Bin ich von Mitleid befreit? Ich hoffe es nicht. Ich habe Mitleid mit Daphne und Stanislas, auch wenn ich mich immer noch über ihre unerhört dumme und dreiste Art ärgere.

Befreit von Furcht?

Hm, auf eine merkwürdige Weise, ja.

Meine Lage hat sich verschlechtert. Im Zuge meiner krampfhaften Anstrengungen, den Überziehungsbetrag auf meinem Konto auf zweihundertfünfzig Pfund zu reduzieren, kann ich mir Mrs. Prance nur noch zweimal die Woche leisten und muß jetzt, was um einiges schwerwiegender ist, die Konserven abzählen und die Brötchen, die ich mir toasten will.

Aber ich fühle mich besser.

Die Störungen sind nicht weniger geworden. Wimpole, Chris, der Steuerberater – alle helfen sie auf die gewohnte Art zusammen, mir meine Arbeitszeit zu vertreiben.

Aber ich sehe sie jetzt mit Milde. Alle, auch Mrs. Prance.

Ich arbeite jetzt viel im Garten.

Ich habe ziemlich viele Blumen, aber das ist mehr Glück als gärtnerisches Können. Gemüse ist mein Hauptanliegen.

Und in diesem Herbst hat sich der Kohl besonders gut gemacht. Die leicht konischen Köpfe stehen kerzengerade, unter den dunkelgrünen, dichtgefalteten Außenblättern feste, knakkige Herzen.

Für Kohl gibt es nichts Besseres als gutzersetzte organische Düngung.

Werde ich es je über mich bringen, meine Kohlköpfe zu schneiden und zu essen?

Im Augenblick möchte ich meinen Kohl nicht essen. Aber ich denke, am Ende werde ich es doch tun.

Es sind ja schließlich nur sie.

*Aus dem Englischen übertragen
von Mechtild Sandberg-Ciletti*

> Meistermorde

ELIZABETH FERRARS

Ein Werkzeug der Gerechtigkeit

Als Frances Liley in der *Times* die Todesanzeige von Oliver Darnell, dem ›geliebten Mann von Julia‹ las, der ›völlig unerwartet in seinem Heim‹ verstorben war, verschränkte sie die Arme auf dem Tisch, legte den Kopf darauf und brach in heftiges Schluchzen aus. Jeder, der sie in diesem Augenblick gesehen hätte, hätte annehmen müssen, sie traure um einen lieben Freund. In Wirklichkeit jedoch vergoß sie Tränen der Erleichterung, heilsam und unendlich wohltuend. Sie war frei. Die ständige Angst, in der sie gelebt hatte, hatte ein Ende. Das glaubte sie jedenfalls so lange, bis sie sich Zeit nahm, etwas genauer nachzudenken.

Dann allerdings richtete sie sich abrupt auf, trocknete notdürftig die Tränen und starrte selbstvergessen vor sich hin; eine dunkelhaarige, hübsche Frau von vierzig Jahren, die von einem neuen Schreckgespenst beherrscht wurde. Denn nach dem Tod eines Menschen mußte ein Anwalt, der Testamentsvollstrecker oder ein Angehöriger dessen Papiere durchsehen, und dabei würde man irgendwo jene entsetzlichen Photos entdecken. Was dann passieren konnte, wußte der Himmel. Bei Oliver hatte Frances wenigstens gewußt, woran sie war. Zweitausend hatte er jährlich von ihr bekommen, eine Summe, die sie durchaus hatte aufbringen können, und damit war sie relativ sicher gewesen. Wenn allerdings eine andere Person diese Photos in die Hände bekam und auf die Idee verfiel, sie Mark, ihrem Mann, zu schicken, würde dieser umgehend die Scheidung einreichen, die er so dringend wünschte, und das Sorgerecht für ihre beiden Kinder erhalten. Das durfte sie nicht zulassen. Sie mußte einen Ausweg finden, und zwar schnell...

Zum Glück war sie eine Frau mit schnellem Kombinationsvermögen. Schon nach wenigen Minuten war ihr klar, was sie zu tun hatte, oder zumindest, was es zu versuchen galt. Sie rief sofort Julia Darnell an und sagte: »Hier spricht Frances, Julia. Ich habe gerade Olivers Todesanzeige gelesen. Es tut mir schrecklich leid: Ich kann es noch gar nicht fassen. Es war sein Herz, oder? Damit hatte er doch immer Probleme, stimmt's? Hör zu, Liebes... aber bitte sei ganz ehrlich, ja? Möchtest du, daß ich zu dir komme? Ich meine, vielleicht kann ich dir irgendwie helfen. Du bist ja jetzt ganz allein. Aber bitte sag die Wahrheit. Wenn du's nicht wirklich willst, komme ich lieber nicht... Zur Beerdigung bin ich allerdings sicher bei dir. Ich könnte hier sofort weg und ein paar Tage bei dir bleiben; es sei denn, du hast eine andere Freundin, die dir beistehen möchte.«

Julia bedankte sich tränenreich. Sie hatte keine eigenen Verwandten und war mit Olivers Familie nie gut ausgekommen. Und obwohl die Nachbarn, wie sie erzählte, alle sehr lieb gewesen seien, war sie im Grunde doch völlig allein. Sie und Frances seien doch so alte Freundinnen, daß sie froh wäre, wenn diese ihr helfen würde, die schreckliche Einsamkeit zu ertragen. Natürlich hatte Julia keine Ahnung von der kurzen Affäre ihres Mannes mit Frances, und sie wußte auch nicht, daß dieser sein bescheidenes Einkommen als Maler mit kleinen Erpressungen aufgebessert hatte, so daß ihre freundschaftlichen Gefühle für Frances aufrichtig und ungetrübt waren. Nachdem Frances versprochen hatte, noch am selben Nachmittag bei Julia zu sein, rief sie Mark im Büro an, erzählte ihm, was passiert war, und daß sie vermutlich ein paar Tage fort bleiben würde. Da die Kinder im Internat waren, ergaben sich dadurch keine weiteren Probleme. Schließlich packte sie einen Koffer und fuhr zum Haus der Darnells in Dorset.

Zu diesem Zeitpunkt hatte sie sich bereits einen Plan zurechtgelegt. Am Morgen der Beerdigung wollte sie vorgeben, sich schlecht zu fühlen und zu krank zu sein, um an den

Feierlichkeiten teilnehmen zu können. Dann, während der einzigen Zeit, in der sie das Haus für sich allein hatte, würde sie dieses schnell nach den Photos durchsuchen. Die Wahrscheinlichkeit, daß die Bilder sich in Olivers Atelier befanden, war groß, denn dieser Raum war sein privates Reich gewesen, in dem Julia nie etwas verändern oder gar berühren durfte. Falls die Photos allerdings dort nicht waren, falls Oliver sie zum Beispiel in einem Bankschließfach aufbewahrt hatte, blieb Frances nichts anderes übrig, als unverrichteter Dinge heimzukehren und sich auf das Schlimmste gefaßt zu machen. Mit etwas Glück jedoch, so dachte sie, mußte sie die Photos finden.

Zu ihrem Leidwesen jedoch wurde ihr schöner Plan am Morgen der Beerdigung durchkreuzt, denn Julia wachte mit Grippe auf. Sie hatte hohes Fieber, klagte über Halsschmerzen und konnte kaum sprechen. Frances rief den Arzt, der Julia Antibiotika gab und ihr angesichts der eisigen Februarluft strenge Bettruhe verordnete. Bei der Aussicht, nicht einmal am Begräbnis ihres Mannes teilnehmen zu können, liefen Julia bittere Tränen über die fieberheißen, sonst bleichen, vollen Wangen. Unter Schluchzen sagte sie: »Aber was mache ich nur mit all den Leuten, die nachher zum Essen zu uns kommen, Frances? Jetzt kann ich sie doch nicht mehr ausladen.«

Julia hatte nämlich darauf bestanden, Olivers ortsfremde Verwandte und jene Nachbarn, die freundlicherweise Oliver das letzte Geleit geben wollten, in ihrem Haus zu bewirten. Und sie und Frances hatten den Vortag damit verbracht, für kalten Braten, Salate, Käse und ziemlich billigen Weißwein zu sorgen. Frances sah dem etwas gespenstischen Beisammensein mit Grauen entgegen, doch Julia hatte der Gedanke daran offenbar getröstet.

Auch diesmal reagierte Frances schnell: »Mach dir deshalb keine Sorgen. Ich kümmere mich um alles. Ich gehe in die Kirche, aber nicht mit auf den Friedhof, sondern komme sofort zurück und bereite alles für den kleinen Empfang vor. Wenn deine Gäste kommen, ist alles fertig. Bleib du ruhig liegen. Ich schaffe das schon.«

Danach gab sie Julia die Tabletten, die der Arzt für sie dagelassen hatte und bracht ihr einen Krug mit heißer Milch, in die sie ein Schlafmittel getan hatte, das sie im Badezimmer gefunden hatte. Damit war sichergestellt, daß Julia tief schlief, wenn Frances von der Kirche zurückkehren würde, und obwohl sie für ihre Suche weniger Zeit als erhofft hatte, ging vielleicht dennoch alles glatt.

Der Trauergottesdienst war spärlich besucht. Der Mann neben Frances, der leise mit ihr ein Gespräch angefangen hatte, bevor der Sarg hereingebracht wurde und der Pfarrer erschienen war, stellte sich als Major Sowerby vor. Er erzählte, daß seine Frau untröstlich sei, weil sie mit Grippe im Bett liege und daher nicht an der Beerdigung teilnehmen könne.

»Diese Grippe grassiert hier gerade«, schloß er. »Stimmt es eigentlich, daß Mrs. Darnell ebenfalls erkrankt ist?«

»Ja, leider«, antwortete Frances.

»Wie tragisch. Sie und Oliver haben eine so gute Ehe geführt. Natürlich habe ich mit seinen Bildern nicht viel anfangen können, aber Isobel, meine Frau, die viel mehr von Kunst versteht als ich, behauptet, daß er mehr Anerkennung verdient hätte. Sie hat ihm stets viel Hingabe und Aufrichtigkeit in seiner Kunst bescheinigt.«

»Dem kann ich nur zustimmen«, erwiderte Frances mit einem süßen, traurigen Lächeln und dachte insgeheim, daß das auf gewisse Art sogar stimmte. Oliver hatte tatsächlich viel Hingabe darauf verwandt, jede Frau weidlich auszunutzen, die dumm genug war, sich von seinem Charme und seinem guten Aussehen betören zu lassen und ihm zu vertrauen. Sobald der Trauergottesdienst zu Ende war, verließ Frances hastig die Kirche, schloß sich nicht dem Trauerzug zum Friedhof an, sondern eilte den Weg entlang zum Landhaus der Darnells.

Dort trat sie ein, blieb stehen und horchte angestrengt. Es war alles ruhig. Offensichtlich hatte das Schlafmittel seinen Zweck erfüllt, und Julia schlief tief und fest. Um jedoch ganz sicher zu sein, ging Frances zum Fuß der Treppe und rief leise: »Julia?«

Es kam keine Antwort. Frances wartete noch einen Augenblick, zog dann hastig ihren Mantel aus, warf ihn über einen Stuhl und lief den Gang entlang zu Olivers Atelier. Es blieb ihr nicht mehr viel Zeit, um alles für den Empfang von Julias Gästen vorzubereiten, doch die Suche nach den Photos hatte

Vorrang. Sie öffnete die Tür zum Atelier, trat ein und begriff sofort, warum es im Haus so still gewesen war. In der Zimmermitte lag Julia in ihrem Morgenmantel auf dem Fußboden. Ihr Kopf war nur noch eine schreckliche, blutige Masse. Daneben lag ein schwerer Hammer.

Frances war eigentlich nicht besonders abgebrüht und im Grunde ihres Herzens durchaus gesetzesfürchtig. Ihr erster Gedanke war daher, die Polizei anzurufen. Doch dann gewann ihre alte Gewohnheit die Oberhand, nichts ohne gründliche Überlegung zu tun. An der Tatsache, daß es für sie lebenswichtig war, die Photos zu finden, hatte sie nichts geändert, und sobald die Polizei im Haus war, hatte sie kaum eine Chance, selbst danach zu suchen. Damit wurde die Situation mehr als kompliziert. Woher sollte vor allem die Polizei wissen, daß es nicht Frances gewesen war, die Julia schläfrig und halbbetäubt im Atelier ihres Mannes gehört und überrascht hatte? Konnte die Polizei den Schluß ziehen, daß Frances die Freundin erschlagen hatte? Wenn sie also jetzt die Polizei verständigte, steckte sie vermutlich in größten Schwierigkeiten.

Tat sie dies allerdings nicht, und suchte sie zuerst nach den Photos, blieb ihr die Leiche, bei der allmählich die Totenstarre einsetzte, und früher oder später würde sie erklären müssen, weshalb sie den Mord nicht früher gemeldet hatte. Dabei half es wenig, daß sie sich beinahe sicher war, wer die Mörderin war. Ein Grippevirus konnte sehr gelegen kommen, und Mrs. Sowerby, die dem Begräbnis ferngeblieben war, hatte natürlich nicht gewußt, daß Julia erkrankt war, sondern angenommen, das Haus verlassen vorzufinden. Während Frances' Blick durch das Atelier schweifte, wo Schubladen herausgezogen und Papiere, Briefe, Skizzen und Notizbücher überall auf dem Fußboden verstreut lagen, fragte sie sich, ob die Frau wohl die Photos oder Briefe entdeckt haben mochte, mit denen Oliver sie vermutlich erpreßt hatte, oder ob sie noch immer in der panischen Angst lebte, daß jemand anderer sie finden würde. Doch selbst wenn letzteres der Fall war, schien es unwahrscheinlich zu sein, daß sie jetzt noch einmal zurückkehren würde, denn sie mußte wissen, daß bald ein Dutzend Trauergäste im Haus eintrafen. Frances zog den Schlüssel ab, verschloß die Tür von außen, steckte den Schlüssel in die Jackettasche ihres Kostüms und ging in die Küche, um die Vorbereitungen für den Empfang der Gäste zu treffen.

Sie nahm sämtliche Gerichte, die Julia und sie am Vortag zubereitet hatten, aus dem Kühlschrank, gab die Salate, die Garnelen mit Reis und Paprika, die Gurken in saurer Sahne, den Kraut-Karotten-Salat und alles übrige in Kristallschalen, legte die Scheiben kalten Puter, Rinderbraten und Schinken auf Platten und stellte alles auf den langen Tisch im Eßzimmer. Dann deckte sie Besteck und Weingläser auf und entkorkte mehrere Weinflaschen. Sie war gerade fertig, als die ersten Gäste eintrafen.

Es waren der Pfarrer, Arthur Craddock, und seine Frau. Er war ein hagerer, ruhig wirkender Mann, dessen Stimme überraschend kräftig und energisch geklungen hatte, als er die von Julia ausgewählten Psalmen gesprochen und Olivers kaum faßbare Tugenden beschrieben hatte. In gesellschaftlichem Rahmen jedoch schien die Autorität, die der Pfarrer beruflich ausströmen mochte, neben seiner großgewachsenen, fülligen Frau erbärmlich unterzugehen, die zwar einen freundlichen Eindruck machte, allerdings einen deutlichen Hang dazu hatte, andere zu bevormunden, und Frances sofort einen furchtbaren Schreck einjagte, indem sie ankündigte, kurz hinaufgehen zu wollen, um mit der armen Julia zu sprechen und dieser zu sagen, wie schön das Begräbnis gewesen sei und wie sehr man sie vermißt habe.

»Aber bedenken Sie die Ansteckungsgefahr«, stammelte Frances. »Der Grippevirus scheint hier umzugehen, und ich glaube nicht, daß sie auch Sie in Gefahr bringen will.«

»Ich bin nie krank«, entgegnete Mrs. Craddock. »Fragen Sie meinen Mann! Als wir noch in Indien gewesen sind, habe ich Patienten gepflegt, die an Beulenpest erkrankt waren, ohne irgendwas aufzuschnappen. Ich bin sicher, daß ich Julia ein bißchen trösten kann.«

»Vielleicht später«, wehrte Frances ab, die allmählich ihre Geistesgegenwart wiedergewann. »Ich bin vor ein paar Minuten bei ihr gewesen, und da hat sie geschlafen. Der Arzt hat ihr ein Sedativum gegeben. Ruhe ist die beste Medizin, sagt er, und ich muß ihm recht geben. Ich weiß, daß sie seit Tagen schlecht geschlafen hat. Deshalb sollten wir sie jetzt nicht stören.«

»Natürlich nicht«, stimmte Mrs. Craddock zu. »Wird sie von Dr. Bolling behandelt? Ein ausgezeichneter Arzt. Er ist der Typ des alten Hausarztes, dem man noch völlig vertrauen kann.«

Damit ließ sie sich und ihren Mann bereitwillig ins Eßzimmer komplimentieren, und die beiden hatten gerade jeder ein Glas Wein in der Hand, als die Türklingel erneut ertönte und Frances sie allein lassen mußte, um weitere Gäste zu begrüßen.

Diese waren ein Bruder und ein Vetter von Oliver, die den Verstorbenen, wie Frances von ihm persönlich wußte, beide nicht gemocht hatten. Als nächster kam Major Sowerby, und allmählich begann sich das Eßzimmer zu füllen. Die gedämpfte Tonart, die anfänglich jeder angeschlagen hatte, steigerte sich nach und nach bis zu dem Geräuschpegel einer ganz normalen Cocktailparty. Essen und Wein wurde herzhaft zugesprochen, und die Gäste verbreiteten eine für Frances etwas schaurige Fröhlichkeit, die lediglich ab und zu durch Schuldgefühle gedämpft wurde, wenn einer von ihnen taktlos genug war, die anderen daran zu erinnern, daß sie sich eigentlich zu einem Leichenschmaus versammelt hatten.

Mit geröteten Wangen bemerkte Olivers Bruder plötzlich: »Julia ist von jeher eine gute Köchin gewesen. Schade, daß sie jetzt nicht mithalten kann.«

»Sie hat sich wirklich eine Menge Arbeit gemacht«, fiel Mrs. Craddock ein. »Aber das hat sie vermutlich wenigstens etwas abgelenkt. Ich bringe ihr ein bißchen was zu essen und sage ihr, wie sehr wir alle in Gedanken bei ihr sind, denn bei dem Krach, den wir gemacht haben, ist sie mittlerweile bestimmt wach geworden. Ich bringe ihr einfach einen Teller voll, was meinen Sie? Und vielleicht auch ein Glas Wein, oder?«

»Das ist genau das Richtige«, stimmte Major Sowerby ihr zu. »Ein Glas Whisky würde ihr allerdings vermutlich mehr helfen. Ich habe meiner Frau noch ein Glas guten, doppelten Whisky und ein belegtes Brot gebracht, bevor ich zum Begräbnis gegangen bin. Mehr als ein Sandwich brachte sie nicht runter. Ich mußte sie offen gestanden überreden, im Bett zu bleiben. Sie wollte unbedingt zur Beerdigung gehen. Aber das hätte sie nicht durchgestanden. Sie hat von Oliver viel gehalten, ihm sogar für ein Porträt Modell gesessen und mich dann gedrängt, das Bild zu kaufen. Eigentlich hat mir das nichts ausgemacht, denn niemand hätte Isobel darauf erkannt. Es besteht praktisch nur aus Quadraten und Dreiecken, aber sie behauptet, es sei gut, und sie versteht von diesen Dingen mehr als ich.«

Mrs. Craddock häufte Reissalat mit Garnelen auf einen Teller und murmelte dabei: »Ob sie Gurken mag? Manche vertragen sie nicht.« Dann legte sie noch je eine Scheibe kalten Putenbraten und Schinken dazu und griff nach einer Weinflasche, um ein Glas für Julia einzuschenken.

In panischer Angst und völlig verzweifelt riß Frances der Matrone Teller und Glas aus der Hand und erklärte barsch: »Ich bringe ihr das schon!« Damit ging sie zur Tür, während Mrs. Craddock ihr fassungslos nachsah, lief die Treppe hinauf und verschwand in Julias Schlafzimmer.

In der Stille des Raumes erst wurde ihr das Entsetzliche an der ganzen Situation bewußt. Da stand sie nun mit Essen und Wein in der Hand für eine Frau, die erschlagen worden war und deren Körper allmählich zu erkalten begann. Wie hypnotisiert starrte sie auf das leere Bett mit dem zerwühlten Kissen und der zurückgeschlagenen Decke, während sie das Glas Wein hastig leerte und wünschte, es wäre Whisky oder Schnaps. Dann kehrte sie ins Eßzimmer zurück und stellte den unberührten Teller auf den Eßtisch.

»Den Wein hat sie getrunken, aber essen möchte sie nichts«, erklärte sie zu Mrs. Craddock gewandt. »Ich habe ihr noch eine der Tabletten gegeben, die der Arzt ihr verschrieben hat. Sie ist sehr schläfrig. Ich glaube, es ist das beste, wir lassen sie in Ruhe.«

Da sich die Pfarrersfrau offenbar in ihrer Rolle als Wohltäterin behindert fühlte, verließ sie mit ihrem Mann im Schlepptau enttäuscht den kleinen Empfang, und danach verabschiedete sich ein Gast nach dem anderen, bis das Haus wieder ruhig und leer war.

Zu leer, zu trostlos. Die vergangene Stunde war für Frances der schlimmste Alptraum gewesen, den sie je erlebt hatte, doch die lärmenden Menschen hatten sie wenigstens vom Grübeln abgehalten. Jetzt konnte sie ihren Gedanken nicht länger entfliehen. Da waren die Photos, die sie finden mußte, und die

Leiche im Atelier. Während ihr Blick auf dem Eßtisch mit dem schmutzigen Geschirr, den Weingläsern und Speiseresten ruhte, hatte sie das absurde Bedürfnis abzuspülen, bevor sie sich mit der Toten befaßte, doch da sie sich bewußt war, wie dumm dies gewesen wäre und daß sie damit nur das Unvermeidliche vor sich hergeschoben hätte, schenkte sie sich ein Glas Whisky ein, setzte sich an das obere Tischende und versuchte sich zu konzentrieren.

Die Photos hatten Vorrang. Sie mußte sich zwingen, ins Atelier zurückzukehren und danach zu suchen. Was sie später tun würde, hing mehr oder weniger vom Ausgang dieser Suche ab. An die Möglichkeit, die Photos nicht zu entdecken, wagte sie kaum zu denken. Mit diesen schrecklichen Beweisstücken würde Mark sicher das Sorgerecht für die Kinder erstreiten, und das wollte sie keinesfalls hinnehmen. Denn abgesehen davon, daß sie Freude an den lieben Mädchen hatte, gönnte sie Mark nicht den Triumph über sie.

Sie sah die Photos wieder vor sich, die ihr Oliver nur ein einziges Mal kurz gezeigt hatte, und dachte daran, wie entsetzlich entlarvend sie gewesen waren. Zwangsläufig malte sie sich aus, wie bitter ironisch Mark bei ihrem Anblick reagieren würde. Auf ihre Weise waren die Photos sogar gut. Wenn Oliver auch als Maler nicht überdurchschnittlich begabt gewesen war, als Photograph hatte er durchaus Können und Inspiration bewiesen. Ihr war nie auch nur der geringste Verdacht gekommen, in jenem Zimmer photographiert worden zu sein, und als er ihr gestand, wie er das bewerkstelligt hatte, war sie fast in lautes Gelächter ausgebrochen, so geschickt hatte er es gemacht. Jetzt allerdings hatte sie nur noch den dringenden Wunsch, die Bilder zu finden. Erst danach konnte sie an alles Weitere denken.

Frances kehrte ins Atelier zurück. Julias Leiche, das trocknende Blut und den Hammer zu ignorieren war einfacher, als sie es sich vorgestellt hatte. Für den Fall, daß zum Beispiel diese übereifrige Samariterin Mrs. Craddock auf die Idee verfiel, wiederzukommen, verschloß sie die Tür hinter sich und begann systematisch Schubladen und Schränke zu durchsuchen. Zu ihrer Überraschung entdeckte sie nicht nur die Abzüge, sondern auch die Negative bereits nach kurzer Zeit in einem

Karton in einer Kommode, die ihre Vorgängerin offenbar noch nicht geöffnet hatte.

In diesem Karton fand sie allerdings noch drei Serien ähnlich gearteter Photos. Fast schwindelig vor Erleichterung und den Tränen nahe, genau wie damals, als sie von Olivers Tod erfahren hatte, betrachtete sie die drei anderen Frauen auf den Bildern und fragte sich, welche wohl Isobel Sowerby sein mochte. Frances wußte, abgesehen davon, daß ihr Mann keine Ähnlichkeit zwischen ihr und Quadraten und Dreiecken erkennen konnte, nichts über sie. Aber das traf auf jede der drei Frauen zu. Alle hatten mehr Kurven als Ecken. Zwei von ihnen erschienen Frances zu jung, um mit Major Sowerby verheiratet zu sein, obwohl man in dieser Beziehung nie sicher sein konnte. Schließlich hatten schon Sechzigjährige Teenager geheiratet. Trotzdem nahm Frances an, daß die dritte Frau, die ungefähr in ihrem Alter sein mußte, eher als Mörderin in Frage kam. Sie war groß und füllig, beinahe dick, mit einem leidenschaftlichen, cholerischen Zug um den Mund. Ein Mord war ihr durchaus zuzutrauen. Nachdem sie die Züge der Frau eine Weile eingehend betrachtet hatte, legte Frances die Abzüge und Negative von dieser fülligen Dame in die Kommode zurück, warf ihre eigenen Photos und die Negative mit denen der beiden anderen in den offenen Kamin und zündete alles an.

Die Negative zischten kurz auf und schrumpften zu einem Nichts zusammen. Nur ein beißender Geruch blieb zurück. Die Abzüge rollten sich, fingen nur langsam Feuer, doch als Frances mit dem Schürhaken in der Glut stocherte, gingen auch sie in Flammen auf und verbrannten zu Asche. In Hockstellung sah sie dem Schauspiel zu, wartete, bis der letzte Funken verglüht war, stand dann auf und ging zum Telefon.

Mittlerweile hatte sie sich eine Art Plan zurechtgelegt. Es war ein riskantes Spiel, das sie trieb, aber sie sah keinen anderen Ausweg. Frances griff nach dem Telefonbuch, suchte die Nummer der Sowerbys heraus und wählte.

Zu ihrer Erleichterung meldete sich eine Frauenstimme. Frances nannte ihren Namen nicht.

»Ich habe gefunden, wonach Sie gesucht haben«, sagte sie leise.

Am anderen Ende blieb es still. Frances merkte plötzlich, wie heftig ihr Herz klopfte. Schließlich war der Augenblick gekommen, in dem sich zeigen würde, ob sich ihr riskantes Spiel auszahlte. Möglicherweise hatte sie völlig falsch getippt. Mrs. Sowerby konnte immerhin eine völlig harmlose, ahnungslose Frau sein, die den ganzen Vormittag mit Grippe im Bett gelegen und sich elend gefühlt hatte. Falls das so war, mußte Frances ganz von vorn anfangen. Und auf einmal kam es ihr geradezu wie heller Wahnsinn vor, nicht die Polizei verständigt zu haben. Wenn sie nur geahnt hätte, wie problemlos die Photos zu finden gewesen waren, hätte sie keine Sekunde gezögert, denn es wäre ihr noch immer genügend Zeit geblieben, diese vor Eintreffen der Polizei zu vernichten. Allerdings waren derartige Überlegungen mittlerweile überflüssig geworden. Die Reue kam zu spät. Frances wartete.

Schließlich ertönte am anderen Ende ein heiseres Flüstern: »Wer sind Sie?«

Frances holte erschaudernd Luft. Sie hatte also doch recht gehabt. Ihr Plan funktionierte.

»Eine Freundin von Julia«, erwiderte sie. »Es ist das beste, Sie kommen so schnell wie möglich her.«

»Was wollen Sie?« fragte die Stimme.

»Ihre Hilfe«, antwortete Frances.

»Ich kann nicht kommen. Ich bin krank.«

»Ich halte es für ratsam, daß Sie umgehend gesund werden.«

»Unmöglich. Mein Mann erlaubt mir bestimmt nicht, das Haus zu verlassen.«

»Das ist Ihr Problem. Ich warte hier noch ein bißchen ... aber nicht zu lange.«

Am anderen Ende war es erneut still. Dann sagte die Stimme: »Also gut. Ich versuche es.«

Nach diesen Worten wurde am anderen Ende aufgelegt. Frances hängte auf ihrer Seite ebenfalls den Hörer auf und merkte erst jetzt, daß ihre Handflächen und Finger kalt und feucht von Schweiß waren und nasse Abdrücke auf der schwarzen Oberfläche hinterlassen hatten. Sie überlegte kurz, ob das verräterisch sein konnte, ihre Bedenken zerstreuten sich aber schnell. Sie würde bald einen zweiten Anruf tätigen müssen, der die Fingerabdrücke plausibel machte.

Frances wartete eine gute Stunde, bis es endlich an der Haustür klingelte. Draußen hatte bereits die Dämmerung eingesetzt. Einen Teil der Wartezeit hatte sie genutzt, um der toten Julia Morgenmantel und Nachthemd aus- und Unterwäsche, Jeans und Pullover anzuziehen. Das war ein schreckliches Unterfangen gewesen, das sie hatte unterbrechen müssen, um sich im Wohnzimmer von einem Schwächeanfall zu erholen. Nur die Angst, die einsetzende Leichenstarre könnte alles unmöglich machen, wenn sie bis zum Eintreffen der anderen Frau wartete, hatte sie getrieben. Ein weiteres Problem waren die blutbefleckten Kleidungsstücke und der Hammer. Das begriff sie erst, als sie Julia umgezogen hatte. Sie packte die Sachen schließlich zu einem Bündel zusammen, ging in die Garage und legte das Bündel in den Kofferraum des Wagens der Darnells. Dann kehrte sie ins Haus zurück, um weiter zu warten.

Als es endlich klingelte, öffnete sie die Tür und sah sich der Frau gegenüber, die sie erwartet hatte. Isobel Sowerby war eine Frau in mittleren Jahren, groß und füllig, mit schulterlangem, schwarzem Haar, dunklen stechenden Augen und aufgeworfenen Lippen.

»Also, was wollen Sie von mir?« begann Mrs. Sowerby mit feindseligem Blick.

»Wir werden gemeinsam einen Selbstmord arrangieren«, erklärte Frances.

»Das verstehe ich nicht. Wenn Sie so viel wissen, weshalb haben Sie mich nicht einfach angezeigt?« fragte die andere.

»Weil ich selbst in die Sache verwickelt bin. Ich habe den Fehler gemacht, nicht gleich die Polizei zu verständigen, als ich die Leiche gefunden hatte. Aber ich wollte Photos von mir und Oliver finden und habe mir erst viel zu spät überlegt, wie schwierig es werden würde, zu erklären, weshalb ich Julia nicht sofort nach meiner Rückkehr aus der Kirche entdeckt haben sollte. Ich stecke also genauso in Schwierigkeiten wie Sie. Deshalb halte ich es für das beste, wenn wir Julia in ihren Wagen setzen und sie über die Klippen ins Meer stürzen. Selbstmord in einer psychisch problematischen Situation nach dem Tod ihres Mannes – das klingt doch plausibel. Allerdings brauche ich jemanden, der mir hilft. Für mich allein ist Julia zu schwer.«

»Also gut. Wie Sie meinen«, entgegnete Isobel Sowerby. »Aber geben Sie mir zuerst die Photos.«

»Nachher«, widersprach Frances.

»Nein, sofort. Sonst mache ich nicht mit.«

»Später«, beharrte Frances.

Sie musterten sich wachsam und feindselig, dann zuckte Isobel Sowerby mit den Schultern.

»Bringen wir's hinter uns«, seufzte sie schließlich. »Ich habe meinen Mann überredet, in den Golfclub zu fahren, um sich vom Begräbnis heute morgen abzulenken. Wie ich ihn kenne, trinkt er dort ein paar Gläser und kommt dann bald wieder nach Hause. Wenn er anfängt Fragen zu stellen, wird es schwierig für uns.«

»Wie sind Sie heute morgen überhaupt ins Haus gekommen?« erkundigte sich Frances. »Das frage ich mich schon die ganze Zeit.«

»Die Hintertür ist immer unverschlossen. Das wußte ich. Hier schließt niemand richtig ab.«

»Und als Sie mich gehört haben, sind Sie geflohen?«

»Ja. Also fangen wir endlich an.«

Inzwischen war es draußen schon fast dunkel, und die Garagentür war von der Straße her nicht einsehbar. Sie konnten Julias Leiche also unbemerkt vom Haus zum Wagen tragen, sie auf den Beifahrersitz setzen und mit einer Decke verhüllen. Mit der ortskundigen Isobel Sowerby am Steuer fuhren sie schließlich in Richtung Küste davon. Isobel Sowerby fuhr vorsichtig die kurvenreichen Straßen entlang, bis sie schließlich die Klippen erreicht hatten und unter sich das tiefe, dunkle und schäumende Meer sahen.

Nachdem Isobel den Wagen nah am Klippenrand geparkt hatte, stiegen sie und Frances aus und setzten gemeinsam die tote Julia auf den Fahrersitz. Danach brauchten sie nur den Motor wieder anzulassen, den ersten Gang einzulegen, die Türen zuzuschlagen und zurückzuspringen. Das Auto rollte langsam auf den Klippenrand zu und schien, dort einen Augenblick in der Luft zu hängen, bevor es vornüberstürzte. Das Krachen, mit dem der Wagen auf den Felsen schlug, hallte so laut wider, daß Frances glaubte, man hätte es meilenweit hören müssen.

Später jedoch sprachen keine Anzeichen dafür, daß sie bemerkt worden waren. Um sie herum war es dunkel und still. Schließlich machten sie sich zu Fuß auf den langen Heimweg.

Sie sprachen kein Wort. Erst als sie das Landhaus der Darnells erreichten, bemerkte Isobel Sowerby: »Ich habe keine Ahnung, was ich meinem Mann sagen soll. Er muß längst aus dem Golfclub zurück sein.«

»Irgendwas wird Ihnen schon einfallen«, entgegnete Frances. Major Sowerby war ihrer Ansicht nach leicht hinters Licht zu führen. »Sie können immer behaupten, Sie seien im Fieber einfach ziellos herumgelaufen.«

»So kommt es mir auch fast vor«, seufzte Isobel Sowerby. »Und jetzt geben Sie mir die Photos!«

Frances führt sie ins Wohnzimmer und deutete auf das Häufchen Asche im Kamin.

»Ich habe sie verbrannt.«

Isobel starrte ungläubig auf die Asche und brach dann in hysterisches Gelächter aus.

»Ich bin wirklich eine Idiotin!« rief sie aus. »Ich lerne nie was dazu. Ich hätte also überhaupt nicht kommen müssen!«

»Aber ich brauchte Ihre Hilfe. Deshalb habe ich Ihnen natürlich nichts davon gesagt.«

»Sind das wirklich die Reste von meinen Photos? Haben Sie sie wirklich vernichtet?«

»Ja, zusammen mit meinen eigenen. Ich an Ihrer Stelle würde jetzt so schnell wie möglich nach Hause gehen. Ich rufe nämlich gleich die Polizei an und melde, daß Julia verschwunden ist.«

Noch immer lachend wandte sich Isobel Sowerby zum Gehen und verschwand in der Dunkelheit.

Frances nahm den Telefonhörer ab, rief die Polizei an und behauptete, sehr besorgt zu sein, weil sie eben entdeckt hatte, daß Mrs. Darnell, die mit hohem Fieber im Bett gelegen habe, plötzlich verschwunden sei. Auch der Wagen fehle. Sie habe das alles erst jetzt bemerkt, weil sie sich nach dem Trauerschmaus erschöpft hingelegt und bis vor kurzem geschlafen habe. Erst dann sei sie ins Zimmer von Mrs. Darnell hinaufgegangen und habe dieses verlassen vorgefunden. Sie berichtete weiter, Mrs. Darnell habe noch im Bett gelegen, als sie ihr zur

Mittagszeit ein Glas Wein und etwas zu essen hinaufgebracht habe. Die Kranke habe zwar den Wein getrunken, aber das Essen verschmäht. Allerdings habe sie keine Ahnung, wann Mrs. Darnell aufgestanden und das Haus verlassen haben könnte, denn sie selbst habe tief und fest geschlafen und nichts gehört. Sie könne also nicht sagen, was eigentlich passiert sei.

Der Beamte, der die Meldung entgegennahm, versprach, daß ein Kollege sofort bei ihr vorbeikommen würde. Frances legte den Hörer auf, nahm Besen und Kehrschaufel zur Hand, kehrte die Asche aus dem Kamin und spülte sie die Toilette hinunter. Völlig erschöpft begann sie schließlich das Eßzimmer aufzuräumen und hatte gerade mit dem Abspülen begonnen, als die Polizei eintraf.

Danach ging alles erstaunlich glatt. Die Polizei fand das Autowrack am Fuß der Klippen und den Hammer und die blutbefleckten Kleidungsstücke im Kofferraum. Außerdem stellten sie die Fingerabdrücke am Steuerrad sicher, die später als die von Mrs. Sowerby identifiziert werden konnten, und entdeckten außerdem einige obszöne Photos von dieser Dame in der Kommode in Oliver Darnells Atelier. Dazu kam, daß Major Sowerby in seiner großen Sorge um seine Frau, die er bei seiner Rückkehr aus dem Golfclub nicht zu Hause angetroffen hatte, aufgeregt bei mehreren Freunden und Bekannten angerufen und gefragt hatte, ob sie vielleicht bei ihnen sei. Auf diese Weise hatte er ihr jegliche Chance genommen, sich ein Alibi zurechtzulegen. Statt dessen erzählte sie diese völlig absurde Geschichte, sie sei von Mrs. Frances Liley angerufen und gebeten worden, ihr bei der Beseitigung von Julia Darnells Leiche zu helfen, die diese und nicht Isobel Sowerby ermordet habe, doch niemand schenkte ihr Glauben. Es bestanden zwar etliche Zweifel daran, daß sie allein mit der Leiche hatte fertig werden können, aber da sie eine großgewachsene, kräftige Frau war, klagte man sie trotzdem des Mordes an Julia Darnell an. Frances blieb bis nach der Gerichtsverhandlung zur Feststellung der Todesursache im Landhaus der Darnells. Als ihre Anwesenheit dort nicht mehr notwendig war, rief sie Mark an und machte sich auf den Heimweg.

Während der Heimfahrt erlebte sie einige der seltenen Momente der Selbstbesinnung. Eine besonders nette Zeitgenossin bin ich wirklich nicht, überlegte sie. Man könnte sie sogar für ziemlich brutal und rücksichtslos halten. Eigentlich war es Mark nicht zu verübeln, daß er sie verlassen und das kleine Püppchen heiraten wollte, in die er seit fünf Jahren verschossen war. Und wenn er endlich seine Ansprüche auf das Sorgerecht für die Kinder aufgeben würde, würde Frances ihn sogar gern ziehen lassen. Aber die beiden Mädchen waren die einzigen menschlichen Wesen, die Frances je tief und aufrichtig geliebt hatte. Wenigstens empfand sie für die Kinder das, was sie für Liebe hielt, und diese Gefühle ließen nie die Frage zu, ob es für die Mädchen nicht besser wäre, bei Mark zu bleiben. Frances fragte sich auch nicht, welche Wahl sie treffen würden, wenn man ihnen die freie Entscheidung überließe. Selbst in den seltenen Momenten der Selbstkritik kamen ihr derartige Überlegungen nicht in den Sinn. Sie wußte nur, daß die Kinder ihr gehörten und daß sie sich diesen Besitz nie würde nehmen lassen.

Und so unmoralisch und grausam sie auch sein mochte, war sie nicht ein Werkzeug der Gerechtigkeit gewesen? Hatte sie nicht die Verhaftung von Julias Mörderin veranlaßt, ohne daß sie oder die beiden anderen dummen Frauen, deren Photos sie verbrannt hatte, behelligt worden waren? Nichts von all dem Schmutz würde ihnen anhaften oder vielleicht sogar auf die Kinder übergreifen. Leiden würde nur die Schuldige. Weshalb sollte man sie also kritisieren? Mit dem Gefühl wohliger Selbstzufriedenheit fuhr sie nach Hause zu Mark.

*Aus dem Englischen übertragen
von Christine Frauendorf-Mössel*

> Meistermorde

Dick Francis
Das Geschenk

Als der Frühstücks-Astrojet aus La Guardia gerade noch zwanzig Minuten von Louisville in Kentucky entfernt war, zog Fred Collyer die Formulare heraus und begann seine Spesen zu notieren.

Taxifahrt zum Flugplatz: fünfzehn Dollar.

Es machte nichts, daß ein Nachbar, der auf Long Island arbeitete, ihn umsonst von Tür zu Tür gefahren hatte; ein bißchen Phantasie im Spesenbereich brachte ihm zusätzlich ein halbes Monatsgehalt ein – unversteuertes Geld, da der *Manhattan Star* ihn für die Fakten bezahlte, die er jede Woche in seinem Montagskommentar über die Pferderennen des Wochenendes lieferte.

Erfrischungen unterwegs, schrieb er: *fünf Dollar.*

Einladungen von Informanten: sechs Dollar fünfzig.

Um den bereits genannten Spesen ein wenig Berechtigung zu verschaffen, bestellte er bei der Stewardeß einen zweiten doppelten Bourbon und hob das Glas in einer stummen Geste, welche einem Mann galt, der auf der anderen Seite des Durchgangs schlief – dem Besitzer einer drittklassigen Stute, die sich vor zwei Wochen die Beine abgelaufen hatte, um wenigstens ihre Unterhaltskosten einzubringen.

Wieder mal ein Kentucky Derby. Seine Gedanken flackerten wie die Kopie eines alten, zerkratzten Films über die Zeiten von ehedem. Die gleiche alte Schinderei am frühen Morgen bei den Stallungen, das gleiche endlose Herumstöbern in Berichten über frühere Rennen und die letzte Tagesform, die einen Hinweis auf die Zukunft liefern konnte. Die gleichen unergiebigen Schätzungen und Berechnungen auf der Bahn, die gleichen verleumderischen Gerüchte, die gleichen blöden Jockeys, die gleichen verbohrten Trainer, die ihr verdammtes, vertrotteltes Maul wie immer viel zu weit aufrissen.

Die Zeiten jener brennenden Begeisterung, wie sie früher seine in mehreren Zeitungen gleichzeitig abgedruckten Artikel gekennzeichnet hatte, waren lange vorbei. Der Geist, der sich angesichts des großen Ereignisses zu erheben schien, das Flair, gerade dort eine Story zu entdecken, wo kein anderer auf die Idee gekommen wäre, der scharfe Instinkt, der ihn die Wahrheit von der Verschleierungstaktik zu unterscheiden lehrte, das alles hatte er einmal besessen – und das alles hatte ihn verlassen. An ihre Stelle waren die öden ausgedehnten Ebenen der Langeweile und eine unendlich zynische Müdigkeit getreten. Anstelle von Exklusivberichten bot er seiner Zeitung heute Wiedergekäutes aus den Ideen anderer Turfschreiber, und ein paarmal war ihm selbst das nicht mehr gelungen.

Er war sechsundvierzig.

Er trank.

In seinem funktionellen New Yorker Büro zog der Sportredakteur des *Manhattan Star* eine Schnute angesichts des Berichts von Fred Collyer über die Everglades-Rennen in Hialeah, und er fragte sich im Ernst, ob es klug gewesen war, ihn wie üblich zum Kentucky Derby zu schicken.

Dieser Kerl, dachte er mit Bedauern, war wirklich völlig kaputt. Sehr schade. Wirklich schade, daß er die Pfoten nicht von der Flasche fernhalten konnte. Kein Mensch konnte trinken und schreiben, jedenfalls nicht zugleich, zur selben Zeit. Erst schreiben, dann trinken, klar. Meinetwegen trinken bis zur Besinnungslosigkeit, bis zur völligen Vernebelung, meinetwegen. Aber *danach*.

Eigentlich hätte er Fred schon längst feuern müssen, dachte er; natürlich hätte er sich nach einem Ersatz umsehen müssen, schon damals vor Monaten, als Fred zum erstenmal zu besoffen in die Redaktion kam, um noch die richtigen Tasten auf der Schreibmaschine zu finden. Dabei hatte dieser Trottel alles gehabt, was man für den Job brauchte: den richtigen Riecher für eine Story und die Gabe, sie so lebhaft zu schildern, daß einem die Worte direkt von der Seite ins Gehirn sprangen.

Heute war nichts mehr von seiner Begabung übrig als sein Ruf und ein Echo früherer Zeiten – eine Technik, mit der er ein wenig zitterig und unsicher gerade noch etwas leistete, doch die Persönlichkeit dahinter war am Ertrinken.

Der Redakteur des Sportteils schüttelte den Kopf über den Artikel vom Rennen in Hialeah und legte ihn beiseite. In der letzten Woche war Fred zweimal nicht mehr in der Lage gewesen, irgendeine Geschichte zu schreiben. Und jedesmal wenn er versäumt hatte, anzurufen und seinen Artikel durchzugeben, hatten sie sich einfach irgendeinen Sums zusammengereimt und den Namen Collyer druntergeschrieben, aber zwei verpaßte Termine waren nicht mehr zu verzeihen. Beim dritten war es vorbei. Die Geschäftsleitung murrte bereits lauter darüber als über die nach oben gegangenen Spesenkosten, und wenn sie erst dahinterkamen, daß man bereits zweimal nichts als besoffenes Schweigen von ihm erhalten hatte, würde ihn keine Erinnerung an die alten Zeiten retten können.

Ich habe ihn gewarnt, dachte der Sportredakteur mit einem unguten Gefühl. Ich habe ihm gesagt, daß er darauf achten und diesmal rechtzeitig seinen Bericht durchgeben soll. Eine heiße Reportage wie früher. Ich hab' ihm gesagt, er soll aus dem Bericht über dieses Derby einen von seinen ganz großen Artikeln machen.

Fred Collyer bezog das Motelzimmer, das ihm die Zeitung reserviert hatte, und kippte drei schnelle Vormittagsverbesserer aus der Flasche, die er sich in seiner Aktentasche mitgebracht hatte. Er schob die Warnung des Sportredakteurs in eine entlegene Gegend seines Hinterkopfes, weil er davon überzeugt war, daß er betrunken oder nüchtern immer noch besser war als alle anderen Sportkommentatoren, vorausgesetzt, er fand eine Story, die die Mühe lohnte. Das Dumme war, daß es heutzutage kaum noch gute Stories gab.

Mit einem Taxi fuhr er zu den Churchill Downs. – *Taxifahrt: vier Dollar fünfzig*, schrieb er unterwegs und gab dem Fahrer samt Trinkgeld zweifünfundsiebzig.

Drei Tage vor dem Derby sah der Rennplatz sauber, frisch und erwartungsvoll aus. Leuchtendrote Tulpen in ordentlichen Rabatten reckten ihre Blütenblätter gleichmäßig in den Himmel, und das Gras strahlte saftig grün wie ein frisch shampoonierter Teppich. Ohne das alles zu bemerken, fuhr Fred Collyer mit dem Lift ins Dachgeschoß und ging über die letzten paar offenen Stufen, wo der Wind wehte, in den riesigen, mit Glasfronten versehenen Presseraum, der sich oberhalb der Tribüne befand. Drinnen saßen ein paar Männer an den Reihen von Schreibmaschinen und trommelten die Texte für die Sportseiten des nächsten Tages, und ein paar standen auf dem Balkon und beobachteten den ersten Lauf, aber die meisten beschäftigten sich mit der Aufgabe des Tages, welche darin bestand, sich gemütlich miteinander zu unterhalten und den neuesten Klatsch auszutauschen.

Fred Collyer kaufte sich eine Dose Bier an der eher schlichten Bar und ging damit zu dem Platz, der mit seinem Namensschild versehen war, wobei er unterwegs Hallos tauschte mit Gesichtern, die er von den Rennplätzen zwischen Saratoga und Hollywood Park kannte. Da er meistens in Hotels wohnte und sich völlig entwurzelt fühlte, seit Sylvie die Nase voll davon hatte, daß er nie nach Hause kam und immer trank, und mit den Kindern zurück zu Mama nach Nebraska gezogen war, sah er in den Presseräumen auf den Rennplätzen seine einzige wirkliche Heimat. Hier fühlte er sich entspannt, hier zollte man ihm den nötigen Respekt. Er ahnte freilich nicht, daß die Bewunderung, die er früher bei seinen Kollegen hervorgerufen hatte, allmählich dahinschwand und sich in verständnisvolles Mitleid verwandelte.

Er saß bequem in seinem Sessel und las eine der vervielfältigten Pressemitteilungen des Tages.

›Trainer Harbourne Cressie berichtet, daß bei Pincer Movement keine Sorge besteht, nachdem er heute morgen vier Viertelmeilen auf der Rennbahn zurückgelegt hat.‹

›Das Gerücht, Salad Bowl hätte am vergangenen Abend unter erhöhter Temperatur gelitten, entbehrt den Tatsachen, wie

Tierarzt John Brewer im Namen der Besitzerin Mrs. L. (Loretta) Hicks erklärt.‹

Wunderbar, dachte er sarkastisch. Negative Nachrichten sind gar keine Nachrichten, das galt auch für die Pferde bei einem Derby.

Er blieb den ganzen Nachmittag im Presseraum, trank Bier, diskutierte über dies und das und gar nichts mit Turfautoren, Photographen, Publizisten und Radioreportern, und dabei schaute er immer wieder uninteressiert auf die Fernsehmonitore, die Bilder von der Rennbahn übertrugen. Gelegentlich ging er auf den Balkon, um auf den Ameisenhaufen von Menschen hinunterzuschauen, die vor der Tribüne umherwuselten. Vollkommen überflüssig, sich dort unten herumzutreiben, wie er das früher getan hatte, dachte er. Alles und jeder von Interesse kam irgendwann einmal in den Presseraum und teilte die Informationen löffelweise und wohldosiert an die anwesenden Reporter aus.

Am Ende des Tages nahm ihn ein Kollege mit seinem Leihwagen – *Taxifahrt: vier Dollar fünfzig* – zurück in die Stadt, und am Abend fuhr er, nachdem er sich mit einer ausreichenden Unterlage von Bourbons versehen hatte, zum alljährlichen Dinner der Turfreporter-Vereinigung. Die Menschenmenge im großen Empfangssaal des Hotels freute sich offenbar über seine Anwesenheit, und er bewegte sich unter der Auswahl von Presseleuten, Trainern, Jockeys, Pferdezüchtern, Rennstallbesitzern und deren Gattinnen und Freundinnen wie ein Fisch in seinem eigenen vertrauten Teich. Automatisch kippte er vor dem Dinner vier Doppelte auf Eis, und während des Essens und der stets ausführlichen Ansprachen danach hielt er die Zufuhr ungebremst. Um halb zwölf, als er versuchte, von der Tafel aufzustehen, konnte er seine Beine nicht mehr beherrschen.

Das überraschte ihn. Er setzte sich wieder – er hatte gar nicht bemerkt, daß er betrunken war. Seine Zunge arbeitete noch so gut wie die der meisten Leute in seiner Umgebung, und auch seine Gedanken wirkten, jedenfalls für seinen eigenen Geschmack, bestens organisiert. Aber seine Beine knickten immer wieder ein, wenn er sie belastete, und er ließ sich wieder auf seinen Sessel plumpsen. Erst wesentlich später, als der riesige Raum sich geleert hatte und die meisten Gäste nach

Hause gegangen waren, gelang es ihm, seine ganze Kraft zusammenzunehmen und aufzustehen.

»Ich glaub', ich hab' die Hucke voll«, murmelte er und lächelte nachsichtig in sich hinein.

Er hielt sich an den Stuhllehnen fest und lehnte sich zwischendurch gegen die Wand; so näherte er sich allmählich der Tür. Von dort aus taumelte er auf den Gang und in die Halle, dann durch die Schwingtüren aus Glas in die Nacht.

Die kühle Mailuft machte alles noch schlimmer. Der Boden schien sich buchstäblich unter seinen Füßen zu drehen. Er beschrieb, zur Seite geneigt, einen Halbkreis, und statt auf die geparkten Wagen und wartenden Taxis zuzugehen, stieß er mit dem Kopf voraus gegen die dunkle Ziegelwand neben dem Eingang des Hotels. Der Stoß schmerzte und verwirrte ihn noch mehr. Er drückte beide Hände auf die rauhe Oberfläche vor ihm, lehnte das Gesicht dagegen und hatte nicht die leiseste Ahnung, wo er war.

Marius Tollman und Piper Boles hatten nicht gesehen, daß Fred Collyer vor ihnen hinausgegangen war. Sie schlenderten gemeinsam denselben Weg entlang und bedienten sich der üblichen gesellschaftlichen Phrasen und Gesten, die Menschen benutzten, die sich zufällig am Ende eines Abends trafen, wobei sie durch nichts erkennen ließen, daß sie sich in Wirklichkeit schon seit Stunden immer wieder bedeutungsvolle Blicke zugeworfen und fast ausschließlich an das Gespräch gedacht hatten, das vor ihnen lag.

In einem Land, in dem die Buchmacherei legal ist, wäre Marius Tollman vermutlich ein ehrbarer, die Gesetze achtender Bürger gewesen. Aber unter den herrschenden Umständen hatte ihn seine natürliche Neigung, die zugleich sein einziges Talent war, zu einem Leben der raschen Beinarbeit gezwungen, wie sie eines Muhammad Ali würdig gewesen wäre. Allein durch das altbewährte Hilfsmittel der guten Tips für die zukünftigen Größen der Rennwelt – solange sie noch jung genug waren, um keine Ahnung zu haben – gelang es ihm, von ihnen unbehelligt zu bleiben, wenn sie erst Stellung und Macht erlangt hatten. Die einzigen Sieger, die der alte, schlaue Marius noch besser ausfindig machen konnte als die Sieger unter den

Pferden, waren die jungen, nach oben strebenden Dachse, die in sein Büro stürmten, in dem die Wettnotierungen angeschlagen waren.

Die beiden Männer gingen durch die Glastüren und blieben draußen stehen, während das Licht aus der Halle voll auf die zwei Gestalten fiel. Marius zog seine Leute grundsätzlich nicht in dunkle Ecken, weil er fand, daß das zu verdächtig aussah.

»Hast du die Jungs dazu gekriegt, daß sie mitmachen?« fragte er und stand dabei auf den Hacken, hatte die Hände in den Hosentaschen und ließ den Bauch über den Gürtel quellen.

Piper Boles zündete sich bedächtig eine Zigarette an, schaute sich lässig um, warf einen Blick auf den mit Sternen besetzten Himmel und sog dann den tröstenden Rauch in seine Lungen.

»Ja«, sagte er.

»Und auf wen ist die Wahl gefallen?«

»Auf Amberezzio.«

»Nein«, protestierte Marius. »Der ist nicht gut genug.«

Piper Boles sog den Rauch tief in seine Lunge. Er hatte Hunger. Morgen durfte er höchstens fünfzig Kilo auf die Waage bringen, und er hatte nur ein bescheidenes Hundertfünfziggrammsteak im Bauch. Dabei verachtete er fette Kerle – vor allem reiche, fette Kerle. Er selbst steckte seine kleinen Fettpolster weg in Form von Grundbesitz und Anlagepapieren, aber jetzt, mit achtunddreißig, gingen die körperlichen Anstrengungen beinahe an die Grenzen seiner Kraft. Er wußte nicht, ob er das ständige Hungern noch lange ertragen konnte, und er fand es um so schlimmer, je mehr sein Körper alterte. Ein unangenehmes Gefühl hatte ihn gerade in letzter Zeit dazu getrieben, daß er sich überlegte, wie man auf die schnelle Zehntausend und mehr machen konnte – notfalls mit Mitteln, die er früher zutiefst verachtet hätte.

Jetzt sagte er: »Er ist anständig. Der einzige. Er muß derjenige sein.«

Marius überlegte; die Sache gefiel ihm nicht, aber er nickte zuletzt.

»Also dann meinetwegen. Amberezzio.«

Piper Boles nickte ebenfalls und wollte schon weggehen. Es war nicht gut für einen Jockey, wenn er zu lang im Gespräch mit Marius Tollman gesehen wurde – es sei denn, er fand sich damit ab, in Zukunft die zweite Garnitur des angesehen Gestüts der Somerset Farms zu reiten, was in diesem Fall sicherlich passieren würde.

Marius bemerkte den Impuls und sagte glatt: »Hast du schon über ein Ablenkungsmanöver, sagen wir, einen Fehltritt von Crinkle Cut nachgedacht?«

Piper Boles zögerte.

»Das kostet aber etwas.«

»Sicher«, stimmte ihm Marius bereitwillig zu. »Wie wär's mit noch einem Tausender obendrauf?«

»In gebrauchten Scheinen. Die Hälfte im voraus.«

»Klar.«

Piper Boles verscheuchte mit einem Achselzucken sein schlechtes Gewissen und warf den Rest seiner Anständigkeit über Bord.

»Okay«, sagte er und ging so langsam zu seinem Wagen, als wären seine sämtlichen Nervenstränge beim Gehen angespannt.

Fred Collyer hatte jedes Wort gehört, und er wußte, ohne hinsehen zu müssen, daß eine der beiden Stimmen Marius Tollman gehörte. Unmöglich, wenn man lange genug mit der Welt der Zocker vertraut war, seinen etwas asthmatischen Bostoner Akzent zu verkennen. Er hatte dem Gespräch entnommen, daß Marius einen Schwindel eingefädelt hatte, und fand, daß so ein netter kleiner Schwindel prima in seinen Kommentar paßte. Er dachte etwas benebelt, daß es zuvor notwendig war, herauszufinden, mit wem Marius gesprochen hatte. Er entschloß sich, da die Unterhaltung hinter seinem Rücken stattgefunden hatte, sich umzudrehen und den Knaben zu betrachten.

Aber sein Zeitgefühl war etwas verschoben, und als er sich von der Wand abstieß und den Versuch unternahm, in die richtige Richtung zu schauen, waren beide Männer schon verschwunden.

»Schweinehunde«, schimpfte er laut in die leere Nacht, und ein anderer später Gast, der gerade das Hotel verließ, nahm ihn mitleidig am Ellbogen und brachte ihn zu einem Taxi. Fred kam sicher in sein eigenes Motelzimmer, bevor er das Bewußtsein verlor.

Seit er am Vormittag von La Guardia abgeflogen war, hatte er sechs Bier, vier Brandys, einen doppelten Scotch – durch Irrtum – und fast eine ganze Flasche Bourbon getrunken.

Er wachte am nächsten Tag um elf auf und konnte es nicht glauben. Benommen starrte er auf den Wecker neben dem Bett.
Elf.
Er hatte den Besuch bei den Stallungen verpaßt und das ganze morgendliche Karussell auf der Rennbahn. Als ihm das klar wurde, lief ihm erst einmal ein kalter Schauer über den Rücken, aber es wurde noch schlimmer. Beim Versuch, sich aufzusetzen, drehte sich das ganze Hotelzimmer, und in seinem Kopf pochte es, als wäre sein ganzer Körper ein einziger Dampfhammer. Nachdem er die Decke zurückgeschlagen hatte, stellte er fest, daß er voll angekleidet und mit den Schuhen an den Füßen geschlafen hatte. Und als er versuchte, sich zu erinnern, was er am Abend zuvor getan hatte, fiel es ihm nicht mehr ein.

Er trottete mühsam ins Bad. Sein Gesicht im Spiegel blickte ihm wie ein Wesen aus einem Alptraum entgegen, faltig und mit roten Augen, über Nacht um zehn Jahre gealtert. Er hatte schon öfter mal einen Kater gehabt, aber diesmal fühlte es sich nicht an wie der übliche Morgen danach. Das Gefühl eines nicht wiedergutzumachenden Desasters schwebte irgendwie über und hinter dem akuten körperlichen Unwohlsein seines Kopfes und Magens, aber dessen Ursache entdeckte er erst, als er Jacke, Hemd und Hose ausgezogen und die Schuhe abgestreift und sich danach wieder matt aufs Bett gelegt hatte.

In diesem Augenblick wurde ihm bewußt, da er nicht nur keine Erinnerung daran hatte, wie er in sein Motel zurückgekommen war, sondern daß er auch überhaupt nicht mehr wußte, was sich an dem Abend ereignet hatte. Gesprächsfetzen von der ersten Stunde kehrten zurück, und er erinnerte sich daran, daß er an einem Tisch mit einem mürrischen alten Journalisten der *Baltimore Sun* und mit einer ernsten Frau, die in Lexington eine Zucht betrieb, gesessen hatte. Er erinnerte sich daran, daß er die beiden nicht ausstehen konnte, aber etwa vom gebratenen Hühnchen an erstreckte sich eine durch nichts unterbrochene Leere im Gehirn.

Er hatte von alkoholischen Blackouts gehört, aber er hatte immer angenommen, daß die nur bei einem richtigen Alkoholiker vorkamen, und er, Fred Collyer, war das doch keineswegs! Sicher, er war bereit, zuzugeben, daß er hier und da ein bißchen trank. Also schön, manchmal 'ne ganze Menge. Aber er konnte jederzeit aufhören damit, wenn er wollte. Natürlich konnte er das – jederzeit.

Er lag auf dem Bett und schwitzte und stellte sich vor, daß ein Blackout zum nächsten führen würde, bis aus den Blackouts rosa Panther wurden, die die Wände hochkletterten. Die Warnung des Sportredakteurs klang ihm in den Ohren und schlug voll ins Kontor, und zum erstenmal begann er, nachdem er immerhin schon zweimal seinen Text für die Spalte nicht abgeliefert hatte, sich Sorgen um seinen Job zu machen. Aber innerhalb von fünf Minuten hatte er sich wieder beruhigt und sich klargemacht, daß sie einen Fred Collyer niemals feuern würden. Dennoch nahm er sich um der Zeitung willen vor, das Trinken sein zu lassen, bis er den Artikel über das Derby geschrieben und abgeliefert hatte. Dieser Entschluß gab ihm ein warmes Gefühl von selbstloser Tugend, und das half ihm einigermaßen über die Zitteranfälle und die stetig pulsierenden Kopfschmerzen dieses außergewöhnlich scheußlichen Tages hinweg.

Draußen bei den Churchill Downs gab es noch drei Männer, die sich Sorgen machten. Piper Boles trieb sein Pferd in die Startmaschine und machte sich Gedanken über das, was George Highbury, der Trainer des Rennstalls von Somerset Farms, gesagt hatte, als er zwei Pfund Übergewicht auf die Waage brachte. George Highbury hielt sich sämtlichen Jockeys für turmhoch überlegen und sprach stets sehr mürrisch und kurz angebunden mit ihnen, nach dem Motto: Vogel friß oder stirb.

»Komm mir bloß nicht mit solchem Scheiß«, hatte er auf die Ausreden von Boles geantwortet. »Du warst natürlich gestern abend beim Dinner der Turfreporter – was erwartest du eigentlich?«

Piper Boles erinnerte sich mit düsteren Gedanken an seinen hungrigen Abend mit einem einzigen Martini und sagte, er habe heute früh bereits in der Schwitzbox gesessen.

Highbury zog die Stirn in Falten. »Komm heut abend bloß nicht mit deinem fetten Arsch einem gedeckten Tisch in die Nähe, wenn du Crinkle Cut beim Derby reiten willst.«

Piper Boles mußte unbedingt Crinkle Cut beim Derby reiten. Er nickte Highbury mit niedergeschlagenem Blick zu und schwang sich dann unfroh in den Sattel.

Statt ihn anzustacheln, hatte ihn die Drohung, daß ihm der Ritt auf Crinkle Cut verweigert werden könnte, dazu gebracht, daß seine Konzentration nachließ, so daß er zu langsam aus der Startmaschine kam, das erste Viertel zu rasch anging, um den dritten Platz zu erreichen, an der Kurve zu weit aus der Ideallinie kam und in der Geraden den Spurt verlor. Am Schluß war er Sechster. Dabei war er ein absolut erfahrener Jockey mit überdurchschnittlichen Fähigkeiten. Es war eben nicht einer seiner besten Tage.

Auf der Tribüne setzte Marius Tollman seinen Feldstecher ab, schüttelte den Kopf und schnalzte vorwurfsvoll mit der Zunge. Wenn Piper Boles nicht besser ritt, so daß man annehmen konnte, daß er als erster ins Ziel kam, war das Vorhaben sinnlos. Crinkle Cut mußte als Favorit gelten und dann das Rennen verlieren.

Marius dachte an die Zehntausend, die er selbst am Samstag setzen wollte. Er war noch nicht entschlossen, ob er gewissen schweren Jungs aus dem organisierten Verbrechen von dem Tip abraten sollte, so daß sie ihren Einsatz auf eigenes Risiko wagten, was für ihn selbst das Ungefährlichere war, oder ob er auf den größeren Profit hoffen und sich darauf verlassen sollte, daß alles klappte wie vorhergesehen. Er ließ seinen umfangreichen Leib ächzend nieder und dachte mit Sorgen daran, wie leicht ein sicheres Rennen zu einem sehr unsicheren werden konnte.

Blisters Schultz dagegen machte sich Sorgen um sein Gewerbe, das in einer schweren Existenzkrise steckte.

Blisters Schultz leerte Taschen zum Broterwerb, und er haßte die Kreditkarten. In den alten Tagen, als er die Tricks auf den Knien seines Großvaters gelernt hatte, hatten die Männer ihre Brieftaschen mit den Scheinchen in den hinteren Hosentaschen, wo sie sich so deutlich abdrückten, daß jeder es sehen konnte. Heutzutage hatten all diese billigen Ex-und-hopp-Diebe den Markt völlig ruiniert: Es gab nur noch wenige Opfer, die mehr als eine Handvoll Dollar bei sich trugen, und wenn, dann teilten sie sie auch noch in zwei Portionen auf, wobei sie das größere Geld mit Reißverschlüssen gesichert hatten.

Dreiundfünfzig Jahre hatte Blisters auf dem Buckel; fünfundvierzig Jahre lebte er vom Stehlen. Die verschiedenen, kürzeren Sitzungen hinter Gittern hatte er als Pech angesehen, und sie waren für ihn kein Grund, nicht die erstbeste Brieftasche zu ziehen, die er nach seiner Entlassung für geeignet hielt. Einmal hatte er es mit einem normalen Beruf versucht, aber das hatte ihm nicht gefallen; er brachte es einfach nicht fertig, sich an regelmäßige Arbeitszeiten zu gewöhnen, und außerdem störte ihn das schreckliche Gefühl, richtig zu arbeiten. Nach sechs Wochen hatte er seinen gutbezahlten Job wieder aufgegeben und war glücklich und dankbar in die Unsicherheit zurückgekehrt. Es machte ihm mehr Freude, zwei Dollar zu stehlen als zehn zu verdienen.

Für den besten Fischzug auf Rennplätzen mußte man entweder die dicken Brieftaschen entdecken, bevor das Geld verspielt war, oder man mußte einem großen Gewinner vom Schalter aus folgen. In beiden Fällen mußte man sich in der Nähe des Totalisators herumtreiben und die Augen offenhalten. Das Dumme war, daß zu viele Rennplatzwachen die Gewohnheiten der Diebe kannten und ihrerseits die Leute beobachteten, die herumstanden, um Leute zu beobachten.

Blisters hatte eine schlechte Woche hinter sich. Die vielversprechendsten Brieftaschen hatten sich nach halbstündiger, mühsamer Jagd als enttäuschend erwiesen; sie enthielten wenig Geld und viel Pornographie. Blisters, der über einen eher mäßigen Sexualtrieb verfügte, war bitter enttäuscht von dem Ergebnis.

In den ersten beiden Arbeitstagen dieser Woche hatte er nur dreiundzwanzig Dollar Gewinn gemacht, und fünf davon hatte er auf einer Treppe gefunden. Sein bescheidenes Zimmer in Louisville kostete acht Dollar die Nacht, und wenn er das Fahrgeld und den Proviant in Rechnung stellte, mußte er mindestens dreihundert Dollar einnehmen, damit sich die Reise überhaupt lohnte.

Aber als alter Optimist erwärmte er sich bei dem Gedanken an den Tag des Derbys. Das Aussuchen und das Ziehen war sicherlich leichter, wenn erst die Zuschauermassen und die echten Zocker hier versammelt waren.

Fred Collyer hielt seine persönliche Prohibition den ganzen Freitag über aufrecht. Er fühlte sich beim Aufwachen am Morgen wesentlich wohler, fuhr um halb acht mit dem Taxi zu den Churchill Downs und trug unterwegs die Spesen in das Formular ein, darunter auch viele mythische Punkte für den vergangenen Tag, weil er es für besser hielt, wenn die Redaktion nicht erfuhr, daß er am Mittwochabend bis zum Zusammenbruch abgesackt war. Die auf diese Weise beträchtlich gewachsene Endsumme erhöhte er noch ein bißchen mehr; schließlich war Bourbon nicht gerade billig, und ab Sonntag konnte er sich dann wieder gehenlassen.

Der erste Schock über den Blackout hatte sich gemildert, denn während er im Bett lag, erinnerte er sich dann doch an das eine oder andere, was zeitlich später gewesen war als das gebratene Huhn. Wie er vom Dinner ins Bett gekommen war, entzog sich noch immer seinem Bewußtsein, aber die Leere beunruhigte ihn nicht mehr. Manchmal hatte er das Gefühl, daß sich etwas Entscheidendes ereignet hatte, an das er sich erinnern mußte, aber er redete sich ein, daß er es sicher nicht vergessen hätte, wenn es wirklich wichtig gewesen wäre.

Bei den Stallungen hatten sich bereits Gruppen von Presseleuten um die Trainer der aussichtsreichsten Derbyteilnehmer gebildet. Fred Collyer ließ sich zum äußeren Kreis von Harbourn Cressie treiben, und seine Kollegen machten ihm Platz, ohne auf seine Abwesenheit am Tag zuvor einzugehen. Das beruhigte ihn: Was immer er am Mittwochabend gemacht hatte, es war wenigstens nicht skandalös gewesen.

Notizbücher lagen in den Händen der Journalisten. Harbourn Cressie, der auf eine lange Erfahrung zurückblicken konnte und die Publicity liebte, legte nach jedem Satz eine Pause ein, damit die Presseleute jedes Wort mitschreiben konnten.

»Pincer Movement hat gestern abend gut gefressen und ist heute morgen kühl und ruhig. Nach der Papierform halten wir mit Salad Bowl spielend mit, es sei denn, die Bahn ist am Samstag langsamer als heute.«

Lächeln in der Runde. Der Himmel blau, die Wettervorhersage heiter.

Fred Collyer hörte ohne große Aufmerksamkeit zu. Das oder Ähnliches hatte er unzählige Male gehört. Sie alle hatten es unzählige Male gehört. Wen interessierte das eigentlich noch?

In einer rivalisierenden Gruppe teilte der Trainer von Salad Bowl mit, daß sein Pferd die Kraft hatte, Pincer Movement zu besiegen, egal, ob die Bahn langsam sei oder nicht.

George Highbury zog noch weniger Journalisten an, da er nicht allzuviel über Crinkle Cut zu sagen hatte. Der Dreijährige war bei verschiedenen Gelegenheiten sowohl von Pincer Movement als auch von Salad Bowl geschlagen worden, und man rechnete nicht damit, daß das plötzlich anders würde.

Am Freitag nachmittag hielt sich Fred Collyer im Presseraum auf und verweigerte männlich-hart das Angebot mehrerer Freibiere. – *Bewirtung von Rennstallbesitzern auf der Bahn, zweiundzwanzig Dollar.* –

Piper Boles ritt ein hartes Finish im sechsten Rennen, verlor nur um eine Nasenlänge und wäre danach von der durch den Hunger verursachten Schwäche im Umkleideraum der Jockeys beinahe ohnmächtig geworden. George Highbury, der es nicht gemerkt hatte, stellte nur in säuerlichem Ton fest, daß Boles das vorgeschriebene Gewicht geschafft hatte und dementsprechend beim morgigen Rennen Crinkle Cut reiten würde.

Mehrere Freunde von Piper Boles, die ihn stützten und zu einer Liege führten, flüsterten ihm besorgt ins Ohr, ob der für morgen festgelegte Plan noch gültig sei. Piper Boles nickte. »Klar«, sagte er schwach. »Alles wie vereinbart.«

Marius Tollman war erleichtert zu sehen, daß Boles besser geritten war, aber er entschloß sich dennoch, auf Nummer Sicher zu gehen und das Syndikat über die Aktion in Kenntnis zu setzen.

Blisters Schultz zog zwei Brieftaschen, die vierzehn beziehungsweise zweiundzwanzig Dollar enthielten. Und er verlor zehn davon, weil er im letzten Rennen einen sicheren Gewinner mit seiner Wette unterstützte.

Pincer Movement, Salad Bowl und Crinkle Cut, behütet von uniformierten Wachleuten, die Pistolen an den Seiten trugen, schauten über die Halbtüren der Stallungen heraus und beobachteten mit leichtem Zittern ihrer austrainierten Muskeln, wie andere Pferde zur Bahn geführt wurden. Alle drei wären auch gern mit hinausgegangen. Sie wußten freilich auch genau, was die Stunde geschlagen hatte.

Samstagmorgen, heiter und klar.

Tausende näherten sich den Churchill Downs. Aufgeregt, erwartungsvoll, schnatternd, in bunte Farben gekleidet, Mint Juleps aus Souvenirgläsern trinkend, ergossen sie sich durch die Tore und über das Innenfeld, lasen die neuesten Sportkolumnen über Pincer Movement gegen Salad Bowl und träumten von einem Außenseiter, der mit fünfzig zu eins gewinnen würde.

Blisters Schultz hatte gerade genug zusammengekratzt, um seine Motelrechnung bezahlen zu können, aber seine Selbstachtung hing jetzt davon ab, daß er mit seinen Fischzügen einen besseren Schnitt machte. Sein schmales, faltiges Gesicht mit den emsigen Augen zeigte einen beinahe verzweifelten Ausdruck, und die langen, räuberischen Finger ballten und entspannten sich konvulsiv in seinen Hosentaschen.

Piper Boles, der das vorgeschriebene Gewicht für Crinkle Cut erreicht hatte, gestattete sich ein Frühstücksei und entschied sich, Wertpapiere zu kaufen für die fünfhundert Dollar in gebrauchten Scheinen, die er am Abend zuvor bar übergeben bekommen hatte; zusammen mit den Gewinnen – den legalen und den illegalen – wollte er sie noch an diesem Tag einzahlen. Wenn er heute nachmittg gut abgeräumt hatte, gab es keinen Grund, warum er nicht den gleichen Plan noch einmal durchziehen sollte, vielleicht gelang ihm auch später etwas, wenn er sich aus seinem Jockeyberuf zurückgezogen hatte. Er bemerkte kaum die Veränderung in seinen Gedanken – von zögernder Unehrlichkeit zum gewohnheitsmäßigen Betrug.

Marius Tollman verbrachte den Vormittag damit, daß er mit verschiedenen Bekannten telefonierte und ihnen einen Tip mit Profit anbot. Seine Angebote wurden akzeptiert. Marius Tollman fiel eine Last vom Herzen, und mit federndem Schritt brachte er seine zweihundertsechzig Pfund Lebendgewicht ins

Zentrum, wo ein sorgfältiger Gentleman ihm zehntausend Dollar in unauffälligen, gebrauchten Scheinen auszahlte. Marius Tollman gab ihm eine Quittung, die er ordentlich unterzeichnet hatte. Geschäft war Geschäft.

Fred Collyer sehnte sich nach einem Drink. Einer, dachte er, könnte nicht schaden. Er würde ihn ein bißchen aufmuntern, ihn geistig auf die Zehenspitzen bringen. Ein kleiner Drink am Morgen würde ihn ja wohl nicht davon abhalten, am Abend einen tollen Artikel zu schreiben. Der *Star* konnte ja wohl nichts gegen einen einzigen kleinen Drink einzuwenden haben, bevor er zum Rennen ging, vor allem, da er sich am Abend zuvor von allen Bars ferngehalten hatte und um neun ins Bett gegangen war. Seine Abstinenz hatte ihn viel Willenskraft gekostet; so viel Tugend mußte mit einem einzigen, kleinen Drink belohnt werden.

Freilich – er hatte am Mittwochabend die Flasche Bourbon geleert, die er sich nach Louisville mitgebracht hatte. Jetzt nahm er seine Brieftasche heraus, um festzustellen, wieviel Bares er noch hatte: dreiundfünfzig Dollar, also genug für die allgemeinen Ausgaben und eine Flasche für später, dazu für einen kleinen Drink an der Bar, bevor er wegging.

Er fuhr nach unten. In der Lobby bot ihm sein Kollege Clay Petrovitch wieder eine Freifahrt in seinem Leihwagen zu den Churchill Downs an, so daß er sich entschied, den Drink noch um eine halbe Stunde aufzuschieben. Auf dem ganzen Weg zum Rennplatz verpaßte er sich in Gedanken kleine, lobende Streicheleinheiten.

Blisters Schultz, der sich in der Menschenmenge hinter der Tribüne herumtrieb, sah, wie Marius Tollman im Sonnenschein vorbeiging und sich nach hinten lehnte, um das Gewicht des hängenden Bauches auszugleichen, und hörte, wie er in der allmählich ansteigenden Hitze keuchte.

Blisters Schultz leckte sich die Lippen. Er kannte den fetten Mann vom Sehen, wußte, daß dieser Kerl irgendwo an seinem Körper so viel Kies hängen hatte, daß er, Schultz, damit leicht durch den Winter kommen könnte. Marius Tollman kam nie mit leeren Taschen zum Derby.

Zwei Gedanken ließen Schultz zögern, als er glatt wie ein

Aal in das Kielwasser des Alten steuerte. Der erste war, daß Tollman zu alt und erfahren war, um sich berauben zu lassen. Und der zweite, daß er Freunde in gewissen Organisationen hatte, und wenn Trollman das Geld der Organisation bei sich hatte, würde sich Blisters nicht daran die Finger verbrennen wollen.

Bedauernd ließ er dementsprechend von seinem Opfer ab und kehrte zu der Menge im angenehmen Schatten unter der Tribüne zurück.

Um zwölf Uhr siebzehn mischte er sich unter die dicht beisammenstehende Gruppe von Leuten, die auf einen Lift warteten.

Um zwölf Uhr achtzehn stahl er Fred Collyers Brieftasche.

Marius Tollman hatte sein Geld in raffiniert gearbeiteten Achseltaschen verstaut, die er in einer Menschenmenge auch noch an seinen Körper drückte aus Angst vor Taschendieben. Wenn es an der Zeit war, wollte er so viele Schalter besuchen wie möglich und den Einsatz unauffällig verteilen. Er würde Piper Boles fast die Hälfte der Wettscheine geben – zusammen mit den zweiten fünfhundert Dollar in gebrauchten Scheinen – und die andere Hälfte für sich behalten.

Eine hübsche, saubere kleine Sache, dachte er zufrieden. Und es gab keinen Grund, warum er dieselbe Szene nicht später noch einmal arrangieren sollte.

Er kaufte sich einen Mint Julep und lächelte das Mädchen an, das über mehr Busen als Schüchternheit verfügte.

Die Sonne heizte dem Tag ein. Die ersten Prüfungen liefen programmgemäß ab, und jedes Rennen wurde von aufmunternden Rufen begleitet; aber dennoch war auch ein noch so hart gerittenes Finish nicht mehr als eine Nebensache vor dem eigentlichen, großen Ereignis, dem Derby, dem Höhepunkt im neunten Rennen.

Im Aufenthaltsraum der Jockeys hatte sich Piper Boles längst in seinen Seidenanzug geworfen, mit den Stallfarben von Crinkle Cut, und er begann zu schwitzen. Je näher das Rennen rückte, desto mehr wünschte er sich, es wäre ein ganz gewöhnlicher Derbytag wie jeder andere. Er beruhigte seine Nerven, indem er die *Financial Times* las.

Fred Collyer bemerkte den Verlust seiner Brieftasche oben im Presseraum, als er versuchte, sich ein Bier zu kaufen. Er fluchte, suchte in allen Taschen, kehrte im Presseraum das Unterste zuoberst, ließ sich von Clay Petrovitch die Wagenschlüssel geben und ging zurück zum parkenden Auto. Nach einer ergebnislosen Suche stampfte er wütend zur Tribüne zurück und drehte in Gedanken dem lausigen, stinkenden Sohn einer Hündin, der ihm sein Geld geklaut hatte, den Hals um. Es war sicher ein alter Profi, wahrscheinlich sogar ein alter Mann. Die jungen Gauner verließen sich mehr auf ihre Muskeln als auf ihre Raffinesse.

Die durch den Verlust entstandenen praktischen Probleme waren nicht allzugroß. Er brauchte nicht viel Bargeld. Clay Petrovitch würde ihn mit zurücknehmen in die Stadt, die Motelrechnung ging direkt an den *Manhattan Star*, und das Flugticket lag sicher auf der Kommode in seinem Zimmer. Für alles Weitere konnte er sich zwanzig Dollar oder so von Clay oder einem Kollegen im Presseraum borgen.

Als er wieder mit dem Lift nach oben fuhr, dachte er, daß der Verlust seines Bargelds wie ein Zeichen des Himmels war: kein Geld, kein Drink.

Blisters Schultz war es zuzuschreiben, daß Fred Collyer den ganzen Nachmittag nüchtern blieb.

Pincer Movement, Salad Bowl und Crinkle Cut wurden aus ihren Boxen durch den Tunnel unter den Autos und der Menschenmenge auf die Rennbahn vor der Tribüne geführt. Sie tänzelten lässig und locker, waren das Publikum gewohnt und wußten zugleich aus Erfahrung, daß das nur ein Vorgeschmack war. Der erste Anblick der Größen des Tages trieb die Menge wie bunte Fischschwärme auf die Schalter des Totalisators zu.

Piper Boles ging mit den anderen Jockeys auf die mit einem hohen Drahtzaun eingefaßte Fläche, wo Pferde, Trainer und Besitzer in Gruppen herumstanden. Er litt an einem Gefühl der Unwirklichkeit, des Losgelöstseins; er konnte es nicht glauben, daß er – ursprünglich ein ehrlicher Jockey – aus dem berühmten Kentucky Derby eine Farce machen würde.

George Highbury wiederholte etwa zum vierzigstenmal die Taktik, die sie vereinbart hatten. Piper Boles nickte ernsthaft dazu, als ob er die Absicht hätte, ihr Folge zu leisten. Aber in Wirklichkeit hörte er kaum ein Wort, und er war auch taub für die Musikkapellen und den Gesang, als die Derbypferde auf die Bahn geführt wurde. *My Old Kentucky Home* ließ die Emotionen der Massen schwellen und rief ein Flattern von Taschentüchern hervor, mit denen hier und da auch die Augen ausgewischt worden waren, doch bei Piper Boles bewirkte das alles kein Zucken mit der Wimper.

Während der Parade, dem kurzen Galopp zum Start, der Ehrenrunde und sogar während der Aufstellung in der Startmaschine dauerte bei ihm dieses Gefühl des Losgelöstseins an. Erst als sich auf den Gesichtern der anderen Reiter die große Spannung zeigte, klickten seine Gedanken in die Wirklichkeit zurück. Sein Puls verdoppelte sich beinahe schlagartig, und die Energie flutete in sein Gehirn zurück.

Jetzt, dachte er. In der nächsten halben Minute verdiene ich mir tausend Dollar und danach den Rest.

Er zog sich die Rennbrille vor die Augen und hielt Zügel und Peitsche. Rechts von ihm war Pincer Movement und links Salad Bowl, und als sich die Startmaschine öffnete, war er mit einem Satz zwischen den beiden anderen draußen, legte sein Gewicht sofort über den Widerrist des Pferdes, stand in den Steigbügeln und hatte den Kopf beinahe ebensoweit vorn wie Crinkles Cut.

Als er das erste Mal an den Tribünen vorbeikam, konzentrierte er sich darauf, in der Mitte der Hauptgruppe zu bleiben, so unauffällig wie möglich, und an der oberen Kurve war er noch immer dort, saß ruhig und tat nicht viel. Aber auf der hinteren Geraden, als er in einem Feld von sechsundzwanzig Pferden etwa an zehnter Stelle lag, verdiente er sich seinen Tausender.

Niemand außer Piper Boles hatte eine Ahnung, was in Wirklichkeit geschah; er selbst wußte nur, daß er seinen linken Zügel mit einem scharfen Ruck seines Handgelenks verkürzt und zugleich Crinkle Cut mit dem rechten Fuß einen Stoß in die Rippen verpaßt hatte. Das schnell galoppierende Pferd gehorchte den Richtungsbefehlen, drängte abrupt nach links und krachte dabei gegen das Pferd, das neben ihm lief.

Das Pferd neben ihm war immer noch Salad Bowl. Unter

dem Anprall stieß Salad Bowl gegen das Pferd, das wiederum links von ihm lief, prallte ab, stolperte, verlor völlig das Gleichgewicht und stürzte. Die beiden Pferde hinter ihm fielen über Salad Bowl.

Piper Boles schaute sich nicht um. Die Richtungsänderung und die Kollision hatte ihn mehrere Plätze gekostet, die Crinkle Cut selbst in besten Zeiten nicht hätte gutmachen können. Den Rest des Rennens ritt er genau nach seinen Anweisungen und kam im Finish auf den zwölften Platz.

Von den hundertvierzigtausend Zuschauern in den Churchill Downs hatte bestenfalls eine Handvoll das Desaster auf der gegenüberliegenden Seite der Rennbahn beobachtet. Die Bauten auf dem Innenfeld und die Menge, die die freigegebenen Flächen ausfüllte, hatten den Zusammenprall zumindest für jeden, der auf ebener Erde stand, verdeckt, und für die meisten auf der Tribüne war der Vorfall zu weit entfernt. Nur die Presse, die von ganz oben das Rennen verfolgte, hatte es sehen können. Sie schickten ihre Ermittler hinunter und sausten umher wie in einem aufgescheuchten Bienenstock.

Fred Collyer, der auf dem Balkon stand, sah zu, wie die Photographen hinüberrannten, um Pincer Movement zu verewigen, und bemerkte säuerlich, daß keiner von ihnen Nahaufnahmen des zweiten Favoriten Salad Bowl machte, der auf der Erde lag. Er sah zu, wie dem überraschten Sieger das Hufeisen aus dunkelroten Rosen um den Hals drapiert wurde, und beobachtete noch die triumphale Präsentation der Trophäen. Dann ging er hinein, um sich das Rennen noch einmal auf dem Bildschirm anzusehen. Dort zeigte man den Vorfall um Salad Bowl vorwärts, rückwärts und von der Seite, und dann folgte noch eine Serie von Einzelbildern.

»Schau doch«, sagte Clay Petrovitch und deutete über Fred Collyers Schulter auf den Bildschirm. »Crinkle Cut hat es verursacht. Man sieht, wie er gegen Salad Bowl stößt... Da!... Crinkle Cut, das war der Joker im Spiel.«

Fred Collyer schlenderte zu seinem Platz und starrte auf die Schreibmaschine. Crinkle Cut. Er wußte etwas über Crinkle Cut! Er dachte fünf Minuten lang intensiv nach, konnte sich aber nicht an das erinnern, was er wußte.

Inzwischen tröpfelten Einzelheiten und Zitate in den Presseraum. Alle gestürzten Jockeys waren geschockt, aber unverletzt, ebenso die Pferde; Rennkommissare rannten umher, waren vor Aufregung ganz aus dem Häuschen und ließen den Film der Begleitkamera immer und immer wieder an der entsprechenden Stelle vor- und zurücklaufen. Eine Disqualifikation von Piper Boles erschien unwahrscheinlich, da man für rauhes Reiten beim Derby meistens auf beiden Augen blind war. Piper Boles sagte beim Interview: »Crinkle Cut hat plötzlich geschwankt. Damit hatte ich nicht gerechnet, und deshalb konnte ich auch nicht verhindern, daß er mit Salad Bowl zusammenstieß.« Viele Menschen glaubten ihm.

Fred Collyer dachte, er sollte vielleicht ein paar Sätze zu Papier bringen; das rückte den ersten Drink näher, und, Junge, er hatte einen Schluck nötig! Während er ein Ohr offenhielt für neuere Informationen, tippte er einen Haurucksch-ich-war-dabei-Bericht eines Vorfalls, den er selbst kaum gesehen hatte. Als er begann, das Geschriebene durchzulesen, merkte er, daß die ersten Worte, die er geschrieben hatte, folgendermaßen lauteten:

›Der Fehltritt von Crinkle Cut stahl der Siegerehrung nach dem Rennen...‹

Der *Fehltritt* von Crinkle Cut? Das hatte er eigentlich gar nicht schreiben wollen – oder nicht genau mit diesen Worten. Er zog die Stirn in Falten. Und dann kamen ihm andere Worte in den Kopf, genauso unpassend und albern. Er legte seine Hände über die Tastatur und tippte sie.

›Das kostet aber etwas ... einen Tausender in gebrauchten Scheinen ... die Hälfte im voraus.‹

Er starrte auf das, was er geschrieben hatte. Unsinn, das hatte er sich nur so ausgedacht, ja, so mußte es sein. Oder er hatte es geträumt. Entweder das eine oder das andere.

Ein Traum, ja, das war es. Er erinnerte sich. Er hatte einen Traum gehabt von zwei Männern, die ein Rennen mit vorausbestimmtem Ausgang planten, und einer von ihnen war Marius Tollman gewesen, der etwas über einen Fehltritt von Crinkle Cut gesagt hatte.

Fred Collyer entspannte sich und lächelte über den Gedanken, aber in der nächsten Minute wurde ihm ganz plötzlich klar, daß es gar kein Traum gewesen war. Er hatte gehört, wie

Marius Tollman und Piper Boles als Ablenkungsmanöver einen Fehltritt von Crinkle Cut planten, und er hatte es vergessen, weil er so betrunken gewesen war. Nun, sagte er sich, noch war ja kein Schaden entstanden. Immerhin hatte er sich ja zuletzt doch noch daran erinnert, oder?

Aber nein. Wenn Crinkle Cuts Fehltritt ein Ablenkungsmanöver war – wovon sollte abgelenkt werden? Wenn er ein bißchen wartete, würde er vielleicht das noch herausfinden.

Blisters Schultz verwendete Fred Collyers Geld für zwei Hot Dogs, einen Mint Julep und fünf verlorene Wetten. Auf der Gewinnseite hatte er drei weitere Brieftaschen und eine Damenhandtasche zu verbuchen; Gesamtertrag magere vierundneunzig Dollar. Düster entschied er sich, für heute aufzuhören und nächstes Jahr nicht mehr herzukommen.

Marius Tollman schlenderte von Schalter zu Schalter des Totalisators, und die Rennkommission wollte die Jockeys sprechen, die in den Zusammenstoß mit Salad Bowl verwickelt waren.

Die Menge, erhitzt, ermüdet und an den Rändern bereits ausgefranst, begann im gelb werdenden Sonnenschein den Platz zu verlassen. Auch die Musikkapellen marschierten davon. An den Souvenirständen packte man die Waren ein. Pincer Movement wurde zum tausendstenmal photographiert, und die Pferde für das zehnte, letzte und uninteressanteste Rennen des Tages kamen von den Stallungen herüber.

Piper Boles wartete vor dem Raum der Rennkommission darauf, daß er hineingerufen wurde, denn Marius Tollman benützte nur die besten Boten, und das Päckchen, das er einem von ihnen anvertraute, wurde sicher ausgeliefert. Piper Boles nickte, steckte es ein und gab danach der Rennkommission eine hollywoodreife Vorstellung.

Fred Collyer stützte den Kopf in die Hände und versuchte sich zu erinnern. Ein Drink würde ihm helfen, dachte er. Ablenkungsmanöver. Crinkle Cut. Amberezzio.

Er setzte sich ruckartig auf. *Amberezzio.* Und was, zum Teufel, hatte das zu bedeuten? *Amberezzio – er ist anständig. Er muß derjenige sein.*

»Clay«, sagte er und lehnte sich über seinen Stuhl, »kennst du ein Pferd, das Amberezzio heißt?«

Clay Petrovitch schüttelte den kahlen Kopf. »Nie gehört.«

Fred Collyer fragte ein paar andere Kollegen. »Kennt ihr ein Pferd namens Amberezzio?« Und schließlich erhielt er eine Antwort. »Amberezzio ist kein Pferd, sondern ein Jungjokkey.«

›Amberezzio muß derjenige sein. Er ist anständig.‹

Fred Collyer warf seinen Stuhl um, als er aufstand. Eben war die letzte Minute vor Beginn des zehnten Rennens ausgerufen worden.

»Leih mir zwanzig Eier, sei so gut«, sagte er zu Clay.

Clay, der von der verlorenen Brieftasche wußte, war gern dazu bereit und zog langsam und umständlich sein Portemonnaie heraus.

»Mach schnell, um Himmels willen«, drängte Fred Collyer.

»Okay, okay.« Er reichte ihm die zwanzig Dollar und wandte sich wieder seiner Schreibmaschine zu.

Fred Collyer nahm seine Dauerkarte und schob sich durch das allgemeine Geschnatter zum Totalisatorschalter für die Journalisten am Ende des Presseraums. Er blätterte... Zehntes Rennen, acht Teilnehmer... Er schaute die Liste durch und fand, was er suchte.

Phillip Amberezzio, auf einem Pferd, von dem Fred Collyer noch nie etwas gehört hatte.

»Zwanzig auf die Nummer sechs – auf Sieg«, sagte er rasch und bekam sein Ticket Sekunden, bevor der Schalter schloß. Leicht zitternd bahnte er sich wieder einen Weg durch die Menge und ging auf den Balkon. Er war der einzige Mann von der Presse, der das Rennen beobachtete.

Die Jockeys machten ihre Sache großartig, dachte er bewundernd. Geradezu künstlerisch. Man hätte es nicht gemerkt, wenn man es nicht gewußt hätte. Sie nahmen ihn in ihre Mitte, geleiteten ihn über die Bahn und gaben ihm genau im richtigen Augenblick den Weg frei. Amberezzio gewann mit einer halben Länge, während die anderen mit der Peitsche arbeiteten, als ob sie das letzte aus ihren Pferden herausholen wollten.

Fred Collyer lachte. Der arme, kleine Sowieso hielt sich für weiß Gott was für einen Teufelskerl, der einen völligen Außenseiter ins Ziel brachte, während die anderen, die großen Jungs auf den bekannteren Pferden, hinter ihm zurückblieben.

Fred betrat wieder den Presseraum und stellte fest, daß alle anderen ihre Aufmerksamkeit auf Harbourne Cressie gerichtet hatten, der den Besitzer und den Jockey von Pincer Movement mitgebracht hatte. Fred Collyer machte sich genügend Notizen, um etwas darüber schreiben zu können, aber seine Gedanken waren bei der anderen Story, der großen – dem Geschenk.

Die Sache mußte sorgfältig und vorsichtig angepackt werden, dachte er. Sie würde sein Bestes fordern, da er behutsam vorgehen und keinen direkten Verdacht aussprechen durfte, zugleich aber den Lesern klarmachen mußte, daß eine Untersuchung der Angelegenheit dringend erforderlich war. Seine alten Instinkte erwachten zum Leben. Er war sogar endlich einmal wieder richtig aufgeregt. Er würde seinen Bericht in der Stille und der Intimität seines Motelzimmers schreiben. Hier auf dem Rennplatz brachte er es nicht fertig – vor allem, weil ihm jeder Turfreporter der Welt über die Schulter schauen konnte.

Im Umkleideraum der Jockeys teilte Piper Boles diskret die Totalisatortickets aus, die ihm Marius Tollman gegeben hatte: ein Wert von fünfhundert Dollar für jeden der sieben ›erfolglosen‹ Reiter im zehnten Rennen und Tickets im Wert von tausend Dollar für sich selbst. Jeder der Jockeys bat danach seine Frau oder eine Freundin, den Gewinn zu kassieren. Manche von ihnen wären eine leichte Beute geworden für Blisters Schultz, wenn dieser nicht schon nach Hause aufgebrochen wäre.

Marius Tollmans Einsatz hatte den Gewinn auf Amberezzio geschmälert, aber er zahlte immerhin noch zwölf zu eins. Marius Tollman schob sich keuchend und pfeifend von Schalter zu Schalter und sammelte nach und nach seine Gewinne ein. Er hatte in seinen Achseltaschen nicht genug Platz für das ganze Bargeld und steckte schließlich auch ein paar Bündel in leichter zugängliche Taschen. Wirklich schade, daß Blisters Schultz so früh die Flinte ins Korn geworfen hatte!

Fred Collyer kassierte ebenfalls eine Handvoll Banes und gab Clay Petrovitch die zwanzig Dollar zurück.

»Wenn du schon 'nen heißen Tip hattest – du hättest ihn leicht weitergeben können«, knurrte Petrovitch und dachte dabei an all die Spesen, die der gute, alte Fred vermutlich für seine kostenlosen Fahrten zum Rennplatz kassieren würde.

»Es war kein Tip, nur eine Ahnung.« Und leider konnte er Clay nicht sagen, was das für eine Ahnung war, weil Clay für eine Konkurrenzzeitung schrieb. »Ich lade dich auf der Heimfahrt zu einem Drink ein.«

»Das will ich aber stark hoffen.«

Fred Collyer bedauerte augenblicklich das Angebot, das er instinktiv gemacht hatte. Er erinnerte sich daran, daß er nicht trinken wollte, bevor er seinen Artikel zu Ende geschrieben hatte – na ja, ein einziger konnte vielleicht nicht schaden... Im Gegenteil, er brauchte sehr dringend einen Drink. Seit dem Mittwoch schien ein Jahrhundert vergangen zu sein.

Sie gingen gemeinsam weg und verließen den Presseraum mit den meisten von der Meute. Der Rennplatz sah am Ende des Tages mitgenommen aus; die leuchtendroten Blütenblätter der Tulpen lagen auf dem Boden, nur noch leere Stengel ragten in die Höhe, und die hellen Grasteppiche waren staubig grau und von Abfall bedeckt. Fred Collyer dachte nur an das Geld in seiner Tasche und an die Geschichte in seinem Kopf, und der eine wie der andere Gedanke schenkte ihm ein angenehmes, warmes Gefühl.

Ein Drink zur Feier, dachte er. Ich lade Clay zu einem Dankeschöndrink ein, und dann trinken wir vielleicht noch einen zum Feiern. Es kam nicht oft vor, daß er so viel Glück hatte wie an diesem Tag.

Sie hielten unterwegs an einer Kneipe an. Der erste doppelte Bourbon lief Fred Collyer durch die Adern, wie das Feuer durch einen trockenen Wald läuft. Nach dem zweiten fühlte er sich großartig.

»Zeit zum Gehen«, sagte er zu Clay. »Ich muß noch meinen Artikel schreiben.«

»Nur noch einen«, widersprach Clay. »Der geht auf mich.«

»Lieber nicht.« Fred fühlte sich tugendsam.

»Ach, komm schon«, sagte Clay und bestellte. Mit einem Hauch von schlechtem Gewissen kippte Fred Collyer den dritten – aber konnte er nicht selbst dann noch jeden Rennfachmann im Geschäft übertreffen? Natürlich konnte er.

Nach dem dritten gingen sie. Fred Collyer kaufte sich eine

Flasche Bourbon für nachher, wenn er die Story zu Ende geschrieben hatte. Als er in seinem Zimmer war, nahm er nur einen winzigen Schluck, bevor er sich hinsetzte, um zu schreiben.

Die Worte wollten nicht kommen. Er zerknüllte sechs Versuche und goß etwas Bourbon in ein Zahnputzglas.

Marius Tollman, Crinkle Cut, Piper Boles, Amberezzio ... Es war gar nicht so einfach.

Er trank einen Schluck, er konnte wohl gar nicht anders.

Der Sportredakteur würde ihm für diese Story eine Gehaltsaufbesserung bewilligen, oder zumindest würde er nicht über sein Spesenkonto meckern.

Er trank einen Schluck.

Piper Boles hatte sich tausend Eier verdient, weil er Salad Bowl gerempelt hatte... Wie, zum Teufel, konnte man so etwas schreiben, ohne wegen Verleumdung verklagt zu werden?

Er trank einen Schluck.

Die Jockeys im zehnten Rennen hatten sich gegenseitig abgesprochen, um den einzigen Anständigen unter ihnen gewinnen zu lassen. Wie, zum Teufel, drückte man das aus?

Er trank einen Schluck.

Die Rennkommission und die Presse hatten ihre ganze Aufmerksamkeit auf den Zusammenstoß beim Derby gerichtet und das zehnte Rennen praktisch übersehen. Die Rennkommissare würden ihm nicht gerade besonders dankbar sein, wenn er ihnen das unter die Nase rieb.

Er trank noch einen Schluck. Und noch einen. Und noch mehr.

Sein äußerster Ablieferungstermin für die telefonische Durchgabe seines Berichts in die Redaktion war um zehn Uhr am folgenden Vormittag. Zu dieser Zeit lag er voll angekleidet auf seinem Bett und schnarchte. Die leere Bourbonflasche stand neben dem Bett auf dem Boden, und sein Gewinn, den er zu zählen versucht hatte, lag verstreut auf seiner Brust.

*Aus dem Englischen übertragen
von Friedrich A. Hofschuster*

> Meistermorde

Antonia Fraser

Der Tod eines alten Hundes

Einen zuckersüßen Ausdruck im herzförmigen Gesicht kehrte Paulina Gavin vom Tierarzt zurück. Die kleine steile Falte, die gelegentlich – und auch dann nur oberflächlich – die weiche, weiße Haut zwischen den Brauen zeichnete, war wie weggewischt. Der Blick aus ihren grauen und doch sanften Augen glitt durchs Wohnzimmer und blieb dann liebevoll an Richard hängen.

»Liebling! Verzeih, daß ich so spät dran bin. Trotzdem gibt's pünktlich Abendessen. Es ist alles vorbereitet.«

Das langjährige Witwerdasein hatte aus Richard Gavin einen guten und flinken Koch gemacht. Diesmal hatte ihn Paulina vor dem Besuch beim Tierarzt jedoch nicht mittels eines Zettels gebeten, seine Fähigkeiten zu demonstrieren. Jetzt küßte Paulina Richard mit zärtlichem Druck dort auf die Wange, wo seine eisgrauen Koteletten endeten. Es war ihre ganz spezielle Stelle.

Spätestens dies machte Richard sofort klar, daß das Todesurteil über Ibo gefällt war.

Während Richard mit jener kühlen Distanz die Situation analysierte, die ihm in seiner Eigenschaft als Strafanwalt zustand, wurde er sich bewußt, daß er nicht im geringsten überrascht war, daß das Urteil zu Ibos Ungunsten ergangen war. Schließlich hatte es sich um eine sehr ungleiche Verteilung der

Kräfte gehandelt: auf der einen Seite der junge Tierarzt und die kaum ältere Paulina – und auf der anderen Seite Ibo. Und Ibo war nicht nur ein alter, sondern wirklich ein steinalter Hund.

Ibo war noch ein Relikt aus den Jahren von Richards erster Ehe, und jene zauberhafte Zeit schien nicht nur unendlich lange her zu sein, sondern stammte tatsächlich schon beinahe aus einer anderen Welt. Selbst der Ursprung des Spitznamens Ibo – ein sehr persönlicher Scherz, den Richard mit Grace geteilt hatte – war im Lauf der Jahre in Vergessenheit geraten. Soviel er sich vage erinnerte, war der Hund zuerst ein Hippolytus gewesen. War Ibo eine Anspielung auf Richards damalige Sympathien für eine Partei im nigerianischen Bürgerkrieg? Oder war es, weil der Hund, wie die Ibo, die Bewohner Biafras, ständig an Hungergefühlen litt? Auch das schien eine kleine Ewigkeit her zu sein.

Wollte man es sentimental ausdrücken, konnte man behaupten, Ibo und Richard seien zusammen alt geworden. Wobei das eigentlich nicht ganz stimmte, denn Richard hatte gerade vorsichtig die Grenze zu den älteren Jahrgängen überschritten, als er jäh von Paulinas rundlichen Armen und erstaunlich kräftigen, kleinen Händen zurückgerissen worden war. Nach dieser Art von Rettung war Richard in der Blüte seines Mannesdaseins verharrt wie auf einem Thron.

Frühere sportliche Leistungen – einschließlich seiner erstklassigen Vorstellungen beim Tennis, einer Sportart, in der er es sicher weit gebracht hätte, hätte ihn sein Beruf nicht zu sehr in Anspruch genommen – waren angesichts seiner großen, muskulösen Statur allerseits in guter Erinnerung. Er hatte in letzter Zeit sogar an Gewicht verloren. Und nicht nur die zärtlich liebende Paulina, sondern vor allem Richards Freunde behaupteten stets, er sei attraktiver denn je. Es war beinahe, als habe der Altersunterschied von fünfundzwanzig Jahren, der zwischen Richard und seiner zweiten Frau bestand, wie eine Verjüngungskur auf ihn gewirkt.

Ein ähnliches Wunder wie dem Herrn war allerdings dem Hund nicht beschieden gewesen. Richard konnte sich rückblickend dunkel an äußerst peinliche Parkspaziergänge mit Ibo erinnern – Prototyp eines Rüden auf der Höhe seiner Zeugungsfähigkeit. In letzter Zeit konnte selbst die begehrenswerteste Spanielhündin vergeblich um ihn herumstreichen. Wie Boxer aus *Animal Farm* war Ibo, was sexuelle Energie betraf, nur noch ein Schatten seiner selbst. Dabei besaß er nicht einmal Boxers tragische Würde. Ibo war ein ziemlich zerrupfter und, ehrlich gesagt, auch reichlich übelriechender Hund geworden.

Richard rutschte in seinem Sessel hin und her. Die Sache mußte besprochen werden. Außerdem gab es noch ein wichtiges Thema, das er früher oder später mit Paulina diskutieren wollte.

»Wie war's beim Tierarzt, Liebes?« rief er. Sie hatte sich schließlich bisher über ihren Besuch beim Tierarzt ausgeschwiegen.

Doch Paulina, die inzwischen in der Küche verschwunden war, schien nichts zu hören. Vorbereitete Köstlichkeiten schickten bereits angenehme Düfte voraus. Richard nahm an, daß sie bald ohne Schürze und mit einer schon geöffneten Flasche Rotwein und zwei Gläsern auf dem Tablett wieder erscheinen würde. Und er vermutete, daß sich das Abendessen bei Kerzenschein abspielen würde.

Er sollte recht behalten. Seine Ahnung bestätigte sich endgültig, als Paulina völlig unverhofft ein paar von Weihnachten übriggebliebene Kerzen entdeckte und spontan beschloß, sie aufzubrauchen.

»Warum eigentlich nicht? Nur für uns zwei«, sagte sie eigentlich mehr zu sich selbst, als sie sich an den eindeutig festlich gedeckten kleinen Tisch mit den roten Kerzen setzte. Dann änderte sich Paulinas Haltung schlagartig.

»Armer Ibo«, seufzte Paulina. »Der Tierarzt hat mir nicht viel Hoffnung gelassen.«

»Hoffnung?« wiederholte Richard in überraschtem Ton. Es war keine Frage der ›Hoffnung‹ – welche Hoffnung sollte es für einen sehr alten, übelriechenden Hund schon geben –, sondern von Leben und Tod. Sie diskutierten über die Verlängerung von Ibos Leben. Mehr konnte er nicht erwarten. Die Möglichkeit einer wundersamen Verjüngung stand überhaupt nicht zur Debatte.

»Natürlich Hoffnung«, entgegnete Paulina ihrerseits und

schien zum erstenmal unsicher geworden zu sein, so als habe die Unterhaltung eine unerwartete und daher unerwünschte Wendung genommen. »Hoffnung ist doch so wichtig, oder? Ohne Hoffnung sehe ich keinen Sinn...«

Doch Richard war bereits abgelenkt. Es fehlte etwas. Hätte Paulina nicht diesen Zauber mit dem Abendessen veranstaltet, wäre es ihm sofort aufgefallen.

Wo war Ibo? Wo war der fette, watschelnde, halb blinde, von Flöhen geplagte Hund mit der eisgrauen Schnauze? Normalerweise hätte das Tier beim Betreten des Wohnzimmers sofort Richards Hand geleckt... oder besser eingespeichelt. Dann hätte Ibo, der unverbesserliche Optimist, mit seinem Schwanzstummel gewedelt, als stünde trotz der späten Stunde und seiner Gebrechlichkeit ein Spaziergang bevor. Wenn ihm dann schließlich die Absurdität seiner Reaktion bewußt geworden wäre, hätte er sich zum Kamin geschleppt... allerdings nicht ohne noch ein letztes Mal mit der Zunge über Richards Hand gefahren zu sein. Das alles war nicht passiert. Also wo war Ibo?

Paulina hatte immer hastiger zu reden begonnen, murmelte etwas von weiteren Untersuchungen, wie freundlich der Tierarzt gewesen sei, von der Notwendigkeit einer vernünftigen Entscheidung und so weiter, was alles in der Tatsache gipfelte, daß der Tierarzt den Hund über Nacht bei sich behalten hatte. An dieser Stelle fiel Richard ihr erneut ins Wort.

»Ist dir eigentlich klar, daß Toddie morgen aus der Schule nach Hause kommt?«

Diesmal veränderte blankes Entsetzen Paulinas Züge. Es war nicht zu übersehen, daß sie es tatsächlich vergessen hatte.

»Wieso denn?« begann sie. »Er ist doch gerade erst wieder...« Sie hielt unvermittelt inne. Jetzt fiel es ihr ein. Toddie, der merkwürdig schweigsame zehnjährige Sohn aus Richards erster Ehe, sollte am kommenden Tag aus dem Internat zurückkehren, um eine neue Zahnspange zu bekommen. Der Zahnarzt hatte auf der Einhaltung der Behandlungstermine bestanden, und damit waren Richards Proteste, die Sache könne bis zu den nächsten Ferien warten, vergeblich gewesen. Zuerst hatte Toddie die Nachricht von seiner schnellen Rückkehr mit dem für ihn typischen Gleichmut hingenommen.

Doch nach wenigen Minuten hatte er sich neben dem vor dem Kamin wie ein Bettvorleger aus Fell hingestreckten Ibo niedergekniet und die Arme um den Hund geschlungen.

»Dann sehe ich dich also bald wieder, mein guter Alter, was? Du bist doch der beste Hund auf der Welt.« Für Toddie war das schon eine ziemlich lange Rede gewesen.

Toddies zärtliche Regungen waren ausschließlich auf Ibo beschränkt. Sein Vater hatte sich Toddie nach Graces Tod versuchsweise mit zurückhaltender Zärtlichkeit genähert, der der Junge nur mit starrer Abwehr begegnet war. Später hatten sie sich auf rituelles Händeschütteln geeinigt. Als Richard Paulina geheiratet hatte, hatte er ihr von jeglichen zärtlichen Annäherungen an Toddie aufgrund seiner eigenen negativen Erfahrungen abgeraten. Für Paulina war der häufige flüchtige Wangenkuß eine ebenso natürliche Form der Kommunikation wie für Richard der feste Händedruck. Da ihr das verwehrt gewesen war, war sie bar jeden physischen Kontakts zu Toddie geblieben. Zuerst hatte ihr das Sorgen gemacht: ein Junge ohne Mutter... Später, als die Gefühle für einen mutterlosen Jungen allmählich der Skepsis gegenüber einem in seiner Schweigsamkeit völlig undurchschaubaren Wesen gewichen waren, war Paulina insgeheim froh, sich nicht zu Umarmungen und Küssen gegenüber diesem lebendigen Rätsel mit seinen niemals lächelnden Lippen und den beunruhigend ausdruckslosen Augen verpflichtet zu haben.

Überhaupt gab es nur zwei Dinge, die Toddie zu irgendeiner Reaktion hinreißen konnten. Eines war das Verbrechen oder, besser gesagt, Mord. Zweifellos war dies eine natürliche Begleiterscheinung, die der Beruf des Vaters mit sich brachte. Trotzdem fühlte sich Paulina gelegentlich davon abgestoßen, wie Toddie die Zeitung auf der Suche nach irgendwelchen schrecklichen Mordprozessen durchforschte. Wobei man sagen mußte, daß sich seine Aufmerksamkeit allein auf Gerichtsberichte konzentrierte und er sich weniger für die Greuelgeschichten in den Lokalblättern, als für die technische Abwicklung von Berufungsverfahren interessierte, worin er bereits über ein erstaunliches Wissen verfügte. Vielleicht würde er später einmal Strafanwalt wie Richard werden... wobei er, was Mordprozesse anging, Richard schon einiges voraushatte.

Ansonsten galt Toddies einzig weiteres spürbares Interesse natürlich Ibo.

In ihrem ersten Schock über Toddies bevorstehenden Besuch aus dem Internat erging sich Paulina in einer Flut von Erklärungen über Ibos wahren Zustand. Ibo habe ein großes Geschwür, das konnte der Tierarzt feststellen, ob Richard das nicht längst bemerkt hätte? Richards Hände verkrampften sich. Wie lange war es her, daß er es über sich gebracht hatte, Ibo genauer zu untersuchen? Ibo existierte nur einfach. Oder hatte wenigstens bis jetzt existiert. Paulina fuhr fort, ihre Argumente dafür darzulegen – leicht durchschaubar wie Richard fand –, ›Ibo von seinen Leiden zu erlösen‹, wie sie es nannte. Oder vielmehr, ihm das Elend, das ihm bevorstand, zu ersparen. Niemand könne behaupten, daß Ibo jetzt litt... aber das würde unweigerlich kommen, und das sei eben der springende Punkt. Richard hörte ruhig zu. Ihn überraschte nichts mehr. Schließlich hatte er bereits von dem Augenblick an, als seine Frau ihn geküßt hatte, gewußt, daß Ibo zum Tod verurteilt war.

Was Richard Gavin nicht erkannt hatte... und erst bemerkte, als er mit juristischem Scharfsinn und voller Bedauern die Argumente für Ibos Ableben überdachte, war, daß der alte Hund eigentlich gar nicht nur zum Tod verurteilt war. Er war bereits tot, hatte schon während der leidlich langen Diskussion nicht mehr gelebt; er war bereits am Nachmittag vom Tierarzt eingeschläfert worden, und zwar auf alleinige Anordnung von Paulina Gavin, die danach dreist und mit verführerischem Charme zurückgekehrt war, um ihren älteren, erfahrenen Gatten wortreich zu ihrem Standpunkt zu bekehren...

Für einen Augenblick glitt ein furchterregender Ausdruck über die Züge des renommierten Anwalts Richard Gavin. Doch Paula hielt mutig den Kopf hoch. Geduldig, denn sie hatte längst nicht mehr soviel Angst vor ihrem Mann wie zu Beginn ihrer Ehe, versuchte sie ihm klarzumachen, wie vernünftig, ja wie rücksichtsvoll ihre Strategie sei. Irgend jemand hätte schließlich eine Entscheidung treffen müssen, und sie, Paulina, hätte sich verantwortlich gefühlt. Aus diesem Grund wollte sie Richard die schreckliche, schmerzliche Pflicht abnehmen, einen alten, einen lieben alten Freund dem Tod zu überantworten. Immerhin sei es für sie leichter gewesen, denn

Richard habe Ibo ja so viel länger gekannt. Aber da Richard ein so rationell denkender Mann wäre, der jede Entscheidung genau überdachte, habe sie das Gefühl gehabt, es ihm schuldig zu sein, die Angelegenheit mit ihm auszudiskutieren.

»Wobei du allerdings sicher gewesen bist, mich von der Richtigkeit deines Tuns überzeugen zu können, oder?«

Richards Stimme klang kühl und zurückhaltend wie gelegentlich während eines Kreuzverhörs vor Gericht. Seine Miene blieb ausdruckslos, und er erinnerte Paulina damit unangenehm an Toddie. Trotzdem blieb sie fest bei ihrer Haltung.

»Ich weiß, daß ich recht hatte, Liebling«, entgegnete sie. »Es war so für alle das Beste. Du wirst schon sehen. Jemand mußte schließlich eine Entscheidung treffen.«

Damit allerdings war das Problem von Toddies frühzeitiger Rückkehr aus dem Internat nicht aus der Welt geschafft, jener Faktor, den Paulina zugegebenermaßen als einzigen nicht bedacht hatte. Sie war davon ausgegangen, Toddie die traurige Nachricht zu Beginn der nächsten Ferien schonend beibringen zu können, wenn bereits Gras über die Sache gewachsen war. Doch am folgenden Morgen machte Paulina, die in ihrem Hauskleid besonders hübsch aussah, beim Frühstück klar, daß sie auch mit der neuen Situation fertig zu werden gedachte. Strahlend reichte sie Richard die Post.

»Persönlich und vertraulich. Ist das von der Bank?«

Ohne jedes Bedauern oder Mißmut gab Paulina zu verstehen, daß sie ihren Bürotag in dem Atelier für Innenausstattung, das sie betrieb, opfern würde, um Toddie von der Schule abzuholen und auch wieder dorthinzubringen. Und das, obwohl sie bereits einen Nachmittag beim Tierarzt vertrödelt hatte. Das einzige, was Paulina von Richard erwarte, fuhr sie fort, sei, am Nachmittag aus der Kanzlei nach Hause zu kommen, um seinem Sohn von dem Hund zu erzählen.

Richards übliche Morgenmiene – ein Stirnrunzeln, das offenbar der Brief ausgelöst hatte – veränderte sich nicht.

»Nein, es ist nicht von der Bank«, bemerkte er.

»Dann vielleicht vom Finanzamt?« Paulina schien entschlossen, höflich Konversation zu machen.

»Nein.«

»Ein neuer Fall?«

»So könnte man es auch nennen.«

»Aber warum schickt man dir das nach Hause und nicht in die Kanzlei?« fuhr Paulina im Plauderton fort.

»Paulina«, erklärte Richard, schob seinen Stuhl zurück und stand auf. »Du wirst verstehen, daß ich mich nicht gerade darum reiße, Toddie zu sagen, daß Ibo tot ist.«

»Mein Gott, Liebling!« rief Paulina aus, sprang ihrerseits auf, und Tränen glitzerten in ihren Augen. »Ich weiß, ich weiß, ich weiß!« Sie schlang die Arme um die imposante Gestalt ihres Mannes, so gut es ging. »Aber es war doch nur zu seinem Besten.«

»Du meinst zu Ibos Bestem?«

»Ja, natürlich. Dieser arme alte Bursche. Armer, armer alter Ibo. Ich versteh's ja. Der Tod eines alten Hundes... das ist schrecklich traurig. Aber es war unvermeidlich, meinst du nicht auch, Liebster?«

Paulina ließ von ihm ab und trocknete ihre Tränen. Richard ging in sein Arbeitszimmer, in jenen großen Raum mit den vielen Bücherregalen an den Wänden, den Paulina für ihn über der Garage eingerichtet hatte. Zuvor deutete er noch an, daß er seinen Büroleiter anrufen und sagen wollte, daß er sich den ganzen Tag freinehmen würde.

Eines der Hauptmerkmale des Arbeitszimmers war ein großes Panoramafenster, von dem aus man einen weiten Blick über die Felder bis hin zum Waldrand hatte. Um zu gewährleisten, daß Richard dort völlig ungestört sein konnte, besaß der Raum auf der dem Haus zugewandten Seite kein Fenster. Von dort war nur eine glatte Backsteinwand zu sehen. An jenem Morgen allerdings hatte Paulina bei diesem Anblick plötzlich das Gefühl, als hätten ihr Richard und das Zimmer den Rücken zugewandt. Natürlich war das nichts als Einbildung. Die Geschichte mit Toddie... und mit Ibo hatten ihr doch zugesetzt.

Paulina sagte sich, daß schließlich auch sie nicht ohne Gefühle und Zuneigung für das arme, schreckliche Tier war. Tapfer und tatkräftig hatte sie Richard etwas erspart... etwas, wozu sie noch ein paar Jahre zuvor nicht fähig gewesen wäre. Wie das eigene Atelier doch ihre Selbstsicherheit gestärkt hatte! Bei dem Gedanken an die neu gewonnene seelische

Reife beruhigten sich Paulinas Nerven. Sie fuhr den Wagen aus der Garage, um Toddie aus dem Internat abzuholen.

Natürlich wußte Toddie, kaum daß er nach dem Zahnarztbesuch das leere Haus betrat, daß etwas nicht stimmte. Er war bei ihrer Rückkehr sofort aus dem Wagen gesprungen und über den Hof gelaufen, obwohl Paulina, in der Hoffnung, ihn geradewegs in die Arme seines Vaters zu dirigieren, das Auto direkt in die Garage gefahren hatte. Als das nicht klappte, weigerte sie sich allerdings standhaft, Toddies aufgeregte Fragen nach Ibo zu beantworten, der den Jungen nicht wie üblich begrüßt hatte. Sie nahm den Jungen lediglich bei der Schulter und drängte ihn so schnell wie möglich in die Garage zurück, und von dort ging es die Treppe hinauf in Richards Arbeitszimmer. Paulina dachte nicht daran, länger bei den beiden zu verweilen. Sie legte keinen Wert darauf, Toddies Zusammenbruch mitzuerleben.

Nur ein einziges Mal hatte sie Richard gefragt, wie Toddie denn den plötzlichen und schrecklichen Tod der Mutter bei einem Autounfall auf dem Weg zum Kindergarten, von dem sie den Jungen hatte abholen wollen, aufgenommen habe.

»Er hat geheult«, antwortete Richard.

»Du meinst, er hat geweint?«

»Nein, geheult. Er hat einmal laut aufgeheult. Es klang schrecklich. Dann war abrupt Schluß, so als habe ihm jemand plötzlich die Hand über den Mund gehalten. Es klang wie das Heulen eines Hundes.«

Paulina erschauerte. Die Erinnerung an diesen Vergleich war im Augenblick besonders makaber. Sie hatte inzwischen den oberen Absatz der schmalen Treppe erreicht und schob Toddie in den großen, von Bücherregalen gesäumten Raum mit dem riesigen Fenster. Doch bevor sie sich zum Gehen wenden konnte, sagte Richard mit seiner festen Stimme, die sie aus den Gerichtsverhandlungen so gut kannte:

»Toddie, du kennst dich doch mit Gesetzen aus, oder?«

Der Junge nickte nur und starrte seinen Vater wortlos an.

»Du sollst wissen, daß hier ein Prozeß stattgefunden hat. Der Prozeß gegen Ibo.« Toddie starrte ihn nur weiter aus runden, fischgleichen Augen an. Paulina drehte sich um und floh die Treppe hinunter. Richard kannte die Materie und wohl seinen

Sohn am besten. Trotzdem kam ihr die Art, wie er dem Jungen die Nachricht beizubringen versuchte, geradezu gespenstisch vor.

Es verging viel Zeit. Paulina konnte mehrmals mit ihrem Atelier telefonieren – in dem man ohne sie nicht auszukommen schien, was ihr guttat; es blieb ihr sogar noch genug Muße, um darüber nachdenken, wie wenig sie sich doch an die erzwungene Untätigkeit einer Hausfrau hatte gewöhnen können, die sich ständig nach den männlichen Mitgliedern der Familie richten mußte. Sie versuchte die Leere damit auszufüllen, für Toddie einen schmackhaften Imbiß herzurichten. Möglicherweise konnte ihn das ein wenig trösten. Doch die Essenszeit war längst vorüber, als Paulina das erste Geräusch aus dem Arbeitszimmer über der Garage erreichte. Sie hatte gerade gedacht, daß sie Toddie zu spät nach Graybanks zurückbringen würde, wenn Richard mit dem Jungen nicht bald auftauchte, als das Haustelefon klingelte.

»Er kommt jetzt runter«, ertönte die leicht entstellte Stimme von Richard über die Leitung. »Natürlich möchte er über die Geschichte nicht sprechen. Du bringst ihn also am besten direkt zur Schule zurück. Und zwar so schnell wie möglich. Nein, keinen Tee mehr. Danke. Er wartet im Wagen auf dich.« Das war alles. Am anderen Ende wurde aufgelegt.

Richards barscher Ton hatte Paulina etwas aus der Fassung gebracht. Dagegen kam sie einfach nicht an. Sie deckte hastig den liebevoll gedeckten Teetisch wieder ab. Noch immer gegen ihre Gefühle ankämpfend, zog sie die Kostümjacke an und lief über den Hof. Ihre stumme Wut allerdings konnte sie nicht ganz unterdrücken. Es war nur gut, überlegte sie, daß Richard, wenn er älter wurde, eine taktvolle, geschickte junge Frau an seiner Seite hatte. Das würde ihn davor bewahren, mit diesen Schroffheiten, zu denen erfolgreiche Männer ab einem gewissen Alter zu neigen schienen, noch mehr Porzellan zu zerschlagen. Und zum zweitenmal an diesem Tag dachte sie mit Genugtuung an die Courage, die sie damit bewiesen hatte, Ibo auf ihre Initiative hin einschläfern zu lassen, um ihrem Mann die traurige Pflicht zu ersparen. Zweifellos war Richard in solchen Dingen bereits auf sie angewiesen.

In dem Wissen um ihre diesbezüglichen Fähigkeiten gelang

es ihr sogar, ihren Ärger darüber zu überwinden, daß Richard sich nicht einmal die Mühe gemacht hatte, ihr das Garagentor zu öffnen. Männer waren doch wirklich die undankbarsten Geschöpfe. Schließlich hatte nicht Richard, sondern sie eine unangenehme Nachtfahrt über Land vor sich. Ein Rest von Ärger blieb jedoch zurück. Zumindest hätte er die gewohnte Ritterlichkeit an den Tag legen können, um ihr die Abfahrt so bequem wie möglich zu machen. Immerhin fuhr sie seinen, nicht ihren Sohn ins Internat zurück. Daß er sich auf sie verließ, war in Ordnung, aber wenn es zur Gewohnheit wurde und man diese Dinge für selbstverständlich nahm... Ungewöhnlich aufgewühlt für jemanden, der normalerweise so ruhig und tatkräftig war wie Paulina, schlüpfte sie durch die schmale Tür, die in die Garage führte.

Paulina ging zum Wagen. Zu ihrer Überraschung lief der Motor bereits. Aber Toddie saß nicht wie erwartet auf dem Beifahrersitz. Sie versuchte das Tor zu öffnen, doch es war verschlossen. Dann hörte sie, wie hinter ihr die schmale Seitentür zufiel.

Ungefähr zur selben Zeit dachte Richard Gavin daran, daß er Paulina wohl vermissen würde. Ihre gute Küche, ihre liebe Art, ihren Büroklatsch... das alles würde ihm ehrlich fehlen. Selbst mit letzterem hatte die Gewohnheit ihn versöhnt. In vieler Hinsicht war sie eine entzückende, ja geradezu die ideale Frau für einen erfolgreichen Mann gewesen. Das Problem war lediglich, daß sie eben keine gute Frau für einen älteren Mann abgegeben hätte, der langsam und vermutlich qualvoll an einer unheilbaren Krankheit sterben würde. An diesem Morgen hatten die Ärzte ihm endgültig mitgeteilt, daß sie keine allzugroße Hoffnung mehr hatten. Richard hatte auf diese Nachricht gewartet und den Augenblick zugleich immer wieder hinausgeschoben, bevor er die schreckliche Last mit Paulina hatte teilen wollen.

Ihr rücksichtsloses und anmaßendes Verhalten in bezug auf den armen Ibo war entlarvend und doch segensreich gewesen. Dadurch waren ihm gerade noch rechtzeitig die Augen geöffnet worden. Nein, Paulina wäre sicher nicht die Frau gewesen, die sein langes Leiden tröstend begleitet hätte. Sie würde sich wahrscheinlich sogar als einer jener schrecklichen Menschen erweisen, die der Euthanasie nicht abgeneigt waren, um ihm ›das Leiden zu ersparen‹. Er verbesserte sich. Paulina hätte sich *möglicherweise* als ein solcher Mensch erwiesen.

Drunten in der Garage verpesteten immer mehr Auspuffgase die Luft, doch es kam niemand, um die Türen zu öffnen. Paulinas letzter bewußter Gedanke war, während sie verzweifelt am Tor rüttelte, daß sie so schnell wie möglich automatische Öffner einbauen lassen mußte ... jetzt da Richard älter wurde und ihr längst nicht mehr so freudig zur Hand ging wie früher.

Draußen, weit über den Feldern, im Gebüsch, zeigte Toddie seinem Vater die Stelle, wo er Ibo begraben haben wollte. Richard hatte verzweifelt versucht, wie er der Polizei später erzählen würde, den armen Jungen aufzuheitern. Es war ganz natürlich, daß ein Vater diesen sentimentalen Gang mit seinem Sohn gehen würde; mit einem Sohn, den der Verlust eines alten Hundes so sehr mitgenommen hatte; mit einem Sohn, der noch immer unter dem frühen Verlust der Mutter litt – die ihm eine Stiefmutter schließlich nie hatte ersetzen können.

Und wenn die Polizei darauf kommen würde, daß der Tod der zweiten Mrs. Gavin kein Unfall gewesen war, dann ergab alles einen Sinn, oder? Eben diese Argumente würden zum Tragen kommen und von der langen Reihe von Kinderpsychologen fachmännisch, ausführlich und endlos untersucht werden, denen Toddie dann zwangsweise Rede und Antwort stehen mußte.

Toddie allerdings, überlegte Richard kühl und abwägend, war ihnen durchaus gewachsen. Was ihn an seinem Sohn besonders faszinierte, war, daß dieser geradezu darauf brannte, sein Verbrechen einzugestehen. Offenbar freute er sich diebisch auf die Polizeiverhöre und alles andere, das ihm bevorstand. Und zweifellos war er sehr zufrieden mit der Art und Weise, wie er den Tod seiner Stiefmutter herbeigeführt hatte.

Davon abgesehen überraschte es Richard, wie gut Toddie über sämtliche Artikel des Strafgesetzbuches Bescheid wußte, die Mord betrafen. Man konnte tatsächlich sagen, daß er sich auf dieses Gebiet spezialisiert zu haben schien, während er, Richard, kaum je mit Mordsachen zu tun gehabt hatte. Richard wurde sich plötzlich bewußt, daß er zum erstenmal Interesse an seinem Sohn zeigte.

Toddie selbst zweifelte, daß er unter den gegebenen Umständen eine lange Haftstrafe würde absitzen müssen. Er hatte sich nämlich vorgenommen, sich als der ideale Strafgefangene zu beweisen. Dazu jedoch bedurfte es besonders mißlicher und bedauerlicher Umstände, von denen er erlöst werden konnte, denn sonst war sein Fall nicht interessant genug, und die interessanten Fälle wurden erfahrungsgemäß immer als erste begnadigt. Nein, Toddie hatte wirklich alles bedacht.

»Außerdem«, schloß Toddie, der plötzlich alles andere als schweigsam und verschlossen war, »bin ich auf das stolz, was ich getan habe. Du hast mir zwar gesagt, wie ich es machen muß, aber irgendwie hätte ich es sowieso getan. Sie hat den Tod verdient. Schließlich hat sie Ibo, ohne uns zu fragen, zum Tod verurteilt. Hinter unserem Rücken. Ohne einen anständigen Prozeß. Und sie hat ihn getötet. Ibo, den besten aller Hunde.«

Aus dem Englischen
von Christine Frauendorf-Mössel

Meistermorde

Michael Gilbert

Geprüft und für richtig befunden

In der Kanzlei Maybury & Goodnight ging man abends in festgelegter Reihenfolge nach Hause. Abweichungen gab es nur, wenn Mr. Goodnight früher ging, wie er das manchmal tat: im Sommer auf eine Partie Golf oder im Winter zu einer Sitzung eines der vielen Vereine, bei denen er Mitglied war.

Wenn er nicht da war, begannen Sal und Beth Punkt fünf ihre Schreibmaschinen zuzudecken und ihre Schreibtische aufzuräumen. Spätestens um Viertel nach fünf waren sie weg, dicht gefolgt vom jungen Mr. Manifold, dem Rechtspraktikanten. Um halb sechs gingen Mr. Prince, der Prozeßsachbearbeiter, und Mr. Dallow, der Sachbearbeiter für Grundstücksangelegenheiten, allerdings nicht zusammen, da sie seit zwei Jahren nicht mehr miteinander sprachen.

Es blieben nur noch Sergeant Pike, ehemals Mitglied des Royal Marine Corps, dessen Aufgabe es war, die Büroräume abzusperren, und Mr. Prosper, der Kassierer.

Wenn die Mädchen den Bürgersteig entlangeilten, konnten sie in den erleuchteten Souterrainraum hineinsehen, wo Prosper über seiner Arbeit saß. Sie machten gern ihre Witze über ihn. Er war Junggeselle und lebte, wie man hörte, allein in einer kleinen Wohnung im Norden Londons.

»Den zieht nichts nach Hause«, lachte Sal. »Kein Wunder, daß er immer Überstunden macht.«

»Wann geht er denn überhaupt nach Hause?« meinte Beth. »Ich mußte mal abends ins Büro zurück, weil ich was vergessen hatte. Das war schon nach sieben. Und er war immer noch da.«

»Vielleicht übernachtet er in der Kanzlei«, mutmaßte Sal. Sie kicherten bei der Vorstellung.

»Armer Kerl – eigentlich«, meinte Beth. Sie war die warmherzigere der beiden. »Stell dir mal so ein Leben vor. Den ganzen Tag nur rechnen.«

»Er hat sich's selbst ausgesucht«, versetzte Sal. »Wenn er unglücklich ist, hat er selbst die Schuld daran.« Sal war die Zynische.

Sie täuschten sich beide.

Prosper war nicht unglücklich. Er war glücklich. Er hatte eine Arbeit, die seinen Wünschen entsprach, und hätte keine andere gewollt.

Zahlen faszinierten ihn schon seit seiner Kindheit. Noch ehe er die ersten Buchstaben schreiben konnte, konnte er addieren und subtrahieren. Er liebte das Spiel mit den Zahlen, liebte es, sie in ordentliche Reihen zu gliedern, zu berichtigen und zu ändern, die Endergebnisse, zu denen er gelangte, miteinander zu vergleichen. Er begeisterte sich für Primzahlen und Quadratwurzeln wie andere Jungen sich vielleicht für Vogeleier oder Briefmarken begeistert hätten.

Hätte sein Verstand mehr dem Theoretischen zugeneigt, so wäre er vielleicht Wirtschaftsprüfer geworden. Mehr als einmal hatte er mit dieser Möglichkeit gespielt, sie aber jedesmal verworfen. Es waren die Zahlen selbst, die ihn interessierten, nicht die kniffligen Feinheiten des Steuer- und Wirtschaftsrechts, die er hätte meistern müssen, um Wirtschaftsprüfer zu werden. Er war zufrieden, Buchhalter und Kassierer zu sein. Das war sein Metier.

Er war seit fünfunddreißig Jahren bei Maybury & Goodnight, Alfred Maybury hatte damals noch gelebt, und Richard Goodnight war ein junger Mann gewesen. Von ihren frühesten Tagen an, als man von einer Woche zur anderen nicht wußte, woher die Löhne nehmen, hatte er über die finanziellen Geschicke der Kanzlei gewacht, bis der glückliche Moment gekommen war, in dem man Sam Collard als Mandanten gewonnen hatte. Sam, heute Herrscher über das Collard-Imperium, hatte damals am Anfang seiner Karriere gestanden. Richard Goodnight hatte ein Mandat von ihm bekommen und gute Arbeit geleistet. Inzwischen arbeitete der Konzern natürlich mit einer großen Kanzlei in der City zusammen, aber Grundstückssachen, routinemäßige Vertrags- und Mahnangelegenheiten, die zum täglichen Brot des Collard-Konzerns gehörten, gingen an die Kanzlei Maybury & Goodnight.

Prosper machte sich deswegen manchmal Sorgen. Er sagte zu Sergeant Pike, der in solchen Dingen sein einziger Vertrauter war: »Wir sind eine Kanzlei, die von einem einzigen Mandanten lebt.«

»Wird schon reichen, bis wir in Rente gehen und der alte Goodnight sich zur Ruhe setzt«, meinte Pike.

»Er wird den jungen Manifold als Partner in die Kanzlei setzen, sobald der zugelassen ist.«

»Den mag ich gar nicht«, brummte Pike. »Ist mir zu geschniegelt.«

Sie hatten beide nichts für Manifold übrig, der ein berühmtes Internat besucht hatte und diesen Stempel so deutlich sichtbar trug wie ein Abzeichen am Revers seines Maßanzugs.

»Der gehört in eine größere Kanzlei«, erklärte Pike. »Hierher paßt er nicht.«

Gerade daß die Kanzlei so klein war, gab ihr in Prospers Augen zusätzlichen Reiz. In einem größeren Unternehmen hätte er Hilfskräfte gehabt. Er wäre zu delegieren gezwungen gewesen. Hier hatte er alles im Blickfeld. Einmal im Jahr wurden seine Bücher von einem vereidigten Revisor geprüft, um die Wachhunde bei der *Law Society* zufriedenzustellen. Der Mann hatte nicht viel Arbeit. »Ich wollte, alle wären wie Sie«, pflegte er zu sagen. »Immer alle Unterlagen vorhanden, alles bis auf den Penny ausgeglichen.«

Der frühe Abend war Prosper die liebste Zeit. Seine Papiere waren wie brave Kinder alle im Bett, in ihren Ordnern aufgeräumt. Auf einem Blatt Kanzleipapier, das, in regelmäßige Kolumnen eingeteilt, vor ihm auf dem Schreibtisch lag, stellte er vielleicht einige letzte Berechnungen an, oder er überprüfte die Mandantenkonten oder ging die Zahlungseingänge durch, lauter Arbeiten, die, da bereits erledigt, eigentlich völlig überflüssig waren. Darum war er auch nur mit halber Aufmerksamkeit bei der Sache. Seine Gedanken bewegten sich auf ganz anderen Bahnen.

Es war ihm zur Gewohnheit geworden, in solchen Augenblicken angenehmer Entspannung seine Mitarbeiter und Bekannten zu prüfen, die Bilanz ihrer Erfolge und Mißerfolge, ihrer Gewinne und Verluste zu ziehen, als wären sie geschäftliche Unternehmen und er damit beauftragt, ihre Bücher in Ordnung zu bringen.

Wie wäre Richard Goodnight aus solch einer Prüfung hervorgegangen? Es gab unbestreitbar einige Posten auf der Sollseite. Er begnügte sich mit einem Minimum an Arbeit als Rechtfertigung dafür, die Gewinne der Kanzlei einzustreichen, die seit Mayburys Tod allein in seine Tasche flossen. Prosper hatte kaum Einblick in sein Privatleben, wußte aber, daß er eine Wohnung beim Sloane Square hatte, ein Haus auf dem Land, ein Jagdhaus in Kent und ein Fischwasser in Schottland. Sein Auto tauschte er jedes Jahr gegen ein neues aus.

Er überarbeitete sich weiß Gott nicht. In den letzten Monaten hatten sich für sein Kommen und Gehen Durchschnittszeiten von zehn Uhr siebenundzwanzig beziehungsweise sechzehn Uhr neunundfünfzig ergeben. Zog man davon eine durchschnittliche Mittagspause von einer Stunde und zweiundfünfzig Minuten ab, so blieb ein Arbeitstag von vier Stunden und vierzig Minuten, in dessen Verlauf er ein paar alte Mandanten empfing und ein paar Briefe diktierte.

Das, was in der Kanzlei wirklich an Arbeit anfiel, wurde von Mr. Prince und Mr. Dallow erledigt.

Auf der Habenseite, mußte Prosper zugestehen, gab es zwei ausgleichende Posten. Erstens, wenn tatsächlich einmal etwas schiefgehen sollte – und in einer so kleinen Kanzlei konnte vieles schiefgehen –, so würde das Desaster Goodnight allein treffen. Die Angestellten würden nur ihre Stellungen verlieren. Goodnight würde alles verlieren, was er besaß. Zweitens mußte man ihm seinen Beitrag zur Gründung der Kanzlei und zur Bewältigung der Anfangsschwierigkeiten ebenso anrechnen wie die Tatsache, daß Sam Collards Mandat, von dem die Kanzlei praktisch lebte, ihm zu verdanken war. Ja, sein Konto war ziemlich ausgeglichen.

Am anderen Ende der Skala hatte man Sergeant Pike. Auf der Habenseite *seiner* Bilanz standen substantielle, wenn auch unwägbare Aktiva. Zwanzig Jahre aktiver Dienst bei den Marines. Das Vertrauen, das man ihm dank seines guten Leumunds entgegenbringen konnte – drei Firmen hatten ihn umworben, als er den Dienst quittiert hatte. Ausgezeichnete Gesundheit. Die finanzielle Sicherheit seiner Pension. Da gab es viele Pluspunkte und wenig Minuspunkte.

Was hingegen ließ sich zugunsten des jungen Manifold vorbringen? Zu geschniegelt, hatte Pike gesagt. Und zuviel Vitamin B, dachte Prosper. Manifold hatte den Praktikantenvertrag mit der Kanzlei bekommen, obwohl sich eine Reihe fähigerer junger Männer beworben hatten, weil er Sam Collards Neffe war. Er machte nur die einfachsten Arbeiten und leistete sich Fehler, über die selbst die Mädchen lachten. Nur Sport schien ihn wirklich zu interessieren. Er war mehr beim Squash und beim Racket als im Gerichtssaal; und für seine mehr als bescheidenen Dienste wurde er besser bezahlt als Sergeant Pike und beinahe ebensogut wie Prosper selbst. Im übrigen ging aus seinem Gebaren und seiner Einstellung klar hervor, daß er sich bereits als zukünftiges Oberhaupt der Kanzlei sah.

An dieser Stelle verhielt der scharfgespitzte Bleistift in Prospers Hand einen Moment, glitt weiter, verhielt erneut und wanderte zurück.

Prosper hatte sich an diesem Abend die periodisch fällige Überprüfung der Spesenbücher vorgenommen. Jeder Mitarbeiter der Kanzlei führte ein solches Buch, in dem er alle für die Kanzlei vorgenommenen Auslagen verzeichnete: Fahrgelder, amtliche Gebühren und ähnliches. Das System war einfach: Man zahlte die betreffenden Beträge aus der eigenen Tasche, trug sie in sein Buch ein und ließ sich die Auslagen am Ende der Woche zurückerstatten.

Das Spesenbuch vor ihm gehörte dem jungen Manifold, und der Posten, bei dem sein Bleistift gestolpert war, war mit dem Datum zwanzigster September versehen. ›Collard‹, stand da. ›Geschäftsankauf 220 Holloway Road. Taxi drei Pfund achtzig.‹

Prosper stand steifgliedrig von seinem Stuhl auf, ging in den

Flur hinaus und marschierte in Manifolds Zimmer. Papiere auf dem Tisch, Papiere auf dem Fensterbrett, Papiere auf dem Boden.

»Kein Sinn für System und Ordnung«, stellte Prosper fest.

Er brauchte mehrere Minuten, um die gesuchte Akte in der untersten Schublade eines der Schränke zu finden. Er setzte sich nieder und schlug sie auf. Die Eigentümer des Ladens in der Holloway Road wurden von der Kanzlei Blumfeldt vertreten, und in deren Räumen, in Holborn, mußte die Vertragsunterzeichnung stattgefunden haben.

»Zehn Minuten zu Fuß, fünf Minuten mit dem Bus«, murmelte Prosper.

Stutzig gemacht bei der Durchsicht des Spesenbuchs hatte ihn die plötzliche Erinnerung an eine Bemerkung Sals zu Beth, die er zufällig mit angehört hatte. »Stell dir vor, ich bin letzten Donnerstag mit Prinz Andrew im Bus zurückgefahren, und er hat für mich bezahlt.«

Der letzte Donnerstag war der zwanzigste September gewesen, und Prinz Andrew war der Spitzname der Mädchen für den jungen Manifold. Es war natürlich möglich, daß die Busfahrt mit dem Vertragsabschluß nichts zu tun hatte, aber auch dann waren drei Pfund achtzig für Taxifahrten zur Kanzlei Blumfeldt und zurück ein mehr als stolzer Preis.

Der Kauf und Verkauf kleiner Geschäfts- und Firmenanwesen gehörte zum regelmäßigen Geschäft des Collard-Konzerns. Es war normal, daß nach Abschluß der juristischen Arbeiten durch Dallow der Rechtspraktikant mit der Erledigung der routinemäßigen Formalitäten, wie Scheckübergabe und Abholung der amtlichen Urkunden, betraut wurde. Im Schrank war ein Dutzend Akten über solche Transaktionen.

Prosper nahm sie an sich und tappte keuchend vor Anstrengung aus dem Zimmer.

Im Flur traf er Sergeant Pike, der sagte: »Lassen Sie mich das doch tragen.«

»Es geht schon«, entgegnete Prosper atemlos. »Ich schaff' es schon.«

Es ärgerte ihn, daß ihm bei der kleinsten Anstrengung der Atem kurz wurde.

Zurück in seinem Zimmer, breitete er die Akten auf seinem

Schreibtisch aus und begann sie durchzusehen. Von Zeit zu Zeit verglich er die Unterlagen aus einer Akte mit den Eintragungen im Spesenbuch. Jetzt, da sein Verdacht einmal geweckt war, entdeckte er rasch und mühelos die Indizien fortlaufender kleiner, aber systematischer Betrügereien.

In einem Fall war der Vertragsabschluß im letzten Moment vom Freitag der einen Woche auf den Mittwoch der folgenden Woche verlegt worden. Manifold hatte für *beide* Termine Taxikosten verlangt. Ähnlich sah die Sache bei den Gebühren für das Katasteramt aus. Diese Gebühren mußten natürlich bezahlt werden, aber Prosper hatte den Eindruck, daß sie viel zu oft bezahlt worden waren. Eine Analyse der Transaktionen, mit denen Manifold in den letzten sechs Monaten betraut gewesen war, zeigte dreizehn Käufe, elf Verkäufe und nicht weniger als sechzig Gebühren. Prospers Bleistift flog über das Papier, während er analysierte, rechnete und verglich.

Sergeant Pike schaute zur Tür herein und sagte: »Ich gehe jetzt. Ich hab' das Sicherheitsschloß an der Haustür eingestellt, Sie brauchen sie dann nur zuzuschlagen.« Sein Blick fiel auf die Stapel von Akten. »Hat unser Sonnenschein mal wieder Mist gemacht?«

»Ja«, antwortete Prosper. »Es sieht ganz danach aus.«

Er war ein Mensch, der sich gerne Zeit ließ und mit Bedacht an die Dinge heranging. Er brauchte unwiderlegbare Beweise.

Am nächsten Morgen sprach er mit Sal. Ihm war klar, daß ein Angestellter wohl kaum den anderen anschwärzen würde, deshalb mußte er mit Geschick vorgehen.

Zum Glück hatte er im Spesenbuch des Mädchens unter dem Datum des zwanzigsten September einen Eintrag für eine Busfahrt zur Bank von England gefunden, aber keinen für die Rückfahrt.

»Ich hab' die Bücher durchgesehen«, sagte er zu ihr. »Mir scheint, Sie haben zu wenig berechnet. Warum nur eine Busfahrt? Sind Sie zu Fuß zurückgegangen?«

Sal überlegte einen Moment, dann antwortete sie: »Nein, das ist schon in Ordnung so. Donnerstag nachmittag hat Mr. Manifold mir den Bus bezahlt. Er ist bei der Paulskirche eingestiegen. Wir sind zusammen zurückgefahren.«

»Ach so, das ist die Erklärung«, meinte Prosper und reichte

ihr das Buch zurück. Es war in der Tat die Erklärung. Der Vertragsabschluß hatte an jenem Nachmittag stattgefunden. Die Kanzlei Blumfeldt war nur einen Katzensprung von der Paulskirche entfernt.

Als nächsten suchte er Dallow auf, einen pedantischen, humorlosen Mann, der etwas von einem Bestattungsunternehmer hatte.

»Ich habe die Spesenbücher durchgesehen«, sagte er, »und bin etwas verwundert über die vielen Gebühren für die Überprüfung der Rechtstitel. Könnten Sie mir das vielleicht erklären?«

»Im allgemeinen lasse ich das durch den Rechtspraktikanten nachprüfen. Ist denn etwas nicht in Ordnung?«

»Das weiß ich eben nicht. Darum wollte ich es mir ja von Ihnen erklären lassen. Wie viele solcher Rechtstitelüberprüfungen muß man denn im allgemeinen vornehmen?«

»Das kommt ganz darauf an. Normalerweise eine bei der Stadt und eine bei der Gemeinde.«

»Ich verstehe«, sagte Prosper. Er hatte lange überlegt, ob er es wagen konnte, Dallow ins Vertrauen zu ziehen, und beschloß nun, es zu tun. Dallow war die Diskretion in Person.

Er schob ihm das Spesenbuch hin. Dallow inspizierte die Eintragungen und ließ dabei eine Serie von Geräuschen hören, die an das Zischen und Blubbern eines siedenden Teekessels erinnerten.

»Das ist Blödsinn«, sagte er, »absoluter Blödsinn. Kauf Malpas House. Drei Überprüfungsgebühren! Das Geschäft ist nie zustande gekommen! Das war von vornherein ein totgeborenes Kind. Und was ist denn das hier? Sechs verschiedene Prüfungen für Caxton House Nummer drei, fünf und sieben. Das sind lauter Wohnungen im selben Häuserblock. Das wäre mit einer einzigen Überprüfung abgetan gewesen. Was treibt denn der Junge da für ein Spiel?«

»Als ›Spiel‹ würde ich es nicht bezeichnen«, bemerkte Prosper kalt.

»Und wieso kam das nicht in der Rechnung zum Vorschein?«

»Es kam nicht zum Vorschein«, antwortete Prosper, »weil es lauter Collard-Transaktionen waren. Anstatt dem Konzern für jede eine getrennte Rechnung zu schicken, wie wir es eigentlich tun sollten, belasten wir sie vierteljährlich mit allen Kosten für die vergangenen drei Monate. Ich habe Mr. Goodnight oft darauf hingewiesen, daß das leichtsinnig und gefährlich ist und zu Irrtümern führen kann.«

»Was ja bereits geschehen ist.«

»Das sind keine Irrtümer, Dallow. Das ist systematischer Betrug.«

»Wir müssen Mr. Goodnight Bescheid sagen.«

»Das möchte ich nicht tun, solange ich nicht mit Manifold gesprochen habe. Vielleicht hat er eine Erklärung.«

Aber Prospers Ton verriet, daß er daran nicht glaubte.

In der Mittagspause legte er Manifold einen Zettel auf den Tisch. ›Ich würde Sie gern wegen Ihres Spesenbuchs sprechen. Bitte kommen Sie doch heute abend um halb sechs zu mir. J. P.‹

»Also«, sagte Manifold, »worum geht's? Ich hoffe, es dauert nicht zu lang. Ich habe für sechs einen Platz reserviert.« Er deutete auf den Griff seines Squashschlägers, der aus seiner Aktentasche herausragte. Er wirkte nicht im geringsten ängstlich.

»Wie lange es dauert, hängt ganz von Ihnen ab«, erwiderte Prosper. Er hatte das Spesenbuch vor sich auf dem Schreibtisch liegen und an einem Dutzend Stellen kleine Zettel als Einmerker zwischen die Seiten geklemmt. »Ich hätte gern eine Erklärung – wenn es eine gibt – für einige dieser Beträge, deren Rückerstattung Sie hier verlangen.«

»Wie meinen Sie das, Erklärung? Das sind meine Auslagen. Fahrgelder und so weiter.«

»Gelder, die Sie tatsächlich ausgegeben haben?«

Manifold sah ihn einen Moment lang stumm an, dann lachte er laut heraus. Es klang keineswegs gekünstelt.

»Aha, Sie haben wohl ein bißchen geschnüffelt«, sagte er, nahm das Buch und sah sich die Eintragungen an, die Prosper sich angemerkt hatte. »Die reinste Detektivarbeit«, lachte er, »aber ein oder zwei haben Sie übersehen. Die Registergebühren da, vier Pfund zwanzig. Das war so ein kleiner Test. Und da ein paar Taxikosten.«

Prosper war wie vor den Kopf geschlagen. »Heißt das, Sie geben es zu?« stammelte er.

»Aber natürlich gebe ich das zu. Das tut doch jeder.«

»Ich muß schon sehr bitten«, empörte sich Prosper. »Das tut *nicht* jeder. Jedenfalls nicht in einer anständigen, alteingesessenen Kanzlei wie dieser.«

»Altmodisch wäre die bessere Bezeichnung«, stellte Manifold fest, während er sich in Prospers Souterrainzimmer mit den alten Holzschränken und den schweren Möbeln umsah. »Wie aus einem Roman von Dickens. Ich finde, es ist an der Zeit, daß wir uns ins zwanzigste Jahrhundert katapultieren.«

»Ob neunzehntes, zwanzigstes oder einundzwanzigstes Jahrhundert«, entgegnete Prosper betont, »ist völlig gleichgültig. Ehrlichkeit bleibt Ehrlichkeit, und Unehrlichkeit bleibt Unehrlichkeit.«

»Und Realismus bleibt Realismus«, versetzte Manifold. Er hatte sich auf die Ecke des Schreibtischs niedergelassen und schien seine Verabredung zum Squash vergessen zu haben. »Haben Sie sich mal genau überlegt, was für eine Wirkung eine solche Transaktion hat?« Manifold tippte auf das Spesenbuch. »Ich meine für den Mandanten.«

»Die Wirkung, wenn er davon wüßte, wäre, die Erkenntnis, daß er betrogen worden ist.«

»Sie sehen das noch immer nicht realistisch. Schauen Sie. Angenommen, ich verschaffe mir auf diese Art und Weise hundert Pfund. Alles, was ich geltend mache, erscheint als Posten auf der Rechnung für den Collard-Konzern. Stimmt's?«

Prosper entgegnete nichts.

»Es ist eine Ausgabe und für die Firma steuerlich abzugsfähig. Die Körperschaftssteuer beträgt zweiundfünfzig Prozent. Die Firmengewinne unterliegen der Einkommensteuer samt Zuschlag, wenn sie in Onkel Sams Hände übergehen. Er hat mir mal erzählt, daß er für hundert Pfund am Ende nur noch zehn Pfund bekommt.«

Prosper sagte noch immer nichts.

»Rechnen Sie sich's doch selber mal aus. Wenn ich Onkel Sam um hundert Pfund bäte – die er mir bestimmt gern geben würde –, würde es ihn tausend Pfund kosten, sie aufzubringen. Richtig? Wenn ich's aber auf diese Art und Weise mache, kostet es ihn zehn Pfund, und der Finanzminister zahlt die anderen neunzig und verliert dazu noch neunhundert.«

Weiß im Gesicht, den Mund zu einer schmalen Linie zusammengepreßt, sagte Prosper: »Betrug ist Betrug, da gibt es nichts zu beschönigen.«

Manifold rutschte vom Schreibtisch, und Prosper wurde plötzlich bewußt, daß er ein großer, athletischer junger Mann war, bestimmt doppelt so stark wie er selbst. Und ihm fiel ein, daß sie möglicherweise allein im Haus waren. Sergeant Pike ging manchmal früher und überließ es ihm, die Haupttür abzusperren. Doch er hatte nicht die Absicht, klein beizugeben. Er wartete auf Manifolds Antwort. »Und was wollen Sie nun tun?« fragte der in einem Ton, der mit der früheren lockeren Unbekümmertheit nichts mehr gemein hatte.

»Ich werde es melden.«

»Wem?«

»Mr. Goodnight.«

»Und was, meinen Sie, wird der tun?«

»Er wird die Anwaltskammer benachrichtigen und Ihren Vertrag kündigen.«

»Das wird er nicht tun.«

»Es wird ihm gar nichts anderes übrigbleiben.«

»Er wird es nicht tun. Erstens, wenn er es täte, würde er Collard als Mandanten verlieren. Dafür garantiere ich.«

Prosper sah ihn nur angewidert an.

»Zweitens, wenn der alte Goodnight Wirbel macht, kann's ihm passieren, daß er sich ins eigene Fleisch schneidet. Haben Sie schon mal drüber nachgedacht, wieso Sie seine persönlichen Steuerangelegenheiten nicht betreuen? Warum er das alles selbst macht?«

»Worauf wollen Sie hinaus?«

»Was glauben Sie wohl, womit er seinen Lebensstil finanziert? Zwei Häuser, zwei Autos, eine teure Ehefrau, eine Jagd, ein Fischwasser. Er behumpst das Finanzamt seit Jahren. Und meinen Segen hat er.«

Prosper war tief erschüttert und praktisch sprachlos. Hätte Manifold das Gespräch an diesem Punkt abgebrochen, so wäre das Schlimmste vielleicht nicht passiert. Unglücklicherweise jedoch schwenkte er um und sagte in einem fatalen Ton falscher Jovialität: »Nun kommen Sie schon, alter Junge, seien Sie nicht dumm. Vergessen Sie die ganze Angelegenheit.«

Prosper holte einmal tief Luft und sagte mit Entschiedenheit: »Nein.«

»Sie wollen also unbedingt Wirbel machen?« Manifolds Mund wurde hart. »Sie sind bereit, Ihre eigene Stellung und die Stellung sämtlicher Leute hier wegen ein paar Pfund aufs Spiel zu setzen, die keinen Menschen interessieren, am wenigsten den Mann, der sie bezahlt?«

»Ich lasse mich nicht dazu erpressen, Ihre Betrügereien zu decken.«

»Ich denke«, sagte Manifold mit überlegter Grausamkeit, »daß andere hier relativ leicht wieder Arbeit finden werden. Die Stenotypistinnen und Sergeant Pike und so weiter. Aber eins ist sicher, Sie werden keine neue Stellung finden.«

»Unverschämtheit hilft Ihnen jetzt auch nicht weiter.«

»Sie sind nicht nur dumm, Sie sind altmodisch. Sie sind überholt. Leute wie Sie werden nicht mehr gebraucht.«

Der Zorn ergriff jetzt von Prosper Besitz. Rotglühender, heißer Zorn, der alle Furcht verdrängte.

»Das, was Sie hier machen, kann jeder Schulabgänger mit einem Taschenrechner. Sie sind nicht nur altmodisch, Sie gehören ausrangiert.«

Prosper war aufgesprungen. Seine zuckenden Finger berührten das schwere Lineal auf seinem Schreibtisch und hielten es fest. Er sprang auf den verblüfften Manifold zu und holte zum Schlag auf seinen Kopf aus.

Manifold hatte keine Mühe, dem Schlag auszuweichen. Sein Reaktionsvermögen war dem Prospers weit überlegen. Er sprang leichtfüßig zurück, und der Schlag ging in die Luft. Prosper verlor das Gleichgewicht und stürzte vornüber, wobei er mit dem Kopf an die Schreibtischecke schlug. Das Lineal flog ihm aus der Hand und traf Manifolds Schienbein.

Manifold hob es lachend auf und sagte: »Vorsicht, alter Junge. Sonst verletzen Sie noch jemanden.«

Als Prosper nicht reagierte, kniete er neben ihm nieder und sagte: »Kommen Sie, stehen Sie auf.«

Der Arm, den er anfaßte, war merkwürdig schlaff.

Ein Geräusch veranlaßte ihn, sich umzudrehen. Sergeant Pike stand an der Tür. »Rufen Sie einen Arzt, Sergeant«, sagte Manifold. »Mr. Prosper ist gestürzt.«

Sergeant Pike eilte ins Zimmer, stieß Manifold grob aus dem Weg und kniete neben Prosper nieder. Es dauerte lange, ehe er wieder aufstand. Dann ging er zur Tür, sperrte ab und steckte den Schlüssel ein. Danach griff er zum Telefon und wählte.

»Was tun Sie da?« fragte Manifold.

»Ich rufe die Polizei«, antwortete Sergeant Pike.

Cosmo Franks führte den Prozeß im Namen der Krone mit der leidenschaftslosen Gewissenhaftigkeit, die man von einem erfahrenen Anwalt erwartet.

Auf seine Fragen berichtete Dallow dem Gericht, daß der Tote beabsichtigt hatte, eine Reihe systematischer Betrügereien des Angeklagten aufzudecken. Sergeant Pike beschrieb, wie er einen Schlag gehört hatte, ins Zimmer gekommen war und den Angeklagten über den Toten gebeugt vorgefunden hatte. Der Angeklagte hatte ein schweres Holzlineal in der Hand gehalten, das er weggelegt hatte, als der Sergeant eingetreten war. Ein Vertreter der Polizei bestätigte, daß man auf dem Lineal die Fingerabdrücke des Angeklagten gesichert hatte. Die einzige Überraschung war der ärztliche Befund.

Dr. Summerson, der Pathologe, der die Autopsie durchgeführt hatte, erklärte, seiner Meinung nach hätte ein Schlag mit einer solchen Waffe zwar zum Tod beitragen, ihn allein aber bei einem gesunden Menschen nicht herbeiführen können. Prosper hatte, wie sich herausstellte, an einer fortgeschrittenen Degeneration der Herzkranzgefäße gelitten, wahrscheinlich eine Folge mangelnder körperlicher Bewegung.

»Wenn Summerson nicht gewesen wäre«, meinte der zweite Staatsanwalt, als er und Franks das Gericht verließen, »wäre er wegen Mordes verurteilt worden, das steht fest.«

»Die ganze Geschichte ist sowieso unlogisch«, erwiderte Franks. »Wenn er den Vorsatz hatte, ihn zu töten, hätte die Tatsache, daß er nicht fest genug zuschlug, um einen Gesunden zu töten, und daß er ihn daher nur zufällig tötete, weil er *nicht* gesund war, an der Anklage nichts ändern dürfen.«

»Er hat Glück gehabt«, sagte der zweite Staatsanwalt.

»Auf solches Glück könnte ich persönlich verzichten«, gab Franks zurück. »Ein abgebrühter alter Knastbruder kann fünf

Jahre vielleicht einfach abschütteln. Aber Manifold nicht. Er ist erledigt.«

Sie gingen eine Weile schweigend nebeneinanderher. Dann sagte Franks: »Und er ist nicht der einzige, dem jetzt das Wasser bis zum Hals steht.«

Das stimmte. Als Sam Vollard sein Mandat einer anderen Anwaltskanzlei anvertraute, hatte Goodnight beschlossen, sich aus dem Berufsleben zurückzuziehen. Er hatte dabei die Tatsache übersehen, daß die Steuerbehörden diesen Schritt automatisch als Aufforderung zu einer Steuerprüfung sehen würden. Jetzt war er mit einer Anzeige wegen Steuerhinterziehung, der Gewißheit eines exorbitanten Bußgelds und der Möglichkeit einer Gefängnisstrafe konfrontiert.

»Wenn man sich's genau überlegt«, meinte der zweite Staatsanwalt, »ist im Grund nur der alte Prosper glimpflich davongekommen. Ein rascher Tod statt monatelanges Siechtum im Krankenhaus.«

»Ja, das ist vermutlich richtig«, bestätigte Franks zerstreut. Er war mit Gedanken bereits bei seinem nächsten Fall: mehrfacher Vergewaltigung.

*Aus dem Englischen übertragen
von Mechtild Sandberg-Ciletti*

Meistermorde

Winston Graham
Der Zirkus

Es war Gareth Purdys erster Besuch seit über zwanzig Jahren, und er war froh, wenigstens für kurze Zeit wieder in der alten Heimat sein zu können, auch wenn er ihr weder irgendwelche Gefühle noch Achtung zu schulden glaubte. Alles, was er darstellte, was er geworden war, verdankte er Australien, das ihm und seiner Familie Heimat und Lebensraum bot. Trotzdem, und besonders zu dieser Jahreszeit, da überall die Bäume austrieben, war England ein bezauberndes Land. Nie zuvor war ihm aufgefallen, wie sanft, heiter und einladend sich dort die Landschaft dem Fremden präsentierte, wie herzlich die Menschen dort waren, und wie kultiviert man lebte. Wenn man nämlich ein mittelloser Junge ist, der fröstelnd an Straßenecken herumlungert, sieht das alles ganz anders aus. Von Wärme und Herzlichkeit war da nichts zu spüren gewesen.

Eigentlich hatte er sein erstes Wochenende in London verbringen wollen, um seine alten Lieblingsplätze aufzusuchen, doch sein Geschäftsfreund, Jock Munster, lud in statt dessen in sein Landhaus nach Sussex ein, was ihm schließlich ein so attraktives Angebot erschien, daß er annahm. So fuhren sie Freitag abend gemeinsam nach Fontain Manor.

Fontain Manor entpuppte sich als ein bezauberndes kleines Herrenhaus inmitten eines großen Gartens und mit im Lauf von zweihundert Jahren verwitterten, sanft schimmernden

Mauern. Die Birken trieben dort gerade die ersten feinen, noch nach Raupenart gerollten Blätter aus, und der weite grüne Rasen, Glockenblumen, blühende Kirschbäume, Seidelbast, Ginster und andere ihm unbekannte Pflanzen bildeten einen bunten Farbteppich, der ihm die subtropische Eintönigkeit der Landschaft, in der er eine erfolgreiche Existenz aufgebaut hatte, wie von einem anderen Stern erscheinen ließ.

Sein Gastgeber hatte eine charmante Frau und zwei hübsche Töchter, von denen sich die ältere bereitwillig als vierte Spielerin beim Bridge zur Verfügung stellte, so daß sie bis Mitternacht spielten, wonach er sich in jener angenehmen Wohligkeit, die gutes Essen, Brandy und Zigarrenrauch hinterließen, ins Bett zurückzog und acht Stunden an einem Stück schlief, was seit vielen Jahren nicht mehr vorgekommen war. Schon bald nach dem Aufwachen brachte ein Hausmädchen ihm ein leichtes Frühstück. Er aß es, badete, rasierte sich, zog sich an und war bereits um halb zehn Uhr auf dem Weg durchs Haus in den Garten. Jock hatte für elf Uhr eine Golfpartie arrangiert, doch das einzige Familienmitglied, das sich schon zu dieser Stunde sehen ließ, war die jüngere Tochter, Phyllida, mit der er kurz über Pferde plauderte, bevor er den Garten betrat.

Es war ein herrlicher Morgen. Die Erinnerung an die trüben, trostlosen Tage seiner Jugend ließ ihn einen mißtrauischen Blick zum blauen, wolkenlosen Himmel hinaufwerfen, und er fragte sich, wo da wohl der Haken an diesem vollkommenen Bild sein mochte. Sicher spielte ihm die Natur nur einen Streich, um ihn zu überzeugen, daß jene bitteren Erinnerungen nur ein Irrtum waren. Doch er würde sich nicht täuschen lassen. Vorerst allerdings...

In einer hinteren Gartenecke setzte der Gärtner gerade Pflanzen in ein Beet. Neben ihm schimmerten durch die Fenster eines geheizten Gewächshauses dicke Tomatenpflanzen mit den ersten reifenden Früchten. Diese reichen Engländer, dachte er. Sie verstehen es noch immer, so gut zu leben, wie wir es zu Hause nie fertigbringen würden. Allein das Dienstpersonal, das sie traditionell beschäftigten, und vor allem das Personal, das im Haus lebte! Es war wirklich erstaunlich, daß diese Kaste überhaupt noch existierte. Knapp mußten solche Leute zwar auch in England sein, aber immerhin waren sie vorhanden und gewillt, diese Art von Arbeit zu verrichten. Alte Feudalstrukturen brachen natürlich nur langsam auf. Er zumindest hatte von diesem Leben nichts gewußt, als er noch in England gewesen war... und es hatte trotz allem überlebt.

Die Hände in den Hosentaschen, selbstsicher, frei und wohlhabend schlenderte er über den Rasen, fragte sich, ob er einige gute Schläge an diesem Morgen würde landen können, fragte sich, ob die beiden Herren, die an der Golfpartie teilnehmen sollten, Geschäftsleute aus derselben Branche waren wie Jock und er. Als er am Gärtner vorbeikam, hielt er kurz an und sah dem Mann bei der Arbeit zu. Sein Schatten fiel über die nackte Erde. Der Gärtner sah auf und sagte: »Guten Morgen, Sir.«

»Morgen. Ist das Goldlack, was Sie da pflanzen?«

»Nein. Löwenmäulchen, schon für den Sommer...«

Der Mann hatte sich halb aufgerichtet und immer stockender gesprochen. Er starrte ihn unverwandt an. Er war um die Fünfzig, groß und knochig und hatte dichtes, störrisches graues Haar und ein kantiges Kinn. Sie starrten sich an. Schließlich sagte Gareth Purdy:

»Großer Gott! Das ist doch... bist du's Tom?«

»Gareth? Ist das möglich? Ja, natürlich bist du's. Ich würde dich immer wiedererkennen...«

»Woran?«

»An der Narbe an deinem Kinn! Die hast du dir doch geholt, als du von Bill Carters Fahrrad gefallen bist...«

»Großer Gott!... Tom!« Gareth streckte die Hand aus.

Tom wischte sich seine Hand an seiner Arbeitshose ab, und sie begrüßten sich.

»Daß es solche Zufälle überhaupt gibt!« wunderte sich Gareth. »Ich bin nur ein paar Wochen in England und wollte das Wochenende eigentlich in unserem alten Viertel verbringen und vielleicht ein paar alte Kameraden besuchen, aber dann hat Jock Munster mich eingeladen... und hier treffe ich meinen Bruder, der den Garten umgräbt!«

Tom musterte angestrengt den Jüngeren aus zusammengekniffenen Augen, denn er hatte den Jungen, den er in ihm zu erkennen hoffte, seit fünfundzwanzig Jahren nicht mehr gesehen. »Ich kann's einfach nicht glauben«, murmelte er. »Mr. Munster hat oft Wochenendbesuch, aber ich hätte nie gedacht... Wie geht's dir, mein Junge? Du siehst prächtig aus. Bist dicker geworden, aber das steht dir. Du hast's geschafft, was? Scheinst reich geworden zu sein.«

»Ja... ja, ich habe keine Geldsorgen. Und ich danke Gott jeden Tag, daß ich ausgewandert bin. Ich bin im Wollhandel tätig. Und es geht mir gut. Ich habe eine Frau und zwei Kinder, ein schönes Haus bei Adelaide, fahre einen Cadillac, die Kinder besuchen gute Schulen...« Gareths rundes, energisches, leicht gerötetes Gesicht verdüsterte sich etwas. »Und du? Das hier ist ja nicht gerade der Traumjob. Schade, daß wir den Kontakt verloren haben...«

»Oh, mir geht's nicht schlecht«, unterbrach Tom ihn hastig. »Allzuviel Grips habe ich nie gehabt. Ich bin durchaus zufrieden...«

»Grips? Also das würde ich nicht unterschreiben. Als Kind habe ich dich sehr bewundert. Für mich hast du einfach alles gewußt. Besonders nach Dads Tod. Ich weiß, daß es hart für dich war, aber so ging's uns ja allen. Du mußtest dich um Mutter kümmern, dabei warst du doch erst elf, oder?«

»Ja. Fast zwölf. Und du warst sechs. Mein Gott, das ist ewig lange her.«

»Hör zu, wir müssen uns mal ausgiebig unterhalten. Heute morgen spiele ich Golf. Aber nach dem Essen – bist du dann hier?«

»Nein, ich mache um zwölf Uhr Schluß. Aber ich wohne nur ein Stück die Straße runter. Das erste Häuschen dort. Da findest du mich den ganzen Nachmittag. Denk dir irgendeine Ausrede aus...«

»Ich brauche doch wohl keine Ausrede, um meinen Bruder zu besuchen! Blödsinn. Ich schenke denen reinen Wein ein. Dich so aus heiterem Himmel wiederzusehen, wirft mich einfach um. Die Welt ist verdammt klein. Es ist nicht zu fassen!«

Tom kratzte Erde von seinem Stiefel. »Erfinde eine Ausrede. Das ist einfacher. Und für alle Beteiligten angenehmer.«

»Wie meinst du das? Warum sollte ich...?«

»Du bist schließlich ihr Gast und Geschäftspartner, nehme ich an. Die Munsters machen in Wolle. Es wäre ihnen nur peinlich, wenn sie erfahren würden, daß sie deinen Bruder als Gärtner beschäftigen.«

»Das ist mir doch egal! Es gibt schon viel zu viele Snobs in unserer Welt, mein Junge...«

»Aber mir ist es nicht egal, Gareth.«

»Wie bitte? Was soll das heißen?«

»Der Job hier macht mir Spaß. Ich mache das seit vielen Jahren. Munster ist ein anständiger Arbeitgeber, wir kommen gut miteinander aus. Trotzdem leben wir in verschiedenen Welten. Ich stelle ihm keine persönlichen Fragen, und er stellt mir keine. Du... als Australier verstehst das vielleicht nicht, aber mir ist es lieber, es bleibt so. Vermutlich hältst du ein solches Arbeitsverhältnis für nicht mehr zeitgemäß... aber es funktioniert. Er ist zufrieden dabei, und ich bin es auch.«

Gareth starrte ihn an. »Also gut, Tom. Wie du meinst. Trotzdem finde ich's schade... Ich komme heute nachmittag. Dann können wir über alte Zeiten reden. Verdammt, das ist wirklich ein großartiger Zufall! Ich hätte vermutlich wochenlang nach dir suchen können...«

»Hättest du das denn getan?«

»Ob ich es getan hätte? Ich... das weiß ich nicht. Vermutlich hätte ich die Zeit gar nicht gehabt. Ich bin schließlich nur zwei Wochen hier. Aber jetzt, da wir uns getroffen haben, sollten wir wenigstens einen Nachmittag ganz für uns haben!«

Auf dem Golfplatz herrschte eine gelöste Stimmung unter den vier Herren, wofür Gareth Purdy besonders dankbar war, denn seine Schläge kamen längst nicht so präzise wie sonst. Er schlug den Ball so kurz, daß er häufig in der Wildnis landete. Sein Partner, ein großgewachsener, legerer Mann, nahm das gar nicht krumm, und sie gewannen trotzdem. Doch sein Vorhaben, noch ein oder zwei Stunden im ersten Häuschen an der Straße zu verbringen, machte der Gastgeber unmöglich: Sie blieben zum Mittagessen im Golfclub und spielten anschließend eine weitere Partie, und als sie nach Hause kamen, erwarteten sie dort Gäste zum Cocktail und Abendessen, so daß es Sonntag wurde, bevor für Gareth die nächste Chance kam. Er machte sich gegen elf Uhr auf den Weg und fand Tom in dessen winzigem Garten, wo er eine Rankpflanze hochband.

»Entschuldige, daß ich gestern nicht gekommen bin«, begann Gareth und erklärte alles. »Jetzt sind sie in der Kirche.

Man stelle sich das vor! Ich hätte nie gedacht, daß man das hier immer noch tut. Ich habe mich damit entschuldigt, daß ich lieber einen Spaziergang mache, und nun bin ich da.«

Tom nahm die Pfeife aus dem Mund und musterte den jüngeren Bruder ebenso prüfend, wie dieser ihn ansah. Tom war an diesem Morgen der elegantere von beiden: ein großer, gutaussehender Mann im grauen Fischgrätanzug mit weißem Hemd und blauer Krawatte, sonnengegerbter Haut und hellen, blauen Augen. Gareth dagegen, der einen halben Kopf kleiner war, trug ein kariertes Flanellhemd, einen braunen Pullover und eine ausgebeulte, abgetragene Hose, der man allerdings die gute Wollqualität ansah, die jedoch Gareths Bauchansatz kaum verbergen konnte. Während man in Gareths Gesicht lesen konnte wie in einem offenen Buch, wirkte der Bruder verschlossen und grüblerisch.

Sie gingen ins Haus. Gareth fand für alles bewundernde Worte, sagte, wie hübsch Tom es sich gemacht hätte, und sah doch nur das winzige Haus und das armselige Leben, das der Bruder führte. Gareth zog Photos aus der Tasche: von seiner Frau und den Kindern, er selbst in Rapid Bay, Joyce beim Sonnenbaden, die Familie in Mount Loft. »Hast du je geheiratet, Tom?« fragte er schließlich.

»Nein... die Richtige ist mir wohl nie begegnet. Außerdem habe ich vermutlich schon früh den Mut verloren. Deine Frau, sie ist doch hoffentlich keine Blondine, oder? Blondinen habe ich nie gemocht.«

»Nein, sie hat braunes Haar und blaue Augen. Sie würde dir bestimmt gefallen. Hör mal, ich habe nachgedacht. Weshalb kommst du nicht mit und lebst bei uns? Fang ein neues Leben an. Chancen bietet Australien immer noch reichlich.«

Sie diskutierten weiter darüber, während Tom Kaffee kochte.

»Du bist erst siebenundvierzig, wirst im nächsten Monat achtundvierzig«, sagte Gareth. »Ich bin sicher, du kannst es schaffen. Ich könnte dir helfen.« Sie stritten... aber auf gutmütige Art und Weise. Tom sagte zu allem nein. Er sei hier zu Hause. Es würde nicht gutgehen. Er könnte ohne die englischen Gärten nicht leben, in denen er so viele Jahre seines Lebens gepflanzt und geerntet hatte... eben seit sie damals aus

Lancashire gekommen seien. Ob er sich noch an diese Zeit erinnern könnte? Gareth verneinte das.

»Du bist damals erst fünf gewesen. Ich war elf. Dad hatte seit drei Jahren keine Arbeit mehr gehabt. Damals gab's zwei Millionen Arbeitslose. Dann hat er die Chance gekriegt, nach London zu gehen und dort auf dem Bau zu arbeiten. Natürlich hat er das sofort gemacht. Irgendwie hat er es dann auch geschafft, die Familie nachzuholen. Erinnerst du dich noch an die Wohnung in London?«

»Na klar. Auf dem Dach der Welt. Wie lange sind wir da gewesen? Zwei Jahre? Oder drei?«

»Drei. Ich schätze, daß es früher mal das Stadthaus eines reichen Kaufmanns gewesen ist. Aber zu unserer Zeit hat in jeder Etage eine andere Familie gewohnt, und es gab für das ganze Haus nur eine Toilette. Weißt du noch die O'Haras?«

»Die, die aus dem Badezimmer 'ne Küche gemacht haben? Natürlich. Was ist bei dir damals schiefgegangen, Tom?«

Tom starrte ihn verblüfft an. »Wie kommst du denn darauf? Hast du was gemerkt?«

»Klar. Damals warst du doch mein großes Vorbild. Also habe ich was gemerkt. Du hast dauernd was angestellt. War Dads Tod daran schuld?«

»Nein... nein, damit hatte es nichts zu tun. Sowieso war's nie richtig schlimm.«

»Soviel ich mich erinnere, war der Bewährungshelfer öfter bei uns. War's nicht Einbruch oder so was Ähnliches?«

Tom rührte in der Kaffeetasse. »Du erinnerst dich viel zu gut. Nein, mit Dad hatte das nichts zu tun. Hast du gewußt...«

»Was?«

»Ach egal. Zucker?«

»Danke.«

Sie redeten über häusliche Angelegenheiten, darüber wie es ihnen seit ihrem Abschied vor fünfundzwanzig Jahren ergangen war. Gareth erzählte von den harten ersten Jahren in Australien, seiner Heirat, von dem Glück, das diese ihm gebracht zu haben schien, und daß er sich nie zurückgesehnt habe. Tom sprach über die zwei Jahre bei der Armee... »Der Drill ist nie was für mich gewesen« ... die Gelegenheitsarbeiten, den Job in der Fabrik... »Du langweilst dich so, daß du alles tun würdest, um mal was zu erleben«... die Probleme mit der Polizei, die ihm allerdings nie eine Haftstrafe eingebracht hatten, die Stellen als Gärtner in einem Londoner Park, als Automechaniker in Brighton, dann von seinem gegenwärtigen Job. »Hier macht's mir Spaß. Es ist sehr abwechslungsreich. Vermutlich werde ich zwar nicht mein ganzes Leben hier verbringen, aber ein paar Jahr halt' ich's noch aus. Für Schottland habe ich ein Faible... vor allem für die Westküste. Da gibt's schöne Gärten.«

»Was wolltest du vorhin eigentlich sagen«, warf Gareth unvermittelt ein.

»Wann?«

»Ich hatte den Eindruck, daß du noch was über die Zeit erzählen wolltest, als wir in diesem Haus ganz oben gewohnt haben.«

»Ja, stimmt. Stimmt.«

Tom trank einen Schluck Kaffee. Draußen sang ein Vogel, als sei es früher Morgen. »Erinnerst du dich an die Dachwohnung? Weißt du noch, daß wir von unseren Fenstern aus auf den kleinen Park runtersehen konnten? Nach dem Hinterhof in Gorton ist das für mich einfach faszinierend gewesen... Mitten aus der Provinz direkt in eine der größten Städte der Welt. Und... und irgendwie war's wie auf dem Land. Natürlich waren überall Häuser, und es toste der Verkehr... aber trotzdem gab's Platanen, Birken und Ahornbäume und alle möglichen Vögel: Rotkehlchen, Spatzen, Finken und Drosseln, die gesungen haben wie die da draußen jetzt auch.«

»An die schrägen Wände erinnere ich mich noch«, fiel Gareth ein. »Von meinem Bett aus konnte ich die Dachsparren berühren, ohne mich aufzusetzen.«

»Hast du gewußt, daß ich einen Mord beobachtet hatte?«

Gareth sah ihn verblüfft ihn. »Wie bitte? Wann? In diesem Haus?«

Tom schwieg eine Weile. »Nein«, antwortete er schließlich bedächtig. »Nicht in diesem Haus. Draußen... Ich hab's noch nie jemandem erzählt.«

»Großer Gott! Warum denn nicht? Wann war das? War ich auch zu Hause?«

»Ja, aber du hast geschlafen.«

Tom verfiel erneut in brütendes Schweigen. »Hier nimm eine Zigarre von mir«, sagte Gareth schließlich, als er sah, daß sein Bruder nach der Pfeife tastete.

Tom lehnte mit einer Handbewegung ab. »Nein danke.« Er hantierte an seinem Tabaksbeutel herum. »Ich habe dir doch erzählt, wie fasziniert ich davon war, daß wir von unserer Wohnung aus den Park sehen konnten und daß ich fast das Gefühl hatte, auf dem Land zu sein. Ich bin oft nach der Schule am Fenster gesessen und habe den Verkehr, die Kinder, die auf der schmutzigen Wiese Ball spielten, Liebespaare, junge Ehepaare mit Kinderwägen, Hunde, die das Bein hoben, Vögel, die miteinander stritten, und gelegentlich auch ein Flugzeug am Himmel beobachtet. Es war die beste Unterhaltung und kostete keinen Penny.«

»Bist du damals nicht krank gewesen?«

»Ah, daran erinnerst du dich auch noch? Ja, ich hatte Kinderlähmung. Niemand, der mich heute sieht, würde das glauben, aber damals erholte ich mich gerade davon, und meine Beine waren noch ziemlich schwach. Deshalb habe ich nicht oft gespielt. Ich habe lieber am Fenster gesessen und geträumt. Du weißt, wovon Jungen träumen: davon, daß man im Kricket oder im Fußball ein Topstar oder Kapitän oder Pilot wird. Damals konnte man mit Alleinflügen noch berühmt werden... Ich war ein Romantiker. Erinnerst du dich noch an den Zirkus?«

Gareths Augen verengten sich. »Nein.«

»Damit fing alles an. Mit dem Zirkus, der im Park sein Zelt aufschlug. Natürlich hatte ich die Plakate an den Telegrafenmasten gesehen, und in der Schule wurde schon eifrig darüber geredet, aber ich habe erst daran geglaubt, als ich den Zirkus leibhaftig vor mir gesehen habe. Die anderen Jungen behaupteten, er käme jedes Jahr, manchmal sogar öfter und es sei ein großer Zirkus. Bis dahin hatte ich einen Zirkus nur im Kino gesehen. Er kam zweimal, während wir dort gewohnt haben. Weißt du das denn überhaupt nicht mehr?«

»Ich glaube, jetzt erinnere ich mich vage.« Gareth betrachtete die großen, von harter Arbeit geprägten Finger des Bruders, als er seine Pfeife stopfte.

»Eines Tages kurz vor Weihnachten bin ich aus der Schule

gekommen und habe festgestellt, daß der Zirkus gerade eingetroffen war. Ich bin die Treppen hinaufgerannt und konnte zusehen, wie die Wagen auf dem kleinen freien Platz zwischen den Bäumen über der Straße Aufstellung nahmen. An jenem Abend bot sich mir ein großartiges Schauspiel. Die eleganten Wohnwagen und die bemalten Zirkuswagen fuhren einer nach dem anderen auf den Platz und bewegten sich in Form einer immer enger werdenden Spirale allmählich auf die Mitte zu. Dann wurde im Zentrum dieses Kreises das riesige Zelt hochgezogen. Die ganze Nacht bin ich aufgeblieben, habe auf das dumpfe Hämmern, das Rattern von Motoren, das Rasseln von Ketten und auf die Rufe der Männer gehört. Immer wieder bin ich aus dem Bett geschlüpft und habe aus dem Fenster geschaut. Und jedesmal gab es etwas Neues zu sehen, waren zusätzliche Stangen aufgerichtet, flatterte ein weiteres Segment des Zeltdaches im Wind..

Dad hatte damals ein ganz verhärmtes Gesicht... erinnerst du dich? Unsinn, ich glaube, du kannst dich wirklich kaum noch an ihn erinnern, was?«

»O doch, ganz gut sogar.«

»Daß er so abgemagert war, kam nicht nur daher, weil er nicht genügend aß...das machte seine Situation, die ständigen Bittgänge zum Arbeitsamt. Viele Männer haben damals ähnlich ausgesehen. Natürlich ist er zu jener Zeit bereits krank gewesen, und er hatte für mich und meine Träume und Wünsche keine Zeit. In den Zirkus gehen? Wir hatten keinen Penny übrig... geschweige denn die sechs Pence, die der billigste Platz gekostet hätte.«

Tom zündete ein Zündholz an. »Es war mir ziemlich egal. Schließlich konnte ich alles kostenlos von meinem Fenster aus sehen. Ein- oder zweimal habe ich auch dich hochgehoben, aber normalerweise warst du viel zu hungrig, um es lange auszuhalten...du hattest damals einen Appetit wie ein Löwe. Mum hat immer behauptet, du wärst nie satt zu kriegen.«

»Das ist heute noch so. Aber jetzt muß ich auf meine Linie achten.«

»Von besagtem Fenster aus konnte ich alles sehen...sämtliche Tiere in ihren Käfigen, und vor allem die braun-weiß gescheckten Pferde, deren Musterung von oben wie eine Landkarte wirkte. Wenn ich Geographie auf diese Weise lernen könnte, habe ich damals gedacht...« Toms Gesicht tauchte hinter einer Rauchwolke wieder auf. »Und sie hatten vier Elefanten, die angekettet in einer Reihe standen; sie wurden natürlich täglich trainiert und zu den Vorstellungen weggeführt, aber die meiste Zeit standen sie nur dort und schaukelten hin und her. Dabei haben sie kaum die Füße bewegt, sondern haben sich nur im Gleichtakt wie vier Gummipuppen hin und her gewiegt. Neben ihnen waren die Löwen, Tiger und Schimpansen in ihren Käfigen. Auf der anderen Seite kamen die Kamele, Shetland-Ponys und natürlich die Seehunde. Selbst bei Nacht konnte man unter den hohen Lampen alles beobachten, was dort unten geschah. Am frühen Morgen allerdings gab es manchmal eine Art Stegreifvorstellung... wie für mich aufgeführt...«

Tom zündete ein zweites Streichholz an und hielt es an den Pfeifenkopf. Der Blick seiner hellgrauen Augen wirkte beinahe entrückt.

»Du hast vorhin was von einem Mord...«

»Man konnte die Clowns sehen, wenn sie zwar schon geschminkt waren, aber noch Sandalen und ausgebeulte Trainingshosen trugen. Und dann war da die Seiltänzerin in ihrem Trikot, die Eimer mit Schmutzwasser auskippte. Und die Cowboys beim Kartenspielen. Wenn die Vorstellung begann, kamen die glattgestriegelten Pferde heraus, bildeten, ohne daß ein Kommando nötig gewesen wäre, eine Reihe und galoppierten ins Zelt wie Soldaten bei einer Exerzierübung. Aber das Amüsanteste, mein Junge, waren die Seehunde. Sie kamen alle auf einmal aus ihren Käfigen, watschelten die Treppen hinunter und robbten dann, mit ihren Flossen sich selbst applaudierend, ins Zelt. Ein Seehund mußte mit Orchesterbegleitung ein Lied singen, und ich habe meistens die ganze Nacht auf den Krach gewartet, den man bis weithin hören konnte, weil das das Zeichen dafür war, daß ihre Nummer zu Ende war. Tja, und schon in der ersten Nacht habe ich mich verliebt, mein Junge.«

Gareth trank seinen Kaffee aus und lehnte mit einer Handbewegung eine zweite Tasse ab. »Du, Tom? Damals? Warum...?«

»Ich weiß, es klingt idiotisch... und in meinem Alter damals ist es das wohl auch gewesen. Aber oben aus der luftigen

Höhe unserer Dachwohnung hat sie selbst fast noch wie ein Kind ausgesehen. Sie hieß Tilly und ritt einen der Schecken ohne Sattel. Die Nummer nannte sich ›Rita und Tilly‹, aber Rita war viel älter. Ich dachte, die beiden seien Mutter und Tochter. Das Mädchen war blond und hatte langes, zu dicken Zöpfen geflochtenes Haar. Für die Nummer allerdings trug sie es offen, und es fiel beinahe bis zu ihren Hüften und breitete sich wie ein Fächer über ihrem Rücken aus, wenn sie sich aufs Pferd schwang. Außerdem hatte sie blaue Augen, eine kurze Nase und lange, schöne Beine, die einen irgendwie an ein Fohlen erinnerten. Jeden Tag habe ich ihr beim Training zugesehen, und für mich ist sie damals wie eine Fee aus einer Märchenwelt gewesen, unendlich schön und unendlich weit entfernt und unerreichbar. Aber schließlich habe ich es doch geschafft, sie mir aus der Nähe anzusehen.«

»Du meinst in der Vorstellung?«

»Ja. Ich habe Süßigkeiten in Brays Süßwarenladen gestohlen und sie in der Schule verkauft. Damit habe ich insgesamt neun Pence verdient. Weil Weihnachten war, blieb der Zirkus zwei Wochen, und am ersten Samstag habe ich mir eine Karte für die Vorstellung von diesem Geld gekauft. Als ich sie dann wirklich unter der Zirkuskuppel all die Dinge vorführen gesehen habe, die sie immer geübt hatte, und noch vieles mehr – wie sie im gleißenden Licht der Scheinwerfer sich drehte und wand, sprang und balancierte, war ich verloren. Sie hat jung, schrecklich jung für jemanden ausgesehen, der bereits soviel Geschick und Körperbeherrschung besaß, und sie war sehr, sehr hübsch. Für mich wurde sie zu einer Art Traumfee ... zu einer Traumfrau. – Sitzt du gut hier oder sollen wir wieder in den Garten gehen?«

»Nein, hier ist es okay.«

»Rita dagegen war ein Nichts ... sie beherrschte ein paar Tricks, aber meistens brachte sie nur die Pferde für Tilly in die richtige Position. Der Star war Tilly. Und nachdem ich die beiden einige Tage lang von meinem Fenster beobachtet hatte, verwarf ich die Vermutung, sie seien Mutter und Tochter. Tilly besaß einen eigenen Wohnwagen, während Rita einen anderen zusammen mit dem Zirkusdirektor und zwei kleinen Buben bewohnte. Ich schloß daraus, daß letztere eine Familie bildeten, während Tilly allein lebte. Und genau an diesem Punkt fingen die Probleme an. Zwei Männer bemühten sich um Tilly. Wenigstens zwei, vielleicht sogar mehr. Mir jedenfalls sind nur zwei aufgefallen. Aber Tilly war sehr beliebt, alle mochten sie. Ständig kam jemand zu ihrem Wagen und unterhielt sich vor der Tür mit ihr. Sie lief ständig herum, scherzte und lachte mit den anderen. Aber jetzt zu den beiden Männern. Der eine war ein Clown... groß, kräftig und schwergewichtig, der in der Manege eigentlich nichts weiter tat, als umherzufallen. Aber wenn er abgeschminkt war, sah er eigentlich recht gut aus mit seinen blonden Haaren. Für mich hätte er ein Deutscher sein können. Der andere war einer der Seiltänzer, schlank, dunkelhaarig, elegant und eingebildet. Und die beiden waren sich nicht grün. Tilly schien keinem von ihnen den Vorzug zu geben, sie lachte sie eher aus. Allerdings sah ich sie fast über alles lachen. Und dann kam diese denkwürdige Nacht... es war der zweite Montag, die Vorstellung war vorüber, und in den meisten Wagen brannte kein Licht mehr. Ich saß in Mantel und dicken Strümpfen am Fenster und hatte den Blick auf das einzig beleuchtete Fenster von Tillys Wohnwagen gerichtet und überlegte, ob ich sie wohl je aus der Nähe... also richtig von Angesicht zu Angesicht sehen würde, denn für die sechs Pence hatte ich nur einen Platz ganz hinten bekommen. – Und plötzlich ging der Tumult los.«

»In ihrem Wohnwagen?«

»Ja. Ich glaube, zuerst änderte sich nur das Licht, und es wurde lauter als sonst. Als nächstes flog die Tür auf und zwei Männer taumelten miteinander ringend die Treppe hinunter. Es waren die beiden Verehrer... und es war ein Kampf auf Leben und Tod. So was sieht man selten. Tilly erschien im Türrahmen, stand dort, die Hände vor den Mund geschlagen und beobachtete den Kampf. Das Ganze kann kaum länger als zwei oder drei Minuten gedauert haben. Es kam mir beinahe so vor, als sei eine Bombe geplatzt. Der kräftige Clown hatte meines Erachtens die Oberhand, denn er schlug erbarmungslos auf den anderen ein, bis dieser zu Boden ging. Dort rollten sie hin und her, und plötzlich blitzte eine Messerklinge auf. Im nächsten Augenblick war alles vorbei. Der Clown lag flach auf dem Rücken und wand sich wie in Zeitlupe im Staub, während der Seiltänzer, das Messer noch in der Hand, unversehrt aufstand. Zwanzig Sekunden lang blieb alles ruhig. Dann machte der Clown keine Bewegung mehr, der Seiltänzer ließ das Messer fallen, und Tilly rannte die Treppe hinunter in seine Arme..."

Tom nahm die Pfeife aus dem Mund und betrachtete den Stiel. Dann strich er damit über beide Handflächen und rauchte weiter.

»Es dauerte kaum eine halbe Minute, da standen sechs oder sieben Leute um den Clown herum, die von dem Kampf aufgeweckt worden waren: der Zirkusdirektor, Rita, zwei Clowns, ein Liliputaner, die dickste Frau der Welt. Einige bückten sich und betrachteten den Dicken. Sie richteten sich bald wieder auf. Da war nichts mehr zu machen. Der Zirkusdirektor nahm alles Weitere in die Hand. Er wandte sich an Tilly und den Seiltänzer und verlangte eine Erklärung. Wenigstens sah es von oben so aus. Ich beobachtete, wie Tilly den Seiltänzer verteidigte und in Richtung Wagen deutete. Diese Gesten waren sehr beredt: Der Clown sei bei ihr eingedrungen, der Seiltänzer habe sie beschützt. Die Diskussion dauerte eine gute Stunde. Zwei weitere Zirkusleute kamen hinzu: der Löwendompteur, der aufgeschreckt war, weil seine Löwen unruhig geworden waren, und der Partner des Seiltänzers. Es gab eine Menge wütender Reden und Gesten, während der Zirkusdirektor ständig zur Ruhe mahnte. Er wollte offenbar verhindern, daß der ganze Zirkus in Aufruhr geriet. Und immer wieder sah er zu den Fenstern unseres Hauses hinüber und fragte sich wohl, ob von dort jemand etwas beobachtet hatte. Ich hatte keine Ahnung, was er tun würde. Zuerst konnte ich nicht glauben, daß der Clown tot sein sollte... jemanden auf diese Weise umzubringen, erschien mir zu einfach. Ich erwartete, daß er jeden Moment aufstehen und in den Streit eingreifen würde. Als das nicht passierte und ich endlich begriff, was geschehen war, nahm ich an, daß man die Polizei rufen würde. Als auch das nicht getan wurde, begann ich zu frösteln. Es war kalt im Schlafzimmer, aber das konnte nicht allein die Ursache sein. Ich spielte mehrmals mit dem Gedanken, dich zu wecken, aber ich wußte, daß du zu jung warst, um die Sache zu verstehen.« Tom hielt inne. »Tja, das ist lange her. Aber jetzt, da ich darüber rede, kommt es mir vor, als sei's erst gestern gewesen. Wieviel Uhr ist es?«

»Wieviel Uhr es ist? Hm... halb zwölf.«

»Ah, dann ist noch genug Zeit, sie kommen erst nach zwölf aus der Kirche. Möchtest du wirklich keinen Kaffee mehr?«

»Vielleicht doch. Danke. Was hast du unternommen? Vor allem, was haben die anderen gemacht?«

»Die Zirkusleute? Mit dem Clown? Sie haben ihn begraben.«

»Wo?«

»Genau dort, wo er lag. Es muß noch mindestens eine weitere Stunde gedauert haben, bis sie die Entscheidung getroffen und ihr Vorhaben ausgeführt hatten, aber ich konnte mich von dem Anblick nicht lösen. Mitten im Park unter meinem Fenster haben sie eine Grube ausgehoben... direkt neben einem der Wohnwagen – der Zirkusdirektor, der Seiltänzer und die beiden Clowns. Dann haben sie den toten Clown hineingelegt und Erde über ihn geschaufelt. Gegen zwei Uhr morgens waren dann alle Spuren beseitigt. Der Zirkusdirektor hatte das Messer an sich genommen, der Seiltänzer war mit seinem Partner verschwunden, Rita hatte die weinende Tilly in deren Wohnwagen gedrängt, um offenbar bei ihr zu übernachten, und die dickste Frau der Welt hatte eimerweise Wasser aufs Gras geschüttet, damit das Blut weggeschwemmt wurde. Und soll ich dir sagen, was am nächsten Tag passiert ist? Am nächsten Tag haben sie die Elefanten ein paar Meter weiter rechts von ihrem eigentlichen Platz angepflockt... nämlich direkt über dem frischen Grab. Auf diese Weise wurde die Erde dort natürlich festgestampft wie Zement, bevor die Truppe weiterziehen mußte...«

Gareth hob die zweite Tasse Kaffee an die Lippen. »Und du hast nie jemandem davon erzählt?«

»Nein... nicht bis zu diesem Augenblick. Viele Jahre lang habe ich geschwiegen. Ich weiß auch nicht, weshalb ich es dir nun erzähle... vielleicht, weil du mein Bruder bist und wir so lange nicht mehr miteinander gesprochen haben... Und wer weiß, wann wir dazu wieder Gelegenheit haben?«

»Unsinn! Nach diesem Wiedersehen werden wir doch den Kontakt nicht...«

»Natürlich habe ich daran gedacht, zur Polizei zu gehen, habe daran gedacht, Mutter alles zu erzählen. Natürlich hätten sie sich herausreden und behaupten können, ich hätte das nur geträumt, aber der Beweis war schließlich da. Ich mußte der Polizei nur die Stelle zeigen. Aber Tilly... ich war eben verliebt in sie. Ich wußte, was sie erwartete, wenn die Polizei erst davon Wind bekam... Daß sie unschuldig war, spielte keine Rolle. Außerdem wollte ich damals mit der Polizei nichts zu tun haben... Also habe ich den Mund gehalten... Natürlich kann man den Standpunkt der Zirkusleute irgendwie verstehen. Die Angelegenheit war innerhalb der Truppe kaum lange zu verheimlichen, aber es durfte nichts nach draußen dringen. Die Artisten... das ist eine geschlossene Gemeinschaft. Einen Clown vermißt niemand, weißt du. Aber wenn die Polizei erst anfing, Fragen zu stellen, dann bedeutete das nicht nur einen Skandal, was schlecht für die Publicity gewesen wäre, sondern den Verlust eines Artisten und damit einer wichtigen Nummer. Also hielten alle den Mund und zogen einfach weiter. Und ich habe mit ihnen geschwiegen.«

»Hm.« Gareth streckte die Beine aus. Sie waren etwas steif geworden. Die sechsunddreißig Löcher auf dem Golfkurs am Vortag hatten ihre Nachwirkungen. Seine Kondition ließ nach. »Eine merkwürdige Geschichte. Faszinierend... Und du hast die Truppe vermutlich nie wiedergesehen, oder? Du weißt...«

»O doch... Ich habe sie wiedergesehen. Im darauffolgenden Oktober sind sie ja zurückgekommen.«

»Was? Großer Gott! Und was...?«

»Komisch«, begann Tom und starrte mit seinen blaßgrauen Augen abwesend durch das Fenster. »Das ganze Jahr über hatte ich mein Geheimnis gehegt und gepflegt. Nachdem der Zirkus abgezogen war, kehrte auf dem Park natürlich der Alltag wieder ein. Kinder spielten dort Ball, Liebespaare, junge Ehepaare mit Kinderwagen und Hunde hielten erneut Einzug. Ich habe mich immer gefragt, ob ein Hund nicht eines Tages beim Graben etwas finden würde. Aber die Zirkusleute waren verdammt clever gewesen. Sie hatten die Grube tief genug ausgehoben. An langen Sommertagen bin ich oft rübergegangen und habe die Stelle betrachtet. Ich wußte etwas, das außer mir niemand wußte, und das machte mich stolz. Und es war nicht schwierig, die besagte Stelle zu finden. Immer wuchs natürlich das Gras, und dort, wo der Clown begraben lag, war es viel dichter und saftiger.«

»Großer Gott! Weil er dort lag?«

»Ja, natürlich. Ich habe mich wirklich gefragt, warum das niemandem auffiel, aber ich glaube, kein Mensch hat je darüber nachgedacht.«

»Also, ich wäre auch nie auf eine solche Idee gekommen.«

»In jenem Jahr bin ich sehr erwachsen geworden, Gareth. Dad ist im Mai gestorben. Weißt du noch? Ich hatte immer das Gefühl, daß seine Krankheit gar nicht so sehr daran schuld war... Ich glaube, er hatte das Gefühl, es nicht mehr zu schaffen, und hat einfach das Handtuch geworfen. Für uns war das eine Katastrophe. Sozialhilfe und so weiter. Dann hat Mutter einen Job als Tellerwäscherin in einem Hotel gekriegt, so daß wir wenigstens in der Wohnung bleiben konnten. Während ihrer Abwesenheit mußte ich die Rolle des Familienoberhaupts übernehmen. Mit zwölf war ich schon Familienvorstand! Gott steh uns bei!«

»Das hat er irgendwie auch getan.«

»Davon habe ich nicht viel gemerkt, mein Junge. Du hast es noch am besten erwischt... In diesem Jahr habe ich oft von Tilly geträumt, mich gefragt, wo sie wohl war, was sie wohl dachte. Und ich wünschte, der Seiltänzer sein zu können, um sie vor einem bösen Clown zu retten, der ihre Hilflosigkeit schamlos ausnutzen wollte. Du weißt, wie das ist, wenn man nur von Träumen lebt...«

Gareth musterte aufmerksam das hagere, glänzende Gesicht des Bruders. »Du hast sie wiedergesehen?«

»Ja... und wie! Als ich in jenem Oktober eines Tages von der Schule nach Hause kam, klebte ein Mann Plakate an die Telegrafenmasten. Ich erkannte die blau-gelbe Schrift sofort und wäre auf der Straße beinahe überfahren worden, so durcheinander war ich. Allerdings muß ich gestehen«, fuhr Tom fort, »daß ich, obwohl ich weit vorausdachte, nicht genügend weit vorausgedacht habe... denn sieben Tage später, als der Zirkus eintraf und sein großes Zelt direkt unter unseren Fenstern aufstellte, erlebte ich eine böse Überraschung. Daran hätte ich wirklich nie im Leben gedacht. Die Bäume standen in vollem

Saft, und ich konnte durch das dichte Blätterwerk kaum etwas sehen...

Damals war das für mich geradezu eine Tragödie... wirklich... Das wäre mir im Traum nicht eingefallen. Obwohl Rita und Tilly als Nummer angesagt waren und ich gelegentlich für Sekunden zwischen den Ästen hindurch Blicke auf sie erhaschte, konnte ich Tilly überhaupt nie richtig sehen... Dazu mußte ich mich wie viele andere Kinder vor der Eingangspforte herumdrücken und hoffen, sie beim Verlassen oder Betreten des Zirkusgeländes zu erwischen. Ansonsten konnte ich sie weder beim Training noch auf den Treppen ihres Wagens sitzend beobachten, wo sie das letzte Mal öfter eine aufgeplatzte Naht in ihrem Trikot geflickt hatte. Nie durfte ich zusehen, wie sie ihr Haar wusch und bürstete oder wie sie zu ihrem Auftritt in die Manege ritt. Und auch der Blick auf das andere Treiben war mir verwehrt: auf die Clowns beim Fußballspielen oder auf ihre spontanen Späße, auf die Fütterung der Löwen, die dickste Frau der Welt beim Abendessen, die Elefanten, die zu ihrem täglichen Spaziergang geführt wurden.«

»Ich glaube, jetzt erinnere ich mich dunkel an den Zirkus. Die Elefanten haben besonders Eindruck auf mich gemacht.«

»Tja, und vor allem wollte ich natürlich wissen, wie sie sich an dem Grab des Clowns verhielten. Ich beobachtete sie, so gut ich konnte, und glaubte zu erkennen, daß sie die Elefanten wieder an derselben Stellen angepflockt hatten, aber sicher war ich meiner Sache nicht. Außerdem hatte ich natürlich keine Möglichkeit zu sehen, ob Tilly oder einer der anderen den Grasfleck häufiger betrachteten. Ich nahm allerdings an, daß man das Grab begutachtete... zumindest, um festzustellen, ob es noch unversehrt war. Jenes zweite Mal blieb der Zirkus nur eine Woche, was bedeutete, daß ich mir sofort etwas einfallen lassen mußte. Zusammen mit einem Schulkameraden besuchte ich dann die Vormittagsvorstellung am Donnerstag... gestohlene Süßigkeiten aus demselben Laden wie beim ersten Mal hatten mir das Geld für die Eintrittskarte eingebracht. Das zweite Verbrechen in meinem Leben. Tilly war so wunderbar wie eh und je und noch immer so unerreichbar. Der Seiltänzer, der den Clown getötet hatte, war auch noch dabei. Es war alles herrlich und unerträglich enttäuschend zugleich. Den ganzen Freitag über, während der Schule, wälzte ich Pläne. Irgendwie mußte ich an sie herankommen, vielleicht sogar mit ihr sprechen, ihr wenn nötig sagen, daß ich ihr Geheimnis zwar kannte, daß es bei mir jedoch bestens aufgehoben war. Mutter hatte schon davon gesprochen, daß sie mit uns in den Norden zu Großvater und Großmutter nach Gorton zurückgehen wollte, und ich konnte den Gedanken nicht ertragen, Tilly nach jenem Samstag nie mehr wiederzusehen. Am Freitagabend also...«

»Bist du zu ihr gegangen?«

»Ja... ja, aber die Entscheidung ist mir nicht so leicht gefallen. Immerhin war ich knapp dreizehn und hatte ungeheuren Respekt vor diesen Zirkusleuten. Schließlich hatte meine Sehnsucht allerdings ein Stadium erreicht, in dem... Mutter kam jedenfalls nie vor halb zwölf aus dem Hotel zurück. Damit hatte ich reichlich Zeit. Ich hörte, wie die Kapelle am Ende der Vorstellung einen Tusch spielte, hörte, wie die Tiere gefüttert wurden, und als es auf dem Gelände ruhiger geworden war, konnte ich davon ausgehen, daß sich die meisten Zirkusleute in ihre Wohnwagen zurückgezogen hatten. Du hast bereits geschlafen. Ich ließ dich allein in der Wohnung zurück und hoffte nur inständig, daß du nicht aufwachen würdest. Der Eingang des Zirkus lag gegenüber der Titus Street, wie du dich sicher erinnerst, und an der Seite war ein großer Parkplatz eingerichtet worden, um jede Verkehrsbehinderung zu vermeiden. Viel war damals auf den Straßen allerdings sowieso nicht los. Um das Zirkusgelände hatte man einen Zaun gezogen, um unliebsame Gäste fernzuhalten, aber trotz der Arbeit, die sie sich damit gemacht hatten, waren einige Pflöcke doch sehr locker, und der Drahtzaun stellenweise so verrostet, daß ein Durchkommen nicht schwierig war. Einige Schulkameraden waren am Montag auf diese Weise reingekommen, erwischt und verprügelt worden... So was machte man also nicht gerade zum Vergnügen.

Ich zwängte mich also durch ein Loch an der dunkelsten Stelle weit hinter dem Zelt und hielt mich in Richtung Elefanten. Mir war sofort klar, daß ich ziemlich spät dran war, denn die meisten Wohnwagen waren bereits dunkel. Alle hatten offenbar schnell zu Abend gegessen, und da die Nacht kühl war, hatten sie sich bereits zurückgezogen. Damit war für mich zwar die Gefahr geringer, aber auch die Wahrscheinlichkeit, Tilly noch zu sehen.

Jedenfalls bin ich zuerst zu den Elefanten gelaufen. Man hatte sie tatsächlich über dem Grab des Clowns angepflockt. Das saftige grüne Gras war an dieser Stelle völlig niedergetrampelt und darunter waren Staub und Dreck zum Vorschein gekommen. Die großen Dickhäuter kauten lethargisch an Gemüseresten. Gelegentlich war noch das Rasseln der Ketten zu hören. In einem der Käfige machte ein Tier undefinierbare Geräusche. Ich schlich zu Tillys Wagen.«

Tom hielt inne und stand auf. Seine Pfeife war ausgegangen, und er klopfte die Tabakasche im leeren Kamin aus. Dann steckte er die Pfeife in die Tasche und starrte stirnrunzelnd aus dem Fenster.

»Ich erinnere mich noch gut, daß ich auf dem Weg dorthin mehrfach nur knapp der Entdeckung entgangen bin«, fuhr Tom schließlich fort. »Da waren zum Beispiel die beiden kleinen frei laufenden Hunde, die sich beinahe auf mich gestürzt hätten. Dann bin ich auf Händen und Füßen um eine Ecke gekrochen, die von zwei Wohnwagen gebildet wurde, und beinahe mit einem Liliputaner, einem Neger mit Tätowierungen im Gesicht und einer bärtigen Frau zusammengestoßen, die alle um einen Tisch saßen und so was wie Rühreier aßen. Im letzten Augenblick konnte ich mich noch ducken. Ich wußte bis zuletzt nicht, was genau ich tun wollte, wenn ich Tillys Wagen endlich erreicht hatte, aber als ich vor der Tür stand, war diese geschlossen und drinnen brannte Licht. Ich kauerte also nieder und wartete erst mal ab.

Tilly kam nicht heraus. Ich setzte mich auf. Immer noch waren Leute auf dem Gelände unterwegs. Im Hintergrund kreischten die Affen. Ein Löwe hustete. Allmählich wurde mir kalt. Schließlich stieg ich die drei Treppen zum Wagen hinauf und sah durchs Fenster. Sie war da. Mit einem Mann. Beide waren nackt. Die Arme und Beine der beiden waren ineinander verschlungen. Vermutlich war es gerade *der* entscheidende Augenblick... der Augenblick höchster Befriedigung. Ich stand wie angewurzelt vor der Tür, unfähig mich zu bewegen.

Natürlich wußte ich in etwa über diese Dinge Bescheid, aber gesehen hatte ich es noch nie. Der Mann war ein Fremder... das dämmerte mir allmählich... und er tat es mit meinem Engel, meiner Prinzessin, meiner Traumfrau. Ich glaube, mir wurde übel. Ich war wie gelähmt. Dann packte mich plötzlich jemand von hinten am Kragen und am Arm, zerrte mich die Treppe hinunter, schrie und schlug auf mich ein.«

Tom hielt mit bitterer, grimmiger Miene inne. Zögernd schließlich fuhr er fort: »Wie du siehst, hat meine Zirkusgeschichte kein Happy-End.«

»Hast du dir eine Tracht Prügel eingehandelt?«

»So ungefähr. Aber mein Peiniger wurde unterbrochen. Es war der kräftige Liliputaner, der mich erwischt hatte... in der Vorstellung spielte er den spaßigen Jungen, aber aus der Nähe konnte man sehen, daß er ein erwachsener Mann war. Offenbar waren wir zu laut geworden, denn kurz darauf ging die Tür des Wohnwagens auf, und Tilly und der Mann... inzwischen züchtig mit Morgenmänteln bekleidet... schauten heraus. Der Zwerg hatte mich mit dem Gesicht in den Schmutz getaucht, doch als ich aufstand und sie begriff, wie jung ich war, lachte sie und rief: »Vermutlich wollte er sich ein paar Anregungen holen, was...?«

Plötzlich wurde es sehr still. Die Sonne war hinter einer Wolke verschwunden und hatte das Zimmer des kleinen Häuschens so grau und trostlos zurückgelassen, wie Toms Stimme klang.

»War das das Ende?« fragte Gareth, der insgeheim ahnte, daß dem nicht so war.

»Ja. So ungefähr. Für einen herrlichen Sonntagmorgen ist das genug. Gehen wir raus an die frische Luft.«

Sie traten ins Freie. Seit die Sonne verschwunden war, war die Luft merklich kühler geworden.

»Ich bin damals ziemlich groß für mein Alter gewesen«, sagte Tom schließlich. »Erinnerst du dich?«

»Für mich bist du immer groß gewesen.«

»Vielleicht bin ich ihr erwachsener vorgekommen, als ich war. Ich nehme an, daß sie mich für sechzehn gehalten hat. Als ihr Freund jedenfalls mürrisch vor sich hin murmelnd gegangen war, blieb sie in der Tür stehen, sah mich an, hob die

Hände, um ihr Haar aus dem Gesicht zu streifen, und als die Ärmel ihres Morgenmantels zurückfielen, kamen mir ihre Arme wie lange, weiße Schwanenhälse vor. Dann wandte sie sich an den Zwerg: ›Bring ihn mir. Wenn er was lernen will, kann er das... bei mir.‹«

Die beiden Brüder schlenderten gemächlich durch den kleinen Garten. Zwei Reiter in schwarzen Röcken und Melonen kamen langsam den Hügel herab.

»Großer Gott«, seufzte Gareth. »Eine unglaubliche Geschichte.«

»Ich bin damals für so was eigentlich noch nicht reif gewesen«, fuhr Tom fort. »Ich war viel zu jung und verängstigt.« Unter dem bedeckten Himmel wirkte sein Gesicht sehr bleich. Sein Mund war ein schmaler Strich. Sie... war viel älter, als ich angenommen hatte... Ende Zwanzig schätze ich... und wirklich sehr schön, das muß man ihr lassen... aber eine Hexe! Man sagt allgemein, daß es zum erstenmal mit einer älteren Frau passieren sollte. Aber dazu bedarf es einer verständnisvollen älteren Frau und nicht einer spöttischen, verdorbenen Hexe. Und genau das war sie. Was für ein Baby ich doch sei, wiederholte sie immer wieder. Was für ein Baby! Ich sollte es mal so, dann wieder anders probieren, und so fort. Als ich den Wagen verließ, als ich endlich fortkam, fühlte ich mich schmutzig, ekelerregend, von Grund auf verdorben. Ich mußte mich dreimal übergeben, bis ich unsere Wohnung erreicht hatte. Und Mutter... Ich habe keine Ahnung, was sie von mir gedacht hat, aber all ihre Wut war schnell verflogen, als sie mein Gesicht sah. Danach lag ich drei oder vier Tage krank im Bett. Erinnerst du dich?«

»Nein.«

»Wie der Zirkus abzog, habe ich nicht gesehen. Natürlich habe ich das Hämmern und Rufen und das Knacken und Quietschen der Wagen gehört, aber nicht ein einziges Mal aus dem Fenster geschaut. Tilly habe ich nie wiedergesehen. Vielleicht war das gut so. Ein Ideal, von dem nichts als Schmutz übrigbleibt, vergißt man lieber. Während wir noch in London wohnten, kam der Zirkus nicht wieder... allerdings hat Mutter mich neun Monate später mit in den Norden genommen, während du Glückspilz zu Onkel Ted in Pflege gekommen bist...«

Die beiden Reiter hatten das Häuschen erreicht. Tom grüßte höflich. Als sie vorbei waren, fragte Gareth: »Hast du dieser Tilly eigentlich gesagt, daß du den Mord an dem Clown beobachtet hattest?«

»Nein... für so was blieb bei unserem Zusammensein keine Zeit.«

»Vielleicht war's ganz gut so.«

»Weshalb?«

»Möglicherweise hätte sie versucht, mit Hilfe ihrer Komplizen dir den Mund ein für allemal zu stopfen.«

»Ach, ich weiß nicht...«

»Sei da nicht so sicher! Vielleicht wärst du nach dieser Nacht auch im Park unter der Erde gelandet. Es kommt immer wieder vor, daß Leute einfach spurlos verschwinden... selbst wenn sie einen festen Wohnsitz haben.«

»Das weiß ich nur zu gut. Aber damals habe ich an so was nicht gedacht. Und vielleicht hat sie wirklich etwas in mir getötet – etwas, das ich selbst nicht definieren kann. Vielleicht die Fähigkeit, Ideale zu haben, die Fähigkeit zu lieben.«

Sie schwiegen. »Ich weiß noch gut, wie schwierig du in jenem letzten Jahr in London gewesen bist. Daran erinnere ich mich klar und deutlich. Vermutlich war diese Geschichte daran schuld, was?«

»Schuld woran?«

»Na, an deinen Problemen mit der Polizei. Selbst ich konnte dir damals nichts mehr recht machen – und Mutter auch nicht. Du warst nicht zu bändigen. Als die Familie dann auseinanderbrach, war ich zwar todunglücklich, Mutter zu verlieren, aber eigentlich sogar froh, nichts mehr mit dir zu tun zu haben.«

»Und das mußtest du auch nicht.«

»Nein.« Gareth sah zum Bruder auf, dessen Miene nach dem letzten Geständnis düster und verschlossen wirkte. »Aber das ist kein Grund, warum wir jetzt nicht in Verbindung bleiben sollten. Überleg's dir, alter Junge. Drüben erwartet dich ein neues Leben... du mußt nur zupacken.«

Tom schüttelte den Kopf. »Ich kann selbst für mich sorgen. Zeit, daß du dich auf den Weg machst, Gareth. Sie müssen bald aus der Kirche kommen.«

»Ach, zum Teufel mit ihnen. Das kümmert mich nicht.«

»Aber mich, wie ich dir schon gesagt habe...«

Sie unterhielten sich noch einige Minuten und schlenderten langsam zur Gartenpforte. Gareth öffnete sie und sagte: »Ich finde, du hättest es der Polizei melden müssen. Nachdem diese Hexe dich so behandelt hat! Was hat dich denn eigentlich davon abgehalten?«

»Es war mir egal. Ich war viel zu elend dran, um überhaupt noch an so was zu denken. Nachdem der Zirkus abgezogen war und es mir wieder besserging, bin ich rüber in den Park und hab' mir die Stelle wieder angesehen. Es... es war, als läge dort ein Stück von mir. Klingt das nicht komisch? Trotzdem war's so. Im nächsten Sommer war das Gras an dieser Stelle wieder saftig grün. Und das hat mich eine Menge über organische Zusammenhänge in der Natur und zuviel über das Leben gelehrt... etwas, was ich leider eben nie vergessen kann.«

Das sonntägliche Mittagessen war vorüber, und Jock Munster schlug vor, einen Spaziergang zu machen. Die ganze Familie, samt einem weißen Terrier, einem braunen Airedale und einem jungen Verehrer der ältesten Tochter, nahm daran teil. Für Gareth, der so etwas seit Jahren nicht mehr getan hatte, war es eine angenehme Abwechslung. Nach der Rückkehr tranken sie Tee, und er und Jock standen rauchend an der offenen Terrassentür, redeten über geschäftliche Dinge und besprachen die vertraglichen Abmachungen, die sie in London getroffen hatten.

Aus heiterem Himmel sagte Gareth, dessen Gedanken sich unwillkürlich weit vom Gespräch entfernt hatten: »Sie haben wirklich einen erstklassigen Gärtner. Ich habe ihn gestern vormittag kennengelernt. Ein interessanter Mensch. Er scheint was von seinem Metier zu verstehen.«

»Tom Preston? Ja... Er ist ausgezeichnet. Wir haben ihn schon seit Jahren. Sie sollten mal hören, wie Eve von ihm schwärmt. Aber nach den schlechten Erfahrungen, die wir mit seinen Vorgängern gemacht haben, ist das kein Wunder. Gute Gärtner sind kostbarer als Gold.«

»Tom Preston, sagten Sie?«

»Ja. Er gewinnt fast alle Preise beim Dorfwettbewerb für uns. Vor allem der Nutzgarten taugte gar nichts, bevor er zu uns kam. Alle haben behauptet, der Boden sei zu lehmhaltig. Dabei erzielte er dort die besten Erfolge. Es kostet mich allerdings ein Vermögen an Mist und Kunstdünger. Tom ist ein großer Verfechter der Komposttheorie. Was er dort hinten alles kompostiert, geht niemanden was an. Hören Sie, Gareth... was die Liefertermine bei dem gegenwärtigen Klima und den Wechselkursen betrifft...«

Die Luft wurde bald kühler, und sie gingen hinein. Im Wohnzimmer bot sich ihnen eine glückliche Familienszene. Die ältere Tochter war mit ihrem Freund ausgegangen, aber Eve Munster saß vor einem Stickrahmen am Kamin, während Phyllida auf dem Bauch lag und Zeitung las. Der eine Hund hatte es sich neben ihr bequem gemacht, der andere schlief laut atmend auf dem Teppich vor dem offenen Feuer. Gareth befiel einen Augenblick lang eine nostalgische Sehnsucht nach einem England, das er nie gekannt hatte. Dann verdrängte er diese Gedanken.

»Haben Sie ihn schon lange?« fragte er unvermittelt.

»Wen? Oh, Sie meinen Preston? Eve, ich habe Gareth erzählt, welches Glück wir mit Preston haben. Ja, er ist seit über vier Jahren bei uns. Er tauchte eines Tages aus heiterem Himmel auf, hatte keine Referenzen... aber Gärtner brauchen die eigentlich nicht. Ehrlich gesagt, ist er ein bißchen wunderlich, aber heutzutage stört das niemanden mehr, schon gar nicht bei einem so guten Gärtner.«

»Er hat hier wahre Wunder vollbracht«, fiel Eve ein, ohne den Blick von ihrer Stickerei zu wenden. »Vor allem im Gemüsegarten. Alle glauben, daß wir die beste Erde haben, aber das stimmt gar nicht. Ich wage es kaum zuzugeben, daß das alles Prestons Werk ist, sonst wird er noch abgeworben.«

Gareth Purdy blätterte in einigen Illustrierten am Fenster, ohne die Photos richtig zu sehen.

In die friedliche Stille hinein sagte plötzlich Phyllida:

»Das Mädchen aus Hailsham hat man noch immer nicht gefunden.«

»Welches Mädchen?« fragte ihre Mutter.

»Diese leichtsinnige Blondine, du weißt schon. Sie ist am Wochenende ausgegangen und seither nicht mehr gesehen worden.«

»Die jungen Leute sind viel zu unbekümmert. Sie gehen aus, ohne ihren Eltern Bescheid zu sagen.«

»Die Polizei hält es für möglich, daß eine Verbindung zum Fall eines anderen Mädchens besteht, das im vergangenen Jahr in Eastbourne auf dieselbe Weise verschwunden ist«, entgegnete Phyllida. »Außerdem war da noch ein Jahr zuvor das Mädchen aus Bexhill... steht hier in der Zeitung. Alle waren zweiundzwanzig und auffällig blond. Ich weiß allerdings nicht, ob die Fälle wirklich etwas miteinander zu tun haben.«

In dieser Nacht schlief Gareth keine acht Stunden, nicht mal eine. Am Morgen machten sie sich schon früh auf den Weg nach London, um nicht in den morgendlichen Berufsverkehr zu kommen. Trotzdem sah er die große Gestalt von Tom über eine Rabatte gebeugt arbeiten. Gareth ging nicht zu ihm, sprach nicht mehr mit ihm. In London erledigte Gareth hastig noch einige wichtige Dinge und rief dann Jock Munster an, um sich für das schöne Wochenende zu bedanken und ihm zu sagen, daß er ganz unverhofft schon früher nach Australien zurückkehren müsse.

*Aus dem Englischen übertragen
von Christine Frauendorf-Mössel*

Meistermorde

Roger Longrigg

Der Sessel

»Ich hatte heute Kotelett à la carte«, erwiderte Gregory Vardon auf die entsprechende Frage seines Freundes. »Und zwar Lammkotelett. Obwohl das durchaus riskant sein kann. Ich habe es schon erlebt, daß der ›Chef‹ es nicht durchgebraten hat. Wie gesagt, es ist vorgekommen. Aber heute war das Kotelett exzellent. Und du Charlie? Wozu hattest du dich entschieden?«

»Meine Wahl fiel auf ein vergleichbares Gericht«, erwiderte Charles Corbishley mit dem der Sache angemessenen Ernst. »Sehr vergleichbar sogar. Ich habe mich mit einem Wort für Hammelkotelett entschieden. Und dazu habe ich mir ein Achtel Rotwein der Clubmarke gestattet.«

»Ein guter Tropfen. Nicht gerade Spitzenklasse, aber durchaus trinkbar.«

»Nicht ganz ausgereift. Aber was kann man für diesen Preis schon verlangen?«

Die Herren, beide hochbetagt, seufzten beim Gedanken an die Rotweinpreise, ein häufiges Gesprächsthema der beiden Freunde, das auch andere Clubmitglieder sehr beschäftigte. Im hinteren Salon des Blazon's Clubs vermittelte die Nachmittagssonne die Illusion winterlicher Wärme. Sie spiegelte sich im Kaffeespender wider, der auf seinem Tischchen in der Ecke vor sich hin tropfte. Die Sonne trat in hehren Wettstreit mit dem Feuer im Kamin, das nichtsdestotrotz eine bullige Hitze verbreitete. Sie ruhte auf Gregorys rosarotem, blankpoliertem Schädel, fing sich in Charles Corbishleys goldumrandetem Zwicker und sandte von dort freche Lichtreflexe aus, sobald dieser mit dem ergrauten Kopf wackelte.

»Hast du was dagegen, wenn ich dem Ober klingle und uns ein Gläschen Portwein bestelle?« begann Charles, der an der Reihe war.

»Mir scheint, ein Gläschen Portwein wäre jetzt einfach wunderbar.«

»Ausgezeichnet!«

Charles saß in der äußersten Ecke des Ledersofas, der Wand neben dem Kamin am nächsten. Der Klingelknopf war kaum ein Meter von ihm entfernt. Er hob seinen Spazierstock mit der Gummispitze und stieß ihn in Richtung Klingel. Charles traf die Wand, die im weiteren Umkreis um den Klingelknopf bereits Abdruckspuren seines Stockes auf der Tapete aufwies. Schließlich traf er den Knopf und ließ es triumphierend lange klingeln.

Der Ober, ein zu klein geratener Portugiese, erschien.

»Ein Glas Jahrgangs-Port aus der Flasche, Gregory? Oder bescheiden wir uns mit einem einfacheren Tropfen aus dem Holzfaß?«

Gregory gab sich den Anschein nachzudenken, sich intensiv mit der gestellten Frage auseinanderzusetzen, um dann mit leichtem Herzen die wohlüberlegte Entscheidung zu verkünden. »Ich finde ein Becher Port aus dem guten alten Holzfaß tut es durchaus«, erklärte er schließlich.

Charles nickte wohlwollend. Hätte Gregory die Stirn besessen, den einzigartigen Präzedenzfall zu schaffen und damit Charles zu zwingen, soviel mehr Geld auszugeben und um einen Jahrgangs-Port zu bitten, Charles hätte schlicht seinen Ohren nicht getraut. Sie boten sich zwar gegenseitig stets den teuren Jahrgangs-Portwein an, doch dies war eher eine Art Ritual als eine aufrichtig gemeinte Einladung.

»Haben Sie die Güte, und bringen Sie uns zwei Gläser Portwein vom Faß«, wandte Charles sich an den Ober.

Weder Charles noch Gregory bedienten sich normalerweise des gewundenen Redestils, dessen sie sich in den Räumen des

Blazon's Clubs befleißigten. Gregory allerdings hielt sich selten irgendwo anders auf; aber nach einem Restaurantbesuch hätte er sicher nie erzählt, ›à la carte‹ gegessen zu haben, und Charles trank üblicherweise eher Wein, als daß er ihn sich ›gestattete‹. Im Club allerdings waren sie eben Clubmitglieder, und diese Rolle spielten sie gründlich. Dabei war es nicht unbedingt ein Spiel und schon gar keine Parodie: Diese Umgangsformen verliehen einem mehr als bescheidenen Leben, einer einsamen Pensionärsexistenz, eine gewisse Würde; es war ein harmloser Spaß und war nicht zuletzt ein vergnüglicher Zeitvertreib ... in ihrem Alter ein nicht zu unterschätzender Vorteil.

Der Ober beugte sich pflichtschuldig, aber ohne jede Begeisterung, dem üblichen Ritual, brachte zwei kleine Gläser billigen Portwein auf einem Silbertablett und nahm das Geld in Empfang.

Die ganze Aktion hatte auf diese Weise das erwünscht angenehme Ende gefunden. Charles lehnte sich mit einem tiefen, zufriedenen Seufzer in seiner Sofaecke zurück. Gregory tat es ihm in seiner Ecke mit einem verhalten dankbaren Seufzer gleich, der bereits die Vorfreude auf den Genuß des Portweins ausdrückte.

Am darauffolgenden Tag kam ihm der Platz in der Ecke nahe der Wand zu. Und dann würde die Gummispitze seines Spazierstocks die Klingel betätigen. In wohlgesetzten, weidlich erprobten Worten würde er Charles ein Glas Jahrgangs-Portwein offerieren, um ihm dann ein Glas von der preiswerten Sorte zu bestellen. Dieses Glas Portwein reichte ihnen dann stets bis drei Uhr. Danach mußten sie nur noch eine Stunde bis zur Teezeit totschlagen. Charles verbrachte diese Stunde regelmäßig auf seinem Stammplatz in der einen oder der anderen Sofaecke. Auf den Knien hatte er dann eine Ausgabe der Zeitschrift *Country Life* aufgeschlagen, doch sein Kinn war zurückgesunken, die Kinnlade war heruntergeklappt, die Augenlider waren geschlossen, der Atem ging langsam und regelmäßig, und seine Verdauung arbeitete stetig, um den Magen auf Earl Grey mit Teekuchen vorzubereiten. Gregory seinerseits stieg währenddessen die Treppe zur Bibliothek hinauf, er bezwang Stufe um Stufe mit großer Anstrengung und hielt dabei den Stock in der einen, das Treppengeländer in der anderen Hand. Oben angelangt, humpelte er dann einsam an den völlig überflüssigen Schildern mit der Aufschrift ›Bitte Ruhe‹ vorbei zum Regal mit den Werken Trollopes. Dort nahm er den zweiten Band von *The Small House at Allington* heraus und schaffte meist ein oder zwei Seiten der Lektüre in seinem Lieblingsstuhl am Kamin, bevor auch sein Kopf nach hinten sank, die Kinnlade herunterklappte und er sein Vierzigminutenschläfchen vor dem Tee hielt.

Nichts war kultivierter, nichts genußreicher; und es war keine schlimmere Katastrophe vorstellbar als eine Störung dieses Zeremoniells.

Gregory trank mit langsamen Kaubewegungen seinen Portwein, den nach ordentlicher Reihenfolge diesmal Charles Corbishley spendiert hatte. Als er den Salon zum Tisch mit den Zeitschriften durchquerte, erlebte er allerdings eine unangenehme Überraschung, denn sein Blick fiel auf die untersetzte Gestalt eines Mannes im Tweedanzug namens Martyn, einem aufdringlichen, glotzäugigen Maulhelden Anfang Sechzig.

Gregory hatte diesen Martyn schon nicht gemocht, als dieser noch kein Clubmitglied gewesen war, noch bevor er dessen Name gekannt, ja längst bevor er dessen penetrante, nervtötende Stimme zum erstenmal gehört hatte. Seine erste Begegnung mit Martyn vor kurzer Zeit – es konnte höchstens zwölf Jahre her sein – war ihm noch in deutlicher Erinnerung. Martyn war damals zu Gast im Club gewesen. Jemand hatte ihn dorthin zum Mittagessen eingeladen. Er wartete in der Halle auf seinen Gastgeber und hatte sich in dreister Manier breitbeinig vor dem Kamin der Eingangshalle aufgebaut. Er störte die friedliche Atmosphäre mit seiner dominanten Gegenwart, starrte glotzäugig Clubmitglieder an, die unaufdringlich ihre Mäntel an der Garderobe aufhängten oder bescheiden einen Drink einnahmen, und betrachtete nebenbei herablassend die Drucke von Bay Middleton und Stockwell; er trug eine Nelke im Knopfloch, seine Nase war rot geädert, sein ingwerbrauner Schnurrbart war eine einzige Beleidigung jeden ästhetischen Empfindens. Er sah aus wie ein gemeiner Charakter, wie das personifizierte Ärgernis, wie ein schwergewichtiger Stammtischheld, wie ein aufgeblasener Flegel.

Danach war der Mann während einer Zeitspanne von vier Jahren ein- oder zweimal jährlich als Gast desselben Herrn im Club erschienen. Er hatte oder erwarb sich Freunde im Club. Er begrüßte diese laut und aufdringlich. Keinen ärgerte das sichtbar. Sie spendierten ihm Drinks. Seine Freunde, die er stimmlich stets übertönte, tranken ausgiebig an der Bar und kamen dann zu spät in den Speisesaal. Dort unterhielten sie sich weithin vernehmlich über die Lachsfischerei, die Fasanenjagd, Politik und Börsengeschäfte. Martyns Gastgeber spendierte diesem nach dem Essen ein Glas vom besten Portwein oder Kognak. Gregorys Aversionen wuchsen mit jedem weiteren Besuch des Mannes, und er erlebte alle seine Auftritte mit, da Gregory immer im Club war und nirgendwo sonst hingehen konnte. Martyn verkörperte alles, was Gregory von jeher gehaßt und verabscheut hatte. Er war der hämische Junge mit den roten Knien an Gregorys Internat, der herausgefunden hatte, daß Gregorys Mutter einen Gedichtband veröffentlicht hatte – auf eigene Kosten –, und führte das grausame Pack zukünftiger Karrieristen an, die ihn über alle Spielplätze verfolgten. Martyn war der polternde, selbstbewußte Fußballer, der Kraftprotz, der Streberhasser, Angeber und Besserwisser. In jeder Phase seines Lebens war Gregory auf solche Männer gestoßen und hatte sie stets verabscheut, und dieser Martyn war die Quintessenz all dieser Häßlichkeiten. Gregory ärgerte sich nicht nur über Martyn, der Mann bereitete ihm eine regelrechte Übelkeit. Der einzige Trost war, daß er nur zweimal jährlich im Club aufkreuzte und daß ihm, als Gast, der Zutritt zum hinteren Salon verwehrt war.

Dann allerdings kam ein Schockerlebnis, das Gregory wochenlang den Schlaf raubte und bei ihm Verdauungsstörungen auslöste.

Eines schrecklichen Apriltages an der Bar, als Gregory sich ein kleines Glas trockenen Sherry bestellt hatte, um sich aufs Mittagessen einzustimmen, wurde ihm ganz offiziell Martyn vorgestellt.

Der Mann, der Martyn stets zum Essen einlud, sagte: »Ah, Gregory, das trifft sich gut.«

»Guten Morgen«, erwiderte Gregory, der mittlerweile kaum noch Namen im Gedächtnis behielt.

»Kommen Sie, trinken Sie ein Glas mit uns.«
»Nein, danke.«
»Schade. Darf ich Ihnen Barry Martyn vorstellen?«
»So?«
Gregory blickte mit mühsam aufgesetzter Höflichkeit in die Richtung, aus der sich ihm ein Arm entgegenstreckte. Dort stand grinsend wie eine Hyäne, ein Glas sprudelnden Champagner in der Hand, die obligate Nelke im ausgefransten Knopfloch, der Mann, dessen Anblick Gregory haßte.

»Akzeptieren Sie's, Gregory. Trinken Sie was mit uns.«
»Nein, danke.«
»Ihr solltet euch näher kennenlernen. Ihr habt einiges gemeinsam.«

Gregory starrte den Urheber dieser Worte mit ungläubigem Entsetzen an.

»Zum Beispiel das Angeln«, konkretisierte der Idiot. »Ihr seid beide begeisterte Sportfischer.«

»Ahhh!« kam es dröhnend von Martyn. »Ein Sportsfreund! Wer hat es Ihnen mehr angetan – der königliche Salm oder die gerissene Forelle?«

»Die Forelle«, brachte Gregory mühsam heraus und versuchte, Wut und Übelkeit zu unterdrücken.

»Ah, ein Meister der künstlichen Fliege!« krakeelte Martyn durch den Raum. Und der Einfaltspinsel starrte Gregory glotzäugig wie der königliche Salm oder die gerissene Forelle mit seiner falschen Gutmütigkeit an.

»Ich bin eigentlich...«, begann Gregory.
»Wo fischen Sie?«
»Ich habe schon seit Jahren keine Angel mehr in der Hand gehabt. Meine Gesundheit und die schlechten Augen...«
»Wo *haben* Sie dann gefischt?«
»Ich hatte das große Glück, etliche Jahre hindurch in den Genuß der Gastfreundschaft von...«
»Ich habe ein Fischwasser an der Test. Das Beste vom Besten. Würde keinen Meter davon gegen Leckford oder Houghton tauschen. Vier- und Fünfpfünder. Derek kann das bestätigen. Und das sind keine Eintagsfliegen! Würde mich freuen, wenn Sie mal mitkämen. Ehrlich! Bin jederzeit bereit, einem Sportsfreund ein bißchen Spaß zu verschaffen.«

»Das Angebot sollten Sie annehmen«, drängte der Gastgeber des Ungeheuers.

Gregory allerdings gelang es nach zehn erschöpfenden Minuten, die Herren zu überzeugen, daß seine Absage endgültig war.

Schlimmeres sollte folgen.

Martyns Gastgeber, ein hagerer Unternehmer aus Staffordshire, nahm Gregory auf dem Weg in den Speisesaal beiseite.

»Freut mich mächtig, daß Sie mit Barry Martyn harmonieren«, murmelte er. »Ich hatte ehrlich gesagt auch nichts anderes erwartet. Prima Kerl, sehr großzügig, bei allen beliebt. Sie verstehen doch?«

»Nein«, entgegnete Gregory, den jedoch eine dunkle Vorahnung beschlichen hatte.

»Ich habe ihn zur Aufnahme als Vollmitglied vorgeschlagen. Seine Chancen stehen gut. Wir brauchen jetzt natürlich eine Menge Unterschriften. Auf Sie können wir doch zählen, oder?«

Gregory wurde aus dieser mißlichen Lage befreit... allerdings auf sehr unangenehme Weise. Er rutschte nämlich aus. Gregorys Spazierstock fand auf dem glatten Marmorfußboden der Eingangshalle keinen Halt, und er landete lautlos zu Füßen des Unternehmers aus Staffordshire. Martyn half ihm wieder auf die Beine. Gregory war zutiefst getroffen und gedemütigt, aber unverletzt. Man half ihm in einen Sessel im hinteren Salon. Und dort verharrte er, ließ das Mittagessen aus und genehmigte sich statt dessen den seltenen Genuß eines Kognaks. Wobei die Einsparung durch die verpaßte Mahlzeit die Kosten des Kognaks mehr als wettmachte.

Martyn ein Vollmitglied! Das bedeutete ständige Anwesenheit des lautstarken, spendablen Ungeheuers, das in Zukunft Gregory sämtliche Örtlichkeiten des Clubs vermiesen würde, an denen er all seine wachen Stunden und auch einen guten Teil seiner Schlafenszeit verbrachte.

Nach einem frühen, wenig genußreichen Abendessen kehrte Gregory in seine Einzimmerwohnung in Kensington zurück, in der er schlief und sich morgens Tee kochte: Doch heute schlief er nicht, und er fand am darauffolgenden Tag auch keinen Geschmack am Tee oder an dem obligaten Glas Portwein nach dem Frühstück.

Die Warteliste war ellenlang. Martyn würde zwei Jahre auf

die Aufnahme als Vollmitglied warten müssen. In der Zwischenzeit konnte man durchaus etwas unternehmen. Zum Beispiel mußte man dem Komitee die Augen öffnen. Mit etwas Takt und einem Wort am richtigen Ort und zum richtigen Zeitpunkt konnte man einige Leute durchaus aus ihrer Gleichgültigkeit reißen...

Einige Wochen später hatte Gregory sein Selbstvertrauen und eine normale Verdauung wiedergewonnen.

Er besprach die Angelegenheit mit Charles.

Charles sagte: »Kenne den Burschen. Einer meiner Neffen hat im selben Regiment bei den ›Bushytails‹ gedient. Man hat mir glaubwürdig versichert, daß er die königliche Uniform mit hinreichender Würde getragen hat. Daher habe ich ihm bei seiner Bewerbung meine bescheidene Unterstützung zugesagt.«

»Du hast unterschrieben?«

»Mein Namenszug steht unter der dafür vorgesehenen Rubrik im Clubbuch und kann von jedem Neugierigen oder Zweifelnden dort betrachtet werden.«

Charles, der durch Familienbande in die Irre geführt und mit Lügen vollgestopft worden war, war nicht davon zu überzeugen, daß Martyns Wahl zum Vollmitglied unbedingt verhindert werden mußte. Gregory versuchte es bei anderen.

»Ein Spaßvogel«, sagte ein Mitglied. »Kein Intellektueller zwar, aber ein fröhlicher Zeitgenosse.« »Freundlich«, lautete der Kommentar eines anderen. »Ein guter Kamerad«, behauptete ein dritter.

Die Monate verstrichen. Auf Martyns Seite im Buch der Aspiranten für die Mitgliedschaft wuchs die Unterschriftenliste ins unendliche. Gregory kannte einige der Männer, die Martyns Aufnahme befürworteten, und sie waren eigentlich ganz *respektable Persönlichkeiten*.

Martyns Besuche wurden immer häufiger; inzwischen luden ihn auch andere Mitglieder ein. Gregory hatte den Eindruck, daß Martyns Lachen noch lauter, seine Augen hervorstehender, die Nase röter, die Nelke im Knopfloch aufdringlicher geworden waren. Außerdem schien es, als übe er einen geheimen Zauber auf die langjährigen Clubmitglieder aus. Männer, die Gregory stets für vernünftig und kultiviert gehalten hatte, verbrachten immer mehr Zeit vor dem Mittagessen an der Bar und lachten lauter bei den Mahlzeiten. Es kam jetzt häufiger zu Unterhaltungen von Tisch zu Tisch; im hinteren Salon fanden mehr angeregte Gespräche statt; und man erging sich weithin vernehmbar über Themen wie Lachs und Fasan, Nachwahlen und Pferderennen.

Charles behauptete, keine Veränderungen bemerkt zu haben. »Diese Art der Konversation, die du so verachtest, mein Lieber, ist, fürchte ich, in Wänden wie diesen geradezu institutionalisiert. Viele unserer Vorgänger aus dem vorigen Jahrhundert haben wohl schon denselben Vergnügungen gefrönt, Gregory.«

Knapp zwei Jahre später hing am Schwarzen Brett die Kandidatenliste für die Wahlen der neuen Mitglieder. Major Barrington Martyns Name war auch darunter.

Eine Woche später trat der Wahlausschuß zusammen. Gregory saß im hinteren Salon, und die Gewißheit, daß im Raum über ihm schreckliche Fehler begangen wurden, drohte ihn zu ersticken.

Am darauffolgenden Tag hing die Liste der ordnungsgemäß neuaufgenommenen Mitglieder am Schwarzen Brett, und vierundzwanzig Stunden später erschien Major Barrington Martyn freudestrahlend zu seinem ersten Mittagessen in seiner Eigenschaft als Vollmitglied, segelte in den hinteren Salon, als sei er sein Wohnzimmer, grüßte Charles und Gregory, die ihr Portweinritual auf dem Sofa zelebrierten, als gehörte er schon ewig dazu. Er glotzte, lachte dröhnend und polternd, bestellte Kognak, rauchte eine Zigarre, führte das große Wort und löste bei Gregory Verdauungsstörungen aus, die diesem den Rest des Tages gründlich vermiesten.

Ein kleiner Trost allerdings blieb ihm in der insgesamt trostlosen Situation. Der Mann war noch berufstätig. Er kam aus dem Büro in den Club und kehrte auch in dasselbe wieder zurück. Und obwohl sein geliebter Club zur Mittagszeit jeglichen Reiz für Gregory verlor, gewann er kurz nach zwei Uhr fünfundvierzig seine gediegene Normalität wieder. Außerdem erschien Martyn nicht täglich. Im Durchschnitt kam er zweimal pro Woche. An jenen Tagen sah Gregory sich gezwungen, seine liebgewordenen Gewohnheiten zu ändern, was ihm in seinem Alter alles andere als leichtfiel, aber noch das geringere Übel war. Gregory aß dann früh zu Mittag und ging vom Speisesaal direkt in die Bibliothek hinauf. Das wiederum befremdete Charles Corbishley außerordentlich.

So ging es sechs volle Jahre. Kein perfektes, aber ein erträgliches Dasein.

Und dann, eines Tages, um zwei Uhr fünfundvierzig, beim Durchqueren des Salons – Martyn. Martyn, der zum Tisch mit den Zeitschriften ging. Martyn, der eine Illustrierte nahm. Martyn, der sich damit in einen Sessel setzte, eine Zigarre anzündete und sich offensichtlich auf einen gemütlichen Nachmittag einrichtete. *Mußte er nicht ins Büro?*

»Nein, wirklich nicht«, erklärte Charles Corbishley leise. »Schluß mit der täglichen Tretmühle. Wie ich mir habe versichern lassen, genießt er seit vergangener Woche seine wohlverdiente Pensionierung. Wir werden in Zukunft den galanten und beliebten Major Martyn häufiger hier antreffen.«

Und das taten sie auch; und noch mehr: Sie sahen und hörten ihn. Gregory, von jeher ein stiller Mensch, wurde noch einsilbiger. Er, der immer ein Eigenbrötler gewesen war, zog sich völlig in sich zurück. Er verbrachte immer weniger Zeit in den beiden Salons, der Eingangshalle, der Bar, dem Café, dem Besucherzimmer und anderen belebten Örtlichkeiten, wo Martyn stets wie eine nicht auszurottende Seuche auftauchte. Dafür hielt sich Gregory immer häufiger in der Bibliothek auf. Es war ein Segen, daß es die Bibliothek gab. Sie war sein Rückzugsgebiet, sein Himmelreich, der letzte Zufluchtsort für den zivilisierten Erdenbürger, die letzte Bastion der Stille, und fast immer war es wunderbar einsam und leer. Dort hatte er die Bücherregale und seinen Sessel. Dieser Sessel war in sich vollkommen. Er stand in einer geschützten Ecke am Kamin, wo es keine Zugluft gab. Er war weich und bequem, von der Konstruktion her jedoch so durchdacht, daß man daraus auch mühelos wieder aufstehen konnte. Er war herrlich bequem, um darin ein Schläfchen zu halten, und – das war eine neue Variante – um darin ausgiebig zu lesen. Bei Tag war es dort durch das große Fenster im Rücken schön hell, bei Dunkelheit spendete eine hübsche Tischlampe neben dem Sessel das nötige

Licht. Und die nächste Klingel war in Reichweite von Gregorys Spazierstock.

In der Bibliothek war er vor Martyn sicher. Der war kein Intellektueller, schon eher Analphabet; Martyn war der letzte, der auf die Idee kam, die Bibliothek zu frequentieren.

Am Dienstag, dem sechsten November, neun Monate nach Martyns Pensionierung, aß Gregory später als üblich zu Mittag. Der Klang von Martyns Stimme auf dem Treppenabsatz vor dem Kartenzimmer hatte Gregory veranlaßt, mucksmäuschenstill in der Bibliothek auszuharren, bis der aufdringliche Kerl außer Reichweite war. Er wartete geschlagene fünfundzwanzig Minuten, so unerschöpflich war Martyns Anekdotenschatz. Das Lachen, das dessen Erzählungen begleitete, konnte nur von Geisteskranken oder miesen Heuchlern stammen. Endlich verstummte der verhaßte Krawall. Gregory kam heraus. Er aß Lammrücken, ein reichlich kostspieliges Mahl zwar, doch bei der Lektüre von Trollope am Vormittag war seine Lust darauf geweckt worden. Am entgegengesetzten Ende des Speisesaals saß, ebenfalls allein, Martyn und nahm das Mittagessen ein. Vor sich hatte dieser eine Illustrierte auf einem Ständer. Neben dem Teller stand eine Flasche Wein. Gregory veränderte seine Sitzposition so, daß er Martyn beim Essen nicht zusehen mußte.

Schließlich erhob sich Martyn und verließ den Speisesaal. Bestimmt würde seine Stimme irgendwann einmal das Kristall der Lüster im Salon zum Klirren bringen.

Gregory bezahlte seine Zeche. Danach ging er gemächlich durch den Speisesaal. Der Ober hielt ihm die Tür auf, als er in die Halle hinaustrat; die Gummispitze seines Spazierstocks berührte rhythmisch quietschend den Marmorboden. Er war etwas steif und wackelig auf den Beinen, aber sonst fühlte er sich durchaus fit. Sein Leben verlief zugegebenermaßen in engen Bahnen, doch das war nie anders gewesen. Ein übersichtliches Privatleben mit wenigen, aber sicheren Eckpunkten und überschaubaren Spielräumen zog er zweifelhaften Abenteuern, ungewissen Unternehmungen und Risiken vor.

Gregory nahm die erste Treppenstufe, den Stock fest in der rechten, das Geländer in der linken Hand. Mit unbeholfenen Schritten hatte er mit beiden Beinen eine Stufe erklommen, dann machte er stets eine kleine Verschnaufpause. Die Treppe war kein Problem für ihn. Treppensteigen fiel ihm leichter als Charles, der immerhin zwei Jahre jünger war. Charles hatte das Bridgespiel schon fast aufgegeben, weil er, um ins Kartenzimmer zu gelangen, erst die Treppe überwinden mußte. Allerdings – schnell konnte Gregory auch nicht mehr gehen. Aber das empfand er nicht als Handikap. Er hatte es ja nicht eilig. Treppensteigen war eine Art Beschäftigung. Damit vergingen wieder ein paar Minuten, die den Tag auszufüllen halfen und die Teezeit näher rückten.

Gregory ging den Flur entlang zur Bibliothek. Er öffnete die schwere Tür, trat ein und wandte sich unverzüglich dem Regal mit den Werken Trollopes zu. Er griff nach einer Ausgabe von *Phineas Finn*. Dann drehte er sich um und ging zu seinem Sessel.

In seinem Sessel saß Martyn.

Gregory schrie weder laut auf, noch bekam er Schaum vor dem Mund oder brach in Tränen aus. Er behielt seine Wut und seinen Haß fest unter angelsächsischer Kontrolle, aber er blieb abrupt stehen und starrte den Mann unverwandt an. Das an sich war schon ein ungewöhnliches, ja unerhörtes Benehmen. Er gab damit Gefühle preis, die kein Mitglied eines angesehenen Herrenclubs zeigen sollte – zumindest nicht in den Räumlichkeiten des Clubs. Aber auch Gregory war eben nur ein Mensch. Zwar konnte er sich so weit beherrschen, sich nicht in südländischen oder levantinischen Exzessen zu ergehen, doch er mußte wenigstens stehenbleiben und den Kerl mißbilligend anstieren.

Martyn hob den Blick. Er winkte freundlich mit der Zigarre in der Hand in Richtung Gregory, aber er sagte nichts. Offenbar war es ihm zumindest gelungen, die Aufschrift ›Bitte Ruhe‹ auf den Schildern zu entziffern. Möglicherweise konnte er sogar noch ein paar Worte mehr lesen, denn es lag ein aufgeschlagenes Buch auf der Armlehne seines Sessel – vielmehr auf der Armlehne von Gregorys Sessel.

Gregory verharrte einige Minuten wie gelähmt. Martyn musterte ihn erneut. Seine Miene drückte nachsichtige Verwunderung aus. Er gestikulierte freundlich, aber abwehrend mit seiner Zigarre und wandte sich dann wieder seiner Lektüre zu.

Seine Geste war eine deutliche Aufforderung an Gregory, doch in einem anderen Sessel Platz zu nehmen. Aber Gregory wollte sich in keinem anderen Sessel niederlassen. Er hatte nicht die Absicht, die Bibliothek mit Martyn zu teilen. Er wollte sich sein Leben nicht gänzlich ruinieren lassen.

Sein Leben, sein neugeordnetes Leben, das er sich aus der Aversion heraus geschaffen, auf die Trümmer dessen gegründet hatte, was ihm zerstört worden war. Martyn hatte ihn aus der Welt der Männer in die Einsiedelei unter Büchern getrieben – damit hatte er sich abgefunden. Trotz seines Alters hatte er sich darauf eingestellt. Er war zum Bücherwurm geworden, zu einem Mann, der den ganzen Tag im Bibliothekssessel las, anstatt dort nur ein einstündiges Nickerchen zu halten. Er vertiefte sich jetzt zufrieden in die Schriften guter, längst toter Männer – ein neues Leben, nicht gerade besser als das alte – da hatte es immerhin Portwein und einen Anflug von Kameraderie gegeben –, aber auch nicht schlechter, nur anders. Und das hatte Gregory durch eigene Kraft und eigenen Mut erreicht.

Jetzt war es auch damit zu Ende. Seine Zuflucht war ihm verwehrt. Wie der Fuchs Reynard hatte er seinen letzten Unterschlupf verschlossen vorgefunden.

Er war verzweifelt. Was sollte er tun? Was hielt die Zukunft für ihn noch bereit? Er war ein alter Mann; ein alter Mann, der von einer kleinen Pension zehrte, dessen Zuhause eine erbärmliche karge Einzimmerwohnung in Kensington war, dessen eigentliches Leben sich hier in seinem Herrenclub abspielte. Alte Freunde waren, mit Ausnahme der wenigen im Club, längst verstorben. Familie hatte er nicht. Ehemalige Kollegen hatten das Zeitliche gesegnet. Seine Ansprüche ans Leben waren wahrlich gering: ein Sessel. Und jetzt war auch dieser verloren.

Was, wenn ein anderer seinen Stuhl besetzt hätte? Zum Beispiel einer, der ein wie immer geartetes Recht darauf hatte, ein gebildeter Mensch, einer, der in die Bibliothek gehörte, ein ehemaliger Universitätspräsident – solche gab es unter den Clubmitgliedern – oder ein Richter oder ein ehemaliger Minister? Dann, vielleicht, hätte er sich noch einmal damit abgefunden. Es war zwar hart in seinem Alter, aber auch noch möglich. Ein anderer Sessel in der Bibliothek hätte ihm unter solchen Umständen genügt, es wäre ihm zwar in seinem Alter schwergefallen, aber er hätte das Recht des anderen anerkannt und angemessen reagiert. Oder er hätte an die Vernunft des anderen appelliert: nicht als gebrochene tragische Figur, sondern als alter, skurriler Mann, als Original. Er hätte die Bitte so formulieren können, daß kein ehemaliger Universitätspräsident, Richter oder Minister ihm hätte widerstehen können – eine verabscheuungswürdige Lösung des Problems, aber eine mögliche.

In diesem Fall allerdings! Angesichts dieser Dreistigkeit? Ein anderer Sessel? Untragbar! Eine Bitte? Martyn, den schnapsnasigen, glotzäugigen Angeber, den Mordskerl, Lebemann und Maulhelden um einen Gefallen bitten? Niemals! Niemals! Niemals!

Was dann?

Gregory wußte später selbst nicht mehr, wie er überhaupt aus der Bibliothek herausgekommen war. Seine alten Beine zitterten, den Stock hielt er unsicher in der Hand. Er trat auf den Flur hinaus und lehnte sich schwer gegen die Wand. Und zu seiner grenzenlosen Scham konnte er jetzt die Tränen nicht mehr zurückhalten. Er tastete sich den Weg blind zur Toilette, die von den jovialen älteren Herren frequentiert wurde, die im Zimmer nebenan Karten spielten. Sie war besetzt. Er wandte sich ab und humpelte den Korridor entlang, der zu der Treppe zu den Schlafzimmern führte. Ein irisches Hausmädchen kam ihm entgegen, ein feistes junges Geschöpf vom Lande. Sie sah Gregory ängstlich besorgt an. Er schnüffelte und gestikulierte ärgerlich mit seinem Stock.

»Alles in Ordnung, Sir?«

»Natürlich!«

Sie entfernte sich langsam, nicht ohne noch mehrere sorgenvolle Blicke über die mollige Schulter zu ihm zurückzuwerfen.

Schließlich versiegten seine Tränen. Er wischte sich über die Wangen. Mit dem Bus fuhr er nach Kensington zurück. An diesem Tag gab es für ihn keinen Tee im Club und kein Abendessen. Er spürte, daß ihn beim Gedanken an seinen Sessel und sein Leben erneut die Tränen übermannen mußten.

Zwei Tage schmollte er in hilfloser kindischer Wut zu Hause. Gelegentlich weinte er. Dann kam es ihm plötzlich in den Sinn – warum hatte er nicht schon früher daran gedacht? –, daß Martyns erster Besuch in der Bibliothek sicher auch der einzige bleiben würde. Warum auch sollte sich Martyn dort öfter aufhalten? Was konnte ihn daran schon reizen? Er war ein Mann, der Gesellschaft, Bars, Drinks und den Klang der eigenen Stimme brauchte. Die Bibliothek, jede Bibliothek mußte ihn langweilen und verwirren. Auf der Suche nach neuen Reizen hatte er es wohl nur einmal versucht; er würde nicht zurückkehren.

Gregory machte sich mutig auf den Weg in den Club. Der Portier begrüßte ihn herzlich und erkundigte sich besorgt nach seinem Wohlbefinden. Ältere Herren, die allein lebten, konnten erkranken, ohne daß es jemand merkte, konnten sterben und tagelang nicht gefunden werden. Doch Gregory sah aufgeräumt wie immer aus, sein Gang hatte sich nicht verschlechtert, und seine Augen blickten klar in die Runde.

Er ging die Treppe in die Bibliothek hinauf. Ängstlich öffnete er die Tür. Der schöne alte Raum war leer. Sein Sessel war leer. Die Polster waren von einem Hausangestellten aufgeschüttelt worden, die Aschenbecher waren geleert und poliert, im Kamin prasselte ein Feuer, alles war bestens. Man konnte sich wieder sicher und behaglich fühlen.

Gregory fand sein Buch und ließ sich nieder. Er war überglücklich und kam sich ein wenig albern vor. Soviel Aufregung um nichts! Er wurde allmählich senil, und das durfte er auf keinen Fall zulassen.

Er aß zu Mittag. Er wählte gekochte Rindskeule mit Erbsenbrei und trank dazu ein Glas Apfelwein.

Martyn war nirgends zu sehen. Er war entweder abwesend oder krank. Möglicherweise war er vielleicht betrunken unter den Bus gekommen!

Gregory trank mit Charles Corbishley ein Glas Portwein. Keiner konnte sich erinnern, wer an der Reihe war, doch Charles bestand darauf, Gregory einzuladen.

Sie gingen zusammen hinauf. Charles war ausnahmsweise einmal zum Bridge verabredet. Gregory öffnete die Tür zur Bibliothek.

Martyn saß in seinem Sessel.

In diesem Augenblick, in dem Moment, da Gregory dieses

Ungeheuer wahrnahm, entschied er sich für Mord. Es war ein Geistesblitz: die instinktiv richtige und unausweichliche Lösung allen Übels. Nur er allein konnte das Problem aus der Welt schaffen. Gregory hatte nichts zu verlieren, selbst wenn er gefaßt wurde; aber er hatte seinen Sessel zu gewinnen.

Gregory verließ die Bibliothek und ging ins Besuchszimmer. Es war leer, elegant, aber ungemütlich eingerichtet. Er setzte sich auf einen Stuhl mit hoher Rückenlehne und sann über die Ausführung seines Vorhabens nach. Dabei wurde ihm voller Bedauern klar, daß er sich auf ein ihm gänzlich unbekanntes Gebiet wagte. Seine berufliche Laufbahn... vierzig Jahre in der Stadtverwaltung... waren keine Grundlage für seine gegenwärtigen Pläne. Sein fast völlig ereignisloses Privatleben hatte ihn nie vor ein ähnliches Problem gestellt. Selbst die Lektüre, mit der er sich zeitlebens befaßt hatte, war hier keine Hilfe! Trollope? Mrs. Gaskell? Thackeray? In allen ihren Büchern gab es Ungeheuer wie Martyn, und dasselbe galt für Surtees, die Schwestern Brontë und George Eliot. Gewalt war in diesen Werken durchaus ein Thema. Menschen wurden an einsamen Orten erschlagen. Doch keiner der Autoren verbreitete sich über Methoden, wie man dreiste Eindringlinge in den Bibliotheken von Herrenclubs umbringen konnte.

Im Besuchszimmer stand ein Schreibtisch. Darauf fand sich ein Füllfederhalter, sauberes Löschpapier und eine Auswahl an clubeigenem Schreibpapier unterschiedlichen Formats. Die Gewohnheiten eines Lebens in verwaltungstechnischer Stellung gewannen die Oberhand. Gregory nahm ein Blatt Papier und begann in Großbuchstaben zu schreiben:

Mögliche Methoden

Er hatte eine kleine, gut lesbare Handschrift. Die vertikalen Striche fielen etwas wackelig aus, denn er schrieb langsam, und seine Hand zitterte.

Dann begann er die Mordarten aufzulisten, wie sie ihm in den Sinn kamen:

Tod durch: Erschießen
Erstechen
Erwürgen
Ersticken

> *Gift – in Getränken, im Essen, durch giftige Reptilien oder Insekten*
> *Schlag mit stumpfem Gegenstand, Knüppel*
> *Sturz auf der Treppe – inszeniert*
> *Sturz aus dem Fenster*
> *Injektion mit Luft in ein Blutgefäß*
> *Verbrennen*
> *Ertränken*
> *Stromschlag*
> *herabstürzende Lawine, einstürzende Gebäude oder ähnliches*
> *Bombenexplosion oder Granate*
> *Gaseinwirkung*
> *Überfahren von Auto oder Zug*

Gregory hielt inne und kaute auf dem Füller herum. Er schmeckte nach Schuhcreme und Schnupftabak. Die Erinnerung an längst vergessen geglaubte uralte Filme veranlaßten ihn schließlich zu folgender Fortsetzung:

> *Opfer vor ankommendem Zug an Schienen binden*
> *Kreissäge*
> *Opfer zusammen mit wilden Raubtieren in einen Käfig sperren*
> *Opfer an einen Baumstamm binden und über einem Wasserfall loslassen*
> *Opfer von einer wildgewordenen Rinderherde zertrampeln lassen*

Weitere Erinnerungen ergaben:

> *Schleuder oder Armbrust – mit Steingeschoß auf die Schläfe zielen*
> *tödliche Strahlendosis*
> *Ansteckung mit tödlicher Krankheit*
> *Opfer lebendig begraben*

Nach der nächsten Denkpause fügte er hinzu:

> *Verdursten*
> *Opfer in den Selbstmord treiben – zum Beispiel durch Erpressung*
> *Aufblasen des Opfers – mit Preßluft*
> *Sauerstoffentzug – mit Vakuumpumpe*
> *Opfer von wilden Elefanten zertrampeln lassen*

Gregory war mit seiner Liste zufrieden, und sie war länger geworden, als er erwartet hatte.

Er prüfte jede Position dieser Aufstellung mit kritischer Distanz, bedachte die Schwierigkeiten, die Logik und andere spezifische Probleme.

Zu seinem großen Kummer jedoch mußte er nach dieser Analyse fast alle der aufgelisteten Tötungsarten als nicht durchführbar ausschließen. Er verfügte weder über eine Schußwaffe noch hatte er Gift, Reptilien oder Skorpione, Injektionsspritzen, Bomben, Gaspatronen, eine Kreissäge, wilde Tiere, Steinschleudern, Laserkanonen, Pestbazillen, einen Keller, in dem man jemand in die Wand einmauern konnte, eine Luftpumpe oder Elefanten. Er sah auch absolut keine Möglichkeit, zu einem steilen Seeufer oder einem Wasserfall zu gelangen, und schon gar keine Chance, Martyn an einen solchen Ort zu locken. Außerdem war es vollkommen abwegig, ein gutbetuchtes Mitglied des Blazon's Clubs verhungern oder verdursten zu lassen. Gregory besaß auch bei weitem nicht die physischen Kräfte, Martyn, von dem man erwarten durfte, daß er sich wehre, aus einem der Fenster in den oberen Stockwerken zu stürzen, mit einem Knüppel den Schädel einzuschlagen oder vor einem herannahenden Zug an die Schienen zu fesseln.

Einige Tötungsarten allerdings hielten seiner gründlichen Prüfung tatsächlich stand. Diese waren Erstechen, Stromschlag, Sturz auf der Treppe, Tod durch Verbrennen und Selbstmord aufgrund von Erpressung.

Gregory dachte über jede dieser Tötungsarten eingehend im kühlen Besucherzimmer nach, während die Teezeit kam und verging.

Die Macht der Gewohnheit eines Beamtenlebens, die Gregory selbst in den langen Jahren des Pensionistendaseins nicht hatte abschütteln können, veranlaßte ihn, seine endgültige Auswahl automatisch nach Schwierigkeiten zu ordnen:

> *Erpressung*
> *Stromschlag*
> *Brandanschlag*
> *Erstechen*
> *Tödlicher Sturz auf der Treppe*

Nach Wochen intensiven, wenn auch nicht ununterbrochenen Nachdenkens beschloß er, seine Mordversuche in dieser Reihenfolge auszuführen. Falls ein Versuch fehlschlagen sollte, wollte er zum nächsten übergehen; wenn einer allerdings gelang, erledigte sich alles Weitere ja von selbst.

Erpressung: Gregory hatte diese Methode in Erwägung gezogen, weil dazu weder körperlicher Einsatz noch komplizierte Gerätschaften nötig waren, die er nicht besaß. Gregory konnte sich erinnern, daß jemand einmal gesagt hatte, da man eine x-beliebige Person auswählte, sich von hinten anschlich und flüsterte: »Ich weiß alles! Flucht ist Ihre einzige Chance!« Dann würde selbst der Erzbischof persönlich die Koffer packen und verschwinden oder, im günstigeren Fall, den Revolver unter der Soutane hervorziehen und sich erschießen.

Gregory versuchte, sich selbst in die Rolle des Opfers hineinzuversetzen. Er überlegte, wie er reagieren würde, wenn ein Fremder oder gar ein Bekannter ihm drohend zuflüstern würde, alles sei entdeckt! Sofort stellte er sich die Frage: Was ist entdeckt? Was überhaupt konnte schon entdeckt werden? In Gregorys Leben jedenfalls nichts. Schlicht gar nichts. Natürlich hatte er seine kleinen Geheimnisse wie falsche Zähne, gelegentliche Probleme mit der Blase, die Tatsache, daß er beim Kreuzworträtsel nicht ohne Lexikon auskam, aber selbst nach reiflicher Überlegung gelangte Gregory zu dem Schluß, daß solche Heimlichkeiten kaum zu einem Erpressungsversuch verleiten konnten. Und was Martyn betraf ... eigentlich war der Mann viel zu dumm und dreist, um kompromittierende Geheimnisse zu haben. Er war der Typ, der eher mit seinen sexuellen Eroberungen prahlte, seine Finanzmanipulationen – etwa Steuerhinterziehungen – stolz hinausposaunte, und selbst seine Autounfälle als heroisch-komische Anekdoten preisgab.

Ein entsprechender Dialog mit Martyn war demnach leicht vorstellbar: »Alles ist entdeckt!« »Klar, alter Junge. Schon seit Anno Tobak.«

Damit blieben noch vier weitere Methoden zur Wahl, die einer sorgfältigen Vorbereitung bedurften. Gregory ging ans Werk. Gregory informierte sich detailliert über Martyns Gewohnheiten, wo er sich wann aufhielt, und vor allem fand er heraus, wann sein Gegner allein in der Bibliothek weilte. Für Gregory war es eine Qual, ihn in jenem Sessel zu beobachten, wie er, die obligate Zigarre zwischen den wulstigen Lippen, mit Glotzaugen in ein Buch starrte, doch Gregory erfuhr dadurch, was er wissen wollte. Der Mann liebte die Regelmäßigkeit. Er war jederzeit berechenbar. Gute Voraussetzungen für Gregorys Mordversuche.

Stromschlag: Dreh- und Angelpunkt war die Tischlampe neben dem Sessel. Der Lampenfuß war aus Messing: eine dorische Säule auf einem viereckigen Ständer, wobei der Schalter gut zehn Zentimeter unter der Glühbirne in den säulenartigen Fuß eingelassen war. Gregorys Kenntnisse über Elektrizität konnte man nur als rudimentär bezeichnen, aber er war immerhin überzeugt, seinen Feind töten zu können, indem er das Erdungskabel des Schalters entfernte und nur das Stromkabel im Lampenschaft beließ.

Trotzdem beschloß er, sein unbefriedigendes Wissen in dieser Hinsicht etwas aufzubessern, und verbrachte geraume Zeit in Gesellschaft eines höflichen Mannes von den Westindischen Inseln, der in einem Elektrogeschäft in Kensington beschäftigt war, wobei Gregory sich – geschickt versteht sich – nach den möglichen Gefahren bei größeren Tischlampen aus Messing erkundigte. Heraus kamen dabei anschauliche Verdrahtungsdiagramme nach dem Motto ›Falsch‹ und ›Richtig‹, ›Sicher‹ und ›Tödlich‹.

Gregory besorgte sich einen kleinen Schraubenzieher mit gelbem Isoliergriff. Mit Schraubenzieher und Diagramm bewaffnet begab er sich in den Blazon's Club. Jetzt mußte er nur noch auf seine Chance warten. Um diese nutzen zu können, brauchte er allerdings eine Stunde – das mußte genügen, in der sich Martyn nicht in der Bibliothek aufhielt, nach deren Ablauf jedoch Martyn und kein anderer den Raum betrat, sich in den bewußten Sessel setzte und das Licht anknipste. Ein sonniger Nachmittag allerdings war für seine Zwecke nicht günstig. Erst bei bedecktem Himmel oder in schummriger Abendstunde würde sich die arglose Hand nach dem Schalter im Messingschaft ausstrecken.

Nach elf Wochen schließlich war Gregorys Stunde gekommen. Es war ein düsterer Tag, schwere, dunkle Wolken jagten über den bräunlichen Londoner Himmel. Martyn war im Club und nicht beim Fischen oder bei der Jagd auf zahme Fasane. Zum Mittagessen hatte er einen Gast, einen dicklichen Finanzmann, der sich vermutlich zu gegebener Zeit trollen würde, um wieder seinen halsabschneiderischen Geschäften nachzugehen.

Zwischen ein Uhr dreißig und zwei Uhr dreißig durfte Gregory sicher sein, die Bibliothek für sich allein zu haben. Es war alles geplant. Er würde die Lampe entsprechend präparieren und anschließend – Schlaf vortäuschend – in einem nahen Sessel auf der Lauer liegen. Falls unglücklicherweise ein völlig Unbeteiligter Martyn zuvorkommen und sich in Richtung Sessel und Lampe begeben sollte, konnte Gregory rettend eingreifen. Diese Möglichkeit erschien ihm allerdings unwahrscheinlich. Martyn würde mit der brennenden Zigarre in der Hand und dumpf vor sich hin glotzend auf den Sessel zusteuern, das war so sicher wie das Amen in der Kirche. Gregory würde sich dann tiefer in den Sessel drücken; alt und hager wie er war, würde er kaum zu sehen sein. Dann ein Pfffft. Ein Verdrahtungsfehler. Und Gregory war wo ganz anders, wenn man Martyn fand ... das konnte natürlich auch erst am darauffolgenden Morgen sein, wenn die Hausmädchen die Aschenbecher leerten. Gregory stahl sich in die halbdunkle Bibliothek und machte sich am Lampenschalter zu schaffen. Er wußte, wie er vorgehen mußte. Die Dringlichkeit dessen, was getan werden mußte, verlieh seinen alten Fingern Kraft. Die Schrauben waren schwergängig, doch er schaffte es, sie zu drehen. Die kauernde Haltung war anstrengend, und seine Knie schmerzten, aber er zwang sich, durchzuhalten. Schließlich war der Schalter präpariert, die Erdung – und damit der Sicherheitsfaktor – entfernt. Gregory schob den Schalter in die Halterung zurück und wandte sich dem nächsten, dem brenzligsten Teil seiner Arbeit zu. Der Schraubenzieher drehte sich. Das Kabel sprang heraus. Gregory studierte seine Diagramme. Falsch, richtig. Das Richtige war jetzt falsch, das Falsche richtig. Mit der Linken hielt er die goldglänzende Säule der Lampe umfaßt, mit der Rechten tastete er über das grellbunte Kabelband, das sich spiralförmig entwirrte ...

Bumm! Ein mächtiger Schlag riß ihm die Lampe aus der Hand, warf ihn rücklings in den Sessel – in seinen Sessel – und raubte ihm das Bewußtsein.

Er hat einen elektrischen Schlag abbekommen, hieß es. Ein Glück, daß er noch lebte. Der ungeschickte alte Herr hat doch tatsächlich versucht, eine Lampe zu reparieren. Stellen Sie sich vor, er hatte sogar einen Schraubenzieher!

Ein vornehmer älterer Arzt, auch ein Clubmitglied, fühlte Gregory den Puls, nachdem man den heftig protestierenden Mediziner von seinem Mittagessen mit Irish Stew weggeholt hatte. Alles war in Ordnung. Jemand flößte Gregory Kognak ein. Er trank ihn in kleinen Schlucken. Die braune Flüssigkeit brannte wie Feuer in seiner Kehle und war herrlich belebend. Gregory setzte sich auf. Er war schon fast wiederhergestellt.

Martyn, so schien es, hatte den Kognak gebracht; jedenfalls war es seine Hand, die das Glas an Gregorys blutleere Lippen hielt.

Es vergingen viele Wochen, bevor Gregory die Kraft und Initiative wiedergewonnen hatte, sein Vorhaben in die Tat umzusetzen. Auch während seiner Rekonvaleszenz hatte er in seiner Entschlossenheit nie geschwankt.

Elektrizität, so entschied er, hatte ihn überfordert. Das war ein zu technisches, zu modernes Gebiet. Er hatte geglaubt, alles verstanden zu haben, offenbar jedoch nichts begriffen. Elektrizität war etwas für die Jüngeren. Es war besser, wenn er sich an die elementaren Kräfte der Natur hielt, an die Waffe der Höhlenmenschen und antiken Götter, das Feuer.

Brandanschlag: Der Plan war einfach, verlangte jedoch eine Menge sorgfältiger und mühseliger Vorbereitungen. Gregory beschaffte sich einen Fünfliterkanister. Er ließ diesen mit Benzin füllen. Dann erstand er ein zweites Exemplar. Auch dieser wurde gefüllt. Danach versuchte er beide in einem Koffer in den Blazon's Club zu schleusen, doch der Koffer war zu schwer. Schließlich wickelte er einen Kanister in braunes Papier und schmuggelte ihn so hinter einer Maske falscher Fröhlichkeit an der Portiersloge des Clubs vorbei und hinauf in die Bibliothek. Er hoffte, man würde es für ein Paket Bücher halten. Er verbarg es im untersten Regalfach hinter Bänden deutscher Liebesdichtung. Den zweiten Kanister brachte er auf demselben Weg in die Bibliothek, benutzte jedoch ein anderes Einwickelpapier, um Mißtrauische zu täuschen. Niemand beachtete ihn oder sein schäbiges Paket.

Rundum über den Regalen standen in der Bibliothek griechische Graburnen, Geschenke eines Bischofs aus viktorianischer Zeit. Eines dieser Gefäße, unpassenderweise mit den Bildern von Athleten aus Sparta verziert, hatte seinen angestammten Platz direkt über *dem* Sessel.

Die nächste Vorbereitungsphase erforderte alle Kraft und Entschlossenheit, deren Gregory fähig war. Er schob die Bibliotheksleiter die ganze Länge des Raumes entlang, bis zu der entscheidenden Stelle, und kletterte mit einem der Kanister hinauf. Er hievte den Kanister von Regal zu Regal, räumte Bücher beiseite, bis das gute Stück schließlich neben der Urne stand. Es kostete ihn unvorstellbare Mühe, wenigstens einen Großteil des Benzins vom Kanister in die Urne umzufüllen. Etliches ging daneben, tropfte auf die Bücher darunter und auf Gregory. Die ganze Bibliothek stank nach Benzin. Die Zeit und Martyns Zigarre würden das bereinigen.

Zehn Tage später – Gregory hatte dringend einer Verschnaufpause bedurft – fügte er den Inhalt des zweiten Kanisters hinzu. Es war weder einfacher noch schwieriger als das erste Mal. Er verschüttete weniger, doch der Kanister schien schwerer zu sein. Gregory war eben, soviel war sicher, um zehn Tage gealtert. An jenem Abend entnahm Gregory seiner Angelausrüstung eine Spule mit Nylonschnur, die einer Belastung von zwanzig Pfund standhalten konnte. Gregory besaß wahre Massen von Angelspulen. Die eine, die er ausgewählt hatte, steckte drei Wochen in seiner Jackettasche.

Nach diesen drei Wochen bekam er erneut eine Chance. Er stellte die Leiter unter die Urne, legte eine Schlinge Nylonschnur um das Gefäß und ließ die restliche Schnur für das Auge unsichtbar über das Bücherregal hinunterhängen, leitete sie über den Fußboden bis zu einem gut sechs Meter entfernt im Halbdunkel stehenden Sessel. Dort ließ er sich nieder und hielt das Ende fest in der Hand.

Martyn kam, setzte sich, zündete seine Zigarre an, schlug ein Buch auf, und Gregory registrierte er gar nicht.

Gregory zog die Nylonschnur straffer. Sie hob sich vom Boden und dem Bücherregal ab und war jetzt als silberner Faden hinter Martyn, zwischen Gregorys Hand und der Urne, mit ihrer tödlichen Füllung sichtbar.

Alles hatte bis jetzt perfekt geklappt – ein Ruck an der Schnur sollte die Urne vom Regal reißen, ein Schwall Benzin, entzündet durch Martyns Zigarre, sollte Martyn verbrennen und ihm einen ehrenvollen Tod bereiten, den er eigentlich nicht verdient hatte. Doch was passierte? Die Urne fiel, aber es kam kein Benzin. Martyn sprang mit einem Aufschrei aus dem Sessel. Er starrte auf die Urne, die unzerbrochen neben ihm auf dem Teppich lag. Dann wanderte sein Blick hinauf zum Regal. Er zuckte mit den Schultern und nahm seinen alten Platz wieder ein.

Gregory verharrte bewegungslos in seinem Sessel.

Eine Stunde später verließ Martyn die Bibliothek. Gregory humpelte zum Tatort, um seine verräterische Schnur einzurollen und das Gefäß zu inspizieren. Die Urne hatte im Boden ein Loch. Es war keines, das durch den Fall verursacht worden war, sondern eines, das offenbar von vornherein im Gefäß gewesen war. Das konnte nur bedeuten, daß es sich bei den sogenannten griechischen Urnen schlicht um Blumentöpfe handelte.

Zu kompliziert, dachte Gregory betrübt. Die ganze Sache war von zu vielen Faktoren abhängig gewesen. Er mußte sich etwas Einfacheres, Fundamentaleres, Primitiveres einfallen lassen. Er mußte sich auf ein Werkzeug verlassen, dem er hundertprozentig vertrauen konnte.

Erstechen: Er kaufte in einem Haushaltsgeschäft in Kensington ein Küchenmesser, spitz und mit einer rasiermesserscharfen langen Klinge.

Gregory hatte beobachtet, daß der etwas korpulente Martyn seine Weste aufknöpfte, sobald er sich in den Sessel in der Bibliothek setzte und so tat, als würde er ein Buch lesen. Damit mußte das Messer also weder Tweed noch Kammgarn, sondern höchstens Seide oder Baumwolle durchstoßen. Viel Kraft würde Gregory nicht brauchen, um diese Waffe wirksam einzusetzen.

Wesentlich wichtiger war es, zu entscheiden, wo das Opfer getroffen werden sollte. Gregory studierte anatomische Tafeln in den einschlägigen Werken in öffentlichen Bibliotheken. Er mußte zwischen die Rippen dringen und direkt ins Herz treffen. Gregory übte über mehrere Wochen hinweg allabendlich den Todesstoß an einer Puppe, die er aus einem Keilkissen angefertigt und mit einer Jacke und Weste bekleidet hatte. Gregory trainierte eifrig seine Angriffsstrategie, denn er wußte ja genau, wie er Martyn vorfinden würde.

Nichts, aber auch gar nichts sollte diesmal dem Zufall überlassen bleiben.

Martyn betrat die Bibliothek. Er setzte sich, gestikulierte mit seiner Zigarre in Gregorys Richtung, winkte ihm mit der jovialen Vertraulichkeit des Gesinnungsgenossen zu.

Gregory ging zum Regal mit den französischen Autoren. Dort zog er ein für diese Zwecke bereitgestelltes Buch heraus und begann zu blättern. Mit einem leisen Ausruf gespielter Überraschung tat er so, als würde er eben erst feststellen, daß die Seiten dieses Buches noch gar nicht durchgetrennt waren. Er ging zu der Schublade eines Schreibtisches, holte nicht den schweren Brieföffner, der dort seinen Platz hatte, sondern sein Küchenmesser heraus. Dann begann er die Seiten des besagten Bandes aufzuschneiden. Das Licht war an der Stelle, wo er stand, verhältnismäßig schlecht. Mürrisch vor sich hin murmelnd bewegte er sich langsam in Richtung Fenster. Schließlich stand er hinter dem Sessel.

Martyn sah mitfühlend und zerstreut zu ihm auf.

Die rasiermesserscharfe Klinge durchtrennte zischend die Seiten eines französischen Romans.

Gregory trat näher an den Stuhl heran. Martyns Weste war aufgeknöpft. Sein Brustkorb, ja jede einzelne Rippe zeichnete sich deutlich unter dem rot-weißgestreiften Stoff seines Hemdes ab. Gregory betrachtete prüfend seinen Zielpunkt. Er nahm Maß. Die Stelle lag gut dreieinhalb Zentimeter links von Martyns Krawatte, die den ehemaligen Harrow-Schüler verriet, und zweieinhalb Zentimeter rechts von der Schnalle seiner Hosenträger: genau zwischen den Rippen, direkt über dem Herzen.

Gregory schluckte. War er dazu fähig? Konnte er kalten Stahl in die Brust eines arglosen Mannes stoßen? Ja! Martyn roch nach Zigarrenqualm und Haarwasser, das nach Sandelholz duftete. Gregory hielt sich Martyns Taten noch einmal vor Augen. Er erinnerte sich an alle Martyns in seinem Leben. Er starrte auf seinen Sessel herab. O ja, er konnte es tun!

Gregory hielt die Tarnung weiter aufrecht, durchtrennte mit der Klinge die Buchseiten, während er unverwandt auf das Zieldreieck auf der rot-weißen Hemdenbrust starrte.

Plötzlich fühlte er einen heftigen Schmerz im Daumen. Er sah entsetzt an sich herunter. Blut tropfte. Er hatte sich geschnitten. Er schrie laut auf. Das rote nasse Blut, sein Blut, brachte ihn völlig aus der Fassung. Es floß bereits über das ganze Buch. Sein Daumen brannte vor Schmerz. Der Ohnmacht nahe, begann er zu schwanken. Eine kräftige Hand packte ihn. Er wurde sanft in einen Sessel gedrückt. Man verband seinen Daumen mit einem sauberen Baumwolltaschentuch. Kognak wurde bestellt, und man hielt ein Glas an seine Lippen.

Martyn hatte ihn gestützt. Martyn hatte seinen Daumen bandagiert. Martyn hatte den Kognak bezahlt.

Danach blieb Gregory nur noch eine Möglichkeit.

Sturz auf der Treppe – und zwar von ganz oben. Die Nylonschnur mußte erneut herhalten. Sie hatte bereits einmal ausgezeichnet funktioniert. Bei dem Fehlversuch mit dem Benzin hatte jedenfalls *nicht* die Nylonschnur versagt.

Die Stufen der Treppe waren breit, die Treppe gewunden und aus Stein. Auf dem oberen Treppenabsatz endete das Geländer an zwei Pfosten, zwischen denen man ohne Schwierigkeit ein Stolperseil spannen konnte.

Nach reiflichem Nachdenken kam Gregory zu dem Entschluß, daß er sein Stolperseil, wenn es erst einmal gespannt war, keinesfalls in der Annahme unbeobachtet lassen durfte, daß Martyn – nur Martyn – aus der Bibliothek die Treppe hinuntergehen würde. Schließlich mußte er damit rechnen, daß jemand, der aus dem Kartenzimmer kam, die Treppe hinuntergehen wollte. Spannte er also das Seil und ging dann weg, lief er nicht nur Gefahr, daß Martyn erneut ungeschoren davonkam, sondern er mußte auch darauf gefaßt sein, daß seine Ranküne einem harmlosen Bridgespieler Kopf und Kragen kostete.

Gregory blieb daher nichts anderes übrig, als auf dem oberen Treppenabsatz Posten zu beziehen... und zwar entweder vor den Blicken der anderen verborgen oder scheinbar in eine harmlose Beschäftigung vertieft, während er das Ende der Nylonschnur fest in der Hand hielt, um sie sofort zu straffen, sobald Martyn sich näherte. In dem Aufruhr, der Martyns Tod zwangsläufig auslösen mußte, würde es Gregory zweifelsohne gelingen, die Schnur unbemerkt zu entfernen. Diese Methode war so bestechend viel einfacher und sicherer als die vorausgegangenen Versuche, daß es Gregory aufrichtig bekümmerte, seine Prioritäten nicht anders gesetzt zu haben.

Fraglich war lediglich noch, wo Gregory sich zur Tatzeit aufhalten sollte. Als der geeignetste Ort bot sich schließlich die Toilette neben dem Kartenzimmer an. Sie schien für Gregorys Zwecke wie geschaffen. Er mußte die Nylonschnur lediglich mit geschickten Knoten, die Gregory als Angler einmal gelernt hatte, am äußeren obersten Treppenpfosten befestigen, sie für das bloße Auge kaum sichtbar über die oberste Stufe zum gegenüberliegenden Pfosten leiten, sie dort einmal herumwickeln, über den Korridor durch das Schlüsselloch der Toilettentür führen und sie dahinter in der eigenen Hand enden lassen. Wenn die Tür einen Spaltbreit offenblieb, konnte er von seinem Posten aus einen schmalen Ausschnitt des obersten Treppenabsatzes im Auge behalten. Danach mußte Gregory nur noch ein Detail vorbereiten.

Gregory besorgte Reißzwecken. Er begab sich in das Besucherzimmer. Auf das großformatigste Clubpapier schrieb er in großen Lettern mit Tinte ›AUSSER BETRIEB‹. Seine Schrift war etwas zittrig, doch deutlich lesbar. Er tupfte sein Werk vorsichtig mit Löschpapier ab. Dann verbrannte Gregory das Löschpapier im Kaminfeuer des Besucherzimmers.

Einige Tage später genoß er zum Mittagessen ein ausgezeichnetes Schellfischfilet. Dabei beobachtete er Martyn, der allein an einem Tisch saß. Martyn aß ausgiebig, während Gregory mit Charles Corbishley ein Glas Portwein trank, das Charles bezahlte. Und Gregory schlug danach zum erstenmal seit zwölf Jahren vor, sich ein zweites Glas Portwein zu genehmigen. Das überraschte ihn selbst ebensosehr wie Charles Corbishley.

Nachdem der Portwein schneller als üblich getrunken war, ging Gregory ebenfalls schneller als gewöhnlich die Treppe hinauf. Die innere Erregung hatten sowohl seinen Durst als auch seine Beweglichkeit vergrößert. Er vergewisserte sich, daß Martyn in der Bibliothek war, daß er dick und fett im Sessel saß. Aus dem Kartenzimmer drangen Stimmen nach draußen. Sonst war niemand zu sehen. Gregory fädelte das Ende seiner Nylonschnur durch das Schlüsselloch in der Toilettentür, leitete sie über den Korridor, um den ersten Treppenpfosten herum, über die oberste Stufe zum zweiten Pfosten, an dem er sie sorgfältig mit seiner aufgefrischten Knotentechnik aus Anglerzeiten befestigte. Anschließend ging er zur Toilette zurück. Dort nahm er das Schild mit der Aufschrift ›AUSSER BETRIEB‹ aus der Tasche und heftete es mit Reißnägeln an die Toilettentür.

Dann betrat er die Toilette. Er ließ die Tür einen Spalt offen, setzte sich auf den Brillenrand und wartete.

Nach endlos langer Zeit kam ein Bridgespieler polternd aus dem Kartenzimmer und blieb vor der Toilettentür stehen. Beim Anblick des Schildes stöhnte er gequält und stapfte wieder davon, um anderswo sein Glück zu versuchen.

Die Zeit verging. Es war still. Aus dem Kartenzimmer war nur gedämpftes Stimmengemurmel zu hören, ein äußerst entspannendes, beruhigendes Geräusch. Wochentags vor der Teezeit war der Club meistens halb leer. Das Rauschen des Verkehrs auf der Straße war inmitten des soliden alten Gemäuers nur zu erahnen.

Gregory hielt die Plastikrolle der Nylonschnur zuversichtlich umfaßt. Plötzlich beschlich ihn das Gefühl, siebzig oder mehr Jahre in die Vergangenheit zurückversetzt zu werden, im Bug eines Bootes vor der Westküste Schottlands zu sitzen und mit einer einfachen Angelschnur in der Hand Makrelen zu fischen; seine Cousine Maud hatte eine lustige Baskenmütze aufgehabt, und der alte Dougal, der Bootsführer...

»Großer Gott, was machen Sie denn da?«

»Ich angle«, antwortete Gregory mit erstickter Stimme, der erst langsam in die Wirklichkeit zurückfand und dem das zweite Glas Port die Zunge schwergemacht hatte.

Martyn starrte in die Toilette, in der Gregory, eine schmale, zusammengesunkene Gestalt, auf der Brille saß, und er sah die Rolle in Gregorys Hand und die Nylonschnur, die von dieser Spule durch das Schlüsselloch ins Freie führte.

»Und was, wenn ich fragen darf, versuchen Sie da zu angeln?« erkundigte sich Martyn.

Dann begann Martyn zu lachen. Sein Gesicht nahm eine lila Färbung an. Tränen rannen über seine Wangen. Er versuchte, etwas zu sagen, verschluckte sich und begann zu husten. Er hustete erbärmlich. Sein Gesicht war nicht länger lila, sondern schwarz. Er taumelte. Er fiel krachend gegen die Toilettentür, keuchte und rang verzweifelt nach Luft, die Hand gegen das Herz gepreßt.

Es hieß, er sei auf dem Weg ins Krankenhaus gestorben. An Herzversagen. Er hatte sich schlicht totgelacht.

»Mein waches Auge«, erklärte Gregory mit feierlichem Ernst, »erspähte heute Ochsenschwanz auf der Karte. Dazu habe ich mir eine Portion Spinat geben lassen. Und nun, mein lieber Charles? Darf ich uns ein Glas Jahrgangs-Portwein bringen lassen?«

»Der aus dem Faß tut's auch, danke«, erwiderte Charles Corbishley.

»So sei es.«

Um halb drei Uhr ging Gregory in die Bibliothek hinauf. Er las eine Seite in *The Eustace Diamonds* in seinem Sessel neben dem Kamin, bevor er bis zur Teezeit in einen sanften Schlummer fiel.

*Aus dem Englischen übertragen
von Christine Frauendorf-Mössel*

Meistermorde

Peter Lovesey

Der heimliche Geliebte

»Pam.«

»Ja?«

»Triffst du ihn am Wochenende?«

Pam Meredith atmete tief ein und unterdrückte das Bedürfnis, laut zu schreien. Sie wußte ganz genau, was jetzt kommen würde. »Wen soll ich treffen?«

»Deinen heimlichen Geliebten.«

Sie brachte ein affektiertes Lächeln zustande, sagte »Gebt es doch auf!«, und die anderen kicherten.

Aus irgendeinem Grund verwandelten die letzten Stunden der Arbeitswoche drei tüchtige, medizinisch ausgebildete Empfangsdamen in zu groß geratene Schulmädchen. Sie waren alle drei schon über Dreißig, aber sobald sie am Samstagvormittag im Ärztezentrum eintrafen, fingen sie mit ihren Albernheiten an. Nachdem sie ihre Phantasie mit Geschichten über die Ärzte strapaziert und sich ausgemalt hatten, was sie alles mit den Patienten veranstalteten, kamen sie selbst dran. Und dann dauerte es meist nicht lange, bis Pams heimlicher Geliebter an der Reihe war.

Er war ein zurückhaltender, etwas gehetzt dreinschauender Mann Ende Dreißig, der einmal zufällig eines Nachmittags ins Ärztehaus gekommen war, weil er Hilfe brauchte. Er hatte ein Staubkorn unter das linke Augenlid bekommen. Zu diesem

Zeitpunkt war keiner der Ärzte oder Oberschwestern im Hause gewesen, so daß Pam nichts anderes übriggeblieben war, als dem Mann selbst zu helfen. Nach ihren eigenen Erfahrungen mit Kontaktlinsen hatte sie eine ungefähre Ahnung davon, wie man das Auge behandeln mußte, damit es einen Fremdkörper freigab, und es war ihr auch sehr rasch gelungen, ohne daß dem Patienten dabei größere Schmerzen oder Unannehmlichkeiten entstanden wären. Er hatte ihr gedankt und das Ärztezentrum in großer Eile wieder verlassen – als ob ihm die Episode überaus peinlich gewesen wäre. Pam hatte erst zwei Wochen danach wieder an ihn gedacht, als sie zum Dienst kam und man ihr mitteilte, ein Mann habe nach ihr persönlich gefragt und würde noch einmal zur Lunchzeit vorbeikommen. Das erregte verständlicherweise das lebhafte Interesse der anderen Empfangsdamen, besonders als er fünf Minuten vor eins tatsächlich mit einem Strauß Narzissen in der Hand auftauchte.

Mit dreiunddreißig war Pam die jüngste der Frauen am Empfang des Ärztezentrums. Sie trieb Gymnastik, hielt ihre Diäten ein, färbte sich das Haar blond und war beliebt bei vielen der Männern, die herkamen, um ihre Rezepte abzuholen, doch an Blumenspenden war sie nicht gewohnt. In ihrem weißen Overall kam sie sich sehr medizinisch und sehr tüchtig vor. Sie hatte ein blasses, ovales Gesicht mit braunen Augen und einem kleinen, hübschen Mund, der, wie man ihr gesagt hatte, eher Raffinesse als Sinnlichkeit ausstrahlte. In letzter Zeit hatte sie ein paar erste Fältchen am Hals entdeckt und bevorzugte seither Rollkragenpullover.

Unter den amüsierten und unverhohlen neidischen Blicken ihrer Kolleginnen hatte Pam errötend die Blumen angenommen und erklärt, eine solche Belohnung sei zwar charmant, aber durchaus unnötig. Als der Blumenspender sie dann zu einem Drink in den Green Dragon einlud, konnte sie kaum nein sagen. Sie stotterte etwas in der Art, daß sie nach dem Lunch noch weiterarbeiten müsse, woraufhin er ihr vorschlug, Tomatensaft oder ein Bitter Lemon zu trinken. Inzwischen hatte ihr eines der anderen Mädchen einen Rippenstoß gegeben und ihr die Tasche in die Hand gedrückt.

Und das war der Beginn eines beliebten Scherzes in Fortsetzungen, wobei Pams geheimer Verehrer im Mittelpunkt stand.

Die beiden anderen Mädchen konnten nicht ahnen, daß sie in Wirklichkeit die Opfer dieses Scherzes waren. Sie hätten das nicht in den wildesten Phantasien geahnt, doch die Dinge hatten sich inzwischen dahingehend entwickelt, daß Pam mit ihrem Verehrer regelmäßig in einem Bett schlief.

Dennoch darf man dieser Beziehung keine allzu große Bedeutung beimessen. Nach den allgemeinen Begriffen war er keineswegs ihr Geliebter. Miteinander schlafen und sich lieben, das ist nicht unbedingt ein und dasselbe. Die Möglichkeit, daß eine Liebe entsteht, kann nie ausgeschlossen werden, aber es ist keineswegs die automatische Konsequenz, wenn man mit jemandem in einem Bett übernachtet, und das paßte sehr gut zu Pams angeborener, zurückhaltender Vornehmheit.

Andererseits war es auch nicht ganz so, wie es sich die Mädchen im Ärztezentrum vorstellten. Pam hatte beim ersten Tomatensaft im Green Dragon erfahren, daß Cliff als Einkäufer in der Apfelmostindustrie tätig war, was bedeutete, daß er verschiedene Produzenten in den West Midlands und im Südwesten Englands besuchen mußte und daß er einmal in zwei Wochen eine Nacht in Hereford verbrachte. Er reiste gern, räumte aber ein, daß die vielen Nächte außer Haus für das Scheitern seiner Ehe verantwortlich gewesen seien. Nicht, daß er seiner Frau untreu gewesen wäre, aber er gab in selbstloser Weise zu, daß man es einer Frau angesichts der unzähligen Berichte in den Zeitungen über Vergewaltigungen und Überfälle nicht verübeln konnte, wenn sie sich Gesellschaft suchte, während ihr Mann Woche für Woche geschäftlich unterwegs sei.

In Erwiderung seiner Offenheit hatte ihm Pam gestanden, daß auch sie geschieden war. Die Nächte seien für eine alleinstehende Frau das schlimmste, bestätigte sie ihm. Selbst in der alten Kathedralenstadt Hereford, die nicht gerade wegen ihrer Gewalttaten berüchtigt war, ging sie nur ungern nach Einbruch der Dunkelheit aus dem Haus, lag oft wach und lauschte mit geschärften Sinnen, ob nicht jemand unten an der Haustür mit dem Schloß herumhantierte.

Der erste Drink hatte einen zweiten zur Folge gehabt, als Cliff das nächste Mal wieder in der Stadt war. Und zwei Wochen später hatte ihn Pam zu sich eingeladen, zu einem ›kleinen Abendessen‹, wobei sie meinte, es mache ihr keine Mühe, da man für zwei viel besser kochen könne als für einen. Cliff hatte ihr Hühner-Cordon bleu in den höchsten Tönen gelobt, und von da an wurde das Abendessen im Zweiwochenabstand zu einer festen Einrichtung. Beim erstenmal war er am Ende des Abends brav in sein Hotel zurückgekehrt, aber beim nächsten Besuch hatte er Pam zu dem schon fast vergessenen Kartenspiel Cribbage vermuntert, und die beiden waren so in das Spiel vertieft gewesen, daß sie erst lange nach Mitternacht bemerkt hatten, wie spät es geworden war. Mittlerweile fühlte sich Pam in der Gesellschaft von Cliff so sicher, entspannt und wohl, daß es ihr als das Natürlichste auf der Welt erschien, ihm das Gästebett herzurichten und ihn zum Übernachten einzuladen. Übrigens hatte keiner der beiden irgendwelche Andeutungen auf ein intimeres Arrangement gemacht. Das war es, was Pam so an Cliff liebte. Er war keine dieser wilden Bestien von Mann. Nein, er war Gentleman genug, um seine natürlichen körperlichen Instinkte unterdrücken zu können. Und eines Nachts, sechs Wochen später, als ein Gewitter tobte und sie an seine Tür geklopft und gesagt hatte, daß sie sich ängstigte, hatte er ihr in derselben gentlemanhaften Art angeboten, zu ihm ins Zimmer zu kommen, bis das Gewitter vorüber sei. Pam schlief in dem extrabreiten Doppelbett, an das sie sich während ihrer Ehe gewöhnt hatte und in dem eigentlich auch Platz genug für Cliff gewesen wäre, ohne daß es peinlich wurde, wenn er sie unabsichtlich berührte. Also kam er in ihr Bett, und sie waren beide eingeschlafen, während sie auf den Donner lauschten. Es war die Zeit der Sommergewitter, so daß sie, als er das nächste Mal zu ihr kam, vereinbarten, als vernünftige Vorsichtsmaßnahme auch dann zu zweit in einem Bett zu schlafen, wenn der Himmel klar war. Man wußte ja nicht, ob vielleicht im Laufe der Nacht noch ein Unwetter aufkam. Und als dann die ersten kühlen Herbsttage nahten, waren beide nicht sonderlich begeistert von der Aussicht, allein zwischen den kalten Laken schlafen zu müssen. Obendrein, wie Cliff vernünftigerweise bemerkte, sparte man Wäsche, wenn man nur ein Bett benützte.

Apropos Wäsche: Pam hatte inzwischen die Aufgabe übernommen, seine Hemden, seine Unterwäsche und die Schlafanzüge zu waschen. Sie hatte ihm einen schönen, flaschengrünen französischen Pyjama gekauft, mit Knöpfen an der Jacke und einem elastischen Band in der Taille. Jedesmal, wenn er zu ihr kam, lag der Pyjama gewaschen und gebügelt auf seinem Kissen. Er war ebenfalls sehr aufmerksam und kam nie ohne eine Flasche Apfelmost, den sie zum Abendessen tranken. Ein paarmal hatte er erwähnt, daß er Pam eigentlich gern zum Essen ausführen wollte, doch ihre Küche sei so exzellent, daß sie damit jeden Koch in der Stadt ausstechen würde. Ganz besonders entzückt war er über das Frühstück, das sie ihm bereitete, bevor er morgens weiter mußte.

Und so ertrug Pam standhaft die Neckereien im Ärztezentrum, ermutigt durch die Tatsache, daß es auf seiten der anderen nur Phantasie war; sie verschwieg ihnen beharrlich, daß sie Cliff zu sich nach Hause eingeladen hatte. Und als sie an diesem Tag mittags nach Hause ging, war sie in besserer Laune als am Morgen. Es war immer eine Erleichterung, wenn man den Samstagvormittag hinter sich hatte.

Sobald sie in ihre Straße eingebogen war, sah sie einen kleinen Wagen, einen roten Mini, vor ihrem Haus parken, in dem jemand saß. Sie erwartete keinen Besuch, steuerte auf ihr Gartentor zu und stellte fest, daß eine Frau in dem Wagen saß, die keine Anstalten machte, auszusteigen, und daß sie diese Frau noch nie gesehen hatte. Also ging sie an dem Wagen vorbei und sperrte die Haustür auf.

Auf dem Boden dahinter lag ein Kuvert mit einer Grußkarte, wie es aussah. Sie hatte ganz vergessen, daß sie am Sonntag Geburtstag hatte. Wenn man allein lebt und ohne Familie ist, neigt man dazu, solche Anlässe zu übersehen. Aber jemand war offensichtlich der Ansicht, daß man ihren Geburtstag nicht übersehen durfte. Sie konnte die Handschrift nicht lesen, und der Poststempel war zu verwischt, als daß man ihn hätte entziffern können. Also öffnete sie den Umschlag – und lächelte. Auf die Karte war eine einzelne Narzisse gedruckt, und innen, unter dem gedruckten Glückwunsch, stand der handschriftliche Buchstabe C.

Sie hatte Cliffs Schrift nicht erkannt, weil sie sie zum erstenmal sah. Er war nicht der Typ, der Briefe schrieb. Und auch der Poststempel hätte Pam keinen Hinweis geliefert, selbst wenn er deutlich zu lesen gewesen wäre, weil sie ja nicht einmal wußte, wo er wohnte. Immer, wenn es zu allzu persönlichen Fragen kam, antwortete er vage oder ausweichend, so daß sie keine Lust verspürte, ihn länger auszuhorchen. Schließlich hatte er ein Recht auf seine Privatsphäre. Dennoch fragte sie sich manchmal, wie er wohl wohnte, und kam zu der Vermutung, daß er sein Heim seit dem Scheitern seiner Ehe vernachlässigte und sich ganz seinem Job widmete. Er lebte, um zu reisen, und, wie Pam sich schmeichelte, für seinen in vierzehntägigem Abstand stattfindenden Besuch in Hereford.

In diesem Augenblick läutete es an der Tür. Pam öffnete und sah die Frau, die zuvor in dem Wagen gesessen hatte: dunkelhaarig, etwa in ihrem Alter oder ein wenig älter und gutaussehend, mit hohen Wangenknochen – ein vornehmes Gesicht, wie man es oft in ausländischen Filmen sieht. Sie trug ein dunkelblaues Schneiderkostüm und eine weiße Bluse, die bis zum Hals zugeknöpft war, und wirkte so, als würde sie sich um einen Job bewerben. Vor allem aber fielen Pam ihre graugrünen Augen auf, die sie in einer Weise musterten, die höchst unüblich für Leute war, die aus irgendeinem banalen Grund vor der Tür standen.

»Hallo«, sagte Pam.

»Mrs. Pamela Meredith?«

»Ja.«

Der Blick wurde noch durchdringender. »Wir kennen uns nicht, und Sie wissen vielleicht gar nicht, daß es mich gibt. Ich bin Tracey Gibbons.« Sie wartete und beobachtete Pams Reaktion.

Pam lächelte leicht. »Sie haben recht, ich habe Ihren Namen noch nie gehört.«

Tracey Gibbons seufzte und schüttelte den Kopf. »Das überrascht mich nicht. Ich weiß nicht, was Sie von mir halten, weil ich einfach so bei Ihnen hereinschneie, aber ich finde, die Sache hat einen Punkt erreicht, an dem etwas unternommen werden muß. Es geht um Ihren Mann.«

Pam zog die Stirn in Falten. »Um meinen Mann?« Sie hatte seit sechs Jahren nichts von David gehört.

»Darf ich reinkommen?«

»Ich nehme an, das ist das Beste.«

Als Pam die Besucherin in ihr Wohnzimmer führte, das nach vorn hinausging, überlegte sie sich, ob diese Person nicht einen Trick anwandte, um sich ihr Vertrauen zu erschleichen. Die Frau musterte ungeniert den Raum, die Möbel, die Dekorationen, alles.

Pam sagte in scharfem Ton: »Ich finde, Sie sollten jetzt zur Sache kommen, Miss Gibbon.«

»Mrs. Gibbons, um genau zu sein. Nicht, daß es darauf ankäme. Ich warte nur noch darauf, daß meine Scheidung rechtskräftig wird.« Plötzlich wirkte die Frau nervös und defensiv. »Ich bin kein Mensch, der wahllose Geschlechtsbeziehungen eingeht, Mrs. Meredith. Ich möchte, daß Sie das verstehen, was immer Sie sonst von mir denken mögen. Und ich bin auch nicht falsch und hinterlistig, sonst wäre ich nicht hier. Ich möchte die Dinge zwischen uns klarstellen. Ich bin heute vormittag von Worcester herübergefahren, um mit Ihnen zu reden.«

Allmählich begann Pam zu ahnen, worum es ging. Mrs. Gibbons hatte eine Affäre mit David, und nun fühlte sie sich aus irgendwelchen sonderbaren Gründen veranlaßt, darüber mit seiner Exgattin zu sprechen. Offensichtlich war die Frau nervlich zerrüttet, also sollte sie erst einmal ihren Kummer loswerden, bevor Pam sie dann sanft hinauskomplimentierte.

»Sie fragen sich vermutlich, woher ich Ihre Adresse habe«, fuhr Mrs. Gibbons fort. »Er weiß nicht, daß ich hier bin, das verspreche ich Ihnen. Ich habe erst seit zwei oder drei Wochen den Verdacht, er könnte eine Ehefrau haben. Es gibt bestimmte Dinge, die einem auffallen, zum Beispiel die frisch gebügelten Hemden. Als er das letzte Mal kam, hat er den Koffer offengelassen, und ich habe zufällig die Geburtstagskarte gesehen, die er an Sie adressiert hat. Daher kenne ich Ihre Adresse.«

Pams Haut begann am ganzen Körper zu prickeln. »Was für eine Karte?«

»Die Narzisse. Ich habe hineingeschaut, wie ich zu meiner Schande bekennen muß. Aber ich mußte mir einfach Gewißheit verschaffen.«

Pam schloß die Augen. Die Frau redete ja gar nicht von David – es ging um Cliff, um *ihren* Cliff! Rings um sie begann sich alles zu drehen. Sie dachte kurz, sie würde ohnmächtig werden, dann sagte sie: »Ich glaube, jetzt brauche ich einen Weinbrand.«

Mrs. Gibbons nickte. »Ich leiste Ihnen dabei Gesellschaft, wenn ich darf.«

Als sie der Frau das Glas reichte, sagte Pam in niedergeschlagenem Ton: »Sie sprechen doch von einem Mann namens Cliff, oder?«

»Natürlich.«

»Cliff ist nicht mein Mann.«

»Was?« Mrs. Gibbons starrte sie ungläubig an.

»Er besucht mich nur manchmal.«

»Und Sie waschen ihm die Hemden?«

»Meistens.«

»Dieser Bastard!« jammerte Mrs. Gibbons, und ihre Augen füllten sich mit Tränen. »Dieser gemeine, betrügerische Schweinehund! Ich habe es doch gewußt, daß er noch jemand anderen hat, aber ich dachte, es sei seine Frau, weil er ein solches Geheimnis daraus gemacht hat. Ich redete mir ein, daß er unglücklich verheiratet ist, und hatte vor, Sie anzuflehen, daß Sie ihn freigeben. Ich könnte ihn auf der Stelle umbringen, diesen Schuft!«

»Und wie, glauben Sie, daß ich mich fühle?« platzte Pam heraus. »Ich hatte ja keine Ahnung, daß es noch eine Frau in seinem Leben gibt!«

»Hat er eine Zahnbürste und einen Rasierapparat bei Ihnen im Bad?«

»Und einen Waschlappen, ja.«

»Vermutlich haben Sie ihm ein teures Aftershave geschenkt.«

Pam bestätigte es in bitterem Ton. So erregt und wütend, wie sie war, mußte sie mit jemandem reden; wenn sie den Kummer teilte, würde das vielleicht den Schmerz lindern. Sie berichtete, wie sie Cliff kennengelernt und wie sie ihn zu sich nach Hause eingeladen hatte.

»Und eines führte zum anderen«, mutmaßte Mrs. Gibbons. »Wenn ich daran denke, was ich alles getan habe, weil ich glaubte, ich sei die große Liebe seines Lebens...« Sie kippte den Rest ihres Weinbrands in einem Schluck hinunter.

Pam nickte. »Es war auch teuer.«

»Teuer?«

»Die Abendessen mit drei Gängen und jedesmal das ausgiebige Frühstück.«

»Ich spreche nicht vom Kochen«, sagte Mrs. Gibbons und schaute Pam durchdringend an.

»Aha«, machte Pam und neigte den Kopf ein wenig, um auszudrücken, daß sie genau verstand, wovon Mrs. Gibbons sprach.

»Dinge, die ich selbst in zehnjähriger Ehe mit einem sehr athletischen Mann nicht fertiggebracht hätte«, gestand ihr Mrs. Gibbons und wandte sich dann beschämt ab. »Aber Sie wissen das ja auch. Im Vergleich zu Cliff ist Casanova ein Waisenknabe. Mein Gott, ich fühle mich so erniedrigt!«

»Möchten Sie noch einen Schluck Weinbrand, Mrs. Gibbons?«

»Nennen Sie mich doch Tracey«, schlug Mrs. Gibbons vor und hielt Pam das Glas hin. »Wir sind nichts als Spielbälle für ihn, alle beide. Wie viele andere mag es noch geben – was meinen Sie?«

»Wer weiß?« murmelte Pam, begriff die weitreichenden Möglichkeiten und sprach dazu ihre Gedanken laut aus. »Es gibt viele geschiedene Frauen wie Sie und mich, die in verhältnismäßigem Wohlstand leben und die für jede Aufmerksamkeit dankbar sind, die man ihnen schenkt. Ich glaube, wir müssen es klarsehen: Wir sind nun einmal Waren aus zweiter Hand.«

Nach einer Schluchzpause schob Tracey Gibbons ihr leeres Glas in Richtung auf die Flasche und fragte: »Was werden wir jetzt mit ihm tun?«

»Rauswerfen, zusammen mit der Zahnbürste, dem Rasierapparat und dem Waschlappen, nehme ich an«, antwortete Pam, ohne sich der Situation gewachsen zu fühlen.

»Damit er sich andere törichte Frauen sucht, um sie zu seiner Beute zu machen?« sagte Tracey. »Das ist nicht die Art und Weise, wie man eine solche Bestie behandeln muß. Ich persönlich bin so wütend und enttäuscht, daß ich ihn töten würde, wenn man es mir nicht nachweisen könnte. Sie nicht?«

Pam starrte sie an. »Meinen Sie das im Ernst?«

»Vollkommen. Er hat meine Hoffnungen zerstört und dazu

jeden Funken meiner Selbstachtung, der mir noch geblieben war. Was war ich denn für ihn? Seine Nummer in Worcester, sein Montagabendvergnügen.«

»Und ich war es dienstags in Hereford«, fügte Pam in düsterem Ton hinzu, nachdem sie plötzlich auf grausame, aber sehr lebendige Weise vor Augen geführt bekam, wie sehr sie ausgenützt worden war. Sex stand montags auf dem Programm, Essen dienstags. Auf ihre Weise fühlte sie sich ebenso erniedrigt wie Tracey. Ein Arrangement, das vernünftig und nett zu sein schien, hatte sich als zynisch und egoistisch erwiesen. Das also war der Grund, weshalb er sie nie berührt hatte: weil er immer voll und ganz befriedigt nach der Nacht der zügellosen Leidenschaften in Worcester war. »Tracey, wenn Ihnen einen Methode einfällt, wie man ihn umbringen könnte...« begann sie mit jener Ruhe, die sich einstellt, wenn man wichtige Entscheidungen getroffen hat, »ich wüßte, wie man davonkommt, ohne daß man es einem nachweisen kann.«

Tracey riß die Augen sehr weit auf.

Pam machte schwarzen Kaffee und Sandwiches und erläuterte ihren Plan. Das heißt, es ist irreführend, ihre vage Idee als einen Plan zu bezeichnen, weil die beiden Frauen erst nach und nach ihr Vorhaben präzisierten, während sie sich miteinander unterhielten. Zunächst hatte Pam nicht viel von einem Mord gehalten. Aber als sie darüber sprach, fühlte sie mit wachsender Aufregung, daß es klappen könnte. Die Methode war einfach und sauber und lag im Rahmen ihrer Möglichkeiten.

Die beiden Frauen besprachen die Sache bis zum Nachmittag. Um den Plan in die Tat umzusetzen, mußten sie sich für eine Methode entscheiden, bei der es kein Blut und keine Schweinerei gab; damit schieden Schußwaffen aus. Die Leiche durfte keine Anzeichen einer Gewaltanwendung aufweisen. Die beiden Frauen debattierten über die verschiedenen Methoden, einen Menschen ins Jenseits zu befördern. Ob ihre Absicht ernsthaft war oder nicht, Pam fand, daß allein schon das Reden darüber Balsam für die Schmerzen war, die Cliff ihr zugefügt hatte. Sie und Tracey stimmten überein, daß sie sinnvollerweise nichts unternehmen würden, bis sie Zeit gehabt hatten, mit dem Schock fertig zu werden, aber sie nahmen sich felsenfest vor, daß sie sich wiedersehen wollten.

Am folgenden Montagabend erhielt Pam einen Anruf von Tracey. »Haben Sie noch einmal über das nachgedacht, worüber wir vorgestern diskutiert haben?«

»Gelegentlich, ja«, antwortete Pam vorsichtig.

»Also, ich habe ein paar Erkundigungen eingezogen«, berichtete ihr Tracey mit offensichtlicher Aufregung in der Stimme. »Ich möchte am Telefon nicht zu sehr in die Details gehen, aber ich weiß, wie man an das Zeug kommt, das wir dazu brauchen. Haben Sie mich verstanden?«

»Ich glaube, ja.«

»Es ist einfach, schnell und wirksam, und das beste daran ist, daß ich es in meiner Firma bekommen kann.«

Pam erinnerte sich, daß Tracey ihr gesagt hatte, sie arbeite in einer Fabrik für Düngemittel. Vermutlich sprach sie von irgendeiner chemischen Substanz.

Von Gift.

»Fragt sich nur«, fuhr Tracey fort, »ob Sie bereit sind, Ihre Rolle zu spielen. Sie meinten, es wäre kein Problem.«

»Das stimmt, aber –«

»Also dann, am Samstag? Mich besucht er am kommenden Montag.«

Die Erinnerung an Cliffs Montagsbesuche in Worcester traf Pam wie ein Stich in die Brust. »Gut, am Wochenende«, bestätigte sie mit Entschiedenheit. »Kommen Sie ungefähr zur gleichen Zeit wie letztes Mal. Ich verspreche Ihnen, Tracey, ich werde meine Rolle spielen.«

Die Rolle, die Pam beim Mord an Cliff spielen sollte, bestand darin, daß sie im Ärztezentrum einen unausgefüllten Totenschein besorgen sollte. Es war ihr schon oft aufgefallen, wie sorglos Dr. Holt-Wagstaff mit seinem Papierkram umging. Er war der älteste der fünf Ärzte des Zentrums, und sein Schreibtisch war immer unaufgeräumt. Sie wartete fast eine Woche auf ihre Gelegenheit. Am Freitag vormittag mußte sie zu ihm in den Operationssaal, um ihn zu bitten, einen unleserlichen Namen auf einem Rezept zu verdeutlichen. Der Block mit den Todesscheinvordrucken lag auf dem Schreibtisch. Um Viertel nach zwölf, als er zur Visite ging und Pam zusammen mit einer ihrer Kolleginnen Dienst hatte, schlich sie sich in die chirurgische Abteilung. Niemand sah sie.

Der Samstagvormittag erwies sich als ein Prüfstein für Pams Nerven. Die Zeit schleppte sich dahin, die Scherze über ihren heimlichen Geliebten waren schwerer zu ertragen als jemals zuvor, und sie mußte sich sehr beherrschen, um die anderen nicht wütend anzuschnauzen. Die ganze Zeit über fragte sie sich, ob Dr. Holt-Wagstaff nicht vielleicht doch etwas gemerkt hatte. Diese Sorge hätte sie sich freilich sparen können, denn der Arzt verabschiedete sich gegen Mittag und wünschte allen noch ein schönes Wochenende. Um halb eins sperrten die Mädchen ab und verließen ebenfalls das Ärztehaus.

Als Pam nach Hause kam, wartete Tracey schon an ihrer Schwelle. »Ich bin mit dem Zug gekommen«, erklärte sie. »Ich wollte meinen Wagen nicht draußen stehenlassen. Es ist erstaunlich, was sich die Leute alles merken.«

»Sehr vernünftig«, sagte Pam beifällig. »Jetzt erzählen Sie mir gleich von dem Zeug, das Sie besorgt haben. Glauben Sie, daß es wirkt?«

Tracey legte eine Hand auf Pams Arm. »Meine Liebe, es ist absolut narrensicher. Wollen Sie es sehen?« Sie öffnete ihre Handtasche und nahm ein kleines, braunes Glasfläschchen heraus. »Reines Nikotin. Wir benützen es bei der Arbeit.«

Pam hielt das Fläschchen in ihrer Handfläche. »Nikotin? Ist das denn ein Gift?«

»Ein tödliches.«

»Aber es ist nicht viel drin.«

»Die tödliche Dosis wird in Milligramm bemessen, Pam. Ein paar Tropfen reichen spielend aus.«

»Und wie bringen wir ihn dazu, daß er es nimmt?«

»Darüber habe ich schon nachgedacht.« Tracey lächelte. »Es wird Ihnen gefallen, meine Liebe. In einem Glas von seinem eigenen Apfelmost. Nikotin wird an Licht und Luft gelb, und es schmeckt etwas bitter, doch das wird der süße Apfelmost überdecken.«

»Und wie wirkt es?«

»Normalerweise ist es ein sehr wirksames Anregungsmittel. Die lebenswichtigen Organe halten das auf die Dauer nicht aus. Er wird nach sehr kurzer Zeit an Herzstillstand sterben. Haben Sie inzwischen den Totenschein besorgt?«

Pam stellte das Giftfläschchen auf den Küchentisch und öffnete eines ihrer Kochbücher, in dem das Formular steckte.

»Ich sehe, Sie sind auch sehr vorsichtig«, sagte Tracey mit verschwörerischem Lächeln. Dann tauchten ihre Hände wieder in ihre Handtasche. »Ich habe ein Rezept von meinem Doktor mitgebracht, von dem wir die Unterschrift kopieren können, wie Sie es mir vorgeschlagen haben. Was müssen wir alles eintragen? Hier: *Name des Verstorbenen*. Wie nennen wir ihn?«

»Egal, nur nicht Cliff«, entgegnete Pam. »Wie wär's mit Clive? Clive Jones.«

»Gut, also Clive Jones. *Datum des Todes*. Das fülle ich besser danach aus. Und was schreiben wir als Todesursache? Herzversagen?«

»Nein, denn das sähe nach einem plötzlichen Tod aus«, gab Pam zu bedenken, die an die mögliche Obduktion in einem solchen Fall dachte. »Bronchopneumonie wäre besser.«

»Mir auch recht«, sagte Tracey und trug es ein. »Wenn er tot ist, bringe ich das hier zum Standesamt in Worcester und sage ihnen, daß Clive Jones mein Bruder war, ist das recht so?«

»Ja, es ist das einfachste. Die Standesbeamten wollen nur sein Geburtsdatum und ein paar Details hören, die Sie leicht erfinden können. Dann bekommen Sie eine amtliche Beglaubigung, die Sie dem Beerdigungsunternehmer zeigen müssen, und der übernimmt dann alles Weitere.«

»Ich lasse ihn natürlich feuerbestatten. Kostet das viel?«

»Keine Sorge«, sagte Pam. »Er kann es sich leisten.«

»Sehr wahr!« stimmte Tracey zu. »Seine Brieftasche ist immer voll mit großen Scheinen.«

»Er braucht ja privat kaum Geld auszugeben«, bemerkte Pam. »So, wie er lebt, bekommt er fast alles, was er sich wünscht, umsonst.«

»Der Dreckskerl«, schimpfte Tracey schaudernd.

»Sie sind also wirklich entschlossen dazu, ja?«

Tracey stand auf und schaute Pam mit den graugrünen Augen nachdrücklich an. »Am Montagabend, wenn er zu mir kommt. Ich rufe Sie an, sobald es geschehen ist.«

Pam hakte sich bei Tracey unter. »Als erstes verbrenne ich seinen Pyjama.«

Tracey bemerkte: »Bei mir hat er nie Pyjamas getragen.«

»Wirklich?« Pam zögerte, und ihre Neugier war erwacht. »Was hat er denn nun wirklich mit Ihnen gemacht? Wären Sie bereit, darüber zu reden?«

»Ich glaube nicht, daß ich das kann«, antwortete Tracey mit gesenktem Blick.

»Und wenn ich Ihnen noch einen Weinbrand einschenke? Schließlich stecken wir ja nun beide in dieser Sache drin.«

»Na schön«, seufzte Tracey.

Der Sonntag kam Pam vor wie der längste Tag ihres Lebens, aber sie brachte ihn schließlich doch hinter sich. Am Montag ging sie nicht zur Arbeit. Abends saß sie ab halb sieben nervös neben dem Telefon.

Der Anruf kam ein paar Minuten nach sieben. Pam riß den Hörer von der Gabel.

»Hallo, Darling.« *Es war die Stimme von Cliff.*

»Cliff?«

»Ja. Ungewöhnlich, daß ich dich am Montag anrufe, nicht wahr? Aber ich bin zufällig in Worcester, und da habe ich gedacht, ich könnte in einer halben Stunde bei dir in Hereford sein, wenn du heute abend nichts vorhast.«

»Ist etwas passiert?« fragte Pam.

»Nein, mein Darling. Nur eine kleine Änderung meiner Tour. Ich erwarte auch kein besonderes Abendessen, wenn ich so unangemeldet hereinschneie.«

»Das ist gut, denn ich habe nichts im Haus«, antwortete ihm Pam wahrheitsgemäß.

Er zögerte einen Augenblick, ehe er fragte: »Fühlst du dich wohl, Liebes? Deine Stimme klingt so fremd.«

»Wirklich?« murmelte Pam tonlos. »Ja, weißt du, ich habe etwas Schreckliches erlebt. Meine Schwester ist am Samstag gestorben. Es war allerdings nicht ganz unerwartet, eine Bronchopneumonie. Aber ich mußte alles selbst tun. Sie wird am Mittwoch eingeäschert.«

»Deine Schwester? Pam, Darling, mein herzlichstes Beileid. Ich wußte nicht einmal, daß du eine Schwester hattest.«

»Sie hieß Olive. Olive Jones«, sagte Pam und konnte nicht umhin, über ihren fabelhaften Einfall zu lächeln. Nachdem sie

Tracey mit einem Tropfen Nikotin in ihrem Weinbrand vergiftet hatte, brauchte sie dem Totenschein nur einen winzigen Strich hinzuzufügen. »Wir standen uns nicht allzunah, und ich bin auch nicht in tiefer Trauer. Ja, klar, komm doch herüber, ich freue mich.«

»Bist du sicher, daß du mich heute sehen willst?«

»O ja, ich will«, antwortete Pam. »Ich will dich heute unbedingt sehen.«

Als sie den Hörer aufgelegt hatte, machte sie sich nicht einmal die Mühe, im Kühlschrank nachzusehen, was es dort noch für ein Abendessen gab. Statt dessen ging sie hinauf in ihr Schlafzimmer und zog sich ein schwarzes Spitzennegligé an.

*Aus dem Englischen übertragen
von Friedrich A. Hofschuster*

Meistermorde

Anthony Price

Der Spieler

Ein dummer Junge wirft am Berghang einen Stein nach dem Bruder und löst damit eine Lawine aus... so fängt es an; zwar nicht per Zufall, jedoch auch ohne Vorsatz.

Ein Syndikat von Bankiers in Rom beklagt sich bitter, man habe sie bezüglich gewisser militärischer und ziviler Vereinbarungen in Britannien hintergangen.

Die Beschwerde ist ganz inoffiziell – immerhin wurde kein geltendes Recht verletzt –, doch die Klagen zielen darauf ab, dem Mann Fußangeln anzulegen, der sie auf ihrem ureigensten Feld geschlagen hat. Also behaupten die Heuchler, ebenso wie sie ihre inzwischen verlorenen Investitionen in Britannien ursprünglich eher aus patriotrischen denn aus wirtschaftlichen Erwägungen heraus getätigt hätten, gelte nun gleichermaßen ihre größte Sorge dem Wohle des Staates, ein Ansinnen, das die erste und oberste Pflicht eines jeden römischen Bürgers darstellt.

Der Stein ist geworfen, und die Lawine gerät ins Rollen.

Zuerst ist sie lediglich als verhaltenes Beben im lockeren Geröll des Abhanges zu spüren. Und wenn auch die betreffenden Bankiers mit ihren Investitionen in Britannien schwere Verluste erlitten, so haben doch viele andere ebenfalls ihr gutes Geld verloren... und zwar als direkte Folge des blutigen Aufstandes in dieser unglückseligen Provinz.

Zwei Kolonien, zwei römische Militärsiedlungen von Veteranen waren vollständig zerstört worden; Unmengen von Kriegsmaterial und private Güter waren während der Plünderungen von Londinium (London) im wahrsten Sinne des Wortes in Rauch aufgegangen; Tausende von Menschen – Bürger wie Freigelassene, ganz zu schweigen von wertvollen Sklaven – waren getötet worden... und damit waren in der Tat sowohl Tributpflichtige als auch deren Hab und Gut verlorengegangen; und viele andere Tributpflichtige unter der Aristokratie der Insel sind mittlerweile geächtete Rebellen, deren Besitz – oder das, was davon übriggeblieben ist – die legitime Beute der Militärs darstellt; diese jedoch könnte inzwischen nicht einmal Cäsar persönlich eintreiben.

Eine Lawine, die in Bewegung geraten ist, ist nicht mehr aufzuhalten... und Untersuchungen des Fiskus sind erbarmungslos.

Und letzteres nicht nur, weil sich die Steuerinspektoren keinen Deut um den wie auch immer gearteten Patriotismus jener Bankiers scheren, auch sind sie normalerweise schon aufgrund des geltenden Gleichheitsprinzips an der Identität der betreffenden Personen nicht interessiert, vorausgesetzt natürlich die Herren bezahlen artig ihre Steuern.

Von Natur aus sind die Steuerinspektoren allerdings mißtrauische Leute, und Gnaeus Alfrenius Cotta ist ein neuer Name in ihren Akten.

Gn. Alfrenius Cotta, der in Britannien ein Vermögen verdient hat, während alle anderen Geld verloren haben.

Gn. Alfrenius Cotta, so heißt es, wußte, wie die Würfel fallen, noch bevor sie überhaupt geworfen wurden.

I. In der Hauptstadt

Der Tribun von Arcani begibt sich in jenes Büro zwischen Kapitol und Palatin, wo die entsprechenden Unterredungen stattzufinden pflegen, und hat den Befehl erhalten, sich unversehens in die Provinz Britannien aufzumachen.

Im Büro halten sich drei hohe Steuerbeamte auf, der Unterpräfekt des kaiserlichen Kurierdienstes und ein Freigelassener aus dem Palast, in dem der Tribun sofort einen der obersten Hofbeamten Cäsars erkennt.

Einer der Steuerbeamten ergreift als erster das Wort.

Er gibt einen knappen Bericht über den letzten Aufstand in Britannien, einer Angelegenheit, von der der Tribun mehr als jeder Steuereintreiber versteht, und das nicht nur, weil diese Dinge zu seinem Beruf gehören, sondern weil er in Britannien gedient hat, was – wie er vermutet – wohl auch der Grund dafür ist, daß er jetzt auf die Insel und nicht nach Hiersolyma (Jerusalem) abkommandiert wurde, wo es natürlich wie überall ebenfalls Schwierigkeiten gibt.

Der Beamte schließt: »Tribun, es läuft auf folgendes hinaus: Nach den Depeschen des verstorbenen Decianus Catus, des Obersteuereinnehmers der Provinz, haben wir den ersten wahren Situationsbericht von dem ehrenwerten Statthalter Suetonius Paulinus erhalten.«

Das ist gut, denkt der Tribun. Cäsars Gerechtigkeit hatte aus Decianus den ›verstorbenen‹, aus Suetonius den ›ehrenwerten‹ gemacht, und so sollte es auch sein.

»Zu diesem Zeitpunkt war die Militärsiedlung von Camulodunum (Colchester) zerstört worden...«

»Und eine gesamte Schlachtlinie der Neunten Legion«, wirft der zweite Beamte, der mit den Kaninchenzähnen, ein. »Drei reguläre Kohorten der Linie... einfach ausgelöscht!«

Er sagt das, als handle es sich um einen Eintrag auf der falschen Seite der Bilanz. Was es für ihn wohl auch bedeutet, denkt der Tribun bitter. Das beste Fußvolk der Welt ist für einen Beamten eben sehr teuer.

»Sie sind auf dem Marsch durch bewaldetes Gebiet in einen Hinterhalt geraten«, ergänzt der mit den vorstehenden Schneidezähnen. »Das war schon immer, auch unter Varus, der schwache Punkt unserer Legionen. Heute ist es noch genauso.«

Aha, denkt der Tribun. Unser Kaninchengebiß ist also ein Sandkastenstratege. Und der einzige ›Wald‹, den der Bursche je gesehen haben dürfte, ist der Garten des Lucullus.

Der Unterpräfekt, der in Germanien gedient hatte, hat wenigstens soviel Anstand, betreten dreinzublicken. Der Tribun, der in Britannien gedient hatte und der weiß, daß diese Hölle kaltes, vor Nässe triefendes, unwegsames Unterholz ohne Anfang und Ende ist, lächelt lediglich nichtssagend und bittet, den Bericht des Statthalters einsehen zu dürfen.

Er ist kurz und bündig.

Obwohl der Lagebericht von jenem ehrenwerten Statthalter persönlich stammt, der eine Woche später den größten Sieg dieser Epoche über ein britannisches Heer erringt, das seiner Streitmacht um das Einundzwanzigfache überlegen war, vermittelt er unweigerlich den Eindruck von römischer Niederlage, Tod und Verderben.

Decianus Catus, Obersteuereinnehmer von Britannien, war aus der Provinz geflohen. Die Zwanzigste Legion hatte die Befehle verweigert, war dem Statthalter nicht zu Hilfe geeilt, und die Zweite Legion lag zu weit entfernt. Die Neunte Legion, oder das, was von ihr übrig war, war in ihren Stellungen eingeschlossen. Diese Situation zwang den Statthalter, Londinium und Verulamium (Saint Albans) zu verlassen, womit diese Städte schutzlos geworden waren, und sich zu seiner Armee im Nordwesten zurückzuziehen – eine müde Legion mit ihren Hilfstruppen.

Sollten Königin Boudicca und ihre wilden Horden ihn auf offener Straße gefangennehmen oder sein Heer in einen Hinterhalt locken, bevor sie das selbstgewählte Schlachtfeld erreichen konnten, oder falls sie zehn Tage warteten, bis seine Vorräte verbraucht waren, dann ist die Macht Roms in Britannien am Ende. Diesen Tatsachen muß man ins Auge sehen, und es ist ratsam, daß Cäsar entsprechende Vorbereitungen traf.

Zeigten sich die Götter Roms allerdings gnädig, dann hatte der Statthalter Roms in Britannien die Ehre, Cäsar einen großen Sieg zu Füßen zu legen.

Der Statthalter schrieb also von Sieg und rechnete mit einer Niederlage – wie ein Spieler, der gegen die Venus antrat. Es war die Botschaft eines Toten, wobei die Gewißheit die Hoffnung zu überschatten schien.

»Ist alles klar, Tribun?« erkundigt sich der erste Beamte.

Im Raum ist es plötzlich merklich kühler geworden. In seiner Jugend hatte der Tribun gesehen, was die Barbaren mit ihren Gefangenen machten – eine Erfahrung, die den Steuerbeamten und dem Freigelassenen bestimmt nicht beschert worden war, während der Unterpräfekt möglicherweise Bescheid wußte. Und prompt taucht in der Erinnerung jene Szene auf der Lichtung über den steilen Kalkfelsen vor ihm auf, als die britannischen Frauen mit unglaublichem Geschick einen jungen Offizier der Bataver mit Pfählen durchbohrt hatten, der sein enger Freund gewesen war und noch immer gelebt hatte, als ...

Nein! Es ist einem Tribun der Arcani unwürdig, solche Erinnerungen wachzurufen.

Der Tribun nickt.

»Ausgezeichnet.« Der erste Beamte scheint das Nicken als Antwort zu akzeptieren. »Als die Gruppe von Bankiers vom Inhalt der Botschaft erfuhr, und das war übrigens schon eine Stunde nach deren Erhalt geschehen...«

Dem Tribun beginnt es allmählich zu dämmern: einer von Cäsars höchsten Staatsbeamten gehörte zu diesen Spekulanten.

»...haben die betreffenden Herren ihre Anleihen auf dem offenen Finanzmarkt angeboten. Ebenso wie ihre Rechte auf Tribut aus der Provinz Britannien.«

»Zu Schleuderpreisen?« wirft der Tribun mit absichtlichem Spott ein.

»Nicht sofort. Vergiß nicht, Tribun, Decianus Catus hat den Aufruhr in Britannien in seinen Berichten immer als bedeutungslos abgetan, während er stets die Anzahl der während des Feldzuges des Statthalters im Nordwesten gemachten Sklaven und die Goldminen in den eroberten Gebieten besonders betont hat. Die Bankiers haben daher zuerst den Eindruck erweckt, sie kämen mit neuen Beteiligungsmöglichkeiten und Geldanlageobjekten auf den Markt.«

Der Tribun nickt erneut pflichtschuldig. Das Spekulantentum auf höchster Ebene unterscheidet sich kaum von einfachen Pferdewetten: Die höchsten Gewinne erzielt man in beiden Fällen mit Außenseitern.

Trotzdem scheint dieses Geschäft andere Vorzeichen zu haben ... der Unterpräfekt macht nämlich wirklich einen sehr betretenen Eindruck.

»Hat jemand den Mund nicht halten können?«

Selbst der erste Beamte wirkt mittlerweile vergrämt. Kaiserliche Kuriere, die es mit der Schweigepflicht nicht so genau nehmen, reden nur ein- oder höchstens zweimal, wobei das zweite Mal dann stattfindet, wenn sie zugeben, aus der Schule geplaudert zu haben.

»Und dann sind die Preise auf dem Anleihenmarkt gefallen... und Cotta hat zu kaufen begonnen?« Die Sache fängt dem Tribun an, Spaß zu machen, und seine Sympathie für Gn. Alfrenius Cotta wächst... hatte dieser doch ganz offenbar die offiziell Begünstigten geschlagen.

»Nicht unmittelbar... Der Markt war nervös... Decianus Catus hatte einen schlechten Ruf...«

»Es hat überhaupt niemand gekauft.« Es ist diesmal der dritte Beamte, der das Wort ergreift, ein Mann mit einem Schafsgesicht, der bislang geschwiegen hatte. »Investitionen in Britannien sind nie sonderlich attraktiv gewesen. Die Sklaven sind schlecht, und der Abbau der Rohstoffe ist kostspielig, sofern er nicht von den Einheimischen kontrolliert wird. Außerdem haben sich die britannischen Aristokraten bei der Rückzahlung von Krediten als äußerst unzuverlässig erwiesen. Wir hätten die Finger von der Insel lassen sollen.«

Der Mann mit den vorstehenden Schneidezähnen kommentiert das mit einem Nicken. »Also haben die Bankiers die Preise gesenkt. Und dann sind Einzelheiten aus diesem Bericht durchgesickert...«

»Die Preise auf dem Finanzmarkt sanken ins Bodenlose«, bemerkt das Schafsgesicht, »und zwar am Nachmittag des zweiten Tages.«

»Und dann hat Cotta gekauft?«

»Nein«, widersprach das Schafsgesicht. »Dann hat er angefangen, sich Geld zu leihen.«

»Zu *leihen*?«

»Ja, Tribun. Du mußt wissen und verstehen, daß dieser Cotta im Bankenwesen keine große Nummer ist... war. Er ist im Export-Import tätig... Massilia(Marseilles)–Ostia. Dazu kommen noch ein paar Geschäftsverbindungen, die die großen Unternehmen ausgelassen haben... davon nur vier nach Britannien.«

»Cottas Agent in Britannien ist sein Neffe... der Sohn seiner Schwester«, ergänzt das Kaninchengebiß eilfertig. »Der junge Mann bekleidet... bekleidete einen kleinen Posten beim Procurator Decianus Catus...«

»Beim verstorbenen Decianus Catus«, verbessert das Schafsgesicht. »Aber der springende Punkt ist, daß Cotta überhaupt nicht flüssig war. Er mußte Geld leihen, um die Anleihen kaufen zu können.«

»Mit ›leihen‹ war's nicht mal getan«, wirft das Kaninchengesicht ein. »Er hat seine sämtlichen Außenstände eingetrieben, seinen gesamten Besitz verpfändet. Und darüber hinaus hat er noch zweitrangige Hypotheken bestellt. Er hat seine Villa in Pänestina verkauft...«

»Mit Verlust«, bemerkt der erste Beamte.

»Mit Verlust. Und dann hat er auf den Besitz seiner Schwester eine Hypothek aufgenommen«, fährt das Kaninchengebiß fort. »Erst danach hat er sich auf dem freien Markt Geld geliehen.«

Das Schafsgesicht macht eine heftige Handbewegung. »Er hat jede Vernunft und Vorsicht außer acht gelassen... er hat sogar Risikoladungen im Transitverkehr beliehen. Dabei steht er in Ostia in dem Ruf, gesunden Menschenverstand zu besitzen. Er gilt als gerissener Geschäftsmann, der jedoch immer auf dem Boden der Tatsachen bleibt...«

»Das hat ihn in Ostia natürlich durchaus kreditwürdig gemacht«, sagt das Kaninchengebiß mit einem Nicken.

»Sogar bei der Gruppe von Spekulanten hat er sich Geld geliehen.« Das Schafsgesicht lächelt. »Mit geringer Laufzeit und zu einem hohen Zinssatz... Die Herren haben ihn für einen dämlichen Mann vom Lande gehalten... und jetzt sind sie die Dummen.«

»Gekauft hat er allerdings nicht in seinem Namen, sondern durch Mittelsmänner, andere Männer vom Lande.«

»Und er hat alles genommen, dessen er habhaft werden konnte, einschließlich des Palastes, den wir für diesen Marionettenkönig im Süden bauen«, erklärt das Schafsgesicht. »Am achten Tag waren sämtliche Kaufverträge unterzeichnet, mit dem Siegel versehen und übergeben. Zusammen übrigens mit gut einem Dutzend Verträgen von anderen Interessengruppen.«

Die herrschende Klasse hat also einen wahren Ausverkauf veranstaltet.

»Mittlerweile gehört Cotta die halbe Provinz«, wirft das Kaninchengebiß ein. »Hätte er einen Sohn, müßte er ihn ›Britannicus‹ nennen.«

»Aber er hat keinen Sohn. Nur diesen Neffen, den er nach Britannien verbannt hat, weil sie einander zutiefst mißtrauen«, murmelt der erste Beamte. »Tiberius Alfrenius... Britannicus...«

Das alles läßt nur eine... und nur eine einzige Schlußfolgerung zu. Die Herren haben sich redlich Mühe gegeben, daran keinen Zweifel aufkommen zu lassen.

»Er... wußte es also«, bemerkt der Tribun.

»Er wußte es«, bekräftigt das Schafsgesicht mit einem Nikken. »Und er wußte es, *bevor wir es wußten.*«

Der Tribun kommt zu dem Schluß, daß das Schafsgesicht der Ranghöchste unter den drei Beamten ist. Es ärgert ihn, daß er das nicht schon früher erkannt hat.

Er will weitere Fehler vermeiden.

Der Dienstbrief, den er gesehen hat, ist sicher nicht die letzte Nachricht aus Britannien gewesen... es muß noch eine geben..

Königin Boudicca tot – ihr Heer vernichtend geschlagen – die Provinz gerettet!

Der ehrenwerte Statthalter Gaius Suetonius Paulinus müßte eine solche Nachricht ebenso schnell abgesandt haben wie die vorausgegangene. Möglicherweise dürfte sie ein bis zwei Tage länger gebraucht haben, da sie ja vom Schlachtfeld aus geschickt worden wäre, aber sie wäre auf derselben Route und mit dem Siegel des Statthalters natürlich vorrangig befördert worden... also per Boten, mit einer schnellen Galeere und wieder per Boten; auf jeder Etappe mit den besten Männern auf den schnellsten Pferden und auf kaiserlichen Straßen. Seit der vernichtenden Niederlage von Varus in Germanien fünfzig Jahre zuvor waren schlechte Nachrichten stets zuerst zu Cäsar gebracht und erst danach an den Senat übermittelt worden. Selbst gute Nachrichten, die sich meist in Windeseile verbreiten, sollten zuerst zum Palatin gebracht werden.

Falls man sich daran nicht gehalten hat, müßte der Unterpräfekt eigentlich etwas betretener dreinschauen...

Aber das ist nicht der Fall. Und Cäsars Freigelassener hat auch kein Wort mehr gesagt; vermutlich hat er den Auftrag, lediglich zuzuhören und anschließend Bericht zu erstatten.

Also hält der Tribun lieber den Mund. Und ein oder zwei

Augenblicke lang hat offenbar niemand den Wunsch, etwas zu sagen.

»Das also ist der Kern unseres Problems«, erklärt schließlich das Schafsgesicht.

Natürlich das Schafsgesicht, denkt der Tribun. »Er wußte es... obwohl er es nicht gewußt haben *konnte.*«

Das Kaninchengesicht macht heimlich eine Geste zur Abwehr des Bösen.

Dann ergreift der erste Beamte das Wort. »Es ist der Zeitfaktor, Tribun... Kein Mann bei Verstand hätte riskiert, was Alfrenius Cotta riskiert hat, es sei denn, er konnte seiner Sache sehr sicher sein. Immerhin hat er sich, seine Freiheit, sein Leben, seine gesamte Familie verpfändet...«

»Und zwar dreifach«, konkretisiert das Kaninchengebiß.

»Aber der Mann ist bei Verstand«, erklärt das Schafsgesicht. »Und doch hat er sich Geld beschafft, *bevor* Boudicca besiegt war. Und er hat zu kaufen begonnen, *bevor* die Siegesnachricht über den Kanal Gallien erreicht hat...«

»Das läßt also nur zwei Erklärungen zu«, wirft das Kaninchengebiß ein. »Erstens... Hexerei der schlimmsten Art.«

»Hmmm, eigentlich handelt es sich um das Wissen um ein zukünftiges Ereignis«, verbessert der erste Beamte. »Also um übernatürliche Kräfte.«

»Davon hat es Fälle gegeben, durchaus anerkannte Fälle...« Das Schafsgesicht bringt das Kaninchengebiß mit einem scharfen Blick zum Schweigen.

»Anerkannt vielleicht, aber erst im nachhinein.« Das Schafsgesicht betrachtet den Tribun ausdruckslos. »Aber es ist noch nie vorgekommen, daß die unsterblichen Götter einem kleinen Geschäftsmann geholfen haben, ein ungeheures Vermögen zu verdienen, während Cäsar persönlich dem Gott des Sieges opfert, um ein göttliches Zeichen zu erhalten.«

Das Kaninchengesicht ist eingeschüchtert. Cäsars Freigelassener zeigt erste Anzeichen von Interesse.

Das Schafsgesicht läßt den Tribun nicht aus den Augen. »Die Nachricht des ehrenwerten Statthalters deutete zweifellos auf eine verheerende Niederlage hin. Aber irgend jemand muß es besser gewußt haben – und mehr noch, er muß es gut genug gewußt haben, um Gnaeus Alfrenius Cotta zu überzeugen, der bestimmt kein Mann ist, der sich zum Narren halten läßt, Tribun.«

Niemand widerspricht ihm.

»Und ich... ich glaube zu wissen, wer dieser ›Jemand‹ war, Tribun... denn es gibt nur eine Person, die es gewußt haben konnte.«

Der Tribun beginnt zu begreifen, welche Aufgabe man ihm zugedacht hatte.

»Ich muß nur wissen, *wie*...«

Der dümmlich unschuldige Ausdruck des Unterpräfekten bestätigt die Vermutung, daß sein Postdienst nicht ein zweites Mal versagt hat.

»...und ich will es schnell wissen.« Die Stimme des Schafsgesichts hat einen Klang wie Marmor. »Du verläßt Rom noch heute, Tribun. Du überbringst dem ehrenwerten Statthalter die offiziellen Glückwünsche Cäsars...«

II. In der Provinz

Britannien bietet im Frühherbst ein anderes Bild als Germanien. In wenigen Wochen schon werden die Bäume und Sträucher kahl und sämtliche Abflüsse von Laub verstopft sein. Doch jetzt ist die Landschaft ein bizarres Gemälde aus flammendem Rot, Gelb und Gold, wo in Germanien endloses Dunkelgrün vorherrscht.

Das sind die Farben, an die sich der Tribun erinnert... damals als die Welt noch jung und er ein untergeordneter Offizier bei den Hilfstruppen gewesen war.

Jetzt ist es auf eine neue Art anders – mit den frischen Wunden der hastig ausgehobenen Gräben und dem frischen Holz der neuen Palisaden, die jede Station auf der Straße nach Londinium umgeben; die Stadt selbst präsentiert sich wie ein ausgebranntes Schreckgespenst; es stinkt nach feuchter Asche und Verwesung; er verbringt nur eine Nacht dort im Zelt und ist dankbar, seine Befehle strikt befolgen und weiterreisen zu können.

Nur, was auf dem Weg in das Kriegslager des ehrenwerten Statthalters folgt, ist noch schlimmer, selbst wenn der Anblick der überfüllten Gefangenenlager eine gewisse Befriedigung vermittelt, in welchen die Frauen und Kinder eingesperrt sind.

Männliche erwachsene Gefangene gibt es in diesen vorgeschobenen Linien nicht; die gallische Reiterei bildet die Speerspitze der Nachhut, die reinen Tisch macht, und diese Gallier sind Kopfjäger aus Neigung und religiöser Überzeugung und verdienen auf diese Weise ihr Handgeld; also ist es eine gewisse Befriedigung, obwohl Tod und Verwüstung stets deprimierend sind, auch wenn sie eine gerechte Strafe für den Schuldigen darstellen – und schuldig sind diese Eingeborenen allemal.

Noch am selben Abend speist er mit dem Statthalter persönlich, wie es ihm in seinem Rang als Prätorianer und seinem Status als Cäsars persönlichem Boten zukommt, der die Grüße des römischen Senats und des römischen Volkes überbringt.

Was der Statthalter allerdings nicht weiß, ist, daß der Tribun auch eine politische Mission hat: Cäsar hat keine Verwendung für Statthalter, die Siege erringen, die die Phantasie des römischen Senats und des römischen Volkes beflügeln; solche Männer müssen auf ein gesundes Normalmaß zurückgestutzt werden – das hat das Schafsgesicht in kleiner Runde unter dem zustimmenden Nicken des Freigelassenen nur allzu deutlich zu verstehen gegeben.

Das wiederum macht die Aufgabe in den Augen des Tribuns verachtenswert und schwierig; verachtenswert insofern, als er eigentlich voller Bewunderung für den brillanten Sieg ist, den der ehrenwerte Statthalter errungen hat; und schwierig...

Nun schwierig, weil es nicht die Spur eines Beweises dafür gibt, daß der ehrenwerte Statthalter in Britannien gemeinsam mit Tiberius Alfrenius Martinus und Gnaeus Alfrenius Cotta einen gigantischen Betrug gegen Cäsar und Rom inszeniert hatte...

Schwierig auch, weil es an den Daten nichts zu rütteln gibt... der ehrenwerte Statthalter war eben noch in Kämpfe verwickelt, als Gn. Alfrenius begonnen hat, sich Geld zu leihen...

Schwierig allemal, weil, als der ehrenwerte Statthalter Londinium verließ, niemand, aber auch gar *niemand* wissen konnte, in welcher Richtung Königin Boudicca aufbrechen würde, wenn es in diesem Punkt überhaupt Mutmaßungen gegeben hat, dann war man eher übereinstimmend der Meinung gewesen, daß Königin Boudicca zuerst versuchen würde, den Statthalter mit seiner Legion und danach die Stadt zu vernichten, weshalb es durchaus vernünftig schien, daß zehntausend römische Siedler und Angehörige befreundeter Stämme dort blieben und auf ein positives Echo hofften. Statt dessen mußten sie in der Folge auf wenig angenehme Weise ihr Leben lassen, als Boudicca mit ihrem Heer die altersschwachen Befestigungen der Stadt stürmte, bevor sie dem Statthalter nachsetzte.

Die Aufgabe ist so schwierig, daß der Tribun fast geneigt ist, dem Kaninchengebiß mit seiner Vermutung bezüglich der ›Hexerei‹ recht zu geben.

Aber eben nur ›fast‹ und nicht ganz. Denn Tiberius Alfrenius Martinus, Neffe von Gnaeus Alfrenius Cotta, und ehemaliger Steuereintreiber unter dem verstorbenen, kaum betrauerten Procurator Decianus Catus, ist mittlerweile zum Sekretär für militärische Angelegenheiten des ehrenwerten Statthalters avanciert und genießt sein volles Vertrauen. Angesichts der Verhaltensweise des ehemaligen Procurators ist das eine höchst merkwürdige Beförderung, die eigentlich gar keinen Sinn ergibt und daher der genauen Prüfung bedarf.

Der Tribun sitzt also mit dem ehrenwerten Statthalter zu Tisch, und die letzten Speisen werden abgetragen; die zwanglosen Tischgespräche, obwohl sie noch fortgeführt werden, sind eigentlich beendet.

»War das nicht der junge Alfrenius Martinus, den ich bei deiner Lagebesprechung heute nachmittag Notizen nehmen gesehen habe, Prätor?« erkundigt sich der Tribun im Plauderton.

»Du meinst meinen Sekretär?« Der ehrenwerte Statthalter ist vom Wein und dem günstigen Ausgang der Zählungen des Tages milde gestimmt. »Kennst du ihn?«

»Ich kenne seinen Onkel flüchtig... einer der kommenden Männer in der Hauptstadt... Aber ich dachte bisher, der junge Martinus habe zu Catus' Leuten gehört.«

Die Miene des Statthalters verdüstert sich vorübergehend, doch dann lächelt er schnell; zweifellos hat er zuerst an seinen ehemaligen Obersteuereinnehmer gedacht, dessen himmelschreiende Dummheit den Aufstand der britischen Stämme erst bewirkt hatte, und dann wohl an das Schicksal sowohl des Procurators als auch der Aufständischen.

»Ja, das hat er. Aber...«

Der Tribun hört zu, während der Statthalter weinselig erzählt:

Es geschah, gleich nachdem die Nachricht abgesandt worden war, daß sich die Zwanzigste Legion nicht in Marsch gesetzt hatte. Was mittlerweile ein ernstzunehmender Aufruhr unter den einheimischen Stämmen geworden war, hatte sich zu etwas noch Schlimmerem ausgewachsen... eine Katastrophe von den Ausmaßen der Varus-Niederlage lag in der Luft.

Der Statthalter war verzweifelt und am Ende; die schlechte Nachricht hatte eine niederschmetternde Wirkung gehabt; und – was noch bedenklicher war – er wußte, daß er allmählich den Mut verlor. Außerdem wartete die letzte der Galeeren darauf, ablegen zu können, und er mußte eine Nachricht abschicken, von der er glaubte, sie sei die letzte seiner Laufbahn, hatte jedoch niemanden, der diese für ihn niederschreiben konnte.

»Wer will mich sprechen?« hatte er in diesem Augenblick den Feldwebel seiner Leibgarde mürrisch gefragt.

»Alfrenius Martinus... Tiberius Alfrenius Martinus, Herr.«

Der Statthalter wollte niemanden sehen, und der Name sagte ihm nichts. Doch er wußte um die ansteckende Wirkung der Angst, und daß er sich nicht gehenlassen durfte.

»Also gut... laß ihn herein.«

Er wandte sich ab und wartete, bis sich der Leibgardist wieder entfernt hatte.

Dieser Tiberius Soundso war jung, klein und ziemlich dick. Er trug eine schlechtsitzende Rüstung, und von ihm ging bereits der Geruch jener ansteckenden Krankheit aus, die Angst hieß.

»Ja?«

Martinus grüßte verlegen und unbeholfen und begann zu erklären, was, aber nicht wer er eigentlich war. Das entpuppte sich als Fehler, denn kaum fiel der Name des Procurators, unterbrach der Statthalter ihn unwirsch.

»Du kommst zu spät. Dein Dienstherr hat sich bereits aus dem Staub gemacht... und ich denke nicht im Traum daran, dir noch einen Platz in der Postgaleere zu verschaffen. Raus hier!« Die Tatsache, daß dem Statthalter dieses Todesurteil keine besondere Genugtuung verschaffte, war ein deutliches Anzeichen für seine Resignation.

Doch Martinus ließ sich nicht beirren. »Ich komme nicht zu spät. Ich habe beschlossen, zu bleiben, Prätor.«

»So?« Er hörte kaum hin. »Das ist ziemlich dumm von dir.«

Martinus senkte den Blick, als sei er verlegen. »Mein Vater war Soldat, und auch sein Vater, mein Großvater, war Soldat.« Er blinzelte. »Es... es wäre unehrenhaft gewesen.«

Der Statthalter registrierte, daß ihn tatsächlich noch etwas überraschen konnte. Der Bursche schwitzte vor Angst, und er wirkte in seiner Rüstung äußerst lächerlich. Trotzdem hatte er sich entschlossen, freiwillig mit seinen Befehlshabern zu sterben... ein verdammter Steuereintreiber, und das war überhaupt nicht lächerlich.

»Ich weiß, ich bin kein Soldat.« Martinus blinzelte erneut. »Aber in der Offiziersmesse wurde erzählt, daß... daß dein Schreiber davongelaufen ist. Ich dachte deshalb...« Er hielt abrupt inne und schien plötzlich all seinen Mut zusammenzunehmen. »Sie haben gesagt, wenn das Heer überhaupt eine Chance haben soll, dann müsse Boudicca zuerst Londinium angreifen. Aber sie glauben nicht, daß sie das tun wird... Allerdings meine ich, daß es eine Möglichkeit gibt, Herr...«

Der Statthalter nickte sprachlos. Wie auch immer, es wäre eine Dummheit, eine große Dummheit. Doch er durfte nicht lachen, denn die ›Ehre‹ dieses Mannes war gleich einer Blüte auf dem Misthaufen... und Angst hatten sie beide. Also durfte er nicht lachen.

»Herr, wenn Boudicca glaubt, daß der Procurator noch hier in der Stadt ist – es heißt, er habe sie unter ihrem eigenen Dach auspeitschen lassen –, wenn sie glaubt, daß er noch hier ist...«

Den Statthalter beschlich schmerzliche Enttäuschung. Trotz allem... entgegen jedem Instinkt und klugen Menschenverstand hatte er auf ein Wunder gehofft.

»Martinus«, begann er betont scharf. »Martinus, diese

Stadt, dieses Gemeinwesen ist voller Spione. Der Bastard ist verduftet, und die Männer haben gesehen, wie er geflohen ist.«

»Ja, Herr.« Martinus nickte. »Aber nicht alle, und diejenigen, die ihn nicht gesehen haben, werden berichten, daß er noch da ist. Wenn wir ihnen eine Grundlage für einen solchen Bericht geben, wenn wir ihnen Stoff für Gerüchte liefern... Wir könnten behaupten, die Galeere sei in der Flußmündung gesunken, und du hättest ihn zurückbringen lassen. Wir könnten vor seinem Haus Wachen aufstellen... nur ein Gerücht, Herr, das könnte genügen, um ihr diesen Entschluß abzutrotzen. Allein die Chance, ihn lebend zu erwischen...«

Schlicht lächerlich. Boudicca wußte nur zu gut, daß Catus geflohen war; und selbst wenn sie es nicht wußte, dann lag es vom strategischen Standpunkt aus klar auf der Hand, daß sie das römische Heer zuerst angreifen mußte.

Und doch...

»Allein die Chance, Herr.« Martinus entblößte die Zähne. »Wenn sie ihn in die Finger bekäme...«

Der kleine Kerl hatte etwas Überzeugendes an sich.

Plötzlich hatte der Statthalter den Eindruck, daß sich in die Angst auch Wut mischte.

Das also war es: wenn Tiberius Soundso Martinus den Procurator in diesem Augenblick in die Finger bekäme, dann würde er ebenso langsam sterben wie bei Boudicca, der Königin der Ikener.

Es war ihm nie in den Sinn gekommen, persönliche Rachegefühle in seine Überlegungen einzubeziehen; daß sie sogar eine bessere Strategie überwiegen könnten, war ihm unverständlich. Doch wenn die Vorstellung eines gepfählten Decianus Catus einen Feigling von einem Steuereintreiber schon in Ekstase versetzen konnte, wieviel mehr mochte ein lanciertes Gerücht Boudiccas Urteilsvermögen trüben?

Er klammerte sich an einen Strohhalm, und das war alles, was ihnen geblieben war.

Er brachte den armen Martinus mit seinen Blicken völlig aus dem Gleichgewicht, doch er fühlte sich bereits besser.

»Ich muß einen Dienstbrief abschicken. Kannst du ein Diktat aufnehmen?«

»Herr?« Martinus straffte die Schultern. »Selbstverständlich, Herr.«

»Danach... danach sehen wir mal, was sich mit deinen Gerüchten machen läßt.« Absurderweise fühlte sich der Statthalter wirklich besser. Der Gedanke, Martinus sein rostiges Schwert gegen einen großen, haarigen Britannen schwingen zu sehen, mochte lächerlich sein, aber er hatte siebentausend Männer Fußvolk auf der Straße vor der dem Niedergang geweihten Stadt – römisches Fußvolk, die wahre Macht Roms, Soldaten, die wußten, wie man das Schwert einsetzte. Mittlerweile konnte Martinus die Feder schwingen, um Decianus Catus den Todesstreich zu versetzen, wie auch immer die Sache ausgehen mochte.

Der kleine Mann versuchte etwas zu sagen.

»Ja?«

»Ich überlege gerade, Herr... Dürfte ich zusammen mit deiner Nachricht einen, nein, zwei private Briefe abschicken?« Er fuhr mit der Hand in den Brustpanzer seiner Rüstung. »Ich habe sie hier, Herr.«

»Was für Briefe?« Der Statthalter merkte, daß er der Bitte praktisch schon stattgegeben hatte.

»An meine Mutter, Herr. Ich bin ihr einziger Sohn. Und an meinen Onkel, Herr. Meine Mutter ist Witwe.«

Der Statthalter las die beiden Briefe, und währenddessen fiel der letzte Rest von Müdigkeit und Resignation von ihm ab.

Das hier – auch das war das ›wahre Rom‹ – in diesem armseligen kleinen Schreiberling wurde es ebenso sichtbar wie in seinem unschlagbaren Fußvolk.

Und er las Worte, die er nie vergessen würde.

»Gut, schicke sie mit.« Er gab die Briefe zurück. »Aber jetzt...«

Zuerst wollten sie darangehen, dieses verdammte Weib Boudicca zu schlagen.

Und genau das, sagt der ehrenwerte Statthalter, hatten sie dann auch getan.

III. Das Hauptquartier an vorderster Front

Zwei Tage später folgt der Tribun noch immer dem ehrenwerten Statthalter in die neu befriedeten, völlig verwüsteten Stammesgebiete der Ikener. Das verdammte Weib war nur noch eine böse Erinnerung. Es regnet. Auch das war etwas, an das sich der Tribun aus dem Jahr 96 v. Chr. noch gut erinnert – der Regen. Jenseits der Knüppeldämme des Lagers ist der Boden tief und morastig.

Das Zelt von Tiberius Alfrenius Martinus allerdings mit seinem Kohlebecken und dem Bretterfußboden ist gemütlich und warm, wie es der Behausung eines Obersekretärs des Statthalters zukommt, den der Prätor für die Dauer des Kriegszustandes zum stellvertretenden Befehlshaber ernannt hatte.

Der Obersekretär und stellvertretende Befehlshaber sitzt über dem morgigen Tagesbefehl, als der Tribun das Zelt betritt.

Der Obersekretär und stellvertretende Befehlshaber trägt noch Rüstung, was dem im Lager kursierenden Witz Nachdruck verleiht, Martinus sei so stolz auf seine Rüstung, daß er sogar darin schlafe. Sie sitzt mittlerweile auch besser, bemerkt der Tribun insgeheim.

Martinus blickt zu seinem Besucher auf, und es ist ihm anzusehen, daß ihm die Störung nicht angenehm ist. Von dem verängstigten Steuerbeamten von einst trennt ihn eine Welt – ein großer Sieg – die Gunst des Statthalters und ein privates Vermögen.

Die Schocktherapie scheint daher angebracht. Der Tribun wirft den kaiserlichen Haftbefehl mit dem Siegel auf den Tisch, das Leben und Tod bedeutet.

Zu dem Sklaven an Martini' Seite sagt er: »Geh raus!«

Der Sklave und vielleicht auch Martinus haben das Siegel nie zuvor gesehen. Letzterer jedoch muß davon gehört haben.

»Laß uns allein!« befiehlt er dem Sklaven. Dann: »Kann ich irgendwie helfen, Tribun?«

»Du kannst. Und du wirst.« Der Tribun sieht sich nach einer Sitzgelegenheit um. Er entdeckt einen Hocker mit einem Stapel Schriftstücke: der Bericht des Quartiermeisters, Musterungsrollen, die Liste der Gefallenen, der Bericht über die letzte Zählung. Er stößt sie zu Boden und setzt sich Martinus gegenüber.

»Ich weiß zwar nicht, wie du es angestellt hast, Tiberius Alfrenius Martinus, aber ich weiß, daß du es irgendwie fertiggebracht hast.«

Martinus schwieg.

»Und ich weiß, daß du ein Lügner bist.«

Von Martinus kam noch immer nichts.

»Und zwar ein dreister Lügner. Zum Beispiel bist du nicht der einzige Sohn. Und dein Vater war Buchhalter. Und dessen Vater war ebenfalls Buchhalter. Du hast ein langes Lügenkonto, Tiberius Alfrenius Martinus.«

Martinus tut dies mit einem Lächeln ab. Es scheint ihm nicht mehr von Bedeutung zu sein.

»Na gut.« Der Hocker ist unbequem. »Dann erzähle ich dir eine Geschichte, Tiberius Alfrenius Martinus...

Es war einmal ein Steuerbeamter, ein kleiner Steuerbeamter, den man an die Südküste Britanniens schickte, um die Anteile des Procurators an den Bestechungsgeldern der Bauunternehmen abzukassieren. Doch als er nach Londinium zurückkehrte – nach beschwerlicher Reise übrigens –, stellte er fest, daß sich die einheimischen Stämme erhoben hatten...«

Martinus rutscht plötzlich auf seinem Stuhl hin und her, als wolle er etwas sagen.

»Nein! Verdirb mir meine Geschichte nicht!« wehrt der Tribun ab. »Dieser sehr junge Steuerbeamte stellt außerdem fest, daß sein Dienstherr, der Procurator, bereits die Flucht ergriffen hat. Und es liegt nur noch eine Galeere im Hafen, als er versucht, sich mit Bestechung einen Platz auf dem Schiff zu verschaffen; mit dem Gold von der Südküste, wird er mit dem Schwert daran gehindert. Denn die letzte Galeere ist der letzten Nachricht des Statthalters vorbehalten. Und niemand, am wenigsten ein verdammter Steuereintreiber, wird an Bord gelassen.

Also wendet sich der junge Mann, unser kleines Rädchen im zerbrochenen Räderwerk des Decianus Catus, also er wendet sich in seiner Verzweiflung an das Hauptquartier des Statthalters, um dort zu versuchen, sich mit Gold Sicherheit zu erkaufen.

Doch er scheitert. Denn Gold hat seinen Wert in Londinium verloren. Damit kann man sich keine Koje in der letzten Galeere erkaufen. Und sämtliche Straßen sind mittlerweile gesperrt. Der Statthalter selbst bereitet sich darauf vor, die Stadt zu verlassen und in die fast sichere Niederlage zu marschieren. Vorausgesetzt, daß Boudicca einen klaren Kopf behält und das Richtige tut, wird die Stadt fallen.

Als er sein Gold den Offizieren anbietet, lachen sie ihn nur aus und bieten einen Brustschild dagegen, der ihm zwei Nummern zu groß ist, und ein häßliches Schwert... Nein, leugne nicht, Tiberius Alfrenius Martinus. Ich habe mit ihnen gesprochen und weiß, was geschehen ist!«

Der Stuhl ist eine Marter.

»Aber dann wird die Sache interessant, denn jetzt kommen wir zu den Dingen, von denen ich nichts weiß... du bist zum Statthalter gegangen und hast ihm eine Möglichkeit unterbreitet, wie er Boudicca nach Londinium locken kann, während er das Schlachtfeld für den entscheidenden Kampf auswählte... Sehr gut! Und du hast mit seinem Boten zwei Briefe verschickt, zwei römische Briefe, die das Herz eines römischen Feldherrn am Vorabend der Schlacht tief berührten:

›Mutter – ich schreibe Dir am Vorabend der Schlacht, in der ich ehrenvoll zu kämpfen gedenke, an der Seite meines Feldherrn und Statthalters, dem ehrenwerten Gaius Suetonius Paulinus. Du sollst wissen, daß ich Vaters Andenken nicht beschmutzen werde und daß, sollte ich sterben, mein letzter Gedanke Dir und Rom gilt, der besten aller Mütter.
Dein ergebener Dich liebender Sohn

Tiberius.‹

›Onkel – ich schreibe Dir am Vorabend der Schlacht. Die Zeichen stehen gegen uns. Sollte ich fallen, bitte ich Dich im Andenken an meinen ruhmreichen Vater, Deinen Bruder, der sein Leben ebenfalls für Rom gegeben hat, meine Mutter zu trösten und zu unterstützen.
Dein ergebener Neffe

Tiberius.‹

Das waren Briefe, die sich jenem Feldherrn unvergeßlich eingeprägt haben«, fährt der Tribun fort, der Martinus ohne ein Zeichen der Bewunderung mustert.

»Aber was sich mir eingeprägt hat, ist die Tatsache ... daß du ein gerissener und dreister Lügner bist, Tiberius Alfrenius Martinus. Und ich will wissen, was wirklich in jenen Briefen stand, und zwar nicht in denen, die du dem Statthalter gezeigt hast.«

Der Tribun beugt sich vor und tippt mit dem Finger auf das kaiserliche Siegel, um seiner Forderung Nachdruck zu verleihen. Doch mittlerweile spricht Starrsinn aus Martini' Miene: Mit Hilfe seines militärischen Rangs, der Gunst des Statthalters und seines neu erworbenen Vermögens ist er entschlossen, mit seinem Schicksal zu spielen.

»Verzeih, Tribun ... Ich weiß nichts von irgendwelchen Briefen. Ein paar kleine Ungenauigkeiten, ja – Versprecher, die mir in der Erregung des Augenblicks unterliefen, mehr nicht. Doch der Statthalter wird mir verzeihen, Tribun. Und ich bin mir keines Verbrechens bewußt.« Sein Blick flatterte für den Bruchteil einer Sekunde zum kaiserlichen Siegel. »Keines wie auch immer gearteten Verbrechens, Tribun.«

Keines Verbrechens. Und er schätzt den Statthalter richtig ein: Der ehrenwerte Gaius Suetonius Paulinus würde nie zugeben, sich vor diesem Mann zum Narren gemacht zu haben. Das würde den großen von ihm errungen Sieg in aller Augen herabsetzen.

Martinus weiß das. Er streicht über seinen Brustpanzer, als wolle er damit seine Gewißheit bekräftigen. Nichts kann bewiesen werden, und die Vergangenheit wird begraben werden. Er ist schuldig, aber in Sicherheit.

»Also Tribun?« Die feiste kleine Hand streicht unaufhörlich weiter über den Bronzepanzer, den kein Mann von Bildung und vornehmer Herkunft, zumindest kein Offizier zu dieser Stunde tragen würde.

Plötzlich weiß der Tribun, welchen Weg er einschlagen muß, in welche Richtung diese Hand gezeigt hat.

Unter der Bronzerüstung muß ein ängstliches Herz schlagen, und jeden lehrt jenes Siegel das Fürchten – auch Martinus.

Unter dem Bronzepanzer verbirgt sich ein Mann, der die Gesetze und seine Rechte als Bürger Roms kennt. Aber die militärischen Gesetze dürften ihm nicht so geläufig sein.

Unter dem Bronzepanzer versteckt sich ein Snob, ein Parvenü, ein Emporkömmling ...

Also: Zuckerbrot und Peitsche.

»Keines Verbrechens?« Der Tribun gibt sich selbstsicher. »Aufgrund gewisser Tatsachen glauben wir, daß du direkt Verbindung zu diesem Weib Boudicca aufgenommen hast, ohne Wissen und Erlaubnis deines Befehlshabers, und dabei hast du Einzelheiten ihrer Pläne in Erfahrung gebracht und dementsprechend gehandelt.«

»Nein.«

»Und nach dem Kriegsrecht kann ich dich aufgrund deines militärischen Ranges eigenmächtig auspeitschen und kreuzigen lassen, Tiberius Alfrenius Martinus. Und damit wären die Schwierigkeiten für den Statthalter auf elegante Weise aus dem Weg geräumt.«

»Nein.«

Die Peitsche war kräftig auf jenem weißen Hinterteil gelandet. Der Mann kennt sich im Kriegsrecht nicht aus, doch er weiß, was Geißel und Kreuz aus einem Mann machen können.

»Aber Cäsar ist barmherzig.« Und jetzt zum Zuckerbrot: Der Tribun geht es besonders vorsichtig an. »Und er kann dankbar sein...«

Martinus' Abwehrhaltung beginnt zu bröckeln; zur Angst hatte sich nach diesen Breitseiten Überraschung gesellt.

»Ja, dankbar. Denn du bist es gewesen, der dem Statthalter den Rücken gestärkt hat, Tiberius Alfrenius Martinus. Du bist schließlich derjenige gewesen, der mit seinem Verrat Britannien für uns gerettet hat.«

Jetzt ist nur noch ein Schlag nötig. Der Tribun führt ihn aus.

»Dein Onkel ist ein gewöhnlicher Mensch... mittlerweile zwar reich, aber noch immer gewöhnlich. Der Einfluß deiner Familie ist so groß, daß sie in der Hauptstadt angemessen vertreten sein muß. Und zwar im Ritterstand... und zu gegebener Zeit auch im Senat.« Wie durch ein Wunder verschluckt sich der Tribun an diesen Worten nicht einmal. »Bevor deine Bürgen für die Erhebung in den Ritterstand benannt werden, müssen wir lediglich wissen, wie... wie du wissen konntest, was Boudicca wirklich vorhatte.«

Die Abwehr ist erschüttert. Träume vom Adelsstand sind des Guten zuviel.

»Aber... das heißt... Ich wußte es eigentlich gar nicht...«

Das ist der Augenblick, den Atem anzuhalten und zu lächeln.

»Du hast recht... Ich kam zurück, und er war verschwunden.« Die Wut, die schon der Statthalter bemerkt hatte, flackert in seinen Augen auf. »Er war verschwunden, und sie haben mich ausgelacht. Ich hätte ihn erwürgen können.«

Auch in diesem Punkt hatte der Statthalter also recht gehabt.

»Und ich hätte meinen Onkel mit ihm umbringen können, weil er mich in dieses dreckige Land geschickt hat.«

Offenbar hatte sich der Statthalter jedoch auch getäuscht.

»Dann... dann hat einer der Offiziere behauptet, ich müsse mir keine Sorgen machen, denn in ein paar Tagen seien wir alle entweder Helden oder Tote, wenn wir Glück hätten. Er sagte, der Statthalter bräuchte einen Sekretär, und wenn er mich nehmen würde, dann sicher sofort. Es ginge um Sieg oder Niederlage. ›Aut Caesar, aut nihil – entweder oder.‹

Also habe ich die Briefe geschrieben, und zwar die echten: ›Mutter – tue genau, was ich Dir sage, nicht mehr und nicht weniger. Bringe den Brief in zwei Tagen zum Onkel, Alfrenius Cotta, und nimm all die Ersparnisse mit, die ich in Deiner Obhut zurückgelassen habe. Sag ihm, du habest Brief und Anweisung von einem Fremden erhalten. Verschweige ihm die Verzögerung. Laß mich nicht im Stich. Vernichte dieses Schreiben umgehend.
Dein Dich liebender Sohn

Tiberius.‹

›Onkel – in Eile ein paar Zeilen. Das Heer hat einen großen Sieg errungen. Londinium und die beiden Siedlungen der Veteranen sind zerstört, aber die übrige Provinz ist im großen und ganzen unversehrt geblieben. Ich bin der Sekretär des Statthalters und werde seine Siegesmeldung sechs Tage zurückhalten. Ich schicke diesen Brief mit einem vertrauenswürdigen Boten voraus. Meine Mutter überbringt ihn Dir zusammen mit meinen Ersparnissen, die Du nach Deinem Gutdünken in Britannien investieren sollst. Handle schnell, dann werden wir reich.
Dein ergebener Neffe

Tiberius.‹«

Der Tribun sieht Martinus ungläubig an. »Du hast es gar nicht gewußt?«

Martinus spreizt die Finger. »Niemand konnte es wissen, Tribun. Aber alle, auch alle Offiziere, haben gesagt, daß diese Wilden nur zu einer großen Schlacht fähig sind. Wir konnten nicht entkommen, also mußten sie uns vollständig auslöschen, wie damals Varus und seine Leute. Anderenfalls würden wir sie vernichten.«

»*Aber du hast gar nicht gewußt...*«

»Ich wußte, daß es alles oder nichts sein würde. Und falls ich mich irrte, dann wäre ich nicht mehr auf dieser Welt gewesen, um es zugeben zu müssen. Doch wenn ich recht hatte, dann würde ich reich, Tribun.«

»Deshalb also hast du ihm dein Geld anvertraut?«

Martinus lächelt. »Ich mußte ihn überzeugen, und wenn meinen Onkel etwas überzeugen kann, dann ist das Geld. Ich habe seine Überzeugung mit meinen Ersparnissen gekauft, Tribun. Man könnte das auch als eine Investition bezeichnen.«

»Aber du hättest ihn ebensogut ruinieren können?«

»Ja. Und auch das war Teil meines Einsatzes.« Eine andere, unerfreulichere, Erinnerung läßt sein Lächeln gefrieren. »Er wäre ruiniert, und ich wäre tot gewesen.«

Martinus hält einen Augenblick inne und horcht auf das unaufhörliche Prasseln des Regens auf dem Zeltdach.

»Tot. Aber ich hätte mich an ihm dafür gerächt, daß er mich zum Tod auf dieser entsetzlichen Insel verurteilt hatte, Tribun.«

Das Rauschen des Regens mischt sich mit dem entfernten Lärmen der gallischen Reiter, die betrunken die Eroberungen des Tages feiern.

Martinus' Miene hellt sich auf. »Aber ich habe recht behalten. Und jetzt sind wir beide reich... Und recht zu haben und reich zu sein ist in Rom doch noch kein Verbrechen... oder, Tribun?«

*Aus dem Englischen übertragen
von Christine Frauendorf-Mössel*

Meistermorde

Ruth Rendell

Die Ironie des Hasses

Ich habe Brenda Goring ermordet aus einem Motiv, das ich für höchst ungewöhnlich halte. Sie hat sich zwischen mich und meine Frau gedrängt. Dabei will ich nicht sagen, daß in ihrer Beziehung zueinander etwas Unnormales gewesen wäre. Sie waren nur gute Freundinnen, wiewohl ›nur‹ vielleicht nicht ganz zutrifft, denn immerhin wurde durch diese Beziehung ein ehedem geliebter Gatte mehr und mehr ausgeschlossen. Ich habe sie ermordet, um meine Frau wieder enger an mich zu binden, doch statt dessen habe ich uns erst recht und für immer voneinander getrennt und erwarte nun mit Furcht, mit ohnmächtiger Panik und mit einer Hilflosigkeit, die ich in dieser schrecklichen Weise noch nie kennengelernt habe, den bevorstehenden Prozeß.

Wenn ich die Fakten aufschreibe – und die Ironie, die entsetzliche Ironie, welche sich wie ein bösartig glitzernder Faden durch dieses Gewirr von Fakten zieht –, komme ich vielleicht dazu, die Dinge klarer zu sehen. Vielleicht finde ich einen Weg, um jenen unerbittlichen Mächten genau darzulegen, wie es wirklich war; vielleicht kann ich auf diese Weise erreichen, daß mir wenigstens der Verteidiger glaubt und nicht die Augenbrauen nach oben zieht oder den Kopf schüttelt; zumindest aber könnte ich, wenn Laura und ich schon voneinander getrennt sein müssen, auf diese Weise dafür sorgen, daß sie in dem Augenblick, in dem ich vom Gerichtssaal zu meiner langen Haftstrafe abgeführt werde, begreift, wie die Wahrheit ans Tageslicht gekommen ist und der Gerechtigkeit Genüge getan wurde.

In meiner Einsamkeit, in der ich nichts zu tun habe, als auf den Prozeß zu warten, könnte ich ganze Bände schreiben über den Charakter, das Aussehen und die Neurosen von Brenda Goring. Ich könnte den größten Roman des Hasses aller Zeiten schreiben. Hier, in diesem Zusammenhang hingegen, wäre manches irrelevant, und daher werde ich mich so kurz fassen, wie es mir möglich ist.

Eine Figur bei Shakespeare sagt über eine Frau: ›O hätte ich sie nie gesehen!‹ Und die Antwort lautet: ›Dann hättest du ein wundervolles Werk unbesehen gelassen.‹ Ja, wirklich, hätte ich Brenda doch nie gesehen! Was das wundervolle Werk betrifft, nun, da würde ich wohl auch zustimmen. Einmal ist sie sogar verheiratet gewesen. Um sie für immer loszuwerden, hat ihr der Mann zweifellos eine sehr hohe Apanage bezahlt und zudem noch eine beträchtliche Abfindung, mit der sie das hübsche kleine Haus ein Stück weiter oben in unserer Straße gekauft hat. Der Eindruck, den sie in unserem Dorf machte, war so gewaltig, wie man es bei einem solchen Neuankömmling nur erwarten konnte. Sie war einfach fabelhaft, eine erstaunliche, erfrischende Abwechslung für all die Pensionistenehepaare und zurückhaltenden Wochenendbesucher – mit ihren extravaganten Kleidern, ihrem langen, blonden Haar, ihrem Sportwagen und ihrer Jet-Set-Vergangenheit. Zumindest war sie für eine Weile interessant – bis sie sich als etwas erwies, womit die Leute hier nicht fertig werden konnten.

Schon von Anfang an hängte sie sich an Laura. Verständlich in gewisser Weise, da meine Frau das einzige weibliche Wesen in der Umgebung war, das etwa so alt war wie sie, das ständig dort lebte und das keinen Beruf hatte. Sie hätte sich – das jedenfalls dachte ich zunächst – nicht auf Laura versteift, wenn die Auswahl größer gewesen wäre. In meinen Augen ist meine Frau wunderbar, sie ist alles, was ich mir jemals wünschen konnte, die einzige Frau, die mir in meinem Leben wirklich etwas bedeutet hat, aber ich weiß, daß sie anderen eher scheu und farblos erscheint, eine einfache, stille kleine Hausfrau. Was hatte sie dann diesem extrovertierten, diesem juwelenbesetzten, glitzernden Schmetterling zu bieten? Einen Teil der Antwort gab sie mir selbst.

»Ist dir nicht aufgefallen, wie ihr die Leute aus dem Weg gehen, Darling? Die Goldsmiths haben sie letzte Woche nicht zu ihrer Party eingeladen, und Mary Williamson weigert sich, sie in ihr Festkomitee aufzunehmen.«

»Ich kann nicht behaupten, daß mich das überrascht«, antwortete ich. »So, wie sie redet – und die Dinge, über die sie spricht.«

»Du meinst, ihre Liebesaffären und das alles? Aber, Darling, sie hat in einer Gesellschaft gelebt, wo das alles ganz normal ist. Sie hält es für völlig natürlich, so zu sprechen, und ich finde es offen und ehrlich.«

»Sie lebt aber jetzt nicht mehr in dieser Art von Gesellschaft«, erwiderte ich, »und sie wird sich anpassen müssen, wenn sie will, daß man sie akzeptiert. Hast du die Miene von Isabel Goldsmith beobachtet, als Brenda die Geschichte erzählte, wie sie ein Wochenende weggefahren ist mit einem Kerl, den sie eben erst in einer Bar aufgerissen hatte? Ich wollte sie zurückhalten, wollte verhindern, daß sie über alle Männer berichtet, die ihr Mann bei der Scheidungsverhandlung angeführt hat, aber es ist mir nicht gelungen. Außerdem sagt sie immer: ›Als ich mit Soundso lebte‹ und ›Das war, als ich die Affäre mit diesem Dingsda hatte‹. Du weißt, ältere Leute finden das höchst unschicklich.«

»Aber wir sind ja doch keine älteren Leute«, widersprach Laura, »und ich hoffe, wir bringen etwas mehr Toleranz auf. Du magst sie nicht, oder täusche ich mich?«

Ich bin immer sehr gut mit meiner Frau umgegangen. Als Tochter kluger, dominierender Eltern, neben denen sie klein und unbedeutend erscheinen mußte, wuchs sie mit einem unauslöschlichen Minderwertigkeitsgefühl auf. Sie ist das geborene Opfer, jemand, der die Gegner zum Einschüchtern und Drangsalieren herausfordert, und deshalb habe ich versucht, sie niemals einzuschüchtern oder zu drangsalieren, ihr nach Möglichkeit nicht einmal zu widersprechen. Also sagte ich in dieser Situation nur, daß Brenda in Ordnung sei und daß ich mich darüber freue, wenn sie eine Freundin und Begleiterin in ihrem eigenen Alter gefunden habe, vor allem, da ich sie ja tagsüber allein lassen müsse.

Und wenn Brenda nur tagsüber ihre Freundin und Begleiterin gewesen wäre, hätte ich gar nichts dagegen einzuwenden gehabt, glaube ich. Ich hätte mich daran gewöhnt, daß Laura tagaus, tagein Geschichten aus einer Welt hören mußte, die sie nie kennengelernt hat, Geschichten, bei denen verbotene Liebe und Untreue glorifiziert wurden, und ich hätte mich dennoch sicher gefühlt, in dem Bewußtsein, daß Laura dadurch nicht verdorben werden konnte. Aber es blieb mir nicht erspart, Brenda selbst ertragen zu müssen, wenn ich abends nach meiner langen Heimfahrt vom Arbeitsplatz nach Hause kam. Da streckte und räkelte sie sich dann auf unserem Sofa, in ihren Seidenanzügen oder den langen Röcken mit hohen Stiefeln, kettenrauchend. Oder sie kam mit einer Flasche Wein, gerade in dem Augenblick, in dem wir uns zum Abendessen hingesetzt hatten, und verwickelte uns in eine ihrer Lieblingsdebatten wie ›Ist die Ehe eine zum Aussterben bestimmte Institution?‹ oder ›Braucht man eigentlich noch Eltern?‹ Und um einige ihrer trügerischen Behauptungen zu illustrieren, berichtete sie dann über entsprechende persönliche Erfahrungen von der Art, wie sie unsere älteren Freunde so entrüstet hatten.

Natürlich mußte ich nicht bei ihnen bleiben; unser Haus ist groß, und ich hätte ins Speisezimmer gehen können oder in den Raum, den Laura mein Studio nennt. Aber ich wollte ja nichts weiter als das, was ich früher einmal gehabt hatte, nämlich abends mit meiner Frau allein zu sein. Und es war noch schlimmer, wenn wir von Brenda zum Kaffee oder zu Drinks eingeladen wurden, in ihr luxuriös eingerichtetes und überladenes Cottage, in dem sie uns ihre neuesten Werke zeigte – sie stickte und webte und töpferte und patzte mit Wasserfarben herum – oder die Geschenke, die sie zu bestimmten Gelegenheiten von einem Mark und einem Larry und einem Paul und all den Dutzenden anderer Männer in ihrem Leben bekommen hatte. Wenn ich mich weigerte, zu ihr zu gehen, wurde Laura nervös und deprimiert und war rührend erleichtert, wenn ich nach ein paar herrlichen Abenden ohne Brenda ihr zuliebe vorschlug, doch wieder einmal bei ihr vorbeizuschauen.

Das einzige, was mich aufrechterhielt, war die Gewißheit, daß eine Frau, die beim anderen Geschlecht so beliebt war, früher oder später einen Freund finden würde und von da an weniger oder gar keine Zeit mehr für meine Frau aufbringen konnte. Ich wunderte mich, daß es noch nicht dazu gekommen war, und äußerte etwas in dieser Weise Laura gegenüber.

»Sie sieht ihre Freunde, wenn sie nach London fährt«, behauptete meine Frau.

»Aber bisher hat sie noch keiner hier besucht«, erwiderte ich, und als uns Brenda an diesem Abend einen sehr farbigen und ausführlichen Bericht über einen Maler aus ihrer Bekanntschaft gab, der Laszlo hieß, überaus attraktiv war und sie anbetete, erklärte ich, daß ich ihn gern kennenlernen möchte, und fragte, ob sie ihn nicht einmal übers Wochenende einladen könne.

Brenda ließ ihre langen, grünlackierten Fingernägel aufblitzen und schaute Laura mit einem verschwörerischen Blick ›von Frau zu Frau‹ an. »Und was würden alle die verkalkten Spießerchen dazu sagen, frage ich euch?«

»Ich bin sicher, daß Sie über das Gerede erhaben sind, Brenda«, antwortete ich ihr.

»Natürlich. Sollen Sie doch Gesprächsstoff haben. Ich weiß ganz genau, daß es nichts als saure Trauben sind. Ich könnte Laszlo sofort einladen, aber er kann nicht. Er haßt das Landleben und würde sich zu Tode langweilen.«

Offenbar haßten auch Richard und Jonathan und Stephen das Landleben; sie hätten sich vermutlich auch zu Tode gelangweilt oder fanden nicht die Zeit zu einem Besuch bei Brenda. Es war anscheinend viel besser, wenn sie sich mit ihnen in der Stadt traf, und ich bemerkte nach meinem Stochern in puncto Laszlo, daß Brenda öfter nach London zu fahren schien und daß die Berichte über diese Besuche immer sensationelleren Charakter annahmen. Ich halte mich für einen ziemlich scharfsinnigen Menschen, und bald begann in meinem Kopf eine Idee zu entstehen, die so phantastisch war, daß ich mich eine Weile sogar weigerte, sie vor mir selbst gelten zu lassen. Aber ich entschloß mich, Brenda auf die Probe zu stellen. Statt ihr nur zuzuhören und hier und da die üblichen, säuerlichen Erwiderungen einzuwerfen, begann ich damit, ihr Fragen zu stellen.

Ich nagelte sie bei Namen und Daten fest. »Haben Sie nicht gesagt, Sie hätten Mark in Amerika kennengelernt?« warf ich dann ein, oder: »Aber Sie sind doch nicht *vor* Ihrer Scheidung mit Richard in die Ferien gefahren?« Ohne daß sie es merkte, verwickelte ich sie in ein Netz von Widersprüchen, und nun erschien mir die Idee gar nicht mehr so phantastisch. Der endgültige Test erfolgte an Weihnachten.

Ich hatte festgestellt, daß Brenda, wenn wir zwei allein beisammensaßen, eine ganz andere Frau war als in Gegenwart von Laura. War Laura zum Beispiel draußen in der Küche, um Kaffee zu machen, oder kam Brenda, wie es manchmal an den Wochenenden geschah, bei uns vorbei, während Laura zum Einkaufen außer Haus war, verhielt sie sich mir gegenüber sehr kühl und geradezu scheu. Verschwunden waren dann die extravaganten Gesten und die herausfordernden Bemerkungen, und Brenda klatschte so nüchtern und prosaisch über belanglose Dorfgeschichten wie Isabel Goldsmith. Das war nicht unbedingt das Verhalten, das man von einer selbsternannten Messalina erwarten konnte, die mit einem jungen und verhältnismäßig angenehmen Mann allein war. Damals fiel mir auch auf, daß Brenda zu den Zeiten, als sie noch auf Partys eingeladen wurde, und auch jetzt, wenn sie auf unseren Partys die Nachbarn traf, noch nie den Versuch unternommen hatte, mit einem der Männer zu flirten. Waren denn alle diese Männer zu alt für sie, als daß sie sie interessieren konnten? War ein schlanker, gutaussehender Mann, der auf die Fünfzig zuging, zu alt, um zumindest für das Spiel des Flirts zu taugen – für eine Frau, die ja immerhin auch die Dreißig hinter sich gelassen hatte? Sicher, sie waren alle verheiratet, doch das galt auch für ihren Paul und ihren Stephen, und wenn man ihr glauben durfte, hatte sie keine Gewissensbisse gehabt, als sie diese Männer ihren Frauen wegnahm.

Wenn man ihr glauben durfte... Das war die Crux des Ganzen. Immerhin hatte keiner ihrer Freunde Lust, Weihnachten mit ihr zu feiern. Keiner ihrer Londoner Liebhaber lud sie zu einer Party ein oder bot ihr an, mit ihm zu verreisen. Nein, sie würde natürlich bei uns sein, beim Weihnachtsessen am ersten Feiertag, danach den ganzen Nachmittag und Abend und am zweiten Feiertag, an dem wir unsere Freunde und Verwandten eingeladen hatten. Ich hatte einen Strauß mit Mistelzweigen in der Diele aufgehängt, und am Vormittag des Weihnachtstages öffnete ich Brenda die Tür, weil Laura noch in der Küche zu tun hatte.

»Fröhliche Weihnachten«, rief ich. »Geben Sie mir einen Kuß, Brenda«, und ich nahm sie unter dem Mistelstrauß in die Arme und küßte sie, wie es der Brauch ist, auf den Mund. Sie versteifte sich augenblicklich. Ich hätte schwören mögen, daß ihr ein Schauer über den Rücken lief. Sie empfand es als so peinlich und fühlte sich so ängstlich und angeekelt wie eine sehr behütete Zwölfjährige. Und dann wurde es mir klar. Sicher, sie mochte verheiratet gewesen sein – und nun war es nicht schwer, den Scheidungsgrund zu erraten –, aber sie hatte niemals einen Liebhaber gehabt, noch nie eine Umarmung genossen und war auch nie länger mit einem Mann allein gewesen als unbedingt nötig. Sie war frigid. Ein gutaussehendes, lebhaftes, gesundes Mädchen, und doch mit der Unfähigkeit zum Lieben, einer erotischen Gefühlskälte belastet. Ja, sie war kalt wie eine Nonne. Aber da sie die Demütigung eines Eingeständnisses nicht ertragen konnte, hatte sie sich ein Phantasieleben geschaffen, eine Phantasievergangenheit, in der sie als Phantasienymphomanin die große Dame von Welt spielte.

Zuerst hielt ich es für einen unglaublichen Witz und konnte es kaum erwarten, Laura alles zu erzählen. Aber es wurde zwei Uhr morgens, bis ich endlich mit ihr allein war, und als ich dann ins Bett kam, schlief sie schon. Ich konnte kaum schlafen in dieser Nacht. Meine Hochstimmung schwand dahin, als mir klar wurde, daß ich keine wirklichen Beweise für meine Theorie hatte, und wenn ich Laura erzählte, was ich getan hatte, das Stochern und Fragen und Prüfen, wäre sie vermutlich verletzt und verstimmt gewesen. Wie hätte ich ihr sagen können, daß ich ihre beste Freundin geküßt und eine eisige Reaktion darauf erlebt hatte? Daß ich in ihrer Abwesenheit mit ihrer besten Freundin zu flirten versucht hatte, ohne auf einen Funken Gegenliebe zu stoßen? Und dann, während ich noch darüber nachdachte, verstand ich, was ich in Wirklichkeit entdeckt hatte: daß Brenda die Männer haßte und daß kein Mann jemals daherkommen und sie mitnehmen und heiraten würde, um danach mit ihr zu leben und ihre Zeit in Anspruch zu nehmen. Nein, sie würde für immer allein bleiben, einen Steinwurf von uns entfernt, würde bei uns täglich aus und ein gehen und zusammen mit Laura, ihrer besten Freundin, alt werden.

Sicher, ich hätte fortziehen, ich hätte Laura von hier wegnehmen können. Von ihren Freunden? Von dem Haus und dem Garten, die sie liebte? Und welche Garantie hätte ich gehabt, daß Brenda uns nicht nachkommen würde, um in unserer Nähe zu sein? Denn inzwischen war mir auch klargeworden, was Brenda in meiner Frau sah: eine leichtgläubige, naive, stets vertrauensselige Zuhörerin, deren eigene Unerfahrenheit es verhinderte, daß sie die Löcher und die Unstimmigkeiten in diesem Kunterbunt unsinniger Geschichten erkannte, und deren rührende Entschlossenheit, sich als verständnisvoll und tolerant zu geben, sie davon abhielt, das Ganze als geschmacklos und töricht zu empfinden. Als der Morgen dämmerte und ich voller Liebe und Sorge auf Laura schaute, die neben mir schlief, wurde mir klar, was ich tun mußte, ja, daß es nur eines gab, was ich tun konnte. In dieser hohen Zeit des Friedens auf Erden entschloß ich mich, Brenda Goring zu töten, um meines eigenen und Lauras Glücks und unserer Zufriedenheit willen.

Leichter gedacht als getan. Eines hielt mich über Wasser und gab mir Mut bei meinen Überlegungen: daß ich in den Augen von jedermann kein Motiv für eine solche Tat hatte. Unsere Nachbarn hielten uns für überaus wohltätig und tolerant, weil wir uns überhaupt mit Brenda abgaben. Ich entschloß mich, besonders nett zu ihr zu sein statt nur negativ-gleichgültig wie bisher, und im neuen Jahr schaute ich sogar auf dem Rückweg von der Post oder vom Einkaufen bei Brenda vorbei, und wenn ich am Feierabend nach Hause kam und Laura allein antraf, fragte ich, wo denn Brenda sei, und schlug vor, sie gleich anzurufen und sie zum Abendessen oder zu einem Drink einzuladen. Laura gefiel das sehr.

»Ich hatte immer das Gefühl, daß du Brenda nicht leiden kannst, Darling«, sagte sie, »und das hat bei mir fast eine Art Schuldkomplex ausgelöst. Es freut mich so, daß du nun anfängst, zu erkennen, wie nett sie in Wirklichkeit ist.«

Was ich tatsächlich zu erkennen begann, war eine Möglichkeit, wie ich sie töten konnte, ohne daß man es mir zur Last legen würde, denn inzwischen hatte sich etwas ereignet, das sie mir geradezu auszuliefern schien. Am Rand des Dorfes, in einem einzeln stehenden kleinen Häuschen, lebte eine ältere, unverheiratete Frau namens Peggy Daley; in der letzten Januarwoche wurde in das Häuschen eingebrochen, und der Einbrecher erstach Peggy mit ihrem eigenen Küchenmesser. Die Tat eines Psychopathen, wie die Polizei annahm, denn nichts war gestohlen oder beschädigt worden Als sich dann zeigte, daß der Mörder wohl niemals ausfindig gemacht werden würde, überlegte ich, ob ich Brenda in derselben Weise töten konnte, damit es so aussah, als seien beide Morde von ein und demselben Täter begangen worden. Und in den Tagen, als ich diesen Gedanken ausarbeitete, mußte sich Laura mit einer Grippe ins Bett legen, sie hatte sich bei Mary Williamson angesteckt.

Natürlich kam Brenda, um sie zu pflegen und zu versorgen, kochte mir das Essen und säuberte das Haus. Da jeder der Meinung war, daß sich Peggy Daleys Mörder noch in der Gegend aufhielt, begleitete ich Brenda abends nach Hause, obwohl ihr Cottage nur ein paar Schritte von unserem Haus entfernt war, wenn man den schmalen Fußweg benützte, der an unserem Garten entlangführte. Dort war es stockfinster, da wir alle emsig gegen eine Installation von Straßenlampen opponiert hatten, und es verschaffte mir ein ironisches Amüsement, zu bemerken, wie Brenda zurückzuckte und sich versteifte, wenn ich sie bei diesen Gelegenheiten dazu aufforderte, sich bei mir unterzuhaken. Ich bestand immer darauf, sie ins Haus zu bringen und zu warten, bis sie die Lichter innen und außen eingeschaltet hatte. Als es Laura besser ging und sie abends allein sein und früh schlafen wollte, begleitete ich Brenda manchmal schon eher nach Hause, trank bei ihr einen letzten Schluck vor dem Schlafengehen und gab ihr einmal sogar beim Gehen vor der Tür einen kameradschaftlichen Kuß auf die Wange, damit neugierige Nachbarn sehen konnten, wie gut wir befreundet waren und wie sehr ich Brenda für ihre aufopfernde Güte bei der Pflege meiner Frau dankbar war.

Dann bekam ich selbst die Grippe. Zunächst schien das meinen Plan zu stören, denn ich konnte nicht mehr allzulange warten. Die Leute wurden bereits nachlässiger, was den Mörder betraf, der sich angeblich noch in der Gegend herumtrieb, kehrten zu ihren früheren Gewohnheiten zurück und ließen die Hintertüren oder den Kücheneingang unversperrt. Doch dann erkannte ich, daß ich die Krankheit zu meinem Vorteil nutzen konnte. An dem Montag, als mir der Arzt mindestens drei Tage Bettruhe verordnet hatte und der Schutzengel Brenda fast ebensoviel Theater um mich machte wie meine eigene Frau, erklärte Laura, daß sie nicht zu den Goldsmiths gehen würde, wie sie eigentlich versprochen hatte, weil sie es nicht für richtig halte, mich in meinem Zustand allein zu lassen. Wenn es mir bis dahin besser ginge, wolle sie am Mittwoch den Besuch nachholen, dessen Grund darin bestand, Isabel beim Zuschneiden eines Kleids zu helfen. Natürlich hätte Brenda anbieten können, anstelle von Laura bei mir zu bleiben, und ich glaube, Laura war ein wenig überrascht, daß dieses Angebot ausblieb. Ich kannte den Grund dafür und mußte insgeheim lachen. Mit Geschichten über ihre unzähligen Männer, die sie in der Vergangenheit umsorgt hatte, zu protzen war eine Sache; sich mit einem nicht allzu kranken Mann in einem Schlafzimmer aufzuhalten, eine ganz andere.

Also mußte ich krank genug sein, um mir ein Alibi zu verschaffen, aber nicht so krank, daß Laura zu Hause blieb. Am Mittwochmorgen fühlte ich mich wesentlich besser. Dr. Lawson kam auf dem Rückweg von seiner Runde vorbei und erklärte nach einer sorgfältigen Untersuchung, daß ich immer noch Schleim auf den Bronchien habe. Während er im Bad war und sich die Hände wusch, hielt ich das Thermometer, das er mir in den Mund gesteckt hatte, kurz an den Heizkörper am Kopfende des Betts. Es klappte besser, als ich angenommen hatte, ja, beinahe zu gut. Das Quecksilber stieg auf 39,4 Grad Celsius, und ich verhielt mich entsprechend und erklärte mit schwacher Stimme, daß ich ziemlich benommen sei, einmal vor Hitze verginge und gleich danach den Schüttelfrost bekomme.

»Er soll im Bett bleiben«, sagte Dr. Lawson zu Laura, »und geben Sie ihm viel Heißes zu trinken. Ich bin nicht sicher, ob er aufstehen kann.«

Ich gestand etwas beschämt, daß ich es versucht und nicht geschafft habe; ja, daß meine Beine sich wie Pudding anfühlten. Sofort erklärte Laura, daß sie auch an diesem Abend nicht zu den Goldsmiths fahren wollte, und ich hätte Lawson umarmen können, als er ihr sagte, daß das albern wäre. Ich brauchte nichts als Ruhe und Schlaf.

Nach einer Menge Selbstbezichtigungen und Entschuldigungen und dem Versprechen, auf keinen Fall länger als zwei Stunden auszubleiben, verließ Laura schließlich um sieben das Haus.

Sobald ich gehört hatte, wie der Wagen weggefahren war, stand ich auf. Ich konnte Brendas Haus von unserem Schlafzimmerfenster aus sehen, und ich stellte fest, daß sie drinnen das Licht brennen, aber die Außenbeleuchtung nicht eingeschaltet hatte. Es war eine dunkle Nacht ohne Mond und Sterne. Ich zog mir eine Hose und einen Pullover über den Schlafanzug und ging nach unten.

Als ich auf der Hälfte der Treppe angekommen war, wußte ich, daß ich nicht ›krank‹ hätte spielen oder mit dem Thermometer schummeln müssen. Ich war wirklich krank. Mein ganzer Körper zitterte, und ich schwankte hin und her. Schwindelgefühle und Benommenheit überkamen mich in Wellen, und ich mußte mich am Geländer festhalten, um nicht zu stürzen. Das war nicht das einzige, was schieflief. Ich hatte vorgehabt, sobald die Tat getan und ich wieder zu Hause war, den Mantel und die Handschuhe mit Lauras elektrischer Schere zu zerschneiden und die Reste im offenen Kamin im Wohnzimmer zu verbrennen. Aber erstens konnte ich die Schere nicht finden und vermutete, daß Laura sie zu den Goldsmiths mitgenommen hatte, um den Stoff zuzuschneiden. Und zweitens, noch schlimmer, brannte im Kamin kein Feuer. Unsere Zentralheizung funktionierte hervorragend; das Kaminfeuer zündeten wir nur zum Vergnügen und wegen der gemütlichen Atmosphäre an, die es verbreitete. Also hatte Laura sich nicht die Mühe gemacht, es anzuzünden, während ich oben krank im Bett lag und sie nicht zu Hause war. An diesem Punkt hätte ich meinen Plan beinahe aufgegeben. Doch dann sagte ich mir: jetzt oder nie. Nie wieder bekam ich eine solche günstige Gelegenheit und ein solches Alibi. Entweder brachte ich Brenda jetzt um, oder ich mußte mich für den Rest meines Lebens mit dieser schrecklichen, verhaßten *ménage à trois* abfinden.

Wir bewahrten die Regenmäntel und Handschuhe, die wir zur Gartenarbeit benützten, in einem hohen Küchenschrank neben der hinteren Haustür auf. Laura hatte nur das Licht in der Diele brennen gelassen, und ich hielt es nicht für klug, weitere Lichter einzuschalten. Im Halbdunkel fummelte ich in dem Schrank nach meinem Mantel, fand ihn und zog ihn an. Er kam mir ziemlich eng vor, mein Körper war ganz steif und verschwitzt, aber schließlich gelang es mir, den Mantel zuzuknöpfen. Danach zog ich die Handschuhe an. Ich nahm eines von unseren Küchenmessern mit und verließ das Haus durch die Küchentür. Es war keine Frostnacht, aber die Luft war rauh, kühl und feucht.

Ich ging ans Ende des Gartens und über den kleinen Pfad in den Garten von Brendas Cottage, mußte mich dabei regelrecht an der Seitenwand des Hauses entlangtasten, denn dort war es stockfinster. Aber in der Küche brannte Licht, und die Tür war unversperrt. Ich klopfte an und ging, ohne aufgefordert zu werden, hinein. Brenda, in eleganter Abendtoilette, einem glitzernden Pullover, einer langen Seidenhose und einem goldenen Halsband, stand am Herd und kochte sich ihr einsames Mahl. Damals, zum erstenmal und zu einem Zeitpunkt, an dem es nichts mehr ausmachte, empfand ich Mitleid mit ihr. Da war sie, eine schöne, reiche, begabte Frau mit dem Ruf der großen Verführerin, aber in Wirklichkeit allein, ohne Menschen, die sich wirklich um sie kümmerten; genauso einsam, wie die alte Peggy Daley es gewesen war; da war sie, elegant gekleidet wie für eine Party, und wärmte sich eine Dose Spaghetti auf, in ihrer Küche am Ende der Welt.

Sie drehte sich um und schaute mich besorgt an, aber nur, wie ich glaube, weil sie immer, wenn wir allein waren, Angst davor hatte, ich könnte versuchen, ihr nahezukommen.

»Warum sind Sie nicht im Bett?« fragte sie – und dann: »Warum tragen Sie solche Sachen?«

Ich gab ihr keine Antwort. Stach ihr das Messer in die Brust, immer und immer wieder. Sie gab keinen Laut von sich, außer einem erstickten Stöhnen, und dann lag sie verkrümmt vor mir auf dem Boden. Obwohl ich gewußt hatte, wie es sein würde, ja, obwohl ich diesen Augenblick so sehr herbeigesehnt hatte, war der Schock für mich so groß, daß ich mich, ohnehin schon schwindlig und schwach, am liebsten ebenfalls auf den Boden gelegt und die Augen geschlossen hätte, um zu schlafen. Das war freilich unmöglich. Ich schaltete die Kochplatte ab. Dann überprüfte ich, ob ich Blut an der Hose oder an den Schuhen hatte, was nicht der Fall war, während der Regenmantel natürlich eine Menge abbekommen hatte. Ich taumelte hinaus und schaltete hinter mir das Licht aus.

Ich weiß nicht, wie ich den Rückweg gefunden habe; es war so dunkel, und inzwischen war ich völlig benommen, dazu trommelte mein Herz wie wild in der Brust. Ich hatte gerade noch die Geistesgegenwart, den Regenmantel und die Handschuhe auszuziehen und in den Verbrennungsofen für Gartenabfälle zu stopfen. Gleich am Morgen würde ich all meine Kräfte sammeln und hinausgehen müssen, um die Sachen zu verbrennen, bevor man Brendas Leichnam gefunden hatte. Das Messer wusch ich ab und legte es wieder in die Schublade.

Laura kam fünf Minuten, nachdem ich mich ins Bett gelegt hatte, zurück. Sie war weniger als eine halbe Stunde fortgewesen. Ich drehte mich zu ihr um und fragte sie, warum sie schon so früh wieder hier sei. Dabei kam es mir so vor, als schaute sie irgendwie seltsam und verwirrt drein.

»Was ist denn los?« murmelte ich. »Machst du dir Sorgen um mich?«

»Nein«, sagte sie. »Nein, nein.« Aber sie kam nicht näher zu mir her und legte mir auch nicht wie sonst die Hand auf die Stirn. »Es war – Isabel Goldsmith hat mir etwas gesagt... Es hat mich sehr aufgeregt, ich war ganz durcheinander... Aber es hat keinen Sinn, jetzt darüber zu reden, du bist zu krank.« Dann fragte sie in schärferem Ton, als ich es je von ihr erlebt hatte: »Brauchst du noch etwas?«

»Ich möchte nichts als schlafen«, sagte ich.

»Ich schlafe im Gästezimmer. Gute Nacht.«

Das war ein vernünftiger Entschluß, auch wenn wir noch nie in unserer Ehe getrennt geschlafen hatten und sie kaum befürchten mußte, die Grippe von mir zu bekommen, da sie sie gerade erst hinter sich hatte. Aber ich war nicht in der Verfassung, mir auch noch darüber Gedanken zu machen, und fiel in den alptraumerfüllten Schlaf des Fiebers. An einen dieser Träume kann ich mich erinnern. Laura fand darin Brendas Leichnam, was durchaus im Bereich des Möglichen lag.

Aber nicht sie fand ihn, sondern Brendas Reinemachefrau. Ich wußte, daß es geschehen war, weil ich den Polizeiwagen unter meinem Fenster vorbeifahren sah. Etwa eine Stunde später kam Laura zu mir und teilte mir die Nachricht mit, die sie von Jack Williamson erfahren hatte.

»Es muß derselbe Mann gewesen sein, der die alte Peggy umgebracht hat«, erzählte sie.

Mir wurde schlagartig besser. Alles lief nach Plan. »Mein armer Liebling«, sagte ich, »das muß schrecklich für dich sein; ihr wart doch so gute Freundinnen.«

Sie erwiderte nichts, straffte die Schultern und verließ den Raum. Ich wußte, ich hätte aufstehen und den Inhalt des Verbrennungsofens vernichten müssen, aber ich kam nicht aus dem Bett. Ich schwang meine Beine hinaus und setzte die Füße vor das Bett, aber es war, als ob mir der Boden entgegenkäme und mich wieder zurückstieße. Ich machte mir dennoch keine allzu großen Sorgen. Die Polizei würde das gleiche denken, was Laura dachte und was jeder denken mußte.

Am Nachmittag kamen sie dann, ein Chief Inspector von der Kriminalpolizei und ein Sergeant. Laura führte sie in mein Schlafzimmer, und wir wurden gemeinsam verhört. Der Chief Inspector meinte, er hätte erfahren, da wir mit der Toten sehr gut befreundet gewesen seien, wollte wissen, wann wir sie zuletzt gesehen und was wir am Abend zuvor getan hatten. Dann fragte er, ob wie eine Ahnung hätten, wer diese Tat begangen haben könnte.

»Natürlich dieser Verrückte, der die andere Frau erstochen hat«, antwortete Laura.

»Wie ich sehe, haben Sie die Zeitung nicht gelesen«, erwiderte er.

Normalerweise lasen wir die Zeitungen. Es war meine Gewohnheit, die Morgenzeitung im Büro zu lesen und eine Abendausgabe mit nach Hause zu bringen. Aber ich war ja krank gewesen und hatte zu Hause gelegen. Es stellte sich heraus, daß am Morgen zuvor ein Mann wegen des Mordes an Peggy Daley festgenommen worden war. Dieser Schock ließ mich zusammenzucken, und ich erbleichte, doch die Kriminalbeamten schienen es nicht zu bemerken. Sie dankten uns für unsere Hilfsbereitschaft, entschuldigten sich, weil sie einen Kranken gestört hatten, und gingen. Als sie weg waren, fragte ich Laura, was Isabel am Abend zuvor zu ihr gesagt hätte, und warum sie darüber so erregt gewesen wäre.

»Das ist jetzt egal«, sagte sie. »Die arme Brenda ist tot, und sie ist auf schreckliche Weise ums Leben gekommen, aber – nun, vielleicht bin ich sehr schlecht, aber es tut mir nicht leid. Schau mich nicht so an, Darling. Ich liebe dich und weiß, daß du mich auch liebst, und wir müssen ihr vergeben und wieder so sein, wie wir früher waren. Du weißt, was ich damit meine.«

Ich wußte es nicht, war aber froh, daß das – was immer sie damit meinte – vorüber war. Ich hatte genug Sorgen und konnte in dieser Situation die Kälte und Entfremdung meiner Frau nicht brauchen. Obwohl Laura in der kommenden Nacht wieder neben mir schlief, gelang es mir kaum, die Augen zuzumachen, aus Angst um das, was in unserem Verbrennungsofen war. Am Morgen tat ich so, als ob es mir viel besser wäre. Ich zog mich gegen Lauras Proteste an und erklärte, daß ich in den Garten gehen wollte. Aber die Polizei war bereits da, durchsuchte unseren ganzen Garten, und bei Brenda grub sie sogar in den Beeten herum.

An diesem Tag und auch am nächsten ließen sie mich in Ruhe, aber sie kamen noch einmal zu uns und sprachen allein mit Laura. Ich fragte sie danach, was die Polizei von ihr habe wissen wollen, aber sie tat es mit einer Handbewegung ab. Ich nahm an, sie hielt mich noch für zu krank, um mir zu gestehen, daß sie sie nach meinem Aufenthalt zur Tatzeit und nach meinem Verhältnis zu Brenda befragt hatten.

»Nur ein paar Routinefragen, Darling«, beruhigte sie mich, aber ich war sicher, daß sie sich Sorgen um mich machte, und zwischen uns entstand eine Barriere der Angst. Es erscheint unglaublich, aber an diesem Sonntag redeten wir kaum miteinander, und wenn, dann wurde Brendas Name nicht erwähnt. Am Abend saßen wir schweigend da; ich hatte meinen Arm um Laura gelegt, ihr Kopf ruhte an meiner Schulter, und wir warteten und warteten...

Am Morgen erschienen die Polizisten mit einem Durchsuchungsbefehl. Sie baten Laura, ins Wohnzimmer zu gehen, und ich sollte im Studio warten. Ich wußte, daß es jetzt nur noch eine Frage der Zeit war. Sie würden das Küchenmesser finden, und natürlich würden sie Brendas Blut darauf entdecken. Ich hatte mich, als ich es säuberte, so miserabel gefühlt, daß ich jetzt nicht einmal mehr wußte, ob ich es geschrubbt oder nur unter laufendem Wasser abgespült hatte.

Nach langer Wartezeit kam der Chief Inspector herein – allein.

»Sie haben uns gesagt, daß Sie mit Miss Goring eng befreundet waren.«

»Wir verkehrten in freundschaftlicher Weise miteinander, ja«, entgegnete ich und versuchte, meine Stimme nicht allzusehr schwanken zu lassen. »Sie war eigentlich die Freundin meiner Frau.«

Er achtete nicht darauf. »Sie haben uns nicht gesagt, daß Sie mit ihr eine intime Beziehung unterhielten, oder, um es deutlich auszudrücken, daß Sie mit ihr ein sexuelles Verhältnis eingegangen waren.«

Er hätte nichts sagen können, was mich mehr überrascht hätte.

»Aber das ist doch absoluter Quatsch!«

»Finden Sie? Wir haben es aus sicherer Quelle.«

»Was ist das denn für eine Quelle?« fragte ich. »Eine von der Sorte, die Sie leider nicht preisgeben können?«

»Ich sehe keinen Grund, es Ihnen zu verschweigen«, sagte er leichthin. »Miss Goring selbst hat zwei ihrer Freundinnen in London darüber informiert. Und sie hat es einer Ihrer Nachbarinnen gesagt, als sie sie kürzlich bei einer Party in Ihrem Haus traf. Man hat Sie gesehen, wie Sie die Abende allein bei Miss Goring verbrachten, während Ihre Frau krank im Bett lag, und wir haben einen Zeugen, der uns bestätigt hat, daß Sie Miss Goring zum Abschied an der Haustür geküßt haben.«

Jetzt wußte ich, was Isabel Goldsmith Laura gesagt und was Laura so durcheinandergebracht hatte. Die Ironie, die darin lag, diese schreckliche Ironie... Warum hatte ich, da ich Brendas Ruf und ihre Phantasieliebschaften kannte, nicht geahnt, welche Bedeutung man meiner gespielten Freundschaft mit ihr beimessen würde! Da war das Motiv, und ich hatte mich so sehr darauf verlassen, daß man mir mangels eines plausiblen Motivs nichts anlasten würde! Ehemänner töten ihre Geliebten, sei es aus Eifersucht, aus Frustration, aus Angst vor der Entdeckung.

Aber konnte ich nicht Brendas Phantasien zu meinen Gunsten nützen?

»Sie hatte Dutzende von Freunden, Liebhabern oder wie Sie sie nennen wollen. Jeder von ihnen hätte sie töten können.«

»Im Gegenteil«, erwiderte der Chief Inspector, »abgesehen von ihrem Exgatten, der sich in Australien aufhält, haben wir außer Ihnen keinen Mann in ihrem Leben entdecken können.«

»Ich habe sie nicht getötet!« rief ich in Verzweiflung. »Ich schwöre es, daß ich sie nicht getötet habe.«

Er schaute mich überrascht an. »Oh, das ist uns klar.« Und zum erstenmal sprach er mich mit ›Sir‹ an. »Das wissen wir, Sir. Niemand denkt daran, Sie in irgendeiner Weise zu beschuldigen. Wir haben Doktor Lawsons Aussage, daß Sie am Abend der Tat körperlich außerstande waren, das Bett zu verlassen. Außerdem waren es ja nicht Ihr Regenmantel und Ihre Handschuhe, die wir in Ihrem Verbrennungsofen im Garten gefunden haben.«

Ich hatte mich im Dunkeln zum Schrank getastet, darin herumgefummelt, und die Ärmel des Mantels waren zu kurz, die Schultern zu knapp... ›Warum tragen Sie solche Sachen?‹ hatte Brenda gefragt, ehe ich sie erstach.

»Bitte, versuchen Sie, ruhig zu bleiben, Sir«, sagte der Chief Inspector sehr höflich. Aber ich habe seitdem keine Ruhe mehr gefunden.

Ich habe ein Geständnis nach dem anderen abgelegt. Ich habe Erklärungen geschrieben, habe den Polizeibeamten schwere Vorhaltungen gemacht, habe getobt und geschrien, bin mit ihnen die Ereignisse jener Nacht durchgegangen bis ins kleinste Detail... Und ich habe geweint.

Damals, in meinem Studio, habe ich nichts gesagt, habe nichts sagen können und den Chief Inspector nur wortlos angestarrt. »Ich bin noch einmal zu Ihnen gekommen, Sir«, sagte er, »um die Bestätigung einer Tatsache zu erhalten, die uns bereits bekannt war, und um Sie zu fragen, ob Sie uns zur Polizeistation begleiten wollen, wo gegen Ihre Frau wegen Mordes an Miss Brenda Goring Anklage erhoben wird.«

*Aus dem Englischen übertragen
von Friedrich A. Hofschuster*

Meistermorde

George Sims

Der Familienschlächter

Man kann mit Recht behaupten, daß Pasterne das hübscheste Dorf im Hambleden-Tal ist. Skirmett, Frith, Fingest und Ibstone haben zwar alle auch ihren Reiz, genauso wie Hambleden selbst, und Turville kann oben auf dem Hügel sogar mit einer schönen Windmühle aufwarten – eine Seltenheit in den Chilterns –, aber Pasterne ist eben ein richtiges Bilderbuchdorf. Es hat eine große, tadellos gepflegte Gemeindewiese mit altem Eichenbestand, den Pasterne Pound, um den sich ein Dutzend kleiner Häuser aus Backstein und Flint gruppieren – geradeso, als hätte ein Aquarellist des vergangenen Jahrhunders sie dorthin gesetzt, um sie abzumalen. Wunderschön ist auch der Dorfweiher, der von einer Quelle ständig mit frischem Wasser gespeist wird. Weiße Enten und Stockenten tummeln sich auf ihm, und gelegentlich nistet hier auch ein Schwanenpaar. Die Ansichtskarten, die im Kramladen, der zugleich Postamt ist, angeboten werden, verkaufen sich in den Sommermonaten gut, vor allem solche, die den Weiher und die normannische Kirche zeigen, die – einziges Relikt einer noch früheren Siedlung – außerhalb des Dorfkerns steht und Pasterne den Rücken zuzuwenden scheint. Aber die Bewohner von Bilderbuchdörfern leben nicht viel anders als wir übrigen Sterblichen.

Eine ebenfalls beliebte Ansicht des Dorfes zeigt die Nordseite des Pound: in der Mitte Daniel Patchins Metzgerei, daneben sein hübsches Wohnhaus und das Wäldchen, das Lord Benningsworths Herrenhaus verdeckt. Patchins Laden befindet sich in einem alten elisabethanischen Haus, das im Lauf der Jahrhunderte gewiß immer wieder modernisiert wurde. Dennoch wird wohl die Fassade mit den dicken schwarzen Eichenbalken und den weißverputzten Mauern, die jedes Jahr frisch gestrichen werden, ursprünglich nicht viel anders ausgesehen haben, abgesehen natürlich von dem kleinen Schaufenster. Der Name ›Daniel Patchin‹ steht in großen weißen, geschwungenen Lettern auf schwarzem Grund und darunter, in kleineren Buchstaben, die Gewerbebezeichnung: Familienmetzgerei.

Patchins Metzgerei und der Kramladen mit dem Postamt sind die einzigen Geschäfte im Dorf. Hübsch und ›putzig‹ anzusehen, erinnern sie an die Kaufläden, mit denen die Kinder weniger technisierter Epochen so gern zu spielen pflegten. Die Metzgerei ist wie ihr Besitzer ein Muster an Reinlichkeit und Hygiene. Zweimal am Tag wechselt Daniel Patchin die Schürze, und das vielbenützte Waschbecken im hinteren Teil des Ladens ist ebenso blitzsauber wie die Glastheke und der große Holztisch, an dem Patchin arbeitet, »eher einem Chirurgen als einem Fleischermeister ähnlich«, wie Lord Benningworth einmal zu Freunden bemerkte. Die Auslage in Patchins Schaufenster ist stets sparsam: ein Fasanenpaar, meist von ihm selbst geschossen, ein Hase, ein, zwei Hühnchen und ein Musterstück des erstklassigen Fleisches, das er zu verkaufen hat. Drinnen im Laden sieht es nicht üppiger aus: Da hängt wahrscheinlich höchstens ein halbes schottisches Rind neben einer walisischen Lammschulter, und in der offenen Kühlanlage der Theke liegen die berühmten Patchin-Würste. Alles, was sonst verlangt wird, muß Daniel Patchin aus dem großen Kühlraum hinten im Laden holen.

Die Metzgerei Patchin war schon in den dreißiger Jahren, als sie von Daniels Vater Gabriel geführt wurde, und vorher, unter Reuben Patchin, überall in den Chilterns bekannt. Heute, da Daniel Patchin das Geschäft übernommen hat, genießt sie einen gleichermaßen beneidenswerten Ruf. Zwar hat das Dorf eine zu geringe Einwohnerzahl, als daß ein so schönes Geschäft richtig blühen könnte, und Lord Benningworth, dem der größte Teil des Dorfes und die umliegenden Ländereien gehören, ist gegen die Errichtung neuer Häuser in diesem Gebiet, aber es kommen genug Stammkunden aus High Wycombe, Henley und Marlow. Die Patchin-Würste werden noch genauso gemacht, wie Reubens Rezept aus dem Jahr 1912 es vorschreibt; mit viel Schweinefleisch, Kräutern, Gewürzen und frisch gemahlenem schwarzen Pfeffer. Sie haben keinerlei Ähnlichkeit mit den Produkten, die in Massen von den Fabriken ausgestoßen werden, und die Kunden kommen ihretwegen von so weit her wie Slough und Oxford.

Daniel Patchin, ein ruhiger, manchmal schweigsamer Mann, genießt allenthalben große Achtung. Er scheint für seine Arbeit zu leben und steht jede Woche fünfeinhalb Tage im Laden. Mittwochs schließt er das Geschäft schon mittags und verbringt den freien Nachmittag beim Angeln oder auf der Jagd – je nach Jahreszeit. Nach seiner Rückkehr aus dem Koreakrieg hat Patchin mit Lord Benningworth eine freundschaftliche Vereinbarung getroffen, die vorsieht, daß er sonntags die Pflichten eines Gutsförsters übernimmt und Benningworths Waldungen in Ordnung hält. Statt Bezahlung erhielt er das Recht, alles Holz, das er gebrauchen kann, zu behalten. Die Sonntage gehören also dieser Arbeit. Patchin hat hinter seinem Haus ein Holzlager, auf dem die Dorfbewohner Bau- und Feuerholz kaufen können.

Die Familie Patchin lebt seit Jahrhunderten in Pasterne, die Verbindung der Benningworths mit dem Ort ist noch älter: Lord Benningworth kann den Stammbaum seiner Familie bis ins Jahr 1220 zu einem Baron Will de Benningworth zurückverfolgen, und in der Kirche findet man die steinernen Standbilder eines anderen Benningworth und seiner Gemahlin, die im Jahr 1290 dort aufgestellt worden waren. Auf dem Friedhof sind viele Gräber der Familie Patchin; das früheste trägt die Jahreszahl 1695 und folgende Inschrift:

Kommst du vorüber hier,
So sieh dich um
Schau dir an, wie Tote ruhn.
Denn wie ihr heut seid, warn einst wir,
und wie wir heut, müßt werden ihr.

Hin und wieder wandert Daniel Patchin vielleicht abends durch den Friedhof und sieht sich die Gräber an, vor allem die seiner eigenen Familie. Ihm gefallen diese Inschriften, die nichtchristliche Einstellungen andeuten, denn er hat einen zynischen, beißenden Humor. Er ist kein Kirchgänger. In Korea hat er gesehen, daß menschliches Leben im Krieg so billig ist wie das von Weihnachtsgänsen, und daraus hat er die Einstellung des Stoikers zu Leben und Tod gewonnen. Für seine Tapferkeit im Nahkampf wurde dem Infanteristen das Militärverdienstkreuz verliehen, und von seinen Kameraden erhielt er wegen seines geschickten Umgangs mit dem Bajonett den Spitznamen ›Abstecher‹.

Daniel Patchin führt ein sehr ruhiges Leben, das der Arbeit und seinen Lieblingsbeschäftigungen in der Freizeit, Angeln, Jagen und abends Gartenarbeit, gewidmet ist. Manchmal unternimmt Lord Benningworth mit einem Freund einen Spaziergang zum Rand seines Wäldchens, um Patchins Garten mit den schönen Rosenbeeten und den in schnurgeraden Reihen wachsenden Kartoffeln, Erbsen und Bohnen zu betrachten. Patchins Frau Angela ist zehn Jahre jünger als er und galt in Skirmett, wo sie in einer großen Bauernfamilie aufgewachsen ist, allgemein als hübsches, munteres und etwas flatterhaftes Mädchen. Die Patchins haben keine Kinder. Es stellte sich heraus, daß Angela unfruchtbar ist.

In den zehn Jahren ihrer Ehe hat sie die Ernsthaftigkeit und die ruhige äußere Milde angenommen, die zu den charakteristischen Wesenszügen der Familie Patchin gehören. Sie hat blondes Haar und eine sehr helle, klare Haut, und sie errötet leicht. Bei jedem Kompliment, das ihr Benningworths Sohn und Erbe machte, ehe er wegging, um eine Stellung in Amerika anzutreten, pflegte sie rot zu werden.

An den Tagen, an denen es im Laden am meisten zu tun gibt, also immer freitags und samstags und manchmal auch donnerstags, hilft sie an der Kasse aus. Patchin hat einen jungen Helfer, der sich im allgemeinen Freitag abends und Samstag morgens nützlich macht; alle übrige Arbeit erledigt er allein. Er ist ein stämmiger, muskulöser Mann von großer Körperkraft. Hinter dem Laden ist ein großer Schuppen, in dem bis vor zwanzig Jahren noch geschlachtet wurde; dort beförderte Patchin Hühner und zur Weihnachtszeit Dutzende von Puten und Gänsen ins Jenseits.

An einem herrlichen Nachmittag Ende Mai schöpfte Patchin den ersten Verdacht gegen seine Frau. Es war ein Montag, und beim Mittagessen hatte sie gesagt, daß sie am Nachmittag einen Spaziergang machen wollte. Als sie um fünf zurückkam, schaute sie kurz in den Laden und fragte, ob er eine Tasse Tee wollte. Er nickte und erkundigte sich, ob der Spaziergang schön gewesen wäre. Sie zögerte, und als er vom Fleischwolf aufsah, bemerkte er, daß sie rot geworden war und nervös an den Knöpfen ihrer Bluse fingerte, als wollte sie sich vergewisssern, daß sie alle geschlossen waren.

Daniel Patchin war ein ausgezeichneter Beobachter, und seine Wahrnehmungsgabe war mit den Jahren immer ausgeprägter geworden. Praktisch sein ganzes Erwachsenenleben lang hatte er sich dem Studium seiner Kunden und der Natur gewidmet; es war sein einziges geistiges Hobby. Die feinste Veränderung in der Miene eines Rentners, vielleicht nur ein Wimpernschlag, reichte aus, um Patchin zu sagen, daß er ein Stück zu teures Fleisch anbot. Die zarteste Kräuselwelle am Rand einer fischreichen Stelle im Fluß entging ihm ebensowenig wie das Knacken eines zerbrechenden Ästchens. Als Angela über die naheliegenden Freuden eines ländlichen Spaziergangs an einem herrlichen Mainachmittag nichts zu sagen wußte, vertuschte er ihre Sprachlosigkeit mit einer hastigen Bemerkung über eine alte Frau, die montags immer vorbeikam, um Suppenknochen zu kaufen.

Als Angela aus dem Laden ging, sandte Patchin ihr einen scharfen Blick nach und stellte fest, daß sie sich nach dem Mittagessen von Kopf bis Fuß frisch angezogen hatte. Bei ihrer Rückkehr mit dem Teetablett trug sie eine alte braune Strickjacke über der hübschen weißen Bluse. Sie war immer noch nervös, unruhig, ein wenig befangen. Patchin wußte, daß sie eine hoffnungslos schlechte Lügnerin war, doch er stellte ihr keine Fragen mehr. Er nahm den frischen Geruch von Zitronenseife wahr und wußte, daß sie sich das Gesicht gewaschen, es wahrscheinlich mehrmals ins kalte Wasser getaucht hatte, um die Röte der Verlegenheit abzukühlen. Wieder überbrückte er das Schweigen, indem er ihr erzählte, daß er vielleicht am

Abend noch zum Fluß hinunter wollte. Die Angelzeit für alle Süßwasserfische außer Forellen begann zwar erst Mitte Juni, aber er ging schon ab und zu einmal früher an den Fluß, um die Stellen zu inspizieren, an denen er am liebsten fischte, und zu sehen, wie sich das Hochwasser der Themse im Winter auf sie ausgewirkt hatte.

In den folgenden Wochen widmete er sich neben seinen wenigen anderen Freizeitbeschäftigungen der Beobachtung seiner Frau. Nichts, was sie tat, entging ihm, selbst den geringsten Anflug von Gereiztheit oder Ungeduld vermerkte er stillschweigend – aber nichts, mochte es noch so ungewöhnlich sein, verleitete ihn je zu einer Bemerkung.

Man hätte kein besonders guter Beobachter zu sein brauchen, um Angela Patchins plötzlich wiedererwachtes Interesse an ihrem Aussehen wahrzunehmen. Selbst Montag morgens, wenn sie große Wäsche hatte, und mittwochs, wenn sie gewöhnlich das Haus von oben bis unten putzte, trug sie jetzt nicht mehr ihren alten marineblauen Rock, sondern zeigte sich in einem flotten neuen grünen, über dem sie eine hübsche Schürze trug, oder in Jeans. Sie fuhr nach Reading zu Marks & Spencers, angeblich nur um sich ein neues Sommerkleid zu kaufen, und kam mit Paketen beladen zurück.

Am Montag nachmittag, als Angela sich wieder zu einem Spaziergang aufgemacht hatte, schloß Patchin den Laden für eine Viertelstunde und durchsuchte mit aller Gründlichkeit ihre Kommode. Er nahm jedes Stück sehr vorsichtig heraus und achtete sorgfältig darauf, alles wieder so zurückzulegen, wie es gewesen war. Er fand mehrere neue Wäschestücke, darunter ein besonders sparsames Höschen und einen Büstenhalter, in dem die Brüste wie auf einem Präsentierteller liegen mußten, üppige Verlockung für einen tatendurstigen Burschen, Aber welcher tatendurstige Bursche? Das war die Frage, die Daniel Patchin ständig beschäftigte, seine Aufmerksamkeit von seiner Arbeit ablenkte, so daß er zum erstenmal in seinem Leben leicht zerstreut wirkte, nicht mehr der Ausbund an Tüchtigkeit war, den man bisher gekannt hatte. Den Dorfbewohnern fiel es sofort auf. »Er ist irgendwie menschlicher«, lautete das allgemeine Urteil, wenn die Leute es auch unterschiedlich ausdrückten.

Eine Zeitlang überlegte Patchin, ob vielleicht Benningworths Sohn nach Pasterne zurückgekehrt war und Angela wieder Aufmerksamkeit zollte; wenn ja, dann schien diese Aufmerksamkeit jetzt weiter zu gehen als vorher, schien sich zumindest bis zu ihrer wohlgefüllten Bluse zu erstrecken. Doch eine beiläufig gestellte Frage an die Haushälterin der Benningworth ergab, daß der junge Mann noch in Amerika war und vor Weihnachten nicht heimkehren würde.

Patchins Reaktion auf Angelas verdächtiges Verhalten war beträchtlichen Schwankungen unterworfen. Manchmal war er ganz fasziniert von der distanzierten Art, mit der er seine heimlichen Beobachtungen zur Kenntnis nahm. So hatte er einmal einen raffinierten alten Hecht in einem Weiher bei der Hambleden-Mühle studiert. Einen ganzen Herbst hatte er wochenlang mit verschiedenen Ködern versucht, das gerissene Biest zu schnappen, bis er erkannt hatte, daß sich der Hecht nur durch einen Fisch, der frisches Blut an sich hatte, aus der Reserve locken lassen würde. Patchin hatte ihm also einen bluttriefenden Häsling angeboten, und der Hecht war schwach geworden. Dann wieder gab es Zeiten, in denen Patchin von einer eiskalten Wut darüber gepackt wurde, daß ihm ein Fremder die Frau stehlen wollte – er war ganz sicher, daß genau das geschah. Einmal schreckte er mitten in der Nacht hoch, überzeugt, daß das Telefon geläutet hatte, nur ein einziges Mal, und lag dann von Eifersucht und Mordlust gequält wach, bis um sechs der Wecker klingelte.

Angelas veränderte Einstellung zum Sex war vielleicht das Verräterischste. Vor den nachmittäglichen Spaziergängen und den neuen Kleidern hatte sie seinem Eindruck nach die eheliche Pflicht als eine ziemlich langweilige Angelegenheit empfunden, die man am besten möglichst schnell hinter sich brachte, um sich dann zum Schlaf umdrehen zu können. Jetzt wandte sie sich niemals ab, war immer bereit, sich ihm hinzugeben, schien ihm begehrlicher denn je. Ihre Küsse waren begehrlich und lang, ihre Umarmungen leidenschaftlich und drängend – während er darüber grübelte, erkannte er, daß ›drängend‹ das Schlüsselwort war. Ja, das war es, sie drängte ihn zu mehr Bemühen, damit sie sich, wenn sie die Augen schloß, vorstellen konnte, er wäre der andere, leidenschaftlichere Liebhaber. Selbst nach einem Orgasmus blieb sie unbefriedigt, sehnte sich nach etwas anderem. Unmöglich, die Gefühle zu beschreiben, die Patchin bewegten, während er erlebte, wie seine Frau in der Liebe immer wissender und erfahrener wurde, ihn mit aufreizendem Verhalten und eindeutigen Gesten dazu bringen wollte, ihr die Lust zu verschaffen, die sie anderswo genoß. Eines Abends wollte sie eine neue Stellung mit ihm ausprobieren, und während sie ihn entschlossen in die richtige Position brachte, sah er plötzlich die bittere Ironie des Ganzen so klar, daß er beinahe laut gelacht hätte. Es lag auf der Hand, daß Angela einen höchst potenten und enthusiastischen Liebhaber hatte, der in der Liebeskunst weit größere Meisterschaft besaß, als er je erringen würde – einen Liebhaber, der erst von Reizwäsche angeheizt werden wollte und dann die perfekte Leistung lieferte.

Erst Mitte Juni, an einem Freitag, konnte Patchin endlich den Feind identifizieren, der ihm Hörner aufgesetzt hatte. Er störte Angela bei einem Telefongespräch, als er zur Mittagszeit ein paar Minuten früher als gewöhnlich ins Haus kam. Sobald er die Tür öffnete, wurde der Hörer hastig aufgelegt, und Angela lief nach oben, um ihre Verwirrung zu verbergen. Am selben Nachmittag kam Ray Johnson, der jüngste Postbote der Gegend, in den Laden, angeblich um Würste und Schinken zu kaufen. Johnson lachte Angela zu, die in ihrem Kassenhäuschen saß, und rief: »Guten Tag, Mrs. Patchin.«

Angela antwortete nicht, sondern nickte nur leicht errötend.

Patchin bemerkte nicht nur das verräterische Erröten, er fing auch die feine Schwingung in Johnsons Gruß auf, den Unterton in den Worten »Mrs. Patchin«, als wäre diese steife Form der Anrede ein geheimer Scherz zwischen den beiden. Er ließ sich Zeit im Kühlraum, um ihnen Gelegenheit zu geben, ein paar Worte zu wechseln. Kaum öffnete er die Tür, da hörte Ray Johnson zu reden auf und lächelte so verlegen, als hätte er vergessen, was er hatte sagen wollen.

Idiot, dachte Patchin, du junger Idiot, überspielte jedoch Johnsons momentanes Unbehagen mit einer Bemerkung über die Würste. »Eine besondere Spezialität, die hier. Sie sind von einer Bestellung übrig, die ich fürs Gut vorbereitet habe. Der alte Herr hat gern eine extra Prise Pfeffer.«

Nachdem er seine Frau und Johnson einmal zusammen erlebt hatte, gab es für ihn keinen Zweifel mehr. Ihm schien, als bestünde zwischen den beiden eine unsichtbare, aber doch spürbare Verbindung, eine subtile Vertraulichkeit, aus langen gemeinsamen Nachmittagen geboren, die sie wahrscheinlich im Calcot-Forst verbrachten, wo es einige idyllische kleine Lichtungen gab. Während Patchin Würste und Schinken verpackte, während sich das Paar in Schweigen hüllte, stellte er sich die beiden im flirrenden Sonnenlicht auf einer grünen Waldwiese vor. Das sparsame Höschen und der aufreizende Büstenhalter wurden abgestreift, Angela gab sich lustvoll stöhnend der Umarmung ihres Liebhabers hin. Patchin hatte das Gefühl, die Vorstellungen, die ihn so stark bewegten, müßten ihm auf dem gewöhnlich so ausdruckslosen Gesicht abzulesen sein, deshalb räusperte er sich laut und sagte kopfschüttelnd: »Entschuldigung. Ich hab' ein bißchen Halsschmerzen. Hoffentlich wird es keine Sommergrippe.«

Ray Johnson sah Patchin ungewöhnlich ernst und nicht unbedingt freundlich an, als er sagte: »Ja, hoffentlich nicht.« Der Blick strafte die banale Erwiderung Lügen, und Patchin dachte, du Schwindler. Dir wär's doch nur recht, wenn ich eine Lungenentzündung bekäme. Zum erstenmal kam ihm der Gedanke, daß die Eifersucht vielleicht nicht nur einseitig war. Wahrscheinlich war auch Johnson eifersüchtig, wenn er an die Nächte dachte, die Angela mit ihrem Mann verbrachte. Vielleicht haßte Johnson ihn genauso, wie er den unbekannten Liebhaber gehaßt hatte.

Am selben Nachmittag, als Angela ins Haus gegangen war, um den Tee zu machen, stand Daniel Patchin an der offenen Ladentür und blickte zum Weiher hinüber, wo zwei kanadische Gänse gelandet waren und nun von den aggressiven, wenn auch kleinen Bläßhühnern feindselig bedrängt wurden, die mit zornigem Schimpfen im Schilf hin und her schwirrten. Nichts, was auf dem Weiher geschah, entging Patchin. Er sah, daß die einheimischen Stockenten verschwanden und die weißen Enten sich aus dem lautstarken Streit heraushielten wie Zuschauer, die das alles nur am Rande interessierte. Doch mit seinen Gedanken war Patchin anderswo. Unaufhörlich grübelte er über sein Dilemma. Es war das erste Mal seit dem

Koreakrieg, daß er sich vor ein Problem gestellt sah, von dem er nicht wußte, wie er es bewältigen sollte.

Ray Johnson war ein großer, schlanker Bursche mit lockigem schwarzem Haar und einem großen Mund, der stets zu einem Grinsen verzogen schien, so breit, daß die weißen Zähne blitzten. Johnson war eindeutig der beliebteste unter den örtlichen Postboten; er war ein lustiger Bursche, der immer zu Scherzen aufgelegt war und stets ein paar alte Witze auf Lager hatte. Patchin hatte das immer schon leicht irritierend gefunden, jetzt aber war die harmlose Irritation dem starken Gefühl unversöhnlicher Feindseligkeit gewichen.

Patchin hatte nicht die Absicht, Angela mit seinem Verdacht zu konfrontieren oder zu versuchen, das Pärchen in flagranti zu ertappen, obwohl er wußte, daß sich das an einem Montag nachmittag im Calcot-Forst ohne weiteres würde arrangieren lassen. Aber dann würde Angela womöglich beschließen, ihn zu verlassen – er wußte nicht, wieviel Gewicht der Wohlstand und die Annehmlichkeiten ihres gemeinsamen Lebens im Vergleich zu den Stunden der Leidenschaft in den Armen von Casanova Johnson hatten. Nein, die einzige Lösung war, sich Johnsons zu entledigen, so wie die Bläßhühner sich zweifellos der kanadischen Gänse, dieser Störenfriede, entledigen würden.

Nach der Teepause machte sich Patchin wieder an die Arbeit. Freitag abends hatte er stets am meisten zu tun, wenn Dutzende von Braten für das Wochenende vorbereitet werden mußten. Er hatte einige besonders wählerische Kunden, die ihr Fleisch gern auf die pedantische französische Art zubereitet haben wollten, und er war durchaus bereit, ihren Marotten entgegenzukommen. Für dieses Wochenende war sehr viel Rind bestellt worden, und sein junger Helfer konnte das nicht zubereiten; er war nur für die einfachsten Arbeiten zu gebrauchen. Patchin stellte den Jungen an den Fleischwolf und machte sich selbst mit grimmiger Lust über einen Rinderkadaver her.

Nach dem Essen konnte er es kaum erwarten, Angela ins Bett zu bekommen. Das Wissen, daß sie die Geliebte des jungen Johnson war, hatte die seltsame und völlig unerwartete Wirkung, seine Begierde nach ihr zu verdoppeln. Sie schien nicht weniger bereit als er, und während sie sich mit hochgezogenen Knien aufs Bett sinken ließ, lächelte sie ihn auf eine ganz neue Weise an. Es war ein Lächeln, das einen Anflug von Belustigung über seine ungeschickten Bemühungen, ihr zu gefallen, enthielt. Diesmal war er es, der sich hinterher unbefriedigt und leer fühlte, obwohl er sie zweimal genommen hatte. Es war, als könnte sein rastloses Verlangen auch nicht gestillt werden, wenn er sie ein dutzendmal besaß.

Von Mitte Juni an verbrachte Daniel Patchin fast jeden Sonntag im Calcot-Forst, bei weitem das größte Waldgebiet, das Lord Benningworth gehörte. Einen Sonntag widmete er ganz der Suche nach Spuren des Liebespärchens und stieß tatsächlich auf einen Flecken niedergedrückten Farns, bei dessen Anblick ein seltsames Gefühl in ihm hochstieg – beinahe eine Art Übelkeit. Von dem Liebesnest aus ging er hinunter zu einer leerstehenden Hütte im abgelegensten Teil des Waldes, wo niemals die Sonne hinzukommen schien. Bis 1939 hatte ein Förster in dem Häuschen gewohnt, danach hatten die Benningworths keinen Förster mehr eingestellt, und das abgelegene, nicht besonders ansehnliche Häuschen war an einen merkwürdigen alten Mann namens Ted Ames vermietet worden. Lord Benningworth, ein echter Konservativer in dem Sinn, daß er jeder Veränderung abhold war, ließ die Hütte einfach leerstehen, als Ames 1948 in geistiger Verwirrung in eine Nervenheilanstalt eingeliefert worden war, in der er schließlich starb. Seitdem hatte man das Häuschen seiner Regenrinnen beraubt, einige der alten Dachbalken waren angefault und durch einige Stellen im Dach, wo die Schindeln fehlten, fand der Regen Einlaß. Selbst an den heißesten Sommertagen war die Hütte klamm und roch nach Moder und Fäulnis. Die Küchenwände waren voller Schwamm, und durch die Ritzen des Ziegelbodens stießen Unkräuter, um langsam die unteren Räume zu überwuchern.

Daniel Patchin stand lange Zeit still da und betrachtete das baufällige kleine Haus, von dem einige Dorfbewohner behaupteten, daß der Geist Ted Ames' dort umgehe. Patchin glaubte weder an Geister noch Gespenster, noch an Himmel und Hölle. Er glaubte, daß das Universum unbegreifbar und der Menschheit gegenüber völlig gleichgültig ist. Plötzlich sagte er laut: »So eine Verschwendung. Für das alte Ding müßte sich doch noch eine Verwendung finden.« Der zweite Satz, in besonders mildem Ton gesprochen, endete mit einem leicht fragenden Unterton, und zum erstenmal bewegte Patchin den Kopf, als spräche er mit einer anderen Person und wartete auf deren Kommentar zu seiner Bemerkung. Dann belächelte er flüchtig und ohne Erheiterung den Gedanken, der ihm bei der Erinnerung an eine gewisse Besonderheit des alten offenen Kamins in der Hütte gekommen war, und machte auf dem Absatz kehrt.

Überall im Calcot-Forst standen Holzstapel, die Patchin zu errichten pflegte, um sie später mit einem Lastwagen abzuholen. In einer Hütte hatte er eine Kettensäge, Behälter mit Benzin, Äxte und Säcke voll Holzspäne und Sägemehl. Er blickte um sich, um sich zu vergewissern, daß niemand in der Nähe war, und machte sich daran, die Säcke mit Späne und Sägemehl zur Ames-Hütte hinüberzuschleppen. Es erfüllte ihn mit tiefer Befriedigung, nun endlich mit den Arbeiten zur Durchführung seines Plans begonnen zu haben.

An den folgenden Sonntagen brachte Daniel Patchin viel Zeit mit dem Transport dürrer Äste und ausgedörrten Gestrüpps zu. Auch Dosen mit Paraffin, Farbbüchsen, die nur noch Reste enthielten, Plastikbeutel, in denen einmal abgetropftes Bratenfett gewesen war, Säcke mit Fett, alte Lappen und anderes unbrauchbares Zeug beförderte er mit seinem Lieferwagen. All diese Dinge verteilte er wohlüberlegt überall in der Hütte, verwandelte sie allmählich in einen einzigen großen Scheiterhaufen.

Während die Vorbereitungen im Calcot-Forst zufriedenstellend voranschritten, zog Patchin Erkundigungen über Ray Johnsons Tagesblauf ein. Mit ein paar wie beiläufig gestellten Fragen brachte er die Postbeamtin, die gern klatschte, dazu, ihm zu erzählen, nach welchem Plan Johnson und die anderen Postboten des Bezirks eingeteilt waren. Er entdeckte unter anderem, daß Johnson entweder montags oder mittwochs am Nachmittag frei hatte. Die Bestätigung dafür erhielt er, als Angela am ersten Mittwoch im Juli plötzlich ein überraschendes Interesse an seinen Plänen für den Nachmittag an den Tag legte. Da er ihr sonstiges Desinteresse an seiner Angelleidenschaft kannte, beantwortete er ihre Fragen mit einer bitteren Erheiterung, die er vor ihr verbarg. Dann ließ er sich aus einer Laune heraus mehr Zeit als gewöhnlich bei den Vorbereitungen zu seinem wöchentlichen Ausflug an die Themse. Seine Angelausrüstung war von einfachster Art – er verachtete die »Londoner Bande«, die am Wochenende mit Gerätschaften beladen über den Fluß herfiel. Während er umständlich seine Sachen richtete und ungewöhnlich lange brauchte, um die Mehlpaste für die Köder anzurühren, beobachtete er Angela. Sie war offensichtlich nervös und ungeduldig, zugleich aber auch freudig erregt. Sie hatte nichts davon gesagt, daß sie ausgehen wollte, daher vermutete er, daß sie vorhatte, Johnson zu Hause zu empfangen, während er – Daniel – weg war. Wenn die Katze aus dem Haus ist, machen sich die Mäuse ein lustiges Leben, ging es ihm unaufhörlich durch den Kopf, während er die Teigkugel in seinen kräftigen, trockenen Fingern rollte.

Als er endlich im Lieferwagen saß und losfuhr, vermerkte er mit neuerlicher ironischer Belustigung, daß Angela herauskam, um ihm nachzuwinken, als wollte sie ganz sicher sein, daß er auch wirklich wegfuhr. Patchin saß eine Stunde am Flußufer, aber er war nicht in der Stimmung zu angeln. Im Schilf schossen die Libellen umher, und einmal stieß ein Eisvogel herab – Dinge, die ihn normalerweise erfreut hätten, aber an diesem Tag nahm er kaum wahr, was um ihn herum vor sich ging. Er kam sich eher vor wie ein Geist, der an den Ort vergangener Freuden zurückgekehrt ist.

Er freute sich nicht auf das, was jetzt vor ihm lag, als er von der Themse zurückfuhr, doch er hielt es für unerläßlich, sich zu vergewissern. In Pasterne stellte er den Lieferwagen am Weiher ab und schien dann eine ganze Weile ins klare Wasser zu starren. Ein solches Verhalten würde nicht zu verwunderten Bemerkungen Anlaß geben, denn es war bekannt, daß er hier manchmal Stichlinge und Frösche fing, um sie als Köder zu benützen, wenn er Hechte fangen wollte.

Nachdem er einige Minuten blind ins Wasser gestarrt hatte, ging Patchin zu seiner geschlossenen Metzgerei und durch die Ladenräume in den Garten, der sich ans Wohnhaus anschloß. Er eilte lautlos über den Rasen und trat ganz leise durch die Seitentür ins Haus. Keine Minute später bekam er die Bestätigung seines Verdachts. Durch die Balkendecke, die Wohnzimmer und Schlafzimmer trennte, hörte er das Quietschen des Bettes, so laut, daß man fast hätte meinen können, das gute alte Ehebett wolle gegen das Treiben des ehebrecherischen Paares protestieren. Dann setzte ein merkwürdiges, rhythmisches Grunzgeräusch ein, und seine Frau rief mit fremder Stimme laut etwas Unverständliches.

Geräuschlos zog sich Patchin zurück, ging zu seinem Wagen und fuhr nach Hambleden Mill zurück. Er angelte drei geschlagene Stunden, einen verbissenen Ausdruck auf dem Gesicht – einen Ausdruck, der manchen nordkoreanischen Soldaten vielleicht erschreckt hatte, ehe Patchin ihn mit seinem Bajonett getötet hatte. Sonst warf er kleine Fische in den Fluß zurück; an diesem Nachmittag riß er sie einfach vom Haken und schleuderte sie auf die Uferböschung.

Als Patchin zur gewohnten Zeit nach Hause kam, fand er seine Frau in bester Stimmung. Ehebruch schien ihrer Gesundheit gutzutun. Sie sah aus wie das blühende Leben. Ein köstliches Abendessen stand für ihn bereit, und dazu hatte Angela aus dem Kramladen extra eine Flasche von dem trockenen Apfelwein geholt, den er besonders gern trank. Sie sah ganz reizend aus, die Wangen leicht gerötet, das blonde Haar frisch gewaschen, die zwei obersten Knöpfe einer neuen rosafarbenen Bluse waren geöffnet. Aber Patchin war keiner Reaktion fähig. Einen Moment lang fiel es ihm schwer, weiter so zu tun, als wüßte er nichts von ihrer Affäre, und er hatte das Gefühl, als müßte sich ein Ausdruck eisiger Verachtung auf seinem Gesicht zeigen. Als er hinausging, um sich die Hände zu waschen, schaute er in den Spiegel und war überrascht, sich der gewohnten phlegmatischen Miene gegenüberzufinden.

Nach dem Essen wollte Angela ein wenig im Garten herumwandern. Patchin tat das normalerweise gern, pflegte sich an den Früchten seiner harten Arbeit zu freuen, gerade im Juli, in dem der Garten am schönsten blühte und grünte und die Rosenbeete ›zum Malen‹ waren, wie Angela sagte. Diesmal aber erfüllte ihn nicht einmal die Inspektion der prächtig gedeihenden Gemüsebeete mit der gewohnten Befriedigung; er spürte nur Leere und Enttäuschung – alles schien ihm hohl und sinnlos.

Während Angela sich bückte, um an einer Rose zu riechen, starrte Daniel Patchin zum klaren Abendhimmel hinauf. Alle Freude am Leben war ihm verlorengegangen, und er wußte, daß sie sich erst wieder einstellen würde, wenn er sich des Mannes entledigt hatte, der seine Ehe bedrohte. Angela richtete sich auf und trat zu ihm. Sie nahm seine Hand und legte sie auf ihre Brust, eine Geste, die wenige Monate zuvor noch undenkbar gewesen wäre. Aber ihre neue Sinnlichkeit weckte keine Empfindung in ihm, und als sie später miteinander schliefen, war es wie ein leeres Ritual. Die Erinnerung an das quietschende Bett verdarb ihm allen Genuß.

Patchin beschloß zu versuchen, seinen Mordplan am zweiten Mittwoch im Juli auszuführen. Am Montag dieser Woche unternahm Angela wieder einen ihrer Spaziergänge. Es war daher den Informationen zufolge, die er von der Postbeamtin erhalten hatte, anzunehmen, daß Johnson am Mittwoch nachmittag arbeiten mußte. Wenn das zutraf, würde er gegen drei Uhr nachmittags das schmale Sträßchen am Rand vom Calcot-Forst hinunterfahren, um einen abgelegenen, wenig benutzten Briefkasten zu leeren.

Am Mittwoch war Patchin ganz ruhig und sicher, daß alles nach Plan gehen würde. Nach einem vorzüglichen Mittagessen, das aus Schweinelendchen, den ersten neuen Kartoffeln aus dem Garten und einer großen Portion Saubohnen bestand, machte er sich Punkt zwei Uhr auf den Weg. Seine Angeltasche hatte er schon am Abend vorher gepackt. Sie enthielt jetzt neben dem Angelgerät noch einige andere Dinge – Gummihandschuhe, eine Rolle starken Strick, Heftpflaster und ein Stück Eisenrohr, etwa dreißig Zentimeter lang.

Nachdem er den Lieferwagen an einer klug gewählten Stelle etwas abseits des Waldsträßchens geparkt hatte, nahm er seine Tasche und ging eilig durch den Wald zur Ames-Hütte. Schon unterwegs verspürte er eine angenehme Erregung, die sich noch steigerte, als er vor dem offenen Kamin in der Küche stand und den Scheiterhaufen betrachtete, den er dort errichtet hatte. Er bestand aus drei leicht entflammbaren Stellen, Fidibussen und Holzspänen, einigen dürren Ästen und vielen Kohlestücken und war mit der Sorgfalt aufgeschichtet, die der Buchfink dem Bau seines Nests widmet. Patchin schätzte, daß er ein, zwei Stunden mit starker Hitze brennen würde. »Lange genug jedenfalls, um eine Haxe knusprig zu braten«, murmelte er mit ausdrucksloser Stimme vor sich hin und richtete sich langsam aus der Hocke wieder auf.

Nachdem er die Bahnen paraffingetränkter Holzspäne inspiziert hatte, die er in der ganzen Hütte wie lange Zündschnüre ausgelegt hatte, nahm er das verwilderte Grundstück in Augenschein, das früher einmal ein Garten gewesen war. Üppig wucherndes, hochstehendes Gras kämpfte mit ausladenden Nesselstauden, langem Sauerampfer und Bärenklau. Er glaubte nicht, daß es möglich war, auf diesem Gelände Fußspuren zu erkennen, aber er erwartete auch nicht, daß sein Unternehmen völlig risikolos sein würde. In einem Leben, das einzig vom Zufall bestimmt wurde, gab es immer Risiken.

Es war Viertel vor drei, als er durch den Wald zu dem gewundenen kleinen Sträßchen zurückging. Er hatte die Gummihandschuhe übergezogen und hielt seine Hände verborgen, die linke in der Tasche seiner alten Angeljacke, die rechte in dem Beutel, der von seiner Schulter herabhing. Er stellte sich so an die kleine Straße, daß er sich auf der Fahrerseite des Postwagens befinden würde, wenn dieser kam. Die gedrückte Stimmung, die er wochenlang mit sich herumgeschleppt hatte, hob sich, und er pfiff, während er wartete – eine beinahe tonlose Version des Schlagers *As time goes by* in endloser Wiederholung.

Punkt drei Uhr hörte er Motorengeräusche und machte sich bereit, den Postwagen anzuhalten, sollte Johnson am Steuer sitzen. Zum erstenmal an diesem Nachmittag war er nervös. Das Herz klopfte ihm bis zum Hals, und er verspürte zitternde Furcht, wie sie ihn in Korea jedesmal vor dem Nahkampf befallen hatte. Er hatte damals zu einem Kameraden gesagt: »Jeder hat manchmal Angst. Wer das Gegenteil behauptet, ist entweder ein Lügner oder ein Narr.«

Als der Postwagen um die Kurve bog, begann Patchin zu winken, erst zaghaft, dann, als er Johnsons dunklen Lockenkopf erkannte, energischer, bevor er die Hand schnell wieder verbarg. Johnson hielt das Fahrzeug an, kurbelte das Fenster weiter herunter und rief: »Was gibt's denn?«

Leicht hinkend, den Körper gekrümmt, als hätte er Schmerzen, ging Patchin langsam zum Wagen. »Tut mir leid«, sagte er. »Entschuldigen Sie. Mir geht's nicht gut.« Dicht vor der Wagentür blieb er stehen, schweigend, die Augen halb geschlossen, leise schwankend, als wäre er kurz davor, das Bewußtsein zu verlieren.

Mit einem Ausdruck der Verwunderung, in die sich ein leiser Anflug von Argwohn mischte, öffnete Johnson die Wagentür und machte sich daran auszusteigen, was dank seiner Körpergröße mit einigen Umständen verbunden war. Patchin zog sein Eisenrohr heraus und schlug Johnson damit auf den Kopf. Es war der gutgezielte und wohldosierte Schlag des Metzgers, der genau weiß, was nötig ist, um ein Tier bewußtlos zu schlagen. Johnson torkelte und krachte zu Boden wie ein gefällter Ochse. Patchin bugsierte ihn wieder in den Wagen, setzte sich hinter das Steuer und fuhr, wieder das gleiche Lied pfeifend, das Sträßchen hinunter. Nach etwa hundert Metern bog er auf einen Fahrweg ab, der zu der Hütte führte. Ehe er aus dem roten Postwagen kletterte, drückte er Johnsons Finger aufs Steuerrad, dann zog er den Bewußtlosen heraus und trug ihn so geschickt, wie er das mit den halben Rindern zu tun pflegte, die ihm geliefert wurden, auf der Schulter zur Ames-Hütte.

An der halbverfallenen Tür blieb er einen Moment stehen, um Johnsons Finger auf zwei leere Paraffinkanister zu drücken, dann trug er ihn weiter in die Küche. Johnson war immer noch bewußtlos, doch als Patchin ihn auf den Betonboden niederfallen ließ, begannen seine Augenlider zu flattern. Patchin zog ihn hoch wie eine Lumpenpuppe und schlug ihn mit einem Kinnhaken k. o., der die meisten Boxer zu Boden geschickt hätte.

Nachdem Patchin Johnson den großen Mund mit Heftpflaster verklebt hatte, begann er, ihn mit der Geschicklichkeit zu bearbeiten, die er stets an den Tag legte, wenn er die Sonntagsbraten für seine Kunden vorbereitete. Er drückte die Beine des Bewußtlosen dicht zusammen und verschnürte sie fest von den Oberschenkeln bis zu den Knöcheln, wobei er die gleiche Technik benützte wie bei der Reparatur seiner Angel. Er zurrte den Strick so fest, daß die Beine völlig unbeweglich wurden, und ließ unten an den Knöcheln eine Schlinge. Gleichermaßen verfuhr er mit den schlaffen Armen. Dann kam der Teil, der ihm die tiefste Genugtuung verschaffte: Er schob die Schlingen über die beiden Haken am offenen Kamin, in denen früher der Drehspieß gelegen hatte, so daß Johnson nun wie ein Spanferkel über dem mit Sorgfalt errichteten Scheiterhaufen hing. Patchin entzündete den Stapel und ging aus der Hütte.

Ehe er die Gummihandschuhe auszog, hob er die leeren Paraffinbehälter auf und deponierte sie bei dem alten Gartentor, dann machte er sich davon und ging schnellen Schritts zu der Stelle, an der er seinen eigenen Wagen versteckt hatte. Es war halb vier Uhr, und alles hatte geklappt wie am Schnürchen. Pech konnte man natürlich immer haben – es bestand beispielsweise die, wenn auch entfernte Möglichkeit, daß ein anderes Liebespaar sich hier im Wald vergnügte und ihn so zielstrebig vorübereilen sah –, aber gegen Zufälle konnte man sich eben nicht absichern.

Auf der Fahrt zur Themse ließ sich Patchin seinen Plan noch einmal durch den Kopf gehen und überlegte sich, daß ein, zwei Dinge noch getan werden mußten. Sobald er den Wagen in der Nähe der Hambleden-Mühle geparkt hatte, machte er seine Angel fertig, befestigte sogar den Köder, was er sonst immer erst tat, wenn er am Wasser war, um, falls er jemandem begegnen sollte, den Eindruck zu erwecken, er hätte bereits gefischt und wäre nun auf der Suche nach einer anderen Stelle. Dann schulterte er die Angel und schritt den Kiesweg entlang zur Schleuse. Als er näher kam, hielt er aufmerksam nach dem Schleusenwärter Ausschau, konnte ihn aber nirgends entdecken und war froh, ungesehen passieren zu können.

Zuerst warf er das Eisenrohr ins Wasser, dann angelte er eine Stunde lang in aller Ruhe. Er fischte nahe bei der Uferböschung, wo die Fische häufiger bissen, dafür aber auch immer sehr klein waren. Er fing ein winziges Rotauge und drei Gründlinge, war aber ganz zufrieden mit dem Fang. Den letzten Gründling ließ er am Haken, als er zur Schleuse zurückging. Das Glück war ihm immer noch hold; der Schleusenwärter war an der Arbeit, als er kam, öffnete eben die Schleusentore, um eine Motorjacht passieren zu lassen. Als er Patchin sah, rief er: »Was gefangen, Dan?«

»Nicht viel. Nur Kleinvieh«, rief Patchin zurück und schüttelte seine Angel, daß der aufgehängte Gründling an der

Schnur auf und nieder tanzte. »Die benutze ich als Köder, wenn ich im Mühlweiher Hechte fische. Wiedersehen.«

»Wiedersehen. Heben Sie mir fürs Wochenende ein gutes Hühnchen auf?«

»Mach' ich.« Patchin ging ein klein wenig schneller davon, als es sonst seine Art war. Angesichts der bevorstehenden Rückkehr zur Ames-Hütte verspürte er eine Erregung, die es ihm schwermachte, unbefangen zu erscheinen. Ausnahmsweise einmal war er froh, daß er ein so nichtssagendes Gesicht hatte.

Während seine Gedanken mit anderen Dingen beschäftigt waren, nahm er so schnell wie möglich seine Angel auseinander. »Ja, es klappt alles wie geplant«, sagte er laut, obwohl nirgends ein Mensch war, der ihn hätte hören können.

Doch auf der Rückfahrt zur Hütte überkam ihn plötzlich ein überraschendes Gefühl von Leere und Enttäuschung. Zwar war, soweit er feststellen konnte, alles ohne Panne abgelaufen, aber irgendwie war es zu einfach gegangen. Es wäre befriedigender gewesen, wenn er dem langen, aber ziemlich schwächlichen Johnson die Möglichkeit zur Gegenwehr hätte geben und ihn dann so locker und leicht hätte erledigen können wie ein schlauer alter Kater eine unterernährte Ratte.

Gleich als er den Calcot-Forst erreichte, nahm er den feinen Geruch wahr, der zwischen den Bäumen hing. Er erinnerte ihn an den würzigen Schweinebratenduft, der ihn zur Mittagszeit zu Hause empfangen hatte. Mit jedem Schritt, den er weiterging, wurde der Geruch stärker, und bald sah er die grauen Qualmwolken, die aus dem alten Kamin der Ames-Hütte in die Höhe stiegen. Im Flur war der Geruch sehr stark, in der Küche, in der ein verkohlter Kadaver noch immer über dem schwelenden Feuer schmorte, war er ausgesprochen widerlich.

Trotz des Gestanks blieb Patchin und betrachtete das schwarze Ding, das keine Ähnlichkeit mit dem zungenfertigen Postboten hatte. Patchins Abscheu auf den Mann war jetzt, da Haß keine Bedeutung mehr hatte, ganz verflogen. Er verspürte keine Schadenfreude beim Anblick seines Opfers, sann vielmehr über die Vergänglichkeit des Menschen nach. Wie leicht war der Mensch in den Staub getreten, wie schnell war er in einen Klumpen verwesenden Fleisches verwandelt! Genauso war es in Korea gewesen: Eben noch hatte sein Freund Dusty Seddon ihm einen zweideutigen Witz erzählt, und dann lag er auch schon stumm, mit zerfetztem Gesicht neben ihm.

Im Flur machte Patchin noch einmal halt, um die mit Paraffin getränkten Holzspäne in Brand zu setzen. Dann ging er durch die Tür hinaus und warf die Streichholzschachtel hinter sich ins Haus.

Noch ehe Patchin aus dem Garten hinaus war, hatten die Flammen um sich gegriffen. Er hörte sie toben, ohne sie zu sehen, bis schließlich hinter einem der bleigefaßten Rautenfenster rote Zungen aufleuchteten. Zum zweitenmal an diesem Tag überkam Patchin ein Anfall von Nervosität; seine rechte Hand zitterte heftig, und ein paar Minuten lang war ihm, als wären seine Beine aus Gummi. Es kostete ihn große Anstrengung, sich vorwärts zu bewegen.

Als er wieder in seinem Wagen saß, zog er ein großes Taschentuch heraus und wischte sich die schweißnasse Stirn. Danach gönnte er sich eine kurze Verschnaufpause, ehe er auf seine gewohnte umsichtige Art losfuhr. Hatte er irgendwo etwas übersehen – vielleicht einen winzigen Fehler gemacht, der schon in wenigen Tagen die Polizei zu seiner Tür führen würde? Während er den Wagen durch die kleinen Straßen steuerte, die ihn wieder auf die Hauptstraße von Hambleden nach Pasterne bringen würden, bedrängte ihn unablässig ein nagender Verdacht, daß er einen entscheidenden Fehler gemacht haben könnte.

Allmählich jedoch, während er langsam durch den Spätnachmittag fuhr, gewann er seine Ruhe wieder und begann zu überlegen, ob ein Übergreifen des Feuers auf den Wald zu befürchten sei. Der große Garten mit den wildwuchernden Gräsern und Unkräutern müßte eigentlich wie eine Barriere wirken; aber selbst wenn sich das Feuer ausbreiten sollte... Lord Benningworth schuldete ihm mehr als eine kleine Gefälligkeit für die viele harte Arbeit, die er seit fünfundzwanzig Jahren als Amateurförster geleistet hatte. Ein Gedanke schoß Patchin plötzlich durch den Kopf, und er lächelte. Das Familienmotto der Benningworths, *Esse quam videri*, »Mehr sein als scheinen«, war hier in der Gegend wohlbekannt; zu schade, daß Ray

Johnson nicht gewußt hatte, daß auch Daniel Patchin einen Wahlspruch hatte: »Was ich besitze, gebe ich nicht her.«

Als Patchin Pasterne erreichte, fühlte er sich wieder völlig normal. Gewaltsamer Aufruhr hatte vorübergehend sein beschauliches Leben bedroht, aber das war nun vorbei. Das Dorf sah im Licht des späten Nachmittagssonnenscheins besonders hübsch aus. Die weißen Enten schwammen so geschäftig auf dem Weiher hin und her, als würden sie dafür bezahlt, und Schwalben schossen auf der Jagd nach Mücken in geschwindem Flug über die spiegelglatte Wasserfläche. Die schwarzweiße Katze der Postbeamtin schlich so vorsichtig über das frischgemähte Gras, als wollte sie einem Wassermolch auflauern, und setzte sich zierlich am Rand des Weihers nieder. »Idyllisch«, murmelte Patchin.

Auf dem Weg zu seinem adretten kleinen Haus überlegte Daniel Patchin, was er sagen sollte, wenn er Angela sah. Er mußte unbedingt völlig normal erscheinen, damit sie nicht, wenn sie von dem rätselhaften Unglück im Calcot-Forst hörte, aufgrund seines veränderten Verhaltens Verdacht schöpfen konnte. Erst jetzt konnte er verstehen, wie schwer es Angela nach jenem Spaziergang im Mai gefallen sein mußte, halbwegs normal zu erscheinen oder eine unverfängliche Bemerkung über ihren Ausflug zu machen; jeder Satz, jede Bemerkung, die er sich überlegte, erschien ihm künstlich und verdachterregend. »Schöner Nachmittag, aber ich hab' nichts gefangen« – falsch. »Hat Spaß gemacht, aber es war nicht das richtige Angelwetter« – unnatürlich.

Aber Patchin hätte sich gar kein Kopfzerbrechen zu machen brauchen: sobald er nämlich die Seitentür des Hauses öffnete, hörte er das durchdringende Quietschen der protestierenden Sprungfedern des Ehebetts und dann Angelas Aufschrei mit einer Stimme, die fremd und unnatürlich klang.

*Aus dem Englischen übertragen
von Mechtild Sandberg-Ciletti*

BLANVALET

Kriminalgeschichten

Die Meister angelsächsischer Mordkunst lassen bitten – und exklusiver Nervenkitzel ist garantiert. Erstklassige Kriminalstories, perfekt, perfid und mörderisch geistreich inszeniert. Stories von bester literarischer Qualität, intelligent, ironisch, hintersinnig und mit jeweils höchst individueller Note für anspruchsvolle Leser.

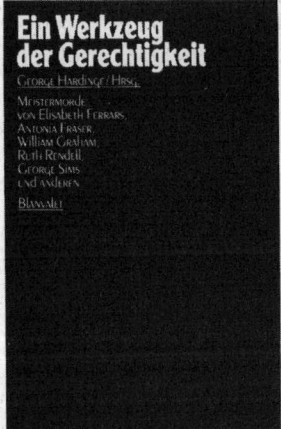

Ein Werkzeug
der Gerechtigkeit
288 Seiten

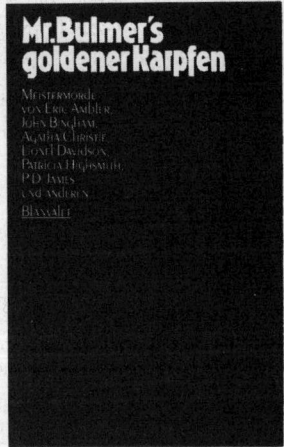

Mr. Bulmer's
goldener Karpfen
288 Seiten

Elisabeth George
Gott schütze dieses Haus
Roman (9918)
Leseprobe

Es war ein Fauxpas schlimmster Art. Er nieste der Frau mitten ins Gesicht, laut, naß, absolut unverzeihlich. Eine Dreiviertelstunde hatte er das Niesen zurückgehalten, dagegen gekämpft, als handle es sich um Henry Tudors Streitmacht bei der Schlacht von Bosworth. Bis er schließlich kapitulierte. Und nach vollbrachter Tat fing er zu allem Überfluß auch noch zu schniefen an.

Die Frau fixierte ihn. Sie war genau der Typ, in dessen Anwesenheit er unweigerlich zum stammelnden Idioten wurde, mindestens einen Meter achtzig groß, mit jener modischen Unbekümmertheit gekleidet, die für die britische *upper class* bezeichnend ist, alterslos und zeitlos. Sie fixierte ihn mit stahlblauem Blick, unter dem sich vor vierzig Jahren gewiß manches Zimmermädchen in Tränen aufgelöst hatte. Sie mußte weit über sechzig, vielleicht schon fast achtzig sein, aber es war schwer zu sagen. Sie saß kerzengerade, die Hände im Schoß gefaltet, mit der vorschriftsmäßigen Haltung der höheren Tochter, die sich nicht die kleinste der Bequemlichkeit förderliche Regung gestattet.

Und sie fixierte ihn. Erst seinen Priesterkragen, dann seine tropfende Nase.

Verzeihen Sie, Verehrteste. Ich bitte tausendmal um Verzeihung. Ein kleiner Fauxpas wie ein Niesen darf doch eine Freundschaft wie die unsere nicht zerstören. Er war immer so witzig, wenn er seine geistigen Dialoge führte. Nur wenn er laut sprach, kam er fürchterlich ins Schleudern.

Er schniefte wieder. Sie starrte ihn immer noch an. Wieso reiste sie überhaupt zweiter Klasse? Sie war in Doncaster ins Abteil gerauscht wie eine überalterte Salome, freilich zugeknöpfter gekleidet, und hatte dann die ganze Fahrt nichts anderes getan, als entweder von dem widerlich riechenden lauwarmen

Kaffee der Britischen Eisenbahn zu nippen oder ihn in einer Art und Weise anzuschauen, welche die Mißbilligung der gesamten englischen Staatskirche zum Ausdruck brachte.

Und dann kam das Niesen. Tadellos korrektes Verhalten von Doncaster bis London hätte seine Zugehörigkeit zur römisch-katholischen Kirche vielleicht entschuldigen können. Das Niesen jedoch trug ihm ewige Verdammnis ein.

»Ich – äh – das heißt – Sie müssen verzeihen...«

Es hatte keinen Sinn. Sein Taschentuch war tief in seiner Tasche vergraben. Um es herauszuziehen, hätte er den abgewetzten Aktenkoffer auf seinem Schoß loslassen müssen, und das war undenkbar. Es geht hier nicht um eine Verletzung der Etikette, Madam. Hier geht es um Mord! Bei diesem Gedanken schniefte er mit selbstgerechtem Nachdruck.

Die Frau nahm noch korrektere Haltung an; ihre Mißbilligung war nun nicht mehr zu übersehen. Ihr Blick sagte alles. Er spiegelte jeden ihrer Gedanken, und er konnte sie alle lesen: Ein jämmerlicher kleiner Mann. Erbärmlich. Zweifellos keinen Tag jünger als fünfundsiebzig und sieht entsprechend aus. Aber was kann man von solchen Leuten schon erwarten? Drei Schnitte im Gesicht von der schlechten Rasur und im Mundwinkel noch ein Krümel vom Frühstückstoast; abgetragener schwarzer Anzug, an Ellbogen und Manschetten ausgebessert; und der Schlapphut voller Staub. Und dieser gräßliche Koffer auf seinem Schoß! Er hielt ihn die ganze Zeit fest, so als wäre sie nur mit der Absicht in den Zug gestiegen, ihn ihm zu entreißen. Guter Gott!

Die Frau seufzte und wandte sich ab, als suche sie Erlösung. Aber die blieb ihr versagt. Seine Nase tropfte weiter, bis das Langsamerwerden des Zuges endlich das nahe Ende ihrer gemeinsamen Fahrt ankündigte.

Im Aufstehen strafte sie ihn mit einem letzten Blick. »Endlich begreife ich, was die Katholiken meinen, wenn sie vom Fegefeuer sprechen«, zischte sie und rauschte hinaus.

»Ach du meine Güte«, murmelte Pater Hart. »Ach du meine Güte, ich habe anscheinend tatsächlich...«

Aber sie war schon weg. Der Zug hatte unter dem gewölbten Dach des Londoner Bahnhofs angehalten. Nun war es an der Zeit, den Auftrag zu erledigen, der ihn in die Stadt geführt hatte.

Er hielt noch einmal Umschau, um sich zu vergewissern, daß er alle seine Sachen beisammen hatte; völlig überflüssige Gewissenhaftigkeit, da er aus Yorkshire nichts mitgenommen hatte als den Aktenkoffer, den er bisher nicht aus der Hand gegeben hatte. Mit zusammengekniffenen Augen schaute er durch das Fenster in die riesige Halle des King's-Cross-Bahnhofs hinaus.

Er hatte eher etwas wie den Victoria-Bahnhof erwartet mit seinen gemütlichen alten Backsteinmauern, seinen Verkaufskiosken und Straßenmusikanten, die der Polizei immer eine Nasenlänge voraus waren. Aber King's Cross war ganz anders: große Flächen gefliesten Bodens, marktschreierische Reklametafeln, die von der Decke herabhingen, Bücherstände, Kioske mit Süßigkeiten, Hamburgerbuden. Und die vielen Leute! Viel mehr, als er erwartet hatte. In langen Schlangen standen sie vor den Schalterfenstern, rannten, rasch noch einen Imbiß hinunterschlingend, zu ihren Zügen, redeten, lachten, umarmten sich abschiednehmend. Menschen jeder Rasse und Hautfarbe. Wie ungewohnt! Der Lärm und das Durcheinander verwirrten ihn.

»Wollen Sie aussteigen, Pater, oder haben Sie vor, hier zu nächtigen?«

Verdutzt blickte Pater Hart in das rotwangige Gesicht des Schaffners, der ihm am Morgen bei der Abfahrt des Zuges aus York bei der Suche nach seinem Platz geholfen hatte. Es war ein freundliches nordenglisches Bauerngesicht, vom Wind der Hochmoore mit einem Netzwerk feiner geplatzter Äderchen gezeichnet.

»Wie? Ich – O ja... Ich muß raus.« Pater Hart machte

entschlossene Anstrengungen, sich von seinem Platz zu erheben. »Ich war seit Jahren nicht mehr in London«, fügte er hinzu, als könne diese Bemerkung sein Widerstreben, den Zug zu verlassen, erklären.

Der Schaffner nahm sie als Aufforderung zum Gespräch.

»Kommen Sie, ich helfe Ihnen«, sagte er. »Haben Sie Ihren Koffer?«

»Ich – ja, ja, ich hab' ihn.«

Pater Hart ignorierte die hilfreich dargebotene Hand des Mannes. Schon spürte er den Schweiß an den Händen und unter den Achseln, in den Lenden und in den Kniekehlen und fragte sich, wie er diesen Tag überstehen sollte.

»Gut, dann raus auf den Bahnsteig.«

Pater Hart spürte den neugierigen Blick des Schaffners, der von seinem Gesicht zum Aktenkoffer glitt. Er hielt den Griff des Köfferchens fester. In der Hoffnung, dadurch entschlossener zu wirken, spannte er seinen Körper an, bekam aber nur einen äußerst schmerzhaften Krampf im linken Fuß. Er stöhnte vor Schmerz.

Der Schaffner war besorgt. »Sie sollten vielleicht besser nicht allein reisen. Brauchen Sie wirklich keine Hilfe?«

Doch, natürlich brauchte er Hilfe. Aber es konnte ihm keiner helfen. Er konnte sich nicht einmal selbst helfen.

»Nein, nein. Ich bin gleich draußen. Sie waren sehr freundlich. Heute morgen mit meinem Sitzplatz, meine ich. In der ersten Verwirrung.«

Der Schaffner winkte ab.

»Machen Sie sich da nichts draus. Viele Leute wissen nicht, daß mit den Karten auch Plätze reserviert sind. Ist ja alles glattgegangen, nicht?«

»Ja. Ich denke doch...«

Pater Hart holte in aller Eile tief Luft. Den Gang entlang, zur Tür hinaus, zur Untergrundbahn, befahl er sich. Das mußte doch zu schaffen sein. Er schlurfte zur Wagentür. Der Koffer, den er mit beiden Händen in Bauchhöhe hielt, schlug ihm bei jedem Schritt gegen die Schenkel.

»Moment, Pater«, sagte der Schaffner hinter ihm. »Die Tür geht ein bißchen schwer. Lassen Sie mich das machen.«

Er ließ den Mann in dem engen Gang an sich vorbei. Schon drängten zur hinteren Tür zwei mißmutige Männer vom Reinigungspersonal herein, mit Müllsäcken über den Schultern, um den Zug für die Rückfahrt nach York in Schuß zu bringen. Es waren zwei Pakistanis, und obwohl sie englisch sprachen, konnte Pater Hart infolge ihres exotischen Akzents kein Wort verstehen.

Er erschrak, als ihm das bewußt wurde. Was tat er hier in der Hauptstadt, wo die Einwohner Ausländer waren, die ihn mit dunklen, feindseligen Augen und fremdartigen Gesichtern ansahen? Was hoffte er denn zu erreichen? Was war das für eine Torheit? Wer würde glauben –

»Brauchen Sie Hilfe, Pater?«

Endlich fand Pater Hart eine entschlossene Antwort.

»Nein. Es geht gut. Sehr gut.«

Er schaffte es die Stufen hinunter, spürte den Beton des Bahnsteigs unter seinen Füßen, hörte das Gurren der Tauben hoch oben unter dem gewölbten Dach der Bahnhofshalle. Zerstreut machte er sich auf den Weg den Bahnsteig entlang zum Ausgang Euston Road.

Hinter sich hörte er wieder den Schaffner.

»Werden Sie abgeholt? Wissen Sie, wohin Sie müssen? Wohin wollen Sie denn jetzt?«

Pater Hart straffte die Schultern.

»Zu Scotland Yard«, antwortete er mit fester Stimme.

Der St.-Pancras-Bahnhof gleich auf der anderen Straßenseite bildete einen so eklatanten Gegensatz zum King's-Cross-Bahnhof, daß Pater Hart einfach stehenbleiben mußte, um den Bau in seiner ganzen neugotischen Großartigkeit zu bestaunen. Straßenlärm und Abgasgestank waren mit einem Mal bedeutungslos. Architektur interessierte ihn, und hier hatte sie die tollsten Blüten getrieben.

»Herr im Himmel, ist das eine Pracht«, murmelte er, den Kopf nach rückwärts geneigt, um die Gipfel und Schluchten des Bahnhofsgebäudes besser betrachten zu können. »Wenn man das Ding ein bißchen säubern würde, wäre es der reinste Palast.« Er schaute sich abwesend um, so als wollte er den nächsten Passanten anhalten, um ihm einen Vortrag über die üblen Auswirkungen jahrzehntelanger Kohleheizung auf das alte Gebäude zu halten. »Es würde mich wirklich interessieren, wer –«

Ein Polizeifahrzeug raste plötzlich mit heulender Sirene die Caledonian Road hinunter und bog mit quietschenden Reifen in die Euston Road ein. Mit einem Schlag befand sich Pater Hart wieder in der Wirklichkeit. Er schüttelte sich innerlich, zum Teil aus Irritation, zum größeren Teil jedoch aus Furcht. Seine Gedanken gingen jetzt immer häufiger auf Wanderschaft. Und das signalisierte doch das Ende, nicht wahr? Er schluckte einen quälenden Kloß der Angst hinunter und bemühte sich wieder um Entschlossenheit. Sein Blick fiel auf den schwarzen Balken der Schlagzeile der Morgenzeitung. Neugierig trat er näher. »Neuer Mord am Vauxhall-Bahnhof!«

Mord! Er schreckte vor dem Wort zurück, sah sich um und gönnte sich einen Blick auf den Bericht, überflog ihn hastig, aus Sorge, genauere Lektüre könnte ein Interesse am Makabren verraten, das einem Geistlichen schlecht anstand. Wörter, nicht Sätze fing sein Blick ein. »...aufgeschlitzt...teilweise entkleidete Leichen... Arterien... durchtrennt... männliche Opfer...«

Er schauderte, faßte sich an den Hals, seiner eigenen Verletzlichkeit bewußt. Selbst ein Priesterkragen war kein sicherer

Schutz vor dem Messer eines Mörders. Es würde suchen. Es würde zustechen.

Diese Vorstellung wirkte vernichtend auf ihn. Er wich leicht taumelnd vor dem Zeitungsstand zurück und erblickte zum Glück keine zehn Meter entfernt das U-Bahn-Schild. Es half seinem Gedächtnis wieder auf die Beine.

Er kramte einen Plan der öffentlichen Verkehrsverbindungen aus seiner Tasche und studierte mit peinlicher Genauigkeit das zerknitterte Blatt Papier. Die Circle Line bis St. James's Park, sagte er sich vor. Dann noch einmal mit Nachdruck: »Die Circle Line bis St. James's Park. Die Circle Line bis St. James's Park.«

Wie einen gregorianischen Gesang leierte er diesen Satz vor sich hin, während er die Treppe hinunterstieg. Er hielt Metrum und Rhythmus bis zum Schalter und stellte seinen Singsang erst ein, als er im Zug Platz genommen hatte. Dort musterte er die anderen Fahrgäste, stellte fest, daß zwei alte Damen ihn mit unverhohlener Neugier beobachteten, und neigte verzeihungheischend den Kopf.

»Verwirrend«, erklärte er und versuchte es mit einem zaghaft freundschaftlichen Lächeln. »Man kommt so durcheinander.«

»Wirklich die unmöglichsten Typen, sag' ich dir, Pammy«, bemerkte die jüngere der beiden Frauen zu ihrer Begleiterin. Sie warf dem Geistlichen einen routinierten Blick eisiger Verachtung zu. »Und jede Maske ist ihnen recht, hab' ich gehört.« Die wäßrigen Augen unverwandt auf den verwirrten Pater Hart gerichtet, zog sie ihre Freundin vom Sitz hoch, hielt sich an dem Pfosten bei der Tür fest und drängte sie an der nächsten Haltestelle laut zum Aussteigen.

Pater Hart sah ihnen resigniert nach. Man kann es ihnen nicht verübeln, dachte er. Man durfte nicht blind vertrauen. Niemals. Und das zu sagen, war er nach London gekommen: daß es nicht die Wahrheit war. Es sah nur wie die Wahrheit aus. Ein Toter, ein junges Mädchen und ein blutiges Beil. Aber es war nicht die

Wahrheit. Er *mußte* sie überzeugen und... Ach Gott, er hatte so wenig Talent für so etwas. Aber Gott war auf seiner Seite. An diesen Gedanken klammerte er sich. Was ich tue, ist recht, was ich tue, ist recht, was ich tue, ist recht. Dieser neue Singsang führte ihn direkt vor die Tore von New Scotland Yard.

»Es sollte mich wundern, wenn uns da nicht wieder eine Konfrontation zwischen Kerridge und Nies blühte«, schloß Superintendent Malcolm Webberly und zündete sich eine dicke Zigarre an, von der augenblicklich unangenehme Qualmwolken in die Luft stiegen.

»Mensch, Malcolm, mach wenigstens das Fenster auf, wenn du das Ding schon rauchen mußt«, sagte Chief Superintendent Sir David Hillier. Er war Webberlys Vorgesetzter, aber er ließ seinen Leuten in der Führung ihrer jeweiligen Abteilungen weitgehend freie Hand. Ihm selbst wäre es nicht im Traum eingefallen, kurz vor einem dienstlichen Gespräch einen derartigen Angriff auf Geruchs- und Atmungsorgane zu starten, aber Malcolm hatte seine eigenen Methoden, und die hatten sich bisher noch nie als untauglich erwiesen. Er rückte seinen Sessel herum, um dem schlimmsten Qualm zu entgehen, und ließ sein Auge über das Durcheinander im Büro schweifen.

Hillier fragte sich oft, wie Malcolm es mit seiner Neigung zum Chaos schaffte, seine Abteilung so effizient zu führen. Akten und Fotografien, Berichte und Bücher stapelten sich auf sämtlichen verfügbaren glatten Flächen. Leere Kaffeetassen standen neben überquellenden Aschenbechern, und ganz oben auf dem Regal lag sogar ein Paar uralter Laufschuhe. Das Zimmer verbreitete, genau wie es Malcolms Absicht war, die Atmosphäre einer Studentenbude: vollgestopft, locker und im Geruch ein wenig muffig. Nur das ungemachte Bett fehlte. Es war eine Atmosphäre, die ungezwungenes Beisammensein und offenen Gedankenaustausch förderte, Kameradschaft unter Männern gedeihen ließ, die im Team zusammenarbeiten mußten. Ein Menschenkenner, unser Malcolm, dachte Hillier. Weit klüger, als man vermutete, wenn man diesen ganz durchschnittlich wirkenden, fülligen Mann mit den runden Schultern sah.

Webberly hievte sich aus dem Schreibtischsessel und hantierte kurz mit dem Fensterriegel, ehe es ihm gelang, ihn zu öffnen.

»Tut mir leid, David. Das vergess' ich jedesmal.« Er setzte sich wieder, betrachtete düster den Wust von Papieren vor sich und sagte: »Das hat mir jetzt gerade noch gefehlt.« Er fuhr sich mit einer Hand durch das schüttere Haar, das, früher rotblond, jetzt fast ganz ergraut war.

»Schwierigkeiten zu Hause?« fragte Hillier vorsichtig und hielt den Blick angelegentlich auf seinen goldenen Siegelring geheftet.

Die Frage war für beide problematisch; er und Webberly waren mit zwei Schwestern verheiratet, doch im Yard wußte das kaum jemand, und die beiden Männer bezogen sich in Gesprächen selten darauf.

Ihre Beziehung beruhte auf einer jener Launen des Schicksals, durch die zwei Menschen sich manchmal auf eine Weise miteinander verstrickt sehen, die im allgemeinen besser unbesprochen bleibt. Hilliers berufliche Laufbahn war ein Spiegel seiner Ehe. Seine Karriere war erfolgreich, seine Ehe glücklich, beide füllten ihn aus. Seine Frau war ihm die ideale Partnerin: geistige Freundin, liebevolle Mutter, hinreißende Geliebte. Er gab gern zu, daß sie der Mittelpunkt seines Lebens war; seine drei Kinder brachten Freude und Abwechslung in sein Leben, aber wirkliche Bedeutung hatte nur Laura für ihn. Ihr galt morgens sein erster Gedanke und abends sein letzter, zu ihr trug er praktisch alle Bedürfnisse seines Lebens. Und sie erfüllte jedes.

Bei Webberly war es anders: eine Laufbahn so glanzlos und unauffällig wie der Mann selbst, keine Blitzkarriere, sondern ein schleppender Aufstieg, zwar von verschiedenen Erfolgen begleitet, für die Webberly jedoch selten Lorbeeren einheimste. Er war einfach nicht der diplomatische Taktiker, der er hätte sein müssen, um im Yard Erfolg zu haben. Daher winkte auch kein Adelstitel am beruflichen Horizont, und das war die Belastung, unter der die Ehe der Webberlys litt.

Die Eifersucht darüber, daß ihre Schwester *Lady* Hillier war, fraß Frances Webberly fast auf. Aus der schüchternen, aber zufriedenen kleinen Hausfrau war darüber eine verbissene Streberin nach gesellschaftlichem Aufstieg geworden. Abendessen, Cocktailpartys, langweilige Einladungen und Empfänge, die sie sich kaum leisten konnten, wurden für Leute veranstaltet, die sie persönlich nicht interessierten, die aber nach Frances' Auffassung den Aufstieg ihres Mannes zur Creme der Gesellschaft dokumentierten. Zu all diesen Veranstaltungen kamen die Hilliers getreulich; Laura aus besorgter Loyalität zu einer Schwester, mit der keine liebende Beziehung mehr möglich war; Hillier, um Webberly, so gut er konnte, vor den grausamen Bemerkungen in Schutz zu nehmen, die Frances in der Öffentlichkeit häufig über die glanzlose Karriere ihres Mannes zu machen pflegte. Lady Macbeth in Reinkultur, dachte Hillier oft schaudernd.

»Nein, das ist es nicht«, antwortete Webberly jetzt. »Ich glaubte nur, ich hätte das mit Nies und Kerridge vor Jahren endgültig geregelt. Mir graut bei dem Gedanken, daß da jetzt wieder ein Zusammenstoß ins Haus steht.«

Wie typisch für Malcolm, dachte Hillier, die Verantwortung für die Fehler anderer zu übernehmen.

»Worum ging es gleich bei ihrer letzten Fehde?« fragte er. »Das war eine Sache in Yorkshire, nicht wahr? Mit Zigeunern, die in einen Mord verwickelt waren?«

Webberly nickte. »Nies leitet die Dienststelle Richmond.« Er seufzte tief und vergaß einen Moment lang, den Rauch seiner Zigarre zum Fenster hin zu blasen. Hillier unterdrückte mit Mühe ein Hüsteln. Webberly lockerte seine Krawatte und fingerte zerstreut an dem abgewetzten Kragen seines weißen Hemdes herum. »Da oben wurde vor drei Jahren eine alte Zigeunerin umgebracht. Nies führt ein strenges Regiment. Seine Leute arbeiten äußerst gewissenhaft und sind genau bis ins kleinste Detail. Sie ermittelten und nahmen schließlich den Schwiegersohn der Alten fest. Allem Anschein nach hatte es Streit über eine Halskette aus Granat gegeben, von der jeder behauptete, daß sie ihm gehöre.«

»Eine Granatkette? War sie gestohlen?«

Webberly schüttelte den Kopf und klopfte die Asche seiner Zigarre am Aschenbecher auf seinem Schreibtisch ab. Aschepartikel früherer Zigarren flogen auf und setzten sich wie Staub auf Akten und Papiere.

»Nein. Die Kette war ihnen von Edmund Hanston-Smith geschenkt worden.«

Hillier beugte sich vor.

»Hanston-Smith?«

»Ja. Du erinnerst dich jetzt, nicht wahr? Aber *der* Fall kam erst nach dieser ganzen Sache. Der Mann, der wegen des Mordes an der Alten festgenommen wurde – ich glaube, er hieß Romaniv –, hatte eine Ehefrau. Ungefähr fünfundzwanzig Jahre alt und sehr schön – dunkel und exotisch.«

»Für einen Mann wie Hanston-Smith zweifellos sehr verführerisch.«

»Richtig. Sie konnte ihn davon überzeugen, daß Romaniv unschuldig sei. Es dauerte ein paar Wochen – Romaniv war noch nicht vors Schwurgericht gekommen. Sie beredete Hanston-Smith, den Fall neu aufzurollen. Sie schwor, sie würden nur verfolgt, weil sie Sinti seien; Romaniv wäre in der fraglichen Nacht mit ihr zusammengewesen.«

»Und ihr Charme hat es ihm wahrscheinlich leichtgemacht, das zu glauben.«

Webberlys Mund zuckte. Er drückte seine Zigarre im Aschenbecher aus und faltete die sommersprossigen Hände auf dem Bauch, so daß sie den Fleck auf seiner Weste verdeckten.

»Der späteren Aussage von Hanston-Smiths Diener zufolge hatte die gute Mrs. Romaniv keine Mühe, selbst einen Mann von zweiundsechzig eine ganze Nacht lang beschäftigt zu halten. Du wirst dich erinnern, daß Hanston-Smith beträchtlichen politischen Einfluß besaß und nicht gerade ein armer Schlucker war. Es fiel ihm nicht schwer, die Polizei von Yorkshire zu überzeugen, daß sie in diesem Fall eingreifen müsse. Die Folge war, daß Rubin Kerridge – er ist trotz allem, was geschah, immer noch der Chief Constable von Yorkshire – Nies befahl, die Ermittlungen neu aufzunehmen. Und um allem die Krone aufzusetzen, gab er auch noch Anweisung, Romaniv freizulassen.«

»Und wie reagierte Nies?«

»Nun, Kerridge war schließlich sein Vorgesetzter. Was hätte er tun können? Er war zwar außer sich vor Wut, aber er ließ Romaniv frei und wies seine Leute an, die Ermittlungen wiederaufzunehmen.«

»Romanivs Entlassung wird zwar die Ehefrau glücklich gemacht, Hanston-Smiths nächtlichen Freuden aber wohl ein vorzeitiges Ende gesetzt haben«, meinte Hillier.

»Nun, Mrs. Romaniv fühlte sich natürlich verpflichtet, Hanston-Smith auf die Weise zu danken, an die er sich so sehr gewöhnt hatte. Sie schlief ein letztes Mal mit ihm – hielt den armen Kerl bis in die frühen Morgenstunden auf Trab, wenn die Geschichte stimmt, die ich gehört habe –, dann ließ sie Romaniv ins Haus.«

Webberly verstummte und blickte auf, als draußen an die Tür geklopft wurde.

»Das blutige Ende ist aktenkundig. Das feine Paar ermordete Hanston-Smith, klaute alles, was es tragen konnte, floh nach Scarborough und war noch vor Morgengrauen außer Landes.«

»Und Nies' Reaktion?«

»Er verlangte Kerridges sofortigen Rücktritt.«

Wieder klopfte es. Webberly ignorierte es.

»Den erreichte er allerdings nicht. Aber seitdem lechzt er danach wie ein Verdurstender in der Wüste.«

»Und jetzt bekommen wir es also wieder mit den beiden zu tun.«

Ein drittes Mal klopfte es, nachdrücklicher diesmal. Auf Webberlys »Herein« trat Bertie Edwards ein, Leiter der forensischen Abteilung, geschäftig wie immer, in der Hand seine Agenda, auf der er sich Notizen machte, während er gleichzeitig sprach. Edwards hatte zu seiner Agenda eine so innige Beziehung wie die meisten Männer zu ihren Sekretärinnen.

»Schwere Kontusion an der rechten Schläfe«, verkündete er vergnügt, »gefolgt von einem Riß der Halsschlagader. Keine Papiere, kein Geld, ausgezogen bis auf die Unterwäsche. Das ist eindeutig der Bahnhofskiller.« Mit einer schwungvollen Handbewegung vollendete er seine Aufzeichnungen.

Hillier betrachtete den kleinen Mann mit heftigem Widerwillen. »Herrgott noch mal, diese Gruselnamen, die sich die Presse immer ausdenkt!«

»Ist das der Tote vom Waterloo-Bahnhof?« fragte Webberly.

Edwards sah Hillier an. Man merkte ihm deutlich an, wie er überlegte, ob er sich mit ihm auf eine Diskussion darüber einlassen sollte, daß man unbekannten Mördern einen Schauernamen gab, um so die Öffentlichkeit aufzurütteln. Dann aber wischte er sich, als wollte er diesen Gedanken auslöschen, mit dem Ärmel seines Laborkittels über die Stirn und wandte sich seinem unmittelbaren Vorgesetzten zu.

»Ja, Waterloo.« Er nickte. »Nummer elf. Dabei sind wir noch nicht mal mit Vauxhall ganz fertig. Beide der gleiche Typ wie die bisherigen Opfer des Killers. Penner oder Stadtstreicher. Abgebrochene Nägel. Verdreckt. Ungepflegtes Haar. Verlaust. Nur der Tote vom King's-Cross-Bahnhof fällt völlig aus dem Rahmen. Da gibt's immer noch keine Anhaltspunkte. Keine Papiere. Und bis jetzt auch noch keine entsprechende Meldung beim Vermißtendezernat. Mir völlig schleierhaft.« Er kratzte sich mit dem Ende seines Füllers am Kopf. »Wollen Sie die Waterloo-Aufnahme? Ich hab' sie mitgebracht.«

Webberly deutete zur Wand, wo bereits die Fotografien der zwölf letzten Ermordeten aufgehängt waren, die alle auf die gleiche Weise in oder nahe bei einem Londoner Bahnhof getötet worden waren. Dreizehn Morde jetzt in knapp mehr als fünf Wochen. Die Presse forderte erbittert eine Verhaftung. Als ließe ihn das völlig kalt, kramte Edwards, leise vor sich hin pfeifend, auf Webberlys Schreibtisch nach einer Reißzwecke. Dann trug er das letzte Opfer zur Wand.

»Keine üble Aufnahme.« Er trat zurück, um sein Werk zu bewundern. »Den haben wir ganz gut zusammengeflickt.«

»Hören Sie auf, Mann!« rief Hillier explosiv. »Da kann einem ja das kalte Grausen kommen. Sie könnten wenigstens Ihren schmutzigen Kittel ausziehen, wenn Sie hierherkommen. Haben Sie denn überhaupt kein Feingefühl? Hier oben arbeiten auch Frauen!«

Edwards trug geduldige Aufmerksamkeit zur Schau, doch sein Blick glitt über Hillier hin und blieb einen Moment an dem fleischigen Hals haften, der in Falten über dem Kragen hing, und dann an dem buschigen Haar, das Hillier gern als Löwenmähne bezeichnete. Er zuckte die Achseln und warf Webberly dabei einen verständnisinnigen Blick zu. »Ein echter Gentleman«, bemerkte er, ehe er aus dem Zimmer ging.

»Schmeiß ihn raus!« brüllte Hillier, als sich die Tür hinter dem Pathologen schloß.

Webberly lachte. »Trink einen Sherry, David«, sagte er. »Er steht im Schrank hinter dir. Wir alle sollten eigentlich an einem Samstag wie heute gar nicht hiersein.«

Zwei Sherrys beschwichtigten Hilliers Zorn über Bertie Edwards beträchtlich. Er stand vor Webberlys Schauwand und betrachtete verdrießlich die dreizehn Fotografien.

»Eine verdammte Sauerei ist das«, bemerkte er grimmig. »Victoria, Kring's Cross, Waterloo, Liverpool, Blackfriars, Paddington. Verdammt noch mal, warum nicht wenigstens dem Alphabet nach?«

»Verrückten fehlt häufig die organisatorische Ader«, meinte Webberly gelassen.

»Fünf der Opfer haben nicht einmal Namen«, klagte Hillier.

»Papiere, Geld und Kleider werden den Opfern jedesmal abgenommen. Wenn keine Vermißtenmeldung vorliegt, versuchen wir's zunächst mit den Fingerabdrücken. Du weißt, wie lange so was dauert, David. Wir tun unser Bestes.«

Hillier drehte sich um. Ja, das wußte er mit Sicherheit, daß Malcolm immer sein Bestes tat und still im Hintergrund blieb, wenn der Lorbeer verteilt wurde.

»Entschuldige. Ich war wohl unwirsch?«

»Ein bißchen.«

»Wie üblich. Also, um noch mal auf den neuesten Zusammenstoß zwischen Nies und Kerridge zurückzukommen – worum geht's da eigentlich?«

Webberly sah auf seine Uhr.

»Wieder mal um einen Mord in Yorkshire. Sie schicken uns jemanden mit den Informationen. Einen Priester.«

»Einen Priester? Lieber Gott, was ist das denn für ein Fall?«

Webberly zuckte die Achseln. »Offenbar ist er der einzige, auf den sich Nies und Kerridge als Überbringer der Informationen einigen konnten.«

»Und wie kommt das?«

»Soviel ich weiß, hat er die Leiche gefunden.«

GOLDMANN TASCHENBÜCHER

Fordern Sie das kostenlose Gesamtverzeichnis an!

Literatur · **U**nterhaltung · **B**estseller · **L**yrik
Frauen heute · **T**hriller · **B**iographien
Bücher zu Film und Fernsehen · **K**riminalromane
Science-Fiction · **F**antasy · **A**benteuer · **S**piele-Bücher
Lesespaß zum Jubelpreis · **S**chock · **C**artoon · **H**eiteres
Klassiker mit Erläuterungen · **W**erkausgaben

****

Sachbücher zu Politik, Gesellschaft,
Zeitgeschichte und Geschichte; zu Wissenschaft,
Natur und Psychologie
Ein Siedler Buch bei Goldmann

****

Esoterik · **M**agisch reisen

****

Ratgeber zu Psychologie, Lebenshilfe,
Sexualität und Partnerschaft;
zu Ernährung und für die gesunde Küche
Rechtsratgeber für Beruf und Ausbildung

Goldmann Verlag · Neumarkter Str. 18 · 8000 München 80

Bitte senden Sie mir das neue Gesamtverzeichnis.

Name: _____

Straße: _____

PLZ/Ort: _____